研究生教育论坛

（2023）

张亚斌　邓　欢　主编

湖南大学出版社

·长沙·

内 容 简 介

本书是2023年湖南学位与研究生教育学会学术年会入选论文的汇编。全书分教育创新与比较教育，招生、培养与就业，专业学位教育，质量保障体系与评价，思想政治教育，研究生专栏六个板块，较为全面地展现了我省学位与研究生教育的理论研究和创新实践的最新成果，希望能在促进研究生教育研究、提升研究生培养质量、推进科教协同发展等方面发挥重要作用。

图书在版编目（CIP）数据

研究生教育论坛.2023 / 张亚斌，邓欢主编.

长沙：湖南大学出版社，2025.3. -- ISBN 978-7-5667-

4099-1

Ⅰ.G643-53

中国国家版本馆CIP数据核字第20257AB749号

研究生教育论坛（2023）

YANJIUSHENG JIAOYU LUNTAN（2023）

主　　编：张亚斌　邓　欢

责任编辑：全　健

印　　装：长沙创峰印务有限公司

开　　本：787 mm×1092 mm 1/16　　印　　张：28.75　字　数：698 千字

版　　次：2025年3月第1版　　　　　　印　　次：2025年3月第1次印刷

书　　号：ISBN 978-7-5667-4099-1

定　　价：108.00元

出 版 人：李文邦

出版发行：湖南大学出版社

社　　址：湖南·长沙·岳麓山　　　　邮　　编：410082

电　　话：0731-88822559（营销部），88820008（编辑部），88821006（出版部）

传　　真：0731-88822264（总编室）

网　　址：http://press.hnu.edu.cn

电子邮箱：437291590@qq.com

序

湖南学位与研究生教育学会自2000年经省民政厅批准成立以来，在省政府学位委员会、省教育厅和省民政厅的领导下，在各会员单位和全省广大研究生教育工作者的共同努力下，大力推进我省学位与研究生教育的理论研究、学术交流和创新实践，为省域研究生培养、科教协同发展做出了应有的贡献。

《研究生教育论坛（2023）》是2023年湖南学位与研究生教育学会学术年会入选论文的汇编。论文作者既有长期从事研究生教育工作的一线教师、学位与研究生教育管理工作者——其中很多都是研究生教育方面的专家，也有在校学习的研究生。他们从研究生招生、培养、学位及教育管理等方面进行全方位、多维度研究，为我省构建高质量研究生教育长效机制、创新研究生教育教学方法、深化研究生人才培养改革等提供了许多新观点、新见解、新思路，具有较高的参考和实践价值。

2023年湖南学位与研究生教育学会学术年会后共收到论文79篇，经各理事会单位查重、秘书处邀请专家审稿，最终确定68篇论文入选。

本书设有教育创新与比较教育，招生、培养与就业，专业学位教育，质量保障体系与评价，思想政治教育，研究生专栏六个专题，展示了"双一流"建设背景下我省学位与研究生教育领域的新成果、新经验和新体会。

研究生教育作为国民教育体系的顶端，肩负着高层次人才培养的重要使命，在培养创新型人才、提高创新能力、服务经济社会发展、推进国家治理体系和治理能力现代化方面具有重要作用，是国家发展、社会进步的重要基石，是应对全球人才竞争的基础布局。因此，必须不断加快新时代研究生教育改革，面向世界科技竞争最前沿，面向经济社会发展主战场，面向人民群众新需求，面向国家治理大战略，推动研究生教育适应党和国家事业发展需要，构建真正卓越而有灵魂的研究生教育体系，培养出德智体美劳全面发展的社会主义建设者和接班人，为坚持和发展中国特色社会主义、实现中华民族伟大复兴的中国梦提供坚强有力的人才和智力支撑。而要做到这些，就应及时总结学位与研究生教育的优秀经验及创新成果，并提供学术讨论、经验交流的平台，以促进研究生教育质量提升和内涵发展，推进中国特色研究生教育体系建设和新时代学科建设：这正是我们编辑出版《研究生教育论坛（2023）》的目的所在。

借此机会，我代表湖南学位与研究生教育学会常务理事会，向《研究生教育论坛（2023）》各位编委，及为本书出版提供了大力支持的各会员单位的领导和同仁，表示衷心的感谢！

蒋健晖

2025 年 2 月

目 次

Contents

PART3　专业学位教育

PART4　质量保障体系与评价

PART5　思想政治教育

PART6　研究生专栏

PART 1

教育创新
与比较教育

POSTGRADUATE
EDUCATION

基于研究生教育管理系统信息辨识研究生创新能力关联特征[*]

李笑苹 黄志平 万中

（中南大学）

摘　　要　研究生教育是培养创新型人才最基本和最重要的途径，如何精准辨识研究生创新能力关联特征是研究生教育研究的难题，直接影响创新型人才选拔和培养质量。本文首先通过收集和分析研究生教育管理系统信息，构建了与工科研究生创新能力相关的指标体系；按照已建立的指标体系提取和预处理相关数据信息，再基于模糊规划改进了 K-Prototypes 聚类算法，使之更精准地辨识了研究生创新能力的关联特征。结果表明，政治面貌、研究生学位类别、是否为推免生与研究生创新能力关联性较强；但对于高水平创新能力来说，创新能力与本科毕业院校类别关联性变弱。为有效提升研究生的创新能力，建议从加强思想政治教育、适当扩大推免生录取比例、增强硕士生培养中产学研融合、引导研究生做好时间规划等四个方面改进研究生招生和培养工作。

关　键　词　研究生教育；创新能力；改进的 K-Prototypes 算法；特征提取

作者简介　李笑苹（1998— ），女，中南大学数学与统计学院硕士研究生，主要研究统计建模与优化算法。联系电话：15197845145；电子邮箱：40759@qq.com。

一、引言

2022 年，习近平总书记在党的二十大报告中强调："坚持创新在我国现代化建设全局中的核心地位。"创新已经成为当今新时代的标志和潮流。高等院校作为创新人才培养的高地，研究生创新能力培养是时代赋予当今高校的重大使命，也是保障研究生教育质量的核心任务。[1]

目前我国高校都把研究生创新能力培养摆在了一个非常重要的位置，但在辨识研究生创新能力的关联特征上仍存在一些问题。主要体现在：

（1）大多数学者通常是通过发放问卷来收集数据，进而对创新能力影响因素进行研究。[2]这种方法对问卷设计有很强的专业性要求。此外，问卷发放时，如果是自愿填写则会有受众限制，从而造成样本选择偏差；即使是开展抽样或全面调查，数据的准确性、真实性也会受到填写者的认真程度、心理因素等的影响，数据质量的控制有一定难度。（2）研究生创新能力评价指标体系尚不健全，对与创新能力相关的特征表述不够清楚，各项特征之间的关系不够明晰，

---

* 本课题研究得到中南大学研究生教育教学改革研究项目（编号：2023JGB103）资助。

出现了细化的维度不够全面，或细化的各维度之间存在交叉的情况，或指标维度与定义不一致等各类问题。[3] 因此，若试图通过回归分析精确测量创新能力的指标，其准确性反而可能较低。相比之下，聚类分析可能更为合适。

我们正处于一个大数据时代，数据驱动教与学正成为新教育体系区别于传统教育的核心特征。[4] 学生学习过程的数据化为精准选拔和施教提供了有力支持，大数据时代的创新能力关联特征辨识需要蜕旧变新、与时俱进，以有效支撑研究生教育的供给侧改革。因此，本文将利用改进的 K-Prototypes 聚类算法，充分挖掘学籍信息中与创新能力相关的数据信息，对研究生创新能力关联特征进行辨识，为研究生的选拔和培养提出切实的建议，助力学校精准识材、因材施教。

二、文献回顾

（一）研究生创新能力的涵义

研究生创新能力是指研究生在理论学习和科研实践中，以创新知识技能为基础，在创新意识引领下，通过创新思维和创新人格的共同作用，进行认识的和行动的创新，最终产生具新颖性和适用性的创新成果的能力。[5] 从构成要素来看，研究生的创新能力关联特征辨识不应只看创新成果，更重要的是追根溯源，探究研究生在入学前创新能力的水平和在校创新能力的提升过程。因此，本文不仅仅是直接从创新成果来评估学生的创新能力，还综合考虑前置条件、过程投入和创新成果三个维度来辨识与研究生创新能力相关的特征因素。

（二）研究生创新能力影响因素

1. 研究生创新能力培养的前置条件

研究生创新能力培养的前置条件指的是研究生在入学前所具备的各种素质，是研究生创新能力培养的种子。前置条件主要包括两个方面：第一，思想道德素质。良好的思想道德素质能够为创新能力培养提供良好的条件和支持，让研究生具有良好的思想政治素养，更好地投身科研，扎根实践，多出成果，服务社会。[6] 第二，知识基础。这主要包括对本科专业知识的深入理解和掌握。良好的本科教育是培养拔尖创新人才的基础。[7] 已有研究表明，推免生在科研参与、科研产出方面的表现明显优于统考生。[8] 跨专业研究生是在研究生阶段所学的专业和本科阶段所学的专业存在区别的一类研究生，他们在学习时可能会出现专业适应性不佳的情况，从而影响创新能力的提高。[9] 只有具备扎实的知识基础，才能在研究生阶段的学习中游刃有余，更快地提升创新能力。

2. 研究生创新能力培养的过程投入

研究生创新能力培养的过程投入是指在学生创新能力培养过程中，为研究生创新能力培养提供的资源等投入，是创新能力培养的肥料。这些要素主要包括学校和学生两个方面。学校方面，包括院系设施、奖助学金等资源的投入；学生方面，包括在研究生学习阶段的知识积累、时间投入等个人努力。这些要素共同促进了研究生的创新能力的发展。非全日制研究生在质量与口碑上仍存在一定的差距，非全日制研究生平时更加注重积累经验，但缺乏深入思考和探索的创新精神。[10]绩点制是高校评估学生学习成绩的一般性制度，研究生阶段绩点在一定程度上能够代表学生对本专业整体的知识积累。[11]

3. 研究生创新能力培养的创新成果

研究生创新能力培养的创新成果是指研究生在进行科研实践活动中所做出的具有创新性的贡献，是创新能力培养的果实，主要包括科研论文、创新工程、发明专利等。科研论文与创新能力之间有很强的关系。发明专利体现了研究生解决实际问题的创新实践能力。[12]此外，主持科研创新项目对研究生科研创新能力提升驱动作用显著。[13]研究生创新成果的质量和数量直接反映研究生的科研水平和实践能力，是评价研究生创新能力的重要指标。

三、数据和方法

（一）指标体系构建

根据创新能力影响因素分析以及现有数据的实际情况，对数据中包含的指标进行筛选，构建指标体系如表1所示：

表1　研究生创新能力影响因素指标体系

研究生创新能力影响因素	前置条件	政治面貌
		本科毕业学校
		入学方式
		跨考
	过程投入	院系
		年级
		专业
		学生类别
		学习方式
		平均加权绩点
	创新成果	创新工程
		发明专利
		科研论文

（二）数据来源

1. 数据基本特征

为了保证数据的真实性、完整性和价值性，考虑到数据可获得性，本研究从国内某高校的两个二级工科学院毕业时间为近三年的研究生学籍学业信息中，收集了与创新能力相关的数据，共2331个样本；去掉信息不完整的样本后，最终得到样本2243个。样本涵盖不同的性别、不同的研究生类型，其中男性占比71.91%，女性占比28.09%；硕士占比92.73%，博士占比7.27%。

数值特征如表2所示，部分类别特征如表3所示：

表2　数值特征表

数值特征	均值	方差
平均加权绩点	3.43	0.08
创新工程	0.13	0.11

续表

数值特征	均值	方差
国际会议论文	0.12	0.19
国内会议论文	0.02	0.03
一区论文	0.22	0.70
二区论文	0.14	0.24
三区论文	0.08	0.12
四区论文	0.04	0.06
其他论文	0.14	0.31
发明	0.13	0.22
实用新型发明	0.03	0.08

表3 部分类别特征表

特征名称	特征数量	特征值	频数
政治面貌	6	中国共产主义青年团团员	1229
		中国共产党预备党员	296
		中国共产党党员	635
		……	……
本科毕业学校	4	双一流、985、211	742
		双一流、211	428
		双一流	111
		普通本科	962
入学方式	8	推荐免试	700
		硕博连读	21
		全国统考	1286
		……	……
跨考	2	是	138
		否	2105
院系	2	土木工程学院	1290
		计算机学院	953
年级	7	2019 级	622
		2018 级	674
		2017 级	818
		……	……
专业	19	建筑与土木工程	670
		计算机科学与技术	239
		计算机技术	293
		……	……
学生类别	8	硕士专业学位研究生	1169
		硕士研究生	670
		博士研究生	151
		……	……

续表

特征名称	特征数量	特征值	频数
学习方式	2	全日制	2002
		非全日制	241

2. 数据预处理

由于本文所涉及的指标包含很多类别特征指标，故对类别特征数据进行编码可以将其转换为定量的形式，从而使其具有可计算性。同时利用 Z-score 标准化方法（标准化后的值 $\tilde{x} = \dfrac{x - \bar{x}}{\sigma}$ ，其中 $\bar{x}$ 为均值，σ 为标准差）对数值特征数据进行标准化处理，消除量纲差异，以便后续的数据挖掘。

（三）改进的 K-Prototypes 聚类算法

由于数据中包含大量类别特征，传统的 K-Means 算法、DBSCAN 等聚类算法已经难以取得良好的分析效果，故采用一种新的方法来辨识创新能力关联特征。K-Prototypes 算法结合了 K-Means 算法和 K-modes 算法，是一种混合聚类算法。这种算法能对同时包含数值特征和类别特征的混合类型数据进行聚类分析，这使得它在实际应用中更加灵活。

1. 距离度量 [14]

为了实现这一目标，K-Prototypes 使用了两个距离度量：

假设样本为 n 个，特征为 m 个的数据集 $A = \{X_1, X_2, ..., X_n\}$，$X_i$ 与 X_j 分别表示两个样本。设 $X_i = [u_{i1}, u_{i2}, ..., u_{ir}, v_{i1}, v_{i2}, ..., v_{is}]$，其中有数值特征 u 共 r 个，类别特征 v 共 s 个，则有

（1）对于定量特征，采用欧氏距离（Euclidean distance），计算公式如下：

$$d_1(X_i, X_j) = \sum_{l=1}^{r} (u_{il} - u_{jl})^2 \qquad\qquad A$$

（2）对于定性特征，采用哈曼距离（Hamming distance），计算公式如下：

$$d_2(X_i, X_j) = \sum_{l=1}^{s} \delta(v_{il}, v_{jl}) \qquad\qquad B$$

其中，当 $p=q$ 时，$\delta(p,q)=0$；当 $p \neq q$ 时，$\delta(p,q)=1$。

设聚类个数为 k，每一类的聚类中心为 Q_c，其中 $c=1,2,...,k$，从而得每个样本的数据与聚类中心的距离为：

$$d(X_i, Q_c) = d_1(X_i, Q_c) + \gamma d_2(X_i, Q_c) \qquad\qquad C$$

其中，$\gamma = \dfrac{1}{2m} \sum_{l=1}^{r} \sqrt{\dfrac{1}{n} \sum_{i=1}^{n} (u_{il} - \bar{u}_l)^2}$ [15]。

2. K-Prototypes 目标函数

（1）原 K-Prototypes 目标函数。

K-Prototypes 算法的目标是将样本分成 k 个不同的类，使得每个类内部的对象相似度最大

化，而聚类间的相似度最小化，目标函数如下所示：

$$D = \min \sum_{c=1}^{k} \sum_{i=1}^{n} d(X_i, Q_c) \tag{D}$$

（2）改进的 K-Prototypes 目标函数[16]。

原来的目标函数直接对数值特征距离与类别特征距离求和，未考虑两种距离之间的差异。求解数值特征距离最小值属于非线性规划，求解类别特征距离最小值属于整数规划，故现将原目标函数分成两个目标函数。对类别特征距离与数值特征距离分别求最小值，公式如下：

$$\min D_1 = \sum_{c=1}^{k} \sum_{i=1}^{n} d_1(X_i, Q_c) \tag{E}$$

$$\min D_2 = \sum_{c=1}^{k} \sum_{i=1}^{n} d_2(X_i, Q_c) \tag{F}$$

设 $Q_c^{1*} = [Q_1^{1*}, Q_2^{1*}, ..., Q_k^{1*}]$、$Q_c^{2*} = [Q_1^{2*}, Q_2^{2*}, ..., Q_k^{2*}]$ 分别为 E、F 的最优解，其最优值分别为 $D_1^l = D_1(Q_c^{1*})$、$D_2^l = D_2(Q_c^{2*})$。又设在 D_2 取得最优值的条件下时 D_1 的最优值为 $D_1^u = D_1(Q_c^{2*})$，在 D_1 取得最优值的条件下时 D_2 的最优值为 $D_2^u = D_2(Q_c^{1*})$。其中，D_i^l 和 D_i^u 为第 i 个目标函数值的下界和上界，$i=1,2$。然后，根据 D_i^l 和 D_i^u，给出目标函数 D_i 的隶属函数。这两个隶属函数的目的是将不同范围内的代价值映射到固定的区间 [0，1] 内，以便于后续的加权求和。通过归一化处理，可以将不同类型的代价统一到相同的量纲，便于综合考虑并赋予不同类型代价以适当的权重。具体而言，通过 D_i 的隶属函数模糊 D_1 和 D_2，如下所示（参见图 1）：

$$\mu_{\tilde{D}_1}(D_1) = \begin{cases} 1, & D_1 \leqslant D_1^l \\ \dfrac{D_1^u - D_1}{D_1^u - D_1^l}, & D_1^l \leqslant D_1 \leqslant D_1^u \\ 0, & D_1 \geqslant D_1^u \end{cases} \tag{G}$$

$$\mu_{\tilde{D}_2}(D_2) = \begin{cases} 1, & D_2 \leqslant D_2^l \\ \dfrac{D_2^u - D_2}{D_2^u - D_2^l}, & D_2^l \leqslant D_2 \leqslant D_2^u \\ 0, & D_2 \geqslant D_2^u \end{cases} \tag{H}$$

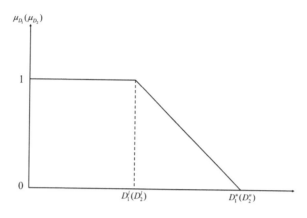

图1　D_1（D_2）的隶属函数

选择原模型中的 γ 作为权重系数，从而得混合双目标非线性规划模型：

$$\max Z(Q_c) = \mu_{\tilde{D}_1}(Q_c) + \gamma\mu_{\tilde{D}_2}(Q_c) \qquad \text{Ⅰ}$$

3. 聚类中心变化度量公式

$$t = \sum_{c=1}^{k} \frac{d(Q_{c1}, Q_{c2})}{r+s} \qquad \text{J}$$

4. K-Prototypes 算法具体步骤

步骤1：随机选择 k 个聚类中心，其中每个聚类中心由一个数值特征向量和一个类别特征向量组成。

步骤2：将所有样本点分配给离其最近的聚类中心，使用欧氏距离来计算数值特征之间的距离，使用哈曼距离来计算类别特征之间的距离，

步骤3：对每个聚类进行更新。

①更新数值特征：计算每个数值特征在当前聚类中的均值，作为新的聚类中心的数值向量。

②更新类别特征：对于每个类别特征，选择当前聚类中的众数作为新的聚类中心的类别向量。

③在数值特征取得最小值的情况下，找到其聚类中心对应的类别特征，再在其类别特征中取最小值。

④在类别特征取得最小值的情况下，找到其聚类中心对应的数值特征，在其数值特征中取最小值。

⑤取目标函数Ⅰ的最大值所在的点为聚类中心。

步骤4：重复步骤2和3，直到聚类中心不再发生显著变化，即 $t < 0.0001$ 时停止。

步骤5：最后输出结果，得到 k 个聚类以及每个样本所属的类别。

四、统计分析结果

将分类数 2~8 依次输入改进的 K-Prototypes 模型中进行测试，绘制损失变化图（见图2），

从图中可以看出第一个肘点为3，故设置 $k=3$，对数据进行聚类。聚类结果如图3所示：

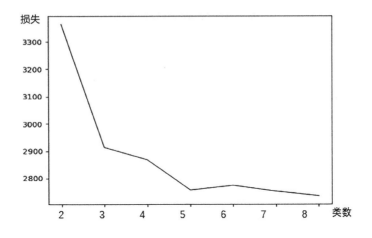

图2　聚类损失变化图

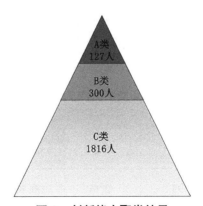

图3　创新能力聚类结果

（一）A 类高级创新人才情况分析

A类高级创新人才的人数最少，只有127人。如表4所示，A类人才的创新能力是最高的，创新成果方面要显著优于其他两类人才。具体而言，A类人才平均发表一区论文数量多于C类人才平均发表数量2.15篇，其他论文数量多于C类1.03篇，二区论文数量多于C类0.99篇，创新工程数量多于C类0.51个。

表4　A 类数值特征对比表

序号	指标	总体均值	A 类均值	A- 总	A-B	A-C
1	一区论文（篇）	0.22	2.23	2.01	2.00	2.15
2	其他论文（篇）	0.14	1.10	0.97	0.97	1.03
3	二区论文（篇）	0.14	1.07	0.93	0.93	0.99
4	国际会议论文（篇）	0.12	0.87	0.75	0.68	0.82
5	发明专利（项）	0.13	0.69	0.56	0.48	0.61

续表

序号	指标	总体均值	A类均值	A- 总	A-B	A-C
6	三区论文（篇）	0.08	0.54	0.46	0.40	0.50
7	创新工程（个）	0.13	0.51	0.38	−0.23	0.51
8	实用新型发明（项）	0.03	0.29	0.26	0.27	0.28
9	平均加权绩点（点）	3.43	3.63	0.19	0.12	0.22
10	国内会议论文（篇）	0.02	0.20	0.18	0.20	0.19
11	四区论文（篇）	0.04	0.20	0.16	−0.03	0.20

注："A- 总"表示 A 类均值减去总体均值。

如表 5 所示，在前置条件中，政治面貌为中国共产党党员的研究生比总体比例高 22.87%，由此可见，思想政治教育与研究生创新能力培养是密切相关的。思想政治教育在培养学生的自觉思考、独立判断、辨别真伪等能力方面，具有重要作用。此外，思想政治教育还可以增强学生的社会责任感，引导学生关注社会重大问题，找到研究的创新点和突破点，把论文写在祖国的大地上。在本科毕业学校方面，来自双一流、985、211 院校的学生相对其他学校的学生拥有更高的创新能力，但差距不是很明显，比总体比例高出 2.35%。在入学方式上，由于公开招考是博士招生的一种形式，所以这类学生在 A 类中占比很高。此外，硕博连读的比例也比总体比例高 6.94%，通过硕博连读，研究生可以在一个相对连续的研究周期内进行深入的研究。这样有利于保持研究的连贯性和逻辑性，进而提高独立思考能力和创新能力。非跨专业研究生在 B 类中相对于跨考生表现更好一点，比总体比例高出 1.43%。

表 5 A 类类别特征对比表

序号	指标	总体比例(%)	A类比例(%)	A- 总（%）	A-B（%）	A-C（%）
1	学生类别_博士研究生	6.73	58.27	51.54	49.93	55.40
2	入学方式_公开招考	5.93	52.76	46.83	44.76	50.44
3	政治面貌_中国共产党党员	28.31	51.18	22.87	17.85	25.30
4	专业_土木工程	14.40	37.01	22.61	24.34	23.90
5	专业_计算机科学与技术	10.66	25.98	15.33	4.98	18.11
6	年级_2016级	2.14	14.96	12.82	13.29	13.64
7	年级_2017级	36.47	45.67	9.20	6.34	10.32
8	学习方式_全日制	89.26	97.64	8.38	1.64	10.08
9	入学方式_硕博连读	0.94	7.87	6.94	7.54	7.32
10	专业_消防工程	1.34	3.94	2.60	2.60	2.78
11	本科毕业学校_双一流、985、211	33.08	35.43	2.35	−1.57	3.16
12	跨考_否	93.85	95.28	1.43	0.61	1.66

注："A- 总"表示 A 类比例减去总体比例。

在过程投入方面，2016 级的研究生在 A 类人才中的比例比总体比例高出 12.82%，2017
级的研究生比例也比总体比例高 9.20%，在 A 类中占比达到 45.67%。造成这种现象的原因
是这两个年级的学生中有相当一部分是博士研究生。土木工程专业的学生在 A 类人才中占比
37.01%，其比例比总体比例高出 22.61%；此外，计算机科学与技术专业也在 A 类中比总体比
例高出 15.33%。造成这种现象的原因是土木工程专业的研究生一般是学术型硕士，学术型硕
士的主要任务是科研，所以其科研创新水平会相对更高。在学生类别方面，博士研究生在 A
类人才中的比例相对于总体比例要高出 51.54%，说明博士的创新能力显著高于硕士。结果表明，
A 类人才的平均加权绩点均值比总体平均加权绩点均值高 0.19 点，差异不大，说明大家的原
始课程知识积累相差不大，作为一名研究生，不仅要学课程知识，更要学好研究领域内的知识，
这样才会有创新成果。A 类人才在学习方式上全日制占比明显高于非全日制占比，全日制学生
有更多时间专注学业。

（二）B 类中级创新人才情况分析

B 类中级创新人才共 300 人，这类人才的创新工程数量相对较多，均值达到了 0.74 个，
比总体均值高出 0.61 个。一区论文相较于 C 类人才平均多 0.15 篇，发明专利多 0.13 项（见表 6）。
总之，B 类人才具备一定的科研创新能力，能够完成项目任务，但在将项目成果转化为创新成
果方面能力有待提高。因此，急需加强其转化能力以释放其成长为 A 类高级创新人才的潜力。

表 6　B 类数值特征对比表

序号	指标	总体均值	B 类均值	B- 总	B-A	B-C
1	创新工程（个）	0.13	0.74	0.61	0.23	0.74
2	四区论文（篇）	0.04	0.23	0.19	0.03	0.23
3	发明专利（项）	0.13	0.21	0.08	−0.48	0.13
4	国际会议论文（篇）	0.12	0.19	0.07	−0.68	0.14
5	平均加权绩点（点）	3.43	3.51	0.07	−0.12	0.10
6	三区论文（篇）	0.08	0.14	0.06	−0.40	0.11
7	一区论文（篇）	0.22	0.23	0.01	−2.00	0.15
8	二区论文（篇）	0.14	0.14	0.00	−0.93	0.07
9	其他论文（篇）	0.14	0.13	0.00	−0.97	0.07
10	实用新型发明（项）	0.03	0.02	−0.01	−0.27	0.00
11	国内会议论文（篇）	0.02	0.01	−0.01	−0.20	0.00

表 7　B 类类别特征对比表

序号	指标	总体比例（%）	B 类比例（%）	B- 总（%）	B-A（%）	B-C（%）
1	院系_计算机学院	42.49	57.67	15.18	15.15	17.69
2	学生类别_硕士研究生	29.87	42.33	12.46	19.50	14.03
3	入学方式_推荐免试	31.21	43.67	12.46	23.98	13.71
4	专业_计算机科学与技术	10.66	21.00	10.34	−4.98	13.13

续表

序号	指标	总体比例（%）	B类比例（%）	B-总（%）	B-A（%）	B-C（%）
5	专业_信息与通信工程	2.01	9.33	7.33	6.18	8.62
6	学习方式_全日制	89.26	96.00	6.74	-1.64	8.44
7	政治面貌_中国共产党党员	28.31	33.33	5.02	-17.85	7.45
8	政治面貌_中国共产党预备党员	13.20	17.33	4.14	8.67	4.50
9	本科毕业学校_双一流、985、211	33.08	37.00	3.92	1.57	4.73
10	年级_2017级	36.47	39.33	2.86	-6.34	3.98
11	跨考_否	93.85	94.67	0.82	-0.61	1.05
12	学生类别_硕士专业学位研究生	52.12	44.33	-7.78	30.95	-11.78

如表7所示，在前置条件中，中国共产党党员的比例比总体比例高5.02%，中国共产党预备党员的比例比总体比例高4.14%，本科毕业学校为双一流、985、211的比例高出3.92%，这再一次说明了本科阶段的知识积累和实践活动对研究生阶段创新能力的影响。在入学方式上，B类人才中的推免学生占比高达43.67%，比总体推免比例高出12.46%。原因如下：一方面，推免生通常在本科阶段有优异的学习成绩，这在一定程度上反映了他们良好的学习能力和坚实的知识基础；另一方面，推免生可以节省考试时间和精力，可以更早地进入课题组，明确自身的研究方向，积累相关研究经验，提高创新能力，从而创造出创新成果。在是否跨考方面，区别并不显著，仅高出0.82%。

在过程投入方面，计算机学院占比比总体比例高出15.18%。在年级方面，2017级依旧突出，比总体比例高出2.86%。计算机科学与技术专业的比例比原数据中的比例高10.34%，原因为这个专业是博士和学硕的专业，这两类学生的创新能力都相对出色。在学生类别方面，硕士研究生（学硕）的比例比原数据中的比例高出12.46%，而硕士专业学位研究生则比总体比例低7.78%。由此可见，学术型硕士的总体创新能力水平显著高于专硕。平均加权绩点依旧相差不明显，仅0.07点，这在一定程度上说明大家的研究生课程学习水平相近，没有明显的差异，故在这几类中，这个指标对创新能力的影响区别不大。

（三）C类初级创新人才情况分析

C类初级创新人才的数量是占比最大的，人数达到了1816位，占总人数的81%。C类人才的创新成果均值相较于其他两类人才较低，硕士专业学位研究生和建筑与土木工程专业的相对于原数据占比较高（表8、表9）。原因是建筑与土木工程专业的都是硕士专业学位研究生且包含一部分非全日制研究生。由于专业型硕士与学术型硕士在培养目标和内容上有明显不同，学术型硕士注重其科研创新能力的培养，而专业型硕士则着重于培养学生解决实际业务问题的能力，他们更需要与实际相结合，故在研究生阶段学术型研究生的创新能力会相对较强。

表 8　C 类数值特征对比表

序号	指标	总体均值	C 类均值	C- 总	C-A	C-B
1	国内会议论文（篇）	0.02	0.01	−0.01	−0.19	0.00
2	实用新型发明（项）	0.03	0.01	−0.02	−0.28	0.00
3	平均加权绩点（点）	3.43	3.41	−0.03	−0.22	−0.10
4	三区论文（篇）	0.08	0.03	−0.04	−0.50	−0.11
5	四区论文（篇）	0.04	0.00	−0.04	−0.20	−0.23
6	发明专利（项）	0.13	0.08	−0.05	−0.61	−0.13
7	国际会议论文（篇）	0.12	0.05	−0.06	−0.82	−0.14
8	二区论文（篇）	0.14	0.08	−0.07	−0.99	−0.07
9	其他论文（篇）	0.14	0.07	−0.07	−1.03	−0.07
10	创新工程（个）	0.13	0.00	−0.13	−0.51	−0.74
11	一区论文（篇）	0.22	0.08	−0.14	−2.15	−0.15

表 9　C 类类别特征对比表

序号	指标比例（%）	总体比例（%）	C 类（%）	C- 总（%）	C-A（%）	C-B（%）
1	入学方式 _ 全国统考	57.33	62.00	4.67	43.11	16.67
2	学生类别 _ 硕士专业学位研究生	52.12	56.11	3.99	42.73	11.78
3	专业 _ 建筑与土木工程	29.87	33.15	3.28	29.21	12.15
4	政治面貌 _ 中国共产主义青年团团员	54.79	57.60	2.81	22.95	11.27
5	院系 _ 土木工程学院	57.51	60.02	2.51	2.54	17.69
6	学习方式 _ 非全日制	10.74	12.44	1.70	10.08	8.44
7	学生类别 _ 硕士非全日制专业学位研究生	10.74	12.44	1.70	10.08	8.44
8	年级 _2019 级	27.73	29.30	1.56	19.06	3.63
9	专业 _ 软件工程	14.58	15.69	1.12	11.76	3.36
10	本科毕业学校 _ 普通本科	42.89	43.94	1.05	6.15	5.28
11	年级 _2018 级	30.05	30.84	0.79	2.49	4.84
12	专业 _ 工程管理	3.30	4.07	0.78	4.07	4.07

五、总结和建议

（一）总结和讨论

本文关注研究生创新能力的关联特征。与以往采用调查问卷数据和进行精确分配权重不同，本文充分利用客观数据，采用改进的 K-Prototypes 聚类算法对所有样本数据信息进行聚类。研究发现，政治面貌、学生类别、是否全日制学习、是否推免与研究生创新能力关联性较强。

以往研究中，前置学历往往与研究生创新能力高度相关，甚至在研究生招生过程与就业市场上出现了"第一学历"歧视。本文的研究表明，在创新能力上，高级创新人才与中级创新人才中，来自双一流、985、211 院校的学生所占比例会相对更高，但是各个类型学校的差距不大。而且高级创新人才中双一流、985、211 院校学生的比例相对于中级创新人才中的比例有所下降，说明随着创新能力的提升，前置学历对其创新能力的影响会相应减弱。这一结果也呼应了对学历歧视现象研究的结果，前置学历并非全面反映研究生科研创新能力的有效标签。[17]

在研究生创新能力的关联特征中，政治面貌的影响非常显著，高级创新人才、中级创新人才中中国共产党党员占比都相对很高，由此可见在创新能力的培养过程中高校思政教育的重要性。学生类别与研究生创新能力的关联性与以往研究一致，博士研究生的创新能力水平明显高于硕士研究生，在硕士研究生中学术型硕士研究生的创新能力又明显高于专业型硕士研究生。这在一定程度上反映了专业型硕士研究生创新能力培养的不足。专业型硕士研究生的培养一定要把实践摆在非常重要的位置，将理论与实践相结合，创造出更多应用型创新成果。贯通式培养的效果显著，推免生、硕博连读的学生的创新能力都显著高于其他入学方式的学生。

高级创新人才位于顶端，创新能力最强，所得的创新成果最多，中级创新人才紧随其后，与初级创新人才呈现出鲜明的对比。高级创新人才的创新成果往往涵盖很多类，并且数量也不少，清楚地展现了创新成果产出的马太效应。中级创新人才人数相较于高级创新人才更多，创新成果相对于高级创新人才更少，但此类中的学生很多都完成了一个创新创业项目，其创造力和创新思维已经达到了一定的高度，也有一定的实践经验和团队合作能力，但是还需提高知识转化能力，要学会综合自身各方面的能力去做出更多创新成果。初级创新水平的人数最多，但创新成果相对最少，这也在一定程度上反映了我国研究生创新能力迫切需要提高的需求，这类人才还需要不断加强自身知识储备，深化对所研究领域的理解和认知，切实提高创新能力。

（二）对策与建议

本节将针对上述研究结果给出如下建议：

1. 研究生应从多方面加强思想政治教育

思想政治教育是引导学生树立正确世界观、人生观、价值观的关键，也是研究生创新能力培养的重要组成部分。科研过程通常是漫长而辛苦的，需要科研工作者有超强的耐心和毅力。作为新时代研究生，应当弘扬爱国主义精神，通过学习国家历史、伟大科学家故事等，深刻认识到创新能力对一个国家发展的重要性，增强自身的责任感。同时，研究生应当加强思想道德修养，遵守学术道德规范，培养良好的科研习惯，守好创新底线，提高创新能力。研究生应积极参与社会实践活动，比如志愿服务、社区活动、科普宣传等，通过亲身体验和实践，了解社会发展现状和人民群众的需要，在人民急难愁盼问题中找到潜在的创新点。

2. 高校应在招生计划中适当扩大推免生比例

研究表明，推免生政策可以更好地挖掘优秀本科生的潜力。首先，高校应当定期评估各个学科领域的人才缺口和发展趋势，合理确定扩大推免比例的规模和范围。其次，高校应当建立科学公正、严谨有效的选拔机制和标准，从学习成绩、竞赛获奖、科研表现等多方面综合评估推免生的素质，确保选出具有优秀创新潜力的本科生。最后，要建立健全监测和评估机制，对扩大推免比例的实施效果进行定期评估。根据评估结果，及时调整和优化推免政策，确保实施效果达到预期目标。

3. 高校应加强专业型硕士培养的产学研相结合

推进产学研结合有利于优化人才培养模式，发挥各方的优势，促进科技创新。一方面，高校可以与企业合作建立双导师制度或开展联合培养项目，注重理论与实践相结合，组织研究生参与企业实践基地、实习就业等形式的实践教学，共同培养适应产业发展需求的优秀创新人才。另一方面，高校可以承接企业委托的科研项目，与企业合作攻关解决实际问题，推动科技创新成果的转化和应用。

4. 高校可采取多种形式引导研究生做好时间规划

研究生的学习时间是非常宝贵的，但是很多研究生依然把本科阶段的学习经验生搬硬套到研究生阶段的学习中，没有及时完成角色的过渡，浪费了很多时间，也让自己很迷茫。这也是相当一部分研究生创新能力不够突出、创新成果不多的原因之一。

因此，高校可以定期展开调查，了解研究生在科研过程中普遍存在的问题，再针对问题开展相关活动。比如在公众号上发表相关文章或通过线下讲座的方式邀请老师或创新成果显著的优秀研究生分享自己的科研经历，答疑解惑；同时传授高效的学习方法和时间管理技巧，引导研究生制订合理的学习计划、提高学习效率，避免焦虑和压力，更快地进入科研创新状态；最后可以帮助广大研究生树立信心，强化研究生的主人翁意识，敢创新、能创新，为建设创新型国家砥砺前行。

参考文献

[1] 刘亚琼，王晓茹，王文秀，等. 科技论文写作与研究生创新能力培养[J]. 高教学刊，2022，8(23)：39-41+45.

[2] 邢苗条，李政界. 学科竞赛与科研项目融合的研究生创新能力研究[J]. 高教学刊，2022，8(33)：47-50.

[3] 王萌，路则光，贾万达，等. 研究生创新能力培养质量管理体系的构建及实践：以山东农业大学生物质复合建材研究方向科研团队的研究生培养为例[J]. 中国林业教育，2022，40(01)：50-55.

[4] 雷朝滋. 智能技术支撑教学改革与教育创新[J]. 中小学数字化教学，2021(01)：5-7.

[5] 王洪才，孙佳鹏. 我国研究生创新能力评价研究现状与前瞻[J]. 研究生教育研究，2022(06)：1-7.

[6] 陈李斌，银召霞. 新时代研究生创新能力培养路径构建研究[J]. 陕西教育（高教），2022(09)：48-50.

[7] 袁广林. 世界一流大学的本质特征是什么：兼论本科教育与研究生教育在一流大学中的地位[J]. 研究生教育研究，2022(04)：1-8.

[8] 杨佳乐，高耀，陈洪捷. 推免政策人才选拔效果评价：基于学术型硕士调查数据的实证研究[J]. 复

旦教育论坛，2022，20(06)：80-87.

[9] 陈琳. 跨专业教育学硕士专业适应性研究 [D]. 长春：吉林外国语大学，2023.

[10] 马静，范良生，何毛毛，等. 基于 PI 制和 TOPSIS 法对非全日制研究生创新能力培养模式研究 [J]. 中国继续医学教育，2022，14(11)：154-159.

[11] 李宇航. 推免制度下硕士研究生学业表现的差异研究 [D]. 大连：大连理工大学，2022.

[12] 刘海涛，王贵，刘焕牢. SCI 论文和发明专利驱动的研究生创新能力培养模式研究 [J]. 工业和信息化教育，2019(06)：16-19+23.

[13] 唐彪，张学敏，刘羽田. 主持科研项目可以提升研究生科研能力吗：基于重庆市研究生科研创新项目的实证分析 [J]. 高教探索，2023(03)：79-85.

[14] 翟鸣宇，程建，王苏桐，等. 基于 K-prototype 聚类的学生教育画像分析 [J]. 大连理工大学学报（社会科学版），2021，42(06)：22-31.

[15] Huang，Z. Clustering large data sets with mixed numeric and categorical values[C].Proceedings of the First Pacific Asia Knowledge Discovery and Data Mining Conference，Singapore，1997：21-34.

[16] Zhang J，Liu J，Wan Z. Optimizing transportation network of recovering end-of-life vehicles by compromising program in polymorphic uncertain environment[J]. Journal of advanced transportation，2019.

[17] 马莉萍，叶晓梅. 金本、银硕、铜博：能力信号还是学历歧视？——基于某"双一流"建设高校 10 届博士毕业生的实证研究 [J]. 华东师范大学学报（教育科学版），2023，41(02)：14-24.

面向国家战略的中国制造国际伙伴型人才创新培养与实践*

张冠华 刘坚 谢军 冯凯 姜潮

（湖南大学）

摘　要　随着"一带一路"倡议的提出，越来越多的中国制造产品已走向沿线国家，急需一批来自沿线国家、了解中国国情、具有中国情结的机械类国际伙伴型人才。文章结合当下创新型高校机械专业来华留学研究生教育教学面临的主要问题，结合湖南大学机械与运载工程学院留学生班的教学和实践经验，提出创新的"伙伴型人才"培养理论，创建开放式的课程知识体系和导师组制的个性化赋能实践培养模式，为高校机械类留学生复合型人才培养提供参考。

关 键 词　"一带一路"；机械工程；来华留学研究生培养

作者简介　张冠华（1987— ），女，湖南大学机械与运载工程学院，教授。联系电话：0731-88821423；电子邮箱：guanhuazhang@hnu.edu.cn。

引言

"一带一路"倡议是我国进一步提高对外开放水平的重大构想。"一带一路"倡议涵盖区域内政策沟通、道路联通、贸易畅通、资金融通和民心相通。国际化人才是促进"五通"的基本保障。[1] 随着"一带一路"倡议的不断推进，越来越多的中国制造产品已走向沿线国家，急需一批来自沿线国家、了解中国国情、具有中国情结的国际伙伴型人才，以提升中国制造品牌，优化中国制造服务，贡献中国制造方案，推进中国技术标准国际化，成为服务国家"一带一路"建设的推动者。

湖南大学机械与运载工程学院自 2000 年开始，将机械工程国家"双一流"学科特色与国家发展需求紧密结合，积极响应国家"一带一路"倡议，依托整车先进设计制造技术全国重点实验室、国家高效磨削工程技术中心、国家级机械工程实验教学中心、国家级机械工程虚拟仿真实验教学中心等国家级教学科研平台基地，结合"111"创新引智基地和教育部"中非高校20+20 合作计划"、商务部"发展中国家工业工程硕士班"项目建设，近十年为"一带一路"沿线 26 个国家培养博士研究生 20 名，硕士研究生 120 余人。

当前，地缘冲突、大国博弈等诸多因素相互交织、相互影响，国际形势复杂多变，对我

* 本文受湖南省学位与研究生教学改革研究重点项目（2021JGZD014）资助。

国高校的国际化人才培养提出了越来越严格的要求。[2]此外，来华留学生生源的文化背景迥异、学科背景多元、知识结构差异和发展需求多样，我国现有的来华留学研究生培养模式不再适用。[3]如何针对"一带一路"沿线国家来华留学生的特点因材施教，制定符合其特点的教学大纲、教学方式方法迫在眉睫。并要确保所培养的国际人才有深厚的中国情结，主观上愿意推动"一带一路"建设和"中国制造"的合作共赢。

本文围绕创新型高校机械类留学生人才培养过程中面临的问题和创新培养方法展开讨论，旨在不断提升机械类来华留学生的培养质量，为今后工程类来华留学研究生培养工作提供有益探索和借鉴依据。

一、机械类来华研究生人才培养存在的问题

近年来，随着来华留学生规模的不断扩大，来华留学研究生教育教学面临如下共性问题。

（一）来华留学研究生个性化培养问题

由于招生方式与国内研究生招生方式不同，来华留学生的学科背景多样化，学生个人发展诉求各异，如何针对留学生的发展需求和个性化特点制定"因材施教，按需赋能"的培养模式，是留学生教育教学应解决的首要问题。

如何充分了解学员知识结构与学科背景的多样性和意向就业国情的差异性，结合学校优势产业合作平台与国际化办学资源明晰伙伴型制造类技术与管理人才的能力需求，以构建相应知识体系，支撑国际化人才的宽口径培养和个性化发展。

（二）来华留学研究生国情认知与实践能力提升问题

传统的研究生课堂教学模式已经不能满足国际学生的培养诉求，特别是作为工科专业，如何通过实践教学环节创新既提升来华留学生对"一带一路"倡议的认同和"中国制造"的认知，又拓展其服务于"一带一路"建设和"中国制造"的专业能力是伙伴型人才培养的战略问题。

如何深刻理解和挖掘优势产业和国际合作中的问题与需求，如何通过形式多样的赋能教学方法开展研究、探索与实践，建立适应人才特点的培养模式。

（三）来华留学研究生创新能力养成问题

创新能力培养是研究生教育的本质问题，如何在培养过程中提升国际学生创新科学研究、工程实践以及运营管理的能力，是培养优秀伙伴型人才的关键问题。

如何多维度为学生营造良好的实践创新生态系统，使学生既能知华爱华拥华，更能在就业意向地区践行"一带一路"合作创新，成为"中国制造"国际伙伴型人才。

二、中国制造国际伙伴型人才创新培养策略

尽管国内外一些理工科院校提出了各种留学生培养教育理念和方案，但中西方办学条件、文化背景差异较大，国内兄弟高校的生源地和特色专业不同，如果照搬已有的培养方案，很难从根本上解决上述来华留学生教育问题。

近年来湖南大学机械与运载工程学院联合湖南大学留学生中心，以培养面向国家战略的中

国制造国际伙伴型人才为目标，以商务部工业工程国际班的教学实践为例，将学科特色与国家战略需求紧密结合，从不同维度提出了机械类来华留学研究生的创新培养策略和建议。

（一）立德树人，开放式构建强产业背景的国际化师资队伍

着眼于建设师德高尚、业务精湛的教师队伍和培育优良学风，开放式优化师资结构并引进国际资源参与伙伴型人才培养。打造一支博士学位占比 100% 且具有海外高水平大学的访问留学经历的校内导师队伍，引进外籍院士等海外高水平人才通过线上授课等方式参与留学生培养，聘请企业背景的兼职（客座）教授以企业导师身份参与留学生培养。通过与企业共建联合实验室或研究生联合培养基地，建立具强产业背景并兼具全球视野的师资队伍。

（二）明晰核心能力要求与所需知识体系，培养学生解决复杂问题、适应企业海外拓展的协同创新能力

强调"一带一路"倡议下制造类技术与管理技能的提升和拓展，以"中华文化认知、产业发展分析、工程问题求解、资源整合协调与团队构建领导"五个核心能力的培养为目标，构建三类课程与知识群。

中华文化认知：立足国际视野，通过开设中华文化、汉语基础、中国国情等课程使其能够准确认知中华文化，理解中华民族的核心价值观，了解"一带一路"倡议和人类命运共同体理念，具备良好的沟通能力。

产业发展分析：着眼全球，在系统理解中国（湖南）制造的基础上能准确把握其核心竞争力及海外拓展诉求，了解工程机械、轨道交通和智能装备等优势产业的发展态势和趋势，具备良好的目标市场分析能力。拟增加的培养环节包括先进制造系列讲座、企业家座谈、创新设计、展会观摩、企业调研等。

工程问题求解：在掌握工程问题分析与求解策略及方法的基础上，能创新性地解决在工程类课题研究和项目实施中所遇到的问题。代表性课程包括工程前沿学术报告、设计优化、机械振动学、工程热力学、信号分析与处理等。

资源整合协调：具备对不同来源、层次、结构、内容的资源进行识别与选择、汲取与配置、激活和有机融合的能力，使其柔性化、条理化和系统化，并支撑中国（湖南）制造海外拓展。代表性课程与环节有系统工程、项目管理、物流与供应链管理、质量工程、企业实习等。

团队构建领导：围绕"一带一路"倡议的推进和中国（湖南）制造海外拓展，具备远景目标设定、团队结构设计、人员激励规划、团队行为优化的能力。代表性培养环节包括企业家座谈、企业实习和名家讲坛等。

在核心能力循序渐进地提高的过程中，学生可以根据自己的兴趣爱好和职业规划，在如下三类课程群中自由选择和配置对应的培养方案。

文化与产业认知：以工程机械、轨道交通、智能装备等中国（湖南）制造优势产业的海外拓展需求为目标，在强调中华文化认知的同时强化复杂工程问题的分析与求解能力，着力为三一集团、中联重工、中车株所、湘电股份、北汽福田、大族激光、泰富重工等高端装备企业输送海外拓展人才。

技术研究与创新：将博士层次伙伴型人才的培养融入各学科方向的研究与创新中，围绕先进设计与优化、精密磨削与纳米加工、故障诊断与智能维护、数值仿真与分析等高峰学科方向展开海外博士生培养，引导其参与前瞻性科研项目并发表高水平论文，为"一带一路"国家培养一批机械工程学科带头人。

创新管理与实践：以"产业优势—拓展需求—创新应对"为策略，提升"中国制造"在"一带一路"沿线国家和地区的品牌影响和输出能力。从环境、经济、社会、文化可持续发展的角度，培养具有品牌构建、系统分析、创新思维、协同优化等能力的复合型人才。

（三）创新教学方法与知识赋能方式，培养学生"中国情怀"下的创新能力

以学员为主要参与者，植入协作性的互动教学与实践项目，将传统的"被动式学习"模式升级为"做中学"主动式赋能模式。一方面借助"111"引智计划、岳麓论坛、名家讲坛和承办的国际学术会议将全球化的师资引入伙伴型人才的培养，使其在了解学科前沿进展的同时养成创新意识；另一方面聘请校外企业导师、优秀校友、合作领军企业管理者协助指导伙伴型人才，通过授课讲座、座谈交流、项目指导和企业实践等形式让学员在认知中国、了解产业的同时形成共赢思维，将培养过程打造成为学生、老师、企业家、研究者以及行业专家共同参与的开放式协同创新教学体系。

（四）创新教学实践生态系统，提升伙伴型人才的工程实践与协同能力

整合学科、平台与社会资源，采用多种工程实践创新组织形式，通过湖南省研究生创新培养基地、校企联合实验室、创新创业中心合作平台，积极参与行业领军企业的产品研发、生产运营、市场开拓和运维服务，并系统开展行业调研、展会观摩、海外客户走访等交流活动，从资源平台、组织形式和内容体系等多方面构建良好的实践创新人才培养生态系统，让学生直接参与竞争性实践。

（五）探索多视角能力达成度评估，驱动伙伴型人才培养模式的持续改进

分别从导师组、海外学员本身和用人单位三个视角，探索伙伴型人才的能力达成评估策略与方法。其中导师组视角关注培养模式的定位及目标，学员本身视角体现培养模式的主观满意度，用人单位视角反映培养模式的客观成效，结合评估数据的分析进一步明晰能力养成的路径与资源依赖，为能力定义优化和培养模式改进提供依据。

结语

随着"一带一路"沿线地区经济快速增长以及贸易合作关系日益加深，愈发需要我国高校培养出更多更高质量的中国制造伙伴型来华留学生人才，同时当前智能制造的发展对留学生教育提出了更高的要求。针对当前国际形势下的机械类来华留学生人才培养问题，本文讨论了创新型高校机械工程专业留学生人才培养面临的问题和解决方法，构建了校企深度合作、知华爱华拥华的中国制造国际伙伴型创新人才培养模式，并有望在国内兄弟高校、合作企业和涉外培训基地进行应用推广。

参考文献

[1] 雷贞贞，黄琪，孟杰."一带一路"视阈下来华国际留学生机械专业创新应用型人才培养探究[J].西部学刊，2020(4)：89-91.

[2] 赖韬，张大长，王俊，等."一带一路"背景下土木工程专业留学生人才培养策略[J].教育教学论坛，2021（43）：115-118.

[3] 陈荣明."一带一路"沿线国家来华留学生管理策略研究[J].中国高等教育，2017(Z3)：69-71.

智能化时代背景下产教融合驱动的
传统液压行业人才培养方案探索 *

张坦探

（湖南大学）

摘　要　在智能化时代背景下，液压技术在工程机械和动力系统等重工业领域仍具有不可或缺的地位。但随着智能化工科的发展，学生往往倾向于学习上层的软件开发知识，从而忽视了底层物理知识的重要性。本论文旨在通过液压课程与产学研的深度结合，引领学生深入了解液压行业，培养其研发兴趣。在此过程中，展示我国液压工业的辉煌成就，激发学生的爱国情怀。通过实践和信心培养，全面提升学生的相关研发能力，为未来职业发展奠定坚实基础。

关 键 词　液压传动；产教融合；培养方案；思政

作者简介　张坦探（1990— ），湖南大学机械与运载工程学院，助理教授。联系电话：13187050009；电子邮箱：zhangtantan@hnu.edu.cn。

引言

液压技术在工程机械、动力系统、航空航天、船舶制造等诸多领域具有巨大的应用潜力。这些领域对于大推力、高精度的能量转换与传递方式有着迫切需求，使得液压技术成为不可或缺的关键技术之一。

然而，在智能化飞速发展的今天，许多学生被软件技术表面的高收入前景所吸引，[1]从而忽视了液压技术及相关的多物理场等底层知识的重要性。[2]需要明确的是，软件技术在工业界中的发展并非孤立存在，它必须依赖于底层物理知识的支持，特别是液压行业相关的基础物理知识，在某些特定应用场景下对软件系统的优化起到至关重要的作用。[3]

遗憾的是，学生对液压技术的忽视，导致许多企业在招聘时面临液压技术人才匮乏的问题。三一重工和中联重科等企业便是其中的受害者，它们急需液压技术相关背景的人才加入以推动企业核心技术发展。可见，如何重新激发学生对液压技术的兴趣，引导更多人才投身该领域，已成为当前行业和教育界亟待解决的问题。[4]

为应对这一挑战，本文从课程教学及产学研融合的视角出发，探索全新的人才培养模式。这包括优化课程结构与实践环节，加强与企业的科研合作等。通过这些创新措施，笔者期待能在课程中逐步引领学生了解液压行业，激发其研发兴趣与爱国情怀，并全面提升学生的科研与

* 本文受湖南大学校级课程和教材建设项目"'液压与气压传动'课程思政建设"资助。

创新能力，为他们的未来职业发展奠定坚实基础，同时也为液压行业输送更多合格的人才。

课程教学的革新与实践

课程教学的展开将依据三个核心方面：改革需求、教学方法的创新，以及思政教育的融合。相关的具体内容详见表1。

一、课程审视与改革需求

表 1　液压技术教育改革策略概览表

领域	措施	详细描述
课程改革需求	强调实践与创新	更新教学模式以适应现代需求
教学方法创新	案例研究	如三一重工在"一带一路"项目的液压技术应用
	模拟实验	使用 AMESim 等软件进行液压系统设计和故障诊断的虚拟实验
	互动学习	讨论智能液压系统的整合与优化、绿色液压技术的创新应用
思政与技术教学融合	国内外技术对比	通过对比国内外的发展历程，增强民族自豪感与创新意识
	工匠精神培养	鼓励学生突破传统思维，开发创新的液压解决方案
	国际视野与家国情怀结合教育	结合国际科技发展和国内进步，培养学生的全球视野和国家责任感

当今高等教育越来越重视实践和创新能力，传统的液压技术教学方式变得落后。过去主要依赖课堂理论讲授和基础操作演示的教学方式，虽然为学生构建了基本知识体系，但在知识应用、创新能力以及理论与实践结合的能力培养上存在不足。[5]学生们反映，他们难以直观地理解液压技术在现代复杂工业环境中的应用，这影响了他们的学习热情和未来投身相关行业的信心。因此，现在急需进行一场以行业需求为导向、以学生为中心的课程改革。[6]

二、教学方法的多元化与创新

为了提升课程的吸引力和教学效果，以下是一系列有深度和广度的教学改革措施：

1. 案例研究法的实施

挑选并展示液压技术的成功应用案例，如三一重工在"一带一路"相关项目中展现的液压技术相关实力及比亚迪生产线上的液压系统高效应用，可帮助学生将抽象的理论知识与实际应用相联系，激发他们对液压技术的深入探索兴趣。通过案例分析，学生们能够更直观地理解液压技术的核心原理，并认识到其在现代工业中的重要性。

2. 模拟实验教学的应用与推广

借助 AMESim 等先进模拟软件构建的液压系统设计和故障诊断虚拟实践平台，让学生在高度仿真的环境中自由设计、调试和优化液压系统，同时拓展课外知识。该平台不仅覆盖了课内关于不可压缩流的基础知识，还通过整合工质的物理特性，让学生初步探索并理解可压缩流对系统响应的影响，深化对液压系统工作机制的理解。此外，组织设计竞赛，让学生在竞技中提升专业技能，并培养团队协作能力。

3. 互动学习与思辨能力的提升

课程中增加的互动讨论环节，围绕液压技术的最新发展动态，如智能液压系统的整合与优化、绿色液压技术的创新应用等前沿话题进行深入讨论，旨在增强学生的批判性思维和公众表达能力。

三、思政教育与技术教学的融合

在技术教学的同时，注重思政教育的渗透和融合，具体措施包括：

1. 国内外液压技术发展对比教育的开展

通过对比分析国内外液压技术的发展历程和应用差异，引导学生认识到国家在全球科技竞争中的地位及自主创新的重要性，提升学生的民族自豪感和创新意识。

2. 工匠精神与创新能力的培育

强调追求卓越、精益求精的工匠精神，与液压技术的精确性、复杂性相结合。通过设计创新任务和挑战性项目，鼓励学生突破传统思维束缚，开发出创新的液压解决方案。

3. 国际视野与家国情怀的结合教育

融入国际元素和前沿科技动态，引导学生关注全球市场和技术发展趋势。结合国内技术进步和企业成功案例，培养学生的全球视野和国家责任感。致力于培养具备国际竞争力且怀有深厚家国情怀的新时代工程师。

四、产教融合驱动的液压技术人才培养实践

在液压技术教育的改革与创新探索中，如表 2 所示，本研究采纳了产教融合的教学模式，通过与领军企业如三一重工和中联重科的深入合作，实现了教学活动与企业需求的紧密结合，确保教育内容与技术发展的同步。

（一）构建与实施校企合作新模式

表 2 产教融合下的液压技术人才培养实践概述

领域	措施	详细描述
校企合作模式	建立全面的合作框架	与三一重工和中联重科合作，包括实习、项目开发、技术研讨，确保教学内容与企业需求同步。
	项目驱动的实践教学	学生参与企业实际项目，从设计到操作全流程，提升技能和创新思维。
	定期技术交流与研讨	组织技术研讨会，邀请企业工程师，拓宽学生专业视野

续表

领域	措施	详细描述
合作案例与成效	液压系统的建模与优化	学生使用商业软件参与企业项目，通过优化设计及实验验证，提升分析能力。
	实地实习与技术挑战	学生在企业实习，应用理论知识解决生产问题，提升相关职业素养。

1. 建立全面的合作框架

与行业领军企业如三一重工和中联重科等建立了全面的合作框架。该框架包括学生实习、联合项目开发、技术交流与研讨以及定制化课程等多个方面。此合作模式确保了教学内容的实用性和前瞻性，紧密跟随企业的实际需求。

2. 项目驱动的实践教学

引入以企业实际项目为核心的实践教学活动。学生在企业导师的指导下，完成从液压系统设计、模拟到实际操作的全流程。这种方式不仅提升了学生的专业技能，也全面培养了他们的问题解决能力和创新思维。

3. 定期技术交流与研讨

通过定期组织技术研讨会，并邀请企业工程师和技术专家参与，促进了学校与企业间的技术交流。学生得以接触液压技术的最新动态和行业前沿，从而大大拓宽了他们的专业视野。

（二）合作案例与效果评估

1. 液压系统的建模与优化

与三一重工的合作中，学生实际参与了液压系统的建模与优化项目。利用 AMESim 软件，学生直观地观察到设计参数对系统性能的影响，并通过实验找到最优设计方案，提升了他们的系统分析能力和软件应用能力。

2. 实地实习与技术挑战

在中联重科的实习项目中，学生获得了实地操作经验，将课堂理论知识应用于实际，并学会了在生产环境中快速诊断问题并提出解决方案，显著提高了他们的职业技能和实践能力。

结论与建议

经过上述教学改革与产教融合的深入实践，本文所述方案在液压技术教育领域已展现出显著成效。学生们不仅在技术水平和实践能力上有所提升，更在学习过程中逐步培养了社会责任感和国家意识。这种全面而多元的教学模式，无疑为学生们未来的职业生涯打下了坚实基础。

与行业领军企业如三一重工和中联重科等建立的紧密合作关系，为学生们提供了宝贵的实践经验，使他们能够深入了解行业需求和前沿技术。这种产教融合的教学模式让学生们的学习更加贴近实际，进而提升了他们的就业竞争力。已有参与过项目的学生在毕业后顺利进入了对口企业，并展现出了卓越的职业素养和技术能力，充分验证了该教学模式的实效性。

从长远角度看，产教融合在增强学生就业竞争力、优化教育内容及激发创新潜能方面均展现出了巨大价值。通过与领先企业的合作，为学生提供更多实践机会，使他们能够更深入地了解行业动态与前沿技术，为职业发展奠定坚实基础。同时，这一教育方案融合了技术培训与思政教育，不仅注重提升学生的专业技能，还着重培养学生的社会责任感和国家意识。这种全方位的教育引导，具备培养出既具备高度专业技能，又拥有坚定理想信念和强烈社会责任感的新时代人才的潜力。

参考文献

[1] 李宏兵，王贺新，翟瑞瑞.工业智能化对我国就业和工资的影响效应研究[J].北京邮电大学学报（社会科学版），2020，22(6)：63-78.

[2] 成佳.利用仿真软件提高液压课程教学有效性探讨[J].南方农机，2019，50(7)：180.

[3] 肖文荣，冯利娟.一流本科课程建设下液压传动与控制课程教学探索与实践[J].时代汽车，2024(6)：32-34.

[4] 刘克毅，李进韬，王啸，等.机械电子工程专业应用型人才培养模式的探索与研究[J].创新创业理论研究与实践，2023，6(13)：124-127.

[5] 郑杰兰，金林，李梦婷.技能型社会建设视阈中高等教育多样化发展研究[J].华东师范大学学报（教育科学版），2024，42(4)：110-122.

[6] 王艳杰，郭荣春，班孝东，等."以学生为中心"的汽车构造课堂教学改革与实践[J].汽车实用技术，2024，49(6)：183-187.

20年把一剑：基于湖大复合文化特质的创意思想教研报告

周自祥

（湖南大学）

摘　　要　本报告以"20年把一剑"为命题来串构与总结作者从研究生毕业生到20教龄的大学从业者的教学科研成果与经验感悟，特别承载着一个新兴领域20年的基本概貌，有着特别的"样本"价值。

关 键 词　复合文化；创意思想；"20年把一剑"

作者简介　周自祥（1975— ），湖南大学新闻与传播学院教授。联系电话：15111305070；电子邮箱：zixiangzhou@163.com。

一、成果研究和改革基础

1. 问题的提出

年年岁岁"花"相似，岁岁年年"果"压枝。大道至简。若要寻求一位能整合与简化为"一"而又能从"一"出发，拓展与新生无限可能的超级好创意"能者"，历史性、现实性与未来感兼具的"2023"这位时间数字卡位"大先生"，拥有其与生俱来的"专利"。2023年是湖大"双创"（有规模的文科创业新院新专业）20周年，这是报告主题成立的事实基础。好案例也需要"泥人张"般一把再一把地不断"手捏"续成。如果说现代媒介与信息方式里存有大人文意义的高山桃花源花果山，那大学方式自然是领路人。本案从生到熟，匹配着湖大新世纪从新院新专业创业伊始至今20年的历程，除了展现成果产出的鲜明时间线卡位，更体现着生动而艰难的新兴领域理论创造从无到有到大范围影响的过程，与不断扩围迭代升级生长概貌，从而有了一个可多视角多领域再投射再研究或赋能给出的力量，深刻到中国有没有可能在很短时间内透视西方100年广告专业史，发展出我们自己的不仅满意且能深思的主体性。本案属于有深刻创业与开创意义的使命性报告，而不只是日常工作事项总结，因而行文本身也注重颇有创意的"叙事"表达。

人民需要理论，理论也需要人民，理论研究者的热情投入与理论成果，与其他领域的辛勤劳动果实高度内在一致，都是创造了社会财富。新时代的中国学界正在经历第三次学术大转型，亟须向出思想、出模型、出概念、出方法论、出话语体系转变，目前正处于这个大转型过程的初始时期。有着辉煌灿烂优质理论史的大中国数千年来一直在灯灯相传，薪火相继。一代人有一代人的新时空与新使命，今天的理论研究者在处理好"古今中西"的核心结实理论与极致推扩的大问题上遇到了国际性的"拦路虎"。本报告抓住中国文化千年一脉的"信息创意"这个大根本，连接时代新特点，以 2023 年湖大文科广告专业创建 20 周年为横切堤坝与引子，纵联总览与总结 20 年来的经验感受与教研成果，有机切入到大学术视野，特别关注几十年来长期处于时代潮流风口浪尖的广告大领域的有超越性的理论支撑与理论创新及新的构建。

2. 研究和改革的必要性和可行性

在综合性大学内别的较成熟的专业领域，专业理论大多不是个问题，但在湖大文科的广告创院领域，这是个双重问题。因而，本案例除了有专业学科建设与理论发展意义，还有更大层面的我国大学如何建设文科新兴领域的"样本"意义与价值，而不只是舆论不满潮中又增加一个被批评的对象与角色。因为自改革开放以来，新闻传播领域的理论知识建设除了有一个大规模学科资源照单全收式"引进"，我们本土还有一个突出的现象，就是有意无意聚焦到新闻领域有学无学。无学观在广告领域更盛。20 世纪 80 年代因须提升业界从业人员学历与文化素养而有动力在大学立足，由此也启发我们加深认识起点研究的重要性与深刻性。如果一个新兴领域没有好的起点与运动力，后来者很可能荆棘密布。这是第一问。接下来就到了"上未封顶下也没底"、校史底蕴深厚，但实质上却是才从理工类大学转型而来的湖大文科，其新闻传播板块路在何方的更难问题。想当初，学校领导跟我说起过，我们的境遇是"西南联大"，今天回味，真说了实话。也可以说，正是此种境遇与大挑战促成对大文科"有点外行"的我们深度思考中西文化异同，及中国传统文化湖湘文化快速贴近时代、快速现代化的理论基础建设与教学资源转化。

3. 研究和改革所要解决的核心问题

注重有哲学关键意义的起点问题、起点新意研究，并持续往点线面体交叉学科地带进发，勇闯关联社会需要的"无人区"，关注研究成果的大面积转化力，形成社会贡献，不只是满足学界与学科与学生需要。将研发成果与课程教学结合起来，增加新鲜度，压缩教材内容，解决照本宣科和研讨式教学学生介入兴趣偏低难题。

在大面积理解前人的长处与显著成果及大方法论基础上，创新与深入把握本领域的可能学术方法，追求有持久价值的学术花朵、果实与转移种植。在结出学术特质文化粒子的基础上，找到了以"卷息传播"为大方法的能有专业与社会贡献的成果输出与运作增值增加社会财富方式。追求专业成果与创院创专业学科成果及学校特质的耦合力标配力辐射力。

4. 相关项目立项情况

A. 文化产业规划设计与传播艺术研究，湖南省社会科学基金课题：已结项（2011——2016）。

B. 大数据时代品牌意识与文化巧实力研究，湖南省社会科学基金课题：已结项（2023）。

C. 2015 年参与中国人民大学国家社科基金重大项目"百年中国新闻史史料整理与研究"（项目编号：15ZDB140，湖大项目编号：04N89329-02），发表项目成果：《卷息传播：中国品牌理念创新》。

二、成果的研究和改革实践

1. 研究方法和研究过程

以日积月累，点线面体的方式建构新知堡垒，以实地考察强化成果标记力量，以"沉思"

的学术方法、极其简洁的文字为"信息"概念注入结实而长期有效的新内涵，"借鉴"与"采风采写"既有资源，谋音谋字谋句谋篇组合结构成书，凝聚着一线中国高校教研人的长期脑力劳动与智慧耕耘。立足大学特点，深刻领会大学能力与责任，拉开理论与短时实践的距离，考虑基于湖大历史文化资源与现实大平台的理论建构与创新可能，在注重平时教学思考写作点滴积累的基础上，将专业特质体现在研发过程与成果处理上。特别重视既有理论成果的迭代升级拔高提升转化与再加工，以不断丰富文化粒子、加热文化粒子的方式精细经营，有别于最先一辈学者侧重的掰最多玉米以拥有更多领域为荣的研发方式。

2. 教育教学方案（成果解决教学问题的方法）

老师先走一步，出新概念新观点新思想，形成文本、代表作等可见成果。然后，成果与专业课程结合，进课堂，观点入脑入心，根据学生特点因材施教。将历年在研究生课堂上不断创新积累的成果，于 2023 年进行师生互动中形成了期待着的经典案例，这也是促成本报告的特别缘由。

3. 实施过程

A. 特别注重起点问题起点新意研究，并持续往点线面体交叉学科地带进发，勇闯关联社会需要的"无人区"。将研发成果与课程教学结合起来，增加新鲜度，压缩教材内容，解决照本宣科和研讨式教学学生介入兴趣偏低难题。

B. 激发学生对专业知识的深度兴趣与专业责任，愿意花更多时间"钻"进去走出来。

C. 老师跟进知识的前沿与关键领域，动态掌握本领域知识行情。

D. 将平时的研究收获及时转化为信息文本，逐步转化为在课堂可表达的学生能听懂与有收获的核心文本。追求发现深入真问题，出产真知识、出彩精深原创知识，形成精彩文本。

E. 好的核心文本的确应成为一个专业乃至一个大学的资本有机构成。

F. 以本次申报内容为核心整合的相关学术成果已转化为课堂教学成果，在本科生与研究生教学中使用，并以"当代中国创意传播哲学原理构建与教学创新"成果形式于 2019 年获得湖南大学教学成果三等奖。

G. 新时代的中国学界正在经历第三次学术大转型，亟须向出思想、出模型、出概念、出方法论、出话语体系转变，目前正处于这个大转型过程的初始时期。有着辉煌灿烂优质理论史的大中国数千年来一直在灯灯相传，薪火相继。一代又一代人的新时空与新使命，今天的理论研究者在处理好"古今中西"的核心理论与极致推扩的大问题上遇到了国际性的"拦路虎"。本案例抓住"信息创意"这个大根本，连接时代新特点，有机切入大学术视野，特别关注几十年来长期处于时代潮流风口浪尖的新闻传播大领域的有超越性的理论支撑与理论创新及新的构建。

H. 本案例以"沉思"的学术方法、极其简洁的文字为"信息"概念注入结实而长期有效的新内涵，"借鉴"与"采风采写"既有资源，谋音谋字谋句谋篇组合结构成书，凝聚着一线中国高校教研人的长期脑力劳动与智慧耕耘。

4. 已取得的理论成果

本案匹配着湖大新世纪文科从新院新专业创业伊始至今的 20 年历程，除了展现成果产出的鲜明时间线卡位，更体现着生动而艰难的新兴领域理论创造从无到有到大范围影响的过程与不断扩围迭代升级生长概貌，形成了课程新鲜力影响力，从而有了一个可多视角多领域再投射再研究或赋能给出的力量，尤其是将"内卷化"与"巧实力"两个有国际影响力的大学术概念、有深刻内涵的新学理创造性地转化到有中国文化基座的创意领域。本案提出了平民化传播理论、丰富了学界的"人民"概念内涵；提出了"信息球""思维浮桥""起点传播模式图""周边传播学"等有新内涵的学术概念；构建了基于湖湘文化特质的锥形广告范式；创建了 W 理论、分析创意学、"968"模式、两个创意理论类发明专利等，形成一些学术新概念、有新意的学术话语与观点。部分观点如"传播是理念布置的路"，"信息是文化产业的学术根基"，"文化产业研究特别承载着中国学术与中国转型的当代传奇"，"信息即万物与信息自身的别样表达与翻译"，"中国广告产业能以超越内卷化的方式高水平贡献国家经济社会发展"，认为"内向卷入与外向展开是文化与文明的内核结构"；提出并阐释了"传奇理论"及"传奇理论核心模式图"，认为在今天局部与整体媒介环境都发生极大变化的大环境下，崛起的中国有责任有能力重振重构传播的新千年新百年有文化底蕴的新起点标准，结合传播学术资源，开拓出来传播起点思想研究方法论；认为创建的分析创意学有恒久学术及应用价值，周边传播学是"一个"值得开掘的高价值学理富矿。

5. 实践成效

A. 科研成果部分内容已转化为发明专利、已形成课堂教学案例应用，有拓展应用的大潜能与基础理论准备。

B. 部分学术成果已转化为课堂教学成果，在本科生与研究生教学中使用，并以"当代中国创意传播哲学原理构建与教学创新"成果形式于 2019 年获得湖南大学教学成果三等奖。

C. 两本相关学术专著《文化产业理论沉思》，上海交通大学出版社 2016 年版；《文化创意理论生发》，光明日报出版社 2019 年版。在同类著作中特色鲜明，所形成的理论成果文化含量高，创意创新特点明显，成为上书架入知识网络产品。

D. 在今天的人工智能（AI）即将"飞腾"传统广告与全世界人民工作生活方式，创造新美学的关键时刻，本案已是一个节点，一个意象，有着可持续的开发价值，且已受到广泛的社会关注与深度跟进及拓展，并进行了持续再加工和再精细研发，这已是在铺出一条彩路来。作为世界史转弯的地方，"二战"后新思想新理论多角度多领域交叉集中区域，"广告与品牌"这里面的"弯弯绕"，并不只是表面上的"品牌经济现象与大众文化"那么简单。但吊诡的是，抵近一看，确实容易满眼是"资本主义的生意经"，再加上"钱大理大"的业界运作法，轻易"蒙住了"很多研究者的双眼。本案正是在这个貌似正常无疑的地方，提出了问题。现有西方发达国家的广告与品牌所偏向的部分，是"个体"业界运作，一个具体广告如何做，一个广告运动如何做，其他资源都是立足于此的各种"利益输送联结与分成"。于是乎，超越于此的更大板块与可能，有着中国立于既有资源的"大可能"，中国的整体大研究走到今天，行家们已深刻意识到，中国正需要一个古今中外包容一体的大哲学观，这个大哲学观最基本的要求即是"不可逆，能持续刚健向前"，实际上就是在"能通与全通"之间要有关键卡位，不停拔高转化这一卡位，理论光芒就放出来了，社会整合及文化自信就都有了一个可深刻连接的东西。而用广告与品牌大力运作这个大思路，刚好是中国强项，只有中国有这个大动力。中国式广告与品牌运作故事能带给所有中国人新观感与好消息，让世界感受到中国的"别样力量"。这样西方发达国家甚至我们自己没想到没做过的"大空间"就"站"出来了。比如，超越被动的只是"物"的刺激，搞大项目低成本的相关理论知识成果的推进与普及。

三、成果的特色和创新

1. 成果的特色

(1) 本案匹配着湖大新世纪文科从新院新专业创业伊始至今的 20 年历程，除了展现成果产出的鲜明时间线卡位，更体现着生动而艰难的新兴领域理论创造从无到有到大范围影响的过程与不断扩围迭代升级生长的概貌，形成了课程新鲜力、影响力，从而有了一个可多视角多领域再投射再研究或赋能给出的力量。

(2) 找到了一个特别的中国与世界与时代，大学与社会，政府与民间，老师与学生良性有机互动的时空与事件切入点。小册子可让稍有广告常识的人联想到现代广告的起点——威尼斯小册子。本报告成果之小册子《2023：一个特别的年头》封面可精细读出来若干个"123"，特别锁定着《道德经》的第 42 章（小说《银河漫游记》中的人工智能智商答案 42），道生 123。

(3) 成果文本类型丰富，核心学术观点与定型成果及获得的相关奖项形成了老师与学生、大学与社会等多领域多层次互动，20 年时间跨度大，检验时间长。

(4) 有一批师生及社会满意的经典文本产出，尤其是两个压缩了诸多专业内容的文科发明专利，形成了亮点，其价值有着大社会联合运作基础。

(5) 本报告在经济社会建设的方向盘设计与把握方面，及时地做出了理论与实践技术的创建与支持，甚至深入到我国暂时还没有明法规范的广义国土的现实开发，如优质测绘资源的再文创与价值升值。文化创意乃至产业规划是一个复杂的综合系统，需要整合多学科多行业资源。作为有长远思考与现实应用双重使命的文化创意及规划与传播问题，就变得有较大的研究难度与方向把握上的困难，本案及时开掘出的方向与立足最核心中国文化资源并颇具学理性地深刻结合外部世界前沿思想与技术的方法具有新颖性实用性，经得起较长时间的检验。

2. 成果的创新之处：理论创新和实践创新

A. 写出了一批有长久教学启发力与专业特质的论文，如《媒介平民化理念的思考》（2005），《w 理论：文化创意原理重构与创新》（2013），《传奇理论的当代置顶与广告应用》（2017），《以有限联动无限：传播"魔法师"角色的时代演绎》（2019），等等，尤其是将"内卷化"与"巧实力"两个有国际影响力、有深刻新学理的大学术概念，创造性地转化到有中国文化基座的创意领域。

B. 于 2016 年与 2019 年出版了有迭代升级特质特点的两本创意领域有创见的理论主题专著，在同时段，此类著作社会有大需求而出产不多。

C. 两个文科发明专利得以获批，体现着学术有更精细更贴近社会超越大学内部需求的大空间，在同类专利系统中，体现出了相对较高的水平。

D. 在研究生课程教学过程中产生的新知识再转化到本科教学中起到关键作用，获得学生认可好评，并以此组织指导学生参赛，于 2023 年获得一批社会力量奖项。

3. 社会反响（包括成果的推广应用）

以本次申报内容为核心整合的相关学术成果已转化为课堂教学成果，在研究生与本科生教学中使用，并以"当代中国创意传播哲学原理构建与教学创新"成果形式于 2019 年获得湖南大学教学成果三等奖。

以既有学术成果指导学生参赛应用，于 2023 年获得一批奖项：7 个一等奖，6 个二等奖，8 个三等奖。重要性不只在于奖项，还在于我们及时抓住关键的学术承接与转化能力，及时转化为申报人 2023 全年度所有写作集成的小册子的封面故事与封面技术，小册子定名为《2023：一个特别的年头》，从而转化放大延伸了奖项事件的大时代标注意义。

好的核心文本的确应成为一个专业学科学院乃至一个大学的大学资本的有机构成。本案具有大学恒久资源价值，大学品牌增值价值。

四、成果需要进一步深化和完善之处

科研成果转化为了常识，转化为了社会进步，转化为了社会财富，广大人民对科研的热情就会进一步提高，持续推动解决近代中国科技落后造成的遗留问题，确保中国社会持续健康发展。

本案所取得的成果，所代表的是一种中国大学研究产品，体现了鲜明的当代中国大学特质与大学精神，面向理论与业界前沿，发现价值，研发新思想新技术，来服务国家需求、服务社会、服务人民。

本案有着大学文科成果的局限，有着工程学潜力，但没有相关资源进行进一步的成规模的社会运作与实践，这有待更高水平的科研运作组织能力，社会需求的增长以及大学能力的进一步发展与提高。

美育浸润背景下高中合唱教学模式探索
——以宁乡市第十三中为例

于洋

（湖南师范大学）

摘　　要　本文以教育部提出的"美育浸润"精神为指导，以"艺术实践活动普及"的行动为基准，通过"跨学科"的教学方式以及"节奏律动＋首调视唱＋旋律模唱"的"三维融合式唱谱"练声训练方式，对宁乡市第十三中的合唱课堂教学模式进行转型。通过合唱实践将美育浸润至学生的日常实践活动中，促进学生的全面发展。

关 键 词　音乐修辞；跨学科；合唱

作者简介　于洋（1978— ），男，湖南师范大学音乐学院，教授。联系电话：15545158800。

2023 年 12 月教育部发布了《教育部关于全面实施学校美育浸润行动的通知》（以下简称《通知》），《通知》要求教育工作者以浸润作为美育工作的目标和路径，将美育融入教育教学活动各环节，潜移默化地培养德智体美劳全面发展的社会主义建设者和接班人。[1] 项目组积极落实教育部提出的"美育浸润"精神，以教育部提出的"艺术实践活动普及"八大行动之一为基准，通过跨学科的教学方式在宁乡市第十三中开展合唱课堂调查与教学实践活动，寻找一种适合本校特点的合唱教学模式，将美育浸润至每个班级，让每名学生都有展示的机会和平台。同时项目组也将定期开展班级、年级、院系、校级等群体性展示交流，让高中音乐课堂不再仅仅是少数艺术骨干特长生的展示舞台，而是真正面向全体学生的普适教育。

一、宁乡市第十三中合唱课堂现状与问题

经过为期两个月的教学研习发现，宁乡市第十三中整体音乐素养较高，对合唱有较高的积极性，但与大多数的普通高中普遍存在的情况一样，即学生未受过系统的专业合唱训练，只是把合唱作为一门普通的课程去完成教学任务。造成这一现象的原因主要是教师并未意识到合唱时间对高中生的美育的重要性，以及很多学生对音乐课的忽视，片面地注重纯文化课程的学习，这就导致审美教育在高中课堂难以落实到每位学生身上。

因此，项目组成员贯彻"美育浸润"这一原则，对传统的高中合唱课堂教学模式进行改革，深度发掘该校学生的声音特点，对该校的合唱课堂教学进行转型，积极落实《通知》提到的美育浸润要求，帮助学生在合唱实践中感受音乐的"美"，促进学生的全面发展。

二、美育浸润的目的与高中合唱课堂目的转型

美育浸润的目的是以美育浸润学生、教师和学校，全面提升学生文化理解、审美感知、艺术表现、创意实践等核心素养，丰富学生的精神文化生活，让学生身心更加愉悦，活力更加彰显，人格更加健全。同时，通过美育浸润教师，发挥教师职业的美育功能，提升全员美育意识和美育素养，塑造人格魅力，涵养美育情怀。此外，以美育浸润学校，打造昂扬向上、文明高雅、充满活力的校园文化，建设时时、处处、人人的美育育人环境。[1]

于伟在教育部网站刊登的《实施学校美育浸润行动 培养学生丰厚的感性》一文中也指出美育最基本的含义就是感性教育，是培养、发展中小学生"丰厚的感性"。现代的中小学教育，更加擅长理性的教育，而培养丰富的感性，促进人的感性方面（如感知、想象、情感、直觉乃至无意识等）的发展更加重要。[2]同时，于伟在文中指出：要在学习过程中注重学科实践的重要性，注重"体验"的重要性，注重把抽象的内容变得更加具象、学生更容易理解等方面。

因此，项目组从合唱课堂本身的"重体验"优势出发，开展教学实践活动，促进合唱课堂的转型，落实《通知》的基本目标，丰富学生的精神文化生活。

三、美育浸润背景下"音乐修辞"跨学科的合唱课堂教学方法转型初探

音乐修辞是音乐与文学交叉的一门学科，是一门音乐分析方法，其最早可追溯至古希腊时期的雄辩术。[1]作为一门分析方法，音乐修辞学旨在借鉴文学的分析方法，将不同作曲家在长期创作中表现某一类情绪所使用的一些共性手法整合在一起作为一套分析作品的一种模式。项目组认为本视角有利于理解作曲家创作意图，能够直接从谱面上直观看出作曲家所表达的情感，遂将其作为合唱课堂转型研究的一种教学方式，并采用这一视角对该校合唱团编排过的作品《山在虚无缥缈间》进行音乐分析。

《山在虚无缥缈间》是由黄自作曲、韦瀚章作词的清唱剧《长恨歌》的第八乐章。歌词撷取自白居易的《长恨歌》，描绘了"忽闻海上有仙山，山在虚无缥缈间。楼阁玲珑五云起，其中绰约多仙子"的情景。黄自运用浪漫主义手法，绘制出蓬莱仙岛虚无缥缈的场景，引领二人于幻境中重逢，预示着李隆基和杨玉环的美好爱情只能在幻境中得以圆满，现实中的爱情却已支离破碎。项目组运用"音乐修辞"这一独特视角对学生进行审美教育，让学生在合唱实践中领略"上扬"[2]和"旋律重复"[3]两个修辞格如何细致勾勒出蓬莱仙岛的神秘与虚无缥缈的意境美，

---

1 关于音乐修辞学科的发展此处不过多赘述，请参见 Wilson B,J.Buelow G ,A.Hoyt P ,et al. 修辞与音乐[J].音乐艺术，2018(04)：132-152।

2 上扬（anabasis），音乐修辞格中生动描述辞格的一种。出现在人声声部或表现歌词内容中带有"上行"意涵的音乐片段中，范例可参见巴赫《康塔塔第31号》（Der Himmel Lacht, die Erde Jubilieret）。该辞格收录于基歇尔（Kircher）《音乐总论》（Musurgia Universalis, 1650）。

3 旋律重复（polyptoton），音乐修辞格中旋律重复辞格的一种。形态为动机移位重复或不同声部内的重复，范例可参见巴赫《康塔塔第65号》（Sie Werden aus Saba Alle Kommen, "Gold aus Ophir ist zu Schlecht"）。该辞格收录于福格特（M.J.Vogt）的《伟大音乐艺术宝藏的秘密》（Conclave Thesauri Magnae Artis Musicae, Prague, 1719）。

以及"下沉"[1]和"装饰变奏"[2]修辞格如何生动表现李隆基和杨玉环爱情的悲剧美。

（一）对蓬莱仙岛的修辞

图 1   "扬起"修辞格[3]22

如图 1 所示，黄自在"蓬莱仙"三个字上采用了连续的上行进行（G–bB–C），将旋律"扬起"，表现出蓬莱仙岛高大和神圣的意境，引领听者的心灵进入神秘而美丽的蓬莱仙境。

图 2   "旋律重复"修辞格[3]22

如图 2 所示，黄自采用了"旋律重复"修辞格对"蓬莱仙岛"四个字进行细致修饰，通过

1　下沉（catabasis），音乐修辞格中生动描述辞格的一种。出现在人声声部或表现歌词内容中带有"下行"意涵的音乐片段中，范例可参见卡里西米（Jonas, "Miserunt ergo Sortem"）。该辞格收录于基歇尔（Kircher）《音乐总论》（Musurgia Universalis, 1650）。

2　装饰变奏（variatio/passaggio），音乐修辞格中生动描述辞格的一种。为强调歌词，对人声声部加以装饰，运用各种旋律装饰法如重音、附加音、颤音、同音反复、四音动机，回旋音和半回旋音（circolo mezzo and tirata mezza）等。瓦尔特使用术语"praecepta"来指歌词的音乐"强化"。该辞格收录于伯恩哈德（C.Bernhard）的《夸张作曲法专论》（Tractatus Compositionis Augmentatus, MS, 1657）和瓦尔特（J.G.Walther）的《音乐创作规范》（Praecepta der Musicalischen Composition, MS, 1708）。

对比声区（女低和女高 I 声部的高八度重复）以及音色（三个声部音色各异），全方位突显蓬莱仙岛的虚无缥缈之感。这种手法不仅让旋律在重复中得到升华，更使蓬莱仙岛的意境在乐声中愈发显著，从而为观众呈现出一幅栩栩如生的仙境画面。

鉴于此，项目组在编排合唱作品《山在虚无缥缈间》时将着重关注作曲家在描绘蓬莱仙岛虚无缥缈场景时所运用的音乐修辞手法。通过对这些手法的深入研究，项目组将指导合唱团调整音色与力度，从而帮助学生更好地领悟作曲家在此处想要表达的核心事物以及所采用手法所营造的旋律效果。在实践过程中，学生们将能更深刻地感受到"蓬莱仙岛"的意境美。

（二）对爱情悲剧的修辞

黄自采用"下沉"和"装饰变奏"修辞格描绘二人爱情的悲剧：

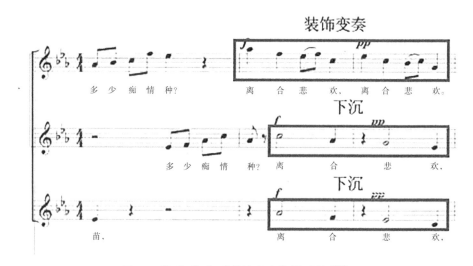

图 3　"下沉"和"装饰变奏"修辞格 [3]23

如图 3 所示，黄自在"离合悲欢"四个字上采用"下沉"（女高 II：C-bA，G-bE；女低：bA-F，bE-C）修辞手法，同时在女高声部运用"装饰变奏"修辞手法（bA-F-bE-F-C），对旋律进行修饰，进一步增强歌词的表现力。这两种修辞技巧共同展现二人爱情悲剧的结局。在实际排练中，项目组将在此处运用力度和情绪的变化，以突出二人爱情悲剧性的结束，帮助学生在实践过程中体会到黄自在这四个字中所赋予的情感特点，以及字词所带来的悲剧美。

四、"节奏律动＋首调视唱＋旋律模唱"的"三维融合式唱谱"练声训练方式

普通高中的学生，大部分没有经过系统的合唱训练，加上这一时期的学生自我意识已经觉醒，对于不同的食物往往有着自己的独特看法。相对于专业合唱团来说，传统的合唱训练方式难以调动普通高中学生的学习兴趣。因此，项目组根据本校的特点，对传统的合唱训练方式进行改革，以期通过对训练方式的转型提高日常训练效率，让学生快速进入训练状态。

（一）节奏律动法

节奏在所有文明中都是音乐的基本要素之一，每一种文化中都有一些特定的表演，这些表演往往与富有规律的拍子紧密结合，以适应当下的特定场景，这些拍子的独特性质能够与观众产生共鸣，帮助听者加深对表演内容的印象。例如阿根廷探戈舞蹈以中速为主，二拍子节拍，节奏分快步和慢步两种，切分贯穿全曲。由此可见，节奏是一个作品中呈现民族特色的一个重要的基本要素，只有把握好作品的节奏才能更好的诠释作品中所蕴含的民族气息。

节奏律动法的训练思路源于达尔克罗兹教学法中的"体态律动"（gymnastique rythmique）[1]。体态律动的教学思路是让学生通过简单的身体动作，如走、跑、跳等，来体会音乐的速度、节奏、力度等特点，培养学生感知音乐和反映音乐的能力，发展其内在的音乐感觉。

项目组采用的节奏律动法是在练声过程中通过日常的各种动作，如行走中的漫步、竞走等方式感受节奏律动，采用更为简单直观的方式让学生把握好节奏感，尽量避免出现作品节奏不稳、节奏错误等问题。

（二）首调视唱法

首调视唱法也称作"移动 do 唱名法"，其唱名随各调而变化，不论什么调性的乐谱，均依赖大调的方法寻找其主音位置。大调主音唱"do"，上主音唱"re"，中音唱"mi"，下属音唱"fa"，属音唱"sol"，下中音唱"la"，导音唱"si"（或"ti"）；小调主音则将大调主音下移小三度（即：大调的下中音）作为主音。[4]343 其优点是：(1) 调性明确而稳定，不易在唱法上产生混淆；(2) 各调的难易程度相同，在演唱上不会给学生造成很大的困难。

本项目组提出的首调视唱法的训练思路源于柯达伊教学工具。柯达伊认为，相比于音的功能性、各音之间的相互关系以及在调式中的角色，音高的具体内容并没有那么重要。音乐的思想情感只能通过调式内各音之间的关系以及趋势这一途径，才能被人们所理解和认知。柯达伊认为，只有通过这种音乐训练，学生才能自然地建立自己的音乐形象思维。基于此，柯达伊对传统的首调视唱法进行了修改，通过调整韵母的方式强调这一关系：原有的七个音级的唱名没有改变，所有升高的半音声母保持不变，韵母改为i，所有降低的半音声母保持不变，韵母改为a。[5]7 其中，降 la 的发音为 lu，这是一个例外。

相对于专业的合唱团来说，非专业合唱团员对五线谱敏感度较弱，若采用传统的固定调视唱法和首调视唱法则会出现本末倒置的情况，即教师需要在教授视唱法上花费更多的精力，相对于作品编排的时间将会较少，不利于美育浸润策略的开展。首调视唱法的采用可以帮助学生尽快的入门，让学生用最快的速度学会作品，方便后续美育策略的开展。

（三）旋律模唱法

模唱即模仿演唱，即学生聆听老师演唱，通过模仿学会演唱歌曲。[4]4 包含以下三个训练要求：（1）要求学生在教师范唱时，不要"跟着老师唱"；学生模唱时，教师不要"带着学

1　gymnastique rythmique是达尔克罗兹（Emile Jaques-Dalcroze，1865—1950）在进行"韵律体操"时创作的法文词，其主要表达"音乐中的身体律动"，与舞蹈动作相区分。此后，英国伯明翰大学教授约翰·哈威（John Harvey）使用了"eurhythmics"这一英文单词对应"gymnastique rythmique"。详细的构词法可参见：杨立梅，蔡觉民.达尔克罗兹音乐教育理论与实践 [M].上海：上海教育出版社，2011：7.

生唱"；（2）教师发现学生模唱有误时，可用指出错误，正确示范，进行对比等方法，再做练习；（3）学生演唱发生错误时，在模唱结束后再进行说明，加以纠正，必要时让学生重复练习。[4]4

本项目组提出的旋律模唱法是对传统的模唱法的延伸，要求学生在完成模唱教学要求后，采用不同的母音（如"u"和"o"）代替歌词模唱旋律，帮助学生巩固旋律的同时，感受纯母音模唱时的音色以及如何让自己的声音靠近该母音的音色，以达到声区和音色的统一的审美目标，摈弃不同声区音色断层的审美习惯。

五、美育浸润背景下合唱课堂对学生素质的影响

（一）激发学生对合唱的兴趣和愿望，体验合唱之美

以实践为主的合唱教学可以帮助学生在日常排练中体会作品蕴含的内在情感，减少学生在日常排练过程中的枯燥感，在演绎作品的过程中体验合唱的魅力，激发学生的学习兴趣，丰富学生的课后生活，同时增加团队的凝聚力，培养学生的团队协作能力。

（二）享受作品完成的成功与愉悦

项目组定期开展的合唱活动在一定程度上给学生的日常排练寓意一定的奖励机制，对每个团体所付出的劳动成果予以肯定，促进学习—编排—实践—演出的良性循环。

项目组提出的合唱课堂转型模式以教育部提出的"美育浸润"精神下的"艺术实践活动普及"为行动基准，力图通过"音乐修辞"这一视角，分析作曲家本人在表达情感是所采用的方式，并将其落实在日常排练中去，让学生在日常排练中感受并体会音乐表达的情感，体会音乐的"美"，让美育浸润在合唱实践中，潜移默化的实现审美教育，促进学生的全面发展，培养新时代综合素质强的，全面发展的社会主义建设者和接班人。

参考文献

[1] 教育部.教育部关于全面实施学校美育浸润行动的通知[EB/OL]. https://www.gov.cn/zhengce/zhengceku/202401/content_6924205.htm.

[2] 于伟.实施学校美育浸润行动 培养学生丰厚的感性[EB/OL].http://www.moe.gov.cn/jyb_xwfb/moe_2082/2024/2024_zl02/202401/t20240117_1100817.html.

[3] 人民音乐出版社编辑部.中国音乐百年作品典藏 第5卷合唱[M].北京：人民音乐出版社，2014.

[4] 缪裴言，章连启，汪洋.中小学音乐教育词典[M].上海：上海音乐出版社，2012.

[5] 胡畔.探索视唱练耳教学中的唱名法问题[D].北京：中央音乐学院，2016.

双碳背景下能源动力类研究生科研创新能力培养的探索与实践 *

王志奇　彭德其　左青松　张建平　夏小霞

（湘潭大学）

摘　要　为解决我校能源动力类研究生科研创新能力不足的问题，本文开展了双碳背景下研究生科研创新能力培养的探索与实践，从课程体系、教学方法、学术交流、导师团队、科研条件及创新评价等几个方面开展研究，构建了"四位一体"的研究生科研创新能力的培养模式。上述措施有助于提升能源动力类研究生的科研创新能力，有效提升研究生的培养质量，主动适应双碳目标对创新型人才培养的要求，并对能源动力类学科建设起到积极的推动作用。

关 键 词　双碳背景；能源动力类研究生；科研创新能力

作者简介　王志奇（1979— ），湘潭大学机械工程与力学学院，副教授。联系电话：13789306990；电子邮箱：wangzhiqi@xtu.edu.cn。

一、研究背景及意义

双碳目标的实现急需扎实掌握各领域先进低碳技术的研究型人才，以解决碳中和领域的关键科学问题。基于此，教育部发布了《高等学校碳中和科技创新行动计划》，为实现双碳目标提供科技支撑和人才保障。该计划鼓励高校加快新能源、储能及碳减排等学科建设和人才培养，不断提升人才培养质量。由此可见，双碳战略目标对人才培养模式与培养质量提出了更高的要求。

能源动力类研究生是践行双碳目标的主力军，这也给能源动力类高层次人才的培养带来了新的挑战。我校能源动力专业学位点主要设有能源利用及储能技术、过程强化技术与装备优化、热工过程及设备优化等研究方向。然而，随着研究生的不断扩招，研究生的培养质量存在一定程度的下滑，研究生"本科化"的趋势也逐渐呈现。[1]科研创新能力是研究生培养过程中的重要指标，[2]研究生科研创新能力的培养，对于实现国家双碳战略目标具有重要意义，但部分研究生存在思维发散不开、科研能力较弱、创新能力不足等问题。其原因主要来自以下几个方面：课程设置和教学方法不够灵活；科研与创新学术氛围欠缺；忽视跨学科导师团队建设；科研实践条件及创新评价机制不够完善；等等。因此，有必要开展能源动力类研究生科研创新能力培

* 本文受湘潭大学学位与研究生教学改革研究项目"双碳背景下能源动力类研究生科研创新能力培养模式的探索与实践"资助。

养的探索与实践研究，以满足国家双碳战略目标的重大需求。

二、国内外研究现状

近年来，许多学者都在研究与探索高等学校创新型人才培养模式，特别是研究生科研创新能力的培养方式与方法，为研究生培养模式改革提供了有益借鉴。

课程体系改革是研究生科研创新能力培养的重要基础。通过问卷调查，徐敏等发现科研素质、导师的科研能力及指导水平、学术研讨和学术交流、学校科研及实践条件等是影响研究生科研创新能力的主要因素，且研究生科研素质对科研创新能力的影响最大。[3] 专业知识是研究生科研素质的重要体现，也是开展科研创新工作的重要基础，因此一些高校对研究生课程体系进行了修订。如唐明珠等指出应精简公共基础课，增设专业实验课及跨专业选课，以适应新工科对能源动力专业学位研究生创新能力的要求。[4] 由于能源动力专业学位的调整，张立茹等对培养课程体系进行了修订，突出实践课程设置与消除课程体系的学术化倾向。[5] 为适应碳中和对能源动力创新型研究生的人才需求，东南大学从拓宽专业核心课程、加强研究型课程、开设国际课程及构建多维实践课程体系几个方面对课程体系进行改革。[6]

导师指导是影响研究生科研创新能力培养的关键因素。研究表明，导师指导力度对研究生创新能力的正向影响最为显著，且工程与技术科学的研究生受导师指导风格影响更为显著。[7] 因此，导师队伍也成为研究生科研创新能力培养模式改革中的一个重要环节。如广西大学实行导师淘汰制度，对研究生培养能力不足的导师实行暂停招生，以优化导师队伍；[8] 长沙理工大学通过建设高水平的导师团队，对研究生因材施教的方式，增强对研究生科研创新能力的培养；[9] 清华大学则提出在新工科建设背景下，加大创新团队建设及学科交叉融合力度等导师队伍建设措施。[10]

良好的学术氛围是提升科研创新能力的重要途径。由于浓厚学术氛围是培养研究生探究科学兴趣的有效方式，李恒业等指出学校研究生管理部门应制定学术交流鼓励机制，为研究生参加学术交流提供相应支持。[11] 刘晓红等结合学科实际情况，提出定期开展课题组内学术交流的方式，为研究生创造较好的学术环境。[12] 此外，通过指导学生大量阅读高水平文献、邀请校外专家进行学术报告与学术研讨，也是拓宽研究生学术视野及活跃学生创新思维的重要措施。[13]

科研实践条件及创新评价体系是培养研究生科研创新能力的重要保障。通过校企联合方式搭建创新实践平台，为研究生科研实践活动提供科研及实践条件，以提升研究生的社会实践及创新能力。[14] 一些学校在增加科研条件投入的同时，寻求政府的政策支持，推进研究生科研实践活动相关资源的建设力度，建立研究生科研实践基地。[15] 张扬等认为激励机制是提升研究生创新能力的重要举措，但是激励机制必须有合理的创新评价体系作保障。[16] 为激发研究生的科研创新热情，韦良文等提出根据实际情况建立科研创新能力的评价体系。[17]

已有研究表明，为提升研究生的科研创新能力，国内部分高校已经从不同角度开展了研究生培养模式改革及实践，并取得了一些成功经验。然而，已有研究往往从单个方面开展研究生科研创新能力培养方式改革，改革的广度与深度还有待进一步提升；同时，不同高校的定位迥异，开展研究生科研创新能力培养过程中遇到的问题也存在较大差异。此外，已有科研创新能力培养改革往往没有考虑国家双碳目标对人才的知识要求。因此，为适应国家双碳战略目标对能源动力类创新型研究生的需求，本文结合本校实际情况从课程体系及教学方法、创新氛围、导师团队、科研条件及创新评价等方面，构建"四位一体"的研究生科研创新能力的培养模式，开展研究生培养的探索与实践。项目实施有助于提升能源动力类研究生的科研创新能力，不仅有助于增强能源动力专业学位的研究生培养质量，而且对我校能源动力专业学位点建设具有积极的推动作用。

三、科研创新能力的培养

（一）提升科研创新能力的措施

为切实提升能源动力类研究生的科研创新能力，从以下几个方面开展研究。

1. 课程体系及教学方法改革

将碳中和技术融入能源动力类研究生的课程体系，及时淘汰内容陈旧及实用性较弱的课程，增设储能技术、碳捕集利用原理等课程拓宽专业基础，加强相关学科知识的交叉融合，对研究生课程体系进行优化。此外，引入课题组团队授课方式，积极探索"引导 – 发现"式教学方法，构建以研究生为主体，专题讲座、实际案例、分组研讨等有机结合的课程教学模式，着眼培养研究生的创造性思维能力。

2. 营造创新氛围，加强学术交流

要求研究生查阅大量文献并进行专题汇报，鼓励研究生积极申报创新项目；团队定期召开课题组会议，对研究生的科研方案及承担的科研工作开展集体交流研讨，通过集思广益为研究生提供科研和创新思路；经常邀请校外专家来校进行学术报告，多渠道营造创新氛围。同时，鼓励研究生分年级分方向参加不同的校内外学术会议和学术讲座，投论文并参加大型国际学术交流会议，使研究生了解本领域的前沿工作；鼓励研究生与有交叉研究内容或者研究领域相近的同学进行交流，开阔研究生的学术视野。

3. 组建导师团队，发挥学科交叉优势

组建学科交叉型的导师团队，使团队研究方向具有协同性与差异性特质，经常开展不同课题组研究生的学术交流活动，博采众长，丰富研究生的科学研究方法，指导学生开展交叉学科的科研活动。此外，多渠道聘请企业技术专家加入导师团队，完善产学研协同育人机制和管理制度，通过产学研合作实施校企共同培养，使研究生通过企业实际需求的科研项目增强实践能力，培养科研创新思维及能力。

4. 科研实践条件及科研创新能力评价体系

积极与企事业单位、科研院所与合作企业对接，充分利用学校和社会两方面的资源搭建研究生实践基地及创新实践平台；购置先进科研测试设备及虚拟仿真实验平台，鼓励学生参加研究生学科竞赛，为研究生提供良好的科研实践条件。在此基础上，构建基于课程成绩、学术成果、科技创新竞赛、社会实践、科研项目的多维度科研创新评价体系，加大质量指标在评价体系中的占比，并将评价结果与激励措施结合起来，激发学生的创新意识。

（二）提升科研创新能力的具体举措

上述措施的具体实施方案如下：

1. 课程体系修订

对兄弟院校能源动力专业培养方案进行详细调研，同时，对能源动力类研究生进行问卷调查，进一步了解研究生对现有培养方案的意见及建议。在此基础上，对我校能源动力专业学位的课程体系进行修订。

2. 教学方式改革

在研究生课程尤其是学科前沿类课程的教学中逐步引入课题组团队授课，同时采取"引导–发现"式教学方式，进一步提升教学效果，并实现课程教学内容与科研课题的有机结合。

3. 导师团队组建

组建高水平导师团队，聘请企业技术专家加入导师团队，完善产学研协同育人机制和管理制度。

4. 加强学术交流

制定研究生学术交流制度，通过定期召开课题组会议、学术讲座，参加各类学术论坛和学术研讨会等形式，鼓励学生进行各层次的学术交流，开阔学术视野，为提升科研创新能力打下坚实的基础。

5. 创新平台建设及创新项目申报

积极拓展研究生实践及科研创新平台，指导学生参加学科竞赛、申报创新项目，鼓励学生积极参与自主科研探索。

通过上述措施，深入开展能源动力类研究生科研创新能力培养的改革，切实提升能源动力类研究生的科研创新能力。

四、总结

双碳目标对研究生培养提出了更高的要求。本文以国家双碳目标对科研创新人才的需求为指引，针对研究生培养过程中存在的科研创新能力不足这一主要问题，开展了能源动力类研究生科研创新能力培养的探索与实践。通过将碳中和技术融入能源动力类研究生的课程体系、引入课题组团队授课、采取"引导–发现"式教学方式、加强学术交流、组建学科交叉型导师团队、聘请企业专家加入导师团队、多途径提升科研实践条件、构建多维度科研创新评价体系等措施，旨在优化研究生课程体系、营造良好的创新氛围、组建并发挥导师团队的学科交叉优势、健全科研实践条件及科研创新能力评价体系，构建"四位一体"的研究生科研创新能力的培养模式，以提升研究生的科研创新能力与培养质量，推动我校能源动力专业学位点建设。

研究成果有助于提升能源动力类研究生的科研创新能力，对提升能源动力类研究生培养质量具有重要的推动作用，能更好地促进我校能源动力专业学位点的发展，也能为兄弟院校研究生科研创新能力的培养提供一定的指导与借鉴。

参考文献

[1]张厚美.适应"双碳"需要培养专业人才[J].资源与人居环境，2022(05)：64-67.

[2] 冯永超，李梅霞，辛志鹏.研究生科研创新能力研究[J].数据，2022(09)：128-130.

[3] 徐敏，欧阳瑶诗，石静.研究生科研创新能力综合评价及影响因素分析[J].创新创业理论研究与实践，2022（8）：91-93.

[4] 唐明珠，陈荐，孟维厅.新工科背景下能源动力专业学位研究生人才培养体系研究与实践[J].创新创业理论研究与实践，2022（9）：158-161.

[5] 张立茹，汪建文.专业学位调整背景下动力工程专业领域课程体系改革与思考[J].中国电力教育，2021（4）：68-69.

[6] 吴啸，沈炯.碳中和背景下能源动力专业硕士研究生培养课程体系构建研究[J].中央民族大学学报(自然科学版)，2022，31(2)：81-85.

[7] 潘炳如，顾建民.导师指导因素对研究生创新能力的影响：基于不同学科类别的差异性分析[J].学位与研究生教育，2022（4）：52-60.

[8] 黄东英，刘威，刘晓红.全日制工科研究生科研创新能力培养模式的问题与对策研究[J].广西教育学院学报，2022（3）：184-188.

[9] 潘仁胜，程灵霄.强化研究生科研创新能力培养的实践与探索[J].科教论坛，2021（9）：69-71.

[10] 于秀娟.新工科背景下高校研究生科研创新能力提升策略研究[J].教育教学论坛，2020（14）：111-113.

[11] 李恒业，邢晓平，奚新国.基于科研素养构建研究生创新能力培养体系的研究[J].教育教学论坛，2020（38）：79-80.

[12] 刘晓红，范开江，刘威."高质 + 高效"的研究生科研创新能力培养的研究[J].文化与传播，2021，10(5)：99-103.

[13] 李小华，陈明.提高研究生学习主动性和创新能力的探索与实践[J].当代教育实践与教学研究，2020(9)：177-178.

[14] 李刚，顾瑞恒，徐明，等."五位一体"培养模式下提升机械类研究生科研创新能力探索[J].高教学刊，2022(8)：29-32.

[15] 范利丹，秦刚，梁为民，等.地方高校提升研究生科研创新能力的制度和机制探索[J].科教导刊，2021（16）：4-7.

[16] 张扬，肖敏，宁昕，等.基于内在需求视角的研究生科研创新激励机制构建与实践[J].大学教育，2021（1）：44-47.

[17] 韦良文，刘芸波，王福志.工科研究生科研创新能力评价体系构建[J].教育教学论坛，2017（44）：90-91.

基于本硕衔接的本科生科研和创新能力培养探索与实践 *

夏小霞　王志奇　左青松　张建平

（湘潭大学）

摘　　要　针对本科生科研和创新能力培养过程中存在的科研认知和信心不足、科研基础差、科研环境与学术氛围欠佳、科研激励措施不完善、科研经费不足和导师指导不力等问题，本文通过学科专题汇报、文献调研及文献综述的撰写、专业软件的学习、学术论文的撰写、专利的申请和大学生创新训练项目的申报等措施，对学生进行科研训练，探讨本科生科研和创新能力培养模式的改革，切实提高本科生的科研和创新能力，以实现本硕阶段科研工作的无缝衔接。

关 键 词　本硕衔接；本科生；科研能力；创新能力

作者简介　夏小霞（1980— ），女，湘潭大学机械工程与力学学院，讲师。联系电话：15897323160；电子邮箱：xxx620@xtu.edu.cn。

一、研究背景及意义

在我国科研实力取得显著提升的今天，对人才培养层次的要求也随之提高，不仅需要学生具有较宽的知识面、扎实的专业基础以及熟练的实践技能，而且需要学生具有一定的前瞻性和创新精神，即需要培养知识、能力和素质协调发展的人才。为了适应人才培养的需求，必须加强学生科研和创新能力的培养。高校作为国家人才培养的重要载体，应把培养和提高大学生的科研和创新能力作为人才培养的重要组成部分，将教育视野向科研领域扩展，不断开发学生潜在的科研潜能和创造品质。

同时，随着社会和经济的不断发展，研究生规模也不断扩大，但同时也导致了研究生的科研水平良莠不齐，并且这种现象日趋严重。那些完全没有任何的科研意识和科研基础的学生在研究生录取考核过程中明显处于劣势，并且这种学生不仅使研究生导师深感无奈和苦恼，自身也会疲于应对接下来的研究生阶段的学习。因此，如何培养大学生的科研和创新能力，使其适应今后研究生期间的学习，是高等教育面临和必须解决的实际问题。

但目前在本科生科研和创新能力培养的过程中也存在不少问题。一方面，大部分学生都没有意识到参与科研活动的重要性，参与科研活动的意识不强。另一方面，学生对专业知识的

* 本文受湘潭大学教学改革研究项目"'双一流'背景下基于本硕衔接的本科生科研和创新能力培养探索与实践"资助。

理解不够透彻，再加上分析和解决问题的能力较差，同时缺乏相关的专业指导，导致缺乏系统的科研训练，对科研方法的掌握及应用较为欠缺。

针对本科生科研和创新能力培养过程中存在的上述问题，为适应高层次人才培养的需求，本项目以本科生科研和创新能力培养为核心，进行本科生科研和创新能力培养模式的改革，探索合理的本科生科研能力培养途径，激发本科生从事科研的积极性。通过对学生进行一系列的科研训练，切实有效地提高本科生的科研水平，以实现本硕阶段科研工作的无缝衔接，增强大学生攻读硕士学位期间的科研竞争力，使其能更好地适应研究生阶段的科研工作。加强对学生科研和创新能力的培养，以满足国家发展对高素质人才的需要，进一步推进国家的发展，加快构建世界科技创新强国的步伐。

二、国内外研究现状

在各方面竞争日益激烈的新形势下，加强本科生科研和创新能力的培养不仅可以提高学生自身的竞争力，还可以提高教师的教学、科研水平和学校的综合实力，更是社会发展进步的不竭动力。因此，全国高校对如何培养本科生的科研和创新能力进行了大量的研究与探索，以适应新时期高等教育改革与发展的需要。

谢建伟等围绕理工类本科生科研能力培养，从建设体现科研能力培养特色的课程体系、发挥本科生导师组制指导科研、创新本科生科研能力培养教学组织形式、完善评价与保障机制等方面展开，探索理工科本科生科研能力培养的合理模式及途径。[1]安宁分析了当前本科生科研能力培养工作面临的困境，从加强顶层设计、普及科研训练、构建系统的教育教学体系、构建完善的保障体系等方面论述了优化本科生科研能力培养的途径。[2]王娟等[3]提出完善本科生培养方案、重视本科生科研实践活动、拓展本科生科研能力训练经费的来源、实施本科生培养导师制等四方面的建议。[2]吴东亭等指出国内高校在培养本科生科研素养、实施本科生导师制等方面存在的问题，并针对问题提出了优化培养方案、创新本科生导师制指导方式和构建科学的评价体系等建议。[4]高瑞苑等通过开展科研宣传活动、成立科技创新基地、施行导师培养制度、建立校企合作关系等措施，进行大学生科技创新的同时培养科研能力，形成可持续发展的大学生科技创新教育体系。[5]

陈卫丰等分析了目前国内高校在培养本科生科研能力过程中存在的主要问题，比如本科生科研训练不足，学生科研积极性不高，本科生科研管理不成熟等，并且针对主要问题，提出了一系列的强化措施，包括对本科生培养正确定位、在教学中渗透科研能力培养、加强科研管理、提供经费保障等等。[6]谢珍连等就学校实行导师制对本科生科研能力的培养现状和能力的提升对学生未来就业发展的影响展开论述。[7]赵栋等针对当前本科生科研活动存在的学生主体地位不突出，教师在科研活动中的指导地位不明确等问题，通过对本科生教学方式与研究活动相结合，建立本科生科研小组，以及建立健全导师制度等措施对本科生的科研能力进行培养。[8]万晓莉等对新时期培养本科生科研能力的意义、现状及措施提出了一些思考。[9]乔江浩等通过成立本科生科研创新小组，积极调动本科生的科研创新性。[10]通过对本项活动成立两年来的成果总结，发现通过科研创新班能够对科研论文、科研项目和奖励，甚至毕设成绩和读研、出国深造率上都有明显的促进作用。

熊碧权等基于高校"双师型"教师队伍建设为切入点，立足于企业与高校的实际情况，通过深化校企合作逐步夯实学生们基础理论、专业理论和实验动手能力，打破"理论教学"和"实践教学"的界限，促进"学而练"教学模式的形成，深入培养本科生的科研能力与创新意识。[11]赵桂等探究了地方高校本科生科研能力的培养模式，将教育培养渗透到所有环节，不断促进本科生科研能力的提升，努力为地方经济社会发展提供智力和技术支持。[12]杨伟等通过提供优质的平台、开展学术报告、小班授课、导师指导等措施，让学生更加明确学习目标、合理利用资源、增强团队合作意识等等，从而达到培养和提高其科研能力的目的。[13]卫沈丽等建构了一种教学改革与科研实践并行的应用型本科生科研能力培养机制。[14]徐秀荣探索了大学生科研能力培养的有效途径，提出了以"创新组织管理制度、完善培养方案、实施导师制、构建科研训练平台"为抓手的培养教育模式。[15]

谢东等从如何选择科研项目、以项目驱动大学生科研能力培养的实施过程、科研项目的研究案例分析等方面，阐述了项目化教学在大学生科研能力培养中的应用与实施方法。[16]吴丽娜等实证调研了各专业本科生科研存在的问题和不足，分析了本科生科研能力欠缺的根本原因，并提出具有针对性的改善对策，同时探讨了以重点实验室为载体的本科生科研能力培养模式。[17]王小凤等指出本科生导师制能有效提高本科生的科研意识、兴趣与科研能力，使其文献检索能力、现场调查能力、论文撰写能力等都有不同程度的提升。[18]郭小辉等通过分析本科生科研能力培养的必要性及科研能力培养过程中所面临的主要问题，从课程体系、管理机制、激励机制和评价体系等角度探讨了提升本科生科研能力的基本途径。[19]张建安通过构建大学生创新创业技能训练体系，在培养本科生时加强理论教学与实践教学的结合，实现知识学习和科研能力培养一体化。[20]

杨梅针对地方高校本科生科研能力培养过程的特点和存在的问题，探讨了有效提高本科生的科研兴趣和科研实践能力的有效措施。[21]邹伟等就科研对大学生的重要性、当代大学生科研能力现状进行了分析，旨在探究提升本科生科研能力的长效机制。[22]张忠良等基于国内外一流高校本科生科研能力培养的实践，分析了地方重点建设高校本科生科研能力培养存在的不足与挑战，探讨了适合地方重点建设高校的本科生科研能力培养模式。[23]王丽华等探讨了将创新精神和科研能力元素融入专业课程教学中，以专业课程为载体，实施渐进阶梯式科研创新能力培养，提出了革新教学理念、优化教学内容、改革教学方法、丰富教学资源、完善考核方式等措施，从而推进本科生创新精神和科研能力培养。[24]张立超等结合高校本科生参与科研项目研究的具体案例，从实验方案确定、实验开展和实验结果与讨论等方面探讨了科研项目提升高校本科生科研能力的具体实践过程。[25]

综上所述，国内很多学者为提高本科生的科研和创新能力，进行了大量的探索和研究，但目前依然存在本科生科研认知和信心不足、科研基础差、科研环境与学术氛围欠佳、科研激励措施不完善、科研经费不足和导师指导不力等问题。[26]

三、本科生科研和创新能力的培养

（一）提升科研和创新能力的措施

针对本科生科研和创新能力培养过程中存在的上述问题，为适应社会和经济发展对高层次科研人才的需求，本文提出在本科阶段通过一系列的措施对学生进行科研训练，激发学生的科研兴趣，培养学生的创造性思维，全面提升学生的科研素养，切实有效地提高本科生的科研和创新能力，为硕士研究生阶段的科研工作奠定坚实的基础，以实现本硕阶段科研工作的无缝衔接。

为实现上述目标，采取以下几个方面的措施：

1. 学科前沿相关专题 PPT 的制作及汇报

指导学生追踪学科发展前沿，确定相应专题，针对研究对象的工作原理、研究进展、存在的问题和挑战、发展趋势及应用前景等，制作专题 PPT，并依托课堂教学进行汇报和交流。

2. 文献调研和文献综述的撰写

指导学生根据不同专题进行文献调研，拓宽学生的科学视野。在此基础上，从研究现状的总结和现有研究的不足等几个方面进行文献综述的撰写，培养和强化学生的科研信息获取与应用能力。

3. 利用专业软件进行课题研究

成立科研兴趣小组，依托指导老师的科研项目，指导学生应用专业软件开展项目的研究，并对研究数据进行处理，使学生掌握从事科学研究的基本技能。

4. 学术论文的撰写

指导学生对研究结果进行分析，在此基础上，使学生掌握科技论文的写作规范和写作方法，进行学术论文的撰写，并熟悉投稿、返修等流程。

5. 专利的申请

启发学生从实践出发，拓展科研思路，形成新的科研思想，强化学生的知识产权保护意识，并指导学生进行专利申请书的撰写和专利的申请。

6. 大学生创新训练项目的申报

启发学生对所研究的课题进行自主思考，发现其中存在的问题，并形成新的研究思路，指导学生进行大学生创新训练项目申请书的撰写和申报。

（二）科研和创新能力培养的具体实施方案

加强本科生科研和创新能力的培养不仅能够增进其对专业理论知识的进一步理解，扩宽学生知识面，同时也能提高学生的思维能力、分析解决问题能力。为了有效地培养和提升本科生的科研和创新能力，更好地实现本硕阶段科研工作的衔接，制定的具体实施方案如下：

1. 制作学科前沿相关专题的 PPT，并进行汇报

指导学生通过查阅相关文献、听取学术报告、参加学术会议等方式，追踪学科研究的热点问题，了解国内外最新的科研成果与动态，确定相应专题。所有授课学生以小组为单位，每个小组制作一个专题的 PPT，内容包括工作原理、研究进展、存在的问题和挑战、发展趋势及应用前景等，并依托课堂教学进行汇报和交流。

2. 对文献进行调研，并撰写文献综述

学生的科研基础比较薄弱，选题太难会使其丧失科研兴趣，太容易又起不到科研训练的效果。因此，要追踪学科发展前沿，凝练出对本科生来说难度适宜的选题。在此基础上，指导学生根据不同专题进行学术文献的检索、下载、管理和阅读，对文献进行整理，从中提炼有效信息，进行文献综述的撰写，内容包括对研究现状的展示和总结，对现有研究的不足的分析，并提出进一步的研究思路。

3. 利用专业软件进行课题研究

成立科研兴趣小组，依托指导老师的科研项目，指导学生进行专业软件的学习，并应用专业软件开展项目研究，使学生掌握具体的科研方法。科研和创新能力的培养，需要学生投入大量的时间和精力，因此要注重激发学生从事科研的兴趣，发挥其主动性，并在长期的科研训练中保持持续的内驱力。

4. 学术论文的撰写

在对课题进行深入研究的基础上，指导学生对模拟数据进行处理，对研究结果进行分析，让学生学习和了解科技论文的写作格式和规范，进行学术论文的写作，并熟悉投稿、返修等流程，提高学生的逻辑思维能力和写作能力。

5. 专利的申请

指导学生进行专利查新，使学生学习和了解专利申请书的组成和写作规范，并进行专利申请书的撰写和专利的申请。

6. 大学生创新训练项目申请书的撰写和申报

指导学生进行大学生创新训练项目申请书的撰写和申报，从选题的确定、研究框架的搭建、具体实施方案的制定等多个方面，进行完整和全面的科研训练。

四、总结

针对本科生科研和创新能力培养过程中存在的科研认知和信心不足、科研基础差、科研环境与学术氛围欠佳、科研激励措施不完善、科研经费不足和导师指导不力等问题，本文提出通过学科前沿相关专题PPT的制作及汇报、文献调研及文献综述的撰写、专业软件的学习与应用、学术论文的撰写、专利的申请和大学生创新训练项目的申报等措施，对学生进行科研训练，探讨本科生科研和创新能力培养模式的改革，切实有效地提高本科生的科研和创新能力，以实现本硕阶段科研工作的无缝衔接。

参考文献

[1]谢建伟,文俊方,刘平,等.理工科本科生科研能力培养模式及途径探索[J].教育教学论坛,2015(36):57-58.

[2]安宁.本科生科研能力培养及优化路径[J].实验技术与管理,2016,33(12):196-199.

[3]王娟,程艳霞.我国高校本科生科研能力培养的探讨[J].中国林业教育,2016,34(6):17-19.

[4]吴东亭,邹勇,王新洪,等.访日归来谈国内本科生科研能力培养[J].教育现代化,2017(42):22-23.

[5]高瑞苑,张海容.大学生科技创新与科研能力培养[J].实验技术与管理,2017,34(6):180-

182+186.

[6]陈卫丰,陈少娜,代忠旭,等.强化普通高校本科生科研能力培养的研究[J].山东化工,2017,46(23):116-117.

[7]谢珍连,谢珍丽,罗擎,等.导师制对本科生科研能力提升及就业发展的影响[J].教育现代化,2018(19):218-220+228.

[8]赵栋,王永光.现阶段本科生科研能力培养存在问题与对策[J].教育现代化,2018(26):9-12.

[9]万晓莉,胥蕾,杨海明,等.新时期培养本科生科研能力的思考[J].教育现代化,2018(43):23-25.

[10]乔江浩,张德坤,罗勇,等.科研创新小组模式对于提高理工科本科生科研能力的实证研究[J].教育教学论坛,2018(43):1-3.

[11]熊碧权,许卫凤.结合校企合作教学模式培养大学生科研能力与创新意识[J].广东化工,2018,45(5):276-277.

[12]赵桂,张纪波.地方高校本科生科研能力培养探究[J].淮海工学院学报(人文社会科学版),2019,17(2):134-137.

[13]杨伟,郭阳阳,刘琼.浅谈如何培养本科生的科研能力[J].教育教学论坛,2019,(15):70-71.

[14]卫沈丽,裴青,武婷婷,等.应用型高校本科生科研能力的培养机制[J].现代教育科学,2019(12):101-106.

[15]徐秀荣.地方高校本科生科研能力培养探究[J].赤峰学院学报(自然科学版),2019,35(11):166-168.

[16]谢东,臧大进,焦俊生,等.项目驱动大学生科研能力培养的实践探索[J].长春师范大学学报,2020,39(02):136-139.

[17]吴丽娜,黎会.以重点实验室为载体的本科生科研能力培养研究[J].教育现代化,2020(2):92-93+167.

[18]王小凤,贺莉萍,刘志娟,等.本科生导师制对学生科研能力培养的效果评价[J].科教文汇,2020(30):14-15+20.

[19]郭小辉,代月花,张红伟,等.新工科背景下应用型本科生科研能力培养模式探索[J].长春师范大学学报,2021,40(6):114-117.

[20]张建安.创新创业计划项目对本科生科研能力培养的影响[J].榆林学院学报,2021,31(6):107-110.

[21]杨梅.地方高水平大学本科生科研能力培养的探索[J].吉林化工学院学报,2021,38(12):20-23.

[22]邹伟,余谨仪,毛一竹,等.提升本科生科研能力的长效机制探索[J].创新创业理论研究与实践,2022(18):100-102.

[23]张忠良,蔡灵莎,李亚,等."双一流"背景下地方重点建设院校本科生科研能力培养模式探索[J].大学教育,2022(09):225-228.

[24]王丽华,金晓红,李鑫.基于专业课程培养本科生创新精神和科研能力[J].科技视界,2022(2):68-70.

[25]张立超,包先明,孙立强,等.关于高校理工科本科生科研能力培养的实践探索[J].商丘师范学院学报,2023,39(9):99-100.

[26]姜振宇,陆方.本科生科研能力调查与对策分析[J].南京医科大学学报(社会科学版),2019(2):169-172.

研究生创新创业教学改革实践与探索 *

李方 周友行 唐轩 马逐曦 肖雨琴

（湘潭大学）

摘　要　针对当前研究生阶段创新创业动力不足，事实上存在难以实现等诸多问题，本文从研究生阶段创新创业课程教学及实践角度，对研究生创新创业课程的教学改革进行探索，从创新创业课程优化、课程交互融合以及国内外创新创业课程借鉴等几个方面开展研究。研究结果有助于提高研究生对创新创业课程的兴趣，有效提升大众创业、万众创新背景下的研究生培养质量，主动适应研究生阶段对创新型人才培养的要求，对形成研究生阶段创新创业新风向起到积极的推动作用。

关 键 词　研究生创新创业；课程教学改革；实践与探索

作者简介　李方（1985— ），湘潭大学机械工程与力学学院，讲师。电子邮箱：lifang2020@xtu.edu.cn。

1. 前言

　　国家及高校一直对培养高等教育人才的创新创业能力十分重视。早在 1999 年，国家颁布的《关于深化教育改革全面推进素质教育的决定》就已经提出"高等学校要重视和培养大学生的创新、实践能力以及创业精神"。2012 年，教育部正式推出了创业基础课程教学大纲，目的是培养大学生的创新创业能力，鼓励大学生积极创业。创新是引领发展的第一驱动力，是建设现代化经济体系的战略支撑。当前，国家大力倡导"大众创业、万众创新"。有关"创新创业"的相关课程和衍生竞赛活动在高校中也越来越多，并且参与创新创业课程的大学生也逐年增多。[1]创新创业教育帮助大学生树立创新精神、强化创业意识，为社会培养了大批具有创新创业能力的人才。而随着我国研究生人数的进一步增多，研究生的创新创业教育对高学历人才走入社会并开展创业实践同样具有极大的推动作用。[2]

　　国家经济发展与社会进步依赖于各类创新性人才。当前，国内外创新创业课程教学差异较大，欧美顶尖高校在创新创业课程方面具有许多值得借鉴的成功经验，基于国内具体情况取其精华，探索形成详细且可实施的创新创业课程教学体制很有必要。一个完善的创新创业教育体系将有利于培养学生严谨科学的创新思维能力，切实提高研究生实验实践教学质量，进一步

---

* 本文受湖南省学位与研究生教学改革研究项目"机械专业研究生创新创业教学改革实践与探索"（编号：2023JGYB128）资助。

提高研究生的培养质量、实践能力等综合素质。我国正在大力推动创新创业教育的发展，但由于创新创业教育的教学内容包含多个学科并且课程形式多种多样，我国创新创业教育相对国外来说起步较晚，创新创业教学体系还不完善。[3] 尤其是硕士阶段，甚至博士阶段有关创新创业的教学模式也缺乏研究。探索如何对研究生创新创业课程教学进行改革，优化更高学历人才创新创业教学模式，将创新创业思维融入教学，创新创业精神渗透于课程教学，将创新创业教育与专业实践实验教育有机融合，是当前研究生阶段创新创业课程改革实践中亟待解决的问题。

一方面，创新创业教育更加倾向本科生培养，对研究生创新创业教育关注度不够。尽管近年来国家和各级政府部门陆续出台了一系列优惠政策鼓励接受高等教育的人才创业，但是在资本运作、法律保障等客观条件限制下，研究生创业缺乏必要资金、经验和指导等。同时，传统的研究生深造观念深入人心，就业、读博、出国、选调生以及公务员是主要选择，对于研究生创新创业持有冒险和消极态度。另一方面，高校传统的研究生教育往往只重视学生的学科专业教育与职业教育，忽视创新创业教育。[4] 研究生教育以培养研究型人才为主，创业型人才尚未被纳入研究生培养目标之中。因此，探讨研究生适应新形势下社会需要的高层次、高水准、高能力的人才培养模式，培养高水平的复合型人才是研究生教育亟须研究的课题。

根据人民日报《民生周刊》公布的有兴趣创业大学生专业分布情况（如图1）可知，工科类学生对创业的兴趣最为浓厚，因此本文以机械专业研究生创新创业课程教育改革为切入点，开展机械专业研究生创新创业教育课程目标、教学内容、课程结构、教学方式方法等方面与专业教育的融入机制的探索，对比国内外在创新创业教育上的差异，探索借鉴国外成功的教学经验并在国内研究生教育中移植的途径与方法。

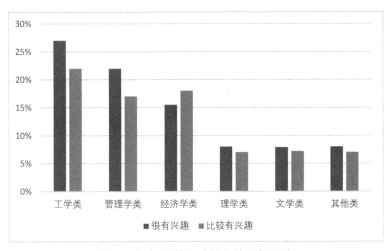

图1　各专业学生对创业的兴趣程度

2. 研究生创新创业课程优化

2.1 研究生教学目标探索

首先，创新创业教育要注重培养研究生的创新能力和实践能力。创新思维主要体现在当学生面临问题时，能够提出新的有效的解决方案，这不仅要求学生学习现有的知识和技术，更要有运用知识解决问题的能力。研究生已经掌握了相对完善的知识体系，学习如何将知识转化为创新性的想法并实施是研究生创新创业教育的重点。在机械专业中，实践能力一般通过工程项目、各类竞赛和科研实验获得。在创新创业课程中，可以将实际生活中的工程难题分享给学生们，鼓励他们以创新性的想法解决这些实际问题，培养学生创新思维与实践能力。但是，当前大学生创新创业意向并不强（如图2），创新创业教育与培养目标还存在一定差距。

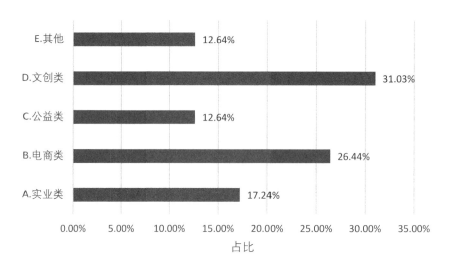

图 2　各专业大学生创业意向统计

其次，培养学生创业意识和管理能力也同样重要。研究生创业意愿相对不强，大多院校也缺乏对研究生创业意识的培养。针对研究生的特点，需要优化培养方案，将培养创业意识纳入课程体系，在教学过程中引入机械领域行业动态和创业成功案例。积极引导学生参加与创业相关的活动及讨论。管理能力的培养则可以通过模拟创业项目、学习撰写商业计划书实现。通过学习，让学生掌握创业相关技能，为创业之路打好基础。图3为《中国高校创新创业教育发展蓝皮书》发布的目前高校学生接受创新创业的情况。[5]

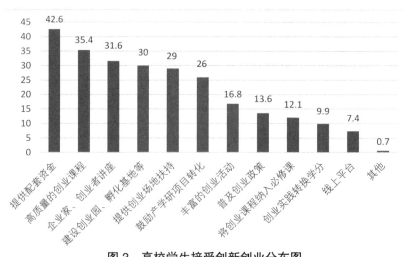

图 3　高校学生接受创新创业分布图

2.2 教学方式优化

首先,增加实践课程。大多数高校的创新创业课程都过于偏重理论,缺乏实践内容。例如,机械专业就是一门应用性极强的学科。完善的创新创业课程应当注重培养学生的实践能力。研究生在本科阶段已经学习过了专业知识和创新创业基础知识,应当加强实践方面的培养。[6] 通过实际参与项目实践,学生们也能更好地理解和应用创新创业知识。创新创业课程可以划分出部分学时用于学生实践,如模拟开展创业项目、创业沙盘演练。模拟创业项目可以让学生体验创业过程中可能遇到的各种困难和挑战,激发学生创新思维。通过模拟的沉浸式学习,也能培养学生的创业意识和团队协作能力。

将校企合作项目引入课程教学。引入项目驱动教学,通过校企合作项目或者真实的企业项目,让学生真正参与到项目的建设过程。在参与项目的过程中,学生们能够学习新的创新创业知识,同时加深对创业过程的理解,生发创业热情。例如,麻省理工学院(MIT)的创新创业课程中,与学校合作的企业将会为学生提供真实的企业项目,让学生在实践中学习。特别是在当今环境多变的局势下,学生需要在真实的社会活动中积累创新创业经验,才能在面对问题时快速找到解决方案。因此,创新创业教育中引入实际项目是必要的。

应用更加多元化的教学方法。创新创业内容涵盖范围广,课程涵盖管理学、财务会计、法律及市场营销等相关专业的内容,实际课程教学中难以全部覆盖。研究生相对具有更强的自主学习能力,因此可以拓宽教授渠道,构筑适合学生自主学习的教学模式。通过将课内课外、线上线下相结合,拓宽教学空间,延伸课堂教学。以线上课堂为主,利用网络平台、自媒体等作为补充。以便学生们依据自身实际需要,有针对性地对创新创业知识进行学习。

3 探索研究生创新创业教育与专业教育融入机制

3.1 创新创业课程与专业课程有机结合

首先,课程体系优化是融合创新创业教育与专业教育的重要一环。研究生创新创业能力的培养要通过课程来实现。[7] 应当学会将创新创业思维的培养渗透到相关专业课程领域中,而不是将专业知识传授与创新创业相互割裂。如"现代机械设计"课程教学中,一般为多个机械创新项目,学生自主选题,开展需求分析、项目计划撰写等工作。在创新创业课程教学中,将机械专业知识与实际应用结合起来,实现通识课程与专业课程的有机结合。在教授基础的创新创业理论知识的同时,融入机械领域相关专业知识。同时要结合专业特点与学校特色开设定制课程。创新创业课程要体现专业特色,也要传授基础知识,通识性与专业性两者要相辅相成、协同推进,在教学过程中才能获得较好的效果。

其次,创新创业教育与专业教育的融合,多学科协同发展是关键。创新创业教育不应当局限于基础课程和相关专业。未来的社会发展中,多学科融合是趋势,学生们通过与其他学科的人共同协作,可以拓宽其知识视野和思维方式。在创新创业课程的学习过程中,通过尝试将不同学院、不同专业的学生搭配在一起,组成跨学科小组,共同完成创新创业的课程作业。不同专业的人具有各自擅长的知识和技能,通过将他们组合在一起,可以形成协同效应,在面对问题时也会形成创新性的解决方案。从另一方面说,在解决问题的同时,他们也会发挥本专业的特长，从而促进本专业与创新创业教育的融合，有效提高教学成效。

3.2 拓展创新创业教育与专业教育有机融合的实践平台

工科研究生相对具备完整的知识体系，并且能够承担部分科研项目，有一定的创新能力，但是缺少将相关科研成果应用到实践的机会。实践能力的培养也是研究生创新创业培养的重要目标，而实践能力的培养需要依托于实践平台。[8] 实践平台可以是各类科技竞赛或创新创业大赛，也可以是校内创新创业孵化平台。理工研究生通常是缺乏成果转化、沟通协调和项目管理这方面的能力，而平台化的训练助力将有助于他们补足这方面的短板。通过这些实践平台，学生可以对所学知识进行实际应用，并在该过程中培养创新创业思维。优秀的项目依靠实践平台与相关企业、政府对接，最终成功落地。让学生能够真正体会到专业知识与创新思维为个人和社会带来的巨大好处。

4 国内外研究生创新创业教育的发展与启示

4.1 国内外研究生创新创业教育发展

最早开展创新创业教育的国家是美国，早在 1947 年，哈佛商学院便开设了第一门有关创业教育的课程——"新创企业管理"。当前，美国高校已经建立了系统的创新创业教育体系，并且具有丰富的实践经验。同时，英国、法国和澳大利亚等国家创新创业教育研究也具有一定成果。

美国有着最为完善的创新创业教育体系。以斯坦福大学为例，斯坦福大学负责创新创业教育的机构有两个，分别是斯坦福科技创业计划与创业研究中心。创新创业教育的基本原则是：文科与理科结合、教学与科研结合、文化教育与职业教育结合。他们将本科与研究生区分，文科和理科区分。如工学院的创新创业课程包含研究生与本科生教育，而文理学院则只对本科生开设创新创业课程。斯坦福大学能够针对各学院特色有针对性地开设课程，提高了培养效率。此外，美国高校更注重通过实践培养学生创新创业思维。在课程学习过程中，鼓励学生们自主搭建团队，将思维想法转化为真实可行的商业计划。

国内高校对于研究生创新创业教育并没有形成完善的体系，大学高校把创新创业教育重点放在了本科生上。清华大学是国内最早开设创新创业课程的高校之一。具有较为系统的研究生创新创业教育课程，包含通识教育、实践课程和创业技能。但是更多的高校还是未将本科生与研究生区分开来，[9] 并且教授的内容也都趋向一致，没有明确课程设置的相关理念。

4.2 国外研究生创新创业教育启示

整合创新创业教育相关资源。国内高校的创新创业教育课程设置零散，不够系统，造成了教育资源浪费。应当学习国外高校，建立创新创业教育综合协调平台，整合相关资源，统筹组织多个学院开展跨学科、跨部门的联合教育。

要建立合理的教育课程体系，将研究生与本科生课程分离开来。国内高校普遍对研究生创新创业教育重视度不够，部分高校研究生与本科生修习同样的课程，没有针对研究生的特点开展教育，[10] 并且缺乏相关创新创业平台和资源的投入。国外研究生创新创业教育体系相对成熟，如斯坦福大学，结合各学院特色开设相关创新创业课程，并对全校研究生开放。

加强研究生创新创业教育的国际交流。研究生具有更高的知识水平与专业素养，进一步加强与海外高校及企业的合作，共同开展有关创新创业教育的交流学习，鼓励学生们参与海外企业项目，积极参与国外有关创新创业的竞赛或会议等，对促进学生形成创新创业精神具有重要作用。

5 结语

在"大众创业，万众创新"的时代背景下，对于高学历人才的创新创业教育更加重视，应明确研究生创新创业教育目标。不仅要重视创新创业理论知识，更要注重实践培养。优化创新创业教育课程体系，加强分类教育。深化研究生创新创业课程教育改革，为国家和社会输送更多更高质量的创新创业人才。本文详细分析了当前我国研究生阶段创新创业课程教学存在的问题，对研究生创新创业课程的教学改革探索，从创新创业课程优化、课程交互融合以及国内外创新创业课程借鉴启发进行了深入探索。研究成果有助于提升研究生对创新创业课程的兴趣，对提升研究生培养质量具有重要的推动作用，对当前高校研究生创新创业教育改革与实践提供一定的指导与借鉴。

参考文献

[1] 朱恬恬，舒霞玉 . 我国高校创新创业教育课程建设的调研与改进 [J]. 大学教育科学，2021(3)：83-93.

[2] 程丽，殷佳珞，陶亚亚 . 理工科研究生创新创业教育路径研究 [J]. 创新创业理论研究与实践，2022，5(14)：103-106.

[3] 刘桂香，马长世 . 创新创业教育与专业教育融合机制探索 [J]. 教育与职业，2017(20)：70-74.

[4] 贾征，龚柏松 . 高校创新创业教育与专业教育融合的路径研究 [J]. 学校党建与思想教育，2023(24)：78-80.

[5] 苏航，翟校新，韦霞，等 . 乡村振兴战略背景下大学生创新创业实践现状及策略：基于百色学院大学生的调查研究 [J]. 智慧农业导刊，2024，4(11)：64-68.

[6] 蔡新海 . 新时代研究生创新创业教育探究 [J]. 文教资料，2021(10)：114-115.

[7] 李丽，白东清，徐海龙，等 . 高校创新创业教育与专业教育融合路径探析 [J]. 高教学刊，2020(31)：28-31.

[8] 何桂玲，张敏真，王敬，等 . 地方高校创新创业教育与专业教育融合路径研究 [J]. 科教导刊，2020(34)：13-14.

[9] 谢舒媚，梅伟惠，杨月兰 . 研究生创业教育课程体系构建研究：基于国内外十所高校的比较分析 [J]. 创新与创业教育，2018，9(2)：6-11.

[10] 王晨 . 国内外高校创新创业教育发展对比分析 [J]. 现代交际，2021(11)：133-135.

基于云协同的"科教产教"融合立体化教学模式探索

卜丽静 张正鹏 谭貌 邓明军 方云

（湘潭大学）

摘　要　面对目前研究生教育中科教与产教培养存在耦合性不足的问题，本文分析了云协同、"科教产教"融合的特点和优势，针对性地提出基于云协同的"科教产教"融合立体化教学模式。研究成果能够为提高人才培养质量、促进产业发展和科学研究提供新的思路和方法。

关键词　云协同；科教融合；产教融合；教学模式

引言

在信息化和数字化的时代背景下，科技创新和产业变革的步伐不断加快，对人才的需求也从单一型向复合型、创新型转变。面对新时代高科技需求的改变，高校需要通过深化教学改革，实现科教、产教深度融合，探索全方位、立体化的人才培养模式。本文基于云协同技术，探讨科教产教融合的立体化人才培养模式，以期为高等教育发展提供参考。

云协同是一种基于云计算技术的协同工作模式，通过整合网络上的各种资源和服务，实现信息的共享、交流和协作。随着高校硬件教学环境的提升和互联网教学资源的丰富完善，通过云平台协同进行教育资源的深度共享、取长补短，是教育均衡化发展探索的新途径。[1]而且，在教育领域，云协同还可以打破地域和时间的限制，促进师生、学校、企业之间的紧密合作，共同推动教育教学的创新和发展。科教产教融合是指科学研究、教育教学和产业发展之间的有机结合，通过产学研合作等方式，实现资源共享、优势互补和互利共赢。产教融合与科教融合的结合，有助于构建以产业需求为导向、以科学研究为支撑的教育体系，提高人才培养质量和社会适应能力。在我国深入落实科教兴国、人才强国和创新驱动发展战略，以及加速形成高质量现代产业体系的新时代背景下，众多院校正以科教或产教的融合模式推进研究生的创新型培养，着力构建更加高效的创新人才培养模式。[2]面对新时代高素质创新人才的社会需求，"科教产教"融合模式为高校的研究生教育培养体系改革指明了前进的方向，同时也对教育理念、体系制度提出了更高的要求。[3]随着我国教育、科技、人才三大战略的贯彻实施，高等院校自主制定的各类人才培养策略也进入深化阶段。

本文探索以"科教产教"融合为主要的教育目标，基于云协同的方式，建立立体化的人才培养模式，共同推进人工智能环境下高校人才培养与企业产业发展的双重驱动模式。面对新时代对研究生创新人才培养的新要求，立足研究生的主要专业课程实践能力培养层面，面向行业当前及未来人才重大需求，研究提出"云端协同""科教融合、产教融合"的课程教学改革实施方案，制定学校、教师、企业、学生的主体责任划分与激励机制，建设"全方位立体式"项目驱动式云协同教学资源库，形成"全方位"科产教融合、协同创新课程内容，提炼出多元化、个性化、定制化的云协同实践教学方式，促进教育链、人才链与产业链、创新链的有机衔接；培养实践创新型人才和高层次应用型未来领军人才，为我国现代化科技创新和综合国力提升奠定坚实的基础。[4]

1 目前存在的问题及云协同＋"科教产教"融合优势分析

1.1 存在的问题

随着人类从信息时代进入数字时代，特别是人工智能的快速发展，当前对研究生教育的培养要求也不断提高。研究生教育教学是以培养专业领域研究人员与高层次专业人员为目标，因此要求研究生在熟练掌握相应的专业理论知识的同时具有创新型研发的能力。目前国内高校对研究生的培养方案仍采用传统的授课、考核等教学管理模式，在很大程度上限制了研究生对于专业研究领域方向的创新思维能力，进而影响了研究生教育教学质量与研究生日后科研成果产出。而且，在人工智能、电子、通信这类智能化快速发展的专业，教学过程中往往重理论轻实践，严重制约了研究生实践能力的提升，导致研究生实践环节薄弱，实践能力不足。[5]实践环节的薄弱直接导致研究生实践能力不强，导致培养出来的研究生缺乏解决实际问题的能力，无法满足社会实际需要。[6]

因此，企业中快速发展的最新科学产业成果与研究生教育间的融合不足、研究生教育中实践环节的薄弱，以及互联网上丰富的云平台实践资源在动手实践教育中的应用不足，是目前工科类研究生拔尖创新人才培养存在的主要问题。

1.2 云协同＋"科教产教"融合优势分析

随着云计算技术的快速发展，云协同成为推动教育信息化、促进产学研深度融合的重要手段。因此，针对上述的问题，在研究生教育中，将云协同技术与"科教产教"融合应用，不仅能够提升教育资源的共享效率，还能加强学校、企业与科研机构之间的合作，为培养高层次、创新型、应用型人才提供有力支持。云协同技术、"科教产教"融合的主要优势有如下几个方面。

（1）在优质教学资源共享方面，云协同平台通过云计算技术实现教育资源的集中存储、统一管理和高效共享。研究生可以通过平台访问到来自世界各地的优质课程资源、学术文献和实验数据，从而拓宽学术视野，提升研究能力。同时，学校、企业和科研机构也可以将自身的优势资源上传到平台，实现资源共享和互利共赢。云协同平台打破了传统学科壁垒，使不同学科的研究生可以在同一平台上进行交流和合作。这种跨学科融合创新的方式能够激发研究生的创新思维和创造力，推动学科交叉融合和创新发展。同时，通过与企业和科研机构的合作，研究生还可以将学术成果转化为实际应用，为社会经济发展做出贡献。云协同平台为研究生提供了与国际同行交流与企业合作的机会。研究生可以通过平台参与线上线下国际学术会议、访问国外高校和研究机构、与国际同行共同开展研究项目等。这种国际合作与交流的方式能够拓宽研究生的国际视野和跨文化交际能力，提高其在全球范围内的竞争力。

（2）在提升研究生解决实践问题能力方面，云协同平台提供实时在线交流协作功能，使研究生可以随时随地与导师、同学、企业和科研机构的人员进行学术交流与合作。这种无障碍的沟通方式能够加速学术成果的产出，提高研究效率。此外，通过在线协作，研究生还可以积累更多的实践经验，为未来的职业发展打下坚实的基础。同时，云协同平台支持项目管理功能，研究生可以在平台上创建项目、分配任务、跟踪进度和评估成果。这种管理方式能够确保项目的顺利进行，提高团队协同效率。同时，通过平台的数据分析功能，研究生还可以对项目进展进行实时监控和评估，及时调整研究方向和方法，确保研究成果的质量和水平。

云协同与"科教产教"融合应用于研究生教育中具有显著优势。通过教育资源共享、在线交流协作、项目管理便捷、跨学科融合创新和拓展与企业合作与交流等方面的优势，能够提升研究生的学术水平和创新能力，为培养高层次、创新型、应用型人才提供有力支持。

2 基于云协同的"科教产教"融合立体化教学模式构建

2.1 搭建云协同平台及师资队伍建设

利用云计算技术搭建一个功能完善、操作便捷的云协同平台，为师生、学校、企业之间的合作提供技术支持。该平台应具备资源共享、在线交流、项目管理等功能，以满足不同用户群体的需求。

云协同平台是基于云计算技术的协同工作模式，云计算是分布式并行计算的产物，旨在通过网络将复杂的计算任务分解成若干小任务分派给多计算实体组成的系统进行处理和分析，从而整合成具有强大网络服务系统[7]。将云计算技术引入研究生教学任务，将实践所需的硬件、软件、教案、配套文档等资源虚拟化为服务，按不同实践任务发布成不同的应用服务供学生调用，不仅能有效缓解实验平台设备陈旧、新技术和新系统更新不及时、教学资源共享性差、实践实训教学体系不完整等问题，还能满足学生实践、学科竞赛、创新创业等多层次实践需求，提升学生的自主学习兴趣与能力。一个云协同的"科教产教"融合立体化教学模式构成如图1所示。具体的教育云协同平台示例如图2所示。

在师资队伍建设方面，云协同技术为师资队伍建设提供了新的思路和新的挑战。在教师队伍建设方面，高校可以基于云协同平台，邀请企业、科研机构的专家担任兼职教师，为学生提供线上或线下实践指导，传授行业前沿知识。在教师素质能力提升方面，高校还可以利用云协同技术，为教师提供线上、线下多种培训和进修机会，提高教师的专业素养和教学能力。通过协同教学过程中的实践观摩、共同参与、反思感悟，在理论和实践教学方面进行交流与传播，不断完善自身的"职业素养"，最终实现教师个体的自主发展与持续发展。

2.2 构建云协同科教产教融合的立体化课程体系

结合云协同平台的特点和"科教产教"融合的要求，构建一套立体化课程体系。该体系应包括基础课程、专业课程、实践课程等多个层次，涵盖理论教学、实验教学、实践教学等多个

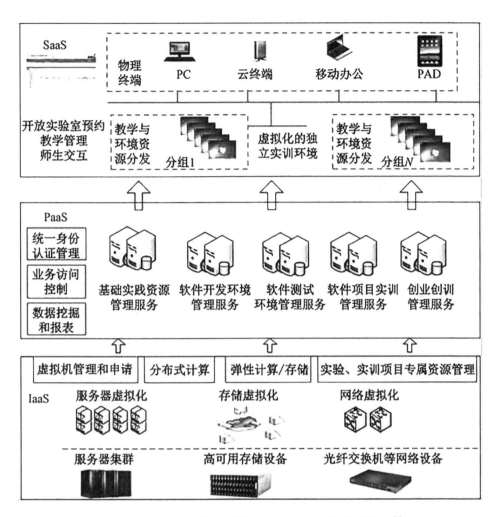

图1 云协同的"科教产教"融合立体化教学模式构成[7]

图2 教育云协同平台示例

环节，以满足学生全面发展的需求。

（1）课程设置与教学资源整合。基于云协同技术，结合学生的专业特点，可以与企业、科研机构共同开发课程，实现课程内容的实时更新和资源共享。同时，高校还可以利用云协同技术，搭建在线学习平台，为学生提供多样化的学习方式和个性化的学习路径。

（2）实践教学与产学研结合。实践教学是人才培养的重要环节。高校可以通过云协同技术，与企业、科研机构共建实训基地，为学生提供真实、丰富的实践环境。同时，高校还可以与企业、科研机构共同开展科研项目，培养学生的科研能力和创新精神。表1为以信息与通信工程专业为例设计的科教产教融合的立体化课程体系。所有的课程及实践等均可以通过云平台的方式开展实施。

表1　科教产教融合的立体化课程体系设计

基础理论课程	高等数学、线性代数、概率论与数理统计等数学基础课程，为后续专业课程的学习提供坚实基础
	信号与系统、通信原理、数字信号处理、电磁场与电磁波等专业基础课程，为学生打下扎实的专业基础
科研实践课程	开设科研方法论、实验设计与数据分析、程序设计等科研基础课程，培养学生的科研素养
	设立科研实践项目，鼓励学生参与导师的科研项目，进行实验研究、数据分析等工作，提升科研能力
产业应用课程	开设产业前沿讲座，邀请产业界专家介绍最新技术、应用和市场趋势
	设立产业合作项目，与企业合作开展项目研究，使学生了解产业需求，培养产业应用能力
	鼓励学生参加产业实习，深入了解产业环境和工作流程，为未来的职业发展做好准备
创新创业课程	开设创新创业课程，培养学生的创新精神和创业能力
	设立创新创业实践项目，鼓励学生自主组队开展创新创业活动，提供资金支持和导师指导
国际化课程	开设国际化课程，引入国外先进的教学理念和方法，拓宽学生的国际视野
	鼓励学生参加国际交流项目，如短期访学、国际会议等，提升国际交流能力

2.3 云协同科教产教融合的立体化课程内容设计

以湘潭大学信息与通信工程专业的"智能信息处理"研究生课程为例，引入云协同技术，通过与企业共建实训基地、与科研机构合作开展科研项目等方式，共同开展人才培养工作。图3为以课程为例科教产教融合的立体化课程内容设计。

2.4 构建立体化云协同课程实践和学生评价体系

在云协同的"科教产教"融合立体化教学模式下，课程的实践和学生评价体系也将会有重大的变化。在原来比较薄弱的实践环节，在课程体系中增加实践教学的比重，通过校企合作、项目导向等方式，引导学生深入参与实践活动。

同时，加强学校与科研机构、企业之间的合作，可以将企业的题目融入实践教学环节，将实际问题提炼成实践的项目，利用云协同平台为学生提供实践项目发布，推动科研成果的转

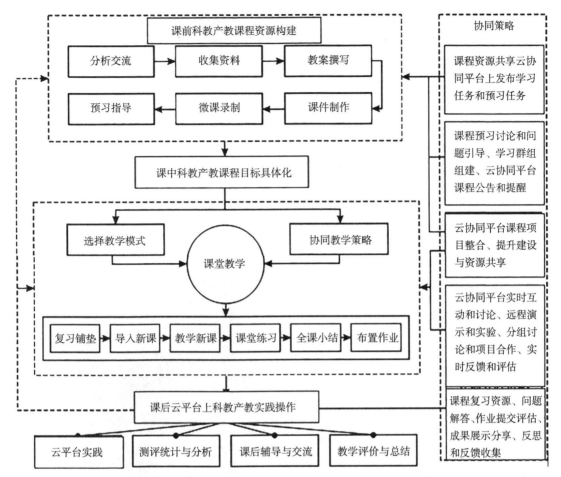

图3 以某课程为例科教产教融合的立体化课程内容设计

化和应用，为产业发展提供技术支持和人才保障。

在学生管理与评价方面。可以利用云协同技术，构建多元化的评价体系，注重对学生综合素质和实践能力的评价。借助云协同平台的学习管理系统，教师可以对学生的学习情况进行个性化跟踪和评估，这也是云协同评价方式的优势所在。学生可以通过在线测验、作业提交和学习日志等方式展示对专业知识的学习成果和反思。教师可以通过平台提供的反馈和评估功能，指导学生的学习和发展。具体可以包括基于平台的课上、课后评估，具体的包括云平台上课上回答问题表现、实验题目解答表现、课后作业表现、在线考试表现等。

3 结论与展望

基于云协同的科教产教融合立体化人才培养模式是高等教育发展的重要方向之一。通过深化教学改革、加强校企合作、利用云协同技术等措施，可以实现教学资源的优化配置和高效利用，提高人才培养质量和效率。基于云协同的"科教产教"融合立体化教学模式将继续发挥重要作用，推动教育现代化和产业发展的深度融合。同时，随着技术的不断进步和应用场景的不断拓展，该模式将进一步完善和发展，为人才培养、科技创新和产业发展注入新的动力。

图4　某课程的实践教学资源和实践题目

参考文献

[1] 钟英.云协同课堂教学模式探讨[J].教育导刊，2017(09)：56-62..

[2] 刘周，徐本川，吴向宾.科教产教双融合的实然之思与应然之策[J].中国高校科技，2019（S1）：67-69.

[3] 彭淑娟，钟善男，柳欣，等."科教＋产教"双驱动融合的计算机类研究生创新人才培养模式探索[J].高教学刊，2024，10(10)：62-65.

[4] 吴文强，萧仲敏，朱大昌，等."科产教融合"机器人实践课程教学改革探索[J].高教学刊，2024，10(08)：15-19.

[5] 胡建军，张全国，贺超，等.能源动力类硕士研究生教育创新培养基地建设研究与探索[J].科技视界，2020（32）：71-73.

[6] 陈昊，李钰，耿莉敏，等.基于"学科-科教-产教"多维融合的能源动力拔尖创新人才培养模式探索与实践[J].高教学刊，2024，10(11)：58-61.

[7] 余宇峰，张云飞，邓劲柏，等."云平台＋服务"的实践教学体系研究与应用[J].实验室研究与探索，2024，43(01)：209-213+226.

护理研究生信息化与工程技术的教育创新路径 *

魏思 罗尧岳 王光伟

（湖南中医药大学）

摘 要 在后疫情时代，医疗领域技术的迅速进步对护理教育提出了新的要求。本研究着重于人工智能、机器学习、大数据分析和虚拟现实等技术在提升教育质量和效率方面的应用。同时，探讨了护理与工程技术在研究生教育中整合的现状与挑战，以及技术教育整合的模式，特别是在教学内容与形式创新方面。本研究旨在推动护理教育的现代化，为应对不断变化的医疗环境提供新的教育方向和框架。

关 键 词 护理研究生教育；工程技术整合；教学创新；跨学科合作

作者简介 魏思（2001— ），女，湖南中医药大学护理专业在读硕士研究生。联系电话：19186930538；电子邮箱：WEISI20012013@outlook.com。

一、引言

随着全球医疗领域的迅速发展和技术的日益进步，护理教育也迎来了前所未有的现代化挑战。在 COVID–19 大流行之后的后疫情时代，基于认知科学和医疗保健系统发展的新教育技术被大力创新。[1] 人工智能（AI）和机器学习在医疗领域的广泛应用，预示着医疗教育正经历着前所未有的革命性变化。[2] 通过信息技术的集成和工程技术的应用，护理教育能够更精准地预测病情并提供有效治疗方案。[3] 智能医学的发展，如大数据分析、AI 和云计算，极大地提高了教育培训效率和质量[4]，虚拟现实（VR）技术的应用使得无风险的临床技能训练成为可能[5]，强化了学生的实践技能和临床决策能力。在大时代背景下，护理专业的研究生教育面临着现代化挑战，需整合 AI、机器学习等信息技术和工程技术，以应对快速变化的医疗环境。因此，探索如何整合护理信息化与工程技术，开发创新的研究生教育路径，不仅是时代的要求，也是教育改革的必然趋势。

二、护理与工程技术的现状与挑战

医疗保健和工程技术之间的跨学科合作由来已久。自 1895 年发现 X 射线以来，医学和工程学之间已有多次成功的合作报道。[6] 到今天，工程学所开发的前沿技术已被广泛应用到各个

---

* 基金项目：湖南省"十四五"应用特色学科（护理学），湖南省教育厅，2022 年 9 月—2025 年 7 月。

领域，包括生物医学、化学、计算机、信息和机械工程，这为医疗保健的快速发展做出了巨大贡献。早在 1993 年，Hendrickson 首次提出了"护士工程师"这一职业概念，建议护士获得技术学位，以便更好地运用信息技术进行教育和管理。[7]

（一）护理教育中工程技术的现状

近年来，越来越多的研究人员意识到了护理与工程领域之间跨学科合作的重要性，纷纷开展相关项目。在全球范围内，护理教育中工程技术的应用呈现出不同的发展水平。在一些发达国家，工程技术如信息技术和生物工程已广泛融入护理教育与实践，提高了教育质量与实用性。例如，2008 年，马萨诸塞大学阿默斯特分校建立了护理工程实验室，专注于推进基于可穿戴技术的个性化医疗管理系统的开发。[7][8] 此外，由创新护士组成的 MakerNurse 社区在 2013 年成立，并得到罗伯特·伍德·约翰逊基金会的支持，该社区通过提供创新工具和平台，鼓励护士将创新想法转化为实际的患者护理改进措施。[7][9]2016 年，斯坦福大学首届医疗保健黑客马拉松通过组织跨学科团队，专注于多样性和创新，评估了协作的教育价值和对医疗创新的贡献。[10]2017 年，杜克大学的护理与工程学生合作，成功开发了首个远程机器人智能护理助手。[9] 在这些合作项目中，护士和工程师虽然各自侧重不同的专业视角，但他们共同致力于解决医疗保健的问题。

在我国，尽管护理与工程技术等跨学科合作起步较晚，近年来也显著加强了对这一领域的关注和投入。（1）人工智能和数据技术在医疗诊断和管理中的应用：许多研究使用人工智能系统进行疾病预防、监测和康复，例如在骨科中使用基于人工智能的静脉血栓栓塞预防系统[11]，开发用于舌癌术后语言康复的智能系统[12]，以及为压力性尿失禁的老年女性患者开发智能盆底康复应用程序[13]。（2）应用新兴技术以提升患者护理效果：有研究使用虚拟现实（VR）应用支持患者的日常生活活动（ADL），增强其康复过程[14]；或针对糖尿病视网膜病变患者开发提高自我管理能力的移动应用[15]。此外，机器人技术及自动化也在护理领域被大力探索[16]，如辅助行动不便的患者进行日常活动，或在手术室中进行协助工作。（3）提升医疗运营效率：临床工作人员通过跨团队协作设计和实施信息技术系统，简化工作流程，如自动化的血栓预防管理和医院信息系统的数据整合。[17] 此外，也有学者基于信息技术系统，开发手术病人转运和交接系统[18]，提高手术室管理效率和患者安全。（4）开展连续性护理与管理：有学者基于家庭医疗平台构建和应用连续性护理模型[19]，这在一定程度上提高了出院患者的护理质量和满意度。此外，开发管理和优化中心静脉导管等关键医疗设备的信息管理系统[20]。（5）传统医学与现代技术的融合：除去现代西医与工程技术等跨学科交流合作，也有研究利用深度算法标准化传统中医护理诊断信息[21]，以促进信息的准确传递和有效利用。（6）护理教育与实践中信息技术的应用：在教育环境中许多研究利用专业软件和应用程序增强医疗专业人员的学习和实践技能，例如设计与开发智慧护理数字化交互管理助手[22]。此外，随着以 ChatGPT 为代表的生成式人工智能的出现，许多学者关注到护理教育出现了新的挑战与机遇。他们利用大型语言模型如 ChatGPT 在护理教育和实践中的应用[23]，提升护理人员的信息素养和批判性思维能力。

（二）技术革新带来的挑战与机遇

全球范围内，护理与工程技术的融合正在推动医疗保健创新。事实上，"护理工程师"这一概念早已有学者提出，强调通过改进护理技术和患者护理设备来提升医疗服务质量。[24]之后，又有学者构建了工程和护理健康信息学跨学科教育的概念框架。[25]技术革新为护理教育带来了前所未有的机遇。人工智能、大数据等前沿技术的应用不仅可以优化医疗资源配置，提高疾病诊断的准确性，还能通过数据分析提升护理服务的整体效率。如今，我国护理教育面临着迎合现代医疗需求和技术发展的挑战，正处在关键的转型期。近年来，我国护理教育正逐步整合工程和信息技术，以培养能够应对现代医疗复杂性的护理专业人才。[26][27]这种教育模式转变使护理人员从传统护理职能向具备综合临床、技术和工程技能的多技能角色过渡。然而，跨学科教育的推广速度和广度不一，现有教育模式与新兴技术整合的困难、教育资源的不平等分配、高端教学设备与质量教材的缺乏、师资力量短缺，特别是缺少既懂护理专业知识又精通工程技术的教师等问题一直存在。[27]我们仍需在护理教育中更广泛地开发创新策略。

三、护理研究生教育的技术整合模式

（一）教育内容的创新

随着技术的迅速发展和全球健康需求的不断变化，传统的护理教育模式需要适应新的挑战和机遇。为此，创新教育内容成为高校研究生护理教学改革的核心要素之一。

1. 跨学科学习

早在2009年，多学科团队（MDT）兴起，MDT护理模式就已作为一种新的护理模式开始应用于临床护理工作。[28]跨学科学习在现代护理教育中具有重要性。它不仅能提高学生的综合能力和创新思维，还能帮助学生更好地理解和解决复杂的医疗问题。提供机会让护理学生根据个人兴趣参与其他专业的课程，如人工智能、IT、基础医学等，是提升其多维度知识结构的关键。[29]护理院校可把握各自的优势特色，寻找与工科的契合点，建立与生物材料教研室、机械学院等的合作，整合课程系统及优化教学资源。[26]除护理核心课程外，开设交叉学科必修、选修课程，如护理信息学、护理与材料、护理临床前沿与转化、人工智能、远程医疗与护理、医疗大数据等课程，建立交叉学科概念和理论基础。[7]此外，有研究通过招募临床医学、药学专业本科生，在护理计划和实施课程的实验教学中开展跨专业团队模拟教学，取得了较满意的结果。[30]尽管这种跨学科的教育模式具有明显的优势，实际推广和实施过程中仍面临诸多挑战，如时间、地域和技术的限制。已有团队通过构建虚拟跨专业教学方法来克服这些障碍[31]，一些教育机构甚至实施了为期两周的跨专业教育沉浸式体验[32]。这些创新做法有效地拓宽了学生的知识领域和视野，为传统护理教育注入了新的活力。

2. 领导力培养

在当前护理教育模式中，加强领导力培养显得尤为重要。领导力的元素，如决策制定、团队管理和沟通能力，是未来护理领导所面临的主要挑战。[33]有研究显示，通过跨学科学习不仅能提升学生的综合能力和创新思维，这些都是有效领导力的核心组成部分，而且还能加强学生的领导能力在实际医疗环境中的应用。[34]此外，提供针对性的领导力培训，如模拟医疗环境下的团队协作和决策制定练习，可以进一步增强学生的领导技能，使他们能够在未来的护理职场中担当重要角色。因此，在护理研究生教育课程中增加领导力培养不仅是创新的必要，也是培养未来医疗领导者的关键策略。

3. 思政伦理课

在护理教育中，整合思政伦理课程成为一种创新且必要的步骤，尤其是在处理大数据和信息智能化的现代背景下。随着技术的进步，护理专业学生必须学会如何在遵守伦理原则的同时管理和利用大数据，特别是关于患者隐私和数据安全的问题。[23] 这不仅是技术能力的提升，更是对未来护理人员的道德责任和职业操守的培育。例如，开设专门的课程来教授学生如何在实际工作中妥善处理敏感信息，确保在数据收集、存储和分析过程中保护患者隐私，这对于培养能够适应未来医疗环境的护理专业人才是至关重要的。

4. 全球健康与疾病管理

在全球健康与疾病管理方面，开设涵盖全球健康问题的课程至关重要，这些课程包括流行病学、全球健康政策分析等，以准备面对跨国界的健康危机和挑战。[35] 随着全球健康领域的迅速发展，护理专业需要具备跨学科的视角和整合性的策略来应对全球健康挑战，如气候变化、传染病大流行等，这些均对全球人口健康构成威胁。全球健康护理的教育不仅需要关注疾病本身，还涉及社会、环境及经济因素对健康的综合影响。[36] 教育者和学生需认识到健康是一个全球性的、相互连接的系统，需要采取社会正义和专业伦理的原则，积极参与到全球健康事务中，推动可持续的跨学科合作。因此，在护理教育中增加关于全球健康和疾病管理的课程，不仅是应对全球健康挑战的需求，更是培养未来护理人员必备的全球视野和应对复杂健康问题的能力。

（二）教育形式的创新

在护理教育的快速变革中，探索并实施教育形式的创新显得尤为关键。随着新技术的引入和教学策略的演进，我们必须重新思考如何有效地传授知识和技能给未来的护理专业人才。

1. 混合学习模式

在教育形式的创新中，混合学习模式突显其重要性。结合线上与线下的教学方式，这种模式不仅增强了教学的灵活性，还能确保学生与教师之间必要的互动和指导。[37] 根据相关研究，混合学习模式通过利用数字平台支持学生在适合自己的时间进行学习，同时保证了教师的实时反馈和指导，这对于提高学习效率和参与度非常有效[38]。研究表明，混合学习可以显著提高学生的学术成绩和满意度。它允许学生自定学习节奏，通过在线资源和面对面课堂的结合，优化了学习过程，使学生能够更好地掌握复杂的医疗护理知识和技能。[38] 在实施混合学习策略时，教育者需确保技术的有效整合，并对教学内容和学习活动进行适当的设计，以满足不同学生的学习需求和偏好。这种教学模式的成功实施，将为护理教育带来更广泛的影响，提高教育质量和学生的整体教育经验。

2. 利用现代技术提升教育效果

首先，采用在线协作工具进行国际合作学习，已证明能有效克服地理限制，促进全球学习网络的形成。[39] 其次，社交媒体平台的利用已成为现代教育的一部分，不仅因其便捷性，也因为它能显著提升学生的信息获取和互动能力。研究表明，使用 Twitter 等平台可以促进学生的课程参与，增加他们对学术内容的讨论和互动，这对于促进学生的积极学习态度和提高学习成效是非常有益的。[40] 最后，通过集成式学习平台和安全医疗模拟软件，教育者能够提供更精确和安全的实践学习环境。这些技术不仅支持学生通过模拟练习安全地学习和应用医疗知识，还能通过反馈和评估系统提高学习的精确性和效果。[41]这些现代技术的融入不仅拓展了传统教育的边界，还为学生提供了更多样化和互动性强的学习体验，从而提高了教育质量和学生的综合能力。

3. 互动式和参与式学习方法

在现代教育实践中，互动式和参与式学习方法的应用已显著增强学生的学习兴趣和实践能力。例如，游戏化教学和模拟活动被证明能有效提高学生的临床决策能力和问题解决技能。[42]研究表明，通过设计与临床情境相关的模拟游戏，学生能在安全无风险的环境中练习临床技能，这不仅提升了他们的操作技能，也增强了他们对理论知识的理解和应用能力。[42]此外，采用"老带新"的互助学习小组模式，也在护理教育中得到了广泛应用。这种方法通过资深护士指导新生，促进了知识和技能的传承，同时加强了学生之间的社交联系和团队合作能力。研究指出，这种互助学习小组不仅加深了学生的学习内容理解，还提高了他们的自我效能感和学习满意度。[43]这些教学方法的融入，不仅丰富了教育内容，还为学生提供了更多实践和互动的机会，有助于培养具备高度临床和决策能力的护理专业人才。

4. 实地与实践教学

一方面，通过与教学医院合作，为护理学生提供直接在临床环境中应用所学知识的机会，显著提升了他们的临床技能和自信。同时，多学科团队项目如护理与临床医学研究生共同解决实际病例，有效增强了学生的团队协作和跨专业沟通能力，这对于提升他们处理复杂医疗问题的能力是极其重要的。此外，护理研究生还可以兼职教师讲授知识，提升自我。[44]

四、小结

在面对快速变化的技术环境中，护理研究生教育的技术整合应是一个持续的过程。在未来，建议制定一个动态更新的教学技术框架，通过定期的课程评审和技术更新会议，随着技术的发展和护理实践的新需求不断调整和优化教育内容和方法，确保教育内容始终保持前沿性和实用性。此外，加强跨学科合作，特别是在护理学、工程学和计算机科学等领域的专家之间，通过建立常设的联合工作小组和定期组织的研讨会及研究项目，共同开发和评估教育技术工具，促进不同领域间的交流与合作。同时，应更加注重培养学生的未来导向思维和创新能力，开设关于未来护理趋势的课程，如智慧健康管理和全球健康咨询等，强化学生的批判性思维和问题解决能力，为他们在未来职业生涯中不断学习和应对新挑战做好充分准备，确保护理专业人才能有效应对未来健康护理的挑战。

参考文献

[1]Frenk J, Chen L C, Chandran L, et al. Challenges and opportunities for educating health professionals after the COVID-19 pandemic[J]. The Lancet, 2022, 400(10362): 1539-1556.

[2]Garcia M B, Arif Y M, Khlaif Z N, et al. Effective integration of artificial intelligence in medical education: Practical tips and actionable insights[M]//Transformative Approaches to

Patient Literacy and Healthcare Innovation. IGI Global, 2024: 1-19.

[3]Chen L, Chen P, Lin Z. Artificial intelligence in education: A review[J]. Ieee Access, 2020, 8: 75264-75278.

[4]Hwang G J, Tang K Y, Tu Y F. How artificial intelligence (AI) supports nursing education: Profiling the roles, applications, and trends of AI in nursing education research (1993-2020) [J]. Interactive Learning Environments, 2024, 32(1): 373-392.

[5]Plotzky C, Lindwedel U, Sorber M, et al. Virtual reality simulations in nurse education: a systematic mapping review[J]. Nurse education today, 2021, 101: 104868.

[6]Agre P. Creating a CD-ROM program for cancer-related patient education[J]. Number 3/2002, 2002, 29(3): 573-580.

[7]Zhou Y, Li Z, Li Y. Interdisciplinary collaboration between nursing and engineering in health care: a scoping review[J]. International journal of nursing studies, 2021, 117: 103900.

[8]Bruce J C. Nursing in the 21st Century-Challenging its values and roles[J]. Professional Nursing Today, 2018, 22(1): 44-48.

[9]Bayliss-Pratt L, Daley M, Bhattacharya-Craven A. Nursing now 2020: The nightingale challenge[J]. International Nursing Review, 2020, 67(1): 7-10.

[10]Wang J K, Roy S K, Barry M, et al. Institutionalizing healthcare hackathons to promote diversity in collaboration in medicine[J]. BMC medical education, 2018, 18: 1-9.

[11]吕姣姣, 毛雷音, 史跃芳, 等. 基于人工智能技术的骨科VTE防治系统的开发与应用[J]. 护理学杂志, 2024, 39(03): 36-38.

[12]沈利凤, 刘丽丽, 朱慧, 等. 舌癌术后智能语音功能康复训练系统的开发与应用[J]. 护理学杂志, 2023, 38(12): 93-97.

[13]毛文娟, 杜娟, 江明珠, 等. 智能盆底康复App的开发及在老年女性压力性尿失禁患者中的应用[J]. 中国护理管理, 2022, 22(08): 1159-1164.

[14]李闯臣. 基于VR技术的养老机构老年人ADL康复训练及评估系统构建与应用研究[D]. 长春: 吉林大学, 2023.

[15]利越萍. 糖尿病视网膜病变健康管理APP的开发研究[D]. 济南: 山东中医药大学, 2023.

[16]钱娱. 护理机器人的功能与应用[J]. 当代护士（下旬刊）, 2024, 31(04): 19-23.

[17]何瑛, 李伦. 机器人在护理领域中的应用进展[J]. 中华护理杂志, 2018, 53(09): 1140-1143.

[18]陈锐, 李静, 张静, 等. 基于信息技术手术患者转运交接系统的设计与应用[J]. 中国医疗设备, 2020, 35(04): 93-95+105.

[19]卢明, 俞燕娟, 李中东, 等. 基于家庭医护平台延续性护理模式的构建及应用[J]. 中华护理杂志, 2019, 54(12): 1851-1855.

[20]李钱玲, 唐玮, 李源, 等. 信息化管理在留置中心静脉导管患者中的应用进展[J]. 护士进修杂志, 2020, 35(02): 119-122.

[21]牟善芳, 赵蒙, 王庭敏. 中医护理诊断信息数据元标准化研究[J]. 护理研究, 2017, 31(24): 3020-3023.

[22]黄夏彬, 谢晶晶, 吴洪远. 智慧护理数字化交互管理助手的设计与开发[J]. 电脑编程技巧与维护, 2023(04): 130-131+168.

[23]刘乾坤, 戴婧佼, 庞佳雪, 等. ChatGPT对护理教育的机遇与挑战[J]. 护士进修杂志, 2024（05）: 1-8.

[24]Glasgow M E S, Colbert A, Viator J, et al. The nurse-engineer: A new role to improve nurse

technology interface and patient care device innovations[J]. Journal of Nursing Scholarship, 2018, 50(6): 601-611.

[25]Kim H N. A conceptual framework for interdisciplinary education in engineering and nursing health informatics[J]. Nurse Education Today, 2019, 74: 91-93.

[26] 袁邻雁, 李玲利, 贺婷婷, 等.“护理＋工程”跨学科研究生教育培养的启示 [J]. 护士进修杂志, 2022, 37(22): 2094-2097.

[27] 王怡丹, 周滢, 王峥, 等.护理－信息－工程学方向护理硕士专业学位研究生培养必要性的探索性研究 [J]. 中华护理教育, 2022, 19(07): 592-597.

[28]Wei J, Fang X, Qiao J, et al. Construction on teaching quality evaluation indicator system of multi-disciplinary team (MDT) clinical nursing practice in China: a Delphi study[J]. Nurse Education in Practice, 2022, 64: 103452.

[29] 王兰, 徐洁, 郑芳芳.基于“互联网＋”形势下的高校护理教育教学创新探索 [J]. 才智, 2024(12): 113-116.

[30] 刘倩, 欧阳艳琼, 李苏雅, 等.跨专业团队合作模拟教学在护理计划与实施实验教学中的应用 [J]. 护理学杂志, 2020, 35(15): 69-71+91.

[31]Fowler T, Phillips S, Patel S, et al. Virtual interprofessional learning[J]. Journal of Nursing Education, 2018, 57(11): 668-674.

[32]Sweeney Haney T, Kott K, Rutledge C M, et al. How to prepare interprofessional teams in two weeks: an innovative education program nested in telehealth[J]. International journal of nursing education scholarship, 2018, 15(1): 20170040.

[33]Wang Y X, Yang Y J, Wang Y, et al. The mediating role of inclusive leadership: Work engagement and innovative behaviour among Chinese head nurses[J]. Journal of nursing management, 2019, 27(4): 688-696.

[34]Lv M, Jiang S M, Chen H, et al. Authentic leadership and innovation behaviour among nurses in China: A mediation model of work engagement[J]. Journal of Nursing Management, 2022, 30(7): 2670-2680.

[35]Cole Edmonson D N P, Cindy McCarthy D N P, McCain C, et al. Emerging global health issues: A nurse's role[J]. Online Journal of Issues in Nursing, 2017, 22(1): 1B.

[36]Wong F K Y, Liu H, Wang H, et al. Global nursing issues and development: Analysis of World Health Organization documents[J]. Journal of Nursing Scholarship, 2015, 47(6): 574-583.

[37]Jowsey T, Foster G, Cooper-Ioelu P, et al. Blended learning via distance in pre-registration nursing education: A scoping review[J]. Nurse education in practice, 2020, 44: 102775.

[38]Berga K A, Vadnais E, Nelson J, et al. Blended learning versus face-to-face learning in an undergraduate nursing health assessment course: A quasi-experimental study[J]. Nurse Education Today, 2021, 96: 104622.

[39]Zhang J, Cui Q. Collaborative learning in higher nursing education: A systematic review[J]. Journal of Professional Nursing, 2018, 34(5): 378-388.

[40]Kiegaldie D, Pepe A, Shaw L, et al. Implementation of a collaborative online international learning program in nursing education: protocol for a mixed methods study[J]. BMC nursing, 2022, 21(1): 252.

[41]Jones S, Chudleigh M, Baines R, et al. Did introducing Twitter and digital professionalism as

an assessed element of the nursing curriculum impact social media related incidence of 'Fitness to Practise' : 12-year case review[J]. Nurse education in practice, 2021, 50: 102950.

[42]McEnroe-Petitte D, Farris C. Using gaming as an active teaching strategy in nursing education[J]. Teaching and Learning in Nursing, 2020, 15(1): 61-65.

[43]于恩光，许月萍，余秋燕，等."学姐妹"带教模式在新入职护士人文关怀能力培训中的应用研究[J]. 护理管理杂志, 2019, 19(9): 654-657.

[44]Kemery D C, Serembus J F. An innovative approach to onboarding and supporting adjunct faculty in nursing[J]. Nursing Education Perspectives, 2019, 40(4): 250-251.

基于湖南龙山锥栗科技小院的林业专业硕士人才培养模式探索*

熊欢 袁德义 邹锋 范晓明

（中南林业科技大学）

摘 要 科技小院已成为我国南方丘陵山区林业科技创新、人才培养和社会服务的阵地，在服务乡村振兴、林业产业高质量发展和山区绿色经济增长中发挥着重要作用。本文以中南林业科技大学龙山锥栗科技小院为例，从建设背景、育人模式、取得成效及社会影响力、存在问题与对策等方面进行阐述，构建了林业专业学位研究生"学校＋基地＋乡村"培养模式，培养出"爱林知林"情怀深、科技创新实践能力强和综合素质高的研究生，为服务乡村振兴所需的林业人才提供可行性新路径。

关 键 词 科技小院；林业；培养模式；龙山锥栗

作者简介 熊欢（1987— ），中南林业科技大学，副教授。联系电话：13549676107；电子邮箱：xionghuan18@126.com。

2023 年我国林业产业总产值超过 9.2 万亿元，其中经济林产量达到 2.26 亿吨，产值近 2 万亿元。习近平总书记指出"林草兴则生态兴"，在湖南考察长江段时嘱托"守护好一江碧水"，美丽中国建设启动南方丘陵山地带生态保护和修复重大工程，湖南着力构建"一江一湖三山四水"生态保护格局，急需大批林业高层次复合应用型人才。人才聚，科技兴，赋能特色林业产业高质量发展。[1-2]如何有效培养具备"三农"情怀和科技创新实践能力强的新型农林高级人才，是高等林业院校长期探索期望解决的难题。

2009 年 6 月，中国工程院院士、中国农业大学张福锁教授团队在河北曲周县白寨村建立了第一个科技小院。2022 年，教育部、农业农村部、中国科协等部门印发了《关于推广科技小院研究生培养模式 助力乡村人才振兴的通知》《关于支持建设一批科技小院的通知》等一系列政策文件，科技小院遍布全国 31 个省、直辖市，总体数量已达 1800 余个，并已成功推广全球。[3]2023 年 5 月，习近平总书记给中国农业大学科技小院的同学们回信说："希望同学们志存高远、脚踏实地，把课堂学习和乡村实践紧密结合起来，厚植爱农情怀，练就兴农本领，在乡村振兴的大舞台上建功立业，为加快推进农业农村现代化、全面建设社会主义现代化国家贡献青春力量。"习近平总书记的回信给我国林业专业学位研究生培养和乡村振兴指明了方向

* 本文受全国林业专业学位研究生教育指导委员会教学改革项目"基于科技小院的林业专业硕士研究生人才培养模式探索与实践"（编号：LYJZW-YJ202223）和湖南省学位与研究生教学改革研究项目"基于创新能力培养的研究生课程思政教学改革与实践——以《植物显微技术》为例"（编号：2021JGSZ059）资助。

和路线。[4]2024 年 2 月，中央一号文件指出，"壮大人才队伍，推广科技小院模式"。笔者基于前期建设的"产学研合作基地"，结合湘西自治州林业特色产业建立了湖南龙山锥栗科技小院，充分发挥林学学科优势和地方区域特色，在林业专业硕士研究生人才培养、科技创新、社会服务中形成了具有特色的经验模式。本研究从建设背景、育人模式、经验成效、问题分析与提升方向等方面分析总结，以期为我国南方丘陵山区科技小院育人模式提供案例和参考。

一、建设背景

锥栗是我国南方重要的木本粮食树种，也是丘陵山区农民的致富果，在"精准扶贫"中发挥了重要作用，是进一步推动乡村振兴、落实大食物观的重要支柱产业和组成部分。为了助推湖南湘西产业发展和人才培养，中南林业科技大学先后在凤凰县、通道县等地进行产业扶贫。2018 年因长沙市天心区扶贫工作队邀请，中南林业科技大学专家教授团队前往龙山县进行产业调研，在洛塔乡梭洛村建立了首批锥栗产业示范基地 200 亩。2020 年经济林育种与栽培国家林草局重点实验室袁德义教授与龙山县洛塔乡人民政府签订了锥栗产学研合作协议。2021 年在中央财政林业科技推广项目的支持下，先后引进锥栗良种和新品种 7 个，在洛塔乡阿亏村建立了锥栗良种示范推广基地 400 亩，并进行锥栗高效栽培技术推广。2022 年 7 月"湖南龙山锥栗科技小院"被教育部、农业农村部、中国科协三部委获批，共建单位为中南林业科技大学和龙山洛塔振兴特色种养专业合作社联合社。在我校林业专业学位研究生人才培养实践中，初步摸索出"学校 + 基地 + 乡村"一体化人才培养模式。

二、科技小院育人模式的探索与实践

（一）林业硕士生培养中存在的问题

不知林无以爱林：本科阶段，通过林学专业相关课程的学习，农林院校学生对粮油安全、专业责任和林业科技有了一定的认识和理解，但与实际的林业生产仍存在距离，特别是对南方丘陵山区农村现状、林业产业需求的认识停留在纸面，缺乏"感同身受"的零距离体验。误把科研当"论文"：林业硕士生通过科研训练提升实践技能、创新思维和科学素养，提高人才培养质量，但是，不少林业方面的研究盲目追踪热点问题，脱离生产实际，追求论文数量和影响因子，既无重大理论方面的原创性突破，也对解决生产问题作用不大。也有许多研究生对科研选题的来龙去脉不求甚解，既不知道科学问题之缘起，又不关注科研成果之用处。[5]林业专硕应从林业生产实践或相关理论中发现问题，凝练出科学问题、设计研究方案、开展科学实验、获取可靠数据并以论文展示成果，要以论文的学术价值和潜在应用价值为根本落脚点，把"科研论文写在山间地头"。

（二）"分类培养、发挥特性、服务社会"的培养方案

科技小院学生以林业专业研究生为主，此外还有林学学术性硕博研究生以及本科生参与。按照"专业基础扎实、创新思维突出、实践能力强、综合素质好"的培养要求，结合学校对林学一流学科建设的要求，从建立"专家小院"开始就对研究生采取"分类培养、发挥特性、服

务社会"的培养理念。[5-6] 对于拟招收的研究生，其毕业论文一般在小院试验基地开展，教师从经济林产业服务中选题，让研究生们一起常驻科技小院，在生产中发现问题和解决问题，为今后研究成果更好地推广应用奠定基础。例如，在洛塔乡发现锥栗小叶病，针对该病害及时向农户普及早期防治技术，冬季石硫合剂清园消毒，并及时采用树干打孔注射盐酸四环素，取得良好的效果；在锥栗花期进行不同栗品种花粉授粉，筛选出最优的品种配置组合，并指导农户进行喷施 0.2% 硼 +0.1% 尿素 +0.2% 磷酸二氢钾，显著提高锥栗园坐果率。在冬季进行锥栗轮替更新修剪技术指导，提高锥栗产量。研究生不仅了解了锥栗生产中存在的问题，也能认识到技术推广能为锥栗产业发展提供科技支撑。

所有林业专硕研究生第一学年在学校学习林业相关理论知识和实验技能，了解林业相关前沿进展；在定期前往科技小院试验基地的基础上确定研究方向，并有针对性地选修课程，提高林业专业理论知识。第二、三学年，学生每年进驻科技小院三个月以上，结合地方林业实际发展需求和研究生个人研究兴趣，科技小院田间调查为主、学校实验室室内检测分析为辅，完成学位论文课题研究。[5-6] 在实践期间，研究生不仅了解农村生活、文化等，还要深入生产一线为种植户讲解锥栗种植管理和病虫害防控知识，在技术推广区内开展技术示范，实现"零距离"服务。研究生既要发表学术期刊论文，又要对参与林业科技推广的社会服务进行总结，并撰写硕士学位论文，最终通过学位论文答辩。

（三）取得的成效及社会影响力

湖南龙山锥栗科技小院先后入驻中南林业科技大学、铜仁学院等专家 6 名，先后入驻研究生 8 名，其中毕业 5 名。科技小院引进锥栗新品种"华栗 1 号""华栗 2 号""华栗 3 号""华栗 4 号"以及"德栗 1 号""德栗 2 号"和"德栗 3 号"等，集成菌根化苗造林、品种配置、促雌增产、整形修剪、科学施肥等技术，辐射带动洛塔乡发展锥栗产业 4000 余亩，覆盖 10 个行政村，吸纳建档立卡 100 多户加入锥栗种植合作社。先后获得长沙市第十六届大学生科技创新创业大赛一等奖、湖南省创新创业大赛优秀团队、建行杯第九届湖南省"互联网 +"大学生创新创业大赛二等奖、"拼多多杯"第二届科技小院大赛陕西赛区二等奖和国赛三等奖。先后获得国家林草局植物新品种权 4 个，发表文章 9 篇（其中二区 SCI 收录 6 篇），申请国家发明专利 3 项，参编 The Chestnut Handbook 英文专著 1 部，颁布团体标准 1 项，"板栗和锥栗种质创新及高效栽培关键技术"获湖南省科技进步一等奖。2021 年长沙市对口帮扶湘西土家族苗族自治州龙山县工作队获评全国脱贫攻坚先进集体。2022 年湖南龙山锥栗科技小院专家顾问袁德义教授被评为"全国最美林草科技工作者"。

2023 年龙山洛塔振兴特色种养专业合作社联合社收购 4 万多斤锥栗果，每斤零售价格 15 元 / 斤，产值达 60 多万元。合作社申请获得商标注册"洛塔锥栗"品牌（国家知识产权局第 57820720 号）；"龙山锥栗"获得国家版权局作品登记证书（国作登字 –2021–F–00023121），在科技小院建立了锥栗冷藏库及加工车间，并研发了锥栗仁、锥栗饼、锥栗酒等产品，为龙山锥栗品牌的建立和全产业链的发展奠定了基础。科技小院也编制了《锥栗优质丰产栽培技术手册》，举办了锥栗整形修剪技术、锥栗良种高效栽培技术、锥栗保花保果技术和锥栗林下套种技术等技术培训班多期。新品种和新技术对促进湘西山区木本粮食产业健康发展和带动农民增收明显，先后受到人民网、《湖南日报》、《湘西新闻联播》、长沙新闻综合频道以及龙山新闻网等媒体关注报道，产生了积极的社会反响。

三、存在问题与对策

（一）科技小院运行模式不稳健，需要当地政策支持和资金保障

虽然教育部、农业农村部、中国科协办公厅联合下文给予一系列政策支持，当地政府和企业也在产业方面提供了一定的生活帮助和试验基地，但是科技小院的稳健运行还需要当地政府更多的政策支持和稳定的运行资金保障。目前，科技小院在人才培养、产业服务方面成效较显著，但是仍然面临专硕学位论文评价标准不一、企业参与度不够、运行经费来源不稳定等不利因素。[1,5] 科技小院针对企业、农户开展的技术服务具有公益性质，特别是在一些偏远的山区，山高路远，许多林业企业自身经济实力有限，难以在资金上给予大力支持；建议依托科技小院开展校企"产学研"深度融合，共同申报科研课题，获取地方政府和行业主管部门的经费支持。在高校层面，中南林业科技大学出台了《中南林业科技大学科技小院建设与管理办法（试行）》，将科技小院纳入校管科研平台，并给予一定的林业专业硕士研究生指标支持，承诺考核优秀给予一定的运行经费。当地科协、林业局、农业农村局等部门，应从资金投入、成效评价等方面形成政策文件支持，切实将科技小院纳入林业技术服务体系和农民培训体系。

（二）科技小院多学科共建不足，应立足地域特色交叉学科融合发展

科技小院一般立足当地特色农业产业，例如湖南龙山锥栗科技小院主要面向龙山县洛塔乡4000 多亩锥栗产业。产业面临的科技问题贯穿锥栗全产业链，包括栽培模式落后、水肥管理和病虫害防治欠缺，特别是采后储藏保鲜关键技术短缺、品牌与销售有待加强等。锥栗科技小院以经济林、果树学、森林培育、森林保护专家和研究生为主，在贮藏加工、品牌销售方面还存在一定的短板。需要与智慧林业、食品、化学、市场营销等专业师生合作，就栗园病虫害智能监测预报、丘陵山地小型智能机械装备、坚果产品技术研发以及智慧冷链物流等方面进行科研攻关，提升锥栗全产业链智能化水平和科技含量。

（三）加强基础支撑平台建设，不断提升小院科技创新能力

科技小院仍然需要一定的科研条件，比如体式显微镜、解剖显微镜、冰箱、超净工作台、分光光度计、pH 计、凯氏定氮仪、火焰分光光度计等。这些仪器设备一方面为研究生开展科研提供支撑，另一方面也可做一些专项检测，如土壤养分、果实品质等，帮助解决产业问题。[5] 但是，由于当地政府财政和企业的实力不一，其科研设备配置水平不一，大多数丘陵山区科技小院对科研和检测的支撑作用还不够。因此，建议当地政府或科技部门设立专项经费建立相关基础实验平台。此外，科技小院应与当地农业农村局、林业局、科协等建设部门签署协议，实现成果共享、共用。

结语

随着科技小院模式在全国的推广，许多具有地域和学科特色的产业科技小院将在林业专业

学位研究生教育、人才培养和社会服务中发挥重要的作用。在实际建设中，不同地区因政策支持和产业模式不同，应充分结合自身特色，真正发挥出科技小院的功能——"扎根村屯解民生、立地顶天治学问、立德树人育英才"。湖南龙山锥栗科技小院的建设经验将为其他科技小院建设提供经验参考。

参考文献

[1]袁军，曹受金，袁德义，等．基于科技小院的林业高层次应用型人才培养模式探索与实践：以中南林业科技大学为例[J].科教导刊，2023（9）：19-22.

[2]谢志坚,安志超,李亚娟.基于科技小院的农业拔尖创新人才培养模式探究[J].中国大学教学,2023(8)：17-21.

[3]唐继卫.坚持科技小院人才培养模式 大力推动中国特色专业学位研究生教育高质量发展[J].中国高等教育，2023（12）：20-25.

[4]李赟，宁刚，张宏彦，等．乐陵科技小院农业专业学位研究生培养赋能乡村振兴的模式构建与实践[J].智慧农业导刊，2024（10）：177-180.

[5]赵志博，姜春芽，龙友华.贵州猕猴桃科技小院育人模式在研究生培养中的实践与成效[J].中国多媒体与网络教学学报，2023，170-174.

[6]毕庆生，黄玉芳，叶优良，等.基于科技小院的本硕一体化人才培养模式探索[J].高等农业教育，2019（2）：20-23.

基于高校科研成果转化为教学资源的
科教融合培养途径与机制研究 *

黄志 滕新升 祝明桥 汪建群 戚菁菁

（湖南科技大学）

摘　要 科研与教育是高校的两大基本职责。增强高校科研成果转化为教学资源的能力，提高科研成果转化效率，是推动学科发展，培养高素质应用型人才的有力途径。但目前我国高校在科研成果转化为教学资源方面还存在不足，教研成果转化效率低、实用性不高。本文通过分析科研成果转化为教学资源的现状和必要性，健全了科教深度融合下创新人才的培养途径和体制机制。

关 键 词 科研成果；实践教学；教学资源；探索与实践

作者简介 黄志（1984— ），湖南科技大学，博士、副教授。联系电话：18573107066；电子邮箱：huangzhi@hnust.edu.cn。

一、引言

教育教学和科学研究是高校教师工作中不可分割的两个方面。随着我国教育改革深化推进，国内高校规范化建设已基本完成并逐步向应用型转变，地方高校需要根据自身条件和价值观念，调整科研管理和定位，使科研成果符合办学定位和人才培养模式，进而转化为高质量教学资源。大量研究成果显示，教学与科研之间存在着明显的差异，两者又相辅相成、互相促进。[1] 通过将最新科研成果及时转化为教学内容，促进科研与教学的互动互补，激发学生对专业学习的热情，增强高校的科研育人功能。如果能够很好地促进科研成果与教学资源的互相转化，能够激发学生对专业的学习兴趣，培养学生的批判性思维与创新能力，可为学生以后走上工作岗位独立解决实际问题奠定坚实基础，为高校培养高质量应用型人才提供新的教学模式，同时对促进高校科研进程，提高教师教学水平等也有重要作用。

在当前"新工科"建设的背景下，培养能适应甚至引领未来科技发展的复合型创新人才，需要具备创新意识、全球视野、生态意识，有跨学科的大工程系统观、终身学习能力、批判性思维、引领技术进步的想象力和创造力等新素养、新能力。创新能力的培养不仅需要在科研中

* 基金项目：1.湘教通〔2020〕90 号 2020 年湖南省新工科研究与实践项目：地方高校土木工程专业"智能建造"人才培养实践创新平台建设探索与实践；2.湘教通〔2017〕452 号 2017 年湖南省普通高等学校教学改革研究项目：地方高校土木工程专业面向新工科的高素质应用型工程科技人才培养模式研究；3.湖南科技大学土木工程学院教学改革项目："土木工程材料"（双语）信息化教学课件的建立与应用实践。

体现，更需要将其融入我们的教学资源，互取所需，各有所长。因此我们在建立新人才培养体系，培养新时代发展要求的中高端人才的同时，如何更高效率地提高教学质量，对于普通高校来说，最有效的方式就是将科研成果有效地转化为教学资源，并充分利用。

二、科研成果转化为教学资源的优势

（一）拓展教学内容

在传统的课堂教育中，学生被局限在书本知识上，教材的出版需要时间，所有课本的知识还可能存在滞后[2]，而且在传统的土木工程专业本科生培养的模式中，专业基础课、专业课程和设计课程等学习难度大，学习内容枯燥。教师在科研项目实施过程中大量地查阅文献和开展实验，收集了大量的专业相关知识，特别是最新的行业技术和创新，这些科研成果的取得，为本科教学内容的更新提供了良好的条件。在教学过程中，教师将这些专业相关知识作教学处理后，能够更有效地弥补教材中内容的不足，不断更新与优化教学内容，使得教学内容生动有趣且更加贴合实际工程，更好地被学生吸收理解，丰富学生的实践知识，能够很大程度提升教学效果，帮助学生跟上知识的更新速度。通过各种各样的科研项目，营造浓厚的学术氛围，将科研的思维方式和成果融入课堂教学过程中，让学生既学习了专业基础知识，也学习了科研思维方法，引导学生对科学研究的兴趣，促进学生创新思维的形成。

（二）激发学生创造力

科研成果转化为教学资源有利于培养适应社会发展的高素质全面发展创新人才。高等教育的任务之一是培养具有创新精神和实践能力的高级专门人才。在传统课堂教学中，主要是教师讲授为主，学生只是被动接收教师传授的知识，而土木工程专业的大部分课程理论性强、学习难度大，学习起来比较枯燥，这很容易使学生养成惰性，课程参与度低，不善于主动思考问题，不能发挥主观能动性进行发散和想象，很难进行创造性思维，严重阻碍了学生创新思维的形成及创新能力的提高。在这样的情况下，很难培养学生的创新能力。教师参加科研项目，是站在行业前沿，了解专业最新的发展动态，如果将老师的科研项目和科研成果转化为教学资源，融入课堂教学中，在课堂上给学生讲解专业前沿知识和实际工程项目，用新知识来激发学生学习兴趣，通过对教师展示的科研成果的学习，增强学生的自主思考能力，鼓励学生主动查找收集相关专业信息与文献，在反复思考中不断探索新的研究方向，提高分析思考问题的创造力。

（三）科研与教学互相促进

大学教学模式不同于中小学教学模式，大学教师不仅日常教学工作繁重，还承担了大量的科研任务，参与了各种项目。长久以来的教学和科研工作，大学教师往往积累了大量的专业知识，取得了先进的研究成果，如果能够将这些专业知识和研究成果带到课堂上，不仅能够提高学生的学习兴趣，使其更好地接受课本知识，还能使其接受许多更贴近实际工程的经验，更好地联系理论与实际，巩固学生的基础知识。同时新知识也能够激发学生强烈的好奇心与求知欲。在教师将研究成果应用到课堂上成为实例作为教学素材的同时，教师也能从中获利。在教学过程中，教师将自己已有知识和经验教授给学生的同时，也能够从中发现新的问题，和学生的交流互动也能够完善教师的综合视野，为教师后续的研究工作提供更多的思路，提高教师的科研能力。在教师讲解研究成果的时候，学生对研究成果的讨论、思考与分析，提出新的研究思路，在这个过程中，老师与学生的沟通加强，在培养学生的创新能力与发散思维的同时，或许能够为在某个问题上遇到瓶颈的科研项目提供新的研究思路与方法。而且，学生科研项目中发现研究过程中所存在的但未被教师本身注意到的缺点与不足之处，有利于改进与完善教师的后续研究，推进科研进程。将教师的科研课题融入教学内容之中，学生在参与教师科研课题时能不断激发其创造力和主动性。教师将科研成果转化为创新实践的教学资源，激发学生的积极性和主动性。更多的科研成果融入教学，教学反哺科研，形成良性循环，在科研与教学之间建立了纽带，有效地将科研创新和知识传授结合起来。

三、目前科研成果转化为教学资源的不足

（一）对科研成果转化为教育资源的重要性认识不足

高校是国家先进技术与知识创新主要来源，每年新产出的科研成果不计其数，但是大多数高校普遍存在不重视科研成果转化为教育资源、科研成果转化意识薄弱的现象，主要有两个方面的问题。一个方面是只重视教学，认为科研是自己的私事，只要完成书本上的专业知识教学就够了，认为没有必要将更为复杂的科研成果融入教学加重学生的学习负担。另一个方面是偏重科研。教师往往只关注自身科研项目的数量，然而却忽视了科研成果与教学之间的互补互助的关系，并没有将科研成果转化为教学资源，即便少数教学资源融入了教学内容之中，也只是较低水平的转化，并没有建立科研与教学之间直接的联系。这两个方面的共同点就是这些高校教师没有认识到科研与教学相互促进的关系，没有看到科研成果转化为教学资源的隐形价值。

（二）转化效率低，转化形式单一

数据显示，我国是仅次于美国的世界第二大科技经费投入大国。2014 年我国研发经费投入总量为 13015.6 亿元；2015 年我国高校科研论文的产出率 0.8835 篇，专利产出率 0.0351，专利销售合同的产出率 0.0636 件，总体科研成果转化率仅为 10% 左右，远远低于发达国家 40% 的水平，可见我国科研成果转移、转化应用问题形势严峻。[3] 随着国家对高等教育的不断改革和本科教育的要求不断提高，要求高等院校在教学培养的方式上呈现出多样性。但是在科研转化为教学资源的形式上还是比较单一，以在课堂上零星输入为主，而这种零碎的单一的转化形式很难有效发挥作用。虽然有部分老师有意识地将自己的研究项目放在课堂上讲授给学生，但是由于学校课堂安排学时有限，很难从学校教学安排下的课程里挤出足够的学时，无法向学生介绍完整的科研成果、科研过程与思路等，这使得虽然有意识将科研成果转化为教学资源了，但是无法发挥科研成果对教学的支撑作用，在培养学生创新思维与能力等方面的效果大打折扣，科研成果转化为教育资源的效果差、效率低。近几年来，虽然在国家对教育事业重视和创新发展战略的驱动下，我国的科研转化率不断地提高，但是与发达国家之间还存在着很大的差距，还需要高校加强科学研究与教学活动的联系，实现高质量转化科研成果，培养国家发展所需的高素质创新型人才。

（三）科研成果转化机制不够完善

目前，虽然我国正在不断推进科研成果转型，提高科研成果转化教学资源的效率和实用性，但还未建立起符合实际、科学有效的科研成果转化为教育资源的高质量转化机制。高校作为科研成果产出的中坚力量，却普遍缺乏科研成果转化意识以及完善的科研成果转化为教学资源的机制。只重视学术水平，忽略了科研成果的转化，不重视科研成果转化为教学资源背后的隐形价值，缺乏系统的体制保障。其次，存在高校管理层不重视科研成果二次开发的重要性，科研成果转化为教学资源的意识薄弱，高校科研成果转化为教学资源的资金投入不足。由于没有完善的科研成果转化教学资源的激励机制，还存在部分教师转化科研成果的积极性低的现象。[4]建立完善的科研成果转化机制迫在眉睫。

四、科研成果与教学资源的融合培养途径

（一）理论知识引申科研项目，科研反哺教学

科研项目是立足于优化已有的专业知识或还没有解决的专业问题上，要求学生拥有扎实的专业知识基础，才能够对需要攻坚的科学问题和具体研究内容有深刻的理解。因此在教学过程中，需要与书本上的专业基础理论知识相结合，选择符合知识点的科研成果融入教学中，用理论知识延伸到实际工程，用科研成果深化教学内容。

例如土木工程专业课程"土木工程试验与测试技术"中为了更好地理解试验技术的重要意义，首先要求学生具有一定的专业相关知识与实践能力，因此在解析实际案例之前，应先向学生讲解科研项目的背景和试验测试手段，夯实学生的专业基础，避免出现学生对项目一无所知的现象，影响学生的学习积极性。在将科研成果作为实例分析的过程中，向学生介绍项目的研究思路、研究内容以及解决的关键技术和方法，使学生对结构试验理论和研究方法有更深入的理解。在剖析试验目的、试验方法和试验意义的时候，以具体科研试验为例进行讲解，可以做到深入浅出、事半功倍，让学生理解得更透彻。

在专业教学方面，科研项目是对所学专业基础知识的具体实践和应用，可以加强和深化学生对所学知识的理解和掌握，帮助学生理论联系实际，更好地转化知识，提高学生努力学好"土木工程试验与测试技术"这门课的积极性。通过这种方式，让学生感受到自身所学的知识还只是停留在基础表面，体会到课堂知识的局限性，从而调动学生学习的积极性，达到教学目标。

例如与工程实际紧密结合的土木工程专业课程"混凝土结构基本原理"和"建筑抗震设计"，若单纯按照传统方法进行知识点的讲解，并辅以练习和课程设计，学生容易无法理解真正的设计理念。因此，我们会结合一个有具体工程背景的科研课题来开展抗震理念设计方法教学。从地震灾害现场到试验室缩尺模型的设计，再到结构设计规范的应用和理解。利用科研试验完成后的损伤或破坏模型进行本科教学。如图1所示，为2008年5月12日汶川地震中出现的"强梁弱柱"脆性破坏。这与现行规范下的"强柱弱梁"抗震设计模式相违背，结合此现象，引导学生思考为何会出现此类破坏，应当如何解决。然后提出相关科研课题研究成果，结合现场科研试验和试验视频分析，在科研中是如何模拟此类问题并找到解决方法的。教学中具体的理论知识点来源于工程实际，我们将其抽象成切实可行的科研课题，再反

哺教学，相辅相成，激发了学生的学习热情。[5]学生对具体的结构概念有了感性认识，也加深了对专业知识的掌握和理解。

图1 地震灾害现场和试验室模型试验

（二）教学结合具体科研项目

科研成果的表达形式通常比较死板生硬、规范化，具有技术性强、严谨的特点，而教学内容通常表述简单易懂，容易理解。从这方面看，科研成果不适于直接应用于教学内容中，因此教师应该结合自身教学习惯以及该课程的内容特点，在专业理论知识学习之后，将科研成果以一种通俗易懂的方式融入教学内容，展示理论和方法在实际项目中的具体应用。教师应当结合具体项目研究剖析科研成果，结合理论与实际进行授课。如高层建筑在地震荷载作用下的受力性能试验，如图2所示，结合汶川地震和唐山大地震建筑物的损伤破坏情况，通过试验现场教学或科研试验视频展示[6]，让学生深刻理解建筑结构振动台试验系统和将来作为一名工程师进行建筑结构设计的使命和责任。通过向学生介绍科研项目的详细研究步骤与科研思路，开阔学生学术视野，实现科研成果向教学资源的高质量转化，使科研成果与教学高度融合。科研成果不仅可以以理论知识或试验实践的方式进行科教融合，还可以让学生参与到具体的软件学习中，提高学生的学习兴趣，增强学生自主学习的主动性，从而进一步加强学生对建筑抗震的深刻理解，也为日后的深入学习或者工作打下基础。

图2 建筑结构振动台试验与试验系统

（三）科研成果融入第二课堂

在传统的工科专业本科生培养的模式中，我们的课堂往往以单门课程为中心展开，分为专业基础课、专业课程和设计课程，各课程之间的衔接、融合不够，各课程没有有机结合为一个整体，形成知识网络，导致专业理论抽象，学习难度大。若我们能以此为契机，将科研成果融入第二课堂。特别是利用好社会实践活动以及各种科技创新活动等。它们是当代大学生专业学习的第二课堂的主要部分，是传统课堂教学的有效补充和延伸，可以让学生掌握扎实的基础和完整的知识体系。在高校的教学实践与各种竞赛中，通过导师与学生互选的模式，使得学生参与到导师所研究的课题和具体的竞赛中，通过学习观摩科研方法和研究思路，进行专题项目调查、试验方法及思路疏通、资料收集、实验测试等方式，撰写项目申请书、研究综述和学术论文等。学生通过参加自己感兴趣的竞赛或课外实践活动，不断提升学习兴趣，将被动的学习方式转化为主动学习，不仅提高了学生的专业知识储备，还增强了自主创新创业和独立思考能力。除此之外，导师还可以带领学生参加各种各样的科研竞赛，如结构设计信息技术竞赛、结构设计竞赛、力学竞赛等，提升了学生创新创业知识技能，也让书本上的知识融入具体的项目中，提高了解决实际工程的能力，如图3所示。

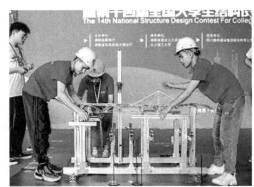

图3　科研成果融入第二课堂现场

（四）科研成果融入课程设计或竞赛中

课程设计的目的是考查学生对专业理论知识的掌握。将专业理论知识应用到具体的项目中，提高了综合应用能力，通过做一些具体的工程项目帮助学生建立工程设计的整体概念，了解工程实际的流程，把书本上的知识与实际工程结合起来，加强对专业理论知识的理解与掌握，强化知识应用能力，在这个过程中还能提高学生的合作意识与团队精神。[7] 把教师的科研课题拆分为若干部分，将每一部分作为一个课程设计分配给一个小组，最后将每一个小课题连接起来。在这个过程中，学生的专业技能和科研素养都能得到大大的提升，为教师提供更多的科研思路，也为学生日后的工作或者科研奠定坚实基础，有效实现科研成果对于本科教学的支撑作用。

为了锻炼实践操作能力，促进学科发展，丰富学生的课余生活，可以在专业教师的项目中拆分出部分适合本科生教育培养的小课题作为竞赛题目，以小组为单位进行学科竞赛，鼓励低年级本科生参与进来，逐渐形成高年级带低年级的模式。将高年级学生在竞赛中的经验传承下去，提高低年级学生的知识接受能力。在竞赛中，老师进行赛题解读辅导后，由学生各团队自主创新地进行探索性方案设计，包括选题、调研、搜索资料、建模、论证、总结等环节。在这个过程中，能够激发学生的创新能力，同时也能够增强学生团队协作运行和自主创新思考能力。与此同时，在竞赛和思考解决问题的过程中，学生的心理素质和抗压能力也能得到提高。在竞赛结束后，比较成熟的课题也可以继续发展，深入研究，转化为大学生创新创业项目、SRIP和 SIT 项目等。

（五）以学术讲座促进科教融合

为了帮助学生了解土木学科的前沿动态和发展趋势，更好掌握土木工程学科的新技术新理论，为学生日后的工作科研奠定坚实的基础，我校土木学科的老师在课程体系建设中，利用课余时间，结合专业内容与老师新近参加的国内外学术会议收集的资料以及老师科研项目的最新研究进展和重要研究成果等，开设专业知识学术论坛讲座。[8]教师还可以将科研过程中的文献资料和试验方法资料作为课外阅读材料发给学生学习，为课程教学提供素材。通过讲座的方式将零散的知识完整地融合为一个整体，不仅补充了课堂上没有的知识，还完善了学生的专业知识体系，能提高学生对课程的参与度和学习积极性，培养学生的自主学习能力和独立思考能力以及钻研精神，促进学科发展。

五、科教融合下的动态平衡反馈机制

高校应该加强自身教育建设，增强科研成果转化为教学资源的能力，提高科研成果转化效率。高校之间应该加强交流，积极开展合作，互相转化科研成果，互帮互助，共享科研成果，及时发布科研信息，实现互惠互利，建立共同的高度集中的科研成果信息库，并构建科研成果转化平台，各大高校都可以在平台上展示自身的成果，并且获取满足自身需求的成果。[9]加强各高校之间的学术交流，形成良好的学术交流氛围，促进科研成果向教学资源的高质量转化。同时加强与企业之间的联系，利用自身的学科优势、人才优势等，加强与企业的合作，推进科研成果与教学内容的转化。

研究成果在一定程度上是社会需求的直接体现，社会需求引导着科学研究的前进方向，并且在一定程度上决定了教学内容。高校的教学内容要符合社会发展的整体趋势，科学研究与教学内容相辅相成、互相影响，且科学研究的发展又会进一步改变社会需求，三者处于一种动态平衡的状态，如图 4 所示。在将科研成果转化为教学资源的过程中科研与教学两部分互相融合互相促进，科研成果为教学内容提供理论基础，教学内容反哺科研，在教学的过程中，又可以发现科研成果可能存在的不足或者开辟新思路，产出更完善的成果，再反馈给社会，促进社会发展，产生新的社会需求，形成良好的反馈机制。[10]

六、小结

高校是科学研究活动和教学活动的重要场所，科研成果与教学内容相辅相成，科研成果转化为教学内容提供高质量的课堂教学资源，在教学过程中又可以完善与深化科学研究，推进学

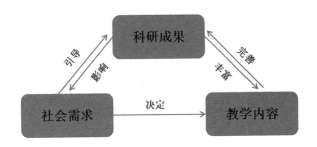

图4 科研与教学动态平衡关系

科发展。增强高校科研成果转化为教学资源的能力，提高科研成果转化效率，是推动学科发展，培养高素质应用型人才的有力途径。对学生来说，科研成果转化为教学资源，能培养学生专业素质和综合应用能力，增强创新能力和科研思维，为以后深入学习研究或者工作打下夯实基础；对于教师，科研成果转化为教学资源也可以帮助老师发现科研项目中的不足，提供新的科研思路和视野，促进教师教学水平和科研能力的提高，有助于学校的良性发展和学科的深化研究。

参考文献

[1] 段忠贤，黄月又.从"案例研究"走向"案例教学"：科研成果转化教学实践的路径[J].教育文化论坛，2019，11(04)：132-136.

[2] 彭丽芬.论科研成果转化教学资源的意义、形式及影响因素[J].当代教育理论与实践，2019，11(06)：23-27.

[3] 王惠萍.高校科研成果转化的现状分析与对策研究[J].中国高新科技，2017，1(01)：61-63.

[4] 靳洪.科研成果转化为教学资源的路径研究[J].西部素质教育，2018，4(19)：155-157.

[5] 黄志，石卫华，咸菁菁.关于如何有效激发学生学习热情提升课堂教学质量的思考[J].中国建设教育，2019(001)：60-63.

[6] 蒋丽忠，黄志，陈善，等.钢管混凝土格构柱－组合箱梁节点抗震性能试验研究[J].振动与冲击，2014(18)：156-163.

[7] 徐丰，杨青胜，于俊，等.科研成果转化为本科生教学资源的探索[J].湖北师范大学学报（自然科学版），2020，40(04)：109-113.

[8] 姚文明，罗兵.推动院校教学科研成果转化的几点思考[J].教育教学论坛，2020(51)：341-342.

[9] 陶泱霖.坚持理论与实践相结合 加强教学科研成果转化应用的路径探索[J].职业，2019(32)：24-25.

[10] 王广彦.科研成果向教学内容的转化研究[J].理工高教研究，2009，28(04)：120-123.

人工智能课程可视化教学方法研究 *

袁鑫攀 罗宇翔 何家伟

（湖南工业大学）

摘　　要　为破解传统人工智能教学中抽象原理难以理解、模型"黑盒子"难以透视及人机交互效率低的难题，我们引入 GeoGebra、Excel 可视化及先进计算机图形处理与多媒体技术，将深奥的学习内容转化为直观的图形、图像、动画体验，构建沉浸式、可交互的学习环境。学生通过直接感知与操作这些媒介，能更高效地完成知识建构与技能形成，尤其是通过直观展现机器学习模型的工作机制，大大增强了模型的可解释性，让学习过程既生动又高效。

关 键 词　人工智能可视化教学；模型可解释性；沉浸式学习环境

作者简介　袁鑫攀（1982—），湖南工业大学，副院长、副教授。联系电话：18153828337；电子邮箱：xpyuan@hut.edu.cn。

一、引言

随着《教育信息化 2.0 行动计划》[1] 的发布，教育信息化正朝着智能化迈进，在教育教学过程中，引入与应用可视化技术 [2] 为学生构造学习环境，可以及时唤起学生的学习兴趣与动力。针对传统机器学习、数据分析方法、模式识别等教学任务课程，利用可视化与可视分析技术能提高教学效果，是当前的研究热点之一。更令人关注的是人工智能的可解释性问题 [3]。如图 1 所示，以深度神经网络为例，它具有非线性非凸、多层结构、海量参数、弱语义特征等特点，被认为是一个难以解释的黑盒子。例如，教师中授课时很难回答清楚"它为什么这么做？它是怎么做到的？我什么时候可以信任它？如何改进它？"，在自动驾驶、智能医疗、金融投资等高风险决策领域，如何做到可解释性成为阻碍领域技术发展的瓶颈问题。

美国视听教育专家瓦尔帕莱索大学教授约瑟夫·J. 韦伯（Joseph J Weber）在《图像在教育中的价值》[4] 中提出："视觉感官在教育过程中起重要作用……视觉教具使课程形象化，从而在学习过程中产生显著的经济效益。"著名教育家学者埃德加·戴尔（Edgar Dale）在《教学中的视听方法》[5] 中提出著名的"经验之塔"，奠定视听教学理论体系，成为视听教学先驱。

为了帮助学生更好地理解、诊断和改进传统机器学习模型，针对以"机器学习"为主的课程（数据分析方法、模式识别、数字图像处理等人工智能核心课程）展开"白盒"教学法，

* 本文受湖南工业大学学位与研究生教育教改研究课题资助。

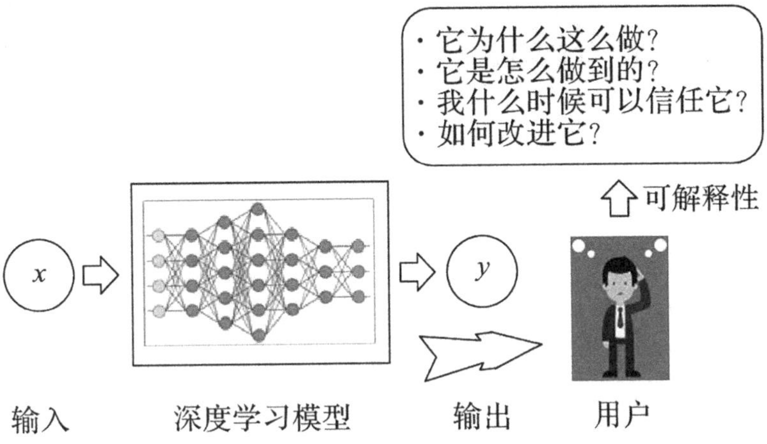

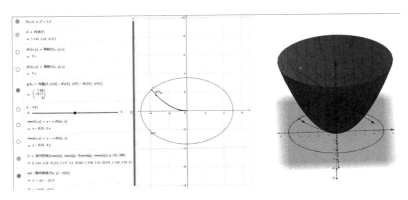

图 1 可解释性的含义

通过展示模型内部的结构和运行过程，增强学生对模型的理解。针对以知识为主的内容，采用 GeoGebra 等工具可视化知识原理，针对以数据规律分析为主的内容，采用 Excel 作为数据的载体，运用内置计算矩阵函数等来直观显示每一步计算过程。

二、知识可视化教学法及案例

知识可视化将抽象的模型、数据结构等内容通过可交互动态图形具体化和形象化，促进学生理解与记忆。通过使用 GeoGebra，教学内容从抽象文字符号转换为可交互动态图形，促使短时记忆快速转变为长时记忆。

梯度下降法是一个用于优化和寻找函数最小值的重要算法。如图 2 所示，利用 GeoGebra 展示三维的梯度下降法的知识可视化，直观地观察到函数的梯度变化以及优化路径。学生更容易理解梯度下降的过程和原理，看到每一步梯度下降的具体操作和效果，克服了单纯文字描述的抽象性和难以理解的障碍。

图 2 三维梯度下降法可视化

如图 3 所示，GeoGebra 将抽象的数学模型如傅里叶变换转化为可交互的动态图形，显性化其数学原理和过程。傅里叶变换是一种重要的信号处理技术，通过 GeoGebra 的多维图形展示，我们可以直观地展示信号在频率域和时域之间的转换过程。学生可以通过调整信号的频率、幅度和相位，实时观察傅里叶变换对信号的影响，理解频谱分析和信号重建的原理。

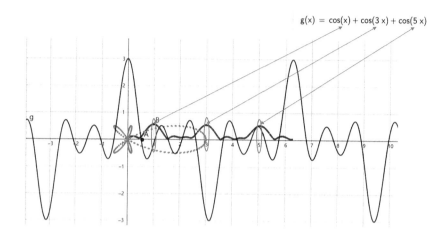

$$g(x) = \cos(x) + \cos(3x) + \cos(5x)$$

图3　可交互傅里叶变换动态图形

三、数据可视化教学法及案例

通过 Excel 和 GeoGebra 的数据图表、统计图形和几何展示，将复杂的数据集转化为直观易懂的图形和图像，帮助学生更好地理解数据背后的模式和关系。数据可视化能够将数据的复杂性降至最低，使数据分析和决策过程更加清晰、直观和高效，从而提高学生的数据分析能力和解决问题的能力。

如图4所示，展示逻辑回归模型的基本概念和实际应用就可以用到 Excel 和 GeoGebra。学生可以通过 Excel 创建一个包含自变量和因变量的数据集，利用 Excel 的数据分析工具拟合逻辑回归模型，然后利用 GeoGebra 绘制出模型的拟合曲线和数据点。通过调整自变量的值和观察预测的结果，学生可以直观地理解逻辑回归模型如何根据数据的特征进行分类预测。

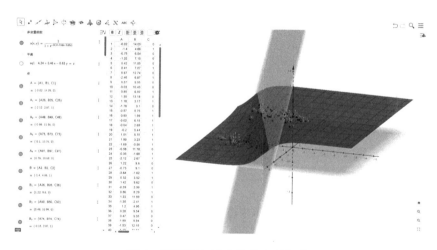

图4　逻辑回归拟合曲线和数据点

如图5、图6所示，使用Excel将高斯滤波可视化，可以创建一个动态的演示过程，展示高斯滤波的应用和效果。首先设置一个原始图像的数据表格，将每个像素的灰度值表示为单元格的数据。然后，使用Excel的内置函数和条件格式，模拟高斯核的卷积过程。通过在表格中应用滤波器权重和卷积运算，学生可以直观地看到图像如何在每个步骤中平滑处理。

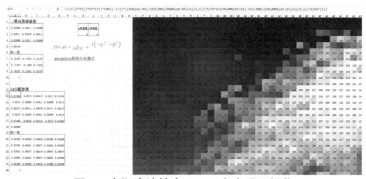

图5　高斯滤波核在Excel上实现可视化

原图　　　　　　高斯核3x3　　　　　　高斯核5x5

图6　高斯滤波在Excel上实现的效果

四、模型可视化教学法及案例

教学可视化工具如Excel在模型训练过程中可以扮演关键角色，特别是在线性回归模型的理解和应用中。通过这些工具，学生可以深入探索线性回归模型的训练过程，并可视化关键参数如斜率和截距的变化，如图7所示。

图7　线性回归模型训练过程各参数可视化

如图 8 所示，GeoGebra 则可以进一步展示线性回归模型的几何意义。学生可以绘制出数据点和拟合线，同时观察每一步参数估计的变化。交互式地调整数据分布或噪声水平，学生能够直观地了解模型训练过程中参数如何逐步优化以最大化拟合效果。不仅深入理解线性回归模型的数学原理和算法，还能够通过实际操作加深对模型训练过程的认识。

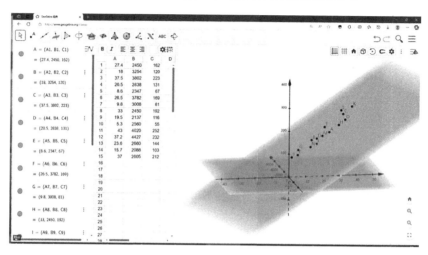

图 8　线性回归模型数据点与拟合线可视化

五、结论

针对机器学习可视化复杂性问题，需要在教学中巧妙的设计可视化模块和可扩展性模块，通过创新开发 Excel 和 GeoGebra 等可视化工具，探索并实施计算机专业课程中的知识可视化、数据可视化和模型可视化，旨在通过视觉表征的形式，有效促使知识传播与创新，帮助学生直观掌握复杂技能，支持抽象思维具体化，并丰富情感体验。

参考文献

[1] 薛东，刘宇星.基于《教育信息化 2.0 行动计划》谈高校教育信息化的转段升级 [J].科技视界，2019(01)：60-62.

[2] 夏佳志，李杰，陈思明，等.可视化与人工智能交叉研究综述 [J].中国科学 F 辑，2021，051(011)：1777-1801.

[3] 何华灿.重新找回人工智能的可解释性 [J].智能系统学报，2019，14(3)：20.

[4] 李云星.图像的育人价值与教育的图像转向：以符号表征与交流为视角 [J].首都师范大学学报（社会科学版），2019(1)：6.

[5] 耿新锁.戴尔的"经验之塔"理论及其现实意义 [J].教育史研究辑刊，2003(2)：4.

PART 2

招生、培养
与就业

POSTGRADUATE
EDUCATION

教育硕士研究生的就业困境与因应策略

陈明蓉

（中南大学人文学院）

摘　要　当前教育硕士研究生的就业面临多重挑战。本文运用扎根理论和案例分析探究教育硕士研究生的就业困境。笔者访谈了 15 位教育硕士毕业生，从他们的职业规划和求职实践展开研究。结果发现，当前教育硕士研究生的就业主要面临以下三类困境：一是就业选择面狭窄；二是社会实践不足；三是就业心态不稳定。基于此，本文提出"政府政策扶持，拓展就业选择"，"优化课程设置，加大社会实践力度"，"正视就业难的现实，调整就业心态"等措施。

关 键 词　教育硕士研究生；就业困境；对策

作者简介　陈明蓉，中南大学人文学院教育硕士研究生。

一、研究背景

随着硕士研究生的扩招，硕士研究生就业难的问题日益凸显。以 2020 年为例，为缓解就业压力，全国研究生扩招 19 万人，与往年比，增长了 20.7%。[1]此次扩招的毕业生延缓至 2023 年左右释放，进一步加剧了当前研究生的就业压力。硕士研究生"就业难"的问题早已引起社会各界的关注，人文社科类专业的硕士研究生更易遭遇就业瓶颈，尤其是教育类研究生。[2]虽然他们是硕士研究生，但是他们可以选择的工作范围非常有限。稳定的政府机关、事业单位或科研机构是大多数研究生在找工作时的首选。[3]

教育硕士研究生更加倾向加入稳定的教师队伍，考上教师编制是多数教育硕士研究生的目标。然而，教师编制竞争十分激烈。根据 2021 年教育事业统计数据结果，全国共有各级各类学校专任教师 1844.37 万人。[4]这表明当前教师队伍处于饱和状态，加上教师工作年限较长，流动性小；此外，我国人口出生率下降，将来学生数量减少，这些都导致教师的需求减少。通过访谈发现，教育硕士的就业困境主要表现在：一是就业选择面狭窄；二是社会实践不足；三是就业心态不稳定。这些问题给教育硕士研究生、高等教育以及社会和谐发展带来了一定的负面影响。

促进教育硕士研究生就业不仅有利于整个社会就业的良性循环，而且对于教育的发展、社会的进步都有着十分重要的意义。

二、研究方法

本研究运用扎根理论和案例分析法。扎根理论作为一种自下而上的理论构建方法，要求从现象中系统收集原始资料，并对原始资料秉持开放的态度进行编码。[5] 这种研究方法能够进入教育硕士生的心理场域，探究就业主体对就业的认知和想法。案例研究是以案例为主要分析单位的研究方法，旨在深入理解真实世界中的某一或某组案例，假定与被研究案例相关的情境及其他复杂条件是理解案例的重要组成部分，适用于描述性和探索性的问题，倾向于在自然情境中收集数据。[6] 分析教育硕士研究生的职业规划和求职实践的过程，可让笔者清楚地了解他们就业的具体困境。

（一）研究对象

本文以 D 大学为个案展开研究。D 大学属于 985 院校并且是教育部直属的重点高等教育机构。该校教育硕士培养历时较长，具备深厚的理论积淀和丰富的培养经验，因而具有一定的典型性。本研究遵循目的性抽样的原则，借助"滚雪球"的策略确定了 15 名访谈对象，主要针对 2023 年和 2024 年毕业的教育硕士。

表 1　访谈对象基本信息

编号	专业	就业意向	毕业年份	编号	专业	就业意向	毕业年份
001	教育学	中小学教师	2024	009	教育学	中小学教师	2024
002	教育学	公务员	2024	010	教育学	中小学教师	2024
003	教育学	中小学教师	2024	011	教育学	公务员	2023
004	教育学	中小学教师	2024	012	教育学	事业单位	2023
005	教育学	中小学教师	2024	013	教育学	中小学教师	2023
006	教育学	事业单位	2024	014	教育学	大学辅导员	2023
007	教育学	政府部门	2024	015	教育学	中小学教师	2023
008	教育学	大学辅导员	2024				

（二）资料收集

资料收集以访谈为主。本文主要采用半结构化访谈，笔者灵活运用访谈提纲，根据受访者的回答情况和访谈的进展情况进行适当追问，以确保获得有效的信息。正式访谈之前，为了保证访谈问题的有效性，笔者先进行了一次预访谈。根据部分参与者的回馈，笔者再对访谈问题进行修改。访谈内容主要涉及教育硕士研究生的职业规划、就业准备以及求职过程，每人约访谈 1 小时。

（三）资料分析

根据研究主题，删除明显无关、语义矛盾的内容，研究共得到约 4 万字的文字资料。为提高资料的分析效率，研究将文字版的访谈材料导入 NVivo20 软件。该软件可以对访谈、调查、现场记录和期刊论文等质性数据进行分析，方便后续对访谈资料的对比、检验以及对原始资料进行数字标签化处理。笔者对访谈资料进行开放式编码，共归纳出 80 个开放式编码，并展示部分文本资料的开放式编码（见表 2）。

表2 教育硕士研究生访谈资料的开放式编码示例

原始资料	开放性编码
为了考上教师编制，我准备了差不多半年时间，但是还不够（003）	就业准备
由于花在论文上的时间比较多，我备考时间比较少，想着运气好点能考上，但是不可能。那些考上的同学都是专心备考了（005）	就业准备
我会考虑工作的稳定性、工作强度以及工资待遇等因素（008）	就业考虑因素
我会考虑工作的地方，我比较倾向离家近的区域（006）	
工作环境是我首要考虑的因素，其次就是工资待遇（007）	
秋季校招时多数招聘单位都要求"应届生"，要抓住自己应届生的身份（012）	招聘单位要求
教师岗位还是比较看重教学实践和教学设计（009）	
现在有的地方教师招聘要求至少某个学段是师范专业，我这种非师范加跨考专业的教育硕士没有报名资格（004）	

三、当前教育硕士研究生就业面临的困境

（一）教育硕士研究生就业面狭窄

首先，择业岗位有限是教育硕士研究生就业面狭窄的首要表现。近年来，我国硕士研究生规模不断扩大，研究生的供给大于需求，研究生不再是稀缺的人力资源。与博士生相比，硕士生的科研能力认可度较低，对于一些难度较高的科研岗位又难以胜任，因此，稳定的中小学教师编制以及公务员等成了教育硕士研究生的首选。

"我们学校招聘宣讲会很多，但是合适我们报考的岗位太少了。好不容易有适合的岗位，报考人数非常多，竞争十分激烈……"（2021001）

"我在读研究生期间已经做好了职业规划，一是考公务员；二是考教师编制。我没想过去做其他的工作。加上读研究生前，我有过考公务员的经历，所以我是十分坚定考公务员这条路的……"（2023010）

"我读研的目的就是为找工作做准备，正式的教师编制是我唯一的目标。研究生毕业，我想直接回家那边就业。这几年我们那里都有人才引进政策，人才引进竞争稍微小一点，希望我毕业时能赶上人才引进……"（2024003）

"我一心一意考教师编制，我不打算考公务员或从事其他的职业。虽然现在竞争非常激烈，但是我还是相信只要我认真备考还是有机会。只要它招聘，我就不会放弃……"（2024005）

事实上，以往研究生需求量较大的高校、机关、事业单位都已达到饱和状态。每年招聘的人数都在下降。此外，受到双减政策的影响，教育培训机构缩减。以前受教育培训机构高薪的诱惑，部分教育硕士研究生倾向选择教育培训机构。现在，教育培训机构教师招聘也在不断减少，比较知名的教育机构竞争也是相当激烈。"本想先去教育培训机构，积累一些经验，再好好备考。当我去参加考试时，报考的人数远超我的预想……"

受竞争激烈的大环境的影响，民办教育招聘教师的人数也在减少。民办教育以往都会招聘一大批预备人才，现在，他们也在缩减招聘计划并且刚需岗位的招聘也是优中择优。考虑到福利待遇和工作稳定性，部分教育硕士研究生不考虑民办教育。客观的大环境以及硕士研究生自身对民办教育的认识都导致教育硕士的岗位选择更加受限。

其次，择业地区也导致教育硕士研究生就业选择狭窄。通过统计，笔者发现每年深圳、广州等地区在该校开展多场招聘宣讲会，教师需求大。并且，这些地区的工资待遇比较好。但是，访谈发现只有少部分教育硕士愿意去深圳、广州等，多数毕业生都选择考回自己的家乡或者离家比较近的地方。受前两年疫情的影响，稳定就业以及稳定的居住环境是多数教育硕士考虑的首要因素。他们不愿意花时间和精力去外地工作或者创业。

"看到深圳、广州的高薪教师招聘多多少少还是有点心动，但是那边压力太大了，在那边工作，买不起那边的房。考虑到后期的因素，我不想去那边……"（2024005）

"我本来是打算去深圳当老师挣几年钱，再想办法考回来。但是教师招聘考试有年龄限制，我还是先考离家近的编制比较好……"（2024008）

从择业岗位和择业地区看，教育硕士研究生就业观比较传统。访谈发现，"稳定"提到的频率非常高。随着硕士毕业生人数增多加上优秀的本科毕业生，"僧多粥少"的局势显得更加残酷。对于其他的职业，教育硕士研究生认为专业不对口，不愿意做更多的尝试。

（二）自身社会实践不足

自身实践能力弱是教育硕士"就业难"不容忽视的一个因素。教育硕士毕业生的知识、技能、素质等与用人单位需求脱节，不能适应单位的需求。现在用人单位不仅要求扎实的理论知识，而且还要较强的实践能力。用人单位对招聘人员进行短期培训就要求新入职的人员快速适应相关的工作。因此，用人单位更倾向于毕业后就能直接上岗或经短期培训就合格的应用型人才。然而，我们的研究生在培养方面还止步于初期重视专业性知识的储备，而忽视了在实践方面的锻炼与培养；忽视综合素质方面的发展，最终致使研究生实践能力欠缺。[7]

"我参加了几场招聘考试，好不容易笔试上岸了，但是，面试环节被刷了下来……其实我们的笔试成绩相差不大，面试一下子就拉开了差距。平时学习的课程以及自己的备考内容都以笔试为主，教学实践的内容比较少。"（2024004）

"我是跨专业考到教育这个专业，本来想着毕业能借着硕士研究生的身份增加自己的就业竞争力，没想到，现在的教师招聘有的地方要求有师范方向的经历。我进入了两场笔试，但是面试环节被刷了。教学实践方面我还是和专业的师范生存在差距。没有经过专业的训练，加上平时多数时间都是在做课题，没什么时间去参加教学实践。"（2024004）

"我发现最后上岸的都是那些有过几年教学经验的人，他们都在一线上了几年的课。面试环节，他们的教学经验非常丰富。无论是教学姿态还是教学设计都十分成熟……"（2023012）

从访谈内容得出，教育硕士研究生在就业过程中不仅与师范类学生竞争，而且还要与经验丰富的老师竞争。与他们相比，缺少教学实践的教育硕士研究生显然优势不足。

事实上，相对于本科生，教育硕士研究生就业优势很突出，他们不仅专业知识扎实，而且具有一定的科研能力。现在很多岗位都需要一定的科研能力。尤其是一线教育，如果一线教师能结合教学实践把自己多年来积累的教学经验总结出来，然后发表在专业的杂志上，很有利于新手教师学习。但是，教育硕士研究生由于缺乏工作经验，在面试的试讲环节屡屡碰壁。

主要是以下两个因素导致教育硕士研究生缺少实践能力：

一是学校方面，课程结构不合理，研究生培养与社会需求不匹配。学校基础课程占比大，导致教育硕士研究生重视知识学习，轻社会实践。在校期间，教育硕士研究生花大量的时间开展课题，真正用于社会实践的时间少。部分教育硕士研究生走上工作岗位后需要较长的时间适应岗位的要求。高校对研究生的培养在就业竞争、工作经验、专业能力及素养方面存在不足。

此外，学校对研究生的就业指导不科学。通过访谈了解到，教育硕士三年级时，学校才开展专门的就业指导讲座和请行内专家开展就业指导训练。但是，多数就业指导成了"就业知识"灌输平台，专家给出的是固定的"求职技巧"以及"求职比拼"，这种快捷式就业讲座并不能解决教育硕士研究生的职业发展问题。

二是教育硕士研究生自身职业规划不合理。一方面，部分教育硕士存在等待心态。根据教师招聘的时间，大部分用人单位在秋季开展校招，或是来年春季。部分硕士研究生没有制订严格的复习计划，等到招聘通知发布才慌忙准备考试。另一方面，部分教育硕士研究生受困于毕业论文。毕业论文占用大量的时间导致他们没有时间准备考试。

（三）教育硕士就业心态不稳定

教育硕士研究生在面对就业选择时，对工作岗位的期待值比较高，希望工作岗位与自己理想的岗位一致。部分硕士研究生对单位性质、薪水待遇、工作岗位的层次、专业的对口度、工作的稳定性等方面要求较高。但是，由于现在就业大环境竞争比较激烈，用人单位对招聘人员的要求比较高。教育硕士研究生经历了多次就业实践后，他们的就业心态总体表现出不稳定的状态。这种不稳定的心态主要有以下几点表现：一是急切的求稳心态：一旦与理想的岗位失之交臂就表现得急躁、焦虑以及失望；二是就业观念固化：多数教育硕士研究生不愿意接受与自己专业不对口的工作，也不愿意跨地区择业；三是对当前的就业形势认识不深刻：部分教育硕士认为自己是985院校毕业，求职时，眼高手低。

"去年秋季我就开始参加各种教师招聘，很遗憾都没有考上理想的岗位，这几次失败的求职经历让我失去了信心。我在参加第二年春季的招聘时压力非常大，有一段时间都处于失眠状态……"（2024005）

"我只想进体制内，目前经济不景气还是稳定工作比较让人有安全感。所以我想一毕业就能找到一份稳定的工作……"（2024010）

"我个人觉得回到家乡找份稳定工作是非常有必要的，我是要利用自己应届生的身份努力考进体制内。作为教育硕士研究生，加上我们学校也比较好，我想我们在找工作时还是比较有优势的……"（2023012）

"作为教育硕士研究生，读研的目的也就是当老师或者找一份体面、稳定的工作。我不愿意去从事与自己专业不相关的工作，要是去做与自己专业不相关的工作，我觉得我浪费了我教育硕士的研究生身份……"（2024007）

四、缓解教育硕士研究生就业的因应策略

高等教育扩张和硕士生数量增多是我们必须面对的事实。研究发现教育硕士研究生就业形势比较严峻，但不是难在找不到工作，只是找不到他们理想的工作。因此，教育硕士怎样"找到工作"以及"找到满意的工作"是多方协调的结果。破解教育硕士"就业难"的局面需要回

到"难点"的根源即供需矛盾上来。一方面，扩大工作岗位的"需求"；另一方面，要深入探究教育硕士研究生培养的"供给"，使二者合力突破教育硕士生就业难的困境。基于此，本研究从以下角度尝试提供建议，提升硕士研究生的就业体验。

（一）政府政策扶持，拓展就业选择

政府作为硕士生就业的责任主体，在教育硕士就业的过程中理应承担起统筹全局的作用。首先，在经济方面，政府应发挥其宏观调控作用。政府可以大力发展新型的第三产业，如科学研究和技术服务业等产业。"现代化第三产业具有高人力资本含量、高技术含量、高附加值的特征，对于低端劳动力带有明显的挤出效应，急需高素质劳动力的加入。"[8]这样的产业为教育硕士研究生提供了更多的选择。部分科研能力强的教育硕士研究生可以继续选择科研岗位，这样也可以解决部分教育硕士研究生专业不对口的问题。此外，政府继续加大"人才引进"策略中的经济投入，尤其是一些偏远地区，人才引进的工资、补贴等方面比较吸引人。这样有利于鼓励部分教育硕士选择这些地区。

其次，在政策方面，政府可以出台相关政策引导教育硕士的就业选择。一方面，政府可以采用"民办公助"的形式引流一部分教育硕士选择民办教育。政府给一部分编制到民办教育，这样可以消除教育硕士的后顾之忧。访谈发现，一部分教育硕士不愿意去民办教育机构，最主要的原因是在民办教育机构当老师没有编制让人没有安全感。其实，经过多年的成长，民办教育已经比较成熟。调查发现，民办教育机构给教师的工资待遇还是比较乐观。加上政府政策的支持，部分教育硕士还是比较乐意选择民办教育。

政府实施经济上和政策上的策略，充分对接教育硕士科研人才培养的目标，为教育硕士生提供更多的工作岗位，实现人岗匹配、人尽其才。教育专业研究生的就业质量关系着我国教师队伍的稳定和教育事业的发展。[9]

（二）优化课程设置，加大社会实践力度

学校作为培养研究生的主阵地，应调整培养方式，重新定位教育硕士的培养目标。提升教育硕士研究生的就业质量需要高校重新调整课程，完善就业教育，提高教育硕士研究生的社会实践能力，提高研究生就业竞争力。

首先，完善教育硕士的专业素养，增强其基本技能。研究生在进入社会之前应当学好自己的专业知识，尽可能地抓住社会实践的机会以提高自己面对未来劳动力市场需求的能力。教育硕士的实践岗位与其他的岗位不同，多数教育硕士研究生会选择教学一线。真实的教学环境需要教师展示自己的基本技能，如语言表达、课堂组织、板书、教学设计等技能。事实上，教师面试环节基本上是结构化面试和教学片段试讲，这两部分内容都要求教师展示专业素养。因此，高校可以开设语言，板书设计，粉笔字、毛笔字训练，教师礼仪等课程。同时，教育硕士自身要积极参加学校组织的教师技能大赛，把所学的专业技能运用于实践。

其次，增设教育硕士实践就业的课程。在就业教育课程中增设职业规划和模拟面试等内容。学校发挥桥梁作用，引进不同类型的用人单位的专家对学生的面试以及实习表现给予意见和建议。高校要落实教育硕士的实践培养计划，除了请外面的行业专家来校作讲座外，应该更加注重引导学生参与教学实践。如学校每半个月组织一批学生开展模拟"无生试讲"，并且请一线

教师点评。学生亲身实践加上专家点评，把就业指导落到实处。

第三，提前规划职业路线，增加实践机会。在读研初期，教育硕士研究生应该多与导师沟通，提前与导师说明自己的求职意向。这样方便导师调整对教育硕士的培养。有意向走学术路线并且计划读博深造的教育硕士要跟紧导师做科研项目；就业意向明确的学生多参加社会实践，多去教学一线观摩实习。积极参加学校各类课外活动，增加自己的实践机会。此外，学校采取实际行动，就业指导部门应对研究生群体建立个别化的职业决策困难档案，通过问卷测试、个别访谈等调研方法，了解每一位研究生的职业决策困难类型，预判其存在或潜在的职业决策困难，提前做好应对计划。按照"重点关注、重点指导、重点服务"的原则，对就业困难类型进行分类，实施"一生一档"和"一生一策"。针对少数民族学生、经济困难同学、残疾学生等，梳理国家和地方政策，挖掘适合就业岗位，点对点进行重点推荐，全程跟进流程，在就业手续上尽量送服务上门。[10]

（三）正视"就业难"的现实，调整就业心态

教育硕士研究生是参与就业的主体，面对当前复杂的就业环境，教育硕士应该调整就业心态，正视"就业难"的现实。

首先，更新就业观，调整心态。研究表明教育硕士研究生职业决策自我效能低于研究生的总体水平。[11]一方面，教育硕士研究生应重新审视当前的就业环境，改变求安稳、安逸的心态。教育硕士要认识到公立学校的老师需求量并不大，加上全日制教育硕士的招生规模扩大以及大批的本科毕业生都在大力竞争教师岗位。这就意味着，并非每一位教育硕士研究生都能成为公办教师。反之，应该多去尝试不同的职业或者寻找新的工作机遇。一心想要从事教师行业的教育硕士可以去私立学校或者去公办学校代课。虽然在稳定性及福利方面与公立学校的教师有所差距，但是这是走进教育一线，积累教学经验的机会。

另一方面，教育硕士研究生应正确看待高学历的光环，端正就业的态度。高学历只是个人一方面的体现，高职业技能和职业素养在职场中尤为重要。打破求职的精神桎梏，总结求职过程中的经验。同时，面对复杂的就业形势，教育硕士生应合理调整就业期望、就业心理，做好职业生涯规划，不断增加自身人力资本。降低对职业不切合实际的期待，调整自身对工作岗位的过高要求，寻求与自身能力相匹配的工作岗位。

其次，认清就业难的形式，平衡就业心态。在就业过程中遇到问题，教育硕士研究生应积极与同学或者导师交流。有效的交流沟通可以帮助自己纾解心中的焦虑；同时，互相交换信息，扩大自己的信息渠道。此外，高校也应注意硕士研究生在就业过程中的心理调适问题，将心理辅导作为就业教育的重要组成部分，帮助硕士研究生应对心理波动，尤其是帮助其度过就业初期场域知识习得阶段的迷茫和自我怀疑，树立就业信心。[12]

参考文献

[1]教育部.2020年全国教育事业发展统计公报[EB/OL].(2021-08-27)[2024-04-02].http://www.Moe.gov.cn/jyb_sjzl/sjzl_fztjgb/202108 /t20210827_555004.html.

[2]为什么很多硕士研究生找工作依然很难？背后的原因很真实！[EB/OL].(2020-09-07)[2024-04-02].http://baijiahao.baidu.com/s?id=16771171596873291579&wfr=spider&for=pc.

[3] 陈艳慧 . 价值观转型：关于研究生就业困境的探究 [J]. 继续教育研究，2017(5)：106.

[4] 教育部 .2021 年全国教育事业统计主要结果 [EB/OL](2022-03-01)[2024-04-02].http：//www.moe.gov.cn/jyb_xwfb/gzdt_gzdt/s5987/202203/t20220301_603262.html.

[5] 陈向明 . 扎根理论的思路和方法 [J]. 教育研究与实验，1999(4)：58-63.

[6] 罗伯特·K. 殷 . 案例研究方法的应用 [M]. 周海涛，译 . 重庆： 重庆大学出版社， 2014： 4-8.

[7] 杨翠屏，苏继来 . 硕士研究生就业问题分析及对策 [J]. 继续教育研究，2015(10)：88.

[8] 卢娓娓，刘彦军，徐娜娜 . 第三产业吸纳大学生就业的投入产出分析 [J]. 职教论坛，2017(5)：33.

[9] 韩春红 . 教育专业研究生职业决策困难的调查研究 [J]. 复旦教育论坛，2017，15(6)：95.

[10] 邵顿 . 研究生就业育人的现实挑战与因应策略 [J]. 黑龙江高教研究，2023，41(6)：124.

[11] 韩春红 . 教育类研究生职业决策自我效能研究 [J]. 洛阳师范学院学报，2015(11)：113.

[12] 郝汉，赵彬，朱志勇 . "夹缝之舞" 与 "背水之战"：硕士研究生就业过程的个案研究 [J]. 学位与研究生教育，2022(2)：69.

畅通渠道　精准施策
——"双一流"建设背景下高校研究生招生多元立体宣传矩阵研究

孙龙志　郭克华　何冬冬　余超　周铁明

（中南大学）

摘　　要　随着研究生招生规模的不断扩大，优秀生源的竞争日益激烈，吸引和选拔创新能力强、综合素质优、培养潜力大的优秀生源，提高研究生生源质量，对研究生教育及高校科研有着重要作用。本文围绕高校研究生招生宣传对生源质量提升的影响问题，从搭建宣传平台、强化宣传队伍、拓展宣传渠道、优化宣传目标等方面构建研究生招生宣传多元立体招生宣传矩阵，切实吸引优质生源，优化研究生生源结构，实现高层次人才培养目标。

关 键 词　研究生；优秀生源；招生宣传

作者简介　孙龙志，男，1988 年 9 月出生，中南大学辅导员，正科级。联系电话：15116332829；电子邮箱：sunlongzhi@csu.edu.cn。

研究生教育是我国高层次创新人才培养的主要途径，是国家教育事业的最高层次。研究生生源质量不仅是衡量高校研究生招生工作的关键指标，也是高校研究生培养质量的保证。[1] 近年来，随着学生考研热度的提高，高校的研究生教育迎来了前所未有的机遇，但研究生总体招生规模不断扩大，生源质量总体上存在下滑的趋势。高校虽然已形成较为成熟的招生宣传模式和机制，但随着各高校研究生招生竞争力加强，现有的招生宣传模式和手段难以吸引到更优秀的生源，导致部分高校生源结构不合理、本校优秀生源流失、考生获取信息难度增大等现象。如何通过有效的招生宣传模式，进一步提升学校研究生招生显示度，选拔适合高校人才培养目标和研究生教育特色的优秀生源，保障良好的教育培养成效，为双一流高校建设提供有效支撑，是高校高等教育工作者必须解决的一个现实问题。

一、高校研究生招生宣传现状及主要问题

（一）传统招生宣传组织难度大

自 2015 年起，教育部对推免生政策进行了优化，以促进优秀学生的自由流动，这导致许多高校本校优质生源的流失现象比较严重。因此，一些高校对于举办外校研究生招生咨询会或宣讲会持谨慎态度，使进入其他高校进行研究生招生宣传的难度增加。[2] 同时，导师由于教学和科研任务繁重，可用于招生宣传的时间有限，对于向本校学生进行招生宣传的热情不足。此外，学生在假期可能忙于科研或实习，难以参与传统的招生宣传活动。因此，传统的招生宣传

方式组织难度大、成本高，且效果与投入之间存在较大差距，极大地影响了招生宣传效果与优秀生源的组织。

（二）招生宣传的目标群体不明确

尽管考生的数量在逐年增加，高校的生源总量也随之增长，但某些高校仅仅满足于完成招生指标，缺乏提高生源质量的内在动力。这种态度导致了对生源质量的深入分析不足，缺少对目标群体的深刻理解，使得高校难以开展具有吸引力和针对性的宣传活动。同时，招生信息往往处于"被动"状态，只有当考生对某所高校产生兴趣时，他们才会主动寻求相关信息。考虑到研究生生源来自不同地区、行业和年龄层，考生在主动获取招生信息的能力上存在较大差异，考生在获取信息过程中存在一定的"信息茧房"[3]效应，限制了高校招生信息的传播范围，难以实现对考生群体的全面覆盖。

（三）招生宣传模式创新性不足

目前研究生招生宣传渠道不够广泛和多元，多数高校研究生对招生宣传重视程度不够，且主要依赖线下宣讲、学校官网、平面媒介等传统渠道，运用新媒体手段少，宣传形式较为单一，宣传人员队伍薄弱，很难有针对性地涉及潜在学生群体。同时，宣传材料制作缺乏针对性，通常难以涵盖各不同专业或研究方向的特色，偏于概括性的介绍，难以引起目标群体的兴趣，各二级单位又没有更多的精力和能力制定专门的招生宣传材料，导致宣传途径与效果不佳。

二、"双一流"建设背景下研究生招生宣传方式探析

（一）建设全媒体平台，畅通招生宣传渠道，提升信息投放覆盖性

招生考试工作涉及广大考生和家长的切身利益，是社会关注的热点。提高信息公开度，可以提高社会对学校招生考试工作的信任度和了解度；提供便捷的信息查询渠道，便于考生清晰地了解考试政策和录取标准。招生工作人员应坚持把信息公开贯穿于招生工作的全过程，完善招生信息发布渠道、畅通信息查询获取，进一步规范、统一做好招生政策、信息、公告发布，实行全程监控式阳光招录，集中形成招生合力。

着力建设学校研究生招生官网、公众号、微信小程序等多端口招生信息发布平台，打造出全方位、多渠道、多层次、多声部的媒体矩阵。实现各招生类型信息发布、招生目录与导师查询检索、历年招生录取情况查询、二级培养单位招生信息汇总展示、招生宣传各类信息展示。设立招生咨询电话，安排专人进行电话咨询，及时准确地向考生和家长开展招考政策解答，释疑解惑，增加招生工作的透明度。[4]

开展系列品牌宣传活动，提升活动宣传广度与覆盖度。例如组织线上集中宣讲活动，组织学校各二级培养单位院长、系主任和导师代表开展集中宣讲活动，通过网络平台介绍学科特色和研究方向，搭建学生与教师之间沟通的桥梁，增进师生相互之间的了解，吸引有潜力的学生加入，增强学校及二级培养单位的社会影响力。利用虚拟现实技术或"线上校园游"等在线直播活动，带领考生线上游览校园环境、实验环境等，为考生提供沉浸式校园体验，增强考生对学校的认知和了解。摄制研究生招生宣传系列视频，从学校整体宣传到各单位宣传多角度展示

学校、学院的办学特色、科研与学科水平、研究生教学质量等，进一步提升学校知名度和影响力，传递学校办学理念和价值观，提升生源质量。

同时，应精心策划并利用社会宣传力量，通过在研招网、研究生招生多媒体网站等平台投放高质量招生宣传资料，全面提高学校的社会知名度与良好声誉。

（二）强化宣传队伍，保障宣传力量，提升宣传针对性

构建以学校研究生招生办公室和各二级研究生培养单位的常规招生宣传团队为核心，在读研究生、校友、学生家长以及其他社会力量为支撑，与学校宣传部门有效联动的全方位招生宣传网络，形成全员招生宣传新局面。

强化宣传人员业务能力的培养。对于参与宣传工作的人员，要进行专门培训，确保参与人员熟悉研究生招生政策、了解学院发展历程及现状，着重打造一批熟知学院学科特色及内涵、有人格魅力、会"讲故事"且热衷于研究生招生宣传的研究生导师和学生作为宣传团队的骨干，以切实取得宣传实效。

鼓励在校生开展自发式宣传活动，通过制作研究生录取大数据生源结构分析报告、录取"喜报"等多种形式，与学生形成良性互动，激发学生主动发布信息的积极性[5]，让学生成为信息的起点，通过微博、微信等平台将信息传播至其社交网络，而学生的亲友在转发这些信息后也成为新的"信息中心"[6]，覆盖范围指数式扩散，实现信息的快速扩散和影响力的快速增长，推动招生宣传更加多元化和高效化。

（三）研招宣传常态化，提升考生黏着性

一是学校招生办公室要做好顶层设计，制定常态化宣传计划。将研招宣传纳入年度工作计划，明确研招宣传目标，制定有针对性的招生宣传策略，确保宣传活动的连续性和稳定性。按照时间节点，在招生季、开学季、毕业季等，定期发布相关宣传内容，保持关注度。二是加强宣传内容策划与创新。重点制作反映学校研究生教育特色、突出学校的优势学科和特色方向的宣传物资、材料。定期更新宣传内容，包括科研成果、学术活动、学生生活等方面的新闻，保持学校在潜在考生心中的新鲜感和活力。鼓励支持各二级单位制作并通过学院网站和微信公众号发布体现本单位概况、学科特色、人才培养、研究生招生政策等的视频、微视频、微博文章和微信公众号文章，及时完善、更新本单位网站导师信息，公布的导师邮箱提醒导师及时查阅并回复，形成与考生的良性互动。三是定期开展校内外研招宣传活动。积极开展如"考研保研动员会""研究生导师见面会"等针对本单位应届毕业生的专题活动，重点吸引本单位优秀生源报考。鼓励各招生单位掌握本单位拟读研学生的情况，积极组织召开本科生考研保研咨询会，以主题班会、导师讲座、经验分享等形式宣传学校招生政策和奖助体系、导师情况，做好优秀学生读研意向跟踪和服务工作，提高报考本校人数。四是举办优秀大学生夏令营活动。[7]夏令营活动作为学校展示自身学术实力、科研成果和校园生活的重要窗口，能够有效吸引优秀本科生对学校的关注。通过夏令营的举办，学校能够向外界展示其独特的学术氛围、优秀的师资力量以及优越的科研条件，是促进优秀考生了解学校的最直接有效方式，有利于发掘和选拔校内外优秀应届本科生源。

（四）注重生源分析，强化宣传精准性

一是对校内生源与校外生源开展分类宣传。对于校内生源，因为这部分学生在本科期间已对学校有深入了解，宣传时需利用他们对学校的熟悉感，通过招生人员、优秀导师和优秀研究生的积极参与，传递校园文化和精神，激发其对学校的归属感和认同感。[8] 同时，通过介绍学科优势和科研潜力，提前指导开展科学研究活动等方式，使学生深入了解学校科研氛围，并作出留校深造的决定。对于校外生源，由于这些潜在申请者主要是通过网络、朋友推荐等渠道了解学校，宣传应聚焦于提升学校的整体形象和学术声誉，明确展示学校的学术资源、研究成果和教育质量，以及学生在这里能够获得的独特价值和成长机会，从而吸引优秀生源。

二是以生源质量分析形成有效反馈。通过分析报考与录取数据来判定招生宣传的效果与发力点。从宣传目标定位、内容设计、传播途径选择，到不同类别宣传策略的构建等多个层面进行综合研判，为未来的宣传工作提供改进的建议。同时，应协同建立研究生招生、培养和就业的一体化数据库，充分利用大数据等技术手段[9]，深入挖掘研究生培养质量与研究生生源质量和各类因素之间的内在联系，进一步确定各学科各专业的研究生生源目标考生，将其作为研究生招生精准宣传对象，有效提高生源质量。[10]

三、结论

在"双一流"建设背景下，高校研究生招生宣传关系到生源质量及研究生培养质量，招生宣传途径需要不断创新和优化。本文从建设全媒体平台拓宽宣传渠道、强化招生宣传队伍、开展常态化招生宣传、注重生源分析开展精准宣传等四个方面，构建多元立体的研究生招生宣传矩阵，可以有效提高招生宣传的效果和影响力，吸引更多优质研究生生源为高校"双一流"建设提供有力支持。

参考文献

[1]吕莒,陈佩赓,宋若桢,等.浅谈研究生优质生源招生的影响因素及应对策略[J].北京化工大学学报(社会科学版),2018(02):111-114+56.

[2]贾启元,王蕾.新形势下研究生招生宣传模式改革探讨[J].教育教学论坛,2020(51):16-17.

[3]郎捷,王军."信息茧房"对大学生思想政治教育的挑战及应对分析[J].学校党建与思想教育,2020(20):13-15.

[4]王淑珺.新时代视域下研究生招生模式探究[J].法制与社会,2019(30):222-223.

[5]杨文杰.人的全面发展理论视域下的高校网络思想政治教育[D].太原:山西师范大学,2012.

[6]谢宇晗,汤红,唐洪.新时代高校研究生招生宣传的策略探析[J].大学,2023(28):17-20.

[7]柳璐,方国华,周昶.提升优秀大学生夏令营活动实效的思考[J].教育教学论坛,2020(40):81-83.

[8]王建永.研究生创新能力培养模式研究[D].兰州:兰州大学,2008.

[9]林莉萍,徐国强.利用新媒体实现研究生招生宣传工作转型[J].中国高等教育,2018(11):60-61.

[10]吴瑞华.研究生招生精准宣传探究[J].高教论坛,2020(09):82-85.

医学类本科生对中南大学"本－博"
贯通式人才培养模式的认知情况调查研究 *

唐冰伟　刘欧胜　陈旦　周玥颖　宋爽　夏晓波

（中南大学）

摘　　要　随着高等教育招生规模的不断扩大及纵深发展需要，各高校不断进行培养模式改革以培养适应时代发展需要的人才。我校是全国较早进行"本－博"贯通式人才培养模式探索的高校之一，关于这一模式仍然有进一步探索和改良的空间。本研究通过查阅文献、开展访谈、发放问卷的形式，了解我校医学生对"本－博"贯通式人才培养模式的认知度、接受度、参与度及满意度情况，剖析本制度存在的问题及原因并提出改进意见，为我校完善"本－博"贯通式人才培养提供参考。

关 键 词　贯通式人才培养；认知

作者简介　唐冰伟，男，1991 年出生，湘雅口腔医学院，助理研究员。联系电话：18874784871；电子邮箱：tbw294312644@163.com。刘欧胜，男，1981 年出生，湘雅口腔医学院，研究员。联系电话：13739083246；电子邮箱：liuousheng@163.com。

研究生教育肩负着高层次人才培养和创新创造的重要使命，是国家发展、社会进步的重要基石，是应对全球人才竞争的基础布局。[1]长期以来，我国的高等教育划分为本科生、硕士生和博士生三个培养阶段，实施分段式人才培养模式。随着高等教育的不断深入发展以及招生规模的不断扩大，各个高校在培养模式、学制年限和培养方式等方面开始进行探索试点，如八年制医学博士教育、本科直博和"1+4""2+3"等不同方案的硕博连读制度等。[2]

2019 年，我校开始施行拔尖创新人才培养计划，提出"本－博"贯通式人才培养模式，打通了本科生、硕士生和博士生三个培养阶段，为保留优质生源、提高培养效率、培养高水平的学科领域拔尖创新人才贡献了力量。

一、"本－博"贯通式医学人才培养制度

1. 选拔方式

学校根据发展需要及选拔生源情况确定每届选拔具体人数，然后再根据学科情况、本科生规模及学术型博士生招生数量等确定各二级培养单位分配名额。在五年制本科生的第四学年初、

* 本文受中南大学研究生教育教学改革研究项目（2020JGB070、2023JGB095），湖南省学位与研究生教学改革研究重点项目（2022JGZD012）资助。

四年制本科生的第三学年初选拔在校期间所有教学环节（含全校性选修课）加权平均裸分成绩专业年级排名前 8% 的学生，择优选取基础知识扎实、创新意识突出、科研兴趣强烈、身心素质优良、发展潜能较大，愿意免试推荐至我校直博计划攻读博士学位的学生。

2. 培养模式

实行本博"本 +5"的培养模式。"本"是指本科生阶段的学习。本科生阶段和博士生阶段课程体系联通，在导师团队的指导下完成本科培养方案中各教学环节的学习和学分要求，准予毕业，获得本科毕业证书和学士学位。"5"是指博士生阶段的培养。进一步完成培养方案中的课程教学，尽早进入科学研究环节，与国外一流大学或顶尖科研院所联合培养，在国外学习研究时间不少于 1 年，完成培养方案中课程学习与培养环节学分要求。通过博士学位论文答辩者，获得博士毕业证书并授予博士学位。

采取"导师团队"指导制。导师团队采取自由组合方式，原则上由 3 至 5 位博士生导师组成，并推选 1 人担任导师团队负责人。由导师团队与培养单位共同制订个性化的培养计划，本科生阶段的培养按照培养目标夯实学科基础，提高实践动手能力，培养创新意识，在满足其本科培养方案的基础上，允许选修硕士生、博士生课程，所修学分可作为博士研究生学习阶段的学分。进入导师团队科研实验室，培养学生独立从事创新性研究的能力。博士生阶段突出提升创新能力、领导力及国际交流胜任力培养，在导师团队的指导下，开展科学研究工作。

3. 分流淘汰机制

本科阶段出现入学以来所有教学环节加权平均裸分成绩专业排名未进入前 10% 或大四（五）第一学期未取得免试攻读硕士研究生资格者，转出计划。

博士阶段每学年对入选学生的思想品德、学习情况、科研情况、社会实践情况进行科学评估考核，对不适合继续培养的学生视情况进行分流淘汰。

二、医学本科生对"本－博"贯通式人才培养模式的认知

1. 研究目的与意义

我校医学学科博士生培养经验丰富，医学直博生招生从最开始的基础学科，到目前全面放开至临床医学学科，已有十余年的培养历史，而"本－博"贯通式人才培养模式相较于传统的"直博生"培养模式，在课程体系、导师指导、国际合作与交流等方面均有一定区别，尚处于探索改良阶段。基于此，了解医学生对"本－博"贯通式人才培养模式的认知对这项培养制度的开展实施、改良，具有重要意义。

2. 研究对象

2020 年 12 月，一年级及以上医学类在读本科生；2023 年 1 月以来入选"本－博"贯通式人才计划学生。所有参与研究的对象均已知情并同意。

3. 研究方法

研究工具：通过查阅文献、专家咨询等方式，自编《医学生"本－博"拔尖创新计划认知情况调查问卷》，共 24 个条目，主要内容包括：①基本情况，共 4 个条目；②专业情况及其认知，共 9 个条目；③学习规划，1 个条目；④"本－博"拔尖创新计划认知，共 10 个条目。

自编《临床医学、口腔医学"本－博"拔尖创新计划满意度情况调查问卷》，共24个条目，主要内容包含入选该项计划学生对学校"奖励资助""科研硬件""住宿条件""导师指导"等方面的满意度情况，采用10分制，10分代表"非常满意"。

调查方法：使用问卷星制作在线电子问卷，通过中南大学二级学院、临床医院本科教务干事将在线电子问卷发布至各个年级群，采用自愿、无记名的方式进行填写。

统计学处理：在线电子问卷调查数据采用Excel格式导出，采用SPSS22.0统计软件对其进行分析处理。计数资料的描述性分析采用率和构成比表示。

三、结果

1. 基本资料

本研究共收回774份有效问卷，男生280人（36.2%），女生494人（63.8%）。学生家庭所在地为城市377人（48.7%）、城镇190人（24.5%）、农村207人（26.7%）。大学一年级93人（12.0%）、二年级311人（40.2%）、三年级269人（34.8%）、四年级47人（6.1%）、五年级54人（7.0%）。大部分（50%）调查对象专业为临床医学类，具体见表1。

表 1 基本情况表

条目		人数	占比（%）
性别	男生	280	36.2
	女生	494	63.8
年级	大一	93	12.0
	大二	311	40.2
	大三	269	34.8
	大四	47	6.1
	大五	54	7.0
家庭所在地	城市	377	48.7
	城镇	190	24.5
	农村	207	26.7
专业	口腔医学 5+3	24	3.1
	临床医学类（临床及口腔五年制医学类）	387	50.0
	医学技术类（医学4四年类）	63	8.1
	公共卫生与预防医学类（非临床五年制类）	136	17.6
	护理学	82	10.6
	生物科学	42	5.4
	生物信息学	7	0.9
	生物医学工程	33	4.3

2. 专业认知和考研规划

专业认知。学生选择专业主要还是遵循自身意愿。84.5%临床医学类专业学生和81.0%生物科学专业学生，在选择本专业时遵循自身意愿。口腔医学"5+3"（75.0%）、生物信息学（57.1%）及生物医学工程（69.7%）专业大部分学生是遵循本人意愿。调查对象中，近50%护理学和医学技术类专业的学生通过调剂至本专业。口腔医学 5+3 和临床医学类专业绝大多数学生对目前所学专业非常感兴趣。60% 以上的医学技术类、公共卫生与预防医学类及生物科学专业的学生对所学专业非常感兴趣，约 30% 生物信息学和生物医学工程专业的学生对专业还不是完全了解，近 5% 护理学专业的学生对本专业不感兴趣。45.6% 的学生对目前学习状态及成绩评价非常好。选择专业意愿及兴趣程度具体见表 2-3。

表 2 选择专业的意愿情况

	口腔医学 5+3	临床医学类（临床及口腔五年制医学类）	医学技术类（医学 4 四年类）	公共卫生与预防医学类（非临床五年制类）	护理学	生物科学	生物信息学	生物医学工程
本人意愿	18（75%）	327（84.5%）	29（46.0%）	67（49.2%）	23（28.0%）	34（81.0%）	4（57.1%）	23（69.7%）
老师/亲人/朋友推荐	4（16.7%）	28（7.2%）	3（4.8%）	7（5.1%）	11（13.4%）	3（7.1%）	0	1（3.0%）
父母意愿	0	30（7.8%）	2（3.2%）	11（8.0%）	9（10.9%）	0	0	2（6.1%）
调剂至此专业	2（8.3%）	2（0.05%）	29（46.0%）	51（37.5%）	39（47.5%）	5（11.9%）	3（42.9%）	7（21.2%）
	24	387	63	136	82	42	7	33

表 3 专业兴趣度

	口腔医学 5+3	临床医学类（临床及口腔五年制医学类）	医学技术类（医学 4 四年类）	公共卫生与预防医学类（非临床五年制类）	护理学	生物科学	生物信息学	生物医学工程
非常感兴趣	22（91.7%）	322（83.2%）	39（61.9%）	86（63.2%）	39（47.5%）	27（64.3%）	1（14.3%）	15（45.5%）
兴趣一般	2（8.3%）	44（11.4%）	17（27.0%）	41（30.2%）	33（40.2%）	10（23.8%）	4（57.1%）	8（24.2%）
不感兴趣	0	1（0.2%）	0	1（0.7%）	4（4.9%）	1（2.4%）	0	0
还不完全了解	0	20（5.1%）	7（11.1%）	8（5.9%）	6（7.3%）	4（9.5%）	2（28.6%）	10（30.3%）
	24	387	63	136	82	42	7	33

考研规划。总体来说，各医学类专业绝大部分本科生有读研计划，其中口腔医学"5+3"、生物信息学、生物医学工程、临床医学类专业本科生计划考研占比均在 96% 以上。各专业本科生读博和读硕计划情况有所不同。77.8% 的医学技术类本科生计划先读硕士。公共卫生与预防医学类、护理学、口腔医学"5+3"、生物信息学专业本科生计划读硕的占比总体接近（57.1% ~ 62.5%）。84.8% 的生物医学工程类专业本科生以后有考博计划。临床医学类专业大部分本科生未来有读博计划，占比为 55.3%。约 42% 的口腔医学"5+3"、生物科学和生物

信息学的本科生未来有读博计划。具体见表4。

3."本－博"拔尖创新计划制度认知度、接受度、参与度及满意度

认知度。我校医学类专业各二级培养单位每年在进行校内招生宣讲、年度"本－博"拔尖创新计划招生选拔前都会通过宣讲会、官网公布通知等各种途径进行制度介绍。医学类专业学生主要通过"年级或班级群内消息通知""与同学或学长、学姐交流"这两种途径获得该项计划的信息，具体见图1。本研究调查了解到，47.8%的医学类本科生了解我校有该项培养计划，但是未作深入了解；9.0%的医学类本科生仔细阅读过相关通知及文件，对该项制度非常了解；但仍有43.2%的本科生完全不了解该项培养计划。

表4 考研规划情况

	口腔医学 5+3	临床医学类（临床及口腔五年制医学类）	医学技术类（医学4四年类）	公共卫生与预防医学类（非临床五年制类）	护理学	生物科学	生物信息学	生物医学工程
计划读博	10（41.7%）	214（55.3%）	8（12.7%）	35（25.7%）	13（15.9%）	18（42.9%）	3（42.9%）	28（84.8%）
计划读研，之后的学习规划视情况而定	14（58.3%）	159（41.1%）	49（77.8%）	85（62.5%）	49（59.8%）	21（50.0%）	4（57.1%）	4（12.1%）
计划本科毕业后参加工作	0	4（1.0%）	3（4.8%）	8（5.9%）	12（14.6%）	1（2.4%）	0	0
计划本科毕业后出国	0	1（0.3%）	1（1.6%）	4（2.9%）	5（6.1%）	2（4.8%）	0	
尚不确定或其他规划	0	9（2.3%）	2（3.2%）	4（2.9%）	3（3.7%）	0	0	1（3.0%）
	24	387	63	136	82	42	7	33

接受度。大部分人认为该项计划对医学教育有很大作用，支持其在医学院施行及推广，但也有人对该项计划仍有疑虑或者认为存在一定弊端（表5）。调查对象认为该项计划优势主要体现在：（1）能够让想从事科学研究的医学生更加快速地成长；（2）缩短了获取博士学位的学习周期，能够使本科生更早地接触科研。弊端主要体现在：（1）本科阶段前两年的加权平均成绩并不能真实反映学生的科研水平，这一指标不能真正选拔科研能力突出、对科研感兴趣的学生；（2）对于临床医学类及口腔医学"5+3"专业，有调查对象担心临床和科研会脱节。

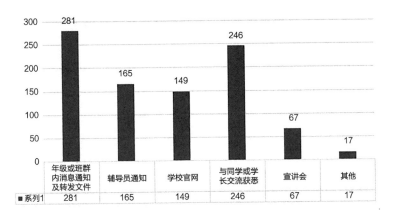

图 1 了解"本－博"拔尖创新计划的途径

表 5 "本－博"拔尖创新计划接受度

基于目前的了解，您作为医学生对"本－博"拔尖创新计划的接受程度如何	计数	比例（%）
认为该计划对医学生的培养有一定优势，但也存有疑虑或认为其同时存在一定弊端	485	62.7
我认为该计划对于医学教育有很大优势，支持其在医学院施行及推广	423	54.7
我认为该计划不适于对医学生的培养	31	4.0

参与度。在接受调查的 774 名医学类专业本科生中，有 35 名（4.5%）学生已经参与本项计划，71.6% 的学生表示如有可能愿意参与本项计划，127 名（16.4%）学生明确表示不考虑参与本项目（图 2）。本研究也对学生愿意参与本项计划和不愿意参与的原因分别进行了调查。调查结果显示：大部分学生愿意参与本项计划的原因："可以减轻考研、考博压力。""可以提前接触科研。""优质的导师团队。""学制相对缩短。"（表 6）表示不考虑参与本项目的研究对象，其原因多为有另外的学习规划或其他个人原因（表 7）。

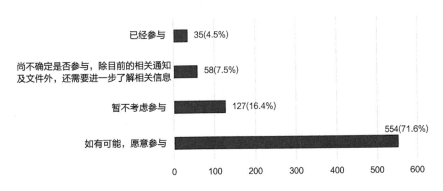

图 2 "本－博"拔尖创新计划参与情况

表6　已经参与或愿意参与"本－博"拔尖创新计划的原因

已经参与或愿意参与"本－博"拔尖创新计划的原因	计数	比例（%）
可以减轻考研、考博压力	480	62.0
可以提前接触科研	472	61.0
优质的导师团队	446	57.6
学制相对缩短	411	53.1
更多的出国学习机会	309	39.9
奖学金相对丰厚	218	28.2
其他	10	1.3

表7　不考虑参与"本－博"拔尖创新计划的原因

不考虑参与"本－博"拔尖创新计划的原因	计数	比例（%）
出于学习规划或其他个人原因，暂不考虑参与该计划（如希望尽早参加工作以减轻家庭负担等）	83	52.9
更希望到外校进行进一步的学习	57	36.3
导师团队的博士招生资格问题	31	19.8
所授予学位类型为学术学位博士	21	13.4
我认为该计划对医学生培养有缺陷或让我有疑虑，故不愿参与	10	6.4%

满意度。对35名已经参与本项计划的学生进行满意度调查，回收问卷23份，对该项计划"总体满意度"平均分为7.3分；对该项计划的奖励资助政策（含奖助学金、参加国际会议、创新项目资助等）满意程度平均分为7.1分；对学校科研硬件条件满意程度平均分为7.1分；对住宿条件满意程度平均分为5分；导师指导满意程度平均分为7.5分。

四、讨论

1. 我校医学类专业本科生对"本－博"拔尖创新计划认知度不够的原因分析

长期以来我校高等教育划分为本科生、硕士生、博士生三个培养阶段，实施分段式人才培养模式。随着高等教育不断深入发展及招生规模的扩大，各高校在学制年限和培养方式上开始进行试点改革。[2] 为培养拔尖创新型人才，我校2019年开始实施"本－博"贯通式拔尖创新人才培养计划，选择优秀本科生采取"本+5"的培养模式。该计划实施三年来，我校医学类专业共50名学生入选本计划，11名学生退出本计划。参与本次研究的"本－博"拔尖创新计划入选者共35人，其中临床医学五年类14人，护理学5人，医学技术类3人，公共卫生与预防医学类6人，生物科学7人。总体来说医学类专业学生对本项计划的参与度不高，其原因：第一，43.2%的医学类本科生完全不了解该项培养计划，其认知度还有待提高，即便对本项计划有一定程度的了解，大部分学生仍然对本项计划的课程教学、科研训练、出国交流等详细的培养计划存在疑问。第二，专业成绩排名作为选拔考核主要依据，标准相对单一，存在有意愿参加本项计划的学生达不到专业排名前10%条件，而达到选拔条件的学生不愿意参与本计划现象。第三，部分学科的导师由于博士生招生指标限制，更倾向于招收自己培养的硕士生，导致学生选不到心仪的导师从而放弃加入计划。

入选该项计划的学生对该计划总体满意度良好，"奖励资助""科研硬件""住宿条件""导师指导"等方面的满意度得分均 >7 分。住宿条件有待改善，从而提升该计划总体满意度。

2. 推动我校"本－博"拔尖创新人才培养模式发展的建议

贯通式人才培养模式以其连贯性和长周期特征适应高水平科研成果的产出规律及拔尖创新人才培养规律。[2] 绝大部分参与本次调查研究的学生支持本项计划在医学院施行及推广，但为了保障该项计划的顺利实施还需对本项计划进行改进。

管理层面。首先，学校要针对参与"本－博"拔尖创新计划的学生制定指导性的培养方案，二级培养单位再根据学科实际制定并落实培养方案（含课程、科研训练、学术交流、社会实践、出国交流等方面）和学位授予标准。[3] 其次，要完善选拔考核及淘汰分流机制。本计划主要培养学术型的拔尖创新人才，在选拔考核时要综合考虑专业成绩、科研潜力、创新意识、科研兴趣、身心素质等方面，重点要突出对科研能力的考察。[2] 在制度层面明确规定进入该计划后被考核淘汰的学生的出路。这样既可以保障本计划人才培养质量，又可以减少学生的后顾之忧。再者，学校要不断完善软硬件条件，加强政策的宣讲和培养方案的解读，从而增进学生对该项计划的认知，进而吸引更多优秀学生加入本项目。

导师层面。首先，在本科阶段就要介入学生的培养过程，在学科培养方案的基础上为学生制订详细的个性化的培养计划。在制订修课计划时，应整合课程资源，明确提出跨学科修课的要求；在制订科研训练计划时，应整合实验室资源和导师资源，让学生尽可能地接触到最先进的实验仪器，导师团队定期开展学术交流与讨论；在制订选题研究计划时，应整合学术资源，按照学校指导性方案要求将学生送至国外高校或科研院所进行联合培养一年及以上。[2] 其次，除严格要求学生按照个性化培养计划完成学业外，可以给学生布置合理的任务，并适时进行检查。如为了构建学生的专业理论体系，给学生列读书清单，为增强学生外语阅读能力和翻译能力，给学生布置翻译外文著作任务等。[3]

学生层面。首先，在个性化培养计划的基础上，结合个人的实际情况制订详细的学习计划并严格执行。其次，入选本计划后要及时调整学习方式与状态，变被动学习为主动探究，自觉加强专业理论学习，不断扩展自己知识的广度与深度。再者要主动加强与导师团队的沟通与交流，学习、科研遇到问题时及时向导师汇报。

五、小结

医学是具有系统理论的学科，同时也是应用性很强的学科，培养学生难度大，需要连续性和长周期的学习过程。[4] 我校"本－博"拔尖创新计划适应时代的需求，遵循教育和人才成长的规律，虽目前存在一定程度不足，但该项制度在学校、培养单位、学科及导师的共同努力与参与下，一定能够发挥更大的作用。

参考文献

[1] 教育部，国家发展改革委，财政部．关于加快新时代研究生教育改革发展的意见：教研〔2020〕9 号 [A/OL]．（2020-9-4）http://www.moe.gov.cn/srcsite/A22/s7065/202009/t20200921_489271.html.

[2] 张莉．本、硕、博贯通式人才培养模式的利弊分析及对策研究 [J]．学位与研究生教育，2015(6)：13-16.

[3] 曾空，徐方平，高静，等.教育转型下的"本硕博"贯通式创新人才培养模式调查研究 [J].汉江师范学院学报，2017，37(04)：123-129.

[4] 张国栋.贯通式博士生培养模式的特点及适用范围 [J].中国高教研究，2009(09)：37-39.

协同理论视域下卓越工程师培养
——以中南大学"五位一体"协同育人实践为例 *

谢日安 李欢欢

（中南大学）

摘 要 当前，培养造就大批符合新时代要求的卓越工程师是我国研究生教育的重要使命。厘清卓越工程师产学研协同育人的发展历史和现状，探索研究生产教融合协同育人的问题和困境。基于协同理论，从一个崭新的视角分析卓越工程师产教融合协同培养本质、关系以及特征，探索产教融合协同育人的作用机理，为卓越工程师培养提供理论依据。最后，系统性总结中南大学卓越工程师"五位一体"协同育人实践经验，为促进我国卓越工程师培养提供理论支撑和现实解决路径。

关 键 词 协同理论；卓越工程师；产教融合；中南大学

作者介绍 谢日安，男，1990 年出生，中南大学研究生院，助理研究员。联系电话：13677322842；电子邮箱：xierian@csu.edu.cn。李欢欢，中南大学研究生院，助理研究员。

进入新时代，以习近平同志为核心的党中央把"培养大批卓越工程师"作为"加快建设国家战略人才力量"的重要内容，指出要探索形成中国特色、世界水平的卓越工程师培养体系。作为卓越工程师培养的主阵地，高校特别是"双一流"建设高校，要始终坚持"四个面向"，心怀"国之大者"，积极探索中国特色、世界水平的卓越工程师产教联合培养新模式，大力培养并造就一批具备高水平专业技能和创新能力的卓越工程师，为构建世界科技强国提供源源不断的强大动力。

一、研究背景

20 世纪 30—90 年代，美国的工程教育经历了以技术模式为导向，到以科学模式为导向，再到工程模式——以德国为代表的工程人才培养"欧洲大陆模式"的重要特征——的变化。校企高效协同是培养卓越工程师的关键，典型的校企协同机制有英国的"三明治"[1] 和"知识集成社区"、德国的双元制[2]、日本的"科技城"[3]、美国和加拿大的"合作教育"[4] 等。

当前，我国工程人才培养正呈现两种主要态势。从宏观角度出发，不少高校倾向于引进并

* 基金项目：2023 年湖南省学位与研究生教学改革研究项目"协同理论视域下研究生产教融合培养模式探索与实践"（编号：2023JGYB027）；湖南省教育科学规划 2024 年度课题"协同理论视域下卓越工程师培养改革创新与实践研究"（编号：ND48699）；2024 年中南大学研究生教育教学改革研究项目"以卓越工程师培养为牵引的专业学位研究生联合培养机制改革研究"（编号：2024JGB038）。

实践特定的教育理念或教学模式，通过具体的改革案例来论证这些理念或模式的实效性和价值。从微观层面来看，部分学校则更注重立足本校实际情况，有针对性地开展教学改革，注重从改革成果中总结经验，逐步探索出适合自身的教学路径，并据此揭示工程教育的发展趋势。然而，从培养主体的角度看，目前产教之间尚未形成紧密的、开放共享的共同体联盟。这种各自为政的状况导致了产学研之间的协同性不足，以及科研与教学的融合度不高，构成了当前工程人才培养所面临的现实挑战。

综上所述，教育作为社会体系中不可或缺的一环，其发展与社会的其他各个方面紧密相连。回应新时代的需求，需要摒弃传统的单一视角，以更为宏观和全面的视角来审视教育。紧密结合人才供给与需求两侧的实际情况，系统性地构建出适应并引领新时代卓越工程师校企协同培养体系普遍性规律、特殊性需求和重点发展方向的卓越工程师教育产教融合机制，以确保教育与社会发展的同步与和谐。本文从产学研协同培养的角度切入，以协同理论为理论支撑，尝试对卓越工程师协同培养理论进行阐释，总结中南大学卓越工程师协同培养实践经验，为促进我国卓越工程师培养提供理论支撑和现实解决路径。

二、理论阐释

"协同"一词来自古希腊语，或曰协和、同步、和谐、协调、协作、合作，是协同（synergetics）的基本范畴。协同的定义，《说文解字》提到"协，众之同和也。同，合会也"。1965年，美国战略管理学家 Ansoff 将协同学与管理学结合，揭示了通过合作创新所能产生的新效用。20世纪70年代，德国功勋科学家 Haken 构建了协同学理论基础。他深入剖析了系统内创新要素通过相互对接、重整或联合作用，能够产生超越简单叠加的 1+1>2 的协同创新效应，为后续的学术研究和实践应用提供了重要的理论基础。

2006年，我国开始产学研协同创新研究发展，2012年至今，研究得到快速发展。[5] 从国家创新系统理论、三螺旋理论、协同理论，到交易成本理论、资源依赖理论、博弈论等[6]，产学研理论研究不断深化。近年来，协同理论得到了进一步的发展和应用，广泛地应用于包括管理学、经济学、社会学、教育、政治、科学等领域。如陈春花提出的协同共生论，强调在实现系统最优的动态过程中，协同共生效应、架构、管理模型及价值重构等是关键要素。[7] 在社会学领域，它强调社会系统中各个部分之间的相互影响和合作，有助于我们更深入地理解社会现象和社会变迁。

协同理论拓宽研究生教育。王进富等[8]提出从目标层、评价层和行为层三个层次剖析协同创新的全过程。涂振洲等[9]指出产学研协同创新过程的演化会经历知识共享、知识创造和知识优势的形成三个阶段。国内产学研聚焦研究生学研协同育人模式、机制、问题和解决策略，形成了如"新昌实践模式"[10]、"一校八院所"模式[11]、张江模式[12]等等独具特色的研究生产学研协同育人模式，有力地支撑了研究生教育的创新发展与拔尖创新人才培养。

三、实践路径："五位一体"卓越工程师协同育人机制

中南大学充分发挥学校有色冶金、轨道交通、医学医疗等三大优势特色及丰富的校企合作

资源，重点围绕集成电路、工业母机、智慧能源、新材料、人工智能、轨道交通、生命健康等领域的关键核心技术和重大工程问题开展科研攻关和卓越工程人才培养，推动卓越工程师培养学科领域与国家战略产业发展急需相匹配，经过长期的探索实践，逐步摸索出服务国家战略需求的行业特色人才校企一体化联合培养机制，结合人才培养、科学研究、成果转化，构建多元一体、互惠共赢的系统培养模式。具体而言，中南大学卓越工程师产教融合协同培养形成了以主体协同为根本、以教学协同为基础、以平台协同为支撑、以项目协同为纽带、以考评与激励协同为保障的"五位一体"协同育人机制。

（一）以主体协同为根本

中南大学卓越工程师培养采取一校对多企的模式，汇聚学校优质教育资源与企业优势产业资源，实施有组织科研和人才培养。同时，结合湖南特色产业，面向湖南省湘江新区全球研发中心建设，加快汇聚省内教育、科技、人才资源，形成产教融合发展合力，构建新时代校政企合作生态体系。目前，学校卓越工程培养合作单位超过400家，均为与学校有深厚合作基础的龙头央企、国防军工企业以及代表性民企。在合作机制上，校企双方签署合作共建、联合培养协议，明确合作目标、攻关领域、双方职责、各自权利与义务、知识产权归属等事宜，协调处理各主体在卓越工程师教育培养过程中的价值诉求，将校企导师、研究生个人期望与学校、企业的组织期望相统一，最大化激发了培养主体育人动力。在招生层面，校企联合组建招生专家组，实行双组长制，负责招生工作。在导师队伍层面，校企双方构建"双师型"团队。在导师指导层面，由学校国家高层次人才为带头人的科研团队与企业重大工程项目为牵引的技术攻关团队组成校企联合指导"导师组"，建立新的校企导师选聘、考核、激励、遴选和评价机制，扭转工科教师纯学术化、脱离工程实践、唯论文倾向。

（二）以教学协同为基础

中南大学充分调动企业的力量参与教学全过程，校企联合制定了电子信息、机械、材料与化工、资源与环境、能源动力、生物与医药、交通运输等8个专业学位类别校企联合专项研究生培养方案。校企联合组建专家授课团队，共同建设打造通专结合、交叉融合的核心课程体系，强化数理基础、工程能力、学科交叉、思维方法培养。理论课程由校内教师主导建设，进一步夯实数理基础和专业理论功底。实践课程由企业主导建设，着重提升实践能力和工程素养。专业方向课、领域前沿课由校企共同建设，服务科研攻关和个性化培养需求，提升项目管理与创新创业素养。校企导师共同参与课程建设与教学，推动最新研究成果转化为教学内容，引导行业企业参与教材编制和课程设计等工作。如材料与化工领域工程硕博士生开设"工程案例分析"课程，该课程除学校教学团队授课外，还从校外企业或科研院所聘请4～8位具有丰富实践经验的高级工程师或专家担任任课教师，采用专题方式讲述一些实际材料生产与使用过程中的典型工程案例，以加深研究生对实际生产过程和材料服役行为的理解。

（三）以平台协同为支撑

以科研实践平台为核心的一流实践平台是卓越工程师培养的重要支撑，最大限度地用好校企科研创新平台资源，推进平台间创新要素的自由流动与交换，优化创新要素资源配置，对于提升卓越工程师培养质量至关重要。基于科研实践平台，中南大学联合企业共同建立全过程学生管理服务体系，常态化、制度化、规模化组织各类产教对接活动，共享重大科研基础设施和大型科研仪器，协同搭建全方位、多层次、立体化创新实践平台。截至 2023 年，学校有省部级以上自然科学类科技创新基地 252 个，其中国家级科技创新基地 29 个。同时，学校建设了研究生联合培养基地 341 个，与长沙市岳麓区政府合作共建中南大学科技园（研发）总部，采用政府引导、校地合作、专业运营、市场运作模式，与入驻的 20 余家企业建立了研究生联合培养基地群。在卓越工程师协同培养的合作框架下，合作企业共同建设了多种形式的创新平台，如创新中心、工程技术中心及国家重点实验室等，这些平台不仅涵盖了从基础研究到共性技术，再到应用技术等创新链上的关键环节，同时企业创新平台也在其中发挥重要作用，负责研发的组织协调与资源的优化配置，共同推动技术创新与工程实践的深度融合。专业实践是卓越工程师培养的必修环节，行业龙头企业创新平台为研究生开展专业实践提供实验室、仪器设备，研究生在企业专业实践期间，根据需要也可返校与学校导师、同学交流研讨实践项目进展，查阅图书文献，利用学校科研平台、仪器设备进行补充研究等，研究生在企业专业实践过程中熟悉相关工程领域工艺、流程、标准、相关技术和职业规范，同时深度参与关键核心技术攻关，以实践为驱动力，持续推动创新能力的全面提升。

（四）以项目协同为纽带

中南大学基于"国家重大、自由探索、校企联合"三类项目全覆盖科研实践体系，建立"需求引领选题—科学问题凝练—方法技术创新—工程应用攻关"环节全链贯通卓越工程师项目协同培养模式。一是以项目为纽带强化基础研究和应用基础研究。2000 年以来，学校承担国家级科研项目超过 10000 项，其中牵头国家科技计划重大项目超 200 项、国家自然科学基金项目超 7000 项。校企双方开展联合攻关，致力于实现基础研究、应用研究和工程技术开发的深度融合，紧密围绕产业需求，提炼关键理论问题。二是以项目为纽带加快关键核心技术攻关。实行项目需求导向制，以智慧能源、新材料、人工智能、轨道交通、生命健康等国家战略需求为导向，瞄准"卡脖子"领域，由合作企业牵头列出问题清单，作为工程硕博士研究课题的主要来源。聚焦重点领域的前沿引领、颠覆性技术牵引，项目驱动，与面向企业共同组建跨学科的协同联合攻关课题组。2019 年起，学校大力开展研究生校企联合创新项目，由企业提出科研攻关项目及要解决的工程技术难题，发布工程技术项目需求，学校组织研究团队在导师指导下"揭榜挂帅"，与企业专家进行技术对接，明确拟订开展合作的工程技术项目任务、实施方案、预期成果、联合培养学生需求，保证项目内容与企业需求、研究方向、培养层次匹配。截至 2023 年底，共有 385 家企业提出项目指南 955 项，项目资金共计 5000 余万元，企业牵头、高校支撑、各创新主体相互协同的创新联合体初步形成。

（五）以考评与激励协同为保障

学校制定了《中南大学研究生校企联合创新项目管理办法》《中南大学校企联合研究机构管理办法》《中南大学校外兼职导师聘任实施办法（试行）》《研究生联合培养基地管理办法》，系统性地构建了卓越工程师培养导师聘任、项目申报、项目管理与考核评估机制。紧紧围绕行业和区域人才需求，分类制定产学研协同育人平台遴选与建设标准，完善管理制度和运行机制，妥善解决知识产权归属等问题，针对不同学科专业，建立多样化的产学研协同育人评价体系，考核培养成果。根据实际需要组织开展示范性基地遴选和优秀实践教学成果评选，积极推进示范性基地建设工作。以创建示范基地为驱动，大力推进实践教学工作，充分发挥示范基地先行先试的引领带动作用，深入推动研究生培养模式改革。制定完善契合培养目标的校企联合培养工程硕博士学位授予标准，构建评奖评优荣誉体系。

四、研究展望

2024 年 1 月 12 日，中南大学卓越工程师学院正式宣告成立，这是湖南省高校中成立的首个也是目前唯一一个卓越工程师学院。学校将在多年来卓越工程师培养的基础上，充分发挥卓越工程师学院改革"试验田"功能，联合行业领域龙头企业协同共建，面向国家重大需求，采取"企业出题、校企共答、产业评卷"的方式，将卓越工程师培养融入产业发展、技术攻关实践，持续推动攻克"卡脖子"难题，产出一批重大成果，成功打造校企协同的"全链条设计、全要素配置、全过程培养"卓越工程人才培养新模式，在教育强国、科技强国、人才强国建设中彰显出"中南贡献"。

参考文献

[1] 陈鹏磊, 李郡. 英国职业教育协同育人模式的经验借鉴: 基于"三明治"教育模式与现代学徒制模式 [J]. 职业教育研究, 2015(07): 84-87.

[2] 赵志群. 德国职业教育的特点及其启示 [J]. 现代大学教育, 2024, 40(03): 6-9.

[3] 李晓慧, 贺德方, 彭洁. 美、日、德产学研合作模式及启示 [J]. 科技导报, 2017, 35(19): 81-84.

[4] 许泉, 吴强, 刘欣. 美国产学研协同创新的主要模式及特点 [J]. 中国高等教育, 2014(20): 61-63.

[5] 薛莉, 陈钢, 张白云. 产学研协同创新研究综述: 热点主题及发展脉络 [J]. 科技管理研究, 2022, 42(12): 1-8.

[6] 曾萍, 李熙. 产学研合作研究综述: 理论视角、合作模式与合作机制 [J]. 科技管理研究, 2014, 34(22): 28-32+49.

[7] 陈春花, 朱丽, 刘超, 等. 协同共生论: 数字时代的新管理范式 [J]. 外国经济与管理, 2022, 44(01): 68-83.

[8] 王进富, 张颖颖, 苏世彬, 等. 产学研协同创新机制研究: 一个理论分析框架 [J]. 科技进步与对策, 2013, 30(16): 1-6.

[9] 涂振洲, 顾新. 基于知识流动的产学研协同创新过程研究 [J]. 科学学研究, 2013, 31(09): 1381-1390.

[10] 邵全卯, 熊杰, 吕华. 新昌实践模式: 产学研深度融合创新中的专业学位研究生培养模式改革之路 [J]. 学位与研究生教育, 2017(12): 1-5.

[11] 孙跃东, 王张琦, 罗尧成, 田蔚风. 产学研协同联合培养研究生的创新体系: 上海理工大学"一校八院所"的改革实践 [J]. 学位与研究生教育, 2013(08): 29-33.

[12] 修海玉, 张中昇. 以研究生联合培养为抓手 着力推进张江产学研协同创新联盟建设 [J]. 中国高校科技与产业化, 2008(10): 65-69.

教育科技人才一体推进卓越工程师培养的战略路径研究 *

朱海玲 刘志峰 郭克华 秦进

（中南大学）

摘　要 党的二十大报告将教育、科技、人才一体部署，为深化产教融合、加快卓越工程师培养提供了根本遵循。本文分析了卓越工程师培养对我国现代化建设的战略人才支撑作用和卓越工程师培养的新形势新要求，从构建产业需求"强对接"的学科专业体系、应用场景"强支撑"的创新平台体系、校企资源"强融合"的培养过程组织体系、供需对接"强反馈"的质量保障体系等方面，探讨了构建教育科技人才一体推进卓越工程师培养的战略协同路径。

关键词 卓越工程师培养；产教融合；协同育人

作者简介 朱海玲，女，1986年7月出生，中南大学发展规划与学科建设处，副教授。联系电话：15116333309；电子邮箱：zhuhailing@csu.edu.cn。

习近平总书记指出，要培养大批卓越工程师，努力建设一支爱党报国、敬业奉献、具有突出技术创新能力、善于解决复杂工程问题的工程师队伍。[1]卓越工程师是国家战略人才力量的重要组成部分，培养造就大批与现代经济、现代科技、现代产业发展相适应的卓越工程师，是高校特别是"双一流"建设高校研究生教育改革的重要使命。党的二十大报告将教育、科技、人才一体部署，为深化教育、科技、产业的系统性、全方位融合，加快培养卓越工程师培养提供了根本遵循。新时代新征程，高校要深刻领会和把握教育科技人才一体统筹推进卓越工程师培养的丰富内涵要义，加强与政府、企业、行业协会等多主体的深度融合，深入推进卓越工程师培养模式改革，加快提升卓越工程师自主培养能力和质量，为全面推进中国式现代化提供强有力的人才支撑。

一、深刻认识卓越工程师培养对我国现代化建设的战略人才支撑作用

工程师是推动工程科技创新的重要力量。卓越工程师锻造大国重器，推动我国多个领域从跟跑到并跑再到领跑，为我国现代化建设提供战略性人才支撑。

（一）卓越工程师培养为我国实现高水平科技自立自强提供战略人才支撑

习近平总书记强调："中国式现代化关键在科技现代化。"党的十八大以来，我国深入实

---

* 本文受湖南省学位与研究生教学改革研究项目（2023JGYB039、2022JGYB028）、中南大学学位与研究生教育教学改革研究项目（2023JGB037、2022JGB013）资助。

施创新驱动发展战略，载人航天、探月探火、深海深地探测、高速铁路、大飞机制造、南水北调、西电东送等一大批重大工程取得了举世瞩目的成就，加快了我国现代化建设进程。卓越工程师是我国实现高水平科技自立自强的重要战略人才力量。2024 年 1 月 19 日，党中央、国务院首次开展我国工程技术领域最高荣誉——"国家工程师奖"表彰，充分凸显了卓越工程师在我国创新发展中的重要地位和作用。当前，新一轮科技革命和产业变革正加速演进，世界各国对高科技领域的主导权争夺不断加剧。我国加快培养卓越工程师，加强国家战略急需领域、前沿领域关键核心技术攻关，有利于抢占未来科技和产业发展先机，加快实现高水平科技自立自强。

（二）卓越工程师培养为我国培育和发展新质生产力提供战略人才支撑

习近平总书记指出，科技创新能够催生新产业、新模式、新动能，是发展新质生产力的核心要素。[2] 卓越工程师在推动科技创新和产业升级中发挥着不可替代的作用。纵观四次工业革命，工程师在蒸汽机、电力、计算机、人工智能等领域的颠覆性技术突破，推动人类社会从机械化、电气化、信息化到智能化，促进了产业升级和生产力进步，人类工业文明快速发展。我国加快培养卓越工程师，聚焦国家战略和经济社会发展需要，加强原创性、颠覆性科技创新，为加快培育和发展新质生产力提供了有力的战略人才供给。

（三）卓越工程师培养为加快世界"三大中心"向我国转移提供战略人才支撑

教育强国建设以支撑引领中国式现代化为核心功能。放眼全球，任何一个教育强国都是高等教育强国。从强国崛起的趋势来看，大国兴起脉络和高等教育发展是同频共振的。16 世纪以来，世界科学中心、世界高等教育中心和世界人才中心先后在意大利、英国、法国、德国、美国间转移，高等教育的发展起到了助力和互为因果的推动作用。当前，以我国为代表的新兴经济体的科技创新能力显著提升，世界科学中心和世界人才中心正呈现由欧美国家向亚太地区转移的趋势。我国发挥工程教育规模世界第一的优势，抓住教育强国建设机遇，全面提升卓越工程师自主培养质量，加快建成高等工程教育强国，为加快世界科学中心、世界高等教育中心和世界人才中心向我国转移提供有力支撑。

二、准确把握教育科技人才一体推进卓越工程师培养的新形势新要求

当今世界百年未有之大变局加速演进，新一轮科技革命和产业变革推动科学技术和经济社会发展加速渗透融合，我国加快强国建设步伐，对新时代卓越工程师培养提出了新的更高要求，卓越工程师培养体系正在深刻重塑。

（一）培养需求更加强调立足科技创新和产业变革

当前，全球科技创新进入空前密集活跃的时期，人工智能、大数据、云计算等新一代信息技术与工程技术加速融合，新产业新模式新业态不断涌现。作为卓越工程师培养的重要载体，学科正呈现出交叉融合、系统集成的发展趋势。2022 年，国务院学位委员会办公室发布了新版《研究生教育学科专业目录》，新增交叉学科门类，新设集成电路科学与工程、遥感科学与技术、智能科学与技术、纳米科学与工程等 7 个交叉学科一级学科 [3]，加强了对科技前沿领域的学科支撑。高校要主动对接国家重大战略需求，瞄准科技前沿和"卡脖子"关键领域，以支

撑引领产业发展为导向，加快传统学科智能化、绿色化转型升级，超前布局面向未来产业的前沿性、交叉性学科专业，强化人才培养供给侧与需求侧的精准对接。

（二）培养模式更加注重有组织、成建制的开放融合

工程具有创造性、综合性、实践性，卓越工程师培养必须走出学校，融入产业实践。为深化卓越工程师产教融合培养，2022 年以来，我国实施工程硕博士培养改革专项试点，成立中国卓越工程师培养联合体，建设 32 个国家卓越工程师学院和 4 个国家卓越工程师创新研究院，推动卓越工程师培养与工程实践、科技创新有机结合，取得了较好的经验和效果。对标自主培养、规模宏大的卓越工程师培养目标要求，要进一步加快打破校企合作瓶颈，以政府为主导，有组织、成建制地推进一流高校、领军企业、科研院所等主体打造更多的卓越工程师培养联合体，在体制机制、培养要素、导师队伍等各环节深度融合，加快形成中国特色、世界一流的卓越工程师培养体系。

（三）评价体系更加突出解决大规模复杂问题的能力

卓越工程师的核心素养是具有突出的工程技术创新能力和解决复杂问题的能力。2023 年12 月，全国工程专业学位研究生教育指导委员会制定的《工程类专业学位类别硕士学位论文基本要求》明确了 8 个专业学位类别硕士研究生学位论文的五种形式；2024 年 4 月颁布的《中华人民共和国学位法》规定，专业学位申请人应当具有承担专业实践工作的能力，应当在专业实践领域做出创新性成果，为工程硕博士评价体系建设提供了法理依据。高校要结合学科专业特点，以独立解决复杂工程实际问题的能力为导向，根据不同层次和类型的工程科技人才特点制定多元评价体系，坚持学校评价与企业评价相结合，注重学术能力、实践能力和创新能力考察，引导学生将科研成果应用到工程实践。

三、系统构建教育科技人才一体推进卓越工程师培养的战略协同路径

卓越工程师培养是高等教育、行业产业等多主体协同的系统工程。教育科技人才一体推进卓越工程师培养赋予高校和企业共同的育人使命，促进政产学研用深度协同，打造利益共生、资源共享、制度共建的工程教育新范式。

（一）构建产业需求"强对接"的卓越工程师培养学科专业体系

主动适应国家和区域经济社会发展，构建与产业体系高度匹配的学科专业体系，是党中央加快构建高质量高等教育体系的重要决策部署，是教育、科技、人才一体统筹推进的战略举措，是提高卓越工程师培养质量的先决条件。2023 年，教育部等五部门印发《普通高等教育学科专业设置调整优化改革方案》，各地各高校结合实际情况纷纷制定了学科专业改革实施方案，并把构建支撑产业现代化的学科专业体系作为重中之重。

湖南大力推进学科专业优化调整，制定实施《湖南省普通高等教育学科专业设置调整优化改革实施方案》，以服务湖南 4×4 现代产业需求为导向，调整优化学科专业结构，深化新工科建设，培育新兴交叉学科专业，到 2025 年至少调整 20% 的学科专业，增强学科专业结构与湖南产业体系、技术体系的匹配度，实现人才培养与产业需求的结构平衡与良性互动。

中南大学坚持把学科建设作为发展根基，动态调整和优化卓越工程师培养的学科专业体系。主动对接国家战略需求和湖南现代化产业体系建设，加快传统学科专业转型升级，推进绿色矿业、绿色冶金、先进制造等学科建设；大力推进新兴交叉学科专业建设，新增新能源与储能工程、智能科学与技术2个一级交叉学科，加快布局和建设新能源、新材料、新装备等领域交叉学科，建强轨道交通与智能制造、有色金属资源与新材料等湖南省特色优势学科群。

进一步完善适应产业发展需求的学科专业体系，还需要加强政策引导与激励，强化对国家和地方产业发展急需学科专业建设的配套支持，引导高校学科专业调整与地方经济发展需求紧密结合。加大对新兴学科的宏观指导、政策协同与支持力度，赋予学位授权自主审核高校增列新兴学科学位点的更大自主权，支持高校高起点布局和建设战略性新兴产业和未来产业相关学科。中央和地方设立专项资金，重点支持高校在新兴交叉学科专业设置以及传统学科的转型升级。

（二）构建应用场景"强支撑"的卓越工程师培养创新平台体系

建设科教产教协同创新平台是推动教育、科技、人才工作深度融合的重要抓手，是强化卓越工程师教育优质资源供给的重要途径，为实现卓越工程师培养方式从以知识为中心转换到以创新能力为中心提供必要的平台支撑。近几年来，我国大力推进国家科技创新基地优化整合，加强科学与工程研究、技术创新与成果转化、基础支撑与条件保障三类基地建设，布局建设市场主导、政府主推、院校主研、企业主用的高等研究院，为各地各校打造卓越工程师培养的平台支撑体系提供了新的发展空间。

湖南省围绕打造"三个高地"，着力推进"4+4"科创工程，拓展了教育科技人才战略一体化支撑高质量发展的途径。积极搭建校企共生发展平台，围绕产业集群和优势产业链，支持高校、科研机构、在湘头部企业、产业园区联合建设卓越工程师培养（实践）基地。联合高水平高校、头部企业及科研院所建设湘江科技创新院，打造人才培养、科技研发应用创新、企业孵化、金融支持四位一体的新型研发机构，体系化培养创新人才。高标准建设湖南高等研究院，瞄准产业发展需求凝练"真课题"，组建项目团队，首期启动247个校企联合科研与人才培养项目。

中南大学建有4个国家重点实验室等18个工学学科领域的国家级科技创新平台，牵头建设大飞机地面动力学试验平台、全球唯一的机械装备重大共性科研基础设施——力能实验装置，参与聚焦先进计算与人工智能的湘江实验室建设，共建淡水河谷–中南大学低碳与氢冶金联合实验室、中国–印尼新能源材料与冶金工程技术联合研究实验室等国际联合实验室，为卓越工程师培养提供了高能级、国际化科研平台支撑。牵头建设长沙新能源创新研究院，与中车株洲、中国铁建等国有大型龙头企业联合共建轨道交通现代产业学院，建有中南大学–山河智能国家级研究生联合培养基地和85个省级研究生联合培养基地等卓越工程师培养平台。

建强卓越工程师培养创新平台，还需要进一步加深政府、高校和企业合作，建立健全常态化政校企沟通机制，实现供需高质量精准匹配。支持更多一流大学、领军企业建设国家卓越工程师学院，深入开展校企联合培养工程硕博士。聚焦服务地方主导产业、支柱产业、战略新兴产业发展，建强一批高等研究院分院，依托国家大学科技园组建高等研究院，探索构建"技术研发—双创示范—成果转化—产业发展"的高等研究院"链式"建设模式，推动更多重大科技成果转移转化。依托国家级创新创业学院、国家双创示范基地，加大对信息化、数字化、智能化的省（市）级大学生就业创业大平台建设的支持力度。

（三）构建校企资源"强融合"的卓越工程师培养过程组织体系

习近平总书记指出："培养卓越工程师，必须调动好高校和企业两个积极性。"近几年来，各地各校按照习近平总书记关于要深化工程教育改革，探索实行高校和企业联合培养高素质复合型工科人才的有效机制等要求，聚焦解决工程技术人才培养与生产实践脱节的突出问题，积极探索建立校企协同的"四共""四通"机制，强化卓越工程师培养供给侧与需求侧的紧密对接，不断深化卓越工程师培养过程。

湖南省持续推进产学研用协同创新，完善政企校联合培养机制，开展"企业出题、高校答题、政府支持"联合攻关行动，培养复合型工程技术人才。组织实施卓越工程师选调培养计划，每年从高校遴选200名相关专业毕业生到省属企业一线进行重点培养，从省内制造业企业遴选一批优秀工程技术人员到高校、科研院所进行深造提升。持续推进引领研究生主动追踪学术前沿的创新论坛，推动研究生深入开展学术交流的暑期学校，支持研究生潜心开展学术探索的科学研究平台，激励研究生广泛参与创新实践的学科竞赛等研究生创新能力培养"四大平台"，支持在岳麓山大学科技城、湘江科学城等落户一批产教融合项目，促进教育链、人才链、产业链有机衔接。

中南大学坚持多学科交叉融合、校内外资源融通，着力打造以能力培养为核心的课程、导师和项目支持体系。2023年增加3个专业博士、7个校企联合工程博士专项和8个校企联合工程硕士专项培养方案，增列近百门交叉课程；聘任2800余位行业企业总工、高级管理人员担任企业导师；构建"国家重大、校企联合、自由探索"三类项目全员覆盖研究生学术训练与科研实践体系，建立"需求引领选题 – 科学问题凝练 – 方法技术创新 – 工程应用攻关"四环贯通实践创新能力培养方法，支持研究生深度参与各类科研项目。成立中南大学卓越工程师学院，采取"企业出题、校企共答、产业评卷"的方式，形成校企协同的"全链条设计、全要素配置、全过程培养"卓越工程人才培养新模式。积极服务国家"走出去"战略，学校同格林美股份有限公司及印度尼西亚海事统筹部联合开设冶金工程来华留学专业学位研究生特色人才培养班，校企共同制定培养方案，研究生在校企导师的协同指导下，在印度尼西亚开展专业实践，为印度尼西亚丰富矿产资源的开发利用提供了强有力的人才支撑。

构建校企资源深度融合的卓越工程师培养过程组织体系，要深化教育科技人才综合改革，拓宽产教融合合作模式，引导高校将企业创新发展"真问题"进教材、进课堂、进项目，激励企业主动参与卓越工程师培养全过程，加大对卓越工程师联合培养平台项目的金融、财税等政策支持力度。

（四）构建供需对接"强反馈"的卓越工程师培养质量保障体系

"爱党报国、敬业奉献、具有突出技术创新能力、善于解决复杂工程问题"是衡量卓越工程师培养质量的根本标准，而培养质量又取决于招生、课程、教材、导师、毕业、评价等全链条全要素标准，为此，要建立卓越工程师培养需求侧对供给侧的强反馈机制，完善卓越工程师培养质量保障体系。

教育部把不断完善中国特色卓越工程师培养标准体系作为重要任务，要求围绕提升生源质量不断完善招生工作标准，围绕提升指导能力不断加强师资队伍建设，围绕优化知识结构和能力培养不断加强核心课程建设，结合能力贡献和质量不断深化评价制度改革，不断强化联合体建设，不断完善政策制度保障体系，营造工程硕博士培养良好生态。2023 年 9 月 27 日，高校、企业、国家实验室、国家卓越工程师创新研究院、协会等 33 家单位共同发起成立中国卓越工程师培养联合体，并发布了卓越工程师培养核心课程、能力标准、入企实践工作指南。

中南大学是教育部和湖南省深化新时代教育评价改革试点高校，努力在发挥评价指挥棒作用、构建卓越工程师培养质量保障体系方面走在前列、形成示范。学校建立健全学术学位和专业学位分类招生评价机制，加强思想政治品德、学术潜质、创新意识和实践能力考察。持续完善直博生硕博连读、"申请—审核"、"本—博"拔尖创新人才等优秀人才选拔机制，提高研究生入口质量。强化学科交叉、数理基础、思维方法、实践能力和工程伦理培养，打造具"高阶性、交叉性、挑战度"的核心课程，由首席科学家、总工程师或型号总师牵头建设优质企业实践课，建设教学与实践有机融合的优质工程案例库，建设工程专业在线课程，推进优质教学资源共享，实现跨层次跨区域选课。加强学术学位和专业学位研究生培养质量分类评价，加强研究生在服务国家重大战略需求、重大科学创新、关键技术突破等方面的考察，专业学位强调应用价值，学术学位强调学术创新；破除"五唯"，实行论文、获奖、专利等多种形式并存的创新性成果要求；注重学位论文质量，探索施行"学术评议"制度，着力提高卓越工程师培养及学位授予质量。

进一步完善供需对接的卓越工程师培养质量保障体系，建立高端对接的教育科技人才统筹推进机制，成立国家和地方教育科技人才统筹推进工作委员会，教育科技人才管理部门协同推进，政府部门、高校、行业企业、科研院所主要负责人和领域专家广泛参与，融通行业企业发展需求和学科专业发展规律，共同制定卓越工程师培养质量标准。加强教育主管部门、社会劳动保障部门、高校、用人单位、毕业生等多元主体协同，建设"招生—培养—就业（升学）—校友"联合大数据平台，实现招生、培养、就业等各环节的数据互通，把质量标准纳入招生、培养、就业全要素全过程。探索推进行业评价，加强行业评估的数据库和专家库建设，依托行业协会等培育行业评价机构，健全用人单位评价反馈机制，需求侧评价供给侧，并将行业评估向课程体系建设等人才培养环节延伸，向培育新兴交叉学科等前沿领域挺进，向学科链与产业链全方位深度对接拓展，进一步密切和强化高校与产业的供需联动对接。

参考文献

[1] 习近平出席中央人才工作会议并发表重要讲话 [EB/OL].(2021-09-28)[2024-03-28].https://www.gov.cn/xinwen/2021-09/28/content_5639868.htm.

[2] 习近平在中共中央政治局第十一次集体学习时强调：加快发展新质生产力 扎实推进高质量发展(2024-02-01) [2024-06-01].https://www.gov.cn/yaowen/liebiao/202402/content_6929446.htm.

[3] 王战军，张泽慧，常琅.中国学位授权审核制度的历史演进：基于利益相关者视角[J].学位与研究生教育，2021(9)：10-17.

材料专业研究生科教、产教双融合培养途径与机制优化研究

杨雷 周利芳

（湖南大学）

摘 要 研究生的培养肩负着国家进步、科技发展的重要使命，对材料学科而言，研究生科教、产教融合培养极其重要。研究生科教、产教双融合培养过程中存在研究生所学科学知识同企业需求有些脱节，学校需求端不足，学校与企业缺少足够明确的分工与界定，学生参与的意愿不够强烈等问题。需要整合学校与企业的资源，在学院层面和企业层面制定相关制度，强化制度保障，鼓励研究生沉下心来，进入企业的科研活动中。

关 键 词 科教；产教；双融合

作者简介 杨雷（1978— ），湖南大学材料科学与工程学院，系副主任、副教授。联系电话：13973126926；电子邮箱：nanoyang@qq.com。

一、研究生科教、产教融合培养的必要性

随着现在社会科技的发展，社会对人才的需求日益增长。[1]研究生培养是我国高层次人才培养的主要途径，肩负着国家进步、科技发展的重要使命。早在 2020 年 7 月，习近平总书记在全国研究生教育会议上就作出重要指示，强调研究生教育肩负着高层次人才培养和创新创造的重要使命，是国家发展、社会进步的重要基石。[2]对于广大材料学科的研究生而言，一项重要的培养目标是：培养学生掌握材料与化工专业领域坚实的基础理论和系统的专业知识，能够独立承担专业技术或管理工作，具有较强的运用现代科学理论和方法解决实际问题的能力或从事新材料、新工艺、新技术、新产品和新设备的研发能力。[3]要完成这一目标，仅仅依赖学校培养是远远不行的。在学校中，学生一方面依赖课堂，学习基础理论知识，一方面跟从自己的导师，学习解决实际问题的能力。然而许多导师的研究课题，很大部分来源于国家或者省、市等纵向基金课题，研究的科学问题非常深入，但工程应用背景有着明显不足。虽然也有一部分课题来源于企业，然而在学校的环境中，缺少企业具体的工作环境。很多导师的设备和人员规模远远不及企业。这样培养出来的学生，虽然在材料的结构表征中有了突出的能力，但解决企业实际问题的能力依然欠缺。在实际研究的过程中，导师获得科研项目，成为名副其实的"老板"，研究生就成了为导师打工的"民工"。在很多学校的科研考核压力下，有一些导师把完成课题和项目作为首要目标，不断催促学生工作。[4]学生在这一过程中，缺乏对研究项目工程问题的学习和分析，仅仅为了完成毕业要求而完成毕业论文。[4]因此，对材料专业的研究生科教、

产教融合培养极其重要。工科研究生在培养的过程中，如果进行了科教与产教的融合培养，也能更容易地融入企业的生产和研发活动中，为毕业后进入企业创造良好的条件。

二、研究生科教、产教双融合培养过程中存在的主要问题

（一）研究生所学科学知识的培养过程同企业需求有些脱节

很多学校研究生的培养目标一般比较具体，而学院的课程设置往往与培养目标之间的联系不够紧密，存在一定程度的脱节。[4]以湖南某大学的材料学院为例，该学院研究生培养一项重要的培养目标是：掌握材料与化工专业领域坚实的基础理论和系统的专业知识，能够独立承担专业技术或管理工作，具有较强的运用现代科学理论和方法解决实际问题的能力或从事新材料、新工艺、新技术、新产品和新设备的研发能力。然而，围绕研究生培养目标上的专业课程是：工程材料结构与性能，工程材料制备技术，工程材料表界面技术，材料表征技术，先进材料成型技术，工程材料强韧化技术，现代化工热力学，腐蚀电化学理论，等等。学生学习到的主要还是基本的理论知识。学生学到这些理论知识，与到企业中运用这些具体的理论知识存在一定的脱节。这一脱节，往往需要研究生在企业花费很长的时间才能够弥补。

同时，为了保证教材的正确性，教材需要选择一些具有共识的成果，这就导致很多新的成果没有列入教材。教材的编写到出版需要一定的时间，这就导致选入教材的内容往往是不够新的内容。而目前，随着我国制造业的发展，很多企业的生产过程引入的理念是比较新颖的，企业的生产线也是比较新颖的。学生学到的知识常常落后于企业的生产活动。

（二）研究生科教、产教双融合培养过程中学校需求端不足

一般而言，企业是十分欢迎研究生进行科教、产教双融合培养的，学生完成学校的科教培养后可以进入企业，参加企业的重大科研项目，因为招聘研究生的成本远远低于招聘研发人员的成本。但是对于学校导师的需求端存在着明显不足。以湖南某大学的材料学院为例，学院平均每年对每个研究生导师仅分配1名研究生的名额。学院导师三年才能够指导3名硕士研究生。这些研究生要参与导师的许多科研项目，学院导师指导研究生数量严重不足。而这些研究生在研一阶段，一整年的时间还要学习本专业的专业课程。同时无论是高校导师还是研究生，都面临着发表一定质量小论文的要求。高校导师和学生需要大量的时间进行科研实验。然而，到了研三，学生又面临着毕业答辩和找工作压力，无法专心地进行科研活动。所以高校研究生导师派学生进入企业的热情不高。而对于高校老师，面临着学校晋升和考核的压力，学生进入企业的过程，很难形成优质论文，对获得重要科研项目帮助也不是特别大。[5]校企合作申报的重要科研项目，一般也不需要学生必须在企业完成工作。虽然一般而言，材料的专业硕士研究生，有进入企业进行培养的要求，但实际上，很多工业研究生进入企业仅仅是走形式，没有真正落实，大量的研究生主要还是在学校进行科研活动。[6]

（三）研究生科教、产教双融合培养过程中，学校与企业缺少足够明确的分工与界定

在研究生科教、产教双融合培养过程中，研究生需要在企业开展一段时间的科研活动，此时研究生将参与企业的管理。然而，在某一特定的企业中从事科研活动的研究生数量较少，很

多企业缺少研究生的管理经验。[7,8]大多数情况下，科教、产教双融合培养过程采用双导师制，在学校，主要由校内导师完成研究生的指导工作，在企业主要由企业导师指导。[7,8]然而，作为研究生培养质量的第一责任人，学校导师承担了研究生的很大一部分的管理职责。[7]研究生如果在研究过程中不能按时毕业，学校导师要承担很大一部分的责任。然而，一旦研究生离开了学校，学校导师就不可能十分精确地了解研究生的一些具体情况。在很多情况下，学校导师与企业对研究生的管理主要依赖导师与企业签订的合作协议，很多内容比较粗犷，不够明确和细化。企业导师则缺少研究生过程管理中具体的评价体系，无法对毕业过程中很多具体的环节进行评价，对研究生的管理往往过于松散。

（四）研究生科教、产教双融合培养过程中，学生参与的意愿不够强烈

研究生长期待在学校，可以与同学经常交流、讨论科研工作以及成长过程的困惑，对学校的环境比较熟悉。研究生进入企业后，缺少同龄学生之间的交流，企业导师很难解答学生的所有困惑。也有很多材料方向的企业，包括一些大企业，离城市中心比较远，生活不是十分方便。研究生进入企业后，常常入住员工宿舍，吃企业食堂，平时娱乐设施不够齐全，很多情况下生活设施远不及高校齐全。

一般情况下，学校的文献检索、表征分析设备远强于企业，研究生进入企业后，对能不能更好地完成科研项目感到困惑，对自己的前途感到担心。很多情况下，学生志向远大，大部分学生不大愿意毕业后继续在所从事的企业工作。因而学生在企业从事研发的积极性不高。

三、研究生科教、产教双融合培养过程中主要问题的解决方法

（一）优化课程设置，将现代材料工程先进技术引入课堂

对于研究生所学科学知识同企业需求有些脱节的客观问题，可以整合学校与企业的资源，寻求与企业合作紧密的老师指导，优化教学大纲，优化课程设置，选择当代企业在材料科学与工程中的共性知识进行讲授。在讲授的过程中，引入当代企业最新的材料制备和分析工艺。在知识的传授过程中，可以引入企业优秀的导师或者高级工程师开讲座，传授企业的生产知识。同时也要制定相应奖励制度，鼓励并奖励学校老师与企业在合作的过程中，将形成的科研成果作为教材和相关资料搬进课堂。

（二）研究生科教、产教双融合培养过程学校需求端不足问题的解决方案

在学校或学院层次上，增加一定数量的研究生，鼓励企业专业技术人员报考学校的同等学力研究生，鼓励同等学力研究生回原单位进行科学研究。在制度上，弱化专业硕士发表小论文的要求，鼓励本科生进入实验室。鼓励学校老师与企业合作申报重点重大课题。

（三）研究生科教、产教双融合培养过程中，学校与企业缺少足够明确的分工与界定问题的解决方案

至少要在学院层面制定研究生科教、产教双融合培养的详细制度安排，明确双融合培养研究生的培养目标，培养方案，课程设置，培养过程，毕业要求，学院与企业的职责，校内导师与校外导师的分工、权责。在企业层面，也要制定详细的制度，明确研究生生活、工作等的管

理规范，明确实验室和生产部门的管理规范，制度实验室和生产部门安全管理规范，明确研究生的奖惩制度。建立在企业的研究生定期汇报制度。

（四）研究生科教、产教双融合培养过程中，学生参与的意愿不够强烈问题的解决方案

在研究生产教培养的过程中，挑选实力强的企业作为培养基地。在培养的过程中，让研究生了解企业历史、企业文化，将年轻员工编入研究生宿舍，完善青年员工的娱乐设施。建立校园网远程访问机制，方便研究生远程查阅文献。建立校内导师与研究生远程定期沟通机制。鼓励校内导师经常访问企业，鼓励研究生沉下心来，进入企业的科研活动中。

四、结语

研究生的培养是我国高层次人才培养的主要途径，肩负着国家进步、科技发展的重要使命。具有较强的运用现代科学理论和方法解决实际问题的能力或从事新材料、新工艺、新技术、新产品和新设备的研发能力是材料专业研究生的一项重要培养目标。对材料学科研究生而言，科教、产教融合培养极其重要。然而研究生科教、产教双融合培养过程中存在研究生所学科学知识同企业需求有些脱节，学校需求端不足，学校与企业缺少足够明确的分工与界定，学生参与的意愿不够强烈问题等问题。需要整合学校与企业的资源，优化教学大纲，优化课程设置，在学校或学院层次上，增加一定数量的研究生，鼓励企业专业技术人员报考学校的同等学力研究生，鼓励同等学力研究生回原单位进行科学研究。在学院层面和企业层面制定相关制度，明确研究生的培养方案、课程设置、毕业要求、学院与企业的职责、校内导师与校外导师的分工、权责。明确研究生生活、工作等的管理规范。鼓励研究生沉下心来，进入企业的科研活动中。

参考文献

[1] 任幼巧.新工科背景下产教融合协同育人机制研究：以 W 学院为例 [D].上海：华东师范大学，2022.

[2] 习近平对研究生教育工作作出重要指示：强调适应党和国家事业发展需要培养造就大批德才兼备的高层次人才，李克强作出批示 [EB/OL].(2020-07-29)[2022-05-14].http://www.moe.gov.cn/jyb_xwfb/s6052/moe_838/202007/t20200729_475754.html.

[3] 柯勤飞，房永征，翟育明.工程类专业学位研究生"双协同"产教融合培养模式创新与实践 [J].高等工程教育研究，2023(3)：53-58.

[4] 毛金德，蒋竺均，朱国利，等.从"问责"到"支持"：学位论文质量保障范式转换 [J].学位与研究生教育，2023(1)：47-55.

[5] 李新利，皇涛，张柯柯，等.产科教深度融合下专业型研究生培养质量提升探索 [J].高教学刊，2023(9)：170-174.

[6] 刘飞，杨辉，李丹，等.地方高校与科研院所开展科教融合协同创新的策略 [J].企业科技与发展，2021(9)：27-30.

[7] 梁传杰，熊盛武，范涛.基于企业需求导向的产教融合研究生培养模式改革与实践 [J].学位与研究生教育，2023(5)：7-13.

[8] 李洁.专业学位研究生产教融合协同培养体系研究：以材料与化工专业为例 [J].学位与研究生教育，2022(12)：6-12.

旅游管理专业学术型研究生培养方案的比较研究
——基于东中西部 36 所高校的分析

刘娴　徐青青

（湖南师范大学）

摘　要　我国旅游业目前进入全面发展阶段，对旅游人才培养也提出更高的要求。提升旅游管理专业学术型研究生培养质量是建设高层次旅游人才梯队的重要环节，其首要任务是制定科学合理的人才培养方案。本文对我国东、中、西三个地区的 36 所高校旅游管理学术型硕士培养方案进行文本分析，对其培养目标、课程设置、实践环节等各模块展开比较研究，梳理总结不同地区旅游管理学术型研究生培养的重点及特色。本文研究结论对于我国不同地区旅游专业高层次研究人才的培养具有重要的参考意义。

关 键 词　旅游管理；培养方案；文本分析

作者简介　刘娴（1987— ），女，湖南师范大学旅游学院副教授。联系电话：13117513206；电子邮箱：jane_liu323@hotmail.com。徐青青（1998— ），女，湖南师范大学旅游学院研究生。联系电话：13212737810；电子邮箱：xuqqinger@163.com。

　　我国的旅游高等教育始于改革开放。[1]经过 40 多年的发展，招生规模不断扩大、办学层次不断提高、专业设置不断细化。目前我国拥有世界上最大规模的旅游教育体系，旅游管理专业的开设高校数量和各层次院校的招生规模均位于世界前列。[2]随着我国旅游业目前进入全面发展阶段，行业急需大批创新型旅游人才。创新型人才的培养离不开高质量的研究生教育体系。2020 年 7 月 29 日，习近平总书记在全国研究生教育会议上强调了研究生教育在培养创新人才、提高创新能力、服务经济社会发展、推进国家治理体系和治理能力现代化方面的重要作用，指出要瞄准科技前沿和关键领域，完善人才培养体系，加快培养国家急需的高层次人才。[3]

　　提升旅游管理专业学术型硕士研究生培养质量是建设高层次旅游人才队伍的重要环节，其首要任务在于制定科学合理的人才培养方案。人才培养方案是办学理念、办学思想的集中体现，是学校组织教学、实践教学管理、开展教学基本建设、实现专业培养目标的重要依据。[4]作为旅游专业人才培育工作的行动纲领，培养方案的质量决定了学校自身的办学水平和发展前景。[5]不同类型和层次的旅游高等院校应根据社会需求的发展变化、地域独特的办学优势和专业设置情况来编制和实施符合自身人才培养特点的培养方案。

　　为了全面了解当前我国各高校旅游管理专业学术型研究生培养方案的基本情况，以及对比我国不同地区旅游研究型人才培养的特点和差异，本文采用文本分析方法对我国东、中、西部36 所高校旅游管理专业学术型硕士研究生的培养方案进行梳理和剖析，针对培养目标、课程设置、实践环节等模块分别进行比较研究，归纳总结出各部地区高校培养的重点及特色，并结合当前教育改革新趋势及产业发展新需求提出相应的建议。

一、数据来源及研究方法

（一）数据来源

本研究采用目的性抽样方法，分别选取我国东、中、西部36所高校旅游管理专业学术型研究生培养方案为研究对象。其中东、中、西部按照中国惯用原则进行划分，东部省份和地区包括北京、天津、辽宁、上海、江苏、浙江、福建、山东、广东和海南；中部省份包括河北、山西、吉林、黑龙江、安徽、河南、湖北、湖南、内蒙古和江西；西部省份包括四川、重庆、广西、贵州、云南、陕西、甘肃、青海、新疆和宁夏。[6] 根据两项抽样原则：①招收旅游管理专业学术型硕士研究生的高校。中国研究生招生信息网显示，全国共有65所高校发布旅游管理专业学术型研究生招生信息。②该所高校的信息门户网站公开发布旅游管理专业学术型硕士研究生的相关培养信息。按照来源可靠性、结构完整性以及内容具体性对所获培养方案进行筛选，得到本次研究最终样本为36所高校的培养方案，其中包含17所东部高校、11所中部高校和8所西部高校，如表1所示。

表1　2020年我国东中西部公开发布旅游管理专业培养方案的高校统计表

地区	学校数量	院校
东部	17所	华南理工大学、华南师范大学、广州大学、福建农林大学、浙江工商大学、扬州大学、山东师范大学、山东财经大学、上海师范大学、上海对外经贸大学、北京交通大学、北京工商大学、中央民族大学、中国社会科学院大学、辽宁师范大学、沈阳师范大学、海南大学
中部	11所	湖南师范大学、河南师范大学、安徽大学、江西财经大学、延边大学、黑龙江大学、内蒙古大学、内蒙古财经大学、东北师范大学、山西财经大学、河北地质大学
西部	8所	兰州财经大学、西南财经大学、西南民族大学、重庆理工大学、云南财经大学、桂林理工大学、青海大学、青海民族大学

（二）研究方法

本文收集了以上各个高校官方公开发布的旅游管理专业学术型研究生培养方案，对其培养方案的具体内容进行划分和要素进行提取，从人才培养目标、课程设置、实践环节三个模块进行对比研究。同时，本文采用ROST-CM6.0文本分析软件，通过鉴别评价、归类整理和编码统计等手段对我国各地高等院校旅游管理学术型硕士培养方案进行全面梳理和分析。

二、培养目标对比

培养目标是人才培养的导向，作为专业人才培养的"纲"，培养方案要体现出对符合标准的高水平。[7] 培养目标定位的准确性和科学性，直接关系到专业人才培养方案的培养质量以及达成度。

对 36 所高校培养方案中的培养目标逐段进行语义分析，分别对每个段落中的要素进行提取、归纳和总结，作为后续文本分析中的基本要素。按照此操作方法，将培养目标中的语句进行语义分解，提取出知识、能力和情感三方面的 12 个目标要素，如表 2 所示。

表 2 东中西部 36 所高校培养方案培养目标的要素提取案例

研究生培养目标内容的语义分解	目标要素的提取
具有坚定的工商管理基础理论和深入的专业知识	具备本学科理论素养和知识基础
能独立开展科学研究	独立开展科研工作的能力
具备从事科学研究的能力，有良好的创新精神	科研创新能力
能在有关单位从事经营管理工作	管理技能
熟悉国际旅游的理论与实践	了解理论与实践
熟练掌握一门外国语	语言能力
拥护党的基本路线和方针政策，热爱祖国	政治思想
有健康的体魄和良好的心理素质	身心健康
具备良好的道德品质和科学的世界观	道德素质
有良好的人际交往能力	善于沟通和交流的能力
具备国际化视野和战略思维能力	具备国际化视野、战略思维
撰写专业学术论文	学术论文写作能力

分析 12 个目标要素各自在东、中、西部高校培养方案中出现的频次，以及该频次与东、中、西部地区高校总数的占比，以目标要素为纵坐标轴，以培养方案中提及该目标要素的院校与该部地区总学院数的比例为横坐标轴，如图 1 所示。

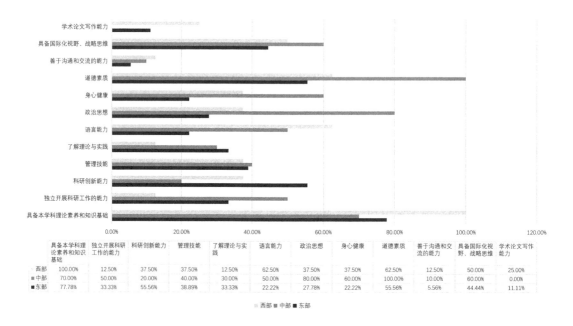

图 1 12 个目标元素在东中西部高校培养方案中出现的频次及占比

从图 1 可知，东、中、西部高校的旅游管理学术型硕士培养方案中培养目标所包含的目标要素齐全，以道德素质和身心健康为根本，着力培养学生的知识基础和本学科理论素养，对相应的科研能力、创新能力、写作能力提出要求，同时有目的、有意识地培养学生的国际视野和战略思维，以期培养能够胜任现代旅游业与相关行业实际工作与研究需要的高层次、应用型、复合型旅游人才。不难看出，12 个目标要素在东部的 17 所高校中均有呈现，但并未出现绝对趋向；其中"具备本学科理论素养和知识基础""科研创新能力""道德素质"这三个目标要素的频次占比排名靠前，分别为 77.78%、55.56%、55.56%。中部高校非常重视旅管专业研究生的道德素质，在中部 11 所院校的培养方案中均有提及"道德素质"培养目标。西部高校更强调培养研究生的"本学科理论素养和知识基础"，此目标元素在西部高校培养方案中出现的占比为 100%，此外着重培养学生的"道德素质"，"语言能力"，并且强调学生"学术论文写作的能力"。除以上目标要素外，部分院校会提及特定技能的要素，比如：扬州大学提出"掌握定量和定性分析方法和数据处理技术"，重庆理工大学提出"能熟练掌握计算机应用技术"，江西科技师范大学提出"取得中等职业学校教师资格证书、全国导游资格证书等"等。也有个别院校提出具有地域特征的要求，比如延边大学提出"熟悉东北亚区域各国旅游业发展规律"。

总体而言，在东、中、西部地区高校的培养目标中，对"创新""道德""知识"的提及率最高，契合我国研究生教育的主要培养导向。针对不同地区高校培养目标的对比分析发现：（1）东部地区高校更重视旅管专业学术型研究生的创新能力，并以此为出发点来培养学生全面而主动发展。这种现象在一定程度上与区域经济发展水平相关。[8] 东部经济发达省份较多，处于政府投入强度的最优区间，因此研究产出效率较高。另一个可能的原因在于不同地区科研资源分布不均衡，东部高校较之中西部高校科研资源更为丰富和多元，因此能够为研究生提供更多的科研资源支持。（2）中部地区高校在 12 个目标元素中更为重视政治思想和道德教育，对旅管专业学术型研究生进行道德、政治、思想等全方位的教育，有利于从根本上树立学生的良好政治意识及爱国思想。（3）西部高校着力于提升旅管专业学术型研究生的专业知识素养，重视理论基础，相对其他两地区的高校更强调学生语言及学术论文写作能力的培养。

三、课程设置对比

课程体系是人才培养方案的重要组成部分，也是实现培养目标的重要载体与手段，课程体系的广度与深度直接影响人才培养目标定位的层次及规格。[9] 课程学习是研究生掌握专门知识、提高科研与创新能力的根本渠道，研究生课程学习的改革都将直接或间接地影响研究生培养质量的提升。[10] 硕士研究生课程设置是指学校为硕士研究生选定的各种课程的设立和安排。[11] 课程设置一般包括课程的编排、课程结构与内容以及课程的实施。旅游管理硕士的课程设置要能充分反映出旅游管理实践领域对专业人才职业素养的要求，也要突出旅游业关联性强、辐射面广的特点。对 36 所院校课程设置的总学分要求进行统计，如表 3 所示。

表 3　东中西部 36 所高校课程设置中必修总学分统计表

地区	修满学分	此学分要求的学校数量	在该地区院校中的占比
东部 17 所	至少 32 分	3 所	18%

续表

地区	修满学分	此学分要求的学校数量	在该地区院校中的占比
东部 17 所	至少 34 分	3 所	18%
	至少 35 分	1 所	6%
	未说明要求	10 所	59%
中部 11 所	至少 30 分	1 所	9%
	至少 34 分	1 所	9%
	至少 35 分	1 所	9%
	至少 38 分	1 所	9%
	至少 41 分	1 所	9%
	至少 42 分	1 所	9%
	至少 43 分	1 所	9%
	未说明要求	4 所	36%
西部 8 所	至少 31 分	1 所	13%
	至少 36 分	2 所	25%
	至少 39.5 分	1 所	13%
	未说明要求	4 所	50%

东、中、西部高校中，各有 41%、64%、50% 的院校明确说明了研究生在校期间所修课程总学分要求。东部高校设置的总学分数值较为集中，整体处于 32 ~ 36 分。中部高校则呈现较为明显的分层特征，最低要求必修 30 分，而最高要求修满 43 分，达到了 13 分的跨度，整体呈现离散化趋向。西部高校设置的学分数区间为 31 ~ 39.5 分，跨度介于东部高校与中部高校之间。

从课程设置类型来看，高校课程主要开设公共必修课、专业必修课以及选修课三大类。按课程设置板块信息的完整度和详细度，从东、中、西部各选取一所财经大学进行课程设置情况分析，分别对公共必修课、专业必修课、选修课（含公共、专业）和其他要求等四个板块进行对比，如表 4 所示。

表 4　三所财经大学四个课程板块的设置情况

课程类型	院校（地区）	开设情况
公共必修课	山东财经大学（东部）	7 学分：中国特色社会主义理论与实践研究；马克思主义与社会科学方法论；公共外语课；专业外语课
	山西财经大学（中部）	6 学分：中国特色社会主义理论与实践研究；马克思主义与社会科学方法论；外国语
	云南财经大学（西部）	8 学分：马列经典著作选读（《资本论》《自然辩证法》）；科学社会主义理论与实践；英语
专业必修课	山东财经大学（东部）	12 学分：政治经济学研究；中级微观经济学；管理研究方法论；旅游管理前沿专题研究
	山西财经大学（中部）	24 学分：中级微观经济学；中级宏观经济学；管理学前沿；中级计量经济学；旅游管理研究方法；旅游理论前沿；旅游产业经济学；旅游管理研究；旅游信息化；酒店管理理论与方法；旅游规划与战略；旅游营销管理

续表

课程类型	院校（地区）	开设情况
专业必修课	云南财经大学（西部）	21学分：中级微观经济学；中级宏观经济学；中级计量经济学；旅游企业管理；区域旅游规划原理；旅游形象理论与策划；国际酒店管理；旅游研究方法；旅游理论前沿
选修课（含公共、专业课）	山东财经大学（东部）	不少于15学分：中级计量经济学（必选）；旅游研究方法；旅游规划与开发专题研究；旅游企业管理专题研究；旅游文化专题研究；旅游市场营销专题研究；管理经济学；商业模式研究；心理学专题；创新管理；应用统计学原理
	山西财经大学（中部）	8分：旅游规划与开发专题；旅游企业管理专题；旅游目的地运营与管理专题；旅游电子商务专题；休闲与旅游经济专题；文化旅游产业专题；在导师指导下需要在相关专业开设课程中选修2门（占4学分）
	云南财经大学（西部）	不少于6分：旅游运营商管理；旅游目的地营销；酒店客户关系管理；旅游景区管理；旅游地质学
其他要求	山东财经大学（东部）	教学实践或社会实践1分；学术讲座1学分
	山西财经大学（中部）	学术论文2学分；科研项目1学分；专业学术报告或教学实践1学分；社会实践1学分
	云南财经大学（西部）	教学实践1分；专业实践2分；科研实践1分

不难看出，虽同为财经类大学，但因所处地域不同，所设课程存在差异。在公共必修课的设置情况上，三所高校的学分数设置相差不大。在专业必修课设置上，首先是学分要求从12分到24分不等；其次，在开设数量要求上，中部山西财大的开设科目最多。此外，以上院校均开设了中级微观经济学、旅游管理前沿、管理研究方法论三门必修课程，符合旅游管理实践领域对旅游专业人才职业素养在专业知识与技能方面的要求。结合选修课程的设置情况，山东财经大学相较另外两所财经大学，提高了选修课的比例，体现出该校对学生拓宽知识面的人才培养导向。除了对以上三种课程类型的要求，三所高校还重视学生教学实践活动的，并提出了相应的学分要求。

综上可知，东、中、西部高等院校的课程设置相同点在于：通识教育和专业教育相结合，同时突出实践教学的重要性。通识教育体现为对政治思想及专业外语的能力考核；专业教育则体现为同时开设专业选修课和专业必修课，在满足培养目标要求的本学科必修理论知识基础上，给予学生能动选修提高理论素养的课程。在具体的课程设置中，东、中、西部高校各有自己的侧重点。东部高校重视开设专业必修课，培养专业知识与技能。中部高校重视专业选修课，学生自主选修有兴趣的课程。西部高校注重其他课程要求，培养学生全面均衡发展的能力，成为高素质的多层次人才。目前部分旅管专业学术型研究生课程结构设置中有待完善之处：一是各高校必修课程差异较大，选修课设置多样化；二是尚未完全形成与培养目标相同层次的旅游管理专业特有课程体系。需要说明的是，由于部分院校未给出明确的课程类型划分标准，上述课程类型划分存在主观随意的问题。

四、实践环节对比

培养方案在具体的实践教学过程中，由于各环节因素的干扰，最终的教学质量存在较大差异，所以东中西三部高校在实践环节中各有侧重，以保障其教学质量。实践教学是人才培养体系的重要教学环节，对培养学生的学习能力、专业应用能力以及与未来岗位需求相适应的工作能力和职业技能具有重要意义。[12] 提升研究生实践创新能力是中国研究生教育的重要内容及目标。[13] 将 36 所院校培养方案文本中的实践环节的表现形式划分为师资队伍、实训基地、培养方式、教学方法和学习评价五个特征词，并对东、中、西部各部高校的落实情况进行统计分析，如表 5 所示。

表 5　东中西部 36 所高等院校实践环节落实情况统计表

特征词	表现形式	提及此表现形式的院校数
师资队伍	聘请国内外知名的、具有丰富教学经验与管理实践经验的教师为研究生授课	东部 2 所、中部 1 所、西部 1 所
实训基地	与旅游产业部门、科研机构和相关企事业等单位联合培养	东部 8 所、中部 4 所、西部 3 所
培养方式	实行导师负责与指导小组集体培养相结合，理论学习、科学研究和社会实践相结合的培养方式	东部 8 所、中部 4 所、西部 3 所
教学方法	采用启发式与研讨式教学方法，理论联系实际，注意实际应用，重视培养研究生分析问题和解决问题的能力	东部 4 所、中部 3 所、西部 2 所
学习评价	以考试（包括口试）、作业、课堂讨论、案例分析、专题报告、文献阅读等方面综合评定	东部 2 所、中部 1 所、西部 1 所

从实践环节涉及的特征词来看，东、中、西部地区高校均有涉及师资队伍、实训基地、培养方式、教学方法和学习评价的表现形式，能在较大程度上保证研究生培养质量的落实。在五个特征词中，实训基地和培养方式受到最广泛的重视，实行学校与相关企事业单位联合培养，以及双导师制或小组制的培养方式，在理论研究和社会实践层面切实保障培养质量。

东部地区的大多数高校提及实训基地和培养方式两个特征词，给学生提供实训基地将理论与实践进行结合，锻炼学生的实操能力。西部院校多在课堂上采取多样的教学方法，最大化激发学生的学习兴趣，提升学习效果。中部地区提及实践环节的院校对于实训基地、培养方式、教学方法保持相同的关注度，一定程度上能够保障落实质量。

与此同时，36 份培养方案也反映出部分院校落实实践环节五个特征词的意识稍有欠缺，在师资队伍建设、培养方式设定、教学评价形式等要素上偶有缺失。

五、启发与建议

（一）设立目标明确的培养体系

高校人才培养目标定位是对人才培养类型、规格、层次及所要达到的标准的总体设计与规划。只有目标定位准确，人才培养方案的制订才会切实有效。因此，需要明确旅游管理专业的培养目标定位，并厘清培养目标定位与具体培养要求内容之间的关系。

1.基于各地区的高校特色和定位，合理确定人才培养目标。研究生教育是创新型人才培养的重要内容。[14]不同地区的高校所培养的旅游管理专业人才应各有特色和侧重，从学校办学优势及区域发展需求出发，明确研究生培养目标，充分彰显各部地区特色。合理调配地区间高校科技创新资源，并适当向资源相对不足的中西部地区倾斜，提高全国各部地区高校的科技创新整体能力。

2. 理顺培养目标定位与具体培养要求内容之间的衔接，明确培养目标要求，避免出现落实不到位、衔接不充分的现象。旅游院校应该落实立德树人根本任务，结合旅游业新技术和新业态的发展，紧密围绕学校办学定位和人才培养目标确定课程体系、教学要求和内容。[15]部分培养目标要素缺失或严重不足的旅游院校，需要重视相关要素的配置，促进学生的全面发展。

3. 将旅游业发展需求与个人兴趣有机结合，培养具备战略眼光的复合型旅游管理人才。高校需要面向旅游业未来发展趋势，结合研究生个人兴趣为其制定个性化的学习与研究计划，并且通过构建支持型学术团体，激发学生内在的科研动力，帮助学生树立正确的科学研究价值观，为旅游行业培养具有战略眼光的复合型管理人才。

（二）打造特色鲜明的课程体系

1. 建立与培养目标适配的课程体系。结合专业特色打造既有自身地区的特色，又能充分反映旅游管理实践领域对专门人才的知识与素质要求的校本教材和课程。我国"十四五"旅游业发展规划指出，要推动旅游业发展的重大现实问题、热点问题、难点问题研究。对此学校应该针对行业存在的重难点问题，加强研究生必修课程的专业导向，同时结合所在地区发展特点为研究生提供广泛而合理的选修课程。

2. 调动高校和企业的积极性，实现产学研深度融合。推动高校引进旅游行业内的知名企业专家参与人才培养，以契合社会单位的实际用人需求。加强培养旅游专业学术型研究生的批判思维和创新精神，夯实学生理论结合实践的能力。开设行业与职业相关的应用型课程内容，结合各门课程在人才培养过程中的作用、功能及相互关系，优化"以能力为本位"的课程体系，促进形成旅游专业研究生教育中的产学研深度融合形态。

3. 加大研究生创新创业教育力度，有效推动人才培养升级。积极构建研究生创新创业教育课程体系，提升高层次创造性人才培养质量。实施研究生创新创业教育是大学理念变革的内在要求，是国家实施"一带一路"倡议的战略需求，也是解决研究生就业问题的现实需求。[16]各地区旅游类高校在公共必修课、专业选修课、选修课（含公共、专业）之外，可新增开设系列创新创业课程或科研项目，从而有效推动创新性人才培养。

（三）落实优质可行的保障体系

实践环节要素是保证人才培养过程实施效果的关键部分。旅游院校需要不断强化"标准意识"，深化旅游人才培养机制改革，加强人才培养保障条件建设，完善并落实研究生教育的实施和保障体系。

1. 加强师资建设，完善师资结构。导师队伍对研究生培养质量起到重要作用，旅游院校应该从准入资质、教学研究、学术指导等各个维度入手加强研究生导师队伍建设。[17]定期开展研究生师资队伍标准化培训，开展教师基本素质与能力考核。合理的师资结构是硕士学位点建设的重要保障和有力支撑，旅游院校应整合政府部门、企业、院校、行业组织等资源，完善研究生师资结构，建设既具前沿学术研究能力，又兼具丰富行业实践经验的师资队伍。

2. 优化研究生评价体系，建立多维评价机制。对于培养效果的评价是检验研究生学业成果的重要手段，也是衡量高校培养管理措施的有效手段。旅游院校须着重优化研究生评价体系，突出创新价值、学术能力、社会贡献的培养导向。[18]在注重结果性评价的同时，更加重视过程培养与评价。与此同时引入社会评价机制，鼓励旅游业相关主体有效参与研究生教育质量的评价，从而建立多层次、多维度的评价机制。

3. 推进产教融合，加强实践基地建设。各地区旅游高校应结合本地区旅游业发展特征和战略规划，积极与当地相关用人单位加强合作，推进双方在科学研究、资源共享、学生培养等方面的交流。旅游高校与用人单位通过联合开办实践基地共同促进旅游高层次人才培养机制改革，提高资源利用率和旅游人才培养效益。

参考文献

[1] 谢春山，徐东北.旅游高等教育中的悖论现象及其对策[J].旅游论坛，2010，3(06)：805-809.

[2] 王飞飞，胡波."三个课堂联动"旅游管理创新人才培养模式研究[J].山西财经大学学报，2016，38(S1)：84-86.

[3] 习近平对研究生教育工作作出重要指示强调　适应党和国家事业发展需要　培养造就大批德才兼备的高层次人才[J].中国研究生，2020(08)：2+1.

[4] 禹华平，郑瑞伦."三实三练，教学做合一"实践能力培养体系研究[J].西南师范大学学报（自然科学版），2015，40(02)：157-163.

[5] 申天恩.成果导向教育理念指引下的人才培养方案核心问题分析[J].教学研究，2017，40(04)：53-57.

[6] 刘嘉毅，陶婷芳，夏鑫.产业结构变迁与住宅价格关系实证研究：来自中国内地的经验分析[J].财经研究，2014，40(03)：73-84.

[7] 蒋宗礼.走内涵式发展之路　建设一流专业[J].中国大学教学，2020(08)：7-13.

[8] 张宝生，王天琳，王晓红.政府科技经费投入、研发规模与高校基础研究科研产出的关系：基于省际面板数据的门槛回归分析[J].中国科技论坛，2021(04)：55-63+74.

[9] 柳国梁.高职学前教育专业人才培养方案改革：基于《幼儿园教师专业标准（试行）》和《教师教育课程标准（试行）》的视域[J].教育探索，2016(01)：53-57.

[10] 王一博.以科研能力为导向：研究生教育课程改革的理性选择[J].学位与研究生教育，2012(10)：32-36.

[11] 郭雅丽，任永泰，邓华玲.硕士研究生课程设置研究[J].研究生教育研究，2013(03)：47-50.

[12] 蔡忠兵，罗三桂，郭碧乃.地方高校应用型人才培养方案制订的路径选择[J].中国大学教学，2013(10)：65-67.

[13] 柯朝晖.研究生实践创新能力提升的多元协同路径探究[J].现代大学教育，2021，37(05)：105-111.

[14] 荣利颖，邓峰.研究生教育质量保障与创新能力培养的实证分析：基于2017年全国研究生教育满意度调查[J].教育研究，2018，39(09)：95-102.

[15] 陈群.创新校内专业评估　加快建设高水平地方领军型大学[J].中国高等教育，2018(09)：40-42.

[16] 李姗霖，熊淦，吴亭燕.研究生创新创业教育课程体系构建研究[J].研究生教育研究，2017(04)：45-50.

[17] 任胜洪，陈倩芸.研究生培养机制改革的政策话语：维度、特征及其价值——基于 1987—2018 年教育部工作要点的文本分析 [J].现代教育管理，2019(04)：116-122.

[18] 习近平.深入实施新时代人才强国战略　加快建设世界重要人才中心和创新高地 [J].中国民政，2021(24)：4-9.

就业效率视角下综合高校音乐专业应用型人才培养的路径

颜碧波　何薇羽

（湖南师范大学）

摘　　要　本文以就业效率视角下综合高校音乐专业应用型人才培养的路径为主题，分为三个部分。首先介绍应用型人才的概念以及音乐专业应用型人才的育人目标。其次分析就业效率视角下综合高校音乐专业应用型人才培养的价值。最后从课程设置的优化、学生综合应用能力的全面提升、实践教学与产业合作的加强、就业指导与职业发展支持四个维度提出高校音乐专业应用型人才培养的路径。本文旨在提出一种可行的综合高校音乐专业应用型人才培养的路径，以提高毕业生的就业率和就业量，满足音乐市场的需求。

关 键 字　就业效率；综合院校音乐专业；应用型人才；学生就业指导

作者简介　颜碧波（1974— ），女，湖南师范大学音乐学院声乐系副主任，副教授。联系电话：13873191060；电子邮箱：1007178600@qq.com。

在如今竞争激烈的就业市场，音乐专业毕业生面临着一系列的就业挑战。首先，音乐产业的发展日益多样化，对人才的需求也在不断变化。传统的音乐教育和表演仍然是音乐专业毕业生就业的主要方向，但随着新媒体和数字技术的兴起，与音乐相关的创意制作、音乐产业管理以及音乐科技等新兴领域的就业机会也不断增加。然而，由于音乐专业与其他专业相比具有实践性强、职业路径明确、就业岗位数量有限等特点，毕业生的就业压力较大。音乐市场竞争激烈，行业门槛高，很多毕业生在求职过程中面临着从事非音乐相关工作或就业困难的情况。就业效率视角是教育部下发的《关于深化高等教育综合改革切实提高就业质量和效能的意见》中的一个重要内容。该文件提出了高等院校应更加注重就业效率，通过改革课程设置、实践教学、实习实训、职业指导等方面，切实提高毕业生的就业质量和效能。在这一政策文件的指导下，各大高校都在大力度优化人才培养方案，以满足社会对高素质、高技能、应用型人才的需求。

一、何谓应用型人才

应用型人才是指具备理论知识和实践能力，能够将所学知识和技能应用于实际工作中的人才。应用型人才的概念最早出现在中国教育改革领域，是为了贴近社会需求、提高毕业生就业率而提出的。应用型人才注重学生的专业知识和技能培养，培养目标旨在使毕业生具备适应职业需求、解决实际问题的能力。音乐专业应用型人才的培养旨在满足音乐行业多元化发展的需求，培养具备专业知识和实践能力的人才。这些人才不仅具备扎实的音乐理论基础、技巧，还要具备创新能力和综合能力。他们能够灵活应对不同音乐形式的创作、表演和管理，并且能够结合不同领域的需求，为音乐产业的发展作出贡献。

综合高校音乐专业的培养目标可从以下三个不同角度进行阐述。（1）音乐专业教学角度。音乐专业教学角度主要关注在培训机构就业的人才。这些人才主要从事对青少年和专业爱好者提供音乐专业指导的工作。因此，在高校教学，应更加注重音乐专业技能和音乐专业能力的培养，帮助学生掌握扎实的演奏、表演技巧，培养他们的表达能力和与人沟通的能力。（2）基础音乐教育角度。基础音乐教育角度主要关注准备进入中小学工作的音乐教育工作者的培养。综合类高校在开展此类人才培养过程中应该结合音乐专业和教育心理学，注重培养学生的教育意识、教育方法和教学技巧，使他们具备和学生进行有效沟通和引导学生的能力，为中小学音乐教育贡献自己的力量。（3）社会应用角度。社会应用角度主要关注进入艺术机构、艺术公司等艺术相关部门工作的音乐人才的培养。在这个角度下，人才培养的关注点应放在实战能力的提升上，注重学生创新应用能力的构建。学生应具备扎实的音乐基础，能熟练应对各类演艺要求，同时还要具备良好的团队合作能力和创新能力，能够适应不同音乐风格、不同演出要求和工作环境。通过科学、清晰的目标形成以学生为主的教学理念，综合类高校音乐专业的应用型人才培养能够为培养具备专业素养和应用能力的音乐人才打下坚实基础。

二、综合高校音乐专业应用型人才培养的价值所在

（一）从学生就业的角度来说

综合高校音乐专业应用型人才培养的价值在于满足学生就业需求。当前就业市场对于音乐领域的需求呈现多样化的趋势，传统的音乐教育和表演市场已经无法满足全部音乐专业毕业生的就业需求。通过培养应用型人才，综合高校能够开设与音乐相关的创意制作、音乐产业管理、音乐科技等新兴领域的课程，提供更广泛的就业选择。培养出具备实践能力和创新能力的学生，能够适应音乐行业的发展变化，面对就业市场的竞争，更具竞争力和就业机会。

（二）从学科发展的角度来说

综合高校音乐专业应用型人才的培养对于学科发展具有重要意义。随着社会的发展，音乐形式和需求的不断变化，传统纯专业化教育已经不能满足音乐领域的全面需求。应用型人才的培养可以促进音乐学科与其他学科的交叉融合，激发出更多创新性的课程和研究方向。通过与其他学科的合作，音乐学科能够更好地吸收新技术、新理念，推动音乐学科的发展，提供更多研究与就业机会，进一步丰富音乐领域的学科内涵。

（三）从国家教育战略部署来说

综合高校音乐专业应用型人才的培养符合国家教育战略部署的要求。国家对于高等教育提出了加强应用型人才培养的指导意见，要求高校注重就业质量和效能。综合高校在音乐专业应用型人才培养方面的努力，符合国家高等教育的发展方向和要求。培养应用型人才能够更好地服务于社会发展，提高毕业生就业率，推动国家音乐行业的繁荣。综合高校音乐专业应用型人

才培养将音乐教育和实践能力相结合，为学生提供了更多就业选择和更广阔的职业发展空间，实现了人才与社会需求的更好对接。通过合理的课程设计和实践教学，综合高校能够提高音乐专业应用型人才的素质和竞争力，减少人才的浪费，推动整个音乐行业的繁荣。

三、就业效率视角下综合高校音乐专业应用型人才培养策略

（一）课程设置的优化

课程设置在高校音乐专业应用型人才培养中起着至关重要的作用。合理的课程设置，可以帮助学生全面掌握音乐领域的理论知识和实践技能，提高他们适应社会需求的能力，增加他们的就业竞争力。课程设置是制订人才培养计划的基础，它直接影响学生的学习效果和专业能力的发展。因此，优化课程设置是培养应用型人才的关键一环。综合类高校音乐专业的课程设置应包括音乐理论基础课程、创作与表演课程、音乐产业管理课程和音乐科技课程等几个主要方面。音乐理论基础课程包括音乐史、音乐理论和声学等，通过学习这些课程，学生可以系统地了解音乐的发展历程和基本理论知识。创作与表演课程培养学生创造力和表演能力，包括音乐创作、器乐演奏、声乐演唱等。音乐产业管理课程培养学生的音乐市场营销、版权管理、音乐企业管理等能力。音乐科技课程则注重培养学生的音乐技术应用能力，包括音乐录制、音乐制作和音乐软件应用等。

具体策略有：首先，根据音乐行业的需求和发展趋势，及时更新和完善课程内容。随着音乐行业的不断发展，涌现出诸如音乐科技、音乐产业和音乐创新等新兴领域，应及时引入相关的课程内容，以满足学生的需求和就业市场的需求。其次，增加实践性课程和项目，强化学生的实际操作能力。应用型人才的培养需要注重学生实践经验积累，可以开设具有实践性的课程，如音乐创作、音乐制作、舞台表演等，并积极鼓励学生参与项目实践，如校内乐团、合唱团、音乐节等，以提高学生的实际操作能力。另外，开设跨学科课程，促进音乐专业与其他领域的交叉融合。音乐与科技、音乐与艺术管理等领域的交叉融合为音乐专业的多元化发展提供了机会。通过与其他专业或学院的合作，开设跨学科的课程，如音乐与计算机科学的融合，音乐与艺术管理的融合等，推动音乐专业的创新和发展。最后，加强教师队伍建设和师资培养。音乐专业应用型人才的培养需要具有实践经验和综合能力的教师团队。学校应加强对音乐专业教师的培训和进修，提高教师的教学水平和实践经验，进一步提升综合高校音乐专业教育的质量。

（二）学生综合应用能力的全面提升

学生综合应用能力是综合高校音乐专业应用型人才培养中的关键要素。综合应用能力是指将理论知识、技能与实践经验相结合，应用到实际工作场景中解决问题和创新的能力。这种能力在就业市场上非常重要，因为雇主更倾向于招聘具备综合应用能力的毕业生，他们能够迅速适应工作要求、具备创新思维和解决问题的能力。高校音乐专业学生的综合应用能力应包括创新能力、抗压能力和举一反三的能力等几个方面。创新能力是指学生具备独特的思维方式，能够提出创新的音乐创作和表演方式，为音乐行业带来新的发展机遇。抗压能力是指学生在面对挑战和困难时能够保持积极心态，表现出坚韧不拔的品质，能够适应快节奏和高强度的工作环

境。举一反三的能力是指学生能够将所学知识和技能灵活运用到不同领域，跨界整合资源，在解决问题时具备扩展思维。

具体策略如下：首先，注重培养学生的创新能力。可以通过开设创作课程、组织创作比赛和创意项目，培养学生的音乐创新能力。通过创新性的任务和项目，学生将接触到各种新的音乐创作和表演方式，并有机会尝试创新的实践，培养他们的创新思维和创造力。其次，加强学生的抗压能力培养。可以通过模拟实际工作场景的培训和项目实践，让学生面对各种挑战和困难，培养他们的抗压能力。例如，可以组织学生参与音乐节策划和组织，让他们在高强度和紧急情况下展现应对能力，增强适应工作压力的能力。另外，鼓励学生进行跨学科学习。通过与其他领域的学生或专业合作，学生可以获取不同领域的知识和技能，扩展自己的思维和视野。例如，可以与计算机科学、艺术管理等专业的学生合作进行项目实践，通过跨学科的合作，培养学生的举一反三的能力。

（三）实践教学与产业合作的加强

音乐学科是一门基于实践的学科，因为音乐的本质是一种艺术形式，需要通过实践和表演来展现和传播。音乐的学习和理解需要通过实际的演奏、创作以及表演过程中的亲身体验来获得，仅凭理论知识学习无法全面理解和把握音乐的内涵。实践是扩展学生音乐素质、培养学生技能的重要途径。实践和实习在音乐专业的就业中起着至关重要的作用。通过实践和实习，学生可以将所学的理论知识与实际操作相结合，获得实践经验，提升职业技能，增强解决问题和创新的能力。在就业市场上，雇主更倾向于招聘有实践经验的毕业生，因为实践经验能够证明学生的能力和适应性，使他们更容易适应职场环境并做出有效贡献。

具体策略如下：首先，加强与音乐行业的合作与交流。与音乐行业建立紧密的联系，与音乐企业、艺术团体和相关机构合作，可以为学生提供更多实践机会和实践项目。例如，与音乐公司合作组织音乐创作比赛、音乐表演会或举办音乐节，让学生能够与业界专业人士进行互动和交流，从实践中学习和积累经验。其次，开设实践课程，强化学生的实践能力。音乐专业应增加实践性课程的设置，如音乐创作、音乐制作、音乐表演等。通过这些课程，学生能够亲自参与实践项目，锻炼技能，了解实际的音乐创作和表演流程，培养实践能力。另外，建立实习基地和实习项目。与音乐相关的企业和机构合作，建立实习基地，为学生提供实习机会。通过实习，学生能够在真实的工作环境中学习和实践，了解专业工作要求，提升实践能力和职业素养。学校应与音乐行业建立密切的联系，了解行业需求，为学生提供多样化的实习项目。这些方法有助于学生获得更多实践经验，提升实践能力和职业素养，更好地适应音乐行业的就业要求，为音乐专业应用型人才的培养提供更有力的支持。

（四）就业指导与职业发展支持

高校大学生的就业观往往受到社会和家庭的影响，普遍存在就业观念的片面性和功利性。他们普遍追求好的薪资待遇和稳定性，忽视了个人兴趣和职业发展的匹配性。因此，需要开展就业指导，引导学生客观理性地认识自我，了解就业市场的需求，提高就业观念的科学性和全面性。提供职业规划指导和咨询服务，通过个人辅导、职业测评和就业推荐等方式，帮助学生了解自己的兴趣、优势和发展方向，制定个性化的职业规划。同时，开设就业技能培训课程，提供各类职业必备的技能培训，提高学生就业竞争力。

　　具体策略如下：首先，开设就业指导课程。设置专门的就业指导课程，让学生了解就业市场的现状和趋势，学习如何撰写优秀的求职材料、面试技巧等就业技能。此外，还可以邀请行业内的专业人士和成功的校友分享就业经验，以激励和启发学生。其次，建立校企合作，为学生提供实习和就业机会。与音乐企业、艺术团体和机构建立合作关系，提供实习机会和岗位信息，帮助学生获得实践经验和就业机会。通过与行业的交流合作，学生能够了解市场需求，拓宽职业发展的视野。另外，提供个性化的职业规划咨询和辅导。为学生提供个别化的职业发展指导，引导他们了解自己的兴趣和能力，制定合适的职业规划。通过个人辅导和职业测评等方式，帮助学生明确职业目标，制定职业发展计划。最后，加强与行业专家、成功校友的合作与交流。邀请音乐行业的专业人士、成功的校友等来校举办讲座和交流活动，分享他们的职业经验和发展路径。学生通过与行业专家和前辈的交流，能够更好地了解行业工作要求和发展趋势，提高就业适应能力。

四、结语

　　在就业效率视角下进行综合高校音乐专业应用型人才培养具有重要意义。随着社会的发展和经济的转型，音乐专业的就业形势面临诸多挑战。高校应用型人才培养的路径能够更好地满足就业市场的需求，培养具备实践能力和创新意识的音乐人才。通过强化实践教学与产业合作，加强就业指导与职业发展支持，能够提高学生就业竞争力和就业满意度，并推动整个音乐行业的创新与进步。总之，希望音乐专业能够在新时代条件下适应时代发展需求，培养出更多具有实践能力和综合素质的应用型人才，为音乐产业的繁荣与发展作出积极贡献。

参考文献

[1] 虎怡. 基于高校音乐教育专业应用型人才培养模式分析 [J]. 戏剧之家，2022(31)：181-183.

[2] 周文. 最终需求拉动就业效率下降的原因与对策 [J]. 云南财经大学学报，2019，35(09)：41-54.

[3] 袁廿一. 为何就业优先理应具备阶段性？[J]. 劳动经济评论，2017，10(01)：142-154.

[4] 侯士兵，毛伟，宣璇. 大学生实习实践基地建设路径探析：基于就业效率的视角 [J]. 思想理论教育，2015(12)：95-98.

[5] 裴光术，刘清才. 提高研究生就业效率与质量的思考与建议 [J]. 思想政治教育研究，2015，31(02)：107-109.

[6] 张克学. 地方高校音乐专业应用型人才培养模式研究 [J]. 佛山科学技术学院学报 (社会科学版)，2012，30(06)：20-24.

[7] 陈燕翔. 应用型本科音乐教育专业人才培养模式探讨 [J]. 重庆科技学院学报 (社会科学版)，2011(13)：202-204.

[8] 纪明明. 高师音乐教育专业应用型创新人才培养思路 [J]. 中国成人教育，2010(19)：174-175.

人工智能时代"导生关系"的失序困境与"平衡"路径
——以哈贝马斯交往行动理论为视角

张媛媛

（湖南师范大学）

摘　　要　人工智能技术的兴起对传统"导生关系"提出新的挑战，改变了传统的"主体－主体"的直接交往模式，"主体－人工智能－主体"的交往形式隔离了导生情感交流，加剧了导生信任危机，以及导生多元权责的失衡。为了促进人工智能时代导生关系的良性互动，可借鉴哈贝马斯的交往行动理论以扭转异化的"导生关系"。首先应拓宽导生对话渠道，实现师生情感互动；其次提高导生信息数据互通透明度，提高双向选择匹配度；再次，强化在职导师专业及教育知识培训，培养学业与人生双重导师；最后，完善导生权益保障与申诉机制，优化导师考核奖惩机制。

关 键 词　人工智能；导生关系；交往行动理论；信任危机

一、问题的提出

"百年大计，教育为本"，"教育大计，教师为本"。高等教育是我国教育的战略制高点，研究生教育是国民教育体系的顶端，研究生导师作为研究生培养的第一责任人，在研究生培养中扮演着学业导师和人生导师双重角色。研究生导师是研究生培养的关键力量，而导生关系则是关键中的关键。"导生关系"和谐与否直接关系到研究生教育质量的高低、立德树人根本任务能否实现。随着 ChatGPT 为代表的生成式人工智能的不断迭代升级，教育教学实现了数字化、网络化、智能化，人机交互的学习交流方式在推进教育现代化高质量发展的同时，也使得传统的"导生关系"面临新的挑战，交流阻滞、情感疏离、信任危机等问题的出现，加剧了导生关系的异化。而如何有效地应对人工智能时代导生关系的异化问题，哈贝马斯的交往行为理论提供了新的纾解路径。

二、"导生关系"与哈贝马斯交往行为理论概述

（一）导生关系的本质

"导生"顾名思义，导师和学生，导师为研究生阶段学生的老师，学生为研究生阶段的学生。导生关系本质上为师生关系，但国内不少研究生称导师为"老板""老大""师父"，这不禁与中国传统的"传道受业解惑"的师道文化相去甚远。"导生"概念的偏离一定程度上反映了

研究生导师与研究生角色认知的偏差与权利责任的失衡，以及"导生关系"的工具化、利益化。导生地位的不平等，导师处于权威的优势地位，学生服从，两者存在科研上的依附关系，此种高压的方式排挤了学生自主选择的空间，与强烈的学生权利意识发生矛盾。

导生关系在研究生教育教学中扮演着举足轻重的角色，与研究生培养质量的高低息息相关，而导师又是导生关系的重中之重。"真正的教师活在师生关系之中。作为教师，就是要在教育实践中显现自身作为教师的存在，就是要在真实的师生交往过程中显现教师生命的本质。教师之为教师的价值就是显现在鲜活的师生关系之中。"[1]导生关系正是形成于导师教育、指导与管理学生学习，传承人类经验的互动交往的过程中。

（二）哈贝马斯交往行为理论的基本观点

哈贝马斯提出，交往行为至少是两个以上具有语言和行为能力的主体之间通过互动，建立一种人际关系。行为者经由行为语境寻求沟通，在相互谅解的基础上协调起其行为计划和行为。解释（interpretation）的核心价值在于通过协商明确共识的语境。此种行为模式中，语言具有一种特殊的地位。[2]将其应用于导生关系之中，是导师和学生在共同语境中交流对话的活动，通过协调互动达成共识，以理解化解误解、冲突。

"教育起源于人类的交往活动。"[3]导生关系主要通过导师和学生在教育活动中的对话交流实现。正如巴西教育家保罗·弗莱雷所说，"没有对话，就没有交流，没有交流，也就没有真正的教育"[4]。交往行为的中心是"主体间性"，"所谓主体间性所言说的无非是主体与主体之间的关系"[5]。人是社会的动物，无时无刻不处于与他人的交往活动之网中，任何人都不可无视他人的存在而以自我为中心。面对多元价值观念和冲突，与他人的沟通、对话是建立共识、实现合作的重要路径。商谈理论超越了单纯的主客体关系，强调各主体的独立、平等。"商谈、共识是哈贝马斯商谈伦理学最为主要的两大要素，商谈、共识的含义即是希望事件中的全部相关的主体一同来对事件进行商讨、商谈、磋商及交流。"[6]每一主体都能自由发表自己的意见，且各意见平等，无权威凌驾于其上。

"主体间对话"交往理性概念包含了三个层面的关系，认识主体与客观世界的关系，认识主体与社会世界的关系；主体自身内部"主观世界"以及与他者的主体性的关系。[7]哈贝马斯的"交往性行为"贯穿于"客观世界""社会世界"和"主观世界"。对于此三世界，谢晖学者也有类似的总结：天人关系、群己关系、身心关系。而理解的过程发生在文化上共同体间共时性和历时性上的预先理解之中。[8]本文从交往行为理论中的"主体间性""语言""理解""沟通情境"出发，探析人工智能时代"导生关系"的失序困境与平衡路径。

1 　刘铁芳：《什么是好的教育——学校教育的哲学阐释》，高等教育出版社 2014 年版。
2 　［德］尤尔根·哈贝马斯：《交往行为理论（第 1 卷）》，上海人民出版社 2004 年版，第 84 页。
3 　叶澜：《教育概论》，人民教育出版社 1996 年版，第 40 页。
4 　［美］保罗·弗莱雷：《被压迫者教育学》，顾建新、赵友华、何曙荣译，华东师范大学出版社 2001 年版，第 41 页。
5 　段德智：《主体生成论：对"主体死亡论"之超越》，人民出版社 2019 年版，第 12 页。
6 　夏明月、华梦莲：《哈贝马斯的商谈伦理对社会秩序整合的意义及其限度》，《伦理学研究》2020 年第 6 期：41-48 页。
7 　［德］哈贝马斯：《现代性的地平线——哈贝马斯访谈录》，上海人民出版社 1997 年版，第 57 页。
8 　［德］哈贝马斯：《交往行动理论》，重庆出版社 1994 年版，第 135 页。

三、人工智能时代"导生关系"的失序困境

（一）人工智能对导师光环的祛魅，加剧导生信任危机

人工智能的迭代升级与应用，打破了传统的专业知识壁垒。在人工智能时代，"传统的导学一体育人模式受到极大挑战，研究生不再是被动的接受者，他们会主动搜寻、匹配、分析和研判，在网络交互过程中不断强化自身主体地位和选择权，显现出更为复杂的主体间性特点"[1]。

一方面，生成性人工智能能够实时、便捷、精准地提供满足学生个性化需求的海量知识资源，突破了学生获取多元知识的时空围墙，人工智能跨越时空实时提供的海量信息资源一定程度上使学生心中的"知识完人"导师不断祛魅，多元化的知识获取渠道冲击和消解了学生对专业化学识有限的导师的崇敬与信仰。而导师作为研究生管理者和教育者，对研究生要施加管理、教导行为，教师权威的弱化无疑削弱了研究生自愿服从、仰赖的行动，因而，加大了导生教育教导障碍和互助合作成本。另一方面，随着导生知识互动交流和面对面交流沟通的减少，导生情感无疑在无形的时空屏障下不断疏离。

人工智能跨越时空实时传播海量信息资源的功能，也拓展了现代信息技术舆论媒介应用的范围，教师更是处于"全景敞式建筑"的注视之下，除了面对自身专业知识和权威提升的压力，也面临教育教学行为疏忽或是不当、失职带来的舆论谴责，以及由此产生的社会压力。

（二）线上语言沟通无形隔离，导生对话有效性缺失

语言作为主体互动的媒介，是导生实现理解和情感共鸣的基础前提和有效渠道。人工智能时代信息化发展，为师生交流互动提供了各种线上会议渠道，突破了时空局限。随时随地的线上交流模式一方面拓宽了导生交流渠道，跨越了时空界限，提高了知识传递的速度；另一方面，实时便捷的线上沟通以人－机－人的模式于无形之中架空了人－人直接对话的线下真实现实生活中导生互动的有效性。哈贝马斯提出，要实现语言的有效性，语言沟通须具备可领会性、真实性、真诚性和正当性，而真实语言的实现需要以主体真诚交往为基础。

"工具理性"支配下的生成式人工智能不具有人的主体意识，实时提供的知识是没有经过道德判断和价值取舍的，若盲目信其权威易导致人们的价值取向异化。雅斯贝尔斯提出："全部教育的关键在于选择完善的教育内容和尽可能使学生之'思'不误入歧路，而是导向事物的本源。"[2]人工智能作为促进学生学习的先进工具，纵然在加速提升学生学习效率、快速完成学习任务等方面发挥着强大的作用，但也不可过度依赖沉迷而放弃相关知识技能的习得，甚至导致养成圈养型性格等风险。这种"工具理性"趋向无益于学生的全面发展和教育的可持续发展。只有培养出学生独立思考的创造力才能辨别海量信息的是非真假，不被包罗万象、鱼龙混杂的浮于表面的信息所奴役。"人－机－人"模式下，语言具有去生活化的趋向，使得导生间的知识交流、情感互动机械化、空泛化、冷冰冰，同时也排挤了学生思考的空间，隔离了导生互动的现实生活场域，加剧了导生有效对话的缺失。

---

1 汪永安、孙增耀：《从导学一体到数智嵌入：研究生思想政治教育引导力的时代转向》，《学位与研究生教育》2024 年第 7 期：26-33 页。
2 胡炳仙：《教育即生成——雅斯贝尔斯〈什么是教育〉解读》，《煤炭高等教育》，2007 年第 1 期：43-45 页。

（三）导师多元权责机制不合理，导生话语权的进一步失衡

教育学家涂尔干在他的专著《教育与社会学》中说道："教育的本质必须是一种权威性活动。"导生关系融贯于复杂生活世界，多元主体交互性。导师扮演着"教育者""研究者""管理者""心理调节者"等多重角色，具有教学权、学术研究权、评价指导权、惩戒权等专业权利，同时，也负有遵守职业道德和关心、尊重、爱护学生等义务。身兼数任的导师无疑掌握了更多管理学生的权利，同时也对其提出了相应的义务要求。

人工智能的出现可以辅助教师完成机械性任务，成为师生互动的助手。然，人工智能强势冲击下导师日渐式微的地位也无形之中降低了导师的获得感、成就感、自我认同感及教育热情，也可能导致导师的惰性思维和降低其独立自主成长的积极性。加之，青年导师过多过重的工作任务和现实制度严重的内卷化，比如，"非升即走"机制下，导师个人科研、职称考评等个人需求与指导教育学生的责任相互冲突，更是排挤了本该分配于导生自由交流的有限的研学空间和时间，也是导致沟通障碍的原因之一。"审计主义与管理主义的盛行，教育中原本应该被保留的'空间'被各种量化的数据所侵占、填满。"现实生活的压力带给导生的紧张、焦虑情绪无疑进一步加剧了已淡化关系的恶化。

"自由与权威之间的张力在于，双方都是以对方为存在的依据，失去任何一方，那么自由就将转换成混乱，而权威则意味着专制。"[1]导师权威和学生权利同样不可或缺，调和处于天平两端的两者，使其保持动态平衡，是维持导生关系和谐融洽的关键。哈贝马斯指出，生活世界融贯于客观世界、社会世界和主观世界。导生关系中不仅需要客观世界与主观世界的沟通交流，导生双方达成共识可接受性，更需要包括学生反馈机制在内的评价监督机制这一规范世界的规制和约束，从而使社会公众认可其规范内容的合理性、程序运行的正当性。

四、人工智能时代"导生关系"的平衡路径

（一）拓宽对话沟通渠道，实现师生情感互动

"没有对话，就没有交流。没有交流，也就没有真正的教育。"[2]对话是理解的前提，理解是共识的前提，共识是合作的前提。信息技术与教育的深度融合，使得知识传递、语言交流突破了时空的界限，但导生面对面沟通交流的空间也被冷冰冰的技术所排挤，而"只有在日常语言的交往互动中才能获得指导我们行动的知识和规范，而生活世界就是这种知识的来源"[3]。语言的有效性需要满足相互交织的真实性、正确性和真诚性，这三种因素分别从语言的内容、语言的社会认可度以及语言者的意向表现出来。

导生通过内容真实的对话，在社会公认的规范原则下达成双方一致的意见。因而，导生间线上＋线下的互动交融模式不可或缺。导生之间线下固定时间面对面的真诚"对话"有助于相互间的理解、共识的达成，实现有效沟通，以预防和化解矛盾和冲突。除此之外，导师回应与反馈的及时性、真诚性，也是影响其对话交流有效性的重要因素。"晓之以理，动之以情；导

1　[德]卡尔·斯贝尔斯：《什么是教育》，邹进译，生活·读书·新知三联书店1991年版，第70-83页。

2　[巴]保罗·弗莱雷：《被压迫者教育学》，顾建新、赵友华、何曙荣译，华东师范大学出版社2001年版，第70-83页。

3　张向东：《理性生活方式的重建》，载《哈贝马斯政治哲学研究》，中国社会科学出版社2007年版，第57-58页。

之以行，持之以恒。"

"育人者必先育己，立己者方能立人。"导师要赢得学生的信任，使学生"亲其师，信其道"，"尊其师，奉其教"，就必须搭建师生互信的平台。"育人的根本在于立德。"导师必须具备一定的专业知识素养、教育文化素养和自我品德修养。须不断加强自身建设，符合为人师表的时代要求，同时遵循教育规律，循序渐进、深度学习。对学生不可揠苗助长，脱离教育的自然法则。

"教育是一种情感实践"[1]，但因人工智能没有情感，更无法进行道德伦理的价值判断，即便是强人工智能"类人化"的表达，也无法替代教师进行情感沟通、道德熏陶、精神激励等层面对学生的言传身教和互动相长。人工智能"心"的缺失、"情"的缺席，需要导生对话沟通来弥补。正如石中英所言，"对话会时刻吸引着师生全身心地投入，在对话中相互敞开无限制的探索，在平等中，双方的精神接受对话的洗礼与启导"[2]。

教育即生活，存在于人际关系的社会交往互动中；教育即生长，主体在尊重其生活的客观世界的环境、规律的基础上，充分发挥自我主观能动性。"交往行为者总是在他们的生活世界的视野内运动；他们不能脱离这种视野。作为解释者，他们本身与他们的语言行动同属于生活世界。"[3]可在一定限度内借鉴欧洲的"导师制"，严格规定导师的职权、职责以及导生见面次数等，以强化导师的育人理念和责任意识，实现学业导师和人生导师双重角色的统一。

（二）提高导生信息数据公开度，提高双向选择匹配度

院校可制定相关政策，通过导师分流、研究生分流，使适合科研、愿意科研的学生匹配与之诉求相应也愿投入科研的导师。

导生双选前信息公开较少，相互了解缺失，导致双选后导生关注方向不一，激化矛盾冲突。"哈贝马斯认为，只有通过参与者在相互作用中达到对他们相互提出的有效性声明的交互主体性的肯认，理性才以协调行为的动机起作用。"[4]因此，完善导生互选机制，重视双选规范尤为重要。大数据信息公开可以有效提升导师和学生信息公开透明度，使双方更好地选择与自身诉求相符合的导师／学生，有助于建构具共同目标、双向协调互动的导生关系。

（三）强化在职导师教育知识培训，培养学业与人生双重导师

研究生需要怎样的知识，导师是否具备及如何教给研究生所需要和其想要的知识很重要。广博的知识是基础，导生交流思想的碰撞离不开导师宽厚的文化素养和专门的知识素养。

研究生同样有精神需求，应关注其心理需求与情感以及个性化能力。研究生已是成年人，学校与导师对其心理照顾的忽视，极易引发导生隐性冲突，闭塞导生之间知识交流的渠道。知识学识门槛水涨船高，良好充分的教育固然可以提升人的素养与品德，但学历与人品从不是天然成正比的。加强研究生导师教育学和心理学系统知识的学习与实践，在教育方面提高导师准入门槛实属必要。

1　刘庆昌：《教育是一种情感实践》，《河南师范大学学报（哲学社会科学版）》2017 年第 4 期：143-151 页。
2　石中英：《人作为人的存在及其教育》，《北京大学教育评论》2003 年第 2 期：19-23 页。
3　［德］哈贝马斯：《交往行动理论》，重庆出版社 1994 年版，第 58-61 页。
4　闫燕：《交往视域中的思想政治教育》，人民出版社 2011 年版，第 36-38 页。

导师的启发性教育在促进学生独立思考和发展辩证思维等方面扮演着无法替代的角色。推进导师反思学习，实现导师"研究者角色"。《学记》有言："故学然后知不足，教然后知困。知不足，然后能自反也；知困，然后能自强也。故曰：教学相长也。"科研是导生关系联结的纽带。"科研使教授和学生定向，把教学和学习合拢来成为促进知识的一个无缝的承诺之网，铸成了一个紧密的科研－教学－学习连结体。"[1]人工智能时代对导师的专业技能提升和现代技术应用提出了很高要求，在这一方面，出现了"弟子不必不如师，师不必贤于弟子"的现象。导生作为现代人工智能技术的平等学习者，在一定程度上有利于导生平等交流、教学相长。导师作为教育的研究者和改革者，同样需要问题意识和反思能力。利用人工智能技术，对学生的指导、教学、科研等进行量化考核评定，从中发现自身缺失并加以完善。

（四）完善导生权益保障与申诉机制，优化导师考核奖惩机制

加强监督评价，促进导师考核规范改革优化，将教学指导纳入奖惩机制制度环境的制约。在研究生教育这一场域下，导生关系受学校行政制度、教育管理制度以及社会系统制约。

"缺乏平等互信的师生关系，也就无所谓主体间的深度高质量的交流，生命内涵的领悟，乃至启迪其自由天性。"[2]话语权失衡，导师监管机制的缺乏，学生救济机制狭窄，加剧导生危机。"出于求知的需要、交往的需要、自我呈现或者消遣娱乐的需要，新兴网络技术在链接研究生个性化诉求，丰富研究生群体网络社会生活的同时，也在弱化传统导学一体育人模式下的导师引导地位。"[3]

美国心理学家马斯洛的需要层次理论中，生理需要、安全需要、归属与爱的需要和尊重的需要属于缺失需要，求知与理解的需要、审美的需要、自我实现的需要属于成长的需要，导生关系中最重要的缺失需要是爱与尊重。在安全、尊重的氛围下，才能营造民主、公正、尊重、理解的导生关系，搭建起导生间平等互信的对话平台。

五、结语

德国存在主义哲学家雅思贝尔斯在其专著《什么是教育》中指出，"教育意味着一棵树摇动另一棵树，一朵云推动另一朵云，一个灵魂唤醒另一个灵魂"。研究生导师在研究生教育中扮演着学业导师和人生导师等多重角色，对研究生培养发挥着举足轻重的关键作用。面对人工智能技术带来的传统"导生关系"的"失序"困局，可以哈贝马斯的交往行动理论为借鉴，从"主体间性""语言""理解""沟通情境"出发，破解情感漠化、信任危机、权责失衡等"失序格局"，探寻促进导生关系良性互动的平衡路径。笔者认为，首先应拓宽导生对话渠道，实现师生情感互动；其次提高导生信息数据互通透明度，提高双向选择匹配度；再次，强化在职导师专业及教育知识培训，培养学业与人生双重导师；最后，完善导生权益保障与申诉机制，

1 ［美］伯顿·克拉克：《探究的场所——现代大学的科研和研究生教育》，王承绪译，浙江教育出版社 2001 年版，导言第 1 页。

2 陈文美、郑忠：《导师与研究生学术共同体内涵阐释与路径构建》，《科教文汇》2024 年第 10 期：8 页。

3 徐礼平：《数字社会研究生导师立德树人的内涵拓展、实践困境与突破方略》，《学位与研究生教育》2023 年第 10 期：48－53 页。

优化导师考核奖惩机制。质言之，平衡路径贵在"诚""信"二字。"诚"为真诚、坦诚，"信"为信任、信仰。搭建导生平等互信的沟通桥梁，需要"捧着一颗心来，不带半根草去"的真诚，"尺有所短，寸有所长"的坦诚，"言行一致""严慈相济""亦师亦友"的信任，以及"与时俱进""教学相长"的学习信仰。

参考文献

[1] 刘铁芳.什么是好的教育：学校教育的哲学阐释[M].北京：高等教育出版社，2014.

[2] [德]尤尔根·哈贝马斯.交往行为理论：第1卷[M].上海：上海人民出版社，2004.

[3] 叶澜.教育概论[M].北京：人民教育出版社，1996.

[4] [美]保罗·弗莱雷.被压迫者教育学[M].顾建新，赵友华，何曙荣，译.上海：华东师范大学出版社，2001.

[5] 段德智.主体生成论：对"主体死亡论"之超越[M].北京：人民出版社，2019.

[6] 夏明月，华梦莲.哈贝马斯的商谈伦理对社会秩序整合的意义及其限度[J].伦理学研究，2020（06）：41-48.

[7] [德]哈贝马斯.现代性的地平线：哈贝马斯访谈录[M].上海：上海人民出版社，1997.

[8] [德]哈贝马斯.交往行动理论[M].重庆：重庆出版社，1994.

[9] 汪永安，孙增耀.从导学一体到数智嵌入：研究生思想政治教育引导力的时代转向[J].学位与研究生教育，2024（07）：26-33.

[10] 胡炳仙.教育即生成：雅斯贝尔斯《什么是教育》解读[J].煤炭高等教育，2007（01）：43-45.

[11] [德]卡尔·斯贝尔斯.什么是教育[M].邹进，译.北京：生活·读书·新知三联书店，1991.

[12] [巴]保罗·弗莱雷.被压迫者教育学[M].顾建新，赵友华，何曙荣，译.上海：华东师范大学出版社，2001.

[13] 张向东.理性生活方式的重建[M]//哈贝马斯政治哲学研究.北京：中国社会科学出版社，2007.

[14] 刘庆昌.教育是一种情感实践[J].河南师范大学学报（哲学社会科学版），2017（04）：143-151.

[15] 石中英.人作为人的存在及其教育[J].北京大学教育评论，2003(02)：19-23.

[16] [德]哈贝马斯.交往行动理论[M].重庆：重庆出版社，1994.

[17] 闫燕.交往视域中的思想政治教育[M].北京：人民出版社，2011.

[18] [美]伯顿·克拉克.探究的场所：现代大学的科研和研究生教育[M].王承绪，译.杭州：浙江教育出版社，2001.

[19] 陈文美，郑忠.导师与研究生学术共同体内涵阐释与路径构建[J].科教文汇，2024（10）：7-10.

[20] 徐礼平.数字社会研究生导师立德树人的内涵拓展、实践困境与突破方略[J].学位与研究生教育，2023（10）：48-53.

新形势下研究生教育"导辅协同"培养模式探究

周心恺

（湘潭大学）

摘　　要　党的二十大报告首次把教育、科技、人才一体部署，这鲜明地体现出党和国家对教育领域的高度关注。研究生教育是中国高等教育的核心环节之一。新形势下，随着研究生招收规模的扩大，研究生教育现已迈进新时代，踏上新征程，面临新任务。如何提高研究生的教育质量是当前教育工作者急需认真思考的一个重要课题。本文主要关注研究生辅导员和研究生导师两个角色，从导辅协同培养的现实困境出发，梳理分析二者协同育人存在的能力不够强、制度不够完善等问题，提出构建研究生辅导员与研究生导师协同育人的具体举措，健全培养机制，提高培养质量。

关 键 词　"三全育人"；研究生教育；导辅协同培养；教育质量

作者简介　周心恺（1994—　　），湘潭大学化工学院研究生思政干事，讲师。联系电话：17752812583；电子邮箱：297000237@qq.com。

高校对研究生的思想政治教育过程中，最为重要的问题在于：在研究生思想政治教育中，能否理清"导辅"协同的现实困境、明确"导辅"协同的内涵与要求、遵循"导辅协同"的基本思路、构建"导辅协同"的工作模式。

一、导辅协同培养的现实困境及归因分析

（一）"导辅"协同培养意识存在不足

目前，部分研究生导师仍然有着较为陈旧的观念，认为作为一名研究生导师，"导师负责制"的重点是学业而不是其他事务。然而，对于研究生辅导员来说，他们的工作焦点主要集中于通过研究生思想政治教育来实施他们的职责，并将自身视为主要责任人而往往忽略了同样重要的研究生导师这一群体。因此，双方各自独立地开展工作，导致研究生思想政治教育工作存在主体的"单边化"，产生了一系列过于局限的观念，例如"导师主导科研""思想政治教育完全由辅导员承担"等等。此外，基于实际情况，研究生辅导员通常需要管理大量的研究生，日常琐事非常多，没有时间和精力经常与研究生导师交流。除非出现重大事件，否则不会主动联系研究生导师，从而低估研究生导师在研究生思想政治教育中的作用，形成了对研究生工作的偏见。比如，当评选研究生奖学金或资助金的时候，研究生辅导员可能会与导师商议，了解学生

状况。而在其他时候，几乎从不主动找导师谈话。另一方面，大多数情况下，研究生导师只关注学生的科研进展，也很少主动询问研究生辅导员关于学生的其他信息，如心理健康、日常生活等。

（二）"导辅"协同职责划分存在单一性

从职责来看，辅导员的主要工作是学生的思想教育、党团建设、奖励资助和心理健康辅导等学生日常事务管理；而导师通常是由专业教师担当，他们的主业在于传授专业知识并开展学术探索，因此他们常常觉得研究生的思想教育工作、学术道德建设等工作应该交给辅导员去做，自己无须参与，从而忽略了自己作为研究生培养全过程的责任担当者角色。从职能划分来看，导师隶属各学院管理范畴，不同的学院可能会有不同的职责分派给导师，除了需要依照学院的规定执行教学任务之外，还需要定期出席学院或者学校的学术研讨活动；但是很多情况下，他们在完成了这些学术讲座之后就会迅速离场，没有担负好教育部规定的在研究生思政教育中的首要责任人义务。实际上，在实际工作中，辅导员和导师两者往往各自为政，独立行动，很少进行常规性、长期性的对话和互动，当学生遇到困难时，双方总是互相推诿，使得问题得不到妥善解决，这种现象常让学生感到不满。教育部《普通高等学校辅导员队伍建设规定》要求，"高等学校应按总体师生比不低于 1:200 的比例设置专职辅导员岗位，按照专兼结合、以专为主的原则，足额配备到位"。但是在现实课堂上，辅导员的人员不足现象在全国各地的高等学府都是一种常态，而且研究生辅导员管理的研究生数量有时甚至可以高达 200 以上。由于承担着大量的研究生日常管理任务，研究生辅导员往往感到身心疲倦，当遇到紧急情况时，他们很难同时处理所有事情并全面思考问题，这可能导致疏漏和不足。而随着研究生招收人数的增加，导师也同样需要负责更多的学生，不仅增加了他们的教学负担，而且科研责任也在不断加重。另外，导师的工作报酬较低或者没有足够的科研资金也会影响其工作的热情，从而降低他们在研究生教育方面的关注度。

尽管国家和相关的政策法规都对研究生导辅关系中关于研究生思政教育的责任分配作了清晰的规定，然而实际却往往存在过度界定各自角色的问题：专职负责学生工作者主要专注于诸如生活事务处理、资助贷款支持及心理咨询等方面的工作；而作为专业教师角色的导师则更注重研究能力和学习进度的提升。这种职责分工导致他们忽视了协同培养的效果——既没有充分利用他们的资源来提高整体的教育质量又可能削弱他们在某些特定领域的影响力。此外，导师也缺乏一定的思想政治教育方法和技巧，导师权威性的优势在研究生思政教育方面未能完全发挥出来。

（三）研究生培养"导辅"协同制度构建不全

制度是推动研究生思想政治教育工作深入发展的基础，首先是关于思想政治教育合作的相关制度安排的缺失及不合理。具体来说，当前对研究生思想政治教育的整体规划并不完善，缺乏相关协作管理的制度指导，并且在研究生思想政治教育协作管理工作制度的管理上存在着统筹管理不够的问题。其次，目前尚无有效的监管手段来确保思想政治教育协作机制的有效运行。最后，目前的激励政策并未完全满足思想政治教育协作的需求。现有仅是对研究生指导教师和研究生辅导员日常职务的奖励，而未有明确的针对协同培养效果的奖赏，这使得协同培育的效果无法得到充分发挥，无法驱动协同培养的积极性。

二、当下构建研究生导辅协同培养机制的内涵及要求

（一）强化研究生导师和辅导员的协同教育是实施研究生思想政治教育的责任所在

教育部在 2010 年颁布的《教育部关于进一步加强和改进研究生思想政治教育的若干意见》（教思政〔2010〕11 号）和 2017 年颁布的《普通高等学校辅导员队伍建设规定》（教育部第 43 号令）中明确说明了导师和辅导员在研究生思想政治教育中的责任。这两支思政人队伍都必须承担政治职责，需要加强协调规划，保持良好的沟通，共同努力推动研究生思想政治教育工作，发挥互补优势，实现工作效果的增强。

（二）强化研究生导师和辅导员协同培养是推动高等院校"双一流"发展的必由之路

当前世界处于百年未有之大变局，而高等教育的"双一流"建设必须紧紧围绕其核心使命——"立德树人"，以满足国家和全球经济发展的需求。我们应充分利用新冠疫情后的社会经济发展趋势，推动我国由"教育大国"迈向"教育强国"，全方位深化并执行人才培养体系的综合改革，打造涵盖三个维度的"大思政"育人模式。如今，研究生群体的组成日益多样化，他们的经验和生活观念各异，这使得他们在接受教育的过程中会遇到各种新的难题和挑战。通过研究生辅导员和研究生导师协同培养的教育方式可以更有效地保证研究生人才培养的高品质，针对每个学生的特点制定个性化的教学策略，同时遵循他们成长进步的规律，确保思想政治教育渗透到学生学习、日常生活及未来职业生涯的每一个环节中，使之与学校发展相互匹配，与党和国家的命运共呼吸，进一步增强全员育人成效。

（三）强化研究生导师和辅导员的协同培养是提升研究生思想政治教育效果的力量源泉

研究生思想政治教育工作对比本科学生思政工作，情况更为繁杂多样化，其个人特征也更显著，因此增加了这项工作的教育难度。与此同时，随着社会的发展需求，研究生思想政治教育的内容也在不断扩展，仅依赖单一力量的努力无法保证有效的培养效果。由于研究生导师们经常直接与学生互动并非常了解他们的学习情况，他们便成为主要的责任人，通常研究生导师都有丰富的学识和社会阅历，拥有丰富的指导方法来传播正确的世界观、人生观和价值观。此外，因为学生对导师有一种自然的尊敬态度，所以这种关系更有利于推动思想政治教育的入脑入心。另一方面，研究生辅导员是一个专业的思想政治教师团队，通常具备一些教育学和心理学的专业素养，而且队伍更加年轻化，能以亦师亦友的方式与学生交流，从而成为他们的贴心伙伴。这样的协作模式可以弥补研究生导师与辅导员在思想政治教育上的各自不足之处，形成一种全方位、个性化和系统的思维教育框架。

三、研究生"导辅"协同培养育人路径分析

（一）优化顶层规划，打造协同培养的良好氛围

要更清晰地界定研究生导师及辅导员的责任分配和角色定义，并确定各个育人主体的发力

点和提高方向。学校层面的研究生教育主管部门和学生工作部门应该增强合作关系，定期交换信息和意见；而在学院层次上，负责研究生管理的党委书记和主导研究生培养的副院长应当更加深入研究研究生的教育发展历程，特别是在思想道德建设方面保持紧密联系。与此同时，我们要重视导师和辅导员的思想政治素养和教育教学能力的发展，并且要处理好研究生辅导员和导师这两个角色的责任认知问题，以建立一种积极互动、相互支持、联合培养的良好氛围和环境。

构建有效的研究生导师与研究生辅导员整合模式，他们分别隶属于不同的职责领域：前者是专任教师，后者则是学工系统教师。这种分离导致了他们的优点无法相互补充并得到充分发挥。因此，相关机构可以通过制定政策来鼓励年轻的研究生导师兼任辅导员职务，让他们专注于研究生的思想政治教育，从工作实践中提升研究生导师思想政治理论水平，更好地教书育人。此外，也可以划拨特定的资金用于资助研究生导师及辅导员共同参与的教学改革研究项目，以期通过这些科研项目的实施来总结出宝贵的经验教训。这样一来，不仅能提升辅导员对理论知识的解析能力，也能强化研究生导师的思想政治教育实际操作技能。

（二）优化评价体系，完善教育培养考核激励机制

首先，要持续改进并提升人才评估及学科考评体系，重新设定思想政治教育的考核比重，以便逐渐消除目前仅凭科研成果来衡量一切的现象。其次，我们要把研究生导师的思政教育表现纳入他们的招生资格、评优评先、职务晋升、职称评定和项目申报的重要依据中去，大力推动优秀的研究生导师的选拔和表扬工作，强化榜样的引导作用。最后，针对时代的变革与研究生培养单位的实际情况，构建一套实用的研究生辅导员和导师共同负责的教育模式，清晰界定他们各自的责任范围和任务分配，对于相互间的合作部分，应当实时交流信息，发挥彼此的长处，实现有效配合。

（三）提升教育训练，改进两个团队的选拔培养体系

对于新任研究生导师，他们的岗前培训至关重要。通常情况下，这些导师具备较高的学术能力、科学素质和端正的职业价值观等，这使得他们在无形之中可以塑造并引导学生的发展方向。所以，为了提升新任研究生导师的各项工作能力，我们需要加强其入职前的培训，特别是思政教育方面，在岗前培训中要安排专门的思想政治教育、师风师德教育专题，同时鼓励那些在这一领域有着杰出成就的教授分享他们的成功案例，以增强研究生导师的责任担当意识，激发他们主动投入到研究生思政教育中的积极性和创造力。唯有系统性的思政教育岗前培训，才有可能使新任导师迅速理解并把握思政教学的核心原则和特性，从而更有效地指导学生的成长发展。

为适应研究生人数及规模的变化，我们需要积极引入并增加高级别的人才来担任研究生导师与辅导员的关键角色。同时，我们要强化这两类人员的职业道德修养和教学技能，以增强他们的育人能力。特别是在评估和选择研究生指导老师时，应注重其思政教育培养质量，实施政治素质和师德师风的一票否决制，从而确保我们在源头上能严格执行立德树人和教书育人关。此外，也须加强对这两个团队的培训，例如邀请具有丰富经验的研究生指导老师或助导分享他们的工作经历和技巧，以便有针对性地提供关于研究生教育和培育学生能力的培训，这样才能真正提升研究生指导老师和助导的思想政治素质，同时也提高新任教师的教育教学质量和水准。

（四）完善沟通渠道，激活两支队伍良性互动机制

研究生辅导员与导师同属高等院校中的教职人员类别，其职责分配略有偏差，然而他们的主要任务都是培育具备全方位能力且高品质的人才。所以，我们需要优化这两种团队之间的联系路径及互动平台，创建定期的信息共享、实时分析和策略讨论系统，以确保这两个核心角色能够积极地互相影响。通过增强他们对于工作的理解度并加深信息的交换，我们可以达到"1+1>2"的效果，从而达成优质的教育成果。

（五）通过网络科技，建立研究生的多元化沟通路径

为了适应时代的进步并利用先进的互联网工具来推动思政教育的在线化进程，我们需要综合考虑线下的教学方式以全方位引导学生们的精神品德塑造及专业的知识技能提升。借助QQ、微信群或者腾讯会话等方式搭建出一种跨越地理限制且不受时间约束的三者实时交互式对话环境是必要的，同时也要提供解答疑难问题的渠道，包括心理咨询服务、资讯传递功能还有资料分享机制等等，从而确保信息的及时传输并且对学生的课程学习给予有效的支持。这种新的方法可以转变传统的教师角色定位——他们不再只是被动地处理各种难题而是积极寻找解决方案的过程中的主角了。此外，数字化或是科技化的应用也能够显著增强我们的管理工作效果及其精确程度。

参考文献

[1] 白云，冷文勇."三全育人"视域下大学生"辅导员－导师"协同育人机制探析 [J].教育教学论坛，2020(44)：97-99.

[2] 任玥.研究生辅导员与导师协同育人工作机制探究 [J].创新创业理论研究与实践，2021（4）：132-133.

[3] 朱丽花.书院制下导师与辅导员"协同育人"模式的探析 [J].大学教育，2021（4）：148-150.

[4] 单既阳，于虹霞，孙怿飞.构建导师和辅导员协同育人的研究生思想政治教育工作机制 [J].文教资料，2020（25）：102-103.

[5] 韩青诺.研究生导师与辅导员协同育人机制的探究 [J].科学咨询，2020（20）：58-59.

[6] 张佳，张强军.研究生导师与辅导员合力育人：价值意蕴、现实困境与路径选择 [J].研究生教育研究，2021（1）：22-28.

产教融合背景下资源与环境专业硕士培养模式的探索变革之路 *

谢承煜 张文涛 傅村 陈姣重

（湘潭大学）

摘　要　针对当前产教融合背景下研究生教育培养途径与机制存在的问题，如产教融合模式"合而不深"，人才培养模式不明确等，本文以湘潭大学资源与环境专业硕士培养为例，旨在优化培养模式以提高研究生培养质量，解决高校与企业人才需求不匹配等问题。提出了三项主要措施：一是凝练资源与环境专业特色，构建与社会需求紧密结合的新时代应用型高层次人才培养模式；二是搭建学校与企业的合作平台，共同培育核心育人模式；三是构建多学科交叉、融会贯通的人才培养机制。文中所述研究不仅为湘潭大学资源与环境专业研究生培养途径拓展与机制优化提供了理论基础，还为其他相关研究提供了参考方向。

关 键 词　产教融合；资源与环境；培养模式；研究生

作者简介　谢承煜（1984—），男，汉族，广西贺州人，博士、副教授、硕士生导师，主要从事安全和应急方面的教学和研究工作。联系电话：18229484803；电子邮箱：xiechengyu42@163.Com。

一、引言

当今，产教融合模式正引领综合型本科高校迈向高质量应用型人才培养的新阶段，以缓解高校与企业间的人才供需矛盾。[1] 近年来，我国针对产教融合领域，制定并推出了一系列旨在培育高质量创新型人才的政策与措施，以推动教育与企业需求更紧密地结合。[2]2017 年，国务院办公厅颁发《关于深化产教融合的若干意见》提出：在当前的发展环境中，深化产教融合已成为推动人力资源供给侧结构性改革的重要且紧迫的任务。[3] 在新时代背景下，全面提升教育质量、扩大就业创业机会、推动经济结构的优化升级以及培育经济发展的新动力，具有深远的战略意义和重大的实践价值。[4]2020 年由教育部和工信部联合发布的《现代产业学院建设指南（试行）》中说道[5]："我们计划在与产业相关且具有本校特色的高校中，建立一批多方主体共同参与建设、管理和资源共享的现代产业学院以培养能够适应并引领现代产业发展潮流的高素质复合型和创新型人才。这些学院将致力于培养具备实践能力和创新思维的复合型人才，以满

* 本文受湖南省学位与研究生教学改革研究项目（编号：2023JGYB134）& 湘潭大学 2023 年学位与研究生教学改革研究项目（编号：YJGYB202367）资助。

足现代产业对人才的需求。"在 2022 年的政府工作报告中，关于职业教育和产教融合的内容得到了重点强调和规划，主要内容有改进专业办学条件和完善产教融合办学制度体系，以培养更多适应和引领现代产业发展的高素质人才。[6] 因此，针对湘潭大学环境与资源学院的资源与环境专业硕士人才培养模式和机制构建不明确，该专业招生范围不够广，生源单一、质量不高，产教融合深度不够等问题，[7] 考虑到我国对高质量综合型人才的迫切需求，以及湘潭大学在教育与科研领域的独特优势和特色，从产教融合的角度出发，对资源与环境专业硕士的培养模式与机制进行深入研究和探索，是当下教育领域中一项至关重要且迫切需要的任务。围绕凝练资源与环境专业特色，构建新时代创新型高层次人才培养模式。[8][9] 探究多学科交叉和融会贯通人才培养机制[10]；以"产教融合"为途径，开展资源与环境研究生实践教学、基地结构分析及合作模式等三个方面研究。[11] 通过融合现场调查、实践调研以及理论分析等多种研究方法，致力于构建一种独具特色的、基于产教融合视角的创新型高层次研究生人才培养模式。这种模式将充分结合湘潭大学的教育资源和优势，以提升研究生的培养质量为核心目标。通过这种培养模式，旨在为新时代的社会和企业培养具备高度综合素质和专业技能的高级技术人才，满足社会和经济发展的需求。[12][13]

二、湘潭大学资源与环境硕士人才培养模式和机制存在的问题

（一）产教融合的培养模式"合而不深"

产教融合的培养模式存在"合而不深"问题。尽管目前已经取得了一定的成绩，但仍存在深度和广度不足的问题。校企合作、产教协同之间缺乏联系纽带，校企合作仍然"校热企冷"。主要表现在：一方面，研究生的岗位实习存在高校和企业分别培养的现象，与企业的合作仅仅流于表面，企业的培养未融入学校教育体系中，只局限于科学研究和技术培养而忽视了核心的素养培养。另一方面，综合研究型高校与企业合作主体的责任和权力划分不明确，缺乏科学完善的分配机制与优惠政策，国家针对资源与环境专业的政策还在不断完善中；同时，在全球经济低迷的影响下，多数企业在参与人才培养的过程中成本持续增加，导致企业参与合作的内驱力不足，兴致也不高。

（二）人才培养模式不明确

高校培养以获得硕士学位为主，尚未完全建立以就业和社会需求为导向的人才培养体系，以企业为主体的培养以营利为主，校企合作的形式仅局限于轮岗实习等，浮于表面。即以"教学主体、产业客体"和"产业主体、教学客体"的教学模式无法兼顾高校与企业的人才培养模式观念。主要原因有：一是课程设置与市场脱节。当前，高校资源与环境专业研究生培养的课程体系未能完全覆盖数字经济下的技能需求。二是实践教学比重相对较轻，学生鲜有机会深入到真实的企业环境中进行实践，这导致了理论教学与实践操作之间的脱节，使得学生的知识转化和实际应用能力受到限制。三是国际化教育水平有待提高，与国际企业市场接轨的课程设置和教育资源有限。

上述因素导致高校与企业在科学项目的研究以及专利成果的转化等方面缺乏深度合作，以

致各类研究项目不能让多元主体形成紧密而广泛的联系。

（三）资源与环境专业硕士招生范围较窄，资源与环境专业宣传力度不够

资源与环境硕士专业是整合环境、工程、生态以及安全的综合型专业，硕士学位培养的研究生应具备环境工程和安全工程领域扎实的基础理论和广博的专业知识，应熟练掌握应用于解决该领域实际问题的先进技术和方法。毕业后，能够独立开展环境工程技术研发、工程设计及运行，并有效进行安全工程管理，成为具备创新思维和实践能力的高层次技术和管理人才。但以湘潭大学环境与资源学院安全工程专业教师培养的30名资源与环境类专业硕士为例，生源学校多为湖南省新升一本及以下学校，生源质量参差不齐，有电子商务、给排水工程、工程造价等专业并不完全对口专业报考。对本校及相关院校安全工程专业学生宣传力度不足，本校学生多报考安全科学与工程学硕士学位，一旦未上报考一志愿院校分数线，难以调剂回本校继续学习，导致生源质量参差不齐，不利于资源与环境硕士专业的发展。

三、应对产教融合视角下研究生人才培养模式的整改措施

（一）凝练资源与环境专业特色，构建符合新时代需求的应用型人才培养体系

首先，制定新时代背景下资源与环境类研究生专业人才培养方案，为构建湘潭大学资源与环境类专业创新型高层次人才培养体系奠定基础。其次，开展社会资源与环境专业需求调研分析和总结，将研究生培养方向与行业、职业的需求，特别是湖南省对资源与环境硕士研究生的素质要求相结合，针对专业特点和需求，开设新的课程。再次，对资源与环境类研究生毕业生跟踪分析，深入了解市场需求情况，加强与行业企业的沟通与联系，注重研究生的实践技能培养，积极做好新时代创新型高层次人才培养工作。同时，有效开展高校与企业合作的科研项目，共同攻克企业实际面对的生产难题，培养符合企业需求的创新型人才，使产教融合的培养模式更加完善。

（二）搭建学校与企业的合作平台，共筑核心育人模式的培育方案

在产教融合的背景下，学校和企业应该共同完善人才培养方案。一方面，学校应该在重理论重技能的基础上，重素养的培养，使合作的企业参与研究生的培养教学过程，共同研究和探讨实践课程的教学模式的改革。对于企业而言，应提高与学校合作的热情，主动向学校传播企业的文化价值理念以及对于研究生核心素养的要求，并与学校两者之间形成有针对性的核心育人模式的培养方案，为企业的长期健康稳定发展奠定人才基础。例如：高校根据企业的需求，定制开发符合企业技能要求的课程体系，共同培养硕士、博士等新时代创新型高层次人才，同时企业也可提供博士后工作站为高校博士提供合作平台，与高校共建实训基地，提供真实的生产环境和实践平台等。

（三）构建多学科交叉、融会贯通人才培养机制

根据资源与环境类研究生的本科专业各异、资源与环境专业知识掌握不全等情况，研究生应结合自身本科学习阶段所掌握的专业知识，划分层次方向，开展多学科交叉、融合型环境与资源类研究生专业人才培养体系建设。课程安排上，可分为通识教育模块、学科基础模块、专

业课模块和专家讲座模块；实践安排上，以教学研究为基础，以企业为依托，并结合制定环境与资源类研究生多学科交叉、融合创新的研究方向，培养复合型高层次人才。同时学校与企业可以相互派遣教师与企业导师，对在校学生和企业员工进行授课和培训，实现师资共享以及交流合作。

四、结论

当今世界正经历着百年之大变局，网络化、信息化以及智能化的技术正在加速崛起，地方省属研究型本科高校既迎来了发展的机遇，也面临着困难与挑战。在国家和地方主管部门牵头开展产教融合的大背景条件下，地方高校与企业唯有不断完善产教融合相关核心育人模式的培育方案，不断丰富和深化产教融合的内涵与研究生素养，构建多学科交叉、融会贯通高层次人才培养机制，探索产教融合、协同育人的建设途径，凝练资源与环境类研究生专业特色，构建新时代复合型高层次人才培养模式，才能有效提升高校高层次人才培养的"质"与"量"，为国家与社会培养更多优质创新型高级技术人才，更好地服务社会，促进国家经济的高质量发展。

参考文献

[1]李春平，张淑荣，冯玮雯，等.应用型本科高校产教融合协同育人改革研究与实践探索：内涵与途径[J].教育观察，2023，12(19)：85-88+110.

[2]林娟颖.产教融合背景下核心素养培养路径探析[J].现代商贸工业，2023，44(19)：118-120.

[3]王晓明，张定华.高职院校现代产业学院产教融合育人模式的研究和探索[J].现代商贸工业，2023，44(10)：111-113.

[4]沈全.产教融合视域下思政课实践教学创新：理论、方法与途径[J].理论观察，2023(07)：145-148.

[5]廖彪，廖鸿冰.论产教融合的内在逻辑与实现途径[J].长沙民政职业技术学院学报，2023，30(02)：89-93.

[6]刘丹青，王宇宁，谢平.新工科背景下产教融合育人的原则、问题及对策[J].中国科技产业，2023(1)：71-73.

[7]刘霞云，莫家业，张艳霞，等.产教融合促进高质量就业创业的困境及对策研究[J].中国现代教育装备，2023(19)：152-154+158.

[8]王泽，百志好，杨林，等.深化产教融合的应用型人才培养模式研究[J].模具工业，2023，49(10)：77-80.

[9]何春月，于晓丽.产教融合背景下高职院校校企合作人才培养模式探讨[J].河北职业教育，2023，7(03)：49-53.

[10]朱海涛.产教融合视角下应用型本科院校变革人才培养模式的路径探究[J].成都工业学院学报，2023，26(1)：86-90.

[11]齐勇.深化产教融合、助推校企共赢途径探究[C]// 中国陶行知研究会.2023年第九届中国陶行知研究座谈会论文集.

[12]杨志慧.产教融合背景下高校创新创业教育实施途径思考[J].四川劳动保障，2023(03)：32-33.

[13]谢静思.产教融合背景下高职院校产业学院建设途径探析[J].大学，2021(46)：45-47.

研究生科教/产教融合培养途径与机制优化 *

周彦 王继东 王冬丽 穆远征 祁祥 张东波

（湘潭大学）

摘　　要　如何实现从研究生教育大国向研究生教育强国转变，科教/产教融合的研究生培养模式具有不可替代的作用。本文的目的在于探索和提出一种更加符合时代发展需求的研究生教育模式，使之更加贴合产业实际需求，培养出更具创新、实践能力的高层次人才。首先深入分析了研究生教育现状，挖掘了当前存在的问题与挑战。其次，给出科教/产教融合培养模式的概念和内涵，对国内外几个典型和成功案例进行深入分析，包括其特点和不足之处。再次，对科教/产教融合机制下研究生培养的可行性和优势进行分析。最后，给出未来的发展趋势和方向，并给出科教/产教融合培养的实践重点和若干建议。

关 键 词　科教融合；产教融合；教育强国；研究生培养

一、引言

目前，我国已建成世界上规模最大的教育体系，党的十八大以来，研究生教育加快高质量发展。2023 年在学研究生人数达 388 万，总规模位居世界第二，已经成为研究生教育大国。研究生教育作为高等教育的重要组成，承担着培养高层次、创新型自主人才的重任，是教育强国建设的先导性、战略性支撑。研究生在攻读学位的过程中，参与科学研究项目，推动学科发展，促进科技创新，为社会经济的发展提供技术支撑。另外，许多研究生在攻读学位期间参与国际性学术交流和合作项目，增进了不同国家之间的相互了解与合作，对于促进国际人才的流动和交流具有重要的作用。

随着社会经济的快速发展和产业结构的不断调整，科教/产教融合的研究生培养模式逐渐受到重视，具有以下意义和优势：①适应产业需求。科教/产教融合培养模式将学校教育与产业需求有机结合，使学生在学习的同时更加贴近实际工作需求，提高了毕业生的就业竞争力。②促进产学研合作。科教/产教融合培养模式促进了高校与企业之间的产学研合作。学校与企业共同参与学生培养计划的设计和实施，加强了双方的合作关系，推动了科技成果的转化和应用。③提升人才培养质量。科教/产教融合培养模式通过将理论知识与实践技能相结合，提高了人才培养的质量和效果。学生在实践中能够更好地理解和应用所学知识，培养了解决实际问

* 本文受湖南省、湘潭大学学位与研究生教学改革研究项目资助。

题的能力。④促进创新创业。科教/产教融合培养模式培养了更多具有创新创业精神的人才。通过与企业的合作实践，学生更容易接触到市场需求和创新机遇，有助于激发创新创业意识，培养创新创业能力。

科教/产教融合研究生培养模式更加符合时代发展需求，更加贴合产业实际需求，能培养出更具创新、实践能力的高层次人才。通过深入研究实践中出现的问题和挑战，例如学校与企业合作机制不完善、教学内容与产业需求脱节等，旨在找出解决问题的有效路径和方法。同时，促进产学研合作更深更广，通过深入研究产业和高校之间的合作模式，探索更有效的合作机制，实现优势互补，推动科技成果的转化和应用。更为重要的是，通过融合产业实践与学术研究，培养具有创新能力、实践能力和团队协作能力的高层次人才，为高等教育的可持续发展贡献力量。

二、研究生教育现状分析与应对

（一）研究生教育现状分析

目前全日制研究生培养有专业学位与学术型学位两种，两者处于同一层次，培养规格各有侧重，在培养目标上各自有明确的定位。前者注重其在学术研究领域的深度和广度，以承担科研任务为主要培养目标。后者则更侧重于培养专业型研究生，强调其在实际工作中的应用能力和实践技能，以适应产业发展需求。

从研究生教育教学模式来说，可以分为传统教学模式、导师制度、科研导向型教学等。目前大多数高校采用传统的课堂教学模式，包括讲座、研讨会和实验课等。教师主导教学，学生被动接受知识，缺乏实践性和针对性。导师制度，即每名研究生由一位导师指导，导师在学术研究方面提供指导和支持，但对于实践能力的培养有一定局限性。部分研究生教育机构和专业倾向于以科研为主导的教学模式，强调研究生的科研能力培养，如科研课题设计、实验操作和论文撰写等。

综上，当前研究生教育呈现出传统教学模式仍然占主导地位、培养目标多样化和课程设置相对丰富的特点，然而，也存在着教学内容与产业需求脱节、实践性教学环节不足、科研能力培养不够充分等问题。需要进一步探索和完善研究生教育体系，以便更好地适应社会发展和产业需求的变化。

（二）存在的问题和挑战

现行研究生教育模式存在的问题和挑战主要包括以下几个方面，同时也凸显了对科教/产教融合培养的需求。

1. 理论与实践脱节

传统研究生教育注重理论知识传授，缺乏对实践能力的培养。学生在学术界的研究和产业实践之间存在明显断层，导致毕业生在实际工作中应用所学知识能力不足。而科教/产教融合培养有助于理论与实践的有机结合，研究生需要通过实践项目、产业合作等形式，将所学理论知识与实际工作相结合，提升实践能力和应用能力。

2. 缺乏行业导向

目前研究生教育模式缺乏针对不同行业的个性化培养方案，导致毕业生在就业市场上面临着不适应行业发展需求的问题。科教/产教融合培养需要更加贴近产业需求，与行业企业合作，了解行业的最新发展趋势和技术需求，有针对性地设计培养方案，培养符合行业要求的专业人才。

3.缺乏实践机会

传统研究生教育中，实践机会有限，学生缺乏与产业界合作的机会，难以获得实际工作经验。而科教/产教融合培养需要提供更多的实践机会，例如实习、项目实践等，让学生能够深入到实际工作中，积累实践经验，提升职业素养。

4.缺乏跨学科和综合能力培养

传统研究生教育过于注重学科专业知识，缺乏跨学科和综合能力的培养，难以适应复杂多变的社会发展需求。科教/产教融合培养需要强调跨学科和综合能力的培养，培养学生的团队合作能力、创新能力和解决问题的能力，使之具备应对复杂问题的能力。

总的来说，现行研究生教育模式存在理论与实践脱节、缺乏行业导向、缺乏实践机会以及缺乏跨学科和综合能力培养等问题和挑战。这对研究生科教/产教融合培养提出了更迫切的需求，通过科教/产教融合培养可实现理论与实践的有机结合，从而更贴近产业需求，提供更多实践机会，同时实现跨学科和综合能力的培养。

三、科教/产教融合培养模式探讨

（一）科教/产教融合培养模式的概念和内涵

科教/产教融合研究生培养模式是指将学术科研与产业实践有机结合起来，通过学校与企业的合作，共同参与研究生培养计划的设计与实施，以提高研究生的实践能力、应用能力和创新能力的一种培养模式。其内涵包括以下几个方面：

1.学校与企业合作。科教/产教融合模式将学校与企业紧密联系起来，建立起长期稳定的合作关系。学校与企业共同参与研究生培养计划的设计、实施和评价，共同承担研究生的培养责任。

2.理论与实践结合。科教/产教融合模式注重理论与实践的有机结合。通过与企业合作，研究生在学习的同时能够参与实际项目和产业实践，将所学理论知识与实际工作相结合，提高实践能力和应用能力。

3.产业导向培养。科教/产教融合模式以产业需求为导向，根据企业需求和行业发展趋势，调整和优化培养方案，培养出符合产业需求的高素质人才，提高毕业生的就业竞争力。

4.实践性教学环节。科教/产教融合模式强调实践性教学环节的设置。除了传统的课堂教学外，还包括实习、实训、科研项目实践等形式，让学生能够深入到实际工作中，积累实践经验。

5.创新创业培养。科教/产教融合模式也注重培养学生的创新创业能力。通过与企业合作，学生可以接触到创新机遇和市场需求，激发创新创业意识，培养创新创业能力。

综上所述，科教/产教融合研究生培养模式的概念和内涵在于将学术科研与产业实践有机结合起来，强调理论与实践的结合、产业导向培养、实践性教学环节的设置以及创新创业能力的培养，旨在培养出符合产业需求、具有创新能力和实践能力的高素质人才。

（二）成功经验和典型案例

研究生科教／产教融合的成功经验和典型案例有很多，下面列举几个典型的案例。

1.清华大学"产学研结合"研究生培养模式。清华大学积极推进"产学研结合"研究生培养模式，与国内外知名企业和科研机构合作，建立了一系列产学研联合实验室和研究中心。研究生在导师的指导下，参与项目研究和产业合作，通过实践项目和科研项目实践，提高了创新能力和实践能力。

2.德国工业大学联盟（TU9）的产学合作项目。德国工业大学联盟（TU9）是德国九所著名工业大学的联盟，它们通过与工业界合作项目，例如建立联合研究中心，提供双学位项目和实习机会等，将学术理论与实际应用相结合，为研究生提供了丰富的实践机会和产业资源。

3.美国斯坦福大学的企业实习项目。斯坦福大学通过与世界各地的企业建立合作关系，为研究生提供了丰富的实习项目。这些实习项目涵盖了各个领域，包括科技、金融、医疗等，让研究生有机会在真实的工作环境中学习和实践，提高了实践能力和就业竞争力。

4.英国牛津大学的产学合作研究中心。牛津大学与众多知名企业合作建立了产学合作研究中心，致力于解决产业界面临的挑战和问题。这些研究中心汇集了学术界和产业界的优秀人才，共同开展前沿科研项目，为研究生提供了实践性的研究机会和职业发展平台。

5.澳大利亚悉尼大学的产业合作项目。澳大利亚悉尼大学与多家澳大利亚本土和国际企业合作，开展了众多的产业合作项目。这些项目涉及多个领域，包括工程、医学、商业等，为研究生提供了丰富的实践机会和职业发展支持。

6.北京大学"双师制"研究生培养模式。北京大学推行"双师制"研究生培养模式，即每位研究生由学术导师和企业导师共同指导。学术导师负责学术指导，企业导师负责实践指导，通过学校与企业的合作，提供更多实践机会和产业资源，促进了研究生的全面发展。

7.南京农业大学"创新实践教育基地"。南京农业大学建立了"创新实践教育基地"，与农业企业和政府部门合作，开展农业科研项目和实践活动。研究生通过参与项目实践和实地考察，提高了农业科技创新和技术应用能力，培养了一批具有农业实践经验的研究生人才。

这些案例充分体现了研究生科教／产教融合的成功经验，通过学校与企业合作，提供更多实践机会和产业资源，促进了研究生的全面发展，培养了一批具有创新能力和实践能力的高素质人才。

（三）可行性和优势分析

科教／产教融合培养模式在研究生教育中具有较高的可行性和一系列优势。主要体现在以下几个方面：

1.有利于培养产业精英。产学融合模式将学术研究与实际产业需求有机结合，培养出的研究生更贴近实际工作需要，具备解决现实问题的能力。研究生在产学合作项目中获得的实践经验和技能培养，提升了他们的就业竞争力，更容易找到理想的工作。

2.培养创新创业人才。注重实践环节和创新项目，培养学生的创新意识和创新能力，有利于他们在未来的工作中提出新的想法和解决方案。通过与企业的合作，学生有机会接触到创业项目和创业导师，获得创业经验和资源支持，为创业提供有力支持。

3.拓展实践机会和资源。科教／产教融合模式为研究生提供了更多的实践机会，包括实习、项目实践、实验室合作等，丰富了学生的学习体验。通过与科研院所或企业的合作，学校能够获得更多的产业资源支持，包括资金、设备、技术等，提升了教学和科研水平。

4.加强产学合作与科研创新。有助于学术界的科研成果转化为实际应用，推动科技创新和产业发展。通过与企业的合作，学术界和产业界能够共同开展前沿科研项目，促进了科研合作与创新发展。

5.提升教育质量和教学效果。产学融合模式强调学术与实践的结合，提高了教育质量和教学效果，培养出的研究生更具全面发展和实践能力。学术导师与企业导师共同指导学生，提供了不同领域、不同视角的指导，使学生能够获得更加全面的培养和教育。

四、案例分析

下面选取具有代表性的三个研究生科教／产教融合培养案例进行深入分析。

（一）清华大学"产学研结合"研究生培养模式

清华大学的"产学研结合"研究生培养模式是该校长期以来在研究生教育方面的一项重要举措，具有如下显著特点：①学校与产业界紧密合作。清华大学通过与国内外知名企业和研究机构的合作，建立了一系列产学研合作项目和实验室。这些合作项目涵盖了多个领域，包括工程、科技、金融等，为研究生提供了丰富的实践机会和产业资源支持。②实践项目和科研项目结合。清华大学的研究生培养模式注重将实践项目和科研项目有机结合。研究生通过参与实际项目和产业合作，既能够获得实践经验，又能够参与学术研究，提升了实践能力和科研能力。③导师团队指导。清华大学建立了一支由学术导师和企业导师组成的导师团队，共同指导研究生的学习和研究工作。学术导师负责学术指导，企业导师负责实践指导，为研究生提供了多角度、全方位的培养支持。

该模式中，研究生通过参与实践项目和科研项目能够获得丰富的实践经验和产业资源支持，更容易获得理想的工作机会。学校与企业合作开展的科研项目，有助于将学术研究成果转化为实际应用，推动科技创新和产业发展。通过参与实践项目和科研项目，学生能够接触到创新机遇和创业导师，激发了他们的创新意识和创业能力。

但是，该模式仍面临着产学合作深度和广度不够的挑战。学校需要进一步拓展产业合作领域，加强与更多企业和研究机构的合作，提高产学合作的水平和质量。另外，学校需要加强对导师的培训和引导，提高他们的教学水平和指导能力。

（二）北京大学"双师制"研究生培养模式

北京大学的"双师制"研究生培养模式是该校在研究生教育方面的一项重要举措，具有如下显著特点：①学术导师与企业导师共同指导。"双师制"研究生培养模式通过学术导师和企业导师共同指导学生，旨在提供多角度、全方位的培养支持。学术导师负责学术指导，企业导师负责实践指导，使学生在学术和实践方面都得到充分培养。②理论与实践结合。该模式注重将理论与实践有机结合起来。学生不仅在学术导师的指导下进行学术研究，还在企业导师的指导下参与实际项目和产业实践，提高了实践能力和应用能力。③产业需求导向培养。"双师制"模式以产业需求为导向，根据企业需求和行业发展趋势调整和优化培养方案。学校与企业共同参与研究生的培养计划的设计和实施，培养出符合产业需求的高素质人才。

但是，"双师制"模式需要加强导师团队的建设和培训。学术导师和企业导师的指导能力和教学水平需要进一步提高，以确保学生得到有效的指导和培养。另外，需要进一步优化课程设置和实践环节设计，确保理论与实践有机结合，提高学生的实践能力和应用能力。

（三）德国工业大学联盟（TU9）的产学合作项目

德国工业大学联盟（TU9）的产学合作项目是德国九所著名工业大学的联盟，他们与工业界的合作关系非常紧密，具有如下显著特点：①紧密结合产业需求。德国工业大学联盟与众多知名企业建立了紧密的合作关系，根据企业的需求和行业发展趋势，开展了多种形式的产学合作项目。这些项目旨在解决产业界面临的挑战和问题，具有较强的实践性和应用性。②双向互利合作。TU9的产学合作项目不仅帮助企业解决了实际问题，还为学校提供了实践机会和科研资源支持。通过双向互利的合作，学校与企业共同推动了科技创新和产业发展。③多样化的合作形式。TU9的产学合作项目涵盖了多种形式，包括联合研究中心、双学位项目、实习机会等。这些合作项目为学生提供了丰富的实践机会和产业资源支持，促进了他们的全面发展和职业成长。

TU9的产学合作项目，通过与企业的合作，学校能够深入了解产业需求和技术发展趋势，推动科技成果的转化和应用，促进了产业的创新发展。为学生提供了丰富的实践机会和职业发展支持，提高了他们的实践能力和就业竞争力。同时，该项目加强了学校与产业界的合作关系，建立了长期稳定的合作伙伴关系。学校与企业共同推动了科技创新和产业发展，为双方的发展提供了有力支持。

但是，TU9的产学合作项目需要加强跨学科合作和团队建设。通过跨学科合作促进不同学科之间的交流与合作，提高解决问题的能力和创新能力。学校需要加强对学生的指导和培养，提高他们的专业素养和创新能力，确保教育质量和培养效果。

五、未来发展的几点建议

（一）发展趋势和方向

未来研究生教育科教/产教融合培养将更加强调跨学科融合、产业合作、国际化合作、创新创业教育等方面的发展，致力于培养具有全面发展、创新能力和实践能力的高素质研究人才，以满足社会和产业的发展需求。具体来说有以下几个主要发展趋势和方向：

1.强化跨学科融合。未来研究生教育将更加强调跨学科融合，不同学科之间将更加密切地合作与交流，培养出具有广泛知识视野和跨学科解决问题能力的研究人才。

2.拓展产业合作领域。继续深化与产业界的合作，拓展合作领域，涵盖更多新兴产业和领域，如人工智能、生物科技、可持续发展等，为研究生提供更多实践机会和产业资源支持。

3.加强国际化合作。进一步加强国际化合作，积极开展国际交流与合作项目，引进国外优质教育资源，为学生提供更广阔的发展平台和更丰富的学术资源。

4.强化创新创业教育。更加注重创新创业教育，培养学生的创新意识和创业能力，鼓励学生勇于探索、创新实践，为创新创业型人才的培养提供更多支持。

5.推动科研成果转化。继续推动科研成果的转化与应用，加强产学研合作，促进科技成果向市场转化，推动科技创新和产业发展。

6.强化导师团队建设。加强导师团队建设，提高导师的教学水平和指导能力，确保学生能够得到有效的指导和培养。

7.结合人工智能技术。未来研究生教育可能会结合人工智能技术，利用大数据和智能化工具为学生提供个性化的学习和指导服务，提高教育质量和教学效果。

（二）实践重点和建议

以下是研究生科教/产教融合实践的重点和几点建议：

1.产学融合的实践机制建设。建立产学合作的长期机制，促进产业界与高校之间的深度融合，可以通过成立产学研联合实验室、建立产学研合作基地等形式来实现。推动形成产学研合作的良好生态环境，政府可以出台政策鼓励企业与高校合作，同时高校也应当主动寻求与产业界的合作机会。

2.专业课程设置和教学模式创新。针对不同行业的需求，重新审视研究生专业课程设置，增加实践性课程和项目实践环节，让学生更好地接触到实际问题和解决方案。推动创新教学模式，例如采用问题驱动、项目驱动等方式，使学生在实际问题中学习，培养解决问题的能力。

3.导师队伍建设和导师制度改革。建立导师评价机制，以激励导师更好地指导学生参与产学合作项目。提升导师的实践能力和产学合作经验，可以通过与企业合作、参与产业项目等方式来提高导师的实践水平。

4.学术评价体系的调整。在学术评价体系中增加对产学合作成果的评价权重，鼓励研究生参与产学合作项目并取得实际成果。改变传统的以发表论文为主要评价指标的做法，更加注重学生的实际能力和实践经验。

5.加强实践基地建设和资源整合。积极引入企业资源，建设实践基地，为研究生提供更多的实践机会和资源支持。加强校企资源整合，充分发挥校企合作的优势，为研究生提供更多的实践平台和资源支持。

六、结论

科教/产教融合的研究生培养模式对于提高研究生培养质量具有重要的作用。本文旨在探索科教/产教融合研究生培养模式的优势和可行性。在研究生教育现状分析的基础上，指出当前存在的问题与挑战。在对国内外几个典型和成功案例进行深入分析基础上对科教/产教融合研究生培养的可行性和优势进行分析，并给出科教/产教融合培养的实践重点和建议，包括实践机制建设、教学模式创新、导师队伍建设、评价体系调整和基地资源整合等。

参考文献

[1]汪霞,周凝,朱琳,等.跨越边界:产教融合协同培养专业学位研究生的新探索[J].学位与研究生教育,2024,(3):17-23.

[2] 王丽丽，贾磊 . 产教融合背景下研究生培养模式创新探索 [J]. 科技传播，2023(03)：98-100.

[3] 张明， 李琳 . 产教融合视域下研究生科教融合培养路径探析 [J]. 教育教学论坛，2022(05)：43-46.

[4] 张浩，赵阳 . 产教融合背景下研究生科教融合培养机制优化研究 [J]. 科技与创新，2021(08)：76-78.

[5] 刘伟，王丽 . 高校研究生科教融合培养机制的实践与优化 [J]. 现代教育管理，2021(06)：56-58.

[6] 张建国，李艳萍 . 高校研究生科教融合培养途径的优化研究 [J]. 教育理论与实践，2022(04)：76-78.

[7] 李晓明，王强 . 研究生科教融合培养模式的优化路径探究 [J]. 教育发展研究，2021(03)：98-100.

[8] 张明，王刚 . 高校研究生科教融合培养途径的创新与优化 [J]. 现代教育科学，2020(09)：112-114.

[9] 李洁 . 专业学位研究生产教融合协同培养体系研究：以材料与化工专业为例 [J]. 学位与研究生教育，2022(12)：6-12.

中医药院校研究生就业及职业发展指导研究

陈海志

（湖南中医药大学）

摘　　要　近年来，随着社会的高速发展，高学历人才需求增多，中医药专业研究生数量也随之逐年增加。当前毕业生就业压力大，中医药专业研究生就业形势日趋严峻。本文初步分析了中医药专业研究生就业困难原因，包括临床实践经验不足、职业规划模糊、就业观念偏离、个人就业能力不足四个方面，并从遵循国家相关政策、搭建校企合作平台、完善就业指导体系三个方面探索当前新形势下中医药专业研究生就业指导的路径，以期为中医药专业研究生就业及职业发展提供新的思路和参考。

关 键 词　研究生教育；就业质量；中医药

作者简介　陈海志（1989— ），湖南中医药大学研究生院教育管理办公室科员。联系电话：18569452802；电子邮箱：1048896418@qq.com。

近20年来，中国高校毕业生数量明显上升。2004年我国研究生毕业生人数约为15.08万人，2024年研究生毕业生已高达117.65万人。[1-2] 高校毕业生就业质量反映了高等教育的质量。研究生教育是国民教育体系的顶端，其在培养创新人才、提高创新能力、服务经济社会发展、推进国家治理体系和治理能力现代化等方面具有重要作用。

中医药是中华民族的宝贵财富。党的十八大以来，中医药事业发展迎来新的历史机遇。以习近平同志为核心的党中央高度重视中医药文化的传承发展。中医药院校是指以培养现代化中医药人才为主要目的的医学类院校，致力于培养德才兼备的现代化中医药人才，以继承和弘扬博大精深的中医药学为宗旨，为国家医药事业不断输送人才。[3] 中医药类院校是中医药事业人才的培育摇篮，加强中医药人才队伍的建设，积极推进中医药院校毕业生的精准就业，对促进中医药传承与开放创新发展是十分必要的。开展中医药专业研究生就业研究，洞悉中医药专业研究生就业的现状、热点与未来趋势等，对于提高研究生就业质量、推动研究生教育发展具有重要意义。

一、中医药专业研究生就业困难的原因

就业是最大的民生，就业情况能够反映人民对生活的满意度，也能够反映经济发展的质量。研究生毕业生是国家宝贵的人才资源，但随着时代的变化，研究生扩招陆续带来了人才市场供需矛盾、高校人才培养体系不完全匹配、创新型人才培养质量下降、研究生就业积极性下降、

服务国家重点建设行业与产业不突出等问题，这些都阻碍了研究生高质量就业的步伐。[4] 除了常见的大环境原因外，中医院校研究生还面临着以下困难。

1. 临床实践经验不足，就业期望值高

中医药研究生分为学术型和专业型。学术型研究生主攻科研，长期于实验室进行实验操作，临床技能掌握较专业型研究生弱。因临床实践经验不足，无法满足公立医院的需求，就业方向比较单一，大多以科学研究所和高校为主。

2. 职业规划模糊，择业意向单一

研究生因社会价值认同度高，普遍呈现对工作的高期望，部分中医药院校研究生长期生活在大学的象牙塔里，专心科研，对社会及自身的认识不足，对工作薪资、工作地点、发展空间及稳定性追求较高，存在求职准备不足、职业规划意识欠缺等问题。职业规划模糊、择业意向单一最终导致毕业求职时四处碰壁，逐渐出现逃避心理，回避竞争、消极待业，从而成为"慢就业"一员。

3. 就业观念偏离，慢就业人员扩增

新形势下，互联网时代产生一系列新兴行业，这为高校研究生毕业生提供了更多选择，但也造成了信息传递的偏差。部分研究生受到个人利益至上及安逸享乐至上等不良价值观影响，片面追求个人兴趣和理想，择业时侧重实现自我价值，反而错过最佳就业时期，不得已加入"慢就业"求职队伍中。其中部分研究生追求工作安逸，就业意向主攻行政机关、事业单位及国有企业等传统观念中的好单位，执着于编制考试，在连续应考中成为"慢就业"的一员。

此外，部分没有家庭经济压力的研究生就业需求不迫切，更有甚者毕业后不愿意面对现实生活，既不实践探索选择就业，也不选择继续深造，而是选择在家待业。主动选择"不就业"的研究生数量呈上升趋势。[5]

部分医学专业毕业研究生因所学专业对口医疗单位较少，个人素质能力与用人单位期望值匹配度低，难以应聘意向岗位，但也不愿意降低就业期待，导致部分研究生进退两难、无法就业，而单位也难以招聘到适合的人才，就业结构性矛盾日益突出。

二、对策与建议

1. 国家建立健全相关政策，鼓励就业

国家层面应鼓励研究生教育通过人才培养、提高劳动生产率、提供科学研究等服务于经济社会发展。研究生的教育规模应该根据经济发展水平、经济产业结构和产业要求进行调整，加强高等教育的预见性；建立人才培养与市场需求相配套的预测机制，完善就业经费保障机制，健全人员保障机制；改善国内经济发展的结构和就业结构，优化国内创业环境，为创业者提供良好的政策环境和平台，继续加快高等教育国际化的步伐。[6-7]

2. 高校完善就业指导体系，开展个性化就业指导

毕业生就业指导在提升毕业生就业质量中发挥着重要作用。目前大部分高校虽成立了就业专干班，但落实不够完善，导致高校、研究生毕业生、用人单位三者间联动性差。中医药类院校培养目标较明确，具有科研与临床相结合的独特优势。就业无小事，高校要从上至下、从里

到外打造全方位的就业指导体系，将培养的优秀研究生毕业生送往用人单位，使培养出来的研究生不负使命，为社会作出应有的贡献。

（1）强化优势，思政工作与就业指导相融合

思政教育工作者与就业指导小组要基于中医药的独特优势，对研究生进行全方位多层次的就业指导，完善中医药专业研究生的就业指导，增加研究生对自身专业的理解和接受程度，加强毕业生们从事本专业相关工作的意愿和信心，树立正确的择业观。同时加大对中医药研究生的就业指导机制，建立专业且有经验的就业指导队伍，以多种方式对研究生毕业生进行就业指导和培训，了解毕业生们的需求，并且熟悉当下中医药类就业市场的现状和实际需要，帮助研究生毕业生们了解目前的就业市场以调整毕业生就业观，拓宽就业渠道，明确就业目标，推动研究生高质量就业。

（2）整合资源，完善就业指导课程建设

高校层面要在课程设置上完善就业服务、政策宣讲、就业心理教育等方面课程。如加强研究生就业指导专职队伍建设、开展职业规划系列活动，将职业生涯规划和指导课程纳入研究生培养方案中。充分整合校友资源和学科资源，及时了解就业市场行业变化和用人单位需求，产教研三方面融合，建立全程化就业指导，确保学生从入学到毕业的就业指导。

（3）责任到人，多方协同精准指导

研究生培养过程中，导师要坚持教书与育人相统一，建立丰富而有效的学术沟通机制以充分了解学生的职业规划，将就业指导贯穿研究生培养全过程，有针对性地提供实践帮助和专业指导，切实履行导师第一责任人职责。专业课教师要做到专业知识教育与职业规划教育相结合，从课堂到市场、从理论到实践，将就业指导融入课程，在知识传授中增强学生的价值和专业认同；辅导员要以服务育人为己任，认真充分了解学生就业择业观，对就业困难毕业生予以切实帮助，注重家校联合，协同各方力量，助力研究生做好职业生涯规划，为研究生毕业生们提供符合实际且有效的指导和帮助。中医药专业研究生，尤其是学术型研究生，平时多注重科研能力培养，实验压力较专业型研究生大。毕业生们面临着毕业论文所带来的科研压力和就业所带来的社会压力，在双重压力作用下，不可避免会产生一些焦虑、敏感和消极的情绪，严重的甚至会造成心理隐患。就业指导组成员要特别关注毕业生的心理动态，开展人文关怀，主动关心毕业生的就业情况及所遇到的困难，同时提供各类就业信息供学生参考，鼓励学生克服焦虑和压力，积极进取，必要时可以进行一对一就业辅导和心理帮扶，提高毕业生们面对困难的心理素质，增加毕业生们的就业自信。

3. 搭建校企合作平台

校企合作是目前公认的新型培养模式，可以有效输出应用型人才。[8] 其基本内容是企业提供资金、设备及场地，高校变革课程教育体系、完善课程设置，学生参与校企合作项目，努力提升综合素质和创新能力，最终实现校企双方共同制定应用型人才培养方案，实现对应用型人才的可持续培养和校企的长期合作与发展。[9] 校企通过紧密合作，医疗机构为学校提供实践平台和临床资源、培养符合自身需求的医学人才来增强企业竞争力，高校能及时了解企业需求和行业动态、调整教学模式以提升教学质量，双方实现互利共赢的局面。这种产教融合形式可以

使毕业生就业率提高，同时在企业中间的融合成本较低，形成良性循环。[10] 根据现在中医药研究生的就业情况来看，虽然校企合作拥有很大的优势，但在中医药研究生的培养方面和校企合作机制方面依然存在不足，所以要基于社会和企业的实际需要对校企合作做出改变，提升中医药专业研究生的实际操作能力、专业知识储备和岗位适应能力，从而使中医药专业研究生更好地定位自己、发展自己，使中医药专业研究生更好地为社会做出贡献。

4. 研究生个人发挥主观能动性、提高创新能力

研究生培养区别于本科生的培养，更加注重专业性和针对性，且研究生的培养注重的是学生的自学能力，即通过教师的引导，自主确定自己的研究方向，通过改进创新，提升自己的科研水平和技术。研究生应该转变就业观念，树立正确的择业观，选择切合实际的就业目标与方向；注重提升自己的专业能力，重视专业基础的学习，关注专业前沿和热点问题；做好职业生涯规划，提高自己的就业素养和就业竞争力。研究生应该多参加实习和实践活动，在实践中运用知识，锻炼沟通、表达等能力，形成自身的独特就业优势，增加研究生在求职时的竞争力。

三、小结

综上，目前我国研究生教育已经取得了长足的发展。随着研究生的不断扩招，市场饱和，研究生毕业生就业问题无可避免是严峻的。我们要正视问题、迎接挑战，建立清晰的认知，完善相关措施，积极做好就业指导工作。然而，新时代背景下中医药专业研究生就业教育管理创新实践与探索是一个长期的持续过程，需要注重实践与创新和多方协同合作，才能不断适应社会的发展和市场的需求。

参考文献

[1] 余利川，夏凡婷，金付洁，等."双一流"建设高校研究生清退预警的动向、问题与优化路径 [J]. 学位与研究生教育，2023(09)：62-69.

[2] 颜廷锴."双一流"背景下导学关系对研究生培养质量的影响与对策研究 [J]. 高教学刊，2022，8(15)：34-38.

[3] 程爱景，温川飙，卢敏，等. 后疫情时代中医院校智慧教育建设 [J]. 中国中医药现代远程教育，2024，22(13)：14-17.

[4] 杨肖，陈钰聃. 高校毕业生就业指导服务体系探索 [J]. 合作经济与科技，2024(15)：78-79.

[5] 赵荣仙，王辛丹，李波，等. 临床医学硕士研究生的就业问题与对策研究 [J]. 产业与科技论坛，2023，22(01)：95-98.

[6] 朱金生，潘予忱，朱华. 双循环促进高质量充分就业的政策绩效及路径分析 [J]. 中国劳动关系学院学报，2024，38(03)：64-79.

[7] 陆根书，董宇婧. 高校毕业生就业政策如何促进就业：基于政策工具的组态分析 [J]. 国家教育行政学院学报，2024(04)：86-95.

[8] 黄小燕. 校企合作模式下民办高校应用型人才培养长效机制研究 [J]. 高教学刊，2024，10(16)：158-161.

[9] 尹爱勇，何璐，吴彬，等. 产教融合背景下的校企合作研究与实践 [J]. 农机使用与维修，2024(05)：136-139.

[10] 周泳. 校企合作中开放大学现实困境及优化路径 [J]. 合作经济与科技，2024(15)：108-110.

基于导师职责构建良性导学关系对医学研究生促进作用研究 *

陈丽 丁雅容 周雨诗 宫海燕 郭乐天 杨柳 师思 黄新宇 谢晨磊 王巍 周忠志 **

（湖南中医药大学）

摘　要　本研究聚焦于导师职责、导学关系以及医学研究生培养之间的关联，通过问卷调查的方式深入探究了这些因素对医学研究生培养质量的影响。研究指出，导师作为研究生培养的第一责任人，其职责的履行直接关系到研究生的全面发展。良性的导学关系，即建立在平等尊重、有效沟通和学术合作基础上的师生关系，对提升医学研究生的自我效能感和坚定专业承诺具有显著的促进作用。问卷调查结果显示，这种关系对提升医学研究生的综合素质和专业能力具有积极影响。因此，立足于社会主义核心价值观，强化导师职责，构建良性导学关系，是提升医学研究生培养质量的重要途径。

关　键　词　导师职责；导学关系；医学研究生培养；问卷调查

作者简介　陈丽（1978— ），女，湖南中医药大学，教授。联系电话：13307314922；电子邮箱：1224909171@qq.com。

社会主义核心价值体系作为党的政治指引，为当前中国意识形态工作提供了坚定的原则与底线。研究生教育作为高层次人才培养的关键环节，在经济发展与社会进步中发挥着重要作用。特别是医学研究生，作为医学领域的重要人才储备，对国家的未来发展具有战略意义。研究生教育质量的提升，离不开导师职责的发挥与导学关系的构建。导学关系作为研究生教育的核心话题，对研究生思想素质和专业技能的培养具有深远影响。因此，本研究从导师职责的视角出发，深入探究如何构建良性的师生关系，以提升医学研究生的自我效能感和坚定专业承诺。通过本研究，我们期望为提升医学研究生的培养质量提供有益的参考，助力我国医学领域高层次人才的培养，为国家的长远发展贡献智慧和力量。

一、以社会主义核心价值观为导向履行导师职责

党的十九大明确提出"将社会主义核心价值观融入医学生教育"[1]的重要任务，为高等医学教育和研究生培养指明了方向。作为培养研究生的第一责任人，导师身负为国家输送医学创

* 本文受湖南省普通高等学校教学改革研究立项项目（编号：HNJG-2022-0139）、湖南中医药大学校院联合教学改革研究项目（2023-JG049）资助，湖南中医药大学省级学科建设项目（中西医结合）；血管生物学与转化医学湖南省重点实验室（No.2023TP1018）。

** 周忠志为通信作者。

新人才、实践人才的重任。教育部颁布的《关于全面落实研究生导师立德树人职责的意见》规定了，导师培养并提高学生的职责，包括思想政治素质和社会责任感、人文关怀和学术道德、学术创新能力和实践创新能力、优化培养条件。

（一）国家层面：社会主义核心价值观引领医学研究生培养

医学研究生培养是国家富强与民族振兴的关键环节。导师们应深刻认识到创新能力的重要性，通过助研计划选拔本科生参与科研，激发他们探索未知领域的热情，鼓励他们提出创新观点和方法。同时，强化实践创新能力培养，通过临床实习等活动，让学生在实践中提升临床技能，为医学领域的发展贡献力量。此外，优化培养环境，提供科研资金、实验设备和学术资源，为研究生创新潜能的发挥创造良好条件。

在研究生教育中，构建和谐的导学关系至关重要。当前导学关系存在障碍，导师过度掌控与研究生畏惧现象并存，阻碍了学术发展和思想独立性。因此，导师应充分尊重医学研究生的学术自由，通过定期举行组会，鼓励学生参与学术讨论和决策，师生之间求同存异，建立平等开放的交流关系。这种导学关系对于培养医学研究生的创新思维和批判性精神、提升他们的自信心和表达能力、宣扬学术民主和学术自由具有重要意义。

导师应该从价值观、伦理观等方面对学生进行引导，让学生树立以患者为中心理念，提升服务质量；同时也应当要求学生恪守学术道德，杜绝学术不端行为。通过开设医学伦理课程、举办学术道德宣讲、制定奖惩措施规范，以医学伦理和医生职业道德为基石，推动新时代医学文明的传承与创新。

综上所述，以社会主义核心价值观为引领，注重创新能力培养、构建和谐导学关系、加强职业道德和学术道德教育，是提升医学研究生培养质量的重要途径。这不仅有助于医学领域的发展，更为国家的长远发展和公众健康福祉奠定了坚实基础。

（二）社会层次：社会主义核心价值观与医学研究生培养融合

医学研究生的培养不仅关乎学术发展，更与社会需求紧密相连。[2] 因此，构建和谐的导学关系对于推动研究生教育与社会需求的衔接至关重要。导师应营造和谐氛围，关注学生成长，提供实践机会与社会资源，加强与社会的合作，确保培养方案与社会需求相适应。

在保障学术自由的同时，医学伦理规范不容忽视。自由与规范相辅相成。[3] 学术自由是创新之基，而医学伦理是保障患者权益的基石。导师应平衡学术自由与伦理规范，通过组织学术活动、加强诚信教育等方式，引导学生恪守学术道德，确保研究成果真实可靠。

公正平等的导学关系是教育公平的核心体现。导师与学生应相互尊重、平等交流，避免导师权威过度，确保学生权益。[4] 同时，导师应公平对待每一名学生，因材施教、挖掘潜能，确保每名学生享有公平的教育资源和指导。此外，学生间的平等亦应得到重视，消除性别、背景等差异带来的不公，营造公正平等的学习环境。

综上所述，以社会主义核心价值观为引领，构建和谐导学关系、保障学术自由与医学伦理规范相统一、建立公正平等的导学关系，是推动医学研究生与社会融合的关键举措。这不仅有助于提升研究生教育的质量和效率，更有助于培养具备社会责任感、人文素养和创新能力的医学人才，为社会的健康发展和公众福祉作出积极贡献。

（三）个人层次：社会主义核心价值观塑造医学研究生个人素质

在医学研究生的个人素质培养中，社会主义核心价值观发挥着至关重要的作用。近年来，许多高校更多地聚焦于科研任务的完成，忽视了研究生的思想政治教育与爱国主义教育，这一倾向导致部分研究生在爱国思想和行动上出现了偏离，甚至选择为国外效力。[5]面对这一问题，导师应肩负起引导研究生树立正确的国家观念的重任。通过加强思想政治教育和爱国主义教育，使学生深刻理解个人发展与国家需求之间的紧密联系，培养他们的爱国情怀与使命感。这不仅是对国家政策的响应，更是对研究生全面发展的必要保障。

医学研究生的敬业精神是其未来职业发展的基石。导师应以身作则，积极践行敬业精神，为学生树立榜样。通过引导学生培养严谨治学、精益求精的医学精神，使他们在学术研究和医疗实践中都能展现出高度的责任感和使命感。这种精神的培养不仅有助于学生的个人成长，更能为医学事业的进步贡献力量。

然而，当前学术环境中存在的"唯论文"现象和学术不端行为对医学研究生的学术道德和诚信提出了严峻挑战。[6]面对这一问题，导师应坚决杜绝这种不良风气，教导学生坚守学术诚信，维护学术的纯洁性。同时，导师还应关注学生的毕业压力和竞争问题，为他们提供必要的支持和帮助，缓解他们的焦虑情绪。

在导师与学生的互动中，友善且冷静的教育方式尤为重要。这种教育方式能够更有效地触动学生的内心，产生深远的教育影响。导师应以沉稳之态面对教育中的种种问题，向学生传递积极的力量，帮助他们更好地成长。[7]同时，导师还应深入关心学生的生活与学习，构建和谐的师生关系，为学生的学习和成长创造良好的环境。

以社会主义核心价值观塑造医学研究生的个人素质是一项长期而艰巨的任务。导师应肩负起这一重任，通过加强思想政治教育、培养敬业精神、维护学术诚信以及采用友善且冷静的教育方式等途径，全面提升医学研究生的个人素质。这将有助于培养出更多具有高尚道德情操、坚定理想信念和扎实专业知识的医学人才，为国家的健康事业和人民的福祉作出积极贡献。

二、良性导学关系的理论构建

学者王燕华认为导学关系是在学术逻辑基础上建立起来的一种教育关系，其本质也是一种社会关系，是以学术为轴心的理性交往，它不仅体现了教师与学生之间基于知识传授的学术交往关系，而且涵盖精神交往和道德教化关系。[8]刘志等学者深入探讨了导学关系的复杂性，强调其为知识传承与创新的复杂网络，不仅涵盖学术指导，还涉及科研合作与情感交流。[9]陈恒敏进一步指出，导学关系兼具伦理性与经济性，二者因价值取向差异可能引发冲突。[10]高原则揭示了研究生教育中导学关系的一种异化现象，其主要表现为"利益逻辑"的凸显，[11]甚至有学者直接称之为"主奴关系"。[12]综合以上观点，在探讨研究生与导师之间的关系时，我们提出一个多维度的概念框架。从狭义上讲，研究生导师与研究生之间的关系（简称导学关系）是指在研究生教育过程中，研究生与导师之间的互动、影响和互信状态，它以学术、科研活动为基础，并作为一种"师承"关系贯穿于导师和学生的生涯始终，主要包括师生在交往过程中的角色、位置、行为。从更广义的角度来看，研究生与导师之间的关系还可以被理解为朋友、长辈和家人的关系。在这种关系中，研究生和导师的关系并不仅仅是简单的学术引路人与探索者的单一关系，而是朋友、长辈家人关系的一个融合。一方面，导师以情育人，言传身教，帮助研究生树立正确的人生观、价值观、世界观。另一方面，研究生也将导师视为家人和朋友，将学习生活中的喜怒哀乐与导师分享，听从借鉴导师的建议和帮助。因此，我们提倡在研究生教育中构建一种以情育人、师生共融的良性导学关系。这种关系不仅能够促进研究生的学术发展，还能够培养他们的综合素质和道德品质，为他们未来的职业生涯和人生道路奠定坚实的基础。

（一）构建良性导学关系的措施

在高等教育领域，构建良性的导学关系对于促进研究生的全面发展与学术研究的深入创新具有举足轻重的作用。这一关系的建立，需要导师与学生双方共同努力，从平等尊重、有效沟通以及学术合作等多个层面培养。

1. 构建平等尊重的师生关系

构建良性导学关系的基础是建立相互尊重平等的师生关系。孔子是在我国最早倡导"平等尊重的师生关系"的杰出教育家。他曾说："三人行，必有我师焉；择其善者而从之，其不善者而改之。"在师生交流学习中，他指出二者间不仅应相互学习、尊重对方的优点，还应从对方的不足中吸取教训，以平等尊重的态度为基础构建良性导学关系。如今，在现代教育背景下，我们更加注重师生间的平等对话与深度合作，尊重学生的个性与差异，努力营造一种和谐、包容的学术氛围。建立起这种师生关系，有助于学生的全面发展，推动学术研究的深入与创新。

然而，要实现这样的理想状态，我们首先需要明确双方的角色定位与职责。导师作为学术道路上的引路人，在教学过程中应当根据学生的不同特质和潜能，进行有针对性的指导和教育，以时刻保持对学生个性、兴趣和需求的尊重。在对学生个体差异的尊重的同时，也确保了教育资源的有效利用和学术研究的深入发展。特别是在与学生的交流中，导师应以平等的态度与学生相处，耐心倾听他们的诉求和困惑，并鼓励学生表达自己的想法和观点。同时，导师还应尊重学生的选择和决定，给予他们足够的自主权和发展空间，避免对学生施加不必要的压力或限制。而学生作为学术探索的主体，尊重导师的专业知识和经验是必需的。要相信导师在学术领域深耕多年，积累了丰富的知识和经验，他们对学生们的指导和建议往往能够起到指明方向的作用。因此，学生在与导师的交流中，应虚心接受导师的教导，认真领会导师的意图，努力将导师的宝贵经验转化为自己的学术素养和能力。在平等尊重的基础上，导师和学生可以就学术问题展开深入的讨论和探讨，共同寻找解决问题的途径和方法。这种交流方式有助于增进彼此的理解和信任，使师生之间的关系更加和谐融洽。

2. 建立师生间有效沟通与互动的机制

建立一个有效沟通与互动的机制对于促进良性导学关系的深化具有至关重要的作用。通过确立规律的交流时段，如每周或每月一次的学术讨论会，导师和学生得以定期集结，分享各自的研究动态，共同探讨遇到的问题，确保双方的研究能协调推进。除了传统的面对面交流方式，现代科技为我们提供了更多便捷的沟通渠道，包括电子邮件、即时通信工具等在线平台，使得导师和学生能够突破时空限制，随时随地进行交流。这种灵活多样的沟通方式不仅提高了沟通效率,也加强了双方之间的联系和互动。在沟通与互动过程中,及时的反馈与指导同样不可或缺。导师应定期为学生提供反馈,明确指出他们在研究中的优点和不足,并给出具体的改进建议。这种反馈机制对学生来说至关重要,它不仅有助于他们及时纠正偏差、优化研究方法,还能促进他们在学术探索中持续成长。同时,学生也应积极向导师反馈自己的学习和研究情况,让导师了解他们的研究进展和遇到的问题,以便导师能够更好地调整指导策略,提供更有效的帮助。

有效的沟通与互动机制能够确保信息的畅通无阻,加深导师与学生之间的相互理解和信任。这不仅有助于解决研究过程中出现的问题,还能够推动双方在学术道路上共同成长和进步。通过这样的机制,可以建立起一种基于相互尊重、理解和支持的导学关系,为学术研究的深入和创新提供坚实的基础。

3. 促进双方的学术合作与共同成长

促进学术合作与共同成长是构建良性导学关系的重要一环。在学术合作中,导师与学生互为师生,相互学习,共同进步。导师凭借丰富的学术经验和深厚的专业知识,为学生指明研究方向,解答疑惑;而学生则以独到的眼光和创新的思维,为导师带来新的研究灵感和视角。这种相互学习、相互启发的过程,不仅促进了双方学术水平的提升,更增进了彼此之间的了解和信任。同时,共同成长是学术合作的必然结果。在学术合作中,导师能够不断更新学术理念和方法,保持对学术前沿的敏锐洞察力;而学生则可以在导师的指导下逐步走向成熟,成为未来学术领域的中坚力量。此外,学术合作还可以培养学生的团队精神和协作能力。在合作过程中,学生需要学会与他人沟通、协调和分工,这样才能更好地适应团队环境,充分发挥个人优势,为团队做出贡献。这些能力的提升对于他们未来的职业生涯也至关重要。

这种合作模式不仅可以培养学生的学术素养和综合能力,还可以提升导师的学术影响力和研究水平,实现双方互利共赢、共同成长。因此,导师和学生应该积极探索和实践这种合作模式,共同为学术事业的繁荣和发展做出贡献。

(二)良性导学关系的实效

在医学研究生的培养过程中,良性的导学关系对提升医学生的自我效能和坚定专业承诺起着至关重要的作用。“自我效能”概念源自班杜拉在 1977 年提出的理论,它是指一个人在进行某种活动前,对自己能否有效地做出某一行为的主观判断。[13] 对于医学研究生而言,这种自我效能感不仅关乎他们的学术发展,更直接影响到他们在未来医疗实践中的自信和能力。在良性导学关系中,导师和医学研究生之间建立了相互信任、理解和尊重的基础。这种关系让医学生感到包容、支持和尊重,从而大大增加了他们的自信心。当面临医学研究的复杂挑战和临床实践的重大决策时,这种自信增强了医学研究生对克服困难、为患者提供更好的医疗服务的信心。同时,积极的导学关系也激发了学生的学习动力。在这种氛围下,他们更加看重自身的价值和潜力,愿意投入更多的时间和精力去探索医学的奥秘。他们更愿意尝试新疗法、研究新药物,不断追求自我完善、不断提升自己的能力。这种积极的学习态度使他们能够更好地掌握医学知识和技能,为将来成为优秀的医学人才打下坚实的基础。

在专业承诺方面,健康的导师关系使医学生更加热衷于并专注于他们的专业领域。连榕教授提出的职业承诺,对于医学研究生来说,不仅是对所学医学专业的坚定认可,也是他们愿意竭尽全力、不断进取的积极态度。[14]首先，导师向学生传授专业知识和临床经验，传授的内容不仅限于理论层面，还涵盖临床实际操作、病例分析和前沿医学进展等，这帮助学生深入、全面地了解医学专业，建立了对医学专业的基本认知。通过与导师的密切交流和学习，医学研究生逐渐明确自己的职业发展方向和目标，为未来的医学生涯打下坚实的基础。其次，在平等尊重的导师关系中，医学研究生可以自由表达自己的意见和兴趣。导师认真倾听学生的想法，鼓励他们根据自己的兴趣深入探索医学领域。这种支持性的学习环境有助于培养医学研究生对专业的热爱和兴趣，使他们更愿意投入时间和精力在学习和研究上。最后，通过与学生建立深厚的联系和互动，导师可以帮助研究生认识到他们作为医学专业人员的责任和使命。这种责任感不仅体现在对患者的治疗和护理上，也体现在对医疗事业的贡献和推动上。医学研究生将在导师的指导下更加认真地学习和工作，努力提高专业素质和能力，为医疗行业的进步和发展做出更大的贡献。

总之，良性的导师关系对医学研究生的自我效能和职业承诺有重大影响。通过与导师密切合作并向导师学习，医学研究生建立了信心，提高了自我效能，并对医学产生了浓厚的兴趣和热爱。这种关系不仅有助于医学生个人的成长和发展，也为整个医学界的繁荣进步注入新的活力。因此，建立积极的导师关系是医学生研究生教育阶段的一项重要任务，旨在培养更多具有自我效能感和职业承诺的优秀医学人才。

三、良性导学关系对医学研究生的促进作用实证研究与机制分析

（一）调查对象与样本选择

本次调查对象为湖南中医药大学的研究生，包括硕士研究生和博士研究生。样本选择采用随机抽样的方法，以确保样本的代表性和广泛性。调查共发放问卷150份，回收有效问卷120份，有效回收率为80%。

（二）数据收集与处理

数据收集采用问卷调查的方式，通过线上问卷和纸质问卷相结合的方式向研究生发放。在数据收集过程中，对回收的问卷进行了严格的筛选和整理，确保数据的完整性和有效性。数据处理使用专业的统计分析软件，进行数据的录入、整理和分析。

（三）描述性统计分析

1. 样本特征

调查结果显示，参与调查的研究生100%来自湖南中医药大学，其中女性占比达到75.31%，显示出该校研究生中女性较为集中的特点。在年级分布上，研一学生占69.14%，研二学生占18.52%，研三及以上学生占12.35%，表明大部分调查对象为低年级研究生。（见图1）专业方面，临床医学专业居多，其次是中西医结合和基础医学，这符合医学院校的学科特点。

2. 导师职责的发挥

在学术指导方面，高达65.05%的医学研究生对导师的学术指导给予了极高的评价，表示非常满意，另有28.16%的学生表示比较满意。这一数据体现了大多数研究生对导师的学术指

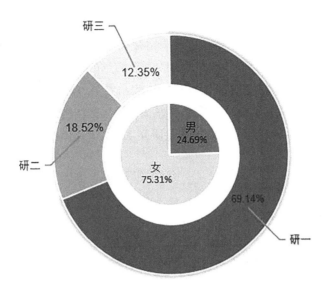

图 1　样本分布特征

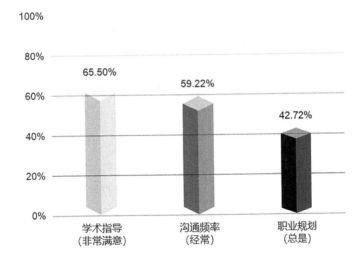

图 2　导师职责的发挥

导持有正面评价。在沟通频率上，有 59.22% 的医学研究生表示导师会经常与学生们沟通研究进展和遇到的问题，有较高的沟通频率。这种高频率的沟通确保了科研项目的顺利进行，促进了师生之间的深度理解与合作，为学术研究的深入提供了有力保障。在生活和职业规划方面，有 42.72% 的医学研究生表示导师总是给予学生们足够的支持和建议。（见图 2）这一比例凸显了导师在研究生成长道路上扮演着学术引路人的角色，是学生人生道路上的重要导师，支持学生的全面发展。

3. 导学关系的构建

在导学关系的主导作用上，72.82% 的研究生认为导学关系应是教师与学生相互协作、共同学习的模式，而非单纯由教师主导或学生自主。这表明研究生更倾向于一种平等、互动的导学关系。在关系类型上，59.22%的研究生表示与导师之间建立了亦师亦友的亲密关系，31.07%认为是严谨的学术师徒关系，9.71%认为是较为疏远的指导与被指导关系。在沟通频率上，54.37%的研究生表示经常与导师沟通，35.92%表示偶尔沟通，仅有少量研究生表示很少或几乎不沟通。在沟通效果上，59.22%的研究生认为与导师的沟通非常有效，能够解决问题；34.95%认为比较有效但仍有改进空间；仅有少量研究生认为沟通效果较差。（见图3）

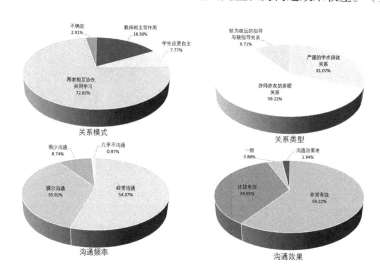

图3　导学关系的构建

4.现有导学关系的影响

在导学关系对学术成长的促进作用上，45.63%的研究生认为作用非常大，46.6%认为作用比较大。这表明研究生普遍认为与导师的导学关系对他们的学术成长具有积极影响。在与导师的合作对科研能力和创新思维的影响上，50.49%的研究生认为极大地提升了他们的科研能力和创新思维，45.63%认为有所提升。在对自己在医学领域学术能力的信心上，29.13%的研究生表示非常有信心，48.54%表示比较有信心。在是否愿意长期从事医学相关职业上，42.72%表示非常愿意，48.54%表示比较愿意。（见图4）

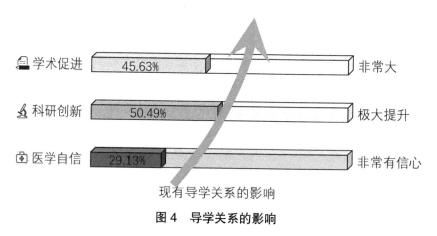

现有导学关系的影响

图4　导学关系的影响

（四）相关性分析与回归分析

为了进一步探究各因素之间的关联程度以及影响因素的作用机制，我们进行了相关性分析和回归分析。

1.相关性分析

通过相关性分析，我们发现导师的学术指导满意度与研究生对导学关系的满意度呈显著正相关关系（$r=0.78$），表明导师在学术指导方面的表现对导学关系的质量有重要影响。同时，导师与研究生之间的沟通频率也与导学关系满意度呈正相关关系（$r=0.63$），说明沟通是构建良好导学关系的关键因素之一。此外，我们还发现研究生对自己在医学领域学术能力的信心与导学关系满意度也呈正相关关系（$r=0.52$），说明良好的导学关系有助于提升研究生的学术自信。

2.回归分析

为了深入探讨不同因素对导学关系的具体影响，我们以导学关系满意度为因变量，以导师的学术指导满意度、沟通频率和研究生对自己学术能力的信心为自变量进行了多元线性回归分析。结果显示，这三个自变量对导学关系满意度均呈现显著的正向促进作用。其中，导师的学术指导满意度对导学关系满意度的影响最明显（$\beta=0.56$），其次是沟通频率（$\beta=0.28$），最后是医学研究生对自己学术能力的信心（$\beta=0.16$）。这一结果进一步验证了相关性分析中的发现，并揭示了各因素在影响导学关系中的相对重要性。

3.结果讨论与解释

（1）导师在医学研究生教育中扮演着重要角色：导师在学术指导、沟通频率和生活职业规划等方面对医学研究生有着重要影响。导师的悉心指导和关心支持有助于激发医学研究生的学习积极性和创新能力，促进学生的全面发展。

（2）导学关系类型影响医学研究生学术成长：那些医学研究生与导师建立了亦师亦友的亲密关系，他们在学术成长方面表现更为突出。这表明在导学关系中，除了学术指导外，情感交流和人文关怀同样重要。亦师亦友亲密的师生关系有助于建立师生之间的信任感，提高有效沟通效率，推动医学研究生的学术成长。

（3）医学研究生对导师的期望与建议：医学研究生对导师的期望不仅仅停留在学术指导方面，还期望导师在生活和职业规划等领域给予更多支持和建议。同时，他们也期待学校或学院在导师培训中加强沟通技巧、学生心理发展和学习需求等方面的培训，以更好地促进导学关系的发展。

四、建议与展望

强化导师专业发展。学校或学院应提升导师的专业素养，特别是在学术研究指导、有效沟通以及学生心理发展等关键领域。通过举办研讨会、工作坊等活动，促进导师之间的知识共享和经验交流，拓宽导师的视野，激发创新思路。

促进师生互动，建立亲密的导学关系。在导学关系中，应鼓励师生之间的情感交流和人文关怀。学校或学院可以通过组织师生联谊活动、座谈会等方式增进师生之间的了解和信任感建立亦师亦友亲密导学关系模式满足医学研究生在情感和学术上的双重需求。

完善导师评价体系。建立科学合理的导师评价体系对导师面向学生的学术指导、沟通频率和生活职业规划支持等方面进行全方面评价。通过评价结果激励导师不断改进，提高医学研究生的培养质量。

参考文献

[1] 刘志.研究生导师和学生关系问题何在：基于深度访谈的分析[J].教育研究，2020，41(9)：104-116.

[2] 林丹霞，卢穗华，张丽玲.导师制下医学类民族生社会主义核心价值观培育研究[J].广东职业技术教育与研究，2019(06)：38-40.

[3] 张钧.理性与管控：研究生导生和谐关系构建路径[J].教育探索，2024(02)：41-46.

[4] 闫守轩，赵先魁.规制抑或自由：研究生师生交往的价值冲突与选择[J].研究生教育研究，2023(05)：13-19.

[5] 邵成智.师生民主平等关系的辩驳与审思[J].当代教育科学，2023(07)：12-18.

[6] 董丽颖.加强研究生思想政治理论课中爱国主义教育研究[D].河北科技大学，2022.

[7] 蔡圳阳，陈志永，周驿然，等."双一流"建设背景下研究生学风建设的价值意蕴、现实困境与策略探赜[J].高教学刊，2024，10(09)：30-33+37.

[8] 王燕华.从工具理性走向交往理性：研究生"导学关系"探析[J].研究生教育研究，2018(01)：60-66.

[9] 刘志.导生关系的内在规定、对象范围及基本特征[J].学位与研究生教育，2020(12)：4-9.

[10] 陈恒敏.导师、研究生关系的内在属性冲突及其超越：兼论一元主义雇佣关系的建构[J].江苏高教，2018(1)：69-72.

[11] 高原，陈小乐.研究生教育阶段师生关系异化的新制度主义审视[J].黑龙江高教研究，2022，40(11)：86-91.

[12] 郭友兵.研究生师生关系的异化困境及其伦理超越[J].学位与研究生教育，2019(02)：6-11.

[13] 张和新.基于课程行动研究的高职教师课程领导力提升策略[J].邯郸职业技术学院学报，2020(4)：72-77.

[14] 连榕，杨丽娴，吴兰花.大学生的专业承诺、学习倦怠的关系与量表编制[J].心理学报，2005，37(5)：632-636.

立德树人背景下医学研究生临床科研能力融合培养的优化对策*

周忠志 丁雅容 黄新宇 杨柳 师思 宫海燕 周雨诗 郭乐天 谢晨磊 王巍 陈丽

（湖南中医药大学）

摘　要　在立德树人教育理念的指导下，医学研究生的临床科研能力培养成为医学教育的重要任务。本文通过分析当前医学研究生临床科研能力培养的现状，提出了一系列优化对策，旨在实现临床实践与科研能力的深度融合，培养具备高度职业素养、创新能力和社会责任感的医学研究生。

关键词　立德树人；医学研究生；临床科研能力；对策

作者简介　周忠志（1974— ），湖南中医药大学第一附属医院，主任医师。联系电话：13574860381；电子邮箱：3z_cl@163.com。

"加强和改进研究生思想政治教育是完成高校立德树人根本任务、培养社会主义建设者和接班人的需要。"在社会主义现代化国家建设的新征程中，推进研究生思政教育改革创新路径，是高校更好落实立德树人根本任务的内在要求。[1] 教育部八部门在《关于加快构建高校思想政治工作体系的意见》中明确指出，要将"立德树人"理念全面贯彻和融入高等教育教学全过程，着力构建高校思政教育工作体系。医学研究生是推进新时代医疗卫生事业建设的后备力量，肩负维护人民健康，建设"健康中国"的时代重任。[2.3] 因此，医学院校贯彻落实党和国家关于高校思想政治教育的重要方略，创新研究生思政教育新模式，探索研究生思政教育新路径，培养德艺双馨、医术精湛的高层次医学人才，具有重要的时代价值和现实意义。

一、现阶段医学研究生临床科研能力融合教育现状和存在的问题

医学硕士研究生是高等教育培养的高级专业人才，是高质量医疗和科研人才的重要保证，是国家医学事业发展的基石。随着近年来国家研究生教育规模扩大，一系列问题也逐渐凸显，如何保证研究生的培养质量，培养出具有临床科研能力的医学研究生，已成为高等医学院校教育改革研究的主要任务。[4] 立德树人理念强调在教育中注重培养学生的品德和道德观念，同时促进其全面发展，特别是将理论与实践、临床与科研相结合的能力。然而，当前医学研究生在临床与科研能力结合方面存在一些问题亟待解决。当前，医学研究生的培养面临多重挑战，其

* 本文受湖南省普通高等学校教学改革研究立项项目（HNJG-2022-0139）、湖南中医药大学校院联合教学改革研究项目（2023-JG049）资助。

中最显著的是临床实践与科研思维的融合不够深入。[5]许多研究生在临床实践中过度侧重于技能的掌握和病例的处理，而忽视了将实际经验转化为科研价值的重要性。这种趋势导致了临床实践与科研活动的脱节，使得临床经验难以转化为科研成果，从而制约了学生全面医学素养的形成和满足现代医学对综合型人才的需求。此外，一些医学院校和医院的研究生教育体系中，临床实践与科研活动相对分离，使得研究生难以将理论知识与临床实际紧密结合，进而影响了其科研创新能力的培养。这种分离现象不仅体现在研究生个人层面，更体现在教育资源分配不均和师资力量不足等结构性问题上。[6]随着研究生数量的增加，实验室设备、临床实习机会等资源的相对匮乏，以及缺乏具有丰富临床和科研经验的指导老师，都限制了研究生在临床与科研方面的全面发展。同时，现实因素如学制较短、临床实习与科研工作地点分散等也增加了两者结合的难度。更为关键的是，当前医学研究生的科研诚信和学术道德意识还有待加强，以确保科研工作的真实性和可靠性。综上所述，促进医学研究生临床实践与科研思维的深度融合，需要教育机构、师资团队以及研究生自身的共同努力和改进。

二、立德树人视角下医学研究生临床科研能力融合的重要意义

（一）立德树人是医学教育的根本任务

立德树人在教育中的重要意义逐渐凸显，党的十八大明确立德树人是教育的根本任务，是高校的立身之本；党的十九大报告进一步指出要全面落实立德树人根本任务；党的二十大报告重申，"育人的根本在于立德"，进一步凸显立德树人的重要地位。[7]习近平总书记指出："全面贯彻党的教育方针，落实立德树人根本任务，培养德智体美劳全面发展的社会主义建设者和接班人。"医学是一门探究人类生命奥秘与促进健康福祉的学科，医生的职责是保障人民的健康和生命安全，其从业者不仅需要精湛的医术，同时也需要具备高度的道德责任感。[8]在建设医疗强国的征途上，在立德树人的时代背景下，培养新时代的医学研究生，医学研究生导师需要充分发挥其激发和引导作用。导师在研究生培养过程中扮演着至关重要的角色，他们不仅负责指导学生的学术成长，更是他们成才道路上的重要引路人。导师与学生共同度过的学术生涯是一段相当长的时光，在此期间，导师的才学、品性以及价值观等都将对学生产生深远的影响。[9]自古以来，我国便高度重视构建师生间和谐互动的关系，并在博大精深的中华优秀传统文化中，对如何培养良好的师生关系进行了丰富的阐述和探讨。《论语·子罕》曰，"夫子循循然善诱人，博我以文，约我以礼"，鼓励研究生导师在丰富和拓展学生的知识领域的同时借助礼仪规范来引导和约束学生的行为举止。习近平总书记强调："人才培养，关键在教师。""学校要立德树人，教师要当好大先生。"立德树人背景下，党和国家对研究生导师在研究生培养方面寄予了厚望也提出了明确的要求。医学研究生导师在立德树人方面扮演着至关重要的角色，他们不仅致力于传授医学领域的专业知识和技能，更在塑造学生的道德品质、提升职业素养以及培养社会责任感方面，发挥着不可或缺的重要作用。因此，要全面落实医学研究生导师立德树人职责，充分发挥其引导作用。

（二）临床科研能力是医学研究生的核心素养

随着医学科技的发展，临床医生需要敏锐捕捉临床中的问题，通过实验设计，验证并解决

问题，从而推动医学科学的进步。因此，培养医学研究生的临床科研能力显得尤为重要。[10]首先，临床科研能力有助于医学生深化对医学知识的理解与掌握。通过参与科研项目，医学研究生能够接触到最新的医学研究成果和技术进展，从而不断更新和拓展自己的知识体系。这种持续的学习过程有助于医学生更好地理解疾病的发生机制、诊断方法和治疗方案，从而为其未来的临床实践打下坚实的基础。其次，临床科研能力能够培养医学研究生的创新思维和解决问题的能力。在临床科研过程中，医学研究生需要提出科学问题、设计实验方案、收集和分析数据，并从中得出结论。这一过程不仅锻炼了医学研究生的科研技能，还培养了他们的批判性思维、逻辑思维和创新思维的能力。此外，临床科研能力也是医学研究生提升职业竞争力的关键因素。通过参与科研项目并发表高质量的学术论文，医学研究生可以展示自己的才华和潜力，从而增加未来就业或深造的机会。最后，临床科研能力还有助于医学研究生为医学领域的发展做出贡献。通过科研，医学研究生可以探索新的治疗方法、预防策略或诊断技术，为改善人类健康状况和提高医疗水平做出贡献。这种贡献不仅可以体现个人价值，也推动了整个医学领域的进步。临床科研能力对医学研究生而言具有重要意义。因此，在医学教育过程中，应注重培养医学研究生的临床科研能力。

（三）立德树人与临床科研能力融合的必要性

立德树人与临床科研能力两者相互促进，共同为培养具有精湛医术、高尚医德和卓越科研能力的新时代医学人才提供了坚实的基础，为推动医学事业的进步和发展做出积极贡献。[11]一方面，立德树人的教育理念可以引导医学研究生明确科研工作的社会价值和意义，增强科研工作的使命感和责任感，使医学生能够以更加坚定的道德信念和人文关怀精神投入到临床科研工作中，确保科研活动的道德性和人文关怀性。另一方面，通过临床科研能力的培养，医学生能够更好地掌握科学研究方法，提升科研素养，为未来的医学实践提供科学依据和创新动力。因此，立德树人与临床科研能力的融合是医学教育的重要方向，二者融合在提高医学研究生临床水平的同时培养了医学生的道德品质、人文素质和社会责任感，使他们成为兼具高尚医德、精湛医术的有人文温度的新时代医学人才，完成由医学研究生向卓越临床医生的蜕变。应积极做好二者的融合，发挥一加一大于二的作用，为党育人、为国育才，为祖国未来的医疗健康事业做出积极贡献。

三、立德树人视角下医学研究生临床科研能力融合实践创新思路

医学研究生临床科研能力融合是深化医学教育改革、培养高素质医学人才的重要方向。立德树人作为教育的根本任务，应加强师德师风建设，提高教师的职业素养和教学水平，发挥教师的榜样作用，引导学生形成良好的品德和行为习惯，强调在传授知识的同时，注重培养学生的道德品质、创新精神和实践能力。在医学研究生的培养过程中，将立德树人的理念与临床科研能力融合实践相结合，有助于培养具备高度社会责任感、扎实临床技能和科研创新能力的医学人才。

（一）加强医学研究生思想政治教育，落实立德树人根本任务

加强医学研究生思想政治教育，落实立德树人根本任务，是新时代高等教育的重要使命。

医学作为一门关乎人类生命健康的学科，其从业者必须具备高尚的医德和严谨的医风。因此，在临床科研能力融合实践中，应加强对研究生的医德医风教育等思想政治教育，引导树立正确的价值观和职业观，注重患者利益，尊重生命，遵守医学伦理规范。

1. 创新思想政治教育方法

针对医学研究生的特点和需求，应创新思想政治教育方法，提高教育的针对性和实效性。例如，可以采用案例教学、小组讨论、角色扮演等互动式教学方式，引导医学研究生积极参与和思考。此外，还可以利用新媒体技术，如在线教育平台、微信公众号等，拓展思想政治教育的渠道和形式。

2. 加强师德师风建设

教师是立德树人的关键力量。应加强师德师风建设，提高教师的职业素养和教学水平，发挥教师的榜样作用，引导学生形成良好的品德和行为习惯。加强医学研究生的思想政治教育，必须重视师德师风建设。学校应建立健全师德师风考核机制，加强对教师的培训和监督，确保教师能够以身作则、言传身教，为医学研究生树立良好的榜样。

3. 强化思想政治教育实践环节

实践是检验真理的唯一标准，也是加强医学研究生思想政治教育的重要途径。学校应鼓励医学研究生积极参与临床实践、志愿服务、党建活动等，通过亲身体验和实际操作，加深对思想政治理论的理解和认识。同时，学校还可以与医疗机构、社区等合作，建立实践教育基地，为医学研究生提供更多的实践机会。

4. 完善评价体系

为了确保思想政治教育工作的有效实施，需要完善相关的评价体系。这包括制定明确的评价标准，将思想政治教育成果纳入医学研究生的综合评价体系中，以及建立奖惩机制，激励优秀的思想政治教育工作者和医学研究生。

（二）加强医学研究生实践创新能力，落实立德树人根本任务

加强医学研究生的实践创新能力并落实立德树人的根本任务，是一项综合性的教育工程，需要从多个维度进行深入探索和实践。

1. 临床实践创新能力培养

（1）基础理论培养。医学研究生需要掌握扎实的医学基础理论、基本知识和基本技能。这包括对人体生理、病理、药理等方面的深入理解，以及临床诊断和治疗的基本方法。通过开设相关课程及病例讨论会、专科指南学习等，引入临床真实案例，通过系统的学习和实践，帮助研究生应独立、规范地承担本专业和相关专业的常见多发病诊治工作。

（2）加强临床实践教学环节。在医学研究生的培养过程中，应增加实践教学的比重，如临床实习、病例分析、实验操作等，让学生在实践中深化对理论知识的理解，提升解决实际问题的能力。研究生需要在导师和上级医师的指导下，参与管理病人，进行病史采集、体格检查、病历书写、诊断、鉴别诊断、治疗及临床操作技能的培养。通过积极参与疑难病例讨论和科室业务学习，不断提高自己的临床思维能力和解决临床实际问题的能力；鼓励轮转与本专业相关的学科，了解不同领域的临床实践和技术进展。

（3）创新临床实践教学模式。探索和推广以问题为基础的学习（PBL）、以案例为基础的学习（CBL）等创新教学模式，激发学生的主动性和创造性，培养批判性思维和创新精神。

（4）建立临床实践创新平台。通过搭建实验室、临床研究中心等平台，为学生提供良好的实践创新环境，推动医学研究生实践创新能力的提升。

（5）总结临床病例，发表临床或科普文章。在导师指导下，收集临床病例相关信息，组织学生对病因、严重程度、治疗经过、预后情况等进行全方位的自主讨论分析，总结学习成果，撰写并发表临床相关论文及科普文章。建立相关公众号平台，发表临床科普宣传文章等对社会进行宣传科普。

2. 科研实践创新能力培养

（1）建立科研基础牢固的师资队伍。组建课题成果丰富、具有坚实的科研基础、对学科前沿热点把控精准、掌握先进教学理念的医学研究生指导老师队伍，为学生提供学术交流、专题培训、基础实验操作等机会与平台，帮助学生独立思考，提升自我创新能力，建立科研思维。

（2）开设创新课程学习培训。开设专门的创新课程，请专业科研人员对学生进行科研创新相关知识宣教，增加科研入门和文献检索方法培训、论文写作、PPT制作和汇报答辩技巧等专题讲座或学术沙龙，加强学生基础教育的内涵更新和外延拓展，形成综合全面的知识体系，鼓励学生积极参加并从中学习分析和解决问题的思路及方法，培养创新意识和能力。学生在掌握创新理论与方法、创新设计原理、基本的科研和创新方法技术后，可促进思维方法的融合贯穿，培养创新意识和设计能力。通过参与培训活动，逐渐培养学生建立起科研思路，尝试撰写科研综述和项目申报书。

（3）加强实验室建设。提供先进的实验设备和充足的实验空间，确保研究生有足够的条件进行实践操作和创新研究。此外，实验室应建立健全安全管理制度，保障研究生的实验安全。

（4）增加实践机会、拓展能力。鼓励申报和参与中西结合科研创新项目，参加指导老师的科研课题或自拟题目申报创新创业项目，并请富有经验的教师进行指导，引导学生接触创面修复相关在研课题、文献，明确该课题的研究意义、研究方向以及文献的主要内容，尤其注意掌握该课题的研究关键点，同时对目前国际在研究该课题上的实际情况有一个清晰认识。定期检查学生的科研项目，通过汇报总结，锻炼学生解决实际问题的能力，使其有效发挥创造才能，并增强克服困难的恒心与毅力。同时在各种科研项目活动中建立选拔制度，帮助指导优秀的学生参与申报国家级、省级以及学科创新创业基金项目，提升学生参与科研创新活动的信心与动力。在以上基础上，鼓励学生进实验室，学习动物实验、分子实验等基本实验操作，做好与实验相关的数据记录，定期汇报实验进展，全方位提供实践机会，拓展能力。

（5）完善评价体系。建立以实践创新能力为核心的评价体系，将实践成果、创新能力等纳入评价范围。通过评价体系的完善，引导研究生注重实践与创新，提高整体培养质量。

（6）激励实践创新成果。对于在实践创新方面取得突出成果的研究生，应给予相应的奖励和荣誉，激发他们的创新热情和积极性。

医学研究生临床能力的培养是一个全面、系统的过程，需要学校、医院、导师和研究生共同努力。通过加强临床实践、拓宽知识面、注重科研和教学能力的培养，可以培养出具备高度专业素养和临床实践能力的医学人才，为医疗卫生事业的发展做出贡献。

（三）加强对医学研究生人文关怀，落实立德树人根本任务

在临床科研能力融合实践中，除了注重临床技能和科研能力的培养外，还应关注研究生的心理健康、人际交往、团队合作等方面的素质提升。营造良好的人文氛围利于激发学生的科研热情和潜能，是推动其进行临床科研创新的源动力。加强对医学研究生的人文关怀是医学教育中的重要一环，有助于培养具有深厚人文素养和高度社会责任感的医学人才。

1.建立人文关怀教育课程体系。在医学研究生的课程设置中，应增加人文关怀相关课程，如医学伦理学、医学心理学、医学社会学等。这些课程可以帮助研究生更深入地理解患者的需求和心理，提升他们的人文素养和沟通技巧。

2.加强临床实践中的人文关怀教育。在临床实习过程中，导师应引导研究生关注患者的身心健康，学会倾听患者的声音，理解患者的痛苦和困扰。同时，通过模拟训练和案例分析等方法，培养研究生与患者进行有效沟通的能力，提升他们的沟通技巧和解决问题的能力。

3.组织丰富的文化交流和社会实践活动。通过参与志愿者服务、社会调研等活动，让医学研究生深入了解社会不同群体的需求和疾苦，增强他们的社会责任感和同理心。同时，可以邀请医学人文领域的专家学者开讲座和与之交流，拓宽研究生的视野和知识面。

4.建立健全的研究生心理支持系统。医学研究生的学业压力大，临床实践中的挑战多，因此，建立健全的心理支持系统至关重要。学校可以设立心理咨询中心，为研究生提供心理咨询和疏导服务。同时，导师也应关注研究生的心理状态，及时给予关心和帮助。

5.营造良好的人文关怀氛围。学校可以通过举办医学人文论坛、医学文化节等活动，弘扬医学人文精神，增强研究生对医学事业的使命感和责任感。同时，在校园内营造尊重患者、关爱生命的文化氛围，让研究生在潜移默化中受到熏陶和感染。

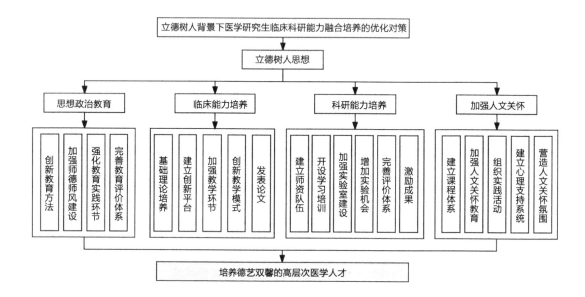

立德树人视角下医学研究生临床科研能力融合实践创新思路

加强对医学研究生的人文关怀需要从多个方面入手，包括建立人文关怀教育课程体系、加强临床实践中的人文关怀教育、组织丰富的文化交流和社会实践活动、建立健全的研究生心理支持系统以及营造良好的人文关怀氛围等。通过这些措施的实施，可以培养出一批既具备专业技能又富有人文关怀精神的医学研究生，为未来的医疗事业做出更大的贡献。

四、探索和实践取得的育人果

医学研究生的培养过程正日益注重临床科研能力的深度提升、社会责任感的深刻认识、临床实践的深化与提升以及学术交流与合作的拓展。在科研能力的培养上，他们通过学习实验知识、参与临床科研项目，被鼓励从实践中发现问题，并运用创新思维寻找解决方案。这种新型的培养模式不仅提升了他们的科研能力，还培养了他们的创新精神和批判性思维能力。同时，通过定期组会上分享最新的医学文献，在导师的指导下，研究生们学习到先进的科研方法和技术，为未来的医学科研工作打下了坚实的基础。而在论文写作与发表方面，参与科研项目积累的实验数据和临床经验为论文写作提供了丰富的素材。

在社会责任感的培养上，医学研究生们在临床实践中深刻认识到医学伦理和人文关怀的重要性，学会了如何在临床工作中尊重患者、关爱患者，为患者提供高质量的医疗服务。同时，他们也将目光投向了社会热点问题，如慢性疾病的预防与管理、基层医疗服务的提升等，通过科研活动为解决这些社会问题提供了有力的支持。

临床实践是医学研究生不可或缺的一环。通过参与临床实践，他们不仅掌握了基本的临床技能，还学会了如何将这些技能应用于复杂的临床情况中，从而显著提升了临床实践能力。

此外，医学研究生还积极拓展学术交流与合作。他们通过参与学术会议、学术研讨等活动，不仅拓宽了自身视野，了解了医学研究的最新动态，也为他们未来的医学研究和职业发展奠定了坚实的基础。这些交流与合作的机会有助于他们与同行建立联系，共同推动医学研究的进步。

本文通过分析当前医学研究生临床科研能力培养存在的问题，提出了一系列优化对策。通过课程体系优化、实践教学环节加强、科研导师队伍建设以及跨学科交流与合作等措施的实施，可以有效提升医学研究生的临床科研能力，培养具备高度职业素养、创新能力和社会责任感的医学研究生。这些对策对于推动医学研究生教育的改革与发展具有重要意义。

参考文献
[1] 程雪，王刚.临床医学专硕研究生科研能力现状及培养策略[J].中国继续医学教育，2024，16(03)：160-164.

[2] 吴振，张玉丽，李振华，等.关于临床医学专业学位硕士研究生科研能力培养的探讨[J].医学理论与实践，2023，36(24)：4310-4313.

[3] 易平，陈翠兰，周哲屹，等.基于临床科研一体化探讨临床专业硕士科研水平的培养[J].中国继续医学教育，2022，14(12)：185-190.

[4] 佟梦萦，李爽，车颖，等.提升医学专业型研究生科研能力的教学实践与思考[J].中国继续医学教育，2022，14(19)：165-169.

[5] 孙钰，孙清，冯跃民，等.临床医学专业硕士学位研究生科研能力培养的实践与思考[J].菏泽医学专科学校学报，2023，35(02)：84-86+97.

[6] 张丽，艾丽菲兰·阿力木江，陆晨.临床医学专业学位硕士研究生科研能力培养现状及调查分析[J].新疆医学，2023，53(07)：840-844+889.

[7] 谢佳君，何勇涛，黄国琼，等.立德树人背景下医学生德育素质培养研究[J].中国社会医学杂志，2023，40(05)：540-543.

[8] 王锦帆，尹梅，王岳，等.中国医学人文学科建设与发展学者共识：2023年8月哈尔滨"中国医学人文学科建设研讨会"纪要[J].中国医学伦理学，2024，37(02)：248-252.

[9] 秦国华，赖晓春，林锋，等.导师"立德树人"育人能力的提升策略与评价机制[J].高教学刊，2024，10(12)：19-24.

[10] 陈伟钱，马心蕾，许冠华，等.医学硕士专业学位研究生临床科研能力的调查分析[J].浙江医学教育，2023，22(01)：44-47+60.

[11] 周翠，郑龙涛，杨云风."大思政课"视域下医学研究生四维教育协同育人模式探讨[J].河北北方学院学报（自然科学版），2024，40(04)：46-48.

以岗位胜任力培养为核心的临床教学改革研究与实践 *

郑书维　杨萍　郑欣宇　周绍明　张熙　李亮

（湖南中医药大学）

摘　　要　当今社会快速发展，传统医学教育培养下的医学人才逐渐不能满足人们日益增长的健康需求，"医学岗位胜任力"的提出对培养什么样的医学人才作出了全面的回答。为了探讨医学岗位胜任力在临床教学中的研究情况，本文通过检索知网、维普、万方等数据库探讨岗位胜任力的构建以及在教学方面的落实，在汇总的基础上发现关于岗位胜任力在临床中的研究主要有模型、指标体系、影响因素、测量与评价，岗位胜任力模型与指标体系科学而全面地归纳了医生需要具备的要素，但这些研究大多存在于理论层面，关于岗位胜任力在临床教学中的应用有待落实。

关 键 词　岗位胜任力；临床教学改革；研究与实践；综述

作者简介　郑书维（1999—　），女，湖南中医药大学临床医学院、湖南省脑科医院。联系电话：17872911534；电子邮箱：1712308945@qq.com。

1973 年美国心理学家麦克·利兰首次提出"胜任力"。他认为，胜任力是指个人在特定的工作岗位和组织环境中表现出的绩效水平，是能够区分个体在工作中表现的个人特征。[1] 在医学卫生领域，人们对岗位胜任力有着不同的描述与解释，总结起来看：医生需具备学术知识、临床思维、技术手段、人文关怀、交流沟通能力，追求其所服务的个人和群体收益、价值取向和情感表达、科学性和临床探究。[2] 2015 年有了适应中国国情的临床医生胜任力通用模型，该模型以岗位胜任力为导向，旨在加强医学人才建设。[3] 2019 年 4 月，教育部等相关部门提出了"六卓越一拔尖 2.0 版"计划，其中包括要建设顺应新时代发展的"新医科"体系，以提高医学教育的质量和水平。该计划强调要培育卓越的岗位胜任力，提高医生的综合素质和能力，以更好地满足人民群众对医疗卫生服务的需求。

临床教学工作主要包含本科实习和住院医师规范化两个阶段，是医学生走向医生的必由之路，在基础医学教学与实际临床工作中起桥梁作用。基于岗位胜任力的人才培养，是一种新视野下以岗位目标为导向，与职业资格和职业标准挂钩，着重提升职业能力的教育创新培养模式，已广泛应用于医学教育的各个领域。[4] 而在临床教学中以岗位胜任力为核心的培养显得尤为重要。我国关于岗位胜任力在医学教育的使用起步较晚，而加拿大、美国、英国等都已经建

* 本论文受湖南中医药大学校级教学改革研究基金项目（编号：2018-JG005）资助。

立针对临床医师岗位胜任力的评价指标体系或指南[5]，并且在不断运用于临床教学中，重视临床岗位胜任力刻不容缓。

一、岗位胜任力在临床教学中的研究

（一）临床岗位胜任力模型

岗位胜任力模型是指根据特定岗位的工作要求，确定并描述出适合该岗位的人员所需具备的个人特征和能力结构。这些个人特征可以包括动机、特质、自我形象、认知或行为技能、态度或价值观、某领域知识等。这些特征和能力结构的组合能够显著区分出在该岗位上表现优秀的个体与一般绩效的个体。岗位胜任力模型的制定通常需要结合岗位的具体工作要求和组织的目标，以确保所描述的个人特征和能力结构能够与岗位的成功表现直接相关。

有学者通过问卷调查法、文献法、访谈法总结出对于年轻医生岗位胜任力的构建要从医生人文素养、医患沟通能力、临床基本能力、团队合作能力、持续学习能力、科研创新能力和公卫服务能力七个方面出发。[6]不少学者赞同以岗位胜任力为导向的培训理念，由此也提出构建各种临床学科的岗位胜任力模型以及评价标准。如：在全科医学的岗位胜任力模型构建中要坚持"以患者为中心"。[7]浙江大学药学部尝试构建以岗位胜任力标准为导向分阶段的精准培养模式。[8]海军军医大学董飞等通过文献查找和德尔菲专家咨询法等多种科学方式构建岛礁护士岗位胜任力模型，最终确定从个人特质、理论知识、能力发展、护理操作、管理能力和职业道德六个维度出发构建。[9]在构建急救人员岗位胜任力模型的探讨中，天津医科大学的梁黎明等通过文献回顾、事件访谈以及专家咨询的方式最终锁定个人特征、知识、价值观念和技能四个方面为一级指标。[10]刘玲等在探讨构建口腔医学生岗位胜任力模型时确定六大岗位胜任力特征群：团队协作、岗位责任、病情研判、专业技能和知识提升、医患关系。[11]目前岗位胜任力模型的构建已经成为第三代教育改革的研究热点，每个临床专科根据自身科室特点、所处社会环境等制定出适合自己的岗位胜任力模型，但对于模型进一步的落实还有待研究。

（二）岗位胜任力指标体系

临床医生岗位胜任力指标体系是通过大量文献阅读和资料分析，以及结合临床实际情况、岗位要求等设定指标，利用统计学方法确定各指标权重，将指标分为一级、二级、三级等，采用德尔斐法协调专家意见，最终建立的岗位胜任力指标体系。在一项公共卫生人才岗位胜任力指标体系的建立中得出一级指标 4 个、二级指标 11 个、三级指标 38 个；每级指标也各有重点，其中一级指标包括个人素养、职业素养、应急素养、专业素养四个要素。[12]在一项构建复合手术室护士岗位胜任力指标体系中确立了一级指标 7 个和二级指标 36 个，其中复合手术专业知识、复合手术护理技能、沟通协调能力、组织管理能力、职业素养、个人特性、职业规划占主要地位。[13]也有针对中医的指标体系研究，浙江中医药大学俞晓东等人构建了对中医岗位胜任力指标体系：一级指标 6 项，二级指标 19 项，三级指标 57 项。[14]在此研究中医生的专业知识技能、沟通、管理、科研以及个人特质占有较高权重。在对护理专业研究生与专科护士衔接的指标构建中，东南大学周影等人最终确立 7 个一级指标、24 个二级指标和 96 个三级指标。[15]目前已有许多岗位胜任力指标体系，在临床教学过程中，对于医学生的培养可以有所参考。

（三）岗位胜任力的影响因素

临床医师岗位胜任力的影响因素调查大多采用问卷的形式收集数据，有的通过邮寄问卷至同意合作的医院，有的直接采取线上收集的方式，后经统计分析得出结果。在一项关于中医师岗位胜任力的影响因素的研究中得出结论：学校基础教育、学校高等教育、医院硬资源、医院软文化这四个自变量，在相互组合中可以显著影响中医师岗位胜任力的提升。[16] 在对新入职护士岗位胜任力的探讨中显示，学历、培训方式、培训内容等能很大程度地影响岗位胜任力的构建。[17] 有研究显示家庭因素如家庭收入、家庭背景、家庭氛围等在一定程度上影响着医学生的岗位胜任力。[18-19] 在对住培放射科医师岗位胜任力的研究中显示：经过三年的住院医师规范化培训，无论学员的来源、学历背景和最终去向，他们的人际沟通与团队合作能力、职业道德都没有明显差别，相较而言，他们的教学以及科研能力有所欠缺。[20] 主要是由于本科阶段接触教学以及科研比较少，且进入基地培训后，基地的日常教学活动主要围绕临床工作进行，进一步加重了教学和科研能力培训的缺失。这种情况不仅出现于放射科医师的规培中，在许多不同专科的规培学员中也能见到，而教学与科研能力是我国住院医师规范化培训的目的之一，由此可见，在临床带教中需要按照培训目的制订切实可行的计划，注重学生的全面发展。

二、岗位胜任力在临床教学中的具体实施

（一）怎么建立临床教学的岗位胜任力模型或指标体系

目前国际上已经有多个临床医师胜任力模型，如加拿大皇家医师与外科医师学会的CanMEDS 胜任力框架、ACGME 与 ABMS 的 6 个胜任力维度等；在国内也已经有了"住院医师核心胜任力的框架共识"，确立 6 项住院医师的岗位胜任力：职业素养、知识技能、病人照护、沟通合作、教学能力和终身学习。[21] 在临床教学中，可以制定不同阶段、不同专业的学生岗位胜任力模型，通过问文献、专家咨询、德尔斐法等多种信息采集方式了解此刻学生岗位胜任力的要素，借鉴上述关于住院医师核心胜任力的框架共识，制定详细、全面、个性化的临床教学岗位胜任力模型，分阶段地培养出能担当时代使命的医生。

（二）怎样评价医学生的岗位胜任力

岗位胜任力测量主要是基于数据收集（直接观察、专家访谈、同行评价、自我评价、行为事件访谈法等）后设计出相应的测量量表和问卷，然后进行信效度的检验的过程。闫红丽对急诊护士岗位胜任力的评价工具进行比较发现自评问卷最新，能更好地反映随着时代变化的新型护理人员胜任力要求，且由于急诊护理人员侧重于技能、综合知识、判断能力及个人属性，自评问卷能更好地展现，相比之下，核心能力量表内容更加丰富、全面。[22] 马志强等人开发出关于签约型全科医生岗位胜任力的自评量表，从全科服务能力、人文执业能力、团队协作能力、学习发展能力四个维度出发设定 21 个项目，并在信效检验下获得不错的数据，可以为全科医生岗位胜任力的培养评价提供依据。[23] 北京协和医院在内科住院医师规范化培训中运用阶段式评估与反馈体系来评估经过培训的医生患者照顾、医学知识、自省与改进、职业素养、人际沟

通和教学能力六方面胜任力，设计 15 个问题并按照程度分为 1—9 级。[24] 该体系较全面地体现了医学生的胜任力水平。

（三）怎样实践以岗位胜任力为核心的临床教学

在一项探讨岗位胜任力应用效果的实验中，研究组采用岗位胜任力的培训教学取得了更为显著的成果，护士的病历书写、相关护理技能等方面能力均得到有效提高，且护士学员对这种教学满意度更高。[25] 该研究组采用全方位、程序化、科学化、规范化的教学形式，带教老师严格按照教学目标实施教学活动，并对其进行严格考核，确保学生能够独立上岗完成临床各项工作。带教老师须形成以学生为中心的教学意识，在临床工作中提升学生参与度，让他们在实践中学习，更新传统教学方式，综合提升学生岗位胜任力。教学医院可以运用已经成熟的岗位胜任力目标结合实际情况构建属于自己医院、自己专科的医学生岗位胜任力体系，并不断通过实践优化，科学地检测医学生岗位胜任力。

三、讨论与总结

临床教学在医学教育中占有举足轻重的地位，临床教学质量的高低对卫生事业的发展有重大影响。"5+3"医学教育模式是在健康中国战略的大背景下，为了提高医生的临床实践能力和专业素质而实施的医学教育改革。该模式指的是学生在完成 5 年的临床医学本科教育后，需要继续进行 3 年的住院医师规范化培训或临床医学硕士专业学位研究生教育；而后又提出"并轨"的培养模式，即临床专业硕士研究生需要同时参加住院医师规范化培训。这两种方案的实施进一步提高了我国医学人才的总体质量。纵观近年来的医学教育改革，都是以习近平新时代中国特色社会主义为指导思想，培养适应新时代发展的医学人才。而对于岗位胜任力的研究恰好能展现出一名在岗医生应该具备的各项要素，符合时代发展。在国务院办公厅印发《关于加快医学教育创新发展的指导意见》中提出要全力优化医学人才培养结构、提升院校医学人才培养质量、深化住院医师培训和继续医学教育改革。以岗位胜任力为核心的临床教学改革积极响应国家号召，优化医学教育，为临床医学教育提供切实可行的方案，对医疗卫生事业的可持续发展有重要意义，有利于推进健康中国的建设，符合新时代中国特色社会主义的要求。落实岗位胜任力在临床教学的核心地位，制定不同临床专科岗位胜任力评定标准是提高医学生素养的关键一步，有利于促进临床各专科发展，促进具有中国特色医学人才培养体系的构建，为中国特色社会主义建设提供新型人才。目前岗位胜任力已经成为教学改革的研究热点，经此研究的岗位胜任力模型和指标体系科学而全面地归纳总结了医学生日后需要具备的能力，与规范化培训目的不谋而合，对于培养精准匹配人才有重要意义。但目前关于岗位胜任力的研究基本是片段式，各个专业岗位胜任力略有不同，造成百家齐放的局面，没有统一的说法。本文通过对医学岗位胜任力进行检索发现，对岗位胜任力的研究大多是构建相关专业的模型或者指标体系以及探讨其影响因素，而对于构建的模型和指标体系大多止步于理论，相关实践较少，这就导致相关研究缺乏实践的检验，没有形成"理论—实践—理论"的系统研究。期待在未来可以开展更多基于岗位胜任力的规范化培训，并不断地将探索科学的岗位胜任力理论付诸实践，在实践过程中解决新发现的问题，在不断的实践优化中逐步形成能够应用于实际的以岗位胜任力为核心的临床教学模式。

参考文献

[1] 王颖，王赞，张亚男，等.以学生岗位胜任力为导向的神经病学多元化教学模式探讨[J].中国临床医生杂志，2023，51(2)：251-252.

[2] 汉业旭，孙雪莲，胡悦，等.职业道德和人际沟通能力培训对急诊住院医师胜任力影响的探讨和思考[J].中国医院，2021，25(4)：31-33.

[3] 李斌，刘奇云.新医疗环境下年轻医生岗位胜任力的培养[J].中国继续医学教育，2022，14(22)：174-178.

[4] 羊红玉，黄鑫，杜晓依，等.基于岗位胜任力的医院药师培养模式构建[J].医药导报，2023，42(5)：649-652.

[5] 顾骏，高红，林云，等.临床医师岗位胜任力研究新进展[J].江苏卫生事业管理，2017，28(05)：58-60.

[6] 吴玉章，方建群，李燕，等.年轻临床医师岗位胜任力模型构建探析[J].医学教育管理，2016，2(1)：326-331.

[7] 方金鸣，陶红兵，彭义香，等.全科医生岗位胜任力模型构建[J].医学与社会，2020，33(1)：129-133.

[8] 羊红玉，黄鑫，杜晓依，等.基于岗位胜任力的医院药师培养模式构建[J].医药导报，2023，42(5)：649-652.

[9] 董飞，杨小蕾，乔安花.岛礁护士岗位胜任力模型的构建[J].护士进修杂志，2023，38(16)：1494-1498.

[10] 梁黎明，王延赏，孙华君，等.紧急医学救援人员岗位胜任力模型构建[J].医学与社会，2021，34(07)：52-57.

[11] 刘玲，史艳芬，徐珊，等.口腔医学生岗位胜任力模型的构建[J].医学教育研究与实践，2017，25(4)：521-524.

[12] 杨晨昕，崔琦，刘思琪，等.基于德尔菲法的公共卫生专业人员岗位胜任力指标体系构建研究[J].卫生职业教育，2021，39(14)：128-130.

[13] 王胜棋，陈利芳，钱玉秀，等.复合手术室护士岗位胜任力评价指标体系的构建[J].暨南大学学报(自然科学与医学版)，2023，44(03)：289-296.

[14] 俞晓东，沈翠珍，黄文秀.中医师岗位胜任力指标体系构建研究[J].中国医院，2022，26(11)：34-37.

[15] 周影，李国宏，李雪珠.护理硕士专业学位研究生教育与专科护士培养衔接评价指标体系的构建[J].护理研究，2020，34(22)：3937-3944.

[16] 徐静，陈曦，施荣伟，等.中医师岗位胜任力影响因素研究：基于模糊集的定性比较分析[J].中国医院，2021，25(4)：34-38.

[17] 张岩，秦元梅，邹小燕，等.岗位胜任力在我国新入职护士培训中的应用现状[J].护理研究，2023，37(3)：488-491.

[18] 谢国秀.医学实习生岗位胜任力现状特点及影响因素研究[J].创新创业理论研究与实践，2022，5(16)：1-4.

[19] 梁丽娟，刘笑昆.海南省医学生岗位胜任力及其影响因素调查[J].科教导刊，2022(21)：144-146.

[20] 管晓军，王启苑，张敏鸣，等.放射专业住培学员结业后岗位胜任力调查和影响因素分析[J].中国

高等医学教育，2022(6)：26-28.

[21] 中国住院医师培训精英教学医院联盟.中国住院医师培训精英教学医院联盟住院医师核心胜任力框架共识 [J].协和医学杂志，2022，13(1)：17-23.

[22] 闫红丽，张玲.急诊护士胜任力评价工具比较 [J].解放军医院管理杂志，2020，27(10)：993-994.

[23] 马志强，张宝丽，郭乐.签约服务情境下全科医生岗位胜任力自评量表的开发与信效度检验 [J].中国全科医学，2023，26(04)：477-485.

[24] 杨莹韵，李菁，李航，等.胜任力为基础的阶梯式评估与反馈体系在北京协和医院内科住院医师规范化培训中的应用 [J].基础医学与临床，2017，37(12)：1796-1802.

[25] 陈丽佳，莫兰，毛雷音，等.基于岗位胜任力的培训在护士规范化培训中的应用效果 [J].河北医药，2023，45(11)：1751-1754.

基于 CiteSpace 的高校导师与研究生关系研究 *

傅晓华 殷海龙 徐海音

（中南林业科技大学）

摘　要　以 CNKI 数据库 2014—2023 年 222 篇关于"导生关系"文献为样本，选用文献可视化软件（CiteSpace）对其进行分析，旨在探讨近十年来高校导师与研究生关系研究的动态和关注重点。得出如下主要结论：（1）相关研究文献在 2014—2020 年稳步增长，2021—2023 年逐年下降，可能系外部因素或研究已达成一定阶段性成果所致；（2）师范类高校及高校涉师范学院在该领域研究中扮演重要角色，但合作交流有待加强；（3）导师与研究生关系研究主要关注互动关系和学术指导过程，集中体现在学术关系方面，其他关系的研究课题有待更进一步地关注和探讨。

关 键 词　导师；研究生；导生关系；CiteSpace

作者简介　傅晓华，中南林业科技大学生命与环境科学学院教授。联系电话：13975885159；电子邮箱：fxh4431491@csuft.edu.cn。

研究生教育是推动科技创新和学术进步的重要力量。根据 2023 年国家教育部发布的《教育部关于深入推进学术学位与专业学位研究生教育分类发展的意见》数据，截至 2022 年，我国在学的研究生总人数已经达到 365 万人，总规模已经位居世界第二位，成为名副其实的研究生教育大国。研究生教育是中国国民教育序列的最高位，旨在通过系统的学习和研究，培养高层次、高素质的专业人才。研究生阶段是学生深入专业化学习和学术研究的阶段，必定更多接触导师并与导师建立较为密切的师生关系（"导生关系"）。教育部印发的《关于全面落实研究生导师立德树人职责的意见》和《研究生导师指导行为准则》指出，研究生导师是研究生培养的第一责任人，在研究生教育当中导师对学生有着极其重要的影响。中国的研究生教育在近年来得到了大力发展，在学科建设、研究生培养和导师队伍建设等方面取得了显著成绩，然而，以往的导师与研究生之间的关系依然存在一些问题和挑战，亟待探讨与解决，而许多学者也在不断探索建立更加和谐和睦的导生关系。本研究基于 CiteSpace 对该领域研究成果进行归纳、分析与总结，旨在较为全面地理解导生关系相关研究的现状、挑战与对策。

---

* 本研究部分内容系"生态环境类专业课程思政研究"和"新型农林人才核心能力体系研究——以农林院校环境类专业为例"项目的阶段性成果。

一、导生关系及其研究动态

研究生教育质量体现在许多方面，研究生心理健康状况是其中至关重要的一部分，而通常来说导师与研究生的关系又是影响研究生心理健康与学术成长的重要影响因素，所以，导生关系构成了研究生教育的核心。导师不仅是学术上的引路人，还会对研究生的价值观和人生观产生深远影响，建立良好的导师与研究生关系对于研究生的整体发展具有重要的意义。现有研究表明导师是研究生学术生涯取得成功的关键要素[1]，导生关系会对研究生的学术道德建设和精神成长等情感型学业成就产生积极的作用[2]，亲密的导生关系会正向影响他们的生活和未来发展[3]。

对导师而言，在选择学生时更看重其学术专长和科研潜质，目的是培养创新人才。[4] 由于研究生培养与科学研究之间的联系不够紧密，导生对彼此应当承担的责任与权利并不明晰，导师对研究生学术科研方面的培养仍然存在不足，这也限制着研究生教育质量的进一步提高。[5] 研究生导学关系已经由传统的导师对研究生的单向指导发展成为导师与研究生之间的互动交流，由单纯的师生教学关系发展成为由教育关系、心理关系、情感关系等构成的"多角度关系体"。[6]

目前对于研究生与导师之间关系的探讨，主要是围绕导生关系究竟是"师徒关系"还是"合作关系"展开，但无论是哪一种，大部分人都认可研究生的师生关系不同于之前的本科、中学师生体系。根据当前学者们的调查，硕士研究生对导生关系的满意度普遍较高，硕士研究生导学关系总体来说较为和谐。[7] 而博士生与硕士生的导生关系又不尽相同。除此之外，导师和学生两个群体对于理想导学关系的看法和偏好也不一致，导师群体更偏好能够有利于学生成长、科研项目顺利开展的导学关系。[8] 当导师和学生共享目标愿景时，他们的成就目标定向一致，即既重视自身能力的提高又关注自身能力的证实。[9] 良好的导学关系是研究生顺利且成功地完成学业的关键，它可让研究生高质量地在规定时间内完成学业任务。[10]

有研究认为，导生关系是导师与研究生为完成研究生培养任务，在教育教学、科研指导和日常交往等活动中形成的稳定社会关系，是导师和研究生相互作用的结果。[11] 导生关系表现为一种特殊的社会关系，主要呈现出指导与被指导的师生关系、科研与技术合作的工作关系、思想与精神交流的人文关系三方面特性。[12] 导生关系是一种公共视野下的私人关系，不同导师和研究生之间，甚至同一导师和不同研究生之间都存在亲疏各异的情况。[13] 导生关系包括研究生与导师两个主要因素，导师主导，研究生主体，二者双向互动形成，贯穿于整个研究生培养环节全过程的经济、哲学等多维体系并存的关系系统。[14] 从社会学视角出发，有学者认为导学关系是一种具有教育目的，承载角色期待与社会责任并设定教育契约的人际关系[15]，也是一种以导师为中心，自上而下的层级关系[16]。随着研究的不断深入，学者结合多学科的视角赋予导学关系更多的内涵，如导学关系是集知识交易合作关系、道德关系和情感关系三种关系于一体的关系复合体。[17]

综而概之，导生关系是导师与研究生之间在完成研究生培养任务过程中形成的稳定社会关系，这种关系不仅体现了师生之间的指导与被指导的关系，还包括科研与技术合作的工作关系以及思想与精神交流的人文关系。这是一种特殊的社会关系，既具有私人情感交流的特性，又承载着公共视野下的教育教学责任，贯穿于整个研究生培养过程，涵盖了经济、哲学等多维体系。从不同学科的角度出发，导生关系可被赋予多种内涵，如教育目的、角色期待、社会责任和知识交易合作关系等。

本研究团队以"导生关系"为主题进行检索，通过检阅分析相关文献发现，目前关于"导生关系"相关研究主要集中在导师对研究生学术成长的影响、对研究生职业发展的影响以及导师与研究生之间关系如何影响研究生的情感状态和健康发展这几个方面。然而现有研究往往局限于定性分析和案例研究，缺乏系统性和整体性的研究视角，因此有必要对导师与研究生关系进行更深入的探讨与分析，以便更好地指导和改善这种关系。本研究借助 CiteSpace6.3R1，对关于导生关系研究成果进行计量分析，通过可视化的方式来识别导生关系领域的主要研究主题与研究热点，通过研究分析，期望为深入理解和改善导生关系提供新的视角和动态参考。

二、研究方法

（一）数据来源

CNKI（中国知网）作为中国领先的学术资源平台，涵盖了广泛的学术期刊、学位论文和会议论文，为研究者提供了丰富的文献资源。本研究以 CKNI 作为数据源，以"导师与研究生关系"和"师生关系"为检索词，研究期选定为 2014—2023 年十年期，剔除评述报告、人物传记等非研究性文献，最终得到 222 篇有效的相关文献。这些文献涵盖了多个学科领域，包括教育学、心理学、社会学等，为本研究提供了充分的文献基础和学科支持。

（二）研究方法

本研究将 CiteSpace6.3R1 信息可视化软件作为研究工具，对导生关系的文献进行可视化分析。CiteSpace 是一款专门用于科学文献分析和可视化的软件，能够对文献数据进行关键词聚类、共被引分析、共现分析等多种分析，并通过图表直观展现文献之间的关系。通过 CiteSpace 的使用，将 CNKI 的文献分别以 RefWorks 及文本格式导出，利用 CiteSpace6.3R1 将其转化为 WOS 格式并对得到的文献进行预处理，包括去除重复文献、筛选出与研究主题相关的文献等。能够对导生关系的研究领域、热点和趋势进行深入分析，为本研究提供了有力的数据支持和可视化展示。

数据可视化过程以关键词检索为例，CiteSpace 通过自动提取文献中的关键词，并根据其在文献中出现的频率和位置等信息对关键词进行权重计算，这些关键词将作为后续分析的基础。基于文献中提取的关键词，CiteSpace 构建了关键词共现网络，其中每个节点代表一个关键词，节点之间的连线表示它们在同一篇文献中出现的关系。该步骤揭示了文献中关键词之间的相关性和联系。最后，CiteSpace 利用构建的关键词共现网络进行分析和可视化，通过分析关键词的共现模式、研究主题的演化路径等信息，能够清楚地理解导生关系的研究现状和发展趋势

三、结果分析

（一）导生关系研究受外部因素影响较大

通过相关研究方向发文量的趋势分析，能够了解该研究主题的研究现状以及未来发展趋势。以 CNKI 为数据源，对 2014—2023 年之间的"导生关系"为主题进行检索得到 222 篇相

关文献，将所得结果进行数据处理得到相关研究方向近十年来年度发文量（图1）。图1表明，近十年来有关导生关系研究方面的文献大致经历了三个阶段。

第一阶段时间跨度为2014—2017年，在该阶段中文献发表量相对平稳，各研究学者基于导生关系的探索处于稳步发展阶段，研究成果逐步积累。

第二阶段时间跨度为2017—2020年，该阶段的发文量呈现稳步上升趋势，2020年的发文量相比于2017年翻了两倍多。文献量迅速增长的原因可能是教育部在2016年发布了《教育信息化"十三五"规划》，其中明确提出了要始终贯彻落实立德树人根本任务，着力提高教育质量。该规划的提出推动了对研究生教育中导生关系的新思考，促使相关研究论文的发表逐年提升。

第三个阶段时间跨度为2020—2023年，相关论文发表数量逐年降低。根据当时的社会情况分析，该现象可能是由于疫情的影响，大环境影响之下研究人员的注意力被转移到诸如医药生物、防疫和突发事件等领域，加之有相当一部分高校在疫情三年以"线上"教育为主，或导致对研究生教育类的研究被暂时忽视。

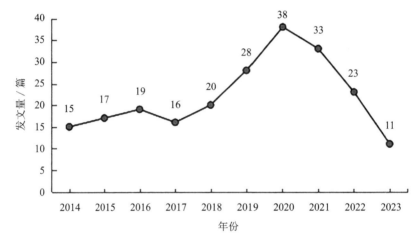

图1　导生关系年度文献量

（二）师范类院校研究为主但彼此间合作不足

通过发文机构的共现知识图谱（图2）分析，可深入了解导生关系领域内的合作关系、领域影响力、跨学科合作以及新兴机构的情况。连线代表机构之间合作频繁，可能存在着稳固的合作关系。有些核心机构在图谱中占据着重要位置，具有较高的影响力和研究实力，对该领域的发展具有引领作用。跨学科合作的存在有助于促进不同学科领域之间的交流与合作，拓展研究视野。而孤立的节点可能代表新兴机构或影响力较小的机构，通过观察这些节点可发现新的研究力量的涌现，并探索潜在的合作机会。

从机构类型来看，研究成果主要来源于师范类高校以及高校教育学院，诸如华东师范大学、华中师范大学等；与其他高校相比师范类高校通常以教育学、心理学等相关专业为主要特色，如天津大学、兰州大学等。或许在导生关系教育领域的研究上，师范类院校或教育类专业具有专业优势。师范类院校拥有丰富的教育资源、师资力量和实践经验，具备在相关领域内进行研究的长期积累和形成研究群，相得益彰。同时师范类高校通常与教育实践密切相关，有着丰富的实践条件和实践经验，通过与学校、教育机构等合作，开展实地调研和实践项目，能较好地支撑在导生关系的实践层面进行深入研究。该分析结果可为今后研究相关课题的机构提供借鉴。从共现图谱中可知，虽然研究机构众多，但并没有形成显著的合作关系，大部分的研究机构倾向于独立研究该课题，少数高校如北京师范大学、集美大学、海南师范大学在此课题方向上有着学术合作。

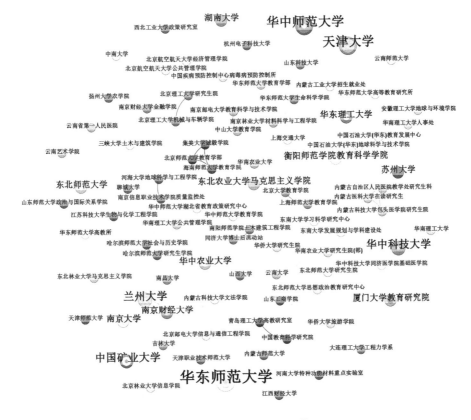

图2 发文机构共现图谱

（三）导生关系中"导"是主体和主导

导生关系涉及教育学、心理学、社会学等多个学科领域，通过关键词的分析可了解不同学科对该主题的关注程度和研究角度，以及学科交叉的研究趋势。通过 CiteSpace 关键词图谱分析，可了解该主题的研究热度，分析关键词在近十年的发展趋势，可了解该领域的研究方向和重点，揭示当前导生关系领域的研究热点。如某关键词搜索量和相关文献数量较大，以及有多个学术会议或研讨会专门讨论该主题，那么可推断在导生关系研究中某个主题是一个备受关注的研究领域；再如关键词在不同时间段的出现频率的变化，可反映出研究重点的转移和演变。通过分析关键词的共现频率和紧密度，可了解哪些方面是当前研究的热点，以及不同关键词之间的内在联系和关联程度，也可反映出导生关系领域的研究趋势和发展方向。

1. 主体及其实践关系研究占显著优势

在关键词共现图谱中，中心性可提供关于研究主题的洞见。中心性指标通常用于衡量节点在网络中的重要性和影响力，它基于该节点通过网络中的最短路径数量来计算。如一个关键词在关键词共现图谱中具有较高的中心性，那么它可能在不同关键词之间扮演着重要的桥梁角色，连接了网络中不同的子群体或关键词集合。结合关键词共现图谱以及关键词中心性，可揭示出研究主题中的核心概念和研究重点，这有助于研究者更好地理解研究领域的核心内容和热点问题，指导未来研究方向。

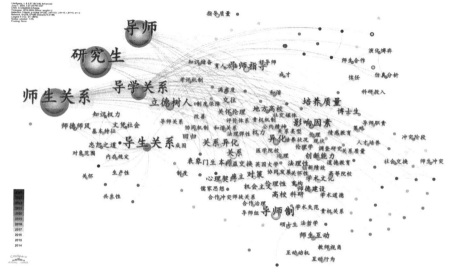

图3　关键词共现图谱

表1　研究文献关键词中心性排序

排序	频次	中心性	年份	关键词
1	76	0.48	2014	研究生
2	76	0.48	2014	师生关系
3	76	0.38	2014	导师
4	24	0.24	2014	导学关系
5	11	0.21	2017	导生关系
6	6	0.08	2016	导师指导
7	11	0.07	2020	立德树人
8	3	0.04	2020	师生互动
9	9	0.04	2014	导师制
10	3	0.02	2015	培养质量
11	5	0.02	2016	影响因素
12	2	0.01	2017	叙事研究
13	2	0.01	2019	师德师风
14	2	0.01	2014	硕士生
15	2	0.01	2016	指导质量

　　结合关键词共现图谱（图3）以及关键词中心性排序（表1）可知，出现频率与中心性较强的前五个关键词是：研究生、师生关系、导师、导学关系、导生关系。这些关键词在相关论文中出现频率较高，并且在关键词共现图谱中具有较高的重要性和影响力，充分体现出该研究领域对主体（研究生、导师）及其实践关系（师生关系、导学关系、导生关系）的重点关注。而与导师关系相关的重要概念包括立德树人、师生互动、导师指导等，构成该研究领域的核心

内容和热点问题，进一步反映了导生关系中人文关怀的重要性。"导师制"出现在前十中，显示出导师制度在导生关系领域中是社会认可的体制，实际上也具有重要影响力，说明研究者对导师制这一根本制度的关注和研究。"培养质量"在前十中显示出对于研究生培养质量的重视，揭示了研究者对教育质量的关注。

2. 导生关系研究中"导"占主导地位

关键词聚类分析可帮助从大量的关键词中提取出具有相似主题和语义特征的词语，将它们划分到同一类别中，帮助研究者更清晰地识别出研究的核心主题，揭示出研究领域内的潜在研究方向和细分领域。通过对关键词进行聚类分析，可构建起关键词之间的知识网络，揭示出不同关键词之间的联系和内在关联，这有助于构建起研究领域的知识图谱，帮助研究者更好地理解研究内容。通过 CiteSpace 对文献关键词进行聚类（图4），图谱显示共有 239 个节点，450 条连线，网格密度为 0.0158，模块值 Q=0.5961 ＞ 0.3，说明聚类结构显著；聚类平均轮廓值 S=0.9042 ＞ 0.7，说明聚类结果高效合理。聚类群组共有九组，分别是导师、师生关系、导学关系、导生关系、导师指导、导师制、立德树人、化解途径、学术指导，九组关系都集中体现出"导"的主导性。本研究限于篇幅，以前三个研究大类为对象对"导"的主体地位进行分析。

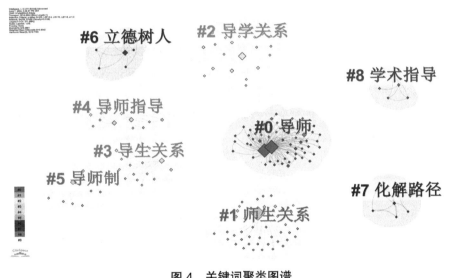

图 4　关键词聚类图谱

（1）"导师"大类包含的关键词有创新能力、学者心态、利益交换、关系模式、和谐关系、交往异化、共同体、个性发展、表象、伦理性、法理性、合作、治理、公约精神、合作冲突等。该大类研究方向主要关注于探讨导师在培养研究生过程中的角色与影响。通过关键词如创新能力、学者心态、利益交换等，研究者可能着重考察导师如何促进学生的学术创新能力和学者心态的培养，以及双方之间的利益交换、关系模式和和谐关系等动态。该结果表明，应该深入探讨导师与研究生之间的合作与沟通机制，以提高研究生的学术素养和个人发展，促进双方良好互动、协作与共同成长。

（2）"师生关系"大类包含的关键词有学术道德、社会交换、道德教育、冲突阶段、持续、高等院校、控制性、博弈论、合作、策略、青年导师、创新绩效、情感教育、启迪、监督机制等。

该大类的文献主要是研究导师与研究生之间的师生关系动态及其影响因素。关键词如学术道德、道德教育、社会交换、冲突阶段等指向了对师生之间道德、伦理、社会交往等方面的研究。同时，关键词中的青年导师、监督机制、合作、博弈论等也暗示了师生间在不同情境下的互动模式、合作机制、冲突解决策略等。该结果表明，应致力于探讨如何构建和谐、稳定的师生关系，促进学术道德的培养和学生个人发展，以及导师与研究生之间在学术合作中的角色与影响。

（3）"导学关系"大类包含的关键词有影响因素、满意度、博士生、演化博弈、师生合作、科研投入、导师视角、现状、导学互动、信任、相互期望、学业成就、导学纠纷、学生视角等。该大类的研究主要关注于导师与研究生特别是博士研究生之间的导学关系，涉及的关键词包括影响因素、满意度、师生合作、科研投入、导学互动、信任、相互期望、学业成就、导学纠纷、学生视角等。这些关键词指向了对导学关系影响因素和双方满意度的研究，以及导师与研究生之间的合作、互动和信任等方面。相关研究表明，信任者的可靠性和可信赖性会影响被信任者的被信任感[18]，而人们的一般信任水平程度与人际关系的和谐程度是正相关关系[19]。该结果表明，应聚焦于探讨导学关系对研究生学业成就和个人发展的影响，以及可能出现的导学纠纷和冲突，并从导师和学生双方角度深入探讨导学关系的现状、问题及其解决路径。

3. 导生关系由"主导角色"升级为"指导要求"

突现图可帮助识别出在研究领域具有显著影响力的关键词，通过观察关键词在突现图中的位置和连接情况，可了解到哪些关键词在研究领域中扮演着重要角色，它们之间的关联程度如何。时间线图可显示出关键词在研究领域中的演化和变化趋势。通过观察关键词随时间的变化，可了解到该领域的研究重点和热点如何随着时间推移而变化。例如，某些关键词可能在一段时间内频繁出现，然后逐渐减少，而其他关键词可能随着时间的推移逐渐增加其出现频率，这反映了研究方向的变化和演进。

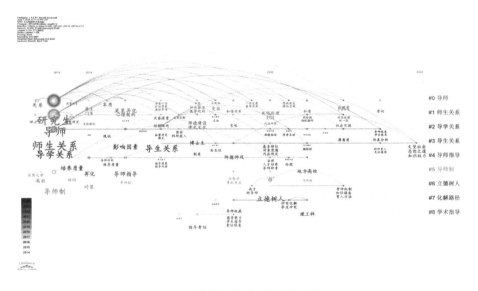

图 5　关键词聚类时间线图谱

从关键词聚类时间线图谱（图5）可知，本研究文献样本中"导师""师生关系""导学关系"三个聚类出现时间最为长久，从2014年至2023年均有与该三个聚类相关的文献发表。"导生关系"与前三者类似，该聚类于2016年至2024年均有研究成果产出。从这四个聚类的时间线情况可知，对于"导生关系"的相关研究，其研究重点和主题在于"关系"，且主要以导师为研究主体。之后的导师制、立德树人、化解路径、学术指导出现时间并不连续，带有摸索和探讨的意味。这四个聚类分别对应研究者从制度、目标、方法、责任四个角度出发，探究新型和谐高效的导生关系，力求实现更高的教育质量。而从关键词凸显情况（图6）来看，关系、门生等关键词说明十年前的研究主要在于探讨研究生与导师之间的关系定义，但这些关键词持续的时间并不长久，大多只出现一两年，紧接着迅速演变为最新关键词如满意度、地方高校、和谐、学业成就、导生关系、导学关系等。出现频率最高的三个关键词分别是立德树人、导学关系、导生关系，这说明新时代对研究生教育提出了更高的要求，且更加关注导师与学生的关系和谐度。

对导师而言，要践行以学生为本的教育理念，明确自己在导学关系建设中的核心责任。[20]立德树人理论对导师提出了更高的要求，要求导师在教育教学过程中不仅要注重学术指导，更要注重培养学生的思想道德品质、创新精神和实践能力，引导学生正确处理人际关系，努力培养德才兼备的高素质人才。这些要求对导师的教育教学工作提出了新要求，需要导师在教育教学实践中不断探索和实践，提升自身的教育教学水平和人文素养，以更好地培养出符合立德树人理念要求的高素质人才。

Keywords	Year	Strength	Begin	End	2014－2024
关系	2014	1.6	2014	2015	
高校	2014	1.26	2014	2016	
座主	2015	1	2015	2016	
门生	2015	1	2015	2016	
对策	2015	0.8	2015	2016	
导师指导	2016	1.23	2016	2018	
博士生	2018	0.95	2018	2020	
指导责任	2018	0.94	2018	2019	
立德树人	2020	3.57	2020	2022	
导学关系	2014	3.37	2021	2024	
导生关系	2017	2.5	2021	2024	
学业成就	2021	0.94	2021	2022	
和谐	2021	0.94	2021	2022	
地方高校	2021	0.85	2021	2024	
满意度	2022	1.68	2022	2024	

图6　导生关系研究前15关键词突现图

四、结论与建议

（一）结论

本研究以 CNKI 数据库为数据来源，运用 CiteSpace6.3R1 对 222 篇"导生关系"为主题的相关论文进行发文量、机构、关键词等可视化分析和研究。经过数据分析、比较研究和归纳总结，结论如下：

第一，对"导生关系"相关论文发表量的分析显示，从 2014 年到 2023 年，相关文献量在 2020 年以前呈现出稳步上升的趋势，但近三年发文量下降较为明显。可能原因是外部政策、疫情等外部因素的影响，或有可能是该议题的研究已经达到一定阶段性成果，需要更多的新思路和方向带来质的提升，才能继续深入研究。

第二，根据 CiteSpace 可视化分析结果显示的主要研究机构集中在师范类高校与各高校的师范学院或教育类相关专业学院，说明导生关系更多还在教育研究者的视域内。同时，大部分文献均为单一机构独自发表，合作成果很少。表明师范类高校及高校的师范学院在教育领域的研究方面扮演着重要角色，他们在研究生教育和立德树人理论方面的工作备受关注，反映出教育界对导生关系质量和导师责任的高度重视，同时，单一机构独自研究也暗示着在合作交流方面还有待加强。

第三，导生关系更多关注研究生与导师之间的互动关系和学术指导过程，诸如教育理念、学术焦点、导师责任和研究方向等方面。关键词中涉及了研究生教育的导师指导、师生关系、导学关系等核心概念，高频关键词如"立德树人"也表明了研究关注点中涉及教育理念和导师对学生品德素养的培养。关键词中涵盖的焦点呈现出多样性，反映了学术界对于影响关系发展的因素、双方满意度、互动模式等问题的关注，包括"导师权威""导师制"成为热度关键词也反映了对导师在研究生教育中的责任和角色的关注。

第四，涵盖的研究方向的关键词如"培养质量""关怀伦理"等，表明了学术界对于提高研究生培养质量和关心研究生的全面发展有持续关注，体现出研究生教育的人文关怀，反映了教育界对于导生关系的多方面关注和深入探讨，为提高研究生教育质量和促进研究生全面发展提供了重要的参考和指导。

（二）建议

基于以上结论，导生关系的主导地位还在于"导"，即"导师"与"指导"。新时代的导生关系具备更新内涵和更高要求，应加强导生关系的合作研究，得出更适合中国研究生教育的导生关系理论支撑，同时要求导师在培养研究生时不仅要关注学术指导和科研成果，更要注重学术道德和研究生个人发展。

其一，研究机构在未来应加强跨学科合作，促进学术资源共享与交流，以推动教育领域的进步。通过跨校合作，可更好地借鉴各方经验与优势，提升研究水平，推动立德树人理论的实践与发展，为培养更多德才兼备的高素质人才做出更大的贡献。

其二，新时代导生关系要求导师要更加注重彼此之间的信任和相互理解，避免出现纠纷与冲突，营造和谐、稳定的导学环境，更好地促进研究生的学术成就和个人发展。以上种种新要求，都需要导师在导学过程中积极探索和实践，不断提升自身的教育教学水平和人文素养，以更好地适应新时代对导生关系的要求。

其三，导师应该在导学过程中注重与研究生之间的互动和合作，促进双方在学术上的共同成长，重视研究生的整体发展，关心其心理健康和职业发展规划。

其四，导师在学术指导过程中注重道德和伦理规范，引导研究生正确处理学术诚信等问题，培养优秀的学术素养和道德品质。

参考文献

[1] Paul G , Philip B .The student-supervisor relationship in the phD/Doctoral process.[J].British journal of nursing (Mark Allen Publishing), 2008, 17(10): 668-671.

[2] 吴文君，张彦通 . 主体间性视域下导师与研究生交往的德育效应探析 [J]. 学位与研究生教育，2017 (01): 19-22.

[3] 欧阳硕，胡劲松 . 从"相安的疏离"到"理性的亲密"：基于扎根理论的研究生导学关系探析 [J]. 高等教育研究，2020, 41(10): 55-62.

[4] 张泓，张大勇，李梅 . 导师视角下的硕士研究生选拔机制改革：基于对百名导师观点调查的思考 [J]. 北京航空航天大学学报 (社会科学版)，2007 (S1): 12-15.

[5] 张静，刘占德，杨春雷，等 . 优化师生关系是研究生培养机制改革的关键 [J]. 学位与研究生教育，2008(03): 61-65.

[6] 程基伟 . 构建和谐导学关系促进博士生全面发展 [J]. 北京教育 (德育)，2013(11): 29-32.

[7] 王文文，郭宁，王扬 . 硕士研究生导学关系现状及影响因素研究 [J]. 研究生教育研究，2018(06): 76-82.

[8] 蔡军 . 导学关系对博士生科研投入的影响研究 [D]. 南京：南京大学，2018.

[9] 蒋京川，刘华山 . 成就目标定向与学习策略、学业成绩的关系研究综述 [J]. 心理科学，2004(01): 168-170.

[10] Andrew O D . "To Be or Not to Be?" The Effect of Supervisor-Supervisee Relations on Students' Completion of Doctoral Studies[J].World Journal of Education, 2020, 10(1): 23-23.

[11] 刘志 . 研究生教育中和谐导生关系何以可能？ [J]. 学位与研究生教育，2018(10): 20-25.

[12] 林媛媛，史万兵 . 导生关系视角下研究生学术规范意识培养机制探析 [J]. 学位与研究生教育，2014(12): 25-29.

[13] 殷忠勇 . 研究生教育中师生一元关系的理解与构建 [J]. 研究生教育研究，2018(05): 65-69.

[14] 刘志 . 研究生与导师关系的内在规定、对象范围及基本特征[J]. 学位与研究生教育，2020(12): 4-9.

[15] 刘燕，刘博涵 . 研究生导学关系优化研究 [J]. 高教探索，2018(08): 30-34.

[16] Liang W, Liu S, Zhao C .Impact of student-supervisor relationship on postgraduate students' subjective well-being: a study based on longitudinal data in China[J].Higher Education, 2021, 82(2): 1-33.

[17] 郭欣，任增元，李芦钰 . 研究生与导师和谐关系的内涵与构建 [J]. 研究生教育研究，2012(03): 60-64.

[18] 孙利平，龙立荣，李梓一 . 被信任感对员工绩效的影响及其作用机制研究述评 [J]. 管理学报，2018, 15(01): 144-150.

[19] 李东雨，胡安宁 . 教育如何让我们更信任他人？——基于 2012 年中国家庭追踪调查数据的分析 [J]. 社会学评论，2021, 9(06): 137-155.

[20] 牟晖，武立勋，徐淑贤 . 和谐视域下研究生导学关系构建浅析 [J]. 思想教育研究，2014(05): 72-74.

基于云平台提升导师与研究生科研导学效率研究 *

刘强　曾文斌

（中南林业科技大学）

摘　要　云平台作为高等教育现代化教学的新工具，在本科教育中已被广泛应用，尤其在翻转课堂和在线课程等方面发挥着重要作用。然而，由于研究生教育涉及不同专业差异以及课程与科研实践等过程的多样性，无法实现课程统一化。传统的研究生培养更加偏向导师负责制，因此导师与研究生之间的导学关系在其中扮演着重要角色。本研究采用网络云盘或校内网构建科研信息共享平台，设计了研究生云平台的学习和管理模式，并进行线下及时跟踪科研实践过程以及效果评价。最终实现研究生模块化培养，使导师与研究生之间能够进行即时的科研和教学互动，从而实现智能化、多元化的研究生培养过程，提升其培养质量。

关 键 词　云平台；导学效率；研究生培养

作者简介　刘强（1988— ），中南林业科技大学生命科学与技术学院，副教授。联系电话：15116272702；电子邮箱：liu.qiangcs@163.com。

一、目前大学导师和研究生导学存在的问题

（一）传统研究生和导师的导学效率低下

随着我国研究生招生人数的持续增长，人们对于提升研究生教育品质的关注度也逐步提高。在这一教育阶段，导师与学生间的互动关系扮演着极为关键的角色。学术界有观点认为，教育的成效很大程度上依赖于师生双方的互动质量与合作成效。唯有确立起基于平等与民主的师生互动模式，并通过顺畅的沟通实现积极互动，才能够有效地激发学生的积极性与自发性，进而推动他们的全方位成长。[1] 但是，传统的研究生和导师的导学关系往往缺乏良好的交流契机而并不是一帆风顺的。导师和研究生之间可能存在沟通障碍，导致信息传递不畅和误解。这可能是由于导师忙碌的工作日程、研究生的内向性格或者双方缺乏有效沟通技巧。在某些情况下，导师与研究生之间利害和需求关系存在差异，导师可能更关注科研成果的产出，而忽视研究生的个人发展和学术兴趣。这种关系可能导致研究生感到被剥削，而导师可能感到压力，因为他们需要在学术成果和学生培养之间找到平衡。

---

* 本文系中南林业科技大学学位与研究生教育教学改革项目"基于云平台提升导师与研究生科研导学效率研究"（编号：2023JG007）。

另外，导师和研究生对于导学关系的期望可能不一致。导师可能期望研究生能够独立完成研究任务，而研究生可能期望导师提供更多的指导和支持。在一些研究团队中，资源（如实验设备、资金、时间）可能分配不均，导致研究生之间的竞争和不公平感。研究生面临的学术压力可能导致他们过度工作，忽视个人生活和健康，这种压力有时可能来自导师的高期望或学术界的"发表或灭亡"文化。导师在研究生教育中的角色可能不明确，他们既是学术指导者，也是学生的职业发展顾问，同时还可能承担行政管理职责，这可能导致导师在多个角色之间难以平衡。现有的评价体系可能过于侧重科研成果的数量而非质量，导致导师和研究生都过分追求发表论文，而忽视了深入研究和创新，从而导致研究生的培养过程缺乏及时监测和管理。实际上，导致导师与研究生关系紧张的关键因素在于双方之间缺乏必要的沟通与交流；实际上，每次研究生与导师的互动，均构成了一个有效的"指导"与"学习"的环节。[2]

（二）传统研究生导师导学关系应适应时代变化

高等教育机构充当着推动社会发展的重要角色，它们不仅为社会进步提供了智力与人才支持，而且在科技成果转化方面也展现出了卓越的成效。特别是近年来，随着校企合作模式的日渐完善，高校的科技创新成果能够迅速与产业界对接，高校逐渐成为众多企业的研发中心，对社会进步发挥了关键作用。尽管如此，高校在享受社会发展成果方面有时并不及时，例如在校园文件和资料管理、共享方面，许多高校仍旧依赖于电子邮件、社交媒体工具甚至基础的U盘复制，这对高校庞大的系统运作构成了显著的制约，不仅在资料共享效率上极低，而且在安全性方面也存在隐患。引入校园云盘网络系统可为高校在教学和行政工作中的文件共享提供一种高效、便捷、安全的解决方案，有助于推动高校生态系统的积极发展，[3]因此，云盘科研信息共享平台构建迫在眉睫。

同样地，高校普及校园云盘网络系统也将显著转变研究生教育中的导学互动模式，并可能对研究生教育的品质产生影响。[4]一项针对某大学123名教育学硕士研究生与导师沟通形式的研究显示，高达77.2%的研究生倾向于集体指导，位列各种沟通方式之首，紧随其后的是电话和短信沟通、电子邮件往来以及面对面个别指导。[5]此外，其他相关研究也指出，导师与研究生之间的互动形式对学习成效具有显著影响，大部分研究生偏好一对一的交流模式，觉得这种形式更具个性化，更利于解决他们在学习过程中遇到的问题等。[6]但这种交流方式往往受限于研究生和导师之间的时间和空间因素，有的研究生导师教学或行政事务繁忙，甚至还有的是"双肩挑"导师，研究生数量又多，就很难单独与研究生长时间和系统地交流，久而久之，逐渐变成"放养式"培养，极大地降低了研究生主动求问的积极性，最终也会影响研究生与导师之间的导学效率。

因此，本研究针对目前高校研究生科研和学习实践中，导师和研究生之间导学过程中存在的低效互动情况，开展基于云平台提升导师与研究生科研导学效率研究。利用网络云盘或校内网构建科研信息共享平台，设计研究生云平台学习和管理模式，并线下及时跟踪科研实践过程以及效果评价。最终实现研究生模块化培养，导师与研究生可以即时的科研和教学互动，实现研究生培养过程的智能化和多元互动化。云平台研究生管理模式推广将极大地释放研究生导师的管理压力，尤其是双肩挑教师，可以利用科研信息共享云平台实现研究生模块化培养，利用网络技术在线跟踪与管理研究生科研过程，节省导师研究生管理上的时间和精力，同时又锻炼学生独立分析问题及解决问题的能力，从而提升研究生的培养质量。

二、云平台构建下新时代导学关系研究

（一）研究生科研信息共享云平台资源数据库的构建

通过购买或免费试用商业网盘或校园网盘等庞大云端数据库空间，构建研究生云平台门户网站系统即用户模块，利用此平台整合和优化课程资源。包括课题组注册、文件管理、文件上传、文件共享等多方面功能，实现有效存储、上传及共享实验数据，大大减少了原始数据丢失、移动硬盘携带所带来的不便。研究生可通过统一的云盘账号，在云盘学习。另外还可以共享相关学科发展前沿与实际应用等国际网站和视频链接。利用科研工具资源，根据搜索结果，发现适用于科研新手的科研工具。这些工具涵盖了文献资源、辅助工具以及制图工具等，可以有效提升科研效率。例如，使用文献管理软件如 EndNote、Zotero 等来组织和管理文献，使用统计分析软件如 SPSS 等进行数据分析，以及使用在线协作工具如 Google Docs、Trello 等来协调团队工作。

（二）研究生科研信息共享云平台科研要素设计

根据研究生学习特点，将云平台中科研要素内容划分为不同板块，如学习资料板块，包含研究文献、仪器和软件操作方法以及科研论文写作技巧等；科研项目设计板块，主要包括实验设计，实验表格设计，数据表格设计，实验进程记录表设计等；科研论文撰写板块，包括文章初稿撰写与修改等。同时还可以结合线上资源和平台积极参与学术交流和合作，鼓励研究生主动与不同领域的老师和同学交流合作，这不仅可以拓宽视野，还能在合作中学习到新的知识和技能，提高科研效率。在当前的互联网时代，线上资源和平台为科研提供了极大的便利。利用线上会议软件如 Zoom、Teams 等可以用于远程学术交流和指导。

（三）研究生科研信息共享云平台管理模式设计

构建良好的导学关系：导学关系的质量和效率直接影响科研工作的进展。研究生主动与导师沟通，了解导师的期望和工作方式，同时导师也应尊重和支持研究生的学术自由和个性发展。双方应建立基于互相尊重的沟通模式，定期进行工作进展汇报和反馈。结合科研信息云平台构建下，制定和完善导师和研究生导学规程与制度，制度规定学生需要严格按照云平台管理模式完成科研实践及各项学习任务。例如按时上传实验数据，做好实验记录，及时完成导师布置的学习任务，导师可以及时更新学习资料，并查看学生上传的实验计划、数据文档以及撰写的科研论文。具体工作流程如下：个人根据自身想法网上提交实验计划，导师实时修正并明确实验方案，随后严格按照实验计划统一实施实验内容，定期上传实验进，实验所得数据当天上传并及时分析，按需要补充数据，确保实验的成功性。这种云平台管理模式的设计培养研究生有效的学习时间管理和明确目标设定，培养研究生独立自主的自学方法，坚持"今日事今日毕"的原则，以及在做任何事情时都要求自己做到最好。锻炼了研究生良好的时间管理能力，设定清晰的短期和长期目标，并根据目标合理规划自己的学习和研究活动。

三、结论

随着信息技术的不断发展，云计算技术在教育领域中的应用也变得越来越普遍。作为一种新型的教育工具，云平台在提高研究生导学效率方面发挥着重要作用。首先，云平台为研究生提供了高效的文件管理和共享功能。研究生可以将自己的论文、资料、笔记等文档上传至百度云平台，实现了随时随地的访问和共享。导师可以通过平台查看学生的学习进度和成果，及时给予指导和反馈，从而提高了导学效率。其次，云平台提供了多种协作工具，如在线文档编辑、实时评论等功能，方便研究生和导师之间的交流与合作。通过这些工具，研究生可以与导师共同编辑文档、讨论问题，实现了线上实时的互动，避免了信息传递的延迟，提高了导学的效率和质量。此外，云系统亦供应了多样的学习素材及网络教程，这为研究生的学术探究和知识学习带来了便捷。研究生可以通过平台获取到最新的学术资讯、课程视频和学习资料，拓宽了知识面，提升了学术水平，从而更好地完成研究任务。综上所述，云平台在提升研究生导学效率方面发挥着重要作用。通过文件管理、协作工具和学习资源等功能，平台为研究生和导师之间的交流与合作提供了便利，促进了学术成果的共享和交流，提高了研究生的学习效率和质量。相信在未来的发展中，云平台将继续发挥更大的作用，推动研究生教育的进步。

参考文献

[1] 谢沙，张耘，欧阳忠明．师生互动方式与研究生知识获取效果的实证研究 [J]．当代教育科学，2020(4)：91-96.

[2] 谭少威．教育学硕士研究生培养过程的调查研究 [D]．兰州：西北师范大学，2016.

[3] 李晓丽．云平台环境下专业硕士研究生科研创新能力培养 [J]．中国教育信息化，2020，481(22)：75-79.

[4] 杨艳梅，朱养鹏．校园网盘文件资源管理系统的分析与设计 [J]．山东工业技术，2013(15)：209-210.

[5] 许迈进，郑英蓓．三重反思：重构研究生培养中的师生导学关系 [J]．教育发展研究，2007(8)：77-80.

[6] 舒彤，黄亮，杨薇薇，等．临床医学院导师与研究生导学关系的调查与分析 [J]．现代医药卫生，2021，37(5)：852-855.

导师管理模式下研究生就业工作质量提升路径研究[*]

朱健 程钰莹 蔡思琴

（中南林业科技大学）

摘　　要　研究生导师是研究生教育培养的主要负责人，是研究生全面发展的指导者和成长成才的引路人，在研究生入学、培养到毕业、择业、就业阶段发挥着重要作用。通过对研究生全过程、全方位的教育培养，导师与学生相互间的了解与信任逐渐加深，导师在研究生择业、就业过程中给出的建设性意见和建议，有利于引导研究生树立正确的就业观和择业观，对于研究生就业质量的提升起着至关重要的作用。

关 键 词　研究生；导师；就业

作者简介　朱健（1983— ），中南林业科技大学生命与环境科学学院副院长，教授。联系电话：13574110154；电子邮箱：zhujian198312@163.com。

国家《"十四五"就业促进规划》明确提出，要持续做好高校毕业生的就业工作。就业工作是最大最基本的民生工程，研究生就业工作关乎学科、专业发展前景，关乎社会健康稳定，关乎国家经济社会高质量发展，做好就业工作意义重大。[1]习近平总书记在中共中央政治局第十四次集体学习时强调，促进高质量充分就业，是新时代新征程就业工作的新定位、新使命。[2]一直以来，研究生就业质量提升路径的研究更多是从毕业研究生辅导员、就业专干等就业工作人员角度出发[3]，却忽略了导师在研究生就业工作中发挥的重要作用。导师不仅是研究生教育培养的责任人，也是研究生高质量就业的引导者，导师参与就业工作，对提升就业效率、提高就业质量、推动研究生精准就业具有重要意义。

苗宗霞等人通过研究导师在思想道德、学术科研、就业指导等方面对所带研究生的影响，发现导师对于提升研究生的教育培养质量至关重要，对于研究生高质量充分就业意义重大。[4]闫丽认为基于对学生的了解，导师在就业方面更能给出符合学生个人的职业定位建议。[5]侯士兵等人研究发现研究生就业"导师工程"的构建，有利于就业精准指导，提升就业效率，提高就业质量。[6]马聪等人强调研究生导师应当将就业工作列为研究生教育培养计划重点工作，针对研究生的不同特点和目标需求，利用导师各方面的优势和资源，有针对性地为学生推荐实习和就业岗位，同时要熟悉所带研究生的求职就业进展，帮助解决学生遇到的问题。[7]张静通过对239名农林院校研究生的问卷调查数据进行分析，发现导师管理模式下导师与学生沟通联系

---

* 本文受湖南省普通高校教学改革研究重点项目（HNJG-2022-0122）和湖南省学位与研究生教育改革研究重点项目（2019JGZD043）资助。

的频率以及对学生实习就业的看法对于学生工作满意度有着显著的正面影响。[8]

作为研究生导师，不仅要经常了解研究生的生活和学业情况，在研究生日常培养中给予关怀，也要及时掌握毕业生的就业进展，在研究生就业方面给予指导。尤其在当前精准就业的要求下，导师要在毕业生就业工作中发挥积极作用，充分利用专业技能经验、个人影响力和自身资源等优势[9]，大力拓展就业渠道，不断打通就业信息壁垒，积极为研究生就业创业工作献计献策、牵线搭桥，为毕业生高质量充分就业创造条件，做好助跑工作。

一、研究生就业工作面临的阻碍

（一）大众期望过高，就业竞争激烈

社会大众和用人单位等对毕业研究生的就业期望过高，认为经过层层考试选拔和研究生教育所培养出来的毕业研究生均能迅速适应当今社会和就业环境，认为研究生的就业能力和职业发展前景应远远高于本科生。因此，用人单位对于研究生求职者的要求也就越高，部分毕业研究生达不到用人单位的期望，也就无法应聘成功。这对研究生的就业工作产生了极大影响，也间接影响了研究生求职的积极性。并且，随着高校扩招和高等教育水平不断提高，毕业研究生人数不断增加，大量毕业生涌入本就趋于饱和的就业市场，求职者数量远远超过了市场岗位供应，就业市场竞争更加激烈。

（二）实践经验不足，就业能力欠缺

在当今社会激烈的就业竞争中，学历不再是通往就业岗位和用人单位的敲门砖，用人单位更倾向于招聘具有实践经验的毕业生，但对于部分研究生而言，研究生阶段主要侧重于学术科研能力和专业理论知识的提升，鲜少有机会与企业接触，甚至进入企业实习，导致在求职过程中缺乏实际工作经验。同时，除了理论知识、专业技能和实践经验外，用人单位也逐渐看重面试过程中毕业研究生综合素质的体现，如组织领导能力、团队协作能力、沟通写作能力，以及个人的求职技能、面试礼仪和面试准备等，但部分研究生忽视自我综合素质的提升，面试准备不足，求职技能缺乏，因此就业能力欠缺，求职竞争力减弱。

（三）追求稳定安逸，偏离社会需求

近年来，求稳一直是毕业生就业的主基调。根据智联招聘发布的《2024大学生就业力调研报告》，毕业生就业"求稳"心态持续加重，对于薪酬福利的重视度在2023年占大比重的前提下，仍有小幅提升，同时大多毕业生追求工作和生活的平衡。通过对研究生就业状况和看重因素的分析，毕业研究生追求稳定安逸，部分观念逐渐偏离国家需要和社会需求，在毕业研究生的就业选择上，薪酬福利好、工作稳定性强的央企和国企更得青睐，竞争激烈。同时，在就业地域选择上，相较于偏远小镇和边远地区，毕业研究生也偏向一线热门城市，导致求职者扎堆。毕业研究生希望获得较高薪酬福利，追求稳定安逸，但实际就业环境与期望不符，极大地影响了毕业生就业积极性，导致懒就业、慢就业和不就业现象的发生。

二、导师管理模式下研究生就业工作质量提升路径

（一）导师对研究生的就业指导要做到"三有"

1. 人才培养有情怀。导师对研究生的教育培养要厚植家国情怀。家国情怀是中华优秀传统文化的重要传承，其内涵丰富，是爱国主义精神的朴素表达，也是研究生培养环节的重要文化组成。导师对研究生的培养，一定要密切对接国家和地方的重大战略对人才的需求，同时也要精准对接行业需求，要充分了解行业存在的问题以及需要的人才，有针对性地引导观念、灌输知识。培养的研究生不一定学术水平都很高，但一定是有情怀、有担当、有责任心，综合素质良好的人，应当努力成为中国特色社会主义事业的合格建设者和可靠接班人。

2. 就业渠道有韧性。校长、书记要访企拓岗，院长、书记要访企拓岗，研究生导师也要访企拓岗，广泛开展"微访企、微拓岗"，并且做到"精准访企、精准拓岗"。通过"微访企、微拓岗"积极拓宽就业渠道，有效增加就业岗位，通过"精准访企、精准拓岗"锚定意向企业，锁定就业岗位。将"访企拓岗"融入"科学研究"之中，积极寻求与行业、企业的合作，广泛交流，带着研究生为行业、企业解决科学与技术问题。将"就业工作"融入"培养工作"之中，充分锻炼和提升研究生解决实际问题的能力。如是为之，就业工作就水到渠成，自然而解。

3. 就业帮扶有温度。导师要给予研究生切实有效的帮扶、实实在在有温度的帮扶。有温度帮扶的前提是良好的师生感情基础，从入学伊始，就要建立有效的师生交流机制，多渠道、全方位加强与学生的沟通联系，充分了解学生的意愿、想法、秉性、潜质，能设身处地地替学生着想，对就业做有意义、有价值的引导。在就业择业的过程中，尽力尽心帮扶，关键的时候帮一把，困难的时候扶一把，不要临近就业考核，才极力督促学生就业，且责之切切，容易让学生产生逆反心理、厌烦情绪，要让学生从内心深处尊敬导师、充分信任导师，愿意听从导师的意见和建议，如是为之，缓就业、慢就业、懒就业等问题就能圆满求解。

（二）导师对研究生的就业指导要做到"三要"

1. 就业责任要落实。研究生导师要有政治觉悟，要提高政治站位，要理解就业工作的重大意义。同时，也要有高度的责任感，要充分认识到能让培养的研究生顺利就业，也是导师应有之义、应尽之责。导师不应仅仅是学术研究之导师，更应是职业生涯之导师。研究生导师要有荣誉意识，培养的研究生能高质量就业，能登大雅之堂，那是一种荣耀；反之，培养的学生连工作都找不到，作为导师，总应该要有些挫败感的。

2. 就业动员要提前。研究生的就业动员不应搞形式主义，更不能濒临毕业才搞就业动员。研究生导师要将就业动员润物无声地融入研究生培养过程中，要在新生入学之初就主动地逐步了解学生的读研目的、就业意愿、职业取向，在培养过程中充分了解学生的个性、潜力、素养，做有目标的动员、有效的动员。变"盲目动员"为"定向动员"，变"广泛动员"为"精准动员"，提高就业动员的有效性和达成度。

3. 就业指导要细化。研究生就业方向无非是继续深造从事科学研究，考取编制从事管理服务，进入企业从事技术研发。研究生导师要将培养工作与就业工作相贯通，根据学生的专业基础、学术潜质、就业意愿和职业取向，面对学生个性化的就业需求，积极协同研究生辅导员，

主动为学生提供更加精准的就业指导服务，做到培养过程一人一案（培养方案），就业指导一人一策（就业对策），实现因材施教与就业引导无缝衔接，培养和就业有机融合，确保所带研究生高质量精准就业。

导师管理模式下研究生就业工作质量的提升，"三有"是前提，"三要"是关键。要充分认识研究生就业工作的重要性和紧迫性，做好顶层设计，多措并举、系统谋划、上下联动、内外兼修、师生合力，切实助力研究生综合素质显著提升和高质量就业，为国家和社会输送更多宝贵的人才资源，为祖国的繁荣与发展贡献力量。

参考文献

[1] 张艳宁，薛晨，黄媛.我国研究生就业研究现状、热点主题与前沿分析：基于 CiteSpace 的文献计量分析 [J].创新与创业教育，2024，15(02)：49-58.

[2] 促进高质量充分就业 不断增强广大劳动者的获得感幸福感安全感 [N].人民日报，2024-05-29(001).

[3] 陈荣明.辅导员在提升就业工作成效中的作用研究 [J].工业和信息化教育，2022(06)：92-94.

[4] 苗宗霞，陈英.导师对研究生培养质量影响力的调查研究：以西南大学为例 [J].产业与科技论坛，2016，15(02)：124-127.

[5] 闫丽.医学研究生就业情况分析及对策 [J].中国继续医学教育，2019，11(20)：63-65.

[6] 侯士兵，蒋立峰，康健.就业效率视角下研究生就业导师工程的机制研究 [J].学校党建与思想教育，2017(19)：83-84.

[7] 马聪，徐萌森.发挥"五个优势"助力学生就业的思考与实践：以北京科技大学数理学院为例 [J].科技视界，2021(03)：124-125.

[8] 张静.导师管理模式、学生学习能力与研究生就业绩效研究：基于学生综合能力的中介效应分析 [J].中国农业教育，2018(06)：36-44+94.

[9] 王博馨，侯华伟，杨士同.林学类研究生全过程就业工作探索 [J].科技创业月刊，2018，31(10)：22-24.

风景园林学科研究生创新能力培养体系构建理论初探与实践

王睿　张旻桓　张雨朦

（中南林业科技大学）

摘　　要　研究生教育在我国教育体系中处于首要地位，研究生作为高层次人才队伍的重要组成，不仅是需要重点培养的对象，同时也是一个国家科研力量的主要来源。[1] 因此，研究生的创新能力往往与国家创新驱动作用的发挥产生直接的关联，同时也会直接影响高等院校服务国家、服务社会的能力水平。本文对我校风景园林学科研究生创新能力培养体系构建实践进行了概述。

关 键 词　研究生；创新能力；理论；实践

作者简介　王睿（1990— ），中南林业科技大学风景园林学院，研究生辅导员，讲师。联系电话：18874166443；电子邮箱：517101785@qq.com。

《高校思想政治工作质量提升工程实施纲要》提出了包括实践育人质量提升体系在内的"十大"育人体系，要求高等学校党委要坚持理论教育与实践能力提升有机结合，拓展平台、创新形式、丰富内容，让广大师生在学思践悟中形成合力，教学相长，促进高等学校人才培养质量的提升。

一、高等院校研究生实践创新能力的时代要求

2020 年，习近平总书记在全国研究生教育会议上明确指出，要全面提升对研究生教育的重视度，从整体上提升研究生的创新能力水平，使高等院校能够更好地服务社会，以此促进国家治理体系的发展。李克强总理进一步强调了研究生教育的重要性，并提出要对研究生培养模式进行不断改进，重点培养研究生的创新能力，提升研究生群体的实践水平，从而为国家的长期发展提供更加坚实的人才力量。

二、国内外研究现状述评

创新能力通常指的是勤于思考、在发现问题以后能够合理地应用各种知识解决问题，并进行进一步的总结的能力。一部分学者针对研究生所具有的时间创新能力展开了研究。

1.国内研究现状

根据已有的研究可知，我国一些风景园林专业的研究生虽然已经学习了各种专业知识，但

是由于缺乏专业实践，在实际应用的过程中也存在各种各样的问题。因此，对于这部分研究生而言，其在学习的过程中，应当对实践创新能力的培养有更高的重视，积极地参与各种实践活动。针对这一问题，聊城大学曾经展开了具体的研究。其通过了解风景园林专业研究生的现状，在经过一系列的分析以后，对"四位一体"这一教学模式进行了创建，旨在为培养研究生的创新能力以及实践能力提供更多的指导，从整体上改善目前的发展现状。[2] 河北农业大学曾经借助于"三全育人"机制，并基于该校举办的"园林规划设计实训"活动，对研究生的实践能力进行了培养。相关的实践结果显示，通过这种方式能够使研究生群体的创新能力得到有效的提升，同时还可以切实提升实践水平，从某种程度上来看具有一定的指导意义。

2. 国外研究现状

一部分国外学者从不同的角度上分析了培养实践创新能力这一问题。结合德国高等院校的实际情况可以看出，对于大部分工科类高等院校而言，在培养学生的实践能力上，通常是采用多种形式进行培养。例如，设置二元制专业、开展企业实习活动、讨论合作式专题以及毕业设计等。对于美国而言，多数工科类院校为了强化自身与社会之间的交流，适当提升了人才培养的占比，使得学生的创新能力以及实际能力也得到了一定的培养。从整体上来看，美国目前已经在该方面取得了较多的成果。

三、风景园林研究生实践创新能力培养模式的初步探索

综合研究生教育发展趋势可以看出，有效提升研究生群体实践创新能力已经成为一种新的发展理念，越来越多的国家对这一问题开始重视。对风景园林学科研究生而言，在为其制定与实践创新能力相关的培养模式时，需要结合创新意识、创新实践、创新创业等指标全面考虑。从整体上来看，这种培养模式通常包括以下几个方面的内容，即培养板块体系、培养目标、培养过程以及相关的培养理念等。为了使目前在研究生培养模式方面存在的问题能够得到有效的解决，必须要对与实践基础相关的问题有高度的重视，同时还要结合实际情况，合理地创新培养模式。具体的研究内容包括以下几个方面。

1. 培养目标研究

（1）在培养风景园林专业的研究生时，为了切实提升他们的创新实践能力，需要通过合理的方式引导学生，使其树立一个良好的专业运用价值观。[3] 除此之外，相关研究生还必须主动学习更多的基础理论知识，从多个方面提升自身的能力水平，培养自主学习能力、研究创新能力以及合作能力等。

（2）由于风景园林专业的研究生通常需要掌握多个领域的知识内容，涉及的知识背景相对较广，为了使这些研究生的专业能够得到更加合理的建设，必须结合研究生所处的阶段以及具体的发展目标，对发展板块进行有效的设置，使实践创新培养体系能够具有更强的科学性和合理性，从而更好地发挥出具体作用。

2. 培养理念

（1）实践教育优先的理念。在开展的各种实践教育的过程中，需要引导学生树立一个积极健康的实践价值观，使学生能够全面提升对实践的重视。除此之外，还应当对学生提出知行

合一的要求，使学生能够有更加强烈的社会责任感，在实践的过程中应当全面遵循生态原则，确保最终的景观设计能够符合特定的要求，以此来实现生态化的目标，推动风景园林的发展。

（2）创新教育优先的理念。为了使学生能够更好地掌握各种基础知识，要不断地强化理论教学，使学生全面认识到创新教育的作用和意义，同时还要重视培养学生的思维能力，使学生能够通过反思性和批判性的方式思考各种问题，从而间接地提升学生的创新能力。除此之外，不应当通过单一的方式培养学生解决问题的能力，而应当指导学生通过批判的方式剖析各种现实存在的问题，使学生能够深入思考，并探索出更多的新的解决方法，从而为后续的应用提供一定的指导。

（3）结合国内现状的理念。结合景观生态规划内容可知，与此相关的理论知识通常存在一定的地域性差异。[4] 所以在培养相关专业的学生时，必须重视学习其他国家的先进经验，并根据我国的具体情况对这些知识进行创新。通过因地制宜的方式合理地调整设计方式、管理方法等，不断地优化评估体系，确保风景园林专业的研究生能够有更强的创新能力。

3. 培养过程

（1）多板块交叉培养。从培养模式上来看，采用的培养模式为交叉培养模式，也就是针对研究生群体，将与团委学生会有关的实践活动、互联网＋大赛、科技创新以及暑期实践这四大模块相融合，并通过多种方式对研究生群体进行培养。

（2）多元化培养。从我国目前的教育情况可以看出，目前在培养研究生方面所采用的教学形式仍然较为单一，教学活动的开展以传统"讲座"为主，导致研究生的创新能力、实践能力也很难得到充分的锻炼。为了解决这一问题，在培养风景园林专业的研究生时，使用的教学方法应较为多元，结合实际情况，科学地选择个人行为引导法、户外体验教学法、实习法、专题调查法等。

四、创新能力培养体系构建实践

1. 研究生创新潜能激励

在学校奖助学金管理办法的正向引导下，近三年学院研究生的专业理论创新主观能动性不断增强，申报研究生科研创新基金项目积极性不断提升，成果产出较以往有了大幅度提升。2018—2024 年风景园林学科共申报 110 项研究生科技创新基金，320 余人次参与项目申报，获得了省级研究生科研创新项目立项 15 项，其中重点项目 6 项，获校级立项资助 36 项，相当于2018 年以前十五年的总和。研究生以第一作者发表 SCI 论文 14 篇，占我校风景园林学科高水平论文的 89%，2 人次获校研究生学术成就奖奖励。通过加强基础理论研究的学术训练，风景园林学科研究生的学术素养得到了明显的提升。

2. 主动参与各种学科竞赛

目前，中国研究生创新实践系列大赛和湖南省研究生创新大赛暂未设立风景园林学科相关竞赛，但基于风景园林学科研究内涵的丰富性和行业的蓬勃发展，国内外风景园林相关专业机构、行业协会设立了丰富的主题赛事。近年来，学科以创意、创造、创新为宗旨，以拓展学术视野和提升专业技能为目的，大力支持研究生师生参加了 IFLA 国际学生风景园林设计竞赛、中日韩大学生风景园林设计大赛、勒诺特（LE：NOTRE）风景园林论坛暨国际学生设计竞赛、中国风景园林学会大学生设计竞赛(CHSLA)、中国人居环境设计学年奖、"园冶杯"风景园林国际竞赛、艾景奖国际园林景观规划设计大赛（学生组），以及国内行业、企业主办的赛事，取得了优异成绩。通过竞赛的洗礼，研究生的专业素养得到了不同程度的加强。

3. 畅通创新创业教育通道

创新创业教育是深化高等教育教学改革的具体措施之一，是激发大学生创造力、培养造就"大众创业、万众创新"生力军的主要形式。在养成扎实的理论功底和专业素养基础上，我校风景园林学科积极响应新时代号召，鼓励在校研究生积极投身创新创业实践，进行生产力转化。我校风景园林学院研究生张胜前带领团队申报的"基于传统植物应用的植物化妆品研发与生产"项目课题荣获首届全国林业创新创业大赛全国总决赛铜奖和第四届湖南省"互联网+"大学生创新创业大赛一等奖。

4. 落实实践育人

增长学生才干。我校风景园林学科积极贯彻落实《高校思想政治工作质量提升工程实施纲要》号召，主动对接乡村振兴、精准扶贫国家战略，近三年组建暑期专业实践队伍30余支、共220余人次走进青山绿水、农村乡镇开展暑期专业实践，形成了专业课实践教学、社会实践活动、创新创业教育、科技兴农等载体有机融合的实践育人新格局。2020年8月，我校风景园林学科赴学校扶贫点通道侗族自治县芋头村围绕绿色基础设施研究开展了大量调研工作，以调研报告为蓝本的规划设计被评为第九届国际园林景观设计大赛金奖，并入围由中国林业教育学会主办的"科技装扮绿水青山、创新助力乡村振兴"——十校两院林草科技调研优秀报告。参与所有工作的十名博、硕士生表示，能够学以致用，为决战决胜脱贫攻坚贡献力量，是他们获得的最宝贵的精神财富。

5. "花境"设计大赛的创立

作为创新能力培养的有效补充，我校风景园林学科设立了"花境"设计大赛。该项赛事是我校首个集前期设计、苗木采购、落地施工为一体的设计大赛。根据比赛的开放情况可以看出，该项比赛能够有效地提升学生的参与度，使学生得到更多的实践锻炼机会，具有一定的现实意义。"花境"大赛在我校已经开展了三年，基于国家生态文明建设理念的指导，合理地设置比赛的各个环节，不仅有效地锻炼了学生的动手能力、实践能力，还丰富了校园活动，增强了学生群体的凝聚力。

五、结语

研究生创新能力培养体系的构建，宏观主体是创新，创新是能力提升的进阶表现和必然结果，因此着力点还是在挖掘潜能、激发创新意识和实践能力提升。具体到不同学科门类、不同培养对象，又需要精准施策。目前我国研究生实践创新能力研究细分领域还有许多问题要解决，要继续以立德树人为根本，围绕人才培养能力提高，强基础，抓主业，重保障，形成全员全过程全方位育人格局，一定能够使研究生培养质量得到切实的提升，实现为党和国家事业发展培养德才兼备的高层次人才目标。

参考文献

[1] 王大伟.研究生教育论坛[M].长沙：中南大学出版社，2000.

[2] 张健，毛聪，胡宏伟，等.地方高校研究生创新能力与学术贡献率提升机制探索[J].科技创新导报，2017(21)：238-239.

[3] 阙晨曦，董建文，林开泰，等.项目学习法在风景园林专业教学中的实践：以"创意花园竞赛"课程为例[J].中国林业教育，2018，36(1)：53-56.

[4] 付喜娥，刘志强.景观生态规划实践教学研究：以绿色基础设施规划设计课程为例[J].城市住宅，2014(12)：70-73.

研究生产教融合培养途径与机制优化*

苏荣葵[1] 马先成[1] 罗翼婷[2] 陈永华[1]

（1.中南林业科技大学 2.湖南第一师范学院）

摘　要　随着社会经济的发展和高等教育的进步，研究生培养已成为高等教育体系中的重要组成部分。然而，传统的研究生培养模式存在着诸多问题，如理论知识与实践能力脱节、学术与产业之间缺乏有效衔接等。因此，国家提出深化产教融合，并将此提升到国家重要战略部署。产教融合，主要是通过高校和产业领域相关的企业、政府密切合作来实现培养人才目标。本文针对研究生产教融合培养途径与机制进行了深入研究，旨在优化现有培养模式，提升研究生的综合素质和创新能力。

关 键 词　研究生培养；产教融合；优化机制；创新能力

作者简介　苏荣葵（1986—），中南林业科技大学，副教授。电子邮箱：surk2015@163.com。

一、引言

随着知识经济的兴起和科技创新的迅猛发展，高等教育的任务不仅是培养学生掌握理论知识，更重要的是培养学生具备创新精神和实践能力。然而，传统的研究生培养模式往往偏重于理论研究，缺乏对实践能力的培养，导致研究生在面对实际问题时缺乏解决方案，无法有效地将理论知识转化为实际应用。[1]为此，国家提出深化产教融合，并将此提升到国家重要战略部署。产教融合，主要是通过高校与产业领域相关企业和政府的密切合作，推动教育与产业的协同发展，实现培养人才目标。[2]产业融合的主体是多元的，除了企业与高校作为共同主体外，还可能有政府、行业组织等主体的共同加入。[3]多方主体通过相互协调配合，根据产业的需求共同制定教学目标、教学方案等，同时也共同受到内外部监督、反馈和评估等机制的约束。[4]深化产教融合是推动专业人才培养和产业创新发展相互衔接贯通的战略性举措。[5]因此，研究生产教融合培养途径与机制的优化显得尤为重要。[6]

二、研究生产教融合培养途径

（一）实践导向教学

通过将项目实践与产教融合培养途径结合起来，研究生在实践中不仅能够将所学理论知识

＊　本文受中南林业科技大学教学改革研究项目资助。

运用到实际问题的解决中，还能够与企业、科研机构等实践主体密切合作，增强实践能力和创新意识。这种结合能够有效地打破学校与行业之间的壁垒，促进产学研合作进一步加深与变广，为研究生的综合素质提升提供了有力支撑。

研究生可以通过参与项目实践，将所学理论知识应用于实际问题的解决中。项目实践可以是学校与企业、科研机构合作的产学研项目，也可以是学术界与政府部门合作的政学研项目。通过与实际场景的结合，研究生可以更加深入地了解行业现状和需求，提升解决实际问题的能力。这种项目实践通常是跨学科合作的，涉及多方利益相关者的合作与交流，有助于培养研究生的团队协作和沟通能力。

学校可以与企业合作开展双向实习或实践项目，让研究生有机会在企业实践，与企业技术人员密切接触，了解企业的运作机制和市场需求，从而培养出更具实践能力的研究生。学校还可以与企业可以共同建立实验室、工程中心或技术创新平台，提供给研究生进行科研实践和创新的项目，促进产学合作，加强科研成果的转化和应用。

（二）产学合作项目

与企业合作的产学研项目为研究生提供了宝贵的实践机会。通过参与这些项目，研究生可以全面提升自己的实践能力、创新意识、行业认知水平以及团队协作与沟通能力，为其未来的职业发展奠定坚实的基础。让研究生深入实际生产与研发中，与企业技术人员合作，提升其实践能力和团队协作能力。

通过开展与企业合作的产学研项目，可以实现研究生以下方面能力的培养：

（1）实践能力。与企业合作的产学研项目通常与实际生产、技术研发密切相关，研究生通过参与这些项目可以直接接触到实际工作场景和问题，从而培养实践能力。在项目中，研究生需要应用所学的理论知识解决实际问题，参与项目设计、实施、评估等全过程，从中积累实践经验，提升自己的实践能力。

（2）创新意识。产学研项目往往要求解决的问题具有一定的创新性，参与项目的研究生须具备创新意识和思维，能够从理论和实践的结合中寻找新的解决方案。与企业合作的项目通常涉及技术创新、产品研发等领域，研究生在这样的项目中参与讨论、设计和实验，有助于培养创新意识和创新能力。

（3）行业认知与就业竞争力。通过与企业合作的项目，研究生可以更加深入地了解特定行业的运作机制、市场需求和技术前沿，从而提升对行业的认知水平。参与产学研项目还能够为研究生提供与企业技术人员、管理人员交流的机会，拓展人脉关系，为将来就业提供更多可能性，提升就业竞争力。

在与企业合作的项目中，研究生通常需要与企业团队成员共同工作，参与项目的规划、执行和总结，这要求他们具备良好的团队协作和沟通能力。通过与企业的合作，研究生能够学习到企业团队的工作方式和文化，锻炼在团队中协调与合作的能力，提高自身的团队协作能力。加强了其团队协作与沟通能力方面的培养。

（三）跨学科交叉培养

鼓励研究生跨学科学习，参与不同领域的研究项目，目的是拓展其学术视野和创新思维。

通过跨学科交叉培养，研究生可以在不同学科领域之间建立起联系和交流，获取更广泛的知识和经验，培养综合素质和创新能力，为未来的学术研究和职业发展打下坚实基础。基于此，学校可以根据实际情况和需求，开设跨学科的课程或项目，吸引不同专业背景的研究生参与。这些课程或项目可以涵盖多个学科领域，例如工程、管理、人文等，让研究生在跨学科的学习中获取更广泛的知识和经验。并且跨学科课程的设置可以打破学科间的界限，促进不同学科领域的交叉融合，培养研究生的综合素质和创新能力。

学校可以组织跨学科的研究项目，邀请不同学科的专家和研究生共同参与。这些项目可以围绕某一具体主题展开，汇集多个学科的专业知识和研究方法，提高研究成果的质量和影响力。通过跨学科研究项目的参与，研究生可以拓展自己的学术视野，学习到其他学科领域的知识和方法，参与跨学科导师团队项目。来自不同学科领域的专家共同指导研究生的学习和研究工作，不仅可以为研究生提供更丰富的学术资源和指导，促进跨学科交叉培养的实现，还可以建立学科间的合作与交流，推动学校跨学科研究和教学的发展，为研究生提供更广阔的发展空间。

三、研究生产教融合培养机制优化

（一）教学体系创新

1. 建立以问题为导向、以项目为载体的教学体系

建立以问题为导向、以项目为载体的教学体系，促进研究生产教融合培养机制的有效实施，提高学生的实践能力和创新能力，培养具有解决实际问题能力的高水平人才。以下几个方面的优化措施是工作重心。

首先，问题驱动的课程设计。设计课程时，以实际问题为导向，确定课程目标和内容。课程设置应围绕解决特定问题或挑战展开，使学生在学习过程中能够理解问题的复杂性和实际应用需求。课程设计要充分考虑跨学科的特点，整合多学科的知识和方法，让学生在解决问题的过程中能够综合运用不同学科的专业知识。其次，项目化学习。将课程内容组织成项目，并将学生分成小组进行项目研究和实践。每个项目都应该是一个具体的问题或挑战，要求学生通过调查研究、数据分析、方案设计等方式来解决问题。项目化学习可以促进学生的实践能力和团队合作精神，让他们在解决实际问题的过程中学会应用知识、分析问题、提出解决方案。再次，要做到跨学科导师团队支持。建立跨学科的导师团队，由不同学科的专家共同指导学生的项目研究和实践活动。导师团队可以提供学科专业知识和实践经验，帮助学生理解和解决复杂问题。导师团队还可以促进学科间的合作与交流，推动跨学科教学和研究的发展。最后，实践导向的评估方式。设计与项目学习相匹配的评估方式，注重学生在解决实际问题过程中的表现和成果。评估可以包括项目报告、成果展示、实践操作等形式，以评价学生的综合能力和创新能力。评估过程中要注重对学生的反思和自我评价，鼓励他们从实践中总结经验、发现问题、改进方案。

2. 打破学科壁垒，促进不同学科间的交叉融合，培养研究生的综合能力

跨学科课程设计、项目合作以及跨学科导师指导是构建综合培养机制的关键要素。通过这些措施，学生可以跨越学科界限，拓展学术视野，培养综合素质和解决问题的能力。跨学科的学习和合作环境有助于学生全面发展，成为具备跨学科思维和创新能力的高水平人才。为此在

培养机制上应该做到如下三个点。首先，跨学科课程设计。跨学科课程设计是打破学科壁垒的重要途径。通过创建涵盖多学科知识和方法的核心课程，学生可以在跨学科的学习环境中培养综合素质和解决问题的能力。这些课程可以涵盖跨学科的案例分析、跨界思维培养等内容，帮助学生跨越学科界限，形成全面的学术视野和综合思维能力。其次，跨学科项目合作。跨学科项目合作是促进学科间交流和合作的有效方式。通过组织跨学科团队进行研究和实践项目，学生可以接触到不同学科的知识和方法，培养合作和团队工作能力。这些项目可以涵盖实际问题的解决方案，要求学生通过跨学科的合作与交流，共同解决复杂问题，提高综合能力和创新能力。最后，跨学科导师指导。建立跨学科导师团队是为学生提供多学科视角的重要支持。导师团队由不同学科领域的专家组成，为学生提供学术指导和跨学科交流的平台。导师可以引导学生跨越学科边界，促进学生在研究和实践中发现新的问题和解决方案，培养跨学科思维和创新能力。

（二）建立多维度、多层次的评价机制

通过建立多维度的评价体系，可以更全面地评估研究生在产教融合培养过程中的表现和成长，为其未来的职业发展提供有力支持。对此，需要基于三个方面进行考虑。首先，明确目标与维度。首要步骤是确立产教融合培养的目标，例如实践能力、创新意识等。然后，确定评价维度，包括学术表现、实践能力、行业适应能力等，确保全面反映学生在培养过程中的表现。其次，多元评价方法。结合学术评审、实践项目评估、企业实习评价等多种方法，从不同角度评估学生表现。引入企业导师、行业专家等多方评价参与，提供全面的反馈和建议。最后，定期评估与持续优化。建立定期的评估机制，对学生进行持续跟踪和评估，及时给予反馈和指导。同时，评价体系应持续改进，根据实际效果和反馈意见调整和优化，以提高评价的有效性和适应性。

（三）激励机制建设

通过建设激励机制，可以有效促进研究生产教融合培养的深入开展，激发学生和相关参与者的积极性，推动培养工作取得更好的效果。并且奖学金、科研基金设立等激励措施，能极大鼓励研究生参与产学合作项目，提升其参与度和积极性。对此，可以从六个方面展开设计。①奖励制度设计。建立奖励制度，对在产教融合培养中表现突出的研究生给予奖励，例如奖学金、荣誉称号、学术会议参与资助等。奖励应该与培养目标和评价体系相对应，鼓励学生在不同层次上全面发展。②导师激励措施。为导师提供激励措施，鼓励他们积极参与产教融合培养工作。这可以包括导师教学成果奖励、学术交流机会、项目经费支持等，以提高导师的积极性和投入度。③实践机会提供。为学生提供丰富的实践机会，并通过奖学金、项目资助等方式激励他们积极参与实践活动。实践项目的成果和表现可以作为评价激励的重要依据。④行业合作激励。与企业建立合作关系，为企业提供各种形式的激励，鼓励其参与研究生的产教融合培养。这可以包括项目赞助、人才培养基金、技术转让等方式，促进产教融合的深度合作。⑤建立竞赛平台。组织各类学术、创新、实践竞赛，为学生提供展示自我的机会，并通过奖励优胜者的方式激励他们的积极参与和表现。⑥心理激励和个性化关怀。除了物质奖励外，还应该注重心理激励和个性化关怀，激发学生内在的动力和潜能，提高他们的学习积极性和参与度。

四、结论与展望

研究生产教融合培养是提升研究生综合素质和创新能力的重要途径。优化培养机制，创新培养模式，将有助于培养出更适应社会发展需求的高水平人才。未来，我们还需进一步深入探讨产教融合培养的具体实施方案，不断完善培养机制，推动研究生培养工作向更高水平迈进。

参考文献

[1] 杨水根,李贺鑫,徐宇琼.新时代深化产教融合的价值意蕴、实践困囿与优化路径[J].黑龙江教育（高教研究与评估），2024（06）：22-25.

[2] 公彦德,占济舟,王哲.产教融合视域下专业学位研究生育人机制研究[J].科教文汇,2024（10）：2-6.

[3] 甘宜涛.卓越工程师产教融合培养的场域困境及破解策略[J].北京社会科学，2024（05）：110-118.

[4] 孙梦然.专业学位研究生产教融合共同体培养模式研究[D].南昌：南昌大学，2022.

[5] 任幼巧.新工科背景下产教融合协同育人机制研究：以W学院为例[D].上海：华东师范大学，2022.

[6] 马媛.高校产教融合育人模式实施策略探究[J].产业创新研究，2024（10）：196-198.

学科融合视角下中南林业科技大学风景园林专业硕士创新实践能力培养途径研究 *

詹文 高淼 李馨媛 张旻桓

（中南林业科技大学）

摘　　要　当前多学科交叉融合、创新人才培养模式已成为新工科建设的重要内容。本文聚焦于中南林业科技大学风景园林专业硕士人才培养，从课程体系创新、教学内容创新、跨学科教师资源引进三个方面出发，探讨了风景园林专业硕士创新实践能力培养的实现途径。中南林业科技大学以"重基础、显特色、促创新"为培养思路，通过多元化课程内容、"工学结合"模式、产学研联动、跨学科人才引进等措施，推进新时代风景园林专业硕士教育教学的高质量发展，培养应用性、复合型、高质量专业人才，为我国的风景园林行业的可持续发展奠定坚实的人才基础。

关 键 词　学科融合；中南林；创新实践；风景园林；人才培养

作者简介　詹文（1979— ），苗族，湖南靖州人，博士、副教授、硕士生导师。主要研究方向为风景园林规划与设计、大地景观与生态修复、数字景观与技术应用。电子邮箱：T20050233@csuft.edu.cn。

1 前言

1.1 风景园林学科发展与挑战

风景园林学是综合运用科学与艺术的手段，研究、规划、设计、管理自然和建成环境的应用型学科，其核心内容是户外空间营造，根本使命是协调人和自然之间的关系。从 20 世纪 50 年代起，我国开设现代园林本科教育[1]，2005 年设置风景园林硕士专业学位，2011 年风景园林学升格为一级学科，截至目前全国共有风景园林专业硕士招生单位近 100 个。然而，2023 年风景园林学取消一级学科，学科领域面临着重大战略调整。面对新时代新的战略需求，风景园林专业学位教育如何才能肩负起新时代的责任与使命，如何培养高质量、高水平的创新实践型风景园林专业人才，是风景园林教育系统亟待思考的问题。[2]

1.2 中南林业科技大学风景园林专业硕士学科融合实践背景与特点

学科融合是指以某一学科为中心，承认学科差异的基础上不断打破学科边界，促进学科间

* 基金项目：湘教通〔2021〕272 号，2021JGZD034；湘教通〔2022〕357 号，2022JGZD038。

相互渗透、交叉的活动。[3] 风景园林作为一门具有典型交叉特征的学科，需要推动多学科融合的教育理念，尤其在风景园林专业硕士培养阶段，应当积极拓展融合多学科的潜力空间，与更多的学科建立密切联系，尤其和人居环境学、生态学、社会学、林学、计算机科学、心理学等学科加强交叉融合，提高解决实际需求和问题的能力，丰富研究成果。

中南林业科技大学于 2010 年获得风景园林专业硕士学位授予权，是中南地区成立较早的园林专业人才培养基地，是我国少数几个能够全规格、多层次培养风景园林专业人才的教学研究型学校。近年来，中南林业科技大学为适应区域经济社会发展需要，本着"重基础、显特色、促创新"的培养思路，科学定位风景园林专业硕士人才培养目标，结合学科融合的新形势，探究跨学科创新实践能力培养模式，将专业教育与素质教育、创新教育相结合，增强学生的社会适应能力和专业拓展能力，为风景园林事业相关领域培养应用性、复合型、高层次的专门人才。

2 学科融合视角下风景园林专业硕士创新能力培养途径

2.1 课程体系创新

2.1.1 组建课程群

整合课程资源，根据培养目标组建课程群，整合每门课程的资源，确定课程之间相互补充、相互衔接，成为体系。其中必修课由公共课、专业学位课、专业选修课等构成。必修课约占总学分的 70%，选修课占总学分的 30%。适时重组和整合课程，及时更新教学内容，突出学生创新实践能力的培养，设置了"风景园林历史与理论""风景园林规划与设计""风景园林工程与技术"等核心课程，并充分结合校院的优势学科及特色专长，共开设了 17 门选修课程，包括了"景观生态规划""3S 技术与园林应用专题"等课程，为风景园林专业硕士研究生提供了充足的选课空间。通过整合课程资源，调整课程先后次序，让学生由简单到复杂，由易到难，循序渐进地开展风景园林规划设计工作，让生态学思想融入风景园林规划设计中，增强学生知识体系的完整性。

2.1.2 多元化课程内容

针对每门课程，教学内容不拘泥于教材，优化组合教学内容，开展多元化教学。新技术新思想层出不穷，教材内容往往滞后，这就要求教师要与时俱进，把最新研究成果及时带到课堂。复合应用型人才既要有专业要求的较强的动手实践能力，又要有理论基础和思辨能力，学生不仅要知道怎么做，还要知道为什么这么做，理论与实践并重。[4] 因此，在课程内容设置上，避免轻理论的误区，要将理论教学与实践教学结合，充分融合现代信息技术与课堂教学，改进课堂授课的模式，努力打造线上线下精品课程，实现优质课程资源共享。在大力推进慕课和虚拟仿真实验项目建设的基础上，以创新为导向，激励学生自主学习、自主训练，强调团队合作和竞争意识，鼓励师生探索并实践多元化的教学方法。师生之间、团队之间交流交锋的"互动式"教学方法日渐完善。倡导"生活即课堂"的"体验式"教学方法，连续设置"认知体验"和"综合训练"环节。通过体验生活、体验场景，现场发现问题，分析问题，有效培养了学生的场景记忆能力，观察分析能力及表达能力，增进了师生之间的共同体验，缩小了理解差异，也促进了师生、学生之间的交流和感情。

2.1.3 增设创新创业教育相关课程

课程体系设置要以生为本，因材施教，通过多年就业跟踪观察，毕业的学生就业途径多种多样，要鼓励学生多元化就业和自主创业。因此，在培养学生过程中应根据学生兴趣和特长，分类培养，助力学生就业。课程体系要按方向分类，一个方向针对继续深造的学生，主要强调专业基础和学术前沿；另一个方向针对直接就业的学生，主要强调专业技能操作及职业素养培养。通过分类培养，提高学生适应社会的能力。为了拓宽研究生的视野，学院还统一安排校内外导师、行业专家等对风景园林专业硕士进行学术讲座，进行创新技能培养、创新思维训练，从人文情感、职业道德、专业知识、创新能力、合作能力、协调能力、担当能力等方面多角度培养。进一步改革、完善现有课程体系和知识体系。创新创业教育要贯穿学生学习全过程，培养学生创新思维、创新意识、创新观念和创新能力。校内导师与校外创业导师共同设置创新创业教育课程内容，突出实践性、可操作性，并且留出一定学时供校外创业导师讲授。[4]

2.2 教学内容创新

2.2.1 实践型专题讲授

在规划设计系列课程采用实际案例教学，实地选取真实项目，坚持"真题真做"，从不同层面深入设计，例如生态层面、社会层面和文化层面等，根据实际发展需求、气候特点、场地特征等，深入场所，开展实地教学与公众参与，以能够切实解决问题为目标，进行方案探讨和设计。在不同的课程设计中，由于选题的立足点和训练目标不同，在设计课程中遇到所需解决问题也不一样。另外，坚持校企联合培养，建立"教学案例库"，要求导师把最新承担的课题和项目在第一时间内搬进课堂。将相关的基本原理与研究方向、遵循设计过程的步骤，以理论专题讲授的形式穿插进设计课程，使多学科大跨度的理论内容浓缩为集合式课程，引导学生积极探索相关学科理论内容及实践方法。

2.2.2 实现产学研联动

作为一门实践性学科，风景园林专业教育离不开通过实践体现学科价值，需要树立产学研联动的教育理念。新时代下高校在给学生提供系统性的专业理论与研究知识的前提下，可以结合实践使教学更具针对性和实操性，从而培养出具备综合素质的高水平专业人才。风景园林专业教育在此背景下所强调的实践性应当更加注重产学研融合发展，组建教、产、研、学为一体的教学团队，有针对性地邀请相关学科的高校、政府管理部门、企事业单位等相关专家参与其中，推进教、研、产、学的协同创新。[5]

中南林重点在区域风景资源保护、人居环境与绿色基础设施、城市和自然保护地景观演变、珍贵观赏植物种质创新和培育技术四大领域进行产学研突破，带动风景园林专业硕士的培养。学校与南宁青秀山风景名胜区、湖南省植物园、上海辰山植物园等单位联合建立了研究生联合培养基地，并成为国家林业与草原局美丽乡村建设联盟和国家花卉联盟的成员。通过各类创新平台建设，为学科发展、产学研合作及创新人才培养提供了重要保障。积极加入各类以国家公园为主体的自然保护地体系建设，推动各类自然保护地科学设置，探索自然生态系统保护新体制、新机制、新模式。实现与不同地区、不同学科背景的教育平台联动协作，在教学培养、教学实践、教学团队、教学模式、教学平台等各方面进行资源共享与优势互补，突出新时代风景园林专业教育的创新实践导向。

2.2.3 重视案例教学

积极探索和改革案例教学模式和方法，将案例开发、案例教学与教学案例库建设紧密结合。所选案例均为本学位点教师实际主持、影响广、质量高的风景园林实践项目，具有典型区域特色、真实性、完整性、启发性。案例教学中以学生的主动发现、研讨和知识建构为主，强调理论性与应用性的有机结合，突出案例分析和实践研究，重视运用案例分析、现场研究、模拟训练等方法，着重培养学生分析问题、解决问题能力和意识。鼓励师生基于案例内容和相关问题展开平等对话与交流互动，在关注学生对学科知识有效积累的同时，使其对实践的复杂性、情境性和多样性有较为深刻的体会和理解，创新精神和实践能力在此过程中也能得到同步提升。

2.3 跨学科教师资源引进

基于风景园林跨学科的基本属性，本学科教师与其他跨学科、跨平台教师共同执行教学过程，搭建跨学科教学团队，实现多学科交叉融合创新能力培养的关键内容，从而引导学生以学科交叉融合的角度思考课程的立足点和学习问题解决方案。

2.3.1 引进相关专业跨学科人才

学校引进风景园林相关专业不同方向和教育背景的人才资源，优化教学团队学科专业配置，进一步整合研究生教学团队力量，成立专业实践指导小组，实践导师师生比为 3 比 1。专业硕士指导教师采用"双导师制"，由校内外导师共同制定实践学习计划，校内导师负责考勤和质量监控。学生定期向导师汇报，实践期满须填"实践鉴定表"并撰写实践报告。校内外导师共同审核报告并签署意见，学院组织专家组对实践环节进行考核。注重培养学生的实践和创新能力，100% 参与实际项目。风景园林学科的设计任务涵盖诸多领域，在课程设计任务书的设置上，引导学生主动向跨学科跨平台的方向靠拢，教师提供跨学科的教育教学平台，形成跨学科联合联动协同设计，构建多学科交融的教学团队，充分融合多学科、多领域的专业教学思维，利用跨学科专业的前沿技术支撑教学实践。同时，引进和充实学科人才队伍，加强导师队伍的建设，完善导师团队的联合培养制度。通过引进不同研究领域及研究方向，丰富教育背景的教学团队能够使学生以更广阔的视角、更开阔的思路去体验风景园林学科中不同方向、不同领域的内容，切实为社会建设、生态环境保护打下坚实基础。

2.3.2 "工学结合"模式

广泛采取"工学结合"的教学方式，邀请有实践经验的企业经理、行业协会负责人、专家等参与课堂教学或者举行与教学内容有关的专题讲座、专题报告等，使学生切实有效地感受到法规知识对于风景园林工程质量以及企业安全生产起到的保障作用。另外，组织学生去项目现场实地查看，引导他们发现问题并提出整改建议。

3 结论与讨论

伴随着学科发展与挑战，风景园林专业硕士教育工作需要不断顺应时代发展，大力传承"人与自然和谐共生"的基本理念和价值，提升人才培养的创新实践能力。中南林业科技大学通过跨学科课程体系创新、实践型教学内容创新、多学科教师资源引进等途径，将课程内容创新多元化，实现产学研联动，鼓励多学科大跨度的融合协作，开展前沿性研究，并利用案例教学等方法，为学生提供"真实"实践机会，激发创新能力，保证其人才高水平培养，为风景园林专业硕士人才培养提供了有益借鉴与参考。

参考文献

[1]赵巍,朱逊,叶晓申.新工科背景下跨学科创新能力培养研究:以哈尔滨工业大学风景园林学科为例[J].黑龙江教育（高教研究与评估）, 2022(07)：13-15.

[2]唐琳，段屹，钟越.学科融合高等教育模式发展与改革建议[J].教育现代化，2020, 7(11)：110-113.

[3]钟姝，张云路，李雄.服务战略，响应需求：新时代风景园林专业教育"产学研融合"实践体系探索[J].中国园林，2021, 37(11)：28-32.

[4]赵满兴.新农科背景下园林专业与生态学学科融合发展培养创新应用型人才研究[J].创新创业理论研究与实践，2022, 5(17)：165-167+185.

[5]梁春玲，谷胜利，杨贵玲，等.国土空间规划学科融合－产教融合－协同育人模式研究[J].安徽建筑，2021, 28(07)：116-117+135.

电子信息专业研究生教育高质量发展路径研究

张守首 邝祝芳 徐卓农

（中南林业科技大学）

摘　要　随着信息技术的迅猛发展和全球化进程的加速，电子信息专业成为当代科技教育的核心领域之一。研究生教育作为高等教育体系的顶层设计，对培养高技能人才具有决定性影响。本文深入探讨了电子信息专业研究生教育的内涵建设和高质量发展路径，针对如何进一步提升电子信息专业研究生教育的质量和国际竞争力提出了建议。

关 键 词　电子信息专业；研究生教育；内涵建设；高质量发展

作者简介　张守首（1987— ），中南林业科技大学，副教授，硕士生导师。电子邮箱：shoushou.zhang@outlook.com。

一、引言

（一）电子信息领域的重要性与发展趋势

电子信息领域是现代社会科技进步的基石，涵盖了电子工程、通信技术、计算机科学及其相关子领域。随着全球经济的数字化转型和信息化水平的不断深入，电子信息技术已成为推动创新、实现产业升级的关键力量。随着物联网、人工智能等新兴技术的兴起，电子信息技术在健康医疗、环境保护、交通管理等多个社会领域中的应用展现出巨大的潜力和价值。

在全球科技快速发展的背景下，掌握核心的电子信息技术和产业能够确保国家的安全和在国际舞台上的话语权。因此，许多国家将电子信息技术的研发和产业化作为国家战略的重点，通过政策支持和资本投入，加快技术创新和产业发展。电子信息技术的更新速度快，新技术、新产品层出不穷，市场竞争异常激烈，对人才的需求高，尤其是具备创新能力和复合技能的高层次人才。加强电子信息专业研究生的教育和培养，不仅是科技进步的需求，也是国家战略的需要。[1]通过优化教育体系和培养模式，可以为社会培养出更多具备前瞻性视角和创新能力的电子信息专业人才，进一步推动技术革新和国家的经济发展。[2]

（二）研究生教育在电子信息专业中的作用

研究生教育在电子信息专业中扮演着至关重要的角色，通过提供深入的理论研究和实践技能培养，为该领域的科技创新和产业发展培养核心人才。[3]研究生教育在电子信息领域具有关键作用。

研究生教育使学生能够在本科学习的基础上进一步深化对电子信息技术的理解，掌握更为复杂和先进的设计、分析及应用技能。通过研究生层次的课程学习和实验操作，学生可以掌握最前沿的科技和技术。[4] 在导师的指导下，研究生可以进行系统的科学研究，从课题的选择、方案设计到实验实施和结果分析，这些都是提升学生创新思维和解决复杂的科技问题能力的重要过程。[5]

现代电子信息技术项目往往需要跨学科知识和团队合作。研究生教育中，学生有机会参与大型研究项目，学习如何在多学科团队中协作，以及如何管理项目和时间，这对未来职业生涯中承担技术领导或管理角色至关重要。[6] 研究生教育常常与行业界的需求紧密联系，许多课程和研究项目都是围绕解决实际工业问题设计的。通过与企业的合作，研究生不仅能获得实际应用经验，也有助于学术成果的转化，促进技术创新和产业升级。

研究生教育在电子信息专业中的作用不仅限于知识和技能的传授，更重要的是它为学生提供了一个学习、研究和成长的平台，使他们能够在未来的科研或工业领域中发挥关键作用。

（三）研究的目的与意义

本研究通过探讨电子信息专业研究生教育的内涵建设及高质量发展路径，以提升教育适应性、加强学术与实践的结合、培养高质量人才，并强化国际合作与交流。在快速变化的技术和市场需求背景下，传统教育模式已显局限，本研究通过分析现有教育策略的不足，提出更灵活、前瞻性的教育策略。强调理论与实践的深度融合，促进实践技能和科研创新能力的提升，通过国际合作提升教育质量和学生的国际竞争力。通过全面分析和深入探讨，为电子信息专业研究生教育提供创新的发展策略和实用的改进建议，从而推动该领域教育质量的整体提升和可持续发展。

二、电子信息专业研究生教育面临的主要挑战与问题

电子信息专业的研究生教育虽然取得了显著的发展成就，但在全球化和技术快速变革的背景下，仍面临一系列挑战和问题。这些挑战不仅影响了教育质量和效率，也对学生的未来就业和职业发展构成了潜在的威胁。电子信息专业研究生教育目前面临的挑战主要包括以下几个方面：

课程与技术发展的不同步。电子信息领域技术更新迭代速度极快，但学术课程的更新通常滞后于行业的最新发展。这种不匹配可能导致学生在完成学业后，面临技能不符合市场最新需求的问题。

实践与理论脱节。尽管理论知识的学习是基础，但缺乏足够的实践能力的培养，导致学生无法有效将理论知识应用于实际问题解决中。这种脱节现象在电子信息专业尤为突出，因为该领域强调技术的实用性和创新性。[7]

国际化程度不足。在全球化趋势的影响下，国际化教育对于学生的全球竞争力至关重要。然而，许多电子信息专业的研究生教育项目在国际合作和学生国际交流方面仍有待加强，限制了学生视野和认知的国际化。

产学研合作的局限性。虽然许多教育机构试图通过与企业的合作来弥补理论与实践的差

距，但这种合作往往侧重于短期项目或具体技术的应用，缺乏长远的、战略性的研发合作，使得教育与行业需求之间仍存在断层。

师资队伍的挑战。随着电子信息技术的快速发展，当前的教师队伍面临知识更新的压力。同时，吸引和留住具有高级行业经验的教师也是一大挑战，这影响了教育质量和学生的学习效果。

三、电子信息专业研究生教育高质量发展路径

（一）教育资源的优化配置

在电子信息专业的研究生教育中，教育资源的优化配置是提升教育质量和研究成效的关键因素。实验设备的现代化和资金的充足投入直接影响学生的学习体验和科研能力的培养。为保证实验设备能够满足现代电子信息科技的需求，高校应定期评估实验室设备的现代性和功能性，并根据科技发展趋势进行必要的升级和更新。通过引入与行业标准相符合的先进设备，不仅可以提升学生的实验操作技能，还能增强其未来就业的竞争力。

同时，还应建立开放实验室，允许学生在教师指导下自由探索和实验，激发学生的创新潜力和实践能力。制定和实施长期的资源配置计划，以支持学术研究和教育项目的可持续发展。这包括技术预见、人才培养目标以及与全球科技发展趋势的对接。

（二）教师队伍的建设与专业发展

在电子信息专业的研究生教育中，教师队伍的质量直接影响教育成果和学生的学术及职业发展。因此，建设一支高水平的教师队伍并提供持续的专业发展机会是至关重要的。

通过全球招聘，吸引国内外优秀教师和研究人员加盟。重视候选人的教学和研究能力，同时考虑其国际视野和创新思维。建立公开透明的选拔机制，采用综合评价方法，不仅看重候选人的学术成就，也重视其教学热情和对学生发展的承诺。定期邀请行业专家和学术领袖来校举办讲座，让学生直接了解行业最新趋势和技术挑战，以及如何应用现有知识解决新问题。

为教师提供持续教育和培训机会，帮助他们更新教学方法和专业知识。例如，组织定期的教学研讨会，引进新的教学技术，如在线教学工具和多媒体资源的使用。为教师提供必要的研究支持，包括资金、设备和助手支持，鼓励他们进行前沿科学研究。通过校内外研究基金和项目来激发教师的研究激情，提高研究产出。实施定期的教师评估体系，包括同行评审、学生评教和自我评估等多种方式，确保教师的教学质量和专业成长持续符合教育目标。

（三）促进国际交流与合作

鼓励教师参与国际会议和学术交流，建立国际合作网络。这不仅能增强教师的国际视野，还可以引进国际先进的教育理念和教学方法。实施访问学者计划，邀请国外著名教授来校讲学和指导，同时支持本校教师到海外高水平大学进行短期访问或学术研究。

国际化教育合作是电子信息专业研究生教育中至关重要的一个方面，它可以提高教育质量，扩大学生的视野，并增强他们的全球竞争力。与国际高校或研究机构合作开展联合研究项目，为学生和教师提供国际合作的机会。这些项目不仅能够提升研究的质量，还能增加研究成果的

国际影响力。定期参与或承办国际学术会议，为学生和教师提供展示研究成果和交流学术观点。

（四）实践与理论相结合的培养模式

在电子信息专业的研究生教育中，实践与理论相结合的培养模式对学生掌握复杂的技术和解决实际问题至关重要。此模式不仅增强学生的技术应用能力，还深化了对理论知识的理解。

设计课程时，引入项目导向的学习方法，让学生围绕实际的电子信息技术问题进行小组项目。这种方式能够让学生在实际操作中学习和应用理论知识。通过分析具体的行业案例，帮助学生理解理论在实际中的应用，如何在面对真实世界问题时进行技术选择和策略决策。

投资建设配备先进设备的实验室，提供足够的实验资源，以支持学生进行高水平的研究和技术开发。与电子信息相关企业合作，安排学生进行实习。通过在企业中的实践，学生可以获得宝贵的行业经验，理解课堂知识在商业环境中的实际应用。

（五）评估与调整

建立一个持续的课程评估系统，定期收集学生和行业反馈，根据评估结果调整课程内容和教学方法，确保教育内容与技术发展和市场需求保持同步。鼓励学生在学期末通过展览、演示或研讨会的形式展示他们的项目成果，这不仅可以展示他们的学习成果，还能增强他们的自信和公众演讲能力。

（六）产学研合作的深化与实践项目的整合

产学研合作是现代高等教育中的一项重要战略，特别是在技术密集型的电子信息专业中，深化与企业的合作与实践项目的整合对于培养应用型和创新型人才至关重要。与行业内的领先企业建立长期稳定的合作关系，共同制定研究和教育项目。这样的合作不仅为学生提供实际应用的机会，还能帮助学术研究更好地解决实际问题。

创建由高校和企业共同投资的联合实验室，集中力量进行关键技术的研究和开发，同时作为学生实践和创新的平台。设计课程项目时，直接与企业的实际需求相结合，让学生在解决真实问题的过程中学习和应用知识。这种方法不仅提升了教育的实用性，还增强了学生的职业能力。鼓励学生的毕业设计与企业的研发项目直接相关联，甚至可以在企业指导下完成。这种做法能够确保学生的研究成果具有较高的实用价值和市场适应性。

未来，随着科技的不断进步和社会的快速发展，电子信息专业研究生教育将面临更多的机遇和挑战。通过不断创新教育技术、深化国际合作、加强产学研结合和优化教育评估体系，我们可以培养出更多具备创新能力和国际竞争力的高层次人才。这些人才将不仅能够推动科技进步和产业发展，也将为解决全球面临的重大挑战贡献智慧和力量。我们期待通过持续的研究和努力，实现电子信息专业研究生教育的全面提升，助力国家和社会的繁荣与进步。

参考文献

[1]教育部 国家发展改革委 财政部关于加快新时代研究生教育改革发展的意见[EB/OL]. https://www.gov.cn/zhengce/zhengceku/2020-09/22/content_5545939.htm.

[2]石火学，俞兆达.背景·意涵·路向：高等教育供给侧结构性改革[J].江苏高教，2018(10):23-28.

[3]陈达，刘一剑，苗永平，等.多元驱动的电子信息类硕士培养模式探索与实践[J].教育教学论坛，

2021(21)：105-108.

[4] 龙宝新.论专业学位研究生教育的应用学术性 [J].学位与研究生教育，2020(06):16-23.

[5] 姚志友，董维春.我国专业学位研究生教育改革路径探索：一个整体性教育的视角 [J].学位与研究生教育，2019(11):7-13.

[6] 张萍.小组协作项目驱动任务分解：硕士研究生学术英语交流能力培养的教改实践 [J].学位与研究生教育，2013(7)：33-37.

[7] 杜尚荣，施贵菊，朱毅.专业学位研究生培养的实践指向性教学模式建构研究 [J].研究生教育研究，2017(01)：78-82.

新时代研究生创新能力培养的现实困境及路径探索

贺秋萍

（湖南科技大学）

摘　要　具备创新能力是研究生培养的目标之一。培养研究生创新能力对提升国家竞争力、驱动研究生实践创新、激发研究生深度学习具有重要意义。但当前研究生创新能力培养的过程中面临诸多挑战，主要表现为研究生的创新动力不足、科研成果转化有限、科研活动固化等。造成该问题的原因主要是研究生存在认知偏差、创新技能不足和目标导向偏离等。应激发研究生创新意识以驱动研究生进行实践创新，变革教学模式以优化研究生的科研成果，利用第二课堂以丰富研究生的科研活动。

关 键 词　研究生创新能力；创新意识；第二课堂

作者简介　贺秋萍（1995—　），湖南科技大学教育学院硕士研究生。联系电话：18374459957；电子邮箱：2022503283@qq.com。

　　我国"十四五"规划和2035年远景目标纲要中，明确提出到2035年要实现建成人才强国，并跻身创新型国家前列的宏伟目标，其中，人才被视为构建新发展格局的第一资源。[1]创新驱动发展的核心，实质上在于创新人才的驱动。作为国家竞争力和创新支柱，研究生教育的发展直接关乎高等教育强国建设和国家创新发展战略的实施。在此背景下，研究生创新能力的培养显得尤为重要，它不仅是研究生教育的重要组成部分，更是推动国家创新战略向前发展的关键力量。

一、研究生创新能力的内涵

　　作为高等教育发展的关键标志，研究生队伍可为国家建设和社会经济发展提供充足的人才支撑和智力支持。由于研究生的创新能力是一种复杂的综合能力，目前学界关于创新能力的定义和理解尚未达成共识。林崇德教授提出，创新能力是基于明确的目标，通过运用已知信息，进而创造出具有社会意义或个人价值，同时兼具新颖性和独特性的产品。在此基础上，他进一步归纳出"创造性人才＝创造性思维＋创造性人格"的公式。[2]王洪才主张，研究生的创新能力是以创新知识和技能为基础，结合创新思维和创新人格的双重驱动，进行理论学习和科研实践，并最终产出创新成果的能力。[3]根据内容划分，研究生创新能力可分为知识创新能力和实践创新能力。知识创新能力是指研究生通过学术论文、著作、专利等学术成果形式，展现其独特的知识贡献与输出能力。实践创新能力是指研究生能够灵活运用已掌握的知识技能去解决实际问题所具备的实用能力。[4] 基于上述分析，可将研究生的创新能力归纳为：在创新意识的引领下，研究生通过运用创新知识进行创新行为，最终形成一定创新成果的综合能力。

然而，传统的研究生教育模式重在以课堂教学为中心，侧重于传授研究方法和学科领域知识，但对于新知识的发现和新技术的应用具有明显的滞后性，研究生获取信息的渠道主要依赖于教材和有限的文献资源，这导致研究生难以紧跟科学前沿，同时创新创业的实践能力也严重不足。因此，研究生在面对国家关键核心技术，尤其是"卡脖子"技术问题时，难以做出实质性的贡献，甚至陷入"科教分离"的困境。显然，传统的研究生教育模式已无法满足当前对研究生创新能力培养的迫切需求，急需对研究生创新能力培养的问题进行深刻的反思和解决。

二、培养研究生创新能力的价值意义

创新能力是一种综合素质，培养研究生的创新能力具有深远的价值意蕴。从国家层面看，培养研究生的创新能力对于提升国家竞争力、推动社会科技进步具有不可估量的作用；从个人层面来看，它不能够驱动研究生进行实践创新，更能激发研究生进行深度学习。

（一）研究生创新能力是提升国家竞争力的坚实基石

在知识经济蓬勃发展的当下，人才已然成为各国综合实力竞争的第一资源。尽管我国科技水平得以稳步提升，并在经济增长中发挥着举足轻重的作用，但随着科技革命和产业变革的加速推进，我国在部分核心科技领域仍面临"卡脖子"问题。作为链接科技与教育的重要纽带，研究生对于国家科技发展的重要性不言而喻，他们不仅仅是具备高度创新能力和实践能力的科技人才，更是"大众创业、万众创新"发展战略的有力践行者。因此，高校和社会必须着重培养研究生的创新能力，使研究生不仅具备坚实的专业基础，更拥有深厚的社会责任感和强烈的家国情怀。通过这样的培养，研究生将能够积极投身于创新型国家的发展和社会经济建设中，努力将个人价值的实现融入社会价值，成为国家和社会迫切需要的复合型高层次人才。

（二）研究生创新能力是驱动研究生实践创新的核心动力

剑桥大学苏珊·罗柏逊教授指出，科学进步无疑为研究生带来了新的发展机遇与挑战，在充满变数的未来，研究生将拥有更多的发展空间。然而，与此同时，面对复杂多变的社会环境，研究生须展现出独立精神、创新意识和批判性思维等关键素质。[5] 提升创新能力成为研究生适应时代变迁的必由之路。在校期间，研究生可以依托优质的专家资源、多元化的育人组织和高水平的创新平台，深入参与科研训练和科研实践，将理论知识与真实科研项目相结合，从而提升研究生的创新能力。当创新能力的提升给研究生带来积极的自我效能感时，研究生会更热衷于参与科研训练和创新实践。随着研究生教育的持续改革与优化，研究生的科技创新能力得到较大提升。据调查，自"十三五"以来，高校斩获了超过 70% 的国家自然科学奖、国家技术发明奖，以及近 60% 的国家科学技术进步奖。[6]

（三）研究生创新能力是激发研究生深度学习的内在因素

在当前技术革命的浪潮中，大数据、人工智能、5G 等新技术极大地促进了产业格局新发展，不断高端智能化生产模式的涌现，进而加剧了社会对创新型技术人才的渴求。在这一过程中，人工智能的就业替代效应、创新效应和塑造效应日益凸显，预示着未来许多传统岗位将被智能机器所替代，只有高创造性岗位才具有持久性。[7] 为适应未来就业岗位的技术需求，研究生必须不断提升自身的创新能力。而创新能力的培养，不仅需要研究生掌握扎实的通用知识和专业知识，还需要具备跨界视野和积累更多的跨领域知识。因此，研究生要结合自己的兴趣和实际需要制定切实可行的学习目标，在批判思维指引下自主学习交叉学科的知识，将知识进一步深化理解并灵活运用。此外，自主学习作为一种深层次学习方式，不仅有助于提升研究生的智力水平，更能在研究生主动思考、独立探索中激发和培养他们的非智力因素。

三、研究生创新能力培养的现实困境

创新能力在进行创新活动和解决社会技术问题上展现出较高的应用价值，然而，在研究生教育的过程中，研究生创新能力的培养却面临一些实际困境。具体而言，这些困境主要包括研究生创新能力不足、科研成果转化有限以及科研活动固化等三个问题。

（一）研究生的科研创新动力不足

创新动机是推动研究生进行创新活动的核心动力，包括内部动机和外部动机。其中，内部动机被视为实现创新的决定性因素，它能激发研究生挑战既定规范、敢于面对风险，并积极寻找解决问题的新方法。[8] 对于研究生而言，只有当他们自身对开展创新活动拥有强烈的内在兴趣，才会坚持不断地深入研究、积极参与各种实践创新活动。然而，当前研究生在实践创新中的参与度较低，具体表现为：首先，多数研究生习惯于被动地接受知识和依赖导师的指导和安排，缺乏主动收集学科前沿信息、掌握最新发展动态的意愿。这种被动的学习方式使得研究生未能将学习与科研紧密结合。其次，研究生的好奇心和探索欲较低，对科研问题敏感度不足。大部分研究生缺乏强烈的质疑精神，难以发现科研问题，也无法从现实生活中提炼出具有科学价值的问题。探索精神的缺失阻碍了研究生批判性思维的发展和科研自主能力的形成。最后，多数研究生的学习活动较为封闭，主要局限于课堂学习和阅读文献材料，对科学前沿问题的把握不够深入，科研信息相对滞后。这种封闭式的学习方式使他们过于依赖书本知识，忽视实践创新经验的重要性。

（二）研究生的科研成果转化有限

至 2022 年，我国研究生在读人数已达 365 万，总规模跻身世界第二，且呈持续增长态势。[9] 但在科学技术创新方面，我国所拥有的全球顶尖学者的数量与美国仍有显著差距，尤其在诺贝尔奖、图灵奖、菲尔兹奖等国际权威奖项上的获奖率偏低。针对此现象，有学者以高校科技成果转化问题为研究对象，发现虽然高等院校在科技创新基础绩效上表现出色，但科技成果转化效率却不尽如人意。这意味着研究生的科研成果在推动经济高质量发展方面所发挥的作用仍有待提升，科技成果的市场贡献率亦偏低。[10] 据相关数据显示，我国科技成果的市场转化率尚未突破 20%，而数据显示，我国科技成果市场转化率尚未达到 20%，而发达国家的科技成果转化率在 60% 以上。[11] 以山东科技大学的杨子江为例，他在校期间取得了令人瞩目的学术成果，包括 7 项国家发明专利、10 余篇高水平学术论文，堪称"创意大王"。然而，他的这些科研成果最终未能成功转化为实际应用的市场产品。对此，山东科技大学自动化学院党委书记庄立臣强调："我们不能让创新成果止步于证书与奖金。"[12] 由此可见，研究生的科研成果应注重独创性和针对性，以满足社会发展需求为导向，紧密结合社会生产实际需要，而非仅限于实验室的阶段性成果。

（三）研究生的科研活动形式固化

研究生作为社会发展的重要人才储备，其创新能力的发展是促进社会科技发展的关键因素。科研训练作为提升研究生创新能力的重要途径，其活动形式包括导师引导和培养、科研项目的参与、学术交流与互动、跨学科知识的融合学习、科研论文的撰写、科研课题的系统训练以及社会实践活动的参与等。在这些科研活动中，研究生能够深切感受到科技的魅力，进而激发创新热情，提升创新能力。其中，参与导师的课题项目是研究生参与科研训练、培养创新能力的常规方法。然而，碍于研究生有限的能力和实践经验，他们往往只能完成课题的部分研究环节，而无法参与科研项目的全过程。这在一定程度上限制研究生创新能力的有效提升。更有甚者，有学者调查发现，高校中有过至少 1 次科研活动经历的研究生占 75.13%，尚有 24.87%的学生在学习期间没有参加过任何科研活动。从参会形式来看，传统的科研训练，如参与课题研究、参加学术会议和撰写学术论文仍占据主导地位，而直接参与社会实践、进行科研推广和应用类的活动相对较少。[13] 这一现象表明，研究生可能难以在有限的科研活动中充分挖掘和培养创新思维。

四、研究生创新能力培养的问题归因

在培养研究生的创新能力的过程中，受到内外因素的共同影响，致使这一培养过程面临多重挑战。研究生创新能力的培养陷入困境并非单一原因所致，而是多重因素交织，其中，研究生存在认知偏差、创新技能不足和目标导向偏离等三个方面尤为突出。

（一）研究生存在认知偏差

当前，大多数研究生缺乏必要的创新兴趣和动力。究其原因，主要在于研究生对创新能力的认知存在偏差，未能正确理解创新能力的内涵与重要性，导致他们对科研活动的态度不够积极。

具体而言，一方面，研究生深受"天赋异禀"固有观念的束缚，错误地认为创新能力是少数"天才"的特质，从而抑制自身的创新潜能。在自我学习和自我发展的过程中，研究生往往忽视创新意识和精神作为非智力能力的重要性，而非智力能力实际上可以通过后天的努力逐渐培养和提升，并非先天遗传才可得。这种精英化的认知在很大程度上削弱了研究生的创新动力。另一方面，应试教育的思维模式在研究生中仍占据主导地位。研究生本应注重主动探索和知识应用能力的发展，但部分研究生深受应试教育的影响，习惯于被动接受知识，缺乏主动探索的意愿。这种浅层次学习方式不仅阻碍研究生进行主动发现、解决问题的探究学习，还使他们过于关注表面的知识学习和技能掌握，沉迷于为绩点而学的竞争中，忽视创新思维的发展。由于研究生的认知偏差，研究生在创新活动中的参与度较低，创新能力难以得到有效发展。

（二）研究生创新技能不足

研究生的创新成果应为推动学科知识发展、攻克专业领域重大问题以及对社会经济建设做出贡献。但现实中，研究生的科研成果转化率偏低，主要原因归结于研究生的创新技能不足。

首先，研究生的跨学科理论水平偏低。创新知识的储备是研究生进行科研创新的基础。然而，多数研究生的跨学科理论知识和跨学科研究经验普遍匮乏，其学科通用技能亦显薄弱，这严重制约研究生科研视野的拓宽和创新能力的发展。有研究发现，研究生在创新研究过程中常陷入"四个简单"的困境，即简单移植、简单揭示表面现象、简单延伸以及简单推理[14]。这种浅尝辄止的研究方式导致研究生难以产出高质量的原创性成果，其研究对象容易与社会现实脱节，科研成果的转化率亦相对较低。

其次，研究生的科研问题意识淡薄。问题意识是科学研究的起点，它促使研究生在思考过程中进行自我反思和构建，进而提升思辨能力。然而，研究生普遍习惯于听从导师的安排，缺乏自主发现问题的能力，对科研问题的敏感度较低。即使遇到疑惑，也往往不愿深入探究，难以完整界定和表述问题。这种淡薄的问题意识使得研究生难以将生活问题转化为科学研究的命题，进而影响研究生独立思考问题和理论创新能力的发展。

最后，研究生资源开发能力欠缺。随着现代科技的迅猛发展，研究生获取知识的方式日益多样化，如互动式课堂、网络课堂、视频讲座以及电子白板等新型学习渠道层出不穷。然而，许多研究生并未充分利用这些先进的学习资源，未能将现代科技融入自身的学习过程中。此外，研究生在利用导师资源方面亦存在不足。调查显示，在参与导师课题中，有66.1%的研究生仅仅参与资料收集、整理和分析环节，较少参与科研项目的全过程，这导致研究生的科研实践能力较差。[15]

（三）研究生目标导向偏离

研究生科研训练的目标在于帮助研究生夯实科研知识、挖掘创新思维、提升科学研究能力。但是，研究生在个人发展过程中，目标导向会出现偏移，与培养计划的核心要求背道而驰。

首先，研究生的"唯论文"倾向严重。理想的学术研究者应具备较高的学术素养，如学术视野、学术规范、问题意识、探究精神及创新意识等。学术研究应当是对真理的不懈追求，不盲目跟随权威，不禁锢于已有理论，而是在既定的科研目标下，基于前人的研究成果，提出个人的独到见解。但现实中，不少研究生出于学分或毕业要求的考虑，热衷于在校内开展课题研究、撰写期刊论文和学术论文，往往过于追求论文数量而忽视质量，忽略了实践创新能力的培养。这种带有功利性的学术追求，不仅阻碍研究生建立起正确的科研价值观和持久的科研动力，也使他们无法做出具有原创性或广泛应用价值的创新成果。

其次，研究生片面追求竞赛成绩。在竞争激烈的社会文化背景下，研究生在进行科研训练的过程中容易陷入以竞赛成绩为唯一标准的误区，将科研竞赛成绩与评奖评优等同起来。特别是在创新创业教育的实践中，竞赛获奖成为部分研究生争相追求的唯一目标，对创新精神与创新能力的发展不够重视。有研究者利用爬虫软件，查阅全国200所深化创新创业教育改革示范高校的官方报道，发现"备赛指导"成为宣传的主要内容，而指导内容侧重于"项目包装"、"路演培训"等速成技能。[16]这种过度追求科研竞赛成绩的学习方式，往往忽视创新能力的发展，容易导致学术科研和创新实践相脱节。同时，这种过度关注竞赛成绩的心态，也可能影响研究生的社会责任感发展。

五、培养研究生创新能力的路径探索

由于研究生创新能力的综合性特点，须从多个方面采取切实有效的措施，全面提升研究生的创新能力。

（一）基于创新意识培养以驱动研究生的实践创新

创新意识是研究生对学术科研内在热爱的体现，是推动研究生创新行为的核心动力。为加强研究生的创新意识，可采取以下策略。

第一，加强研究生的专业认同感。专业认同感不仅体现在对专业的情感接受和认可上，更包含积极的行动与内心的满足感。当研究生发自内心热爱其专业时，他们会更加主动地在学术科研中投入时间和精力，并不断寻求创新以提升学术成果的质量。[17]为此，高校可以组织专业讲座、研讨会、就业指导规划等活动，帮助研究生全面理解其专业的社会价值、发展趋势及挑战，从而增强他们的专业认同感。专业认同感越高，研究生对所学专业的认知越全面，则进行创新行为的主动性越强。

第二，建立优质的导学关系。导学关系是指在整个研究生学习期间，导师作为研究生培养的第一责任人，应全面指导研究生的学习、科研以及道德发展等方面。针对研究生初期创新意识不足的问题，导师应按照因材施教和个性化理念，注重培养研究生分析和解决问题的能力，鼓励研究生将理论与实践相结合，参与多样化的科研活动，从活动体验中锻炼创新意识。

第三，营造浓厚的创新氛围。研究生创新能力培养是一个长期且持续的过程，高校应将创新理念融入课程教学、科学研究、专业实践等各个教学环节，为研究生营造一个充满创新氛围的学习环境。例如，举办创新大赛、创业计划、实验研究、企业实习和项目合作等活动，鼓励研究生发表自己的观点和看法，深入参与科研活动，让研究生在潜移默化中提升创新意识。

（二）基于教学模式革新以优化研究生的科研成果

研究生处于高层次人才培养的重要阶段，传统的研究生教学模式已不适应当代研究生创新能力和综合素质的培养。高校应积极探索创新型教学模式，从多个维度来培养研究生的创新能力，促进科研成果的有效转化。具体而言，教学模式的创新可从分层教学和超前教学两方面入手。

第一，实施分层教学。分层教学是指教师充分考虑研究生的个体差异，针对其特点和学术需求进行个性化指导的一种精准教学的方法。通过将学生分为基础知识培训、实践提高和综合创新实践等不同阶段，确保研究生在每个阶段都能全面提升自身的创新思维、学术研究能力以及团队协作能力。在基础阶段，夯实研究生的专业理论知识基础；在实践提高阶段，通过项目驱动，将理论与实践相结合，培养研究生的问题发现与解决能力；在综合创新阶段，鼓励学生参与创新课程设计、创新实践设计、创新竞赛等各种创新项目，深化理论知识和提升创新能力。[18]同时，针对不同学位类型的研究生，教学侧重点也应有所区分，如学术学位研究生强调理论创新和学术科研能力；专业学位研究生则注重实务操作和行业实践。实施分层教学可精准对接研究生科研创新的需求，为研究生提供针对性强的支持性资源，从制度设计、授课内容和教学方式等方面满足专学生个性化的创新实践能力发展需求，进而增强研究生科研成果转化。

其二，开展超前教学。超前教学是指教师引导研究生通过自学或辅导方式提前掌握相关知识和技能。基于研究生心智成熟、接受新知识能力强、自我驱动水平高等特点，对研究生开展超前教学，可以引导研究生进行高标准的学术研究。与其他教育阶段相比，研究生的创新成果主要表现为推动学科发展的知识生产创新力、解决专业领域重大问题的关键核心技术，研究生的创新活动同时具有学科导向和问题导向，呈现异质性、多样性、跨学科性等突出特征。[19]这客观上要求研究生具备跨学科的知识和技术。为实现这一目标，教师需要引入最新研究成果和技术进展，构建跨学科学习环境，并增设前沿性课程，促进不同学科研究生之间的交流与合作。同时，实施"双师制"、跨学科导师制等创新培养形式，建立跨学科实验室和研究中心，打破传统科研组织模式的束缚，以项目为纽带组建跨学科研究团队，进而提升研究生的科研活力和创新能力。

（三）基于第二课堂阵地以丰富研究生的科研活动

第二课堂作为学校教学的补充，是研究生利用课余时间夯实基础、拓宽知识领域、开拓视野，并激发研究生在科技、文体、艺术等多方面的兴趣与潜能。第二课堂的核心理念在于有效培养研究生的独立思考能力和提升思想品德水平。[20]第二课堂特别强调参与、体验和实践，为研究生提供了启迪思维、激发创新意识的宝贵机会。在培养研究生创新能力的过程中，高校应充分利用第二课堂，开展多元化的科研活动。

第一，鼓励研究生参与学术交流活动。高校可邀请具有较高学术造诣、丰富科研实践经验和国际化研究视野的著名科学家和学者来校讲学。通过精心举办学术讲座、座谈会、前沿交叉学科会议等各种交流会，为研究生提供与高水平学术团队互动的机会，进而拓宽研究生的学术视野。此外，导师也可以带领研究生参加异地调研工作、课题调查和全国性学术会议等，与科研专家进行深度交流。这不仅可以增强研究生学术社交能力，还可以帮助研究生深入了解对研究领域的现状和发展趋势。

第二，搭建研究生科技创新平台。科技创新平台是研究生开展创新活动的基础和前提，绝大多数研究生可以通过参与研究课题或创新项目提高创新能力。因此，高校可以依托国家重点学科和重点实验室创建研究生实践创新平台，包括专业基础实践平台、科技实践创新平台和综合实践创新平台，为研究生提供开展创新活动的空间。[21]研究生可以通过科技创新平台，自主发表学术论文，参与"挑战杯""互联网+"等高水平科技创新竞赛，组建创业俱乐部和创新实验室等学生社团，并在专业创新指导教师的指导下申请科研项目和专利，从而提升创新能力。

第三，深化科教融合培养模式。科教融合是我国高等教育提倡的重要理念，亦是复合型创新人才培养的有效途径，旨在将最新的科研成果、科学方法融入课程体系和教学实践，为研究生提供真实的科研任务、科研环境和科研条件，激发研究生科研创新的内在动力，培养创新精神，进而引导研究生在创新实践中提升创新能力。[22]高校以科教融合为重要切入点，设立科研教学融合中心，促进科研和教学的有机结合；与企业合作，建立实践创新基地，为研究生提供真实的科研环境和任务；举办创新创业项目和竞赛活动，培养研究生的科学观察能力。通过这些措施，研究生能够在实践中不断探索、学习，最终提升自身的创新能力。

参考文献

[1] 李锋亮，王瑜琪 . 研究生教育规模对国家创新能力的影响：与本专科教育规模的比较分析 [J]. 中国高教研究，2021(03)：75-81.

[2] 林崇德 . 创造性人才特征与教育模式再构 [J]. 中国教育学刊，2010(06)：1-4.

[3] 王洪才，孙佳鹏 . 我国研究生创新能力评价研究现状与前瞻 [J]. 研究生教育研究，2022(06)：1-7.

[4] 谢日安，戴吾蛟 . 场域理论视域下研究生创新能力培养探索：以中南大学"五场协同"创新实践为例 [J]. 学位与研究生教育，2023(01)：16-23.

[5] 马永红，张飞龙，刘润泽 . 广义科教融合：研究生教育的本质回归及实现路径 [J]. 清华大学教育研究，2022，43(04)：60-70.

[6] 卓泽林，周文伟，黎泓燕 . 面向科技自立自强的研究型大学科教融合：时代要义、逻辑转向与实现进路 [J]. 教育发展研究，2024，44(07)：54-62.

[7] 钟云华，黄小宾 . 人工智能时代研究生培养目标的价值向度与实现路径 [J]. 贵州师范大学学报（社会科学版），2022(06)：55-66.

[8] 刘贤伟，袁文婧 . 中国研究生创新能力影响因素的整合研究：基于科技人力资本理论的 MASEM 分析 [J]. 重庆高教研究，2022，10(04)：92-102.

[9] 张渺 . 研究生教育分类发展同等重要 [N]. 中国青年报，2023-12-25(005).

[10] 张梦露 . 高校科技创新、交易效率与区域高质量发展 [J]. 江汉论坛，2023(12)：30-37.

[11] 彭自力 . 基于中国省域视角下的科技创业人才教育模式论析 [J]. 武汉理工大学学报（社会科学版），2020，33(03)：137-144.

[12] 刘艳杰，韩洪烁，郭熙 . 山东科技大学：以知促行 以行践学 [N]. 光明日报，2023-04-07(008).

[13] 王少媛，张歆桐 . 地方高校硕士研究生科研活动的现状与改进策略 [J]. 教育科学，2022，38(02)：53-60.

[14] 阮平章 . "超限"理念引领研究生创新人才培养的实践探索 [J]. 学位与研究生教育，2023(11)：9-14.

[15] 杨永兵 . 科研项目训练对研究生创新能力培养影响的调查研究 [J]. 高教学刊，2020(13)：39-42+47.

[16] 郑雅倩，段肖阳 . 高校创新创业教育政策执行偏差的生成机制与治理路径：基于政策执行系统模型的分析 [J]. 高等工程教育研究，2024(03)：194-200.

[17] 朱健，易成，王辉 . 专业认同对研究生主动创新行为的影响研究 [J]. 当代教育论坛，2023(03)：115-124.

[18] 王永雄，丁德瑞，宋燕，等 . 基于创新实践能力培养的精准分层教学 [J]. 中国电化教育，2017(12)：109-114.

[19] 周文辉，赵金敏 .ChatGPT 对研究生创新能力培养的价值与挑战 [J]. 高校教育管理，2024，18(02)：42-52.

[20] 肖婷，董雨，刘瑞 . "双一流"建设视域下研究生第二课堂课程体系的构建 [J]. 研究生教育研究，2022(05)：56-61.

[21] 王刚，运飞宏，陈曦 . 面向新工科建设的高校研究生实践创新能力提升路径研究 [J]. 黑龙江高教研究，2023，41(07)：104-109.

[22] 王焰新 . 完善科教融合校企融合机制提升研究生创新实践能力 [J]. 中国高等教育，2018(Z3)：56-58.

"三全育人"视域下建筑学硕士"分散实习"的实践路径 *

胡冬香 刘叶伦 周红 廖嘉钰

（湖南科技大学）

摘　　要　"三全育人"背景下如何推进"专业教学"实践成为建筑学硕士导师关注的焦点问题，也是培养高质量建筑学专业人才的关键。文章试图从建筑学硕士教学实践出发，深刻剖析"三全育人"与硕士成才的关系；在此基础上，提出以"分散实习"为纽带，发现问题并建立全员育人师资、构建全程育人模式及实施全方位育人的实践路径。

关 键 词　"三全育人"；分散实习；人才培养；建筑学硕士

作者简介　胡冬香，女，湖南科技大学，副教授。电子邮箱：1100079@hnust.edu.cn。

时代在发展，社会在变化，高校思想政治教育面临新形势与新问题。党的十八大以来，党中央对于"为谁培养人、培养什么人、怎样培养人"这一根本问题展开了一系列部署。2016 年，习近平总书记在全国高校思想政治工作会议上强调，"把思想政治工作贯穿教育教学全过程，实现全程育人、全方位育人"，要理清育人者的职责与任务，关爱受教育者的成长全过程，确保学生的全面发展。高等院校的研究生思想教育应以习近平总书记提出的"立德树人"为根本，将思想教育贯穿到研究生学习每一个阶段与领域。

一、"三全育人"与建筑学硕士成才的关系

第一，"全员育人"理念有利于充分发挥硕士成才前进道路的"育人合力"。建筑学科涉及面广、概括性强，是研究"建筑及其环境"的应用型学科。人文艺术与工程技术是建筑学研究生的重点学习内容，目的是掌握人类建筑活动的经验与理论，以指导建筑设计和创作实践。通过导师团队建设，让所有教职员工与实践企业都能肩负起育人责任，形成思想教育与专业学习互通的育人氛围。第二，"全过程育人"有利于实现思想教育在学生成才道路上的关键引领作用与连续性。当前社会正处于新工业革命时期，区域经济迅速发展、科学技术不断创新，社会出现了对应用型人才的迫切渴望。[1]将思想教育融入学习的各个阶段，根据不同的特点及变化情况，调整思想教育内容，使其真正成为学生成才路上的引领。第三，"全方位育人"理念可有效应对专业人才培养开展思想教育的实效性要求。教学必须与行业、企业发展相结合，只有密切合作才能培养出素质过硬、符合行业企业发展要求的复合型应用型高级人才。[2]国务院

* 本文受教育部产学合作协同育人项目（编号：231007615170957）资助。

办公厅在 2017 年颁布《关于深化产教融合的若干意见》，产教融合正式成为高质量人才培养和国家教育改革的基本制度安排。加强思政融合创新，是培养高质量应用型人才的有效途径。

在此背景下，具有较强实践应用能力要求的建筑学硕士学生应该具有更显著的职业素养，其核心是设计实践能力、创新思维能力和团队协作能力，也因此决定了实习实践在建筑学硕士培养中的重要性。通常，建筑学硕士实践能力培养多采用分散实习模式，学生可以根据自己的意愿、兴趣和就业趋势来选择实习单位，以完成实习任务。随着分散实习模式的推进与深入，学校、企业、学生三方存在的问题也开始显现。

二、"三全育人"视域下分散实习教学存在的问题

（一）未形成完善的育人队伍

为落实"全员育人"的目的，高校教职工要肩负起时代赋予的思想教育使命，增强育人工作的积极性，围绕立德树人的根本目的，开展教育工作。然而，分散实习的教学过程可操作性不强，相关人员缺少对管理制度和质量监控体系的深度认识。一些校外实习流于形式，甚至变成参观式、走过场式实习，"成批量进行"的实习情况偶有出现。从而出现以下症状：第一，专职思想教师队伍建设不足；第二，导师育人意识不强；第三，学校行政、管理各部门育人步伐不协调，导致出现育人工作的"真空"地带。

（二）未产生有效的过程衔接

第一，思想教育工作在建筑学硕士教学各阶段的目标不够明确。本应以"立德树人"为根本，科学贯穿思想教育工作，并渗透在学生学习的各阶段中。在整个分散实习环节过程中，部分学生对实习的目的和形式缺乏正确认识。分散实习是提高学生实践动手能力、培养创新意识创新精神的重要方式和手段，而一部分学生却把实习简单地当成毕业的一个环节。[3] 对于出现的这些具体问题，存在实际开展教育工作的时候针对性不足。第二，思想工作全过程意识有待加强。分散实习环节在建筑学专业硕士的实践课程中的安排相对独立，与理论教学完全分离，两者的关联性不强。这种独立分散式的课程安排模式，导致理论教学和实践环节的内在联系被割裂。[4] 学生在进行建筑创作时，难以从全局出发，使校内学到的专业理论知识与校外的专业实践设计能力相结合变得困难。在分散实习过程中，出现对需要承担的工作挑挑拣拣和不愿意花时间、精力做好工作的情况，有的学生甚至没有参加与建筑学专业相关的实践。这种敷衍了事的实习过程，对于建筑学的学生来说并没有达到应有的实践目的，也是对自己、对社会的极度不负责任，也关系到学生本人的职业生涯，需要持续关注。

（三）未达成多方联动

产教融合背景下，校企合作在全国普遍开展，以达成学校与企业互利共赢的发展目标，也是更广泛意义上企业后备军整体质量提升的关键，合作理应顺畅，高校与企业应共同承担起育人责任。然而，受传统教育思想影响，高校和企业对于校企合作的关系了解存在各自片面的误区，学校缺少对于企业相关专业方向的硬件资源和技术水平评估；企业对学生在实习环节中掌握了多少知识、丰富了何种技能却较少关注。此外，高校教师招聘时的各类限制，导致学校缺

少在专业实践层面上的师资力量，建立"双师型"师资队伍变得困难。[5]而"双师型"的师资队伍正是产教融合背景下指导学生实习环节的关键因素，也是学生思想道德修为的榜样，塑造健全的职业品格。

三、"三全教育"视域下"分散实习"教学优化策略

通过对近年来建筑学硕士分散实习的现状及存在的问题进行梳理总结，结合实践经验，对分散实习中存在的问题从以下几方面提出解决措施与建议。

（一）全方位育人，理顺校企合作关系

第一，时代发展促使思想教育体系不断完善，需要学校与社会各方的共同努力，组建学校、企业和学生共同体。以华南理工大学建筑学院为例，其育人重点落在建筑学专业教学体系和学生实践环节之间的联系上。不仅积极与广州、深圳建设集团、设计集团等当地建筑业知名企业合作建立产教融合的实习基地，还制定学生实习实践规范和明确企业实习责任，双方通过签订协议的形式对学生实习的内容、校企职责以及最终成果要求等内容进行规范。通过多年来与企业的合作，形成了多层次专业实践平台和培养学生终身学习能力的实践环节。[6]学生通过校企之间建立的平台选择与自身发展方向相契合的企业进行实习，便于学习与自身发展方向有关的知识与技能。在这些硬件设施配置齐全、高技术水平的设计企业中参与实习，学生能够在整个工程设计实践中获得一定的实际项目经验，掌握建筑师的工作流程，提升解决实际问题的综合能力，有利于学生毕业后尽早融入社会。第二，构建科研、实践、活动三位一体的思想教育中心。注重科研育人，构建正确的价值追求，树立敢为人先的科学精神与创新意识。通过学生参与科研创新活动，提升学术能力及思想道德素养。以实践、实习为中介，让思想教育的影响成为学生学习生活日常组成部分。

（二）全员育人，强化高校的主导能力

作为高质量应用型人才的主要培养单位，高校应加强多方合作，搭建产教融合的发展平台，尽可能多地为学生提供实习机会。同时允许有更好选择的学生进行自主学习，并且提供适当帮助来保证实习效果。第一，发挥专业教师的育人作用。学校可以采取各种办法加强教师队伍的建设，健全教师培训机制，鼓励教师了解企业生产和管理知识，了解市场供求及企业需求。也可定期邀请行业专家来校交流、研讨，让课堂直接与建筑先关的前沿技术相联系，丰富学生对于技术层面的知识；提升学校的导师对实习期间的学生进行跟踪指导能力。为使学生的理论知识素养和实践能力培养得到保障，可以加大投入力度实施校内校外双导师制，让学生同时拥有校内的理论型导师和校外企业中的实践型导师。第二，重视实践导师的示范效应。对于合作企业，应为学生明确实习的项目类型、规模和设计深度。在培养人才的过程中可以制定与实习相应的管理规章制度和质量控制标准，责权分明。企业学生的负责人负责学生实习期间的专业指导，根据制定的规章制度进行管理、严格要求，承担应有的责任，并获得相应权益。

（三）全过程育人，适应学生需求

第一，实习前后学习的连续性。为解决高校理论教学与实践环节相割裂的问题，高校增设

"真实"的设计课堂是不错的办法。利用合作企业丰富的项目作为课堂设计题目，给学生提供间接参与实践项目的机会。邀请企业一线建筑师进行专题授课、看图评图等。丰富学生对实际项目的认识，让学生在进行实习前了解建筑设计实践项目的全过程，实现课堂教学与实践操作的深度融合。第二，引导研究生自身端正态度，重视实习。要让学生明确自己的权利与义务，严格遵守企业的规章制度，意识到自己的社会性存在。在实习过程中，学生发现问题应及时向企业负责人及学校导师反映。一方面锻炼学生的沟通能力，另一方面，方便导师有效掌握学生的实习情况，便于导师对学生实习计划进行调整。

四、结语

随着社会经济迅速发展、科学技术不断创新，社会对建筑学人才提出了更高的要求。要塑造符合社会需求的高级专门人才，对学生的培养应从实践能力出发，注重操作技能的锻炼。分散实习正是高级建筑学人才培养方案中的关键环节，对学生动手实践能力、创新能力等方面的培养具有不可替代的作用。对于现存问题，应以"三全育人"为抓手，通过高校、企业和学生各方的共同努力，不断改革完善实践教学环节，为社会输送适应时代需求的创新型建筑学人才。

参考文献

[1] 刘纯青，罗讜，易桂秀.产教融合背景下应用型人才培养教学模式研究与实践：以风景园林专业学位研究生培养为例[J].职教论坛，2021，37(12)：67-72.

[2] 和震，刘云波，魏明，等.中国教育改革开放40年：职业教育卷[M].北京：北京师范大学出版社，2018.

[3] 孙凯，曾庆吉.全日制专业硕士实践教学研究：以教育硕士实习为例[J].成功（教育），2012(03)：6-7.

[4] 刘仁云，赵志欣，李东平.校企合作应用型人才培养的优势、困境与出路[J].长春师范大学学报，2020，39(06)：179-180+183.

[5] 赵耀，王建新.论新时代高校"三全育人共同体"的内涵与建构：基于利益趋同、价值共同和行动协同的思考[J].中国矿业大学学报（社会科学版），2021，23（3）：11-24.

[6] 陈兰娥，刘明洋.独立学院建筑学专业"Ⅰ+Ⅱ+Ⅰ教学模式"探讨：以华广学院建筑学院为例[J].建筑与文化，2020(01)：214-216.

新质生产力下的高校人才培养模式：
内涵特征、形成逻辑及实践旨向

谢丹琳

（吉首大学）

摘　　要　新一轮科技革命催生以智能化、数字化为核心特征的高科技、高质量、高效能的生产力，同时科技创新加速产业结构转型升级，战略性新兴产业和未来产业的发展对高素质创新人才需求更加迫切。新质生产力发展与高校人才培养体系创新存在双向驱动的内在逻辑：一方面，新质生产力通过构建高校高层次创新型人才培养新生态，驱动教育高质量发展；另一方面，教育高质量发展通过促进知识和劳动力再生产、加速科技创新，赋能新质生产力。随着新一轮科技革命的加速推进，高校人才教育亟待更新育人理念、升级培养方案、优化供需匹配以及扩大对外开放。本文基于以上现实困境提出四个方面的实践路径，以期为教育高质量发展赋能新质生产力提升寻求创新与突破。

关 键 词　新质生产力；人才培养；高校教育；内在逻辑；实践路径

作者简介　谢丹琳（2000—　），女，吉首大学旅游学院图书情报专业硕士研究生。联系电话：18853796902；电子邮箱：1758190681@qq.com。

引言

　　"劳动生产力是随着科学和技术的不断进步而不断发展的"[1]，亦即，当关键科学和技术发生质变时，必然会产生新的需求，带动生产力核心要素发生变化。2023年9月习近平总书记在黑龙江考察调研期间指出，要"整合科技创新资源，引领发展战略性新兴产业和未来产业，加快形成新质生产力"[2]。2023年12月召开的中央经济工作会议强调，要以科技创新推动产业创新，发展新质生产力。[3]作为生产力发展的质变跃迁，新质生产力代表先进生产力的演进方向。人作为新质生产力的使用者与引领者，高素质人才无疑是提升新质生产力的基础和关键。新质生产力对劳动者的信息素养和技能水平提出更高要求，发展新质生产力，需要能够创造新质生产力的战略人才。新质生产力下的高校人才培养要满足时代诉求、创新教育理念、升级教育目标，畅通教育、科技和人才的良性循环。鉴于此，本文基于新质生产力视域深入探讨高校人才培养机制的内涵特征、形成逻辑及实践旨向，为推动经济高质量发展和建设中国式现代化提供更加科学的理论支撑。

1 文献回顾

"新质生产力"的概念一经提出，便引发学界广泛关注，现有研究主要围绕以下几个方面开展。

一是关于新质生产力的内涵与特点。周文（2023）和高帆（2023）从政治经济学视角出发，认为新质生产力是以科技创新为主导、实现关键性颠覆性技术突破而产生的生产力。[4][5]胡莹（2023）认为新质生产力具有创新性、融合性、引领性和超越性等特点。[6]李政（2024）基于历史唯物主义视域对新质生产力的内涵进行了解读，认为新质生产力是由于生产力构成要素不断提升而呈现出来的更为先进的生产力形式。[7]赵峰（2024）从三个层面对新质生产力的内涵进行探讨，认为新质生产力是人类社会发展的更高阶段，也是我国实现高质量发展所必需的生产力，具有鲜明特质。[8]

二是关于新质生产力赋能高质量发展的内在逻辑与实践路径。任保平（2023）等结合数字经济时代背景探讨了新质生产力赋能经济高质量发展的逻辑与路径。[9]周绍东和胡华杰（2023）具体分析了新质生产力推动政治经济学创新发展的模式。[10]余东华和马路萌（2023）阐释了新型工业化与新质生产力之间的逻辑关系和互动路径。[11]钞小静（2024）研究了新质生产力驱动高质量发展的战略价值和有效路径。[12]时丽珍（2024）等探寻了新质生产力推动体育用品制造业高质量发展的推进困囿和实践路径。[13]

目前学界关于新质生产力的研究成果颇为丰富，但从新质生产力视域出发，探讨高校人才培养模式的文章还鲜有。因此，本文尝试从宏观、中观与微观联结的新质生产力理论情境层面出发，探讨高校人才培养机制驱动新质生产力提升的内在逻辑及实践路径，以期为教育赋能新质生产力、推动经济高质量发展提供边际上的贡献。

2 新质生产力的内涵特征

马克思在《资本论》中说："生产力，即生产能力及其要素的发展。"[14]作为人类社会发展及社会制度变迁的决定性力量，生产能力的发展是一个波浪式前进、螺旋式上升的过程，工业革命的爆发促使生产能力经历了一个漫长的从量变到质变积累爆发的阶段，最终呈现新生产力形态。生产力包括劳动者、劳动资料、劳动对象，这种由生产力三要素优化组合发生质变的新生产力形态便是新质生产力所形容的核心要义，即新型的、先进的生产力，具有两个方面的价值意蕴。

一是体现对高素质人才的迫切需求。新质生产力起点是"新"，关键在"质"，落脚于"生产力"，体现高水平市场经济体制发展特征，是一种适应其共性需求的范式变迁。新质生产力对劳动者、劳动资料和劳动对象提出了新的要求，这代表生产力的质变跃迁，同时也是对"科学技术是第一生产力"的正确认识与深刻把握，具有鲜明的时代特征和丰富的思想内涵，充分体现了在生产力的演进和发展过程中，科学技术与人和自然的高品质协同，是推动新型生产关系的重构、重塑与持续创新的决定力量。对于劳动者，新质生产力强调需要具备较高的专业知识和技能水平，以适应数字化和智能化的生产环境；对于劳动资料，更注重信息化、数字化和智能化的生产方式，这与传统以物质资料为中心的生产力形成鲜明对比；对于劳动对象，不再局限于传统的物质形态，而是扩展至数据、组织结构以及管理模式等非物质形态，展现出类目剧增、虚实共存的新领域。

二是突出信息时代高层次人才培养的创新特征。相较于旧质生产力，其蕴含新的价值理念，强调科技创新与资源整合，支持未来产业和战略性新兴产业发展；涉及新的发展领域，以新能源和电子信息等领域作为发展着力点。相较于传统生产力的"量"，新质生产力在不忽视和放弃传统产业的同时，利用新技术改造提升传统产业，不再依赖于简单的规模扩张和资源叠加，更加追求产业高端化、智能化和绿色化。随着传统生产要素边际收益递减，推动经济高质量发展迫切需要技术革命性突破、生产要素创新性配置、产业深度转型升级，加快形成和发展新质生产力，培育新动能。

3 新质生产力与高校人才教育双向驱动的内在逻辑

3.1 新质生产力驱动教育高质量发展

新质生产力蕴含"人才引领"的新生产力观表明，劳动者是新质生产力的使用者与引领者，是推动生产方式创造性转化、创新性发展的动力之源。劳动者作为生产力中最基础、最重要、最活跃的要素，其实践主体人无疑是形成生产力的决定力量，而高素质人才则是形成新质生产力的根本和关键。党的二十大以来，国家极为重视人这一核心生产要素在物质生活资料生产活动中的引领保障作用和能动主体地位，而高素质创新人才则是新质生产力发展的第一资源，牢固确立人才引领发展的战略地位，全面聚集人才，着力夯实创新发展人才基础。新质生产力的首要成色是"新"，核心要求是创新，这对劳动者提出了更高的要求，同时劳动力市场分工也驱动了高校人才培养教育模式的系统性变革。

三次工业革命极大地推动了教育的系统性变革和社会生产力的发展。在百年未有之大变局的信息时代，以云计算、大数据、人工智能等技术的迅猛发展为特征的第四次工业革命引发了一系列技术和社会变革，催生了服务未来产业发展的高素质的现代化生产力，对高校人才培养教育模式和体系产生综合性影响和内涵性重构。一是驱动高校教育理念的革新。信息技术的飞速发展带动传统产业转型升级，驱动教育理念向提高综合素质、培养创新能力、拓展国际视野等多元化方向转变。二是促进高校教育目标的更迭。以信息产业为主导的经济发展时期引发了对知识储备丰富和实践技能扎实的高层次创新人才的更大需求。三是引发高校教育内容的更新。高校人才培养方案需要与时俱进，生成式人工智能（AIGC）等新技术的强势冲击倒逼高校人才教育内容进行动态更新，融入信息素养、数字技能、创新思维等人才培养新内容。四是推动高校教育方式的转变。传统以"灌输式"教学为主的学院式教育逐步被开放式在线课程、翻转课堂等多样化教育模式所替代，知识也由以往的被动接受变为主动搜寻、自主学习，打破了时间和地点的约束。五是推动高校教育体系的升级。当前，信息技术和数字技术的发展和普及使得高校教育体系呈现泛在化、去时空化等特征，教育模式也从集约式管理向精细化服务转型，逐步形成个性化终身学习教育体系，切实提升高校人才培养教育治理体系和治理能力。

3.2 教育高质量发展赋能新质生产力

教育高质量发展通过促进知识和劳动力再生产赋能新质生产力。马克思恩格斯曾指出"教育会生产劳动能力"[14]，促进社会生产力的进步和发展。人力资本理论中关于人类生产能力的论述曾提到，对生产者进行教育、培训等支出及生产者在接受教育时的机会成本最终表现为蕴含于人身上的各类知识、劳动技能等的存量总和，亦即，对自身的投资与回报成正比，自身能力的提升是影响经济增长和社会发展的关键因素（图1）。根据库柏－道格拉斯函数理论和赫克曼曲线，各国经济发展与其在教育方面的投资成正比，人力资本回报率也会随着人受教育程度的提高而相应提升，这也为进一步研究全要素生产率提供了新的视角（图2）。有研究指出，我国在2012—2021年实现教育和经济发展在全球地位中的"双超越"，这十年中国对世界经济增长的贡献率总体保持在30%左右，中国经济成为世界经济增长的最大引擎。与此同时，我国高等教育毛入学率在2019年首次超过50%，已建成世界最大规模的高等教育体系，比历史上任何时期都更加接近高等教育强国的发展目标。[15]另外，教育还可以通过对知识的学习交流，实现知识汇融、创新，进而实现对原有知识体系的更新和知识的再生产。"互联网＋教育"下的新知识观呈现知识颗粒碎片化、知识载体多模态、知识生产与存储网络化等特征。[16]而通过对知识一系列加工和重组，教育者和学习者会拓展知识蓝图，激发创新思维和创新意识，形成新的知识生产能力。由此可见，我国教育事业的高质量发展为国民经济提供了高层次人才支撑，劳动生产率的提高增加了科技创新成果的产出，与国家战略性新兴产业融合发展，对经济增长作出了直接贡献。

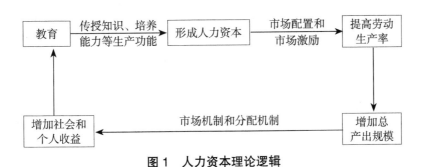

图1 人力资本理论逻辑

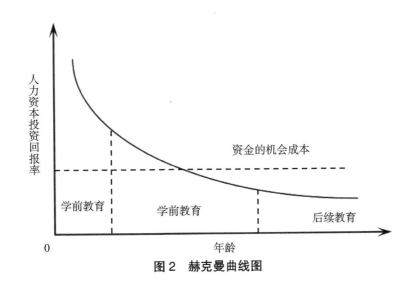

图2 赫克曼曲线图

教育高质量发展通过加速科技创新赋能新质生产力。科技创新引领生产力演进升级，高校则是科技第一生产力、人才第一资源和创新第一动力的结合点，通过推动高校教育的发展促进科学技术的进步驱动生产力现代化水平的提高。有研究表明，世界高等教育中心与科学中心的地理位置存在历史耦合，科学中心的地理位置总是随着教育中心的迁移而改变。[17] 大学成为创造、传播知识的精神高地，如创立于 1876 年的美国约翰斯·霍普金斯大学，作为世界第一所研究型大学，注重加强实用知识的研究与教学，推翻传统教育的陈规旧制，践行实用主义教育观，鼓励研究以及独立学者的进步，有力地加速了科学教育的传播，同时致力于开展专门化高等教育以契合当时社会生产发展的需求。在其办学理念的影响下，截至 2011 年 10 月，先后有36 人获得诺贝尔奖，产出多项科技创新发明与成果，促进了美国制造业、工业等产业的发展。由此可见，高校对高层次人才的培养和教育是国家构筑创新引领型发展新动能、赢得经济发展主动权的关键。

4 教育赋能新质生产力的现实困境

4.1 育人理念亟待更新

教育强国建设是一个国家教育发展的必然要求和时代需要，而教育强国建设明显具有阶段性和时代性特征。教育强国能够体现一个国家的教育综合实力和影响力，教育强国的崛起以教育新理念为行动指引，而教育理念的形成需要经历借鉴学习、结合实际、创新超越的漫长过程，人才培养教育背后承担着国家经济发展的战略使命，先进的教育理念则会为科技创新和产业发展注入高层次人才动力源，并由此提升国家综合国力和国际地位，世界主要教育强国如英国、法国、德国、美国等国家已经用实践证明了这一内在逻辑。当前新一轮科技革命和产业变革正在重构创新版图、重塑经济结构，新一轮信息技术加速突破应用孕育新的变革，人工智能、区块链、大数据等新技术体系正成为驱动新一轮技术革命和生产力变革的核心引擎，全球科技创新进入空前活跃时期，时代的转型升级必然会要求思想进步和观念更新。工业革命的爆发推动了学校教育体制的变革，如现代教育体系中夸美纽斯（Iohannes Amos Comenius）的班级授课制等。现代教育体系不同于传统教育体系对学生的束缚，坚持"效率优先，标准控制"，会提供多元化的学科和课程选择，更加注重培养学生的个性特长和创新能力。新一轮工业革命正深刻改变着人们的学习和生产方式。教育对经济发展和国家安全有重要影响，同时更与个人发展密切相关，过去的知识中心主义已成为新时代发展的阻碍，个人能力和素养的提高才能与未来社会进步相接轨、相匹配。因此，如何树立契合信息时代特征的新的育人理念，培养创新型、复合型高层次人才，成为高校人才培养教育面临的首要挑战。

4.2 高层次创新型人才亟待培养

形成和发展新质生产力需要释放科技创新，高层次创新型人才的培养和教育是科技创新的关键。自科教兴国和人才强国战略实施以来，我国国民教育取得了显著成就，建成世界规模最大的教育体系，但也暴露出一些短板，如教育区域布局不平衡、拔尖人才自主培养体系不健全等问题，学生掌握知识和技能的平均水平较高，但顶尖人才不足、原始创新能力薄弱，在核心技术领域缺乏高精尖人才对产业结构的颠覆性创新和突破性贡献。有研究数据表明，截至2022年10月斯坦福团队中我国入围顶尖科学家仅有7795人，相比于美国78 014人接近40%的占比，仍存在很大差距。[18]此外，我国高校依然存在学科专业设置不合理、类型层次不适应等问题。基础学科是培养拔尖人才的基础，影响国家教育现代化水平和科技自立自强程度。党的十八大以来，我国基础科学人才培养工作取得显著成效，但理工科毕业生数量占比少且下降快、基础学科毕业生总体规模较小等现象突出。另外，产学研融合不到位、创新人才培养体系结构性失衡等诸多问题也阻碍了新质生产力发展。因此，如何摆脱当下高校人才培养困境，完善拔尖人才自主培养体系，回答解决产业发展疑虑和现实问题，是高校人才培养教育面临的重要挑战。

4.3 人才培养与产业发展"供需脱节"矛盾亟待解决

着眼于新质生产力从形成到发展的生命周期，科技创新是核心要素。以科技创新推动产业发展，需要夯实战略性新兴产业和未来产业的"基本盘"，使新质生产力真正增益于高质量发展，为中国式现代化奠定坚实物质基础。全产业链涵盖原材料生产供应、产品开发加工、技术研发创新等全过程，是生产组织、技术升级与价值实现的统一，尖端产品的生产依然离不开产业链中下游基础人才的支撑和加持。基于此，在教育方面，要坚持高校教育和职业教育两手抓，合理规划研究型大学与应用型职业院校布局，做到高层次创新人才与技能型人才同步培养。但目前在我国高校人才培养教育中存在学科专业设置趋同、与产业发展匹配度不高，人才培养层次和类型同质化、一定程度上盲目攀高，培养机制与评价体系不完善、分类管理制度不健全等问题。据统计，2022年我国拥有十个以上学科的普通高校仅有224所，由于办学定位不明确、缺乏长远规划，经济学、管理学、工学等学科门类在超过半数的高校重复设置，人才培养教育质量不高，缺少学校特色，不能很好地与市场经济体制相匹配，以满足经济高质量发展的需求。[19]此外，我国高技能人才在专业技能人才队伍中占比较低，规模偏小。因此，如何在人才竞争白热化形势下，承担起人才培养新使命，形成特色鲜明、布局合理的学科生态体系，做好人才选拔和评价工作，是高校人才培养教育面临的重大挑战。

4.4 教育对外开放水平和人才培养质量亟待提升

教育的对外开放促进了我国社会的转型升级，推动了世界科学的进步发展。美国学者哈里斯（Donald. Harris）认为知识领先国能够通过知识溢出或者知识传播效应对知识追随国产生一定的知识生产优势，并且指出内生学习与经济增长之间存在必然的联系。有研究表明，去国外留学深造是学习先进科学知识、激发科技创新思维的有效途径，是高层次创新人才成长的"催化剂"。过去十年"C9大学"的316位国家杰出青年科学基金获得者中，超过半数的学者拥有"双培养"经历，学术产出与教育履历存在正相关关系。然而，在中国百年未有之大变局和中华民族伟大复兴战略全局的双重叠加和相互激荡下，国际秩序发生深刻变革，逆全球化思潮带动国际力量"东升西降"。以美国为首的西方国家企图推行孤立主义和单一文化主义阻碍高等教育全球化国家化进程，我国留学教育交流与合作面临群体性困境；在核心技术领域对我国实行一系列"卡脖子"政策，明确限制对其关键科学技术的学习交流，给我国高科技产业发展带来诸多阻滞和壁垒。如2021年美国拒签中国500余名理工科研究生，中国C9高校本科生出国留学形势不容乐观，总体人数连续五年递减，"在地化留学"和国内就学的流动趋势逐渐彰显。[20]
因此，如何打破出国留学限制，自主培养拔尖创新人才，建设世界教育中心，保障教育高水平
对外开放，吸纳国际一流人才，是高校人才培养教育当前面临的现实困境。

5 教育驱动新质生产力的实践路径

5.1 贯彻系统观念：树立教育、科技、人才协调发展的"大教育观"

党的二十大报告首次将教育、科技、人才统筹安排与一体部署。习近平总书记指出，教育、
科技、人才是全面建设社会主义现代化国家的基础性、战略性支撑。要坚持教育发展、科技创
新、人才培养一体推进，形成良性循环。因此，树立教育、科技、人才一体推进的"大教育观"，
以宏观为指导、中观为融合、微观为主体，全方位深层次建设学习型社会和学习型大国，着力
造就拔尖创新人才，形成具有竞争力的科技创新生态体系，推动"三链"深度融合，整体性驱
动新质生产力发展。

在宏观层面，要全面贯彻党和国家的教育方针，做好统筹规划和顶层设计，建设教育、科技、
人才三向驱动的中国特色国家治理体系。一是明确教育强国战略、科技强国战略与人才强国战
略的职能分工和战略定位，以国家纲领性政策为行动指南，最大化发挥一体化推进三大战略的
聚变效应；二是加速构建高等教育和产业创新协同发展的新格局，畅通教育—科技—人才"横
向贯通"体系，促进内部各要素在三大领域中自由流动；三是严格执行监督反馈机制，避免各
要素之间的摩擦冲突，通过集中发展过程的质性反馈实现良性循环。在中观层面，要正确把握
高等教育在建设教育强国中的战略性、先导性地位，通过科学教育机制筛选出高端人力资本，
不断提升原始创新能力和人才培养质量。因此，各地高校应围绕三大战略和区域产业发展形势，
调动自身龙头作用，树立教育、科技、人才一体推进的"大教育观"，在重点领域深耕细作，
让高等教育适切拔尖创新人才的培养，夯实高校人才培养根基，进而更契合经济社会发展需求，
推动教育链、产业链和人才链的深度融合。在微观层面，要积极探索与市场需求相匹配、与产
业发展相协调的学科门类，差异化个性化设置基础学科和专业课程培养生态，弥补新质生产力
提升的人才缺口，推动我国科技创新水平进一步提升，实现科技高水平自立自强。据联合国教
科文组织数据统计，2019 年美国、英国高等教育财政经费占 GDP 比重分别为 1.36% 和 1.44%，
其他经济合作发展组织国家此部分占比平均为 1.2%，而我国仅有 0.86%。因此，要加快量化科
学教育课程标准、开展科学实践活动，逐步推动科学教育上升为国家战略、打造多主体协同的
科学教育自主培养体系等措施，发挥高校独特的生产要素、资源潜能和价值优势，为高素质创
新型科技人才的培养创造良好条件。

5.2 贯彻协同创新：产学研协同发展，培养高精尖创新型人才

教育驱动新质生产力离不开科技和人才等创新要素在特定场景中组合发展，是具体的、历
史的、持续的过程。当前正处于全球科技创新空前密集活跃时期，经历前三次工业革命的洗礼，
学校对知识不再具有垄断地位。有多位学者对知识生产方式进行深入研究，并先后提出三种知
识生产模式（表1）。其中五重螺旋创新生态系统强调社会环境对知识生产的影响和作用（图3）。

创新主体要素通过汲取自然和社会环境中产生的新物质、新能量，获取创新机遇，进行多主体创新协同活动，进而回馈新的信息和能量，逐步实现大学、政府、产业、社会环境和自然环境五大螺旋主体的协同创新。[21] 知识的创新不囿于课堂和教室，更多产生在与其他主体的交流碰撞中。如美国杜克大学通过消解绝对边界，与外界多元主体联合构建多节点、螺旋式的跨学科协同体系，充分发挥科教融通与产学协同对知识生产的推动作用。

表 1　三种知识生产模式特征对比

类型	模式 1	模式 2	模式 3
目标	为学术发展服务	为实践应用服务	为社会公益服务
内容	学术导向同质性单学科知识	问题导向异质性综合学科知识	社会导向集群性广域学科知识
组织	等级化	多极化	扁平化
结构	单向线性	跨界交叉	网状联结
质量控制	同行评议	社会问责	多维评价
参与主体	大学与科研院所	大学 – 企业 – 政府	所有利益相关者

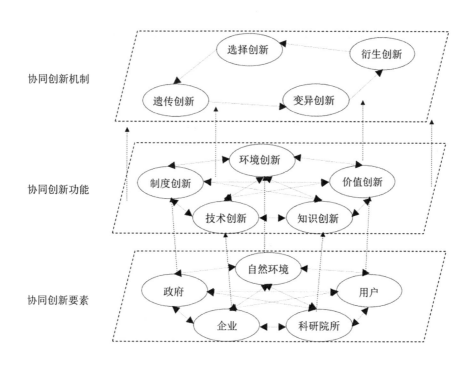

图 3　五重螺旋创新生态系统协同创新驱动要素及机制

知识生产模式的演进促使高校人才培养体系的定位转换，高校面临学科体系调整优化、跨学科协同整合的时代课题，高层次创新型人才的培养迫切需要加快产学研深度融合、加强多主体创新协同发展。[22] 一是以战略性新兴产业和未来产业需求为导向，构建通专兼顾、知行合一的教学课程体系适应产业发展的要求，洞察经济社会发展变化对人才的"消费需求"，围绕产业发展培养一批技能技术扎实、产业运作熟练的复合型人才，共同促进知识生产、传播、回馈的良性循环，形成研学一体、产学一体的人才创新培养模式。二是消除高校、企业、科研院所等组织壁垒，树立"个体偏好、课程设置、产业需求、创新服务"多位一体、双向驱动的复合型人才培养价值导向，通过一系列实体性概念性合作集群，进行科研创新合作与人才联合培养，加快推动科技发明落地应用，打造以边界渗透为核心特征、产学研有机衔接、深度融合的人才培养新生态。三是大力推进跨学科课程内容设置与教学形态创新，通过各学科交叉融合突破传统单一学科知识体系，加强对知识的跨界运用和创新知识的汲取再利用，为制造业智能化、绿色化发展和赋能新质生产力提供相适切的人才支撑。

5.3 贯彻动态调整：推动高等教育与产业发展供需平衡

生产力的演进伴随着第四次工业革命的爆发，使得高素质生产者在新质生产力发展过程中扮演更重要的角色，这一"创造性破坏"的过程也加速了新旧岗位的更替。基于此，高校人才培养应立足产业发展大逻辑、新质生产力新需求，对高校人才培养层次结构进行动态更新以适应社会主动调节，体现教育的预见性和超前性特征。作为供给侧的高等教育是培养高层次人才、匹配产业结构需求侧的"主力军"，当前我国高等教育与产业发展呈现"整体耦合协调向好、协调等级提升缓慢"的特征，高等教育是产业发展的动力源，也逐渐成为世界各国经济发展的战略制高点，而产业发展又倒逼高等教育动态调整以适应经济社会发展（图4）。因此，高校要采取一系列措施打造多赛道、异质性的人才培养新环境。如积极响应国家政策和发展纲要，及时调整分类办学体系，进一步激发释放高等教育与人才培养的强大合力，建立纵横交叉、多位一体的动态人才培养机制；以产学研组织的深度协同加快推进多样化、智能化人才培养需要的教育体系建设，围绕国家战略需求和区域新兴产业培养高素质应用型人才，提高人工智能、纳米技术等先进技术突破率和先进科研成果转化率。

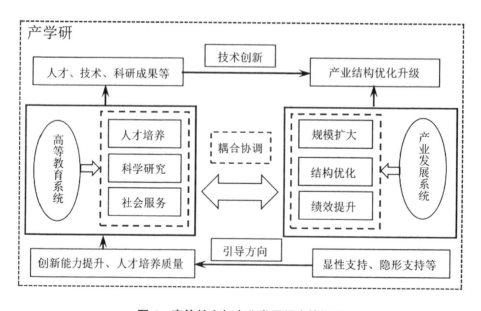

图4 高等教育与产业发展耦合协调图

5.4 贯彻对外开放：加快跻身高等教育世界强国之列

新质生产力创新发展需要高层次创新型人才培养模式的不断更新，这就要求我们与世界一流教育资源、创新培养体系相融合，充分发挥全球互联网技术的力量优势。然而，"逆全球化"的国际环境和各国设置的隐形壁垒，在一定程度阻碍了我国高等教育对外开放的进程。因此，要积极主动采取措施扭转当前不利局面，使我国加快跻身高等教育世界强国之列。

一是要深入学习研究世界主要教育强国在学科教育体系和人才培养模式上存在的共性特征与发展规律，并基于战略定位、目标设计、体系建设、开放程度等维度对我国加快高等教育高水平对外开放、跻身高等教育世界强国之列进行顶层设计和系统谋划，缓解我国战略人才短缺危机。二是要不断完善国际高精尖人才引进政策和体制机制，鼓励国内高水平研究型应用型大学利用国家联合实验室计划和高校创新引智计划等渠道引进国际知名科学家和业内领军人物；优化留学报国机制和海外人才回流政策，吸引更多创新要素和智慧资源献身我国高等教育高水平对外开放建设。三是要充分发挥现有人才优势，听取国内外优秀学者对教学学科课程设置、高层次创新型人才培养方案制定等方面的建议，以提质增效引领规模扩张，弥补现实困境，确保我国基础学科人才培养工作高起点、高效能稳步推进。四是支持留学生回国就业、创业，建立我国留学教育新优势，提高国际竞争力。放宽留学生来华签证、就业政策，发挥教育"一带一路"政策的人才虹吸效应，广泛参与全球教育治理和国际教育合作，提升国内留学教育对外开放水平，吸引更多国际留学生来华留学，建立"中国特色教育开放特区"，做大做强我国留学教育品牌，提升我国对国际高等教育议题议程的影响力。

参考文献

[1] 马克思，恩格斯.马克思恩格斯文集：第5卷 [M].北京：人民出版社，2009：26-32.

[2] 国务院.习近平在黑龙江考察时强调：牢牢把握在国家发展大局中的战略定位 奋力开创黑龙江高质量发展新局面 [EB/OL].（2023-09-08）[2024-03-29].https://www.gov.cn/yaowen/liebiao/202309/content_6903032.htm.

[3] 国务院.中央经济工作会议在北京举行 习近平发表重要讲话 [EB/OL].（2023-12-12）[2024-03-30].https://www.gov.cn/yaowen/liebiao/202312/content_6919834.htm.

[4] 周文，许凌云.论新质生产力：内涵特征与重要着力点 [J].改革，2023(10)：1-13.

[5] 高帆."新质生产力"的提出逻辑、多维内涵及时代意义 [J].政治经济学评论，2023(6)：127-145.

[6] 胡莹.新质生产力的内涵、特点及路径探析 [J].新疆师范大学学报（哲学社会科学版），2024(1)：1-10.

[7] 李政，崔慧永.基于历史唯物主义视域的新质生产力：内涵、形成条件与有效路径 [J].重庆大学学报（社会科学版），2024(1)：129-144.

[8] 赵峰，季雷.新质生产力的科学内涵、构成要素和制度保障机制 [J].学习与探索，2024(1)：92-101+175.

[9] 任保平，王子月.数字新质生产力推动经济高质量发展的逻辑与路径 [J].湘潭大学学报（哲学社会科学版），2023(6)：23-30.

[10] 周绍东，胡华杰.新质生产力推动创新发展的政治经济学研究 [J].新疆师范大学学报（哲学社会科学版），2024(1)：1-9.

[11] 余东华，马路萌.新质生产力与新型工业化：理论阐释和互动路径 [J].天津社会科学，2023(6)：90-102.

[12] 钞小静，王清 . 新质生产力驱动高质量发展的逻辑与路径 [J]. 西安财经大学学报，2024(1)：12-20.

[13] 时丽珍，黄晓灵，李增光，等 . 新质生产力赋能体育用品制造业高质量发展的出场语境、推进困囿与实践路径 [J]. 沈阳体育学院学报，2024（3）：1-8.

[14] 马克思恩格斯文集：第 7 卷 [M]. 北京：人民出版社，2009：74-81.

[15] 岳昌君 . 教育与经济相互促进、共同发展 [EB/OL].（2022-07-15）[2024-04-06].https：//theory.gmw.cn/2022-07/15/content_35885250.htm.

[16] 陈晓珊，戚万学 . 知识机器生产模式与教育新隐喻 [J]. 教育研究，2023(10)：33-43.

[17] 任羽中，曹宇 . "第四次工业革命" 背景下的高等教育变革 [J]. 中国高等教育，2019(5)：13-16.

[18] 施一公 . 立足教育、科技、人才 "三位一体" 探索拔尖创新人才自主培养之路 [J]. 国家教育行政学院学报，2023(10)：3-10.

[19] 杜玉波：教育强国与高质量高等教育体系 [J]. 职业技术教育，2023(27)：11-15.

[20] 金紫薇，邓友超 . 中国教育的流动逻辑 [J]. 清华大学教育研究，2023(2)：30-42.

[21] 刘畅，李建华 . 五重螺旋创新生态系统协同创新机制研究 [J]. 经济纵横，2019(3)：122-128.

[22] 苟鸣瀚，刘宝存 . 知识生产模式转型视角下跨学科人才的培养：以杜克大学为个案 [J]. 新文科理论与实践，2023(2)：98-109+128.

新文科背景下数字法治人才培养的实践理路 *

李雯静

（湖南工商大学）

摘　要　云计算、大数据、人工智能等数字化信息技术的发展给法学教育和法律职业带来了深刻影响。新文科建设要求法学教育适应数字司法变革的客观需求，突出社会需求导向，推动法治人才培养模式的转型升级。为实现"数字中国"与"法治中国"的建设目标，法学高等教育应从人才培养目标到跨专业人才培养路径、从法学课程体系设置到法学教育方法改革、从法学师资队伍建设到法学教育管理评价等多方面入手，创新数字法治人才培养模式，有效提升法学专业人才的数字素养与职业技能。

关 键 词　数字法治；数字素养；数字法学；新文科建设

作者简介　李雯静（1984— ），女，湖南工商大学法学院，副教授。联系电话：15387524877；电子邮箱：liwenjing3183@sina.com。

以数字化认知、数字化思维、数字化技术全面推进法治中国建设已成为当前数字中国战略的重要目标。2020 年教育部发布《新文科建设宣言》，要求高校面向新一轮科技革命和产业变革的发展趋势进行新文科建设，将大数据、人工智能等前沿信息技术融入原有文科体系，实现文科与理工学科之间的大交叉和大融合。数字法学成为新文科建设在法学领域最为重要的增长点。新文科建设背景下的法学教育改革成为现代法治社会面临的重要课题，在数字技术深度嵌入现代教育体系的过程中，法学教育须结合数字时代背景和技术资源进行人才供给侧改革，全面提升法科学生的数字法治素养和数字思维能力。

一、新文科背景下数字法治人才培养的现实机理

（一）符合国家战略导向和时代法治要求

数字技术使得人类社会的生产方式与生活方式发生了根本性变化，国家正在制定数字化发展战略，加速构建数字法治体系。面对建设数字社会、数字政府的国家发展战略，法律人才市场呈现跨领域、跨行业的需求趋势，亟须通过法学教育教学改革为新时代的数字经济发展和数字法治建设提供智识支撑。在新文科建设的指引下，法学专业教育须立足于新时代，反映数字

---

* 本文系湖南省学位与研究生教学改革研究一般项目"新文科背景下法学研究生数字法治素养提升路径研究"（编号：2023JGYB213）的阶段性研究成果。

时代的属性规律与发展方向，适应社会形势求新求变，促进多学科交叉融合，培育卓越数字法治人才。法学专业教育应在理念层面绘就数字人文的范式愿景，重塑融合型法律人才培养模式，强化数字公民教育，全面推进新文科建设，实现高等教育的内涵式发展。

（二）回应法律行业发展与人才培养需求

随着数字中国战略和行业数字化转型的深入实施，数字社会治理体系建设正在加速发展，就业市场对数字法治人才提出新的需求并引发法学教育变革，深谙数字技术又精通法律规则的复合型人才受到市场青睐。数字法治人才培养有助于推进当前的法学教育改革，为确立具有中国特色的法学教育奠定坚实基础。面对以大数据、云计算、物联网、人工智能为代表的数字技术所推动的科技革命浪潮，培养适应国家数字经济战略与法治建设需求的高层次、专门性、应用型法律人才符合我国高校"双一流"建设总体目标定位，实现赋能数字中国战略与"5G–大数据–人工智能"技术发展，满足数字时代对适应新型经济社会发展人才的迫切需求。

（三）推进智慧司法建设牵引法律人才的结构升级

我国的智慧司法建设与数字司法生态为数字法治人才培养提供了良好机遇，促使高校着力提升法学人才的数字法治素养水平。自智慧司法建设被纳入国家整体发展战略以来，我国全面推进数字技术在司法工作中的深度应用，建设提供全方位智能服务的智慧司法系统，包括推进智能化辅助办案、加强司法运行智能化监督管理、提升法律大数据管理和应用水平。[1] 从适用场景来看，数字法治建设覆盖立法、执法、司法、法律服务、在线纠纷解决等社会治理各领域。科技与法学的交叉融合使得法律行业呈现出鲜明的数字化导向，掌握数字技能的前沿法律人才和跨学科知识的复合型人才在我国数字法治实践当中拥有巨大的发展潜力。

二、新文科背景下数字法治人才培养的改革方向

（一）树立面向数字法治的法学教育理念

数字法治新形态要求高校教师转变法学教育思维，深入理解数字社会的运行机理，确立数字法治教育新理念，提升数字教育水平和数字工作能力。信息革命和科技进步导致社会范式逐渐转换，数字技术与法治原理的有机结合表现为法律的数字化与数字的法律化两个层面。运用技术赋能法治建设推动了数字时代的法治范式转型升级，但同时也带来了数据黑箱、算法歧视、数字鸿沟等异化风险，人工智能技术催生出新兴法律问题。[2] 只有树立面向数字法治的教育理念、保障公民的数字人权和数字平等权，才能避免算法被嵌入歧视因素，消除算法黑箱和数字鸿沟，建立数字法治秩序，实现数字正义，共享平台经济的数字红利。

（二）更新数字法治教育的知识结构体系

网络法学、信息法学、数据法学、人工智能法学等数字法学的发展要求数字时代的法治教育对法学理论和知识结构进行及时更新，跟进互联网、大数据、人工智能、区块链等科技变革的数字法学理论前沿，设置适应数字社会发展的新文科课程，打造数字法学的"金课"体系。鼓励支持教师编写反映学科前沿知识的数字法学教材，持续做好现有法学专业、方向、课程的更新、改造、优化与赋能工作。在团队建设方面，组建跨学科教学团队，邀请新技术领域专家

讲授数据挖掘和分析技术的基本原理及司法适用，法律大数据在智慧法院、检察院以及智能法律服务场景中的应用问题，提升法科学生的数字法治素养水平。

（三）重塑深度交叠互动的法学教育模式

按照数字时代的新文科、新法学建设要求，法学教育应从纯文科转向文理交叉培养，使文科学生具备数字法治思维，积极推动人工智能、大数据等现代信息技术与法学专业的深度融合，推动传统法学教育方式改造升级。数字科技既是数字法学的研究对象，也是法学教育的方法论资源。法学教师可通过塑造数字环境、构建虚拟课堂、建设虚拟仿真实验室等多种形式呈现知识，实现教学场景与教学过程数字化，从而推进跨界融合、人机协同和互动研讨的深度学习模式，为学生提供数字素养教育和技能培训。[3]法学教师应及时更新教学工具箱，灵活运用数字技术，使法律逻辑与计算逻辑交融互动，实现法学教育教学的数字化转型，促进法学知识与科技创新的有机融合，提升学生的信息资源驾驭能力。

三、新文科背景下数字法治人才培养的实践路径

（一）创新数字法治人才培养模式

新文科建设要求法学教育适应数字司法变革的客观需求，突出"社会需求导向"，实现数字法治人才培养模式的变革转型。数字社会发展强力驱动法学教育迭代变革，需要重塑传统法学教育模式，推动人才培养范式转型，打造数字法治教育新形态。[4]传统法学教育存在学科结构扁平、理论讲授为主、应用能力培养不足、评价标准单一等问题。大数据时代的技术发展给当下的法律规则和法律秩序带来革新，这要求法学教育在人才培养目标、内容、形式和手段等方面进行系统性变革。数字法治人才培养模式需要从学科专业化向跨领域交叉培养转型，让法科学生充分掌握数字技术知识、算法治理规则以及数字发展逻辑，深入了解智能技术的进展并将其应用于实际场景当中。

（二）重构数字法治人才培养体系

在虚实双重空间、人机交互和数字司法的时代背景下，数据成为重要的生产要素，算法成为新质生产力，培养法科学生的数字法治思维和数字解释能力成为当前我国法学高等教育的重要内容。现代法学教育在培养理念、培养内容和培养方式等方面呈现出鲜明的数字化导向。[5]传统法学教育要转向运用现代科技、信息技术和人工智能，按照新文科、新法学的建设性思维，利用多学科融合的方式打造交叉复合型人才成长通道，塑造多向交叉、深度互动、跨界创新的法治教育模式。高校教师必须走出传统法学的教义思维，根据数字时代变革需求重构法治人才培养体系，在人才培养过程中强化理论与实践、专业与行业的深层融合，促进法学与计算机、信息科学、人工智能、大数据技术等学科知识的互动交融，培养多元复合、叠加融合的数字法治专业人才。

（三）完善数字法治人才协同培养机制

完善数字法治教育的理论课程和实践课程体系，实现数字科技与法治原理的深度融合。通过学术对话、协作攻关等方式，探索信息技术赋能法学教育现代化的有效途径，利用人工智能、

数据挖掘等新技术改进法学教育方法，构建匹配"应用导向强、技术壁垒高"知识特点的数字化教学资源。加强学生在线课程建设，探索多元化课堂形式，实现跨学科、跨专业、跨高校的数字法治课程资源共享，鼓励学生组建学习社群，激发其学习兴趣和自主学习能力，协同培养学生的数字法治素养和知识应用能力。增设人工智能法学、数据法学、网络法学、数字司法学等涉及新兴学科交叉的专业选修课程，按照专业大类邀请领域专家开设学科前沿性课程，把科技革命带来的产业变革以及大数据、人工智能、量子信息等新兴技术的最新进展带给学生，实现学生科技素养和法治素养的双向提升。

参考文献

[1] 徐娟. 数字时代基于数字能力提升的权利实现进路研究 [J]. 山东大学学报（哲学社会科学版），2024(02)：155-165.

[2] 郑智航. 当代中国数字法学的自主性构建 [J]. 法律科学，2024，42(02)：81-93.

[3] 胡铭. 数字法学：定位、范畴与方法：兼论面向数智未来的法学教育 [J]. 政法论坛，2022，40(03)：117-131.

[4] 李丹. 数字社会的"权利鸿沟"及其弥合 [J]. 河北法学，2024，42(06)：127-143.

[5] 王毓莹. 算法裁判风险的形成归因与化解 [J]. 法律适用，2024(05)：60-73.

Z 世代研究生在导学关系中为何会情绪内耗

——基于小红书 momo 群体的实证分析与研究 *

田飞¹ 李娜² 郝嘉慧¹ 谷彤彤¹ 何美萱¹

（1. 湖南工业大学　2. 长沙理工大学）

摘　要　根据"小红书"社交平台上的"momo研究生"吐槽导师现象，基于扎根理论的研究范式，探讨了外在环境与内在加工在情绪内耗形成和演变中的作用。研究发现，Z世代研究生的内耗源于认知与期待错配、学术任务与职业发展冲突、权力动态与学术控制等问题，外部社会、经济及网络环境与内在情绪疏导不足的相互作用，共同加剧了内耗。此外，社交媒体的类匿名性和情绪化放大效应进一步复杂化了研究生对导学关系的理解和心智。研究针对小红书公开数据与访谈数据进行了三级编码提取，分析出不同研究生群体在应对内耗过程中的结果分化，表现为情绪化表达、消极接受与对抗型行动等多样化反应，并提出了缓解内耗的建议。

关 键 词　Z世代研究生；小红书momo；导学关系

作者简介　田飞（1980— ），湖南工业大学设计学方向副教授。联系电话：13667391080；电子邮箱：tianfei@hut.edu.cn。

近年来，以"00后"为主体的Z世代（generation Z，在学界通常泛指出生于1995—2009年的一代人）学生逐渐迈入研究生学习阶段，新时期的导学关系正逐步成为研究热点话题。Z世代对研究生学习模式和导学关系（导师与学生的关系）都有着自身独特的要求，他们的个体差异及其与导师的互动方式，不仅体现出明显的代际特征，还反映出学术环境和社会文化的变迁。部分研究生在与导师的交流中展现出较强的学术投入和合作意愿，能够顺畅地完成学术任务。然而，另一些学生则表现出抗拒、疏离甚至对立，师生之间沟通困难，误解频发。[1]这一现象尤其在Z世代研究生群体中较为突出，迫使我们反思师生关系中的权力结构、沟通方式以及培养模式。

导师与研究生之间的权力关系长期以来是学术界研究的一个重要议题。布迪厄的"文化资本"理论表明，导师作为知识和学术资源的掌控者，处于学术权力结构的核心位置[2]，能够影响研究生的学术发展和职业前途。研究生在学术体系中对导师的依赖，使得这一权力关系具有不对等性。然而，信息技术的快速发展改变了知识传播的方式[3]，研究生不再完全依赖导师作为知识的唯一来源，权威的祛魅现象在学术界逐渐显现。

* 基金情况：湖南省学位与研究生教学改革研究项目"面向Z世代设计学研究生的GBL模式创新创业教学实践与研究"（编号：2023YGYB207）；湖南省本科高校教学改革研究项目（编号：202401001025）；湖南省本科高校教学改革研究项目（HNJG-20230385）。

作为数字化世界的原住民，在信息社会教育背景下成长起来的Z世代，习惯于使用社交媒体平台比如小红书来表达对师生关系的不满或寻求情感层面的同频支撑。小红书上的"momo研究生"群体（在小红书，有数以百万计的名为momo的用户，事实上是为了实现"类匿名"效果而设置同名用户人群），通过"吐槽"导师的方式，揭示了研究生在求学处境、学术和心理层面面临的诸多问题。这些吐槽内容往往涉及导师对学生的控制行为（描述为"PUA"）、催促行为（描述为Push）、冷暴力、情绪化、任务越界以及指导缺乏等问题。当然，这些"吐槽"既有客观存在的个案，也有主观情绪化的演绎，甚至有明显的网络流量利益驱动。使用"momo"这种类匿名化表达的特点不仅为研究生提供了情绪宣泄的出口，还使其可以在匿名保护下自由讨论与导师互动中的负面经历，同时，相关帖子下大量感同身受的其他"momo"通过回应互动，找到更多的"世另我"（网络语：世界上的另一个我，指感同身受），进而触发流量推荐机制，使得帖子被推荐至更多具有"研究生"标签的用户面前。如此往复，社交媒体的流量机制放大了这些网络化情绪化表达，进一步加剧了现实中师生关系的复杂性和紧张感。

本研究旨在通过对小红书平台上Z世代研究生群体吐槽导师现象的实证分析，结合在线数据爬取和个案访谈，探讨Z世代研究生与导师关系中的深层次问题。通过分析认知错配、观念冲突、权力控制、心理内耗以及社交媒体流量机制等对师生关系的影响，研究将为导师和管理部门在教学和指导管理中的角色调整提供理论和实践依据。

一、研究设计

本研究采用扎根理论（grounded theory）的研究方法，通过对小红书平台上研究生匿名吐槽内容的爬取和分析，结合深度访谈，深入探讨Z世代研究生与导师关系中的矛盾和内耗问题。研究设计的主要步骤包括：数据来源、资料分析和理论构建。具体设计如下。

（一）研究方法

本研究采用质性研究方法，通过小红书数据爬取与半结构化访谈资料，通过开放式编码、主轴编码和选择性编码的方式，深入分析Z世代研究生与导师关系中的认知错配、权力动态、情感支持、代际差异、网络信息茧房等关键因素，并揭示这些因素与研究生心理内耗之间的关系。在关系讨论不明确的部分，适时引入深层次问题或追加小红书数据，并通过持续比较的方法对理论结果进行反复修正，直至达到理论饱和。

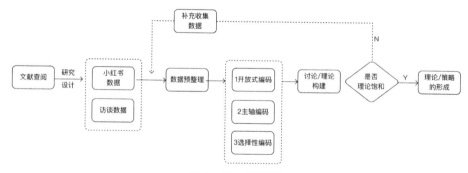

图1 研究流程图

（二）数据来源

本研究数据由两部分组成，其一为小红书平台公开化数据，其二来自半结构化1对1访谈，访谈对象均为小红书用户。

1. 小红书公开数据

在网络平台小红书通过组合交叉搜索"导师"、"研究生"、"研究牲"（网络语：研究生自嘲如同牲口）、"课题组"、"PUA"、"Push"、"组会"、"考研上岸"、"研究生退学"、"研究生换组"、"换导"等词语或标签，收集了大量与导师相关的吐槽数据。小红书提供了"最新""最热"等排序方式，研究团队主要聚焦于热度较高的帖子，因为这些帖子下的讨论较为活跃，能够提供更多回应和数据样本，讨论者的地域、学科等特征也更多元。由于小红书平台对自动化数据抓取技术（如 python 爬虫）的限制，本研究未能通过技术手段获取数据。为确保数据获取的合法性与完整性，研究团队通过人工筛选的方式，在小红书 Web 版上手动选择并复制了相关帖子与评论。最终，研究团队收集并整理了 1000 余条与导师相关的文本数据，这些数据经过分类分析，反映了来自不同学科和地区的研究生在与导师互动中的不满与矛盾。

2. 访谈数据

本研究还通过分阶段追踪式访谈以获取更加深入翔实的一手资料。访谈包括两个阶段，均采取1对1的半结构化访谈方式。访谈对象从小红书招募，考虑了地域、年级、学科等特征分布后，选择了 10 名研究生进行访谈。受访者学历结构上包括硕士 8 人、博士 2 人，涉及本校研究生 2 人，省内其他高校 4 人（985 高校 2 人，211 高校 2 人），以及 4 名其他地区的小红书用户。访谈通过钉钉会议进行，利用钉钉智能会议系统对访谈内容进行了录音和转录。为保障受访者的知情同意权与隐私，本研究对受访者的性别、学校等可识别性信息进行了匿名处理。具体研究对象信息见表 1。

表 1　受访者情况

编号	年级	学科门类	性别	地域
1	硕士二年级	工学	*	本校
2	硕士二年级	管理学	*	本校
3	硕士一年级	理学	*	湖南省 985 高校
4	博士三年级	工学	*	湖南省 211 高校
5	硕士二年级	文学	*	湖南省 211 高校
6	硕士一年级	经济学	*	湖南省 985 高校
7	硕士三年级	法学	*	其他地区
8	博士四年级	理学	*	其他地区
9	硕士一年级	工学	*	其他地区
10	硕士二年级	管理学	*	其他地区

访谈分两批进行，第一批于 2024 年 5 月至 6 月，第二批于 8 月完成。访谈内容涵盖了研究生与导师的互动经历、匿名吐槽的动机及情感反应等问题。资料经过整理后，进一步为后续的编码与分析提供了依据。

二、过程与分析

（一）开放式编码

首先进行了开放式编码。研究团队逐句阅读小红书的吐槽文本和访谈记录，对每一条文本内容进行标签化，并逐步上升为概念和范畴。研究团队通过"贴标签→概念化→范畴化"的编码流程，提炼出 16 个概念和 7 个范畴，编码过程包括逐句阅读、反复比较与综合归类，确保文本数据的充分性和精确性。但需要注意的是，相关的概念化和标签化仅代表"momo"人群可能带有偏见性的观点而非完全性的事实，不代表研究人员认同这些观点，仅是对数据中的主观感受的客观提炼。详情见表 2：

表 2　开放式编码

范畴化	概念化	标签化	语料摘录
认知与期待错配	A1 导师对学生研究热情的期待	a1 期待学生热爱学术	"……总让我找到学术志趣，我只想尽快毕业找工作……"
		a2 期待学生能成长为研究助手	"可别太认可我，赶紧让我毕业是最好的……"
	A2 学生对导师的滤镜式期待	a3 学生期待完美导师破灭	"读了研后距离更近了，发现他……一言难尽！现在清醒了，要靠自己……"
		a4 学生期待细致指导	"导师让我独立做实验，结果一点指导都没有。"
	A3 学术任务与职业发展冲突	a5 要求加班（打卡制）	"每天工作到凌晨，周末也没空……"
		a6 无视假期	"导师假期也要求我们加班，根本没有休息时间。"
		a7 职业路径迷茫	"对未来的职业发展毫无头绪，也没有导师指导。"
社会规范观念冲突	A4 导师与学生在社交礼仪上的冲突	a8 导师强调社交礼仪与尊重师长	"什么碰酒杯要低点，上桌要等专家先入座，给专家按电梯开车门……"
		a9 学生认为这是"PUA"和"爹味"行为	"总是讲他们当年如何如何尊敬前辈，感觉像是在 PUA 我……"
	A5 沟通障碍与代际差异	a10 沟通不畅（代际差异）	"导师老派，完全不理解我们这一代人的想法……"
		a11 观念冲突	"他要求的东西太过时，完全不适合现在的研究方法。"
		a12 单向指令，无机会表达	"永远是他在讲，我们都没机会表达自己的想法。"
权力动态与学术控制	A6 导师对研究生学术资源的控制	a13 剥夺学生成果（抢一作）	"两篇论文一作和通讯都被大导小导抢了……"
		a14 剥夺学生署名权	"看到师妹新发表的论文，前半部分都是我的……"
		a15 推迟发表时间	"研三，小导师压着不发投稿论文……"

范畴化	概念化	标签化	语料摘录
权力动态与学术控制	A7 导师权威与学术垄断	a16 控制学术资源	"导师把所有的资源都集中在自己名下，根本不分给学生。"
		a17 强制按兴趣研究	"我想研究其他领域，但导师硬要我继续他的方向。"
		a18 剥夺研究自主权	"我没有任何学术自主权，全都听导师的。"
真实的导师道德问题与劳动剥削	A8 导师的私人事务安排	a19 要求处理私人事务	"帮导师接孩子、送快递，做各种和学术无关的事情……"
		a20 要求处理横向任务	"让我去帮他处理其他项目，完全和我课题无关。"
	A9 导师的劳动剥削行为	a21 为他人科研劳动	"要求帮小导完成课题，最后连署名都没有……"
		a22 拒绝不想做的事无效	"遇到一些自己也不想做的事情，明明拒绝了，但是导师还是让我做。"
双向偏见式歧视	A10 导师对学生的性别与家庭背景歧视	a23 性别歧视	"他总说女生不适合做科研，真是偏见……"
		a24 家庭背景歧视	"拿家境说事，真的是没必要……"
	A11 学生对导师的歧视带来的心理反噬	a25 外貌歧视	"老家伙真是丑 B……一想到在他手下还要熬两年，感觉活不下去了……"
		a26 年龄歧视	"我总觉得导师年纪大了，观念跟不上，方法跟不上……"
社会压力与心理健康	A12 生活与经济压力的双重作用	a27 生活成本高，任务重	"不光学业压力大，生活成本越来越高……"
		a28 助研费发放不及时或不发放	"助研费一拖再拖，经济压力太大了……"
	A13 学业与家庭责任的冲突	a29 家庭责任难以平衡	"真的不该读博前就结婚的，现在这个日子过不下去了……"
		a30 牺牲研究时间	"杂事越来越多，没时间写论文，一看到导师的消息就全身发抖……"
	A14 导师情感支持缺乏	a31 导师忽视情感需求	"生病了请假，他阴阳了一句'真的吗'？我破防了……"
		a32 情绪不稳定	"今天被老师叫到办公室，老师没说重话，可回到工位哭了半天……"
		a33 以指责/贬低的方式刺激学生	"每天都被骂，甚至在公共场合被辱骂……"
		a34 过于在意他人评价	"总感觉自己做得不够好，也害怕导师更喜欢同门而不喜欢我……"

续表

范畴化	概念化	标签化	语料摘录
社交媒体影响	A15 通过社交媒体情绪宣泄	a35 匿名吐槽，寻求共鸣	"每次吐槽完都感觉轻松一些，大家都经历……"
		a36 负面情绪出口	"匿名发泄情绪后，感觉轻松了不少。"
	A16 社交媒体的负面效应	a37 放大负面情绪	"情绪在社交媒体上被放大了，感觉更加焦虑。"
		a38 负面反馈加剧	"集美们，网上和你们一起骂得越爽，见到他就更压抑更糟糕了……"

（二）主轴编码

在主轴编码阶段，研究团队基于开放式编码的结果，探索范畴之间的潜在逻辑关系。通过对范畴的整合，形成了4个主范畴及与之相应的副范畴，并归纳出初始概念与范畴内涵，以层次递进式结构呈现如表3：

表3　主轴编码

主范畴	副范畴	初始概念	范畴内涵
触发因素	认知与期待错配	导师对学生研究热情的期待	导师希望学生热爱学术并成长为研究助手，学生则更关注学位和就业
		学生对导师的滤镜式期待	学生对导师抱有过高期待，现实中发现导师无法提供足够的指导，期望破灭
	学术任务与职业发展冲突	要求加班（打卡制）、无视假期	导师安排繁重的学术任务，要求加班，忽视学生假期，导致学生职业迷茫
		职业路径迷茫	学生因学术任务压力过大，对未来的职业规划感到迷茫和无助
	权力动态与学术控制	剥夺学术资源（署名权、成果）	导师通过控制学术资源和署名权剥夺学生成果，学生自主权被限制
		强制按兴趣研究	导师强制学生跟随其研究方向，剥夺学生的学术自主权
	导师道德问题与劳动剥削	要求处理私人事务	导师让学生承担私人事务或与学术无关的任务，学生被迫服从
		为他人科研劳动	学生被要求为他人完成科研任务，学生的拒绝往往无效
外在环境	社会环境	学术竞争激烈、科研资源有限、学术体制固化	社会大环境中学术竞争、资源分配不公平加剧了研究生的压力
	代际环境	不同代际环境成长下的价值观冲突	导师强调传统社交礼仪，要求学生尊重师长，学生认为这是过时的"PUA"行为

续表

主范畴	副范畴	初始概念	范畴内涵
外在环境	经济环境	就业前景不明朗、生活成本高	不确定的就业前景和现实中的经济生活压力让研究生感到焦虑
	网络环境	匿名吐槽、信息茧房、情绪化推送	社交媒体的匿名性和推送机制放大沮丧情绪，使研究生更易感到无助
		社交媒体的负面效应	社交媒体放大负面情绪，导致情绪恶化，网络环境戾气化，师生关系紧张
内在加工	自我暗示	导师情感支持缺乏，自我怀疑	导师对学生缺乏情感支持，学生长期受到贬低，产生自我怀疑和情绪崩溃
	内耗与情绪管理	学业与家庭责任冲突	学生在家庭责任与学术任务之间难以平衡，情绪波动大，心理负担加剧
		情绪不稳定，过于在意他人评价	学生无法有效管理情绪，过度关注他人评价，导致情绪失控和长期内耗
	自我调节与改善	寻求外部支持，短暂缓解	学生尝试通过社交媒体和外部支持自我调节，但这些方式往往只是暂时缓解情绪
结果分化	学术热情与表现下降	学术兴趣减退、表现下滑	学生在长期的学术压力和内耗中，逐渐对学术失去热情，学术表现大幅下滑
	表达与变异	表达寻求安慰	学生通过表达不满、寻求安慰暂时释放情绪，但未能解决根本问题
		情绪带来流量	学生情绪化表达吸引流量，情绪循环加剧
	习得无助与求变	消极忍受	一部分学生在压力下被动忍受，形成习得性无助
		对抗行动	另一部分学生采取对抗行动，积极寻求改变现状

通过上表，可以观察到这一现象从基础（触发因素）到高层次（结果分化）的逐步递进，体现出不同层次对现象的推动作用。为了便于理解，研究团队还对主轴编码结果进行了网状结构的二次解释，进一步解释了这一现象的循环过程与多层次复杂性，可以看出相关范畴之间具有交互性、反馈循环、复杂性的特点。

（1）交互性：通过网状结构可以看到不同因素之间的交互作用，例如，导师的行为（触发因素）不仅直接导致内耗，还通过网络环境和经济压力等外部环境放大了研究生的情绪失衡。

（2）反馈循环：研究生的内耗与情绪失衡是一个循环过程，外部环境和导师行为不断加重研究生的压力，而负面情绪通过社交媒体等渠道得到反馈，使得内耗进一步加剧。

（3）复杂性：网状结构揭示了研究生内耗现象的多层次复杂性，展示了从触发因素到环境影响，再到内在加工的全过程，并通过这些作用最终影响了研究生的学术表现和职业发展。

（三）选择性编码

在选择性编码阶段，研究团队对主轴编码结果进行了系统性整合，探索了主范畴之间的逻辑关系和互动机制，最终构建实质理论脉络。在前两轮编码结果的基础上，通过对主副范畴及原始数据对比研究显示：权力动态与学术控制、情感支持缺失、社交媒体的影响等多个因素共同作用，构成了 Z 世代研究生与导师关系中的内耗模式。这一核心范畴最终被提炼为"Z 世代研究生导学关系内耗影响因素及其演变机制"（见图 2）。

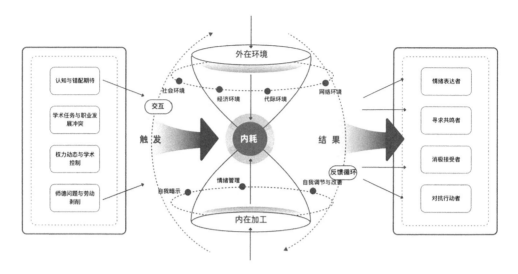

图 2 Z 世代研究生导学关系内耗影响因素及其演变机制

（四）理论饱和度检验

为确保编码过程的理论饱和度，对本研究随机抽取的 5 份文本资料进行了再编码和检验，同时，团队从小红书平台随机追加了 5 份公开留言数据进行检验，均未得到新的概念或范畴，这表明研究构建的理论框架基本达到了理论饱和的要求。

三、研究发现

（一）师生关系中研究生"内耗"意向缘何产生

Z 世代研究生在导学关系中的"内耗"现象逐步显现，这种内耗不仅是师生关系中的权力不平衡带来的直接结果，也与学生自身的认知与期待错配、学术压力以及复杂的社会环境密切相关。以下几个方面，是研究生内耗产生的主要原因，

1. 认知与期待错配

在 Z 世代研究生与导师之间，关于师生关系和学术发展的认知与期望存在显著的差异，导致研究生在实际学术实践中的心理挫折感。大多数导师依然坚持传统的学术观念，[4] 认为研究生应以学术兴趣为驱动力，全力以赴追求科研成果。然而，现实中，许多 Z 世代研究生对学术的关注更具功利性，期望尽快拿到学位并实现职业转型。一名学生提到："导师总让我找到学术志趣，我只想尽快毕业找工作……"这反映了学生对导师的学术期望感到忧虑，并形成了内耗。[5]

此外，学生对导师的期待往往带有滤镜效应，希望导师不仅在学术上提供充分指导，还能给予情感上的支持。然而，现实情况却是，部分导师由于学术任务繁重或缺乏管理能力，无法满足学生的这些期望。一名学生提到："导师让我独立做实验，结果一点指导都没有。"这种认知上的落差让学生在学术过程中感到孤独和无助，逐渐形成心理上的内耗。

2. 学术任务与职业发展冲突

Z 世代研究生常常面临学术任务的沉重压力和职业发展的不确定性之间的矛盾。导师们往

往要求学生无条件地投入学术研究，甚至忽视学生的个人需求和职业规划。比如，一名学生提到："每天工作到凌晨，周末也没空……还是感觉做不完。"过度的学术任务不仅压缩了学生的个人时间，也加剧了其对未来职业发展的焦虑。

另一方面，导师对学术进展的严格控制，例如延迟毕业、推迟论文发表，也让学生陷入了学术任务和职业规划的双重困境。例如，一名学生说道："小导师压着不发论文，故意拖延毕业。"这种对学术任务的高压要求，使学生难以同时平衡学术和职业发展，进一步加剧了内耗现象。

3. 权力动态与学术控制

师生关系中的权力不对等也是导致内耗的关键因素之一。米歇尔·福柯指出："权力关系的本质是普遍存在的反抗和控制之间的力量冲突。"[6] 导师对学术资源、署名权以及研究方向的控制，可能涉及剥夺或侵占学生的权利。一名学生分享道："两篇论文一作和通讯都被大导小导抢了。"当然，是否属于剥夺或侵占学生学术成果，需要客观评价和严格核查，不能直接以受访者的感觉为依据，但无论是客观存在，还是学生的主观认知，都将直接打击学生的学术积极性，也引发了内耗。

此外，导师的学术控制还体现在研究方向的强制选择上。一些学生希望探索自己感兴趣的研究领域，但导师往往会要求学生按照其研究方向进行研究。一名学生提到："我想研究其他领域，但导师硬要我继续他的方向。"这种强制性的研究方向安排，进一步限制了学生的学术自由，使得内耗情绪逐渐积累。

4. 导师失德与劳动剥削

从小红书的大量吐槽数据、相关社会热点新闻来看，确实存在一些导师要求学生承担与学术无关的任务，一些导师甚至将私人化的非学术事务交由学生处理，或让学生为他人科研劳动，而学生因为各种原因难以拒绝。一名学生提到："不得不帮导师接孩子、送快递，做各种和学术无关的事情……"另外一些情况就是企业工程实践项目与学术研究之间的时间分配问题："导师的横向任务挤占全部时间，导致没有时间进行自己的课题研究，虽然有报酬但完全不想做……"这种劳动剥削现象不仅影响了学生的学术进展，也加剧了师生关系中的不平衡，学生在长期忍受这些不公平对待的过程中，逐渐形成了内耗。师生之间纯粹的"导学关系"被异化为了利益黏合的"劳资关系"。[7]

另一个重要的内耗来源于部分导师自身的素质问题。访谈数据显示，一些导师表现出情绪不稳定、管理风格不当，甚至恶意压制学生的行为，进一步加剧了研究生的内耗感。[8] 例如，部分研究生吐槽，导师常常因为个人情绪波动而将负面情绪转嫁到学生身上，表现为无端指责或情绪失控。这种情绪的不稳定使得研究生感到精神压迫，时刻担心导师的情绪变化。

（二）引发"内耗"的内外作用机制

环境与个体相互作用对人的行为和心理产生影响，外在环境与内在加工的相互作用[9]，逐步演变成了 Z 世代研究生的内耗，是在复杂的外部环境压力和学生个人的内在情绪加工机制中不断循环过程中加剧产生的结果，这些内外因素共同作用，影响了研究生的心理健康。以下具体分析其内外作用机制。

1. 社会环境。学术竞争的激烈性与科研资源的有限性，是当前 Z 世代研究生面临的主要社会压力。由于科研资源的高度集中，学生感到在学术体制中难以突破。一名学生指出："导师把所有的资源都集中在自己名下，根本不分给学生。"这种资源分配不公的现象，使得学生对学术发展的期望值降低，甚至产生放弃的念头，内耗现象随之加剧。

2. 经济环境。Z世代研究生还需面临严峻的经济压力，特别是在生活成本高、就业前景不明朗的情况下。一名学生表示："不光学业压力大，生活成本越来越高，感觉快撑不下去了……"助研费发放不及时或数额过低，使得研究生不得不寻找兼职来维持生活，这进一步增加了其心理负担，导致在学术上投入的时间与精力减少，进而加剧了内耗。

3. 网络环境。网络作为学习和交流的环境，其影响可以从两个方面来看。

（1）信息平权与权威消解。Z世代研究生的信息技术普及程度较高，知识的获取途径变得更加多元化，不再依赖导师作为唯一的知识来源。这一信息平权的趋势逐渐消解了导师的传统权威，使得研究生对导师在学术指导上的意见产生了更多的质疑。这种权威的消解打破了以往师生关系中的依赖结构，研究生更倾向于通过多种途径自我学习，而非单纯依赖导师的建议与指引。权威的弱化，使得师生之间的紧张关系进一步激化，并成为研究生吐槽导师的动因之一。

（2）情绪流量机制导致的信息茧房。社交媒体为研究生提供了一个情绪宣泄的平台，但同时也放大了负面情绪的传播。在社交平台小红书上，研究生们倾向于通过吐槽来缓解压力。一名学生提到："每次吐槽完都感觉轻松一些，大家都经历着同样的事情……"然而，社交媒体的推送机制会根据"用户标签"进行同类内容推送，形成信息茧房，使得负面情绪不断被放大，学生逐渐陷入情绪失控的恶性循环，内耗进一步加剧。

4. 内在加工。研究生在面对外部压力时，其内在的情绪处理和心理应对机制也决定了内耗的演变方向。[10]

（1）自我暗示与自我怀疑。导师的学术控制和情感疏离，常常让学生陷入自我怀疑和学术无力感的恶性循环。一名学生表示："他说我不适合做科研，搞得我自信心全无。"这种自我否定情绪源于导师对学生的忽视和贬低，使得学生感到在学术上无法取得成就，内耗情绪不断加深。

（2）情绪管理的失败。Z世代研究生的情绪管理能力往往受到外部环境和导师行为的负面影响。许多学生无法有效管理学术压力和个人情绪，导致情绪的频繁波动。例如，一名学生提到："今天被老师叫到办公室，老师没说重话，可回到工位哭了半天……"这种情绪管理的失败，使得学生长期处于焦虑和无助状态[11]，内耗现象愈演愈烈。

（3）习得无助与对抗行为。部分学生由于长期承受学术压力和导师的控制，逐渐形成了"习得无助"的状态，认为自己无法改变现状，只能被动忍受。另一部分学生则表现为对抗行为，通过公开表达不满、尝试更换导师等方式来应对不平衡的师生关系。"他总是把所有的事情都安排给我，我真的受不了了，打算去学院领导那里闹……"这种对抗行为在短期内能够缓解学生的心理压力，但从长期来看，并未根本解决师生关系中的结构性问题，反而可能导致内耗的进一步加剧。

依据社会认知理论，个体在与环境交互的过程中既会被环境所塑造，也会对环境加以主动建构。momo群体最初的"吐槽"可能是出于情感宣泄的"树洞行为"，但流量机制鼓励了相关的极端言论，使吐槽者找到了更多的社会认同，进而迭代言论与情绪，形成更大的共鸣认同，进一步反向塑造了环境。因此，momo 群体自身的内在加工过程是其个人内耗意向演变的重要作用之一。

四、结果分化

在分析小红书上的吐槽数据和访谈记录后，研究发现，Z 世代研究生在与导师关系中的内耗表现出了多样化的情感反应和行为倾向。根据情感反应和吐槽行为的差异，可以将研究生的内耗结果分为以下几类。

（一）情绪化表达者：宣泄与流量密码

情绪化表达者通过吐槽行为不仅得到了情感的宣泄[12]，同时也窥探到了"流量密码"的刺激，进而不断迭代和升级其情绪化表达方式。这类研究生倾向于通过强烈的情感宣泄来表达对导师的不满与挫折感。他们的吐槽内容往往情绪激烈，使用了"PUA""冷暴力""发疯""退学""不能忍""PUSH"等字眼，以尖锐的语言对导师行为进行批判。这类情绪化表达者大多来自学术压力较大、与导师沟通不畅的学生群体。对于这些研究生，吐槽行为不仅是情感的释放，也是对导师权威的一种反抗。

然而，情绪化的表达往往难以产生实质性的改变，反而可能进一步加剧师生关系的紧张。随着情绪化表达在社交平台上的升级，负面情绪的传播更为广泛，可能加深导师与研究生之间的误解和对立。

（二）寻求共鸣者：留言区的活跃分子

寻求共鸣者的主要动机是通过与其他研究生的讨论和交流，获得理解与支持。他们常常活跃于情绪化表达者的帖子下方，通过回复、评论，形成一个相对活跃的"流言区"。这类样本的语言表现形式多样，有些情绪化较强，有些则相对冷静。寻求共鸣者通过讲述自己的经历，希望得到其他研究生的认同与回应，以此减轻学术和心理压力带来的孤立感。

这些研究生的行为不仅限于情感宣泄，还试图通过共鸣者的交流讨论，分析师生关系中的矛盾，并探讨可能的对策或改善方案。在这一过程中，他们逐渐意识到师生关系的复杂性，尝试从情绪化的表达转向更理性的反思。这一类型的互动有助于缓解内耗情绪，促进对师生关系的理性认识。

（三）消极接受者：我命由天不由我

消极接受者是那些长期与导师关系紧张但缺乏改变现状能力的研究生群体。他们的吐槽行为通常带有强烈的无力感和被动接受态度，认为导师的行为难以改变，自己也没有机会或能力改善这种状况。这类研究生的吐槽内容充满了无奈与挫败感，也有逃避现实动机。[12]尽管对现有的学术环境深感不满，但他们不相信情况可以有所改变，也不相信自己能够应对这些挑战。

消极接受者的情感表达表现出深刻的内耗特征，他们倾向于将自己的困境视为命运的安排，并以消极的态度面对未来。吐槽在他们看来，更多是一种无力应对现状的出口，缺乏实际行动的动力。

（四）对抗型行动者：以行动破解困境

相较于上述几类，少数研究生表现出更为积极和对抗的倾向。这类对抗型行动者不仅通过社交平台公开表达对导师的不满，还采取了更为实质性的行动，例如尝试更换导师、向学校投诉，甚至转移至其他学术项目。在小红书的相关讨论中，这类行动者往往分享解决问题的"攻略"，并与其他研究生结成行动"同盟"，通过提供心理支持和交流经验，最终积累足够的勇气和行动力。

这些对抗行为有时能够带来实质性的变化，例如成功更换导师或课题组，减轻研究生在学术环境中的内耗。然而，研究也发现，在这种对抗行为中，鲜有"双赢"结局——研究生与原导师的关系往往未能得到缓和，反而因对抗和投诉导致矛盾进一步加剧，甚至出现导师在名誉或学术资源上受损的情况。这种对抗行为虽然在短期内缓解了研究生的内耗，但却可能为导师和研究生的长远关系埋下更深的隐患。

五、讨论与建议

Z世代研究生与导师关系中的内耗现象，反映了当代学术工作中复杂多重因素交互作用对个体情绪的影响。研究表明，研究生新生在与导师的交互过程中，面对的不仅仅是学术初始的迷茫，还有因认知和期望差异带来的情感压力。对于老生而言，导师对学术资源的垄断和对研究方向的控制（哪怕是学生的误解），也进一步加剧了研究生的心理负担和学术无力感。研究生在这种长期压力下，逐渐产生了内耗。内耗根据不同的情感反应和行为倾向，表现为对学术的兴趣减退、情绪失控和对导师关系、对学术体制的质疑等。

同时，社交媒体作为情绪宣泄的主要平台，使得这种负面情绪得到了广泛传播并被进一步放大。"momo"账号这种类匿名化的环境加剧了情绪化表达，吐槽者暂时释放了心理压力，但个体的行为会促进网络环境的变化（推荐算法机制），进一步限制个体所能接受的信息范围。这反映了社会认知理论中的三元互依原理，个体的行为和认知不仅受到环境影响，反过来也能影响环境。因此，人的行为、个体和环境之间存在相互作用关系，也使吐槽者陷入了"信息茧房"。从长期来看，网络化的情绪表达并不能真正解决问题、缓解内耗，反而会加剧师生在现实世界关系的紧张感，导致研究生内耗现象的进一步恶化。

本研究揭示了权力失衡、学术压力、认知错配和社交媒体的多重作用下，Z世代研究生内耗现象的形成和演变过程。但同时须注意，如建构主义的立场所表达的"任何理论形式提供的都是对被研究世界的一种解释性图像，而不是世界实际的面貌"（卡麦兹，2009），如何看待数据，以及在编码过程中，数据如何影响了研究者，也是不可避免的建构主义扎根理论所表达的一部分。这些发现为我们思考未来导学关系的调整与改进提供了重要的理论依据。为减轻研究生的内耗现象，促进师生关系的和谐发展，以下几点尤为重要：

（一）对导师的建议

（1）调整权力结构，给予研究生更多自主权。导师应认识到当前代际差异与权力不对等对导学关系的影响，逐步调整自己对研究生学术资源的分配习惯，给予研究生更多的研究自主权和决策权。这不仅能增强学生的学术能力，还能建立更为平等、信任、长久的师生关系。

（2）加强情感支持与沟通。导师不仅是学术指导者，也是学生情感和心理支持的关键人物。应重视研究生在学术压力下的情感需求，主动与学生沟通，了解其学术与个人生活中的困难，提供积极的反馈和支持，减少因情感冷漠导致的内耗现象。

（3）注重平衡学术任务与职业发展。导师应考虑研究生的职业发展需求，合理安排学术任务，避免过度强调学术成果而忽视学生的未来职业规划。导师可以通过个别指导、课题选择等方式，帮助学生找到学术与职业目标的平衡点，减少学生在这两者之间的矛盾与焦虑。

（二）对研究生教学管理机构的建议

（1）建立透明的导师考核与评价机制。高校管理机构应建立透明的导师评价体系，确保导师在学术指导过程中不仅注重学术成果，还关注学生的心理健康和职业发展。同时，管理机构应定期开展评估，确保导师与学生之间的沟通渠道畅通，减少权力失衡现象的发生。

（2）完善职业规划与心理健康支持体系。可进一步完善针对研究生的职业规划和心理健康服务，为研究生提供更多的职业指导、心理咨询和情感支持。通过这些支持体系的建设，帮助学生更好地面对学术压力与未来职业的双重挑战，减少内耗现象的发生。

（3）建立师生沟通与关系调解机制。管理机构应为研究生和导师提供定期的沟通平台，鼓励平等的交流与互动。同时，建立完善的关系调解机制，帮助师生在出现矛盾时及时进行调解，避免问题激化，导致师生关系恶化。

（三）对学生的建议

（1）提升自我效能感与学术自主性。研究生应认识到学术生涯中自我效能感的重要性，积极提升自我管理能力，增强学术独立性。面对导师的要求和学术任务，应主动表达自己的学术兴趣与职业规划，积极寻求平衡。

（2）理解网络情绪对自身的影响。研究生应学会有效管理情绪，避免被社交媒体影响后的非理性情绪的表达。虽然情绪宣泄可以短暂释放压力，但应更多地通过与导师的直接沟通、寻求理解支持等正面途径解决问题，避免陷入社交媒体负面反馈的恶性循环。

（3）主动寻求职业规划与支持。面对未来职业的不确定性，研究生应主动规划职场与专业的关系，明确学术研究与职业发展的关系，找到学术任务与个人发展目标的契合点，缓解职业发展压力。

综上所述，研究生应认识到读研阶段不仅是学术技能的深化过程，亦是自我认知与人生目标再定位的重要转折点。与此前的学习经历相比，研究生阶段要求对学术工作的本质和社会价值有更为深入的理解，能够在学术压力和复杂的社会环境中及时调整自我效能。面对网络环境、信息茧房等外部因素的影响，研究生应保持批判性思维，理性判断其潜在的负面效应。同时，对于代际差异和学术任务分配应以开放和包容的态度去对待，在与导师及同学的互动中寻求学术合作的平衡点，锚定自身的学术与职业目标，积极主动地适应不断变化的学术环境，以健康的心态稳步推进个人与组织共同持续发展。

参考文献

[1] 马杰，别敦荣.我国研究生教育师生关系调查研究[J].华东师范大学学报（教育科学版），2021，
　　39(12)：81-98.

[2] 王辉，张淑林.导师权力、约束机制与学术治理体系：关于研究生招生复试若干问题的断想[J].研究生教育研究，2020(05)：53-57.

[3] 臧兵兵，苏杨.媒介可供性视角下的知识型社区共享与共建：以小红书为例[J].浙江万里学院学报，2024，37(02)：75-80+89.

[4] 汤若琦，潘玥，黄沙里.研究生教育中师生关系和谐发展模式研究[J].大学，2021(46)：66-68.

[5] 张东海.研究生指导效果及其影响因素的调查研究[J].复旦教育论坛，2013，11(02)：37-41.

[6] Foucault, Michel.The Will to Knowledge, The History of Sexuality: Volume 1[M].London: Penguin Books, 1990.

[7] 赵祥辉.研究生教育中师生关系异化的外在表征及其生成逻辑：基于马克思异化劳动理论的视角[J].现代教育科学，2018(03)：74-79.

[8] 高耀，许丹东，陈洪捷.导生互动与硕士生心理焦虑的缓解：基于2021年全国硕士毕业生反馈调查的实证研究[J].研究生教育研究，2024(04)：52-61.

[9] 蔡悦，王颖，杜玫洁，等.我国研究生与导师互动影响因素质性研究的Meta整合[J].护理学杂志，2024，39(09)：85-90.

[10] 王凯欣.影响研究生心理健康的因素及对策分析[J].教育教学论坛，2018(10)：235-236.

[11] 温婷.研究生社会性发展的影响因素及改善路径[J].吉林省教育学院学报，2016，32(08)：147-150.

[12] 张理海.妥协：矛盾解决的一种基本方式[J].广东社会科学，1997(06)：46-51.

面向轨道交通行业的电子信息类创新人才培养探索与实践 *

王忠美 吴岳忠 陈玲姣 黎发志

（湖南工业大学）

摘 要 针对轨道交通行业对电子信息类创新人才的需求，以切实提高人才培养的质量为目标，明确轨道交通创新人才的培养质量标准，通过优化培养目标，优化合理的理论教学体系和实践教学体系，构建具有轨道交通特色的人才培养平台，并设计合理的质量监控机制进行创新人才的培养。

关 键 词 创新人才；人才培养模式；轨道交通

作者简介 王忠美（1984— ），湖南工业大学轨道交通学院信息工程系副主任，讲师。联系电话：13228205319；电子邮箱：ldwangzm2008@163.com。

一、引言

我国电子信息类人才培养经过多年的发展，已经取得了很大的进步，但地方院校在工程实践能力的培养上没有能跟紧社会和经济发展的步伐，使得学生的工程能力和创新能力远远落后于社会与经济发展的需要，实际应用能力较低。[1]形成这一现象的原因，主要是人才培养与社会需求产生了较大的脱节，主要体现在培养模式上存在较大的不足。通过对国内许多地方高校电子信息专业人才培养模式的调研和分析，结合国家和社会对该领域专业人才的能力要求[2]，培养中主要体现出以下几方面的不足：人才培养和社会需求脱节；培养目标定位不准，课程体系不够完善；教师队伍结构需要优化和完善；人才培养"重理论、轻实践"；评价体系不够完善，评价方式和考核方式单一。

针对上述问题，国内高校不断探索人才的创新能力培养新模式。如：清华大学基于培养目标导向的特色化建设，提出构建立体协同的产教融合模式；[3]国防科技大学基于一流学科提出"五位一体"的人才培养模式，在基础学科创新人才培养方面具有较强的借鉴意义；[4]南京财经大学提出了全程双元化培养路径；[5]中国石油大学提出了"一体化设计、三阶段培养、多平台支撑、过程化监控"的培养体系，探索并实践了行业特色创新人才的差异化培养方式，在创新人才工程实践和创新能力培养体系上取得了较好的成效并具有较好的示范作用；[6]浙江大

---

* 本文系2022年湖南省学位与研究生教育教改研究课题（编号：2022JGYB185）、2022年湖南省教育厅优秀青年项目（22B0586）。

学通过设置跨学科门类培养模式，完善跨学科培养范式，倡导建立跨学科实验室轮训体系，提升专业人才的自主创新能力。[7]

湖南工业大学轨道交通学院以发展先进轨道交通装备为践行"制造强国"和"交通强国"战略的重要着力点，发展具有轨道交通行业背景的创新型人才的培养体系。

二、面向轨道交通行业电子信息类专业多元创新人才培养模式探索

1. 顶层设计，确立人才培养目标。

作为一所以工科为主的地方高校，发扬重实践教学、重能力培养的优良传统，坚持把培养能力强、素质高、具有创新精神和实践能力的应用型人才作为人才培养目标。针对行业特点发展面向电子与信息工程相关领域的研究开发、设计制造、系统集成、运营管理等相关行业，培养理想信念坚定、专业基础扎实、综合能力强的创新型应用型高级人才。

2. 校企政多元协同，产教研深度融合多元协同育人。

（1）推进校企政深度融合，实现校企一体化育人。以学校主导、政府支持、企业参与的方式，学校联合行业产业共同进行专业建设、共同开发教育资源、共同开展人才需求预测、共同设计人才培养方案、共同指导教学过程、共同评价教学效果，把校企合作渗透到人才培养的所有环节。（2）共建工程化项目教学平台，实现科研与教学相生相长。校企共建集科研与教学功能于一体的"校内外一体、产学研相融"。

3. 构建创新性人才培养理论教学和实践教学体系。

以工程实践能力和综合创新能力培养为主线，通过搭建多学科、多专业交叉融合的综合实验平台，引入"实验群"概念对实验课程进行重新组合和划分，建立起多学科融合、多层次实验教学，多维度的实践创新人才培养体系，提升了学生的创新能力和专业核心竞争力。

以学生工程实践能力和综合创新能力培养为主线，突出轨道交通特色，进行了电子信息类创新人才培养模式、课程体系、实践教学、质量监控等方面的改革探索，围绕"学生为本，素质为先，特色鲜明"的教育理念，且在人才培养全过程中始终坚持全维度、全过程融入，"多元协同、产学研相融"的"校企政多元协同，产教研深度融合"的多元、多方位协同育人模式。

4. 面向轨道交通行业的综合实践平台建设。

轨道交通行业电子信息类专业主要研究信息的采集、传输、处理与控制的基本理论和电子、通信、信息与控制技术在交通运输工程中的应用。因此，围绕轨道交通信息"采集""传输""处理"及"控制"的全过程，学院建设了五个综合实验平台。全面覆盖交通信息的采集（信息获取综合实验平台）、传输（信息传输综合实验平台）、处理（信息处理综合实验平台）以及控制（信息控制综合实验平台）全过程，并建设了虚拟仿真实验平台，形成了通信、计算机、软件、电子与自动化等多学科多专业交叉融合的基础、专业到工程应用的实验教学内容，为交通信息类人才培养与科学研究提供有力支撑。

5. 以工程创新能力为核心，探索多元化培养方式和多样化及过程性的考核体系。

以工程创新能力为核心，以工程化项目做教学平台，以"专业与产业、理论与实践、创新与创业"的多种协同模式培养学生创新能力，注重理论知识与工程实践相结合，培养解决实际

工程问题的能力，提升创新能力；在教育目标、教育手段、教学内容等方面进行多元化探索，通过教学手段的多样化，提高学生的参与度，培养学生的兴趣；考核和评价方式的优化，加强对学生的专业知识、实践能力、工程应用能力、团队合作能力、创新能力等全方位的评价。

三、结语

本文以面向轨道交通行业创新人才培养为目标进行电子信息类创新人才培养模式的改革探索。优化培养目标，优化合理的理论教学体系和实践教学体系，构建具有轨道交通特色的人才培养平台，并设计合理的质量监控机制进行创新人才的培养。为同类地方工科院校创新人才培养模式提供可复制、可推广、可拓展的思路和参考。

参考文献

[1] 尹波 . "双一流"背景下研究生科研创新能力培养探索与实践 [J]. 计算机时代，2021(06)：68-70+73.

[2] 高晓娟，牟莉 . 新工科背景下以学科竞赛为载体培养创新能力 [J]. 黑龙江教育（理论与实践），2021(04)：37-38.

[3] 汪全报，卜春梅 . 专业学位研究生教育的产教融合：基于目标导向的特色化策略 [J]. 学位与研究生教育，2019(03)：24-29.

[4] 余同普，邵福球，银燕，等 . 基础学科"FIRST"五位一体人才培养体系的构建与实践 [J]. 学位与研究生教育，2019(08)：42-46.

[5] 程永波，秦伟平，陈效林 .MBA 全程双元协同培养模式的建构与实践 [J]. 研究生教育研究，2020(06)：7-12.

[6] 方岱宁 . "双一流"背景下研究生教育改革的创新探索 [J]. 北京教育（高教），2018(01)：43-45.

[7] 张良 . 高校跨学科研究生培养的现状分析与对策研究 [J]. 研究生教育研究，2012(04)：11-15.

建构面向新文科建设的"融合型"艺术学研究生课程体系 *

阳海洪　宋子怡

（湖南工业大学）

摘　要　在新文科建设背景下，艺术学要坚持"三育融合"的课程建设目标、"两个结合"的课程建设方针、"学科融合"的课程建设内容和"多元融合"的课程教学改革路径，构建面向新文科建设的"融合型"艺术学研究生课程体系，以推动艺术学知识体系的重构、教学方法的改革和教学资源的更新，全面提高艺术类人才的专业素养和创新能力。

关 键 词　新文科；融合型；艺术学研究生课程体系

作者简介　阳海洪（1969— ），湖南冷水江市人，教授、博士、硕士生导师，研究方向为艺术史、影视批评。联系电话：18908435049；电子邮箱：352432617@qq.com。

中国历史悠久、文化灿烂，楚辞、汉赋、唐诗、宋词、元曲和明清的戏剧小说，创造了瑰丽璀璨的古典艺术。借鉴吸收中国古典艺术传统，总结中国现代艺术特别是当代中国的艺术经验，开辟中国艺术创作与艺术教育新局面，推动中华文明复兴，具有非常重要的历史意义。党的十八大以来，以习近平同志为核心的党中央，团结和率领中国人民成功走出了中国式现代化道路，创造了人类文明新形态，推动了中国艺术创作、艺术理论和艺术教育的全面转型。作为一种具有"中国文明"特色和"历史叙事"方式的知识生产方式，蕴藏于中国式现代化中独特的"历史观""文明观"为中国艺术理论研究和艺术教育开辟了全新境界。同时，随着文化、艺术与技术深度融合，以数字技术为核心的新业态、新产业和新模式正在不断重构中国经济版图，文化产业发展需要大量卓越艺术人才，艺术学也逐渐成为中国哲学社会科学体系中的新兴门类学科。1992年，《学位授予和人才培养学科目录》调整时，在"文学"门类中将"艺术学"设立为一级学科。1997年学科目录再次调整，艺术学形成了由"艺术学""音乐学""美术学""设计艺术学""戏剧戏曲学""电影学""广播电视艺术学""舞蹈学"等八个二级学科构成的相对系统完整的学科体系。[1]2011年，艺术学从文学门类中独立，升级成为独立的学科门类。2022年，重新修订的《研究生教育学科专业目录（2022年）》将原有五个一级学科合并为"艺术学"一级学科。艺术学科的深度调整，既延续了"百年一脉相承的学统"，"更是推进新文科建设的学科重塑"。[2]

"'新文科'是一个相对于传统文科的概念，通过深厚的理论累积和开阔的学科发展视角，

* 本文受湖南工业大学学位与研究生教学改革研究项目"'通专融合'影视传媒艺术课程体系建构与实施路径研究"（编号：JGYB23023）资助。

攻破学科壁垒，以期突破文科类专业长期以来发展瓶颈。新文科建设是顺应世界教育发展潮流、满足国家人才培养战略需求的重大举措。"[3] 面向新文科建设的艺术学科调整意味着知识体系的重构、教学方法的改革和教学资源的更新，艺术学专业迫切需要制订新的培养方案，以适应时代的需要和人才培养的要求。在高校人才培养与学科建设中，课程建设始终具有基础性地位。"课程建设是指高等学校根据人才培养目标的要求和学生成才的需求，有规划、有标准、有措施、有成效地建构课程和课程体系的常规工作。课程建设是保证和提高教学质量最重要的基础性建设，是学科专业建设的基础，是深化教学改革的关键，对于建构学生合理的知识结构、能力结构和培养学生的创新精神具有十分重要的意义。"[4] 近年来，随着新文科建设和"双一流"建设的深入实施，高校在课程设置、教材建设、教学方法、教学手段等方面取得了显著成绩。但由于受传统教育思想影响和艺术学科本身发展情况限制，目前艺术学课程建设存在"内容设置不全面""实践与理论结合不足""行业对接不紧密""更新迭代速度慢"和"跨学科与综合能力培养不足"等问题，课程的教学效率低，难以满足新时代的要求。[5] 在知识生产格局发生巨大变化、国家对艺术教育需求发生重大调整的情况下，这种低水平的课程体系，既造成教育资源的浪费，也远不能适应当前中国艺术教育实践发展的需要。新文科的核心是学科融合与交叉，但从目前来看，影视艺术教育的研究涉及此话题还比较薄弱，理论研究系统性不够，不能有效地指导和服务于人才培养实践决策。面对"百年未有之大变局"，艺术学需要通过对学科话语、课程体系、教学方式和评价方式的全方位改革，以构建面向新文科时代的"融合型"艺术学研究生课程体系和知识体系。

一、"三育融合"的课程建设目标

培养高素质人才是高校的重要使命，这就要求课程设置尊重人才培养和艺术教育规律，正确回答好"为谁培养人"和"如何培养人"的时代之问，坚持"思政教育""专业教育"和"双创教育"融合的课程建设目标，构建将国家价值目标、社会价值取向和个人价值准则融入专业教育的课程体系，着力培养"政治"与"学理"兼顾、"技术"与"人文"融合、"专才"与"通才"平衡的卓越艺术人才，以服务于新时代中国特色社会主义艺术实践和"文化强国"建设的需要。

（一）思政教育：课程建设之"魂"

作为一种以"立德树人"作为教育根本任务的教育理念，课程思政要求高校艺术教育要以马克思主义文艺观为根本遵循，将"思想价值引领贯穿教育教学全过程"，构建全员、全程、全课程的育人格局，形成"思政课程"与"课程思政"的协同育人效应。高校课程设置要以"思政教育"为魂，打破学科壁垒，将"社会主义核心价值观"和"马克思主义文艺观"以柔性方式融入课程。艺术学课程要"从家国情怀、人民至上、乡土文化等角度阐明课程思政的理论基础和价值取向；从思政目标、思政主题、思政元素等角度进行课程建构和教学设计；从教学方法、教学内容、教学评价等角度凸显课程思政的广度、深度和温度，构建具有传统厚度和当代锐度的基础课程思政育人新模式"[6]。

（二）专业教育：课程建设之"基"

高等教育是以现代社会职业分工为基础的专业教育，它要求教育者具有专业的背景知识和教育教学能力，能向受教育提供专业知识和技能。任何一个专业的课程体系，都不可能囊括专业所涉及的所有知识，而只能依据课程设计者的专业水准和学术视野，选择本学科最重要、最不可或缺的知识内容。在高等教育面临深度调整的大格局下，强化研究生专业素质和艺术教育的社会适应性始终是高校办学的竞争之道。因此，艺术学课程体系建设始终要坚持"能力导向"的课程建设理念，专业设置对接产业需求，教学过程对接生产过程，课程内容对接职业需求，理顺课程关系，根据专业知识体系的内在逻辑、学生认知规律和专业定位，设计课程整体结构，建构面向新文科的艺术学研究生课程体系。

（三）双创教育：课程建设之"要"

双创教育是课程知识转化为物质生产力的关键。学生始终是教育重心所在，思政教育和专业教育最终要以研究生能否掌握，并转化为能力以服务社会主义艺术事业发展为中心。同时，在马克思主义文艺观看来，作为课程的艺术学知识，不能在理论的自我循环中实现真理性证明，而是必须在实践的"他证"中进行检验，并在实践反馈中持续改进，以提升艺术学研究生课程建设水平。而旨在培养研究生的创新思维和创业能力的创新创业课程，能够在理论与实践结合中掌握创业技能，成为面向"新文科"建设课程体系的重要内容。因此，作为以培养具有优秀人文素养、专业艺术理论和实践能力的卓越艺术人才为目标的艺术教育，其课程体系建设须强化"双创"意识，重视实践教学和能力培养，将艺术想象力、敏感性、创造力融入艺术实践之中，在"思政教育""专业教育"和"双创教育"的融合中推进新文科建设行稳致远，全面提升研究生教育服务经济社会发展的能力。

二、"两个结合"的课程建设方针

课程是知识的载体，课程建设本质是知识逻辑与知识秩序的建构，"即把现实世界中有关课程的一切活动抽象为一组概念及概念之间的关系，其目的是规范课程体系知识图谱的构建"[7]，以支撑课堂教学内容。中国虽然具有悠久的艺术传统，创造了辉煌灿烂的古代艺术，但在现代艺术知识生产和理论创造中，居于弱势地位。"贫弱不能成为人类追求的普遍价值，不是因为它缺乏德性，而在于它不具备再生产的能力。特殊性变身为普遍性的一个必要条件是能力（力量的介入）。"[8]伴随工业文明而来的巨大艺术生产力，为西方文明普遍化提供了正当性基础，以好莱坞影像为中心的西方艺术，成为世界艺术的标准。"百年未有之大变局"使世界知识格局发生了巨大变化。中国力量崛起必然要求与其国力相称的话语力量和国际形象，以彰显中华文明的影响力和传播力。知识生产是课程建设的起点、基础和支撑。艺术学理论是追求普遍规律的理论学科，艺术教育和艺术研究"在坚持以整体的、综合的视角研究艺术的本质和普遍规律这一主线基础上"[9]的同时，必须以知识生产为中心，增强主体意识，自觉面向正在展开的中国式现代化艺术实践，打破对西方艺术理论的迷思，揭示中国文化艺术事业发展的理论逻辑和实践规律，构建具有中国艺术特色的学科体系、学术体系、话语体系和教育体系，形成具有中国气派和风格的艺术理论学派。因此，面向新文科的艺术学知识生产和课程建设，必须运用"两个结合"的方法，改变理论建构和课程建设以"西"释"中"的弊端，以建设具有中国主体性的艺术理论体系和研究生教学体系。

（一）马克思主义文艺观与中国艺术实践相结合

近代半封建半殖民地语境，使中国文艺始终具有浓厚的"欧化"倾向，建设具有中国风格和中国气派的文化艺术，始终是中国近代文艺史的主题。毛泽东《在延安文艺座谈会上的讲话》，运用马克思主义理论对近代中国文艺实践进行了深度解读和系统总结，确立了"人民文艺"的属性、方向、立场和依据，成为马克思主义文艺观中国化的重要里程碑。十八大以来，习近平总书记关于文艺工作的系列论述和讲话精神，在变化了的世界局势下，重新审视中国文艺传统，特别是中国社会主义文艺实践的基础上，"对文艺的地位、本质、规律、问题、发展动力、发展途径等，做出一系列新的论述，高屋建瓴，内涵丰富，为构建中国特色文艺理论确立了明确的指导思想，搭建了核心的理论框架"[10]，实现了马克思主义文艺观中国化的新飞跃。

（二）马克思主义文艺观与中国优秀艺术传统结合

习近平总书记指出，中华文明博大精深、源远流长，具有"连续性""创新性""统一性""包容性"与"和平性"特征，"把马克思主义基本原理同中国具体实际、同中华优秀传统文化相结合"是建设中国式现代化必由之路。[11]文化是一个民族和国家的"灵魂"，文艺只有扎根中国、融通中外，才能在文明激荡中站稳脚跟。中国文艺要坚持马克思主义与中华优秀传统文化相结合的原则，"创作更多体现中华文化精髓、反映中国人审美追求、传播当代中国价值观念又符合世界进步潮流的优秀作品，让我国文艺以鲜明的中国特色、中国风格、中国气派屹立于世"[12]。

根深方能叶茂，本固才会枝荣。"两个结合"深刻总结了马克思主义中国化时代化的历史经验，为中国文艺事业繁荣指明了道路，也为中国艺术研究和艺术教育提供了根本遵循，建构具有中国自主性的艺术学知识体系是中国艺术界的时代使命。"从经典继承上看，马克思主义文化理论是历史唯物主义的重要组成部分，习近平文化思想坚持唯物史观的立场、观点与方法，继承、发展和丰富了马克思主义文化理论。从体系建构上看，马克思主义文化理论为当代艺术理论建构奠定了文化哲学基础，习近平文化思想为新时代中国艺术学自主知识体系建构提供了整体视域、理论指南和方法路径。"[13]艺术学学科建设要深刻认识"两个结合"的精髓要义、时代价值和实践要求，以一流课程建设为中心，强化知识创新，重建教材体系和课程体系，全面推进习近平新时代中国特色社会主义思想"进教材、进课堂、进头脑"，奋力推进中国研究生艺术教育高质量发展。

三、"学科融合"的课程建设内容

高校教育依据专业特征分科而立，任何学科都有自身的"边界"与"门槛"。人的认识能力和生命长度是有限的，学科分立有利于人们深入认识世界的某一专业问题，能"使本学科的发展脉络更加清晰，基本概念和理论体系更为完整，适用于本学科的研究方法更为细致科学，应用领域也更为明确和聚焦"[14]，但这无疑会形成学科边界和知识鸿沟，而世界的复杂性和关联性又需要人们突破专业壁垒，在跨学科视域中提升整体把握世界的能力。"新文科"变革的突破点即是学科的交叉融合。同时，艺术与技术／科技几乎是孪生关系，其融合共生大致经历了三个阶段："一是技术与艺术的同源；二是技术与艺术的分流；三是技术与艺术的再度汇合。包括摄影艺术、电影艺术、广播电视艺术、新媒体艺术（含网络视听和数字艺术）等艺术形式在内的传媒艺术，其发展历程体现出不少人类技术／科技与艺术联动发展的生态和规律，特别是在技术与艺术的分流、再度汇合两个阶段中表现得尤为显著。"[15] 在 AI、VR、AR、MR、XR 等数字技术重塑艺术生态格局的今天，"高等学校的艺术教育理念和模式，必须体现艺术与美学等其他人文学科的融合，发掘各艺术门类的亲缘关系，积极探索艺术和科技的有机结合。只有在艺术教育的学科融合过程中，才能实现艺术教育'提高审美和人文素养'的目标，更好更全面地推动艺术教育'真''美''善'的价值实现"[16]。艺术学本就属于综合性学科，在新文科背景下，艺术教育要秉持学科融合的课程建设理念，通过课程的转型升级，构建"核心型"＋"扩展型"＋"聚合型"的模块化研究生课程体系。

（一）核心课程

指传统艺术学基础课程，如艺术理论、艺术史、美学原理、比较艺术学和艺术评论等，以构建艺术学专业理论基础和学术视野。"核心课程既是学科基础，又是学科认知的主要阵地，学习它的目的首先是强化学科认同与学术归属。"[17]

（二）扩展课程

扩展课程是指融入其他人文社会科学视野的艺术学课程，如艺术文化学、艺术社会学、艺术传播学、图像哲学、传媒艺术学、视觉修辞学和艺术语言学等，以扩展学生的人为艺术素养，提升学生的艺术感知与创造能力。同时，随着文化艺术产业链的延伸，版权交易、文化保险、文化投融资以及相关的项目运营、艺人经纪、院线管理和艺术产品后期开发等领域，都应纳入艺术学研究生课程体系之中。

（三）聚合型学科

指基于"超学科"聚合、凸显科技特性的艺术学课程。随着互联网时代的到来，"数码传媒技术不仅作为传统传媒（电视、电影、音响制作）的制作方法之一，而且这一技术本身作为一种创造手段，已经变得日益重要；并且，以前各自独立的传媒手段的融合应用也由于因特网上的实时数据流技术而成为可能，这种融合正在产生巨大的变革和挑战"[18]。因此，艺术教育要面向科技时代，以新科技推动教学创新和方法创新，"增设大数据、计算机等相关课程的设置，形成交叉融合型课程体系。通过教授学生使用数字绘画、图像处理、3D 建模等软件，他们可以更直观地表达自己的创意，并深入理解数字媒体在艺术创作中的应用"[5]。

简言之，艺术学研究生课程设置要坚持问题导向，强化课程设置与能力培养之间的匹配关系，审慎处理课程建设与教学运行中出现的"前与后""名与实""新与旧""通与专"的关系，着力解决课程层次、课时数量、能力支撑关系不清晰的问题，巩固核心课程，固化扩展课程，深化聚合课程，持续加强课程内涵建设，优化具有学科特色的课程体系，全面提升课程供给的丰富度和水平，并以课程运行的固化带动课程建设深化，在逻辑化、系统化课程体系基础之上重组艺术学专业的理论基础、知识体系和学术研究方法。

四、"多元融合"的课程教学改革

课程体系的本质是对学科知识和教学方法的重组,在重组课程体系和重建知识秩序的同时,还需积极推进课程教学改革,打造"三能融合"的研究生课堂教学方式,加强产教融合和校地融合,构建"双线融合"的课程教学资源建设模式。

(一)"三能融合"的课堂教学改革

国家产业结构转型升级和经济社会高质量发展的高素质的应用型人才的需求越来越高。高等教育要面向世界科学发展前沿、面向经济主战场,"坚持以服务需求、提高质量为主线",要优化学科结构,"健全学科预警机制,对水平持续低下、长期脱离经济社会发展需求、人才培养过剩的学科进行预警"。[19]对于艺术教育而言,培养学生专业能力始终是教育教学改革的主题。艺术学课堂教学改革要积极探索"理论能力 + 意向能力(科研创新意识)+ 实践能力"的课堂教学模式,提高课堂教学在能力培育中的贡献度。教师要创新教学方法,创设符合艺术创作与艺术批评的教学流程,通过作品分析、创作体验、话题讨论等方式,以"掌握创作技能、铸就精益匠心"的职业认同和职业使命为内驱力,激发学生争做文化强国的生力军,引导学生以自主探究、小组合作等方式完成"明任务、探新知、研方案、练仿真、实动手、作评价"的进阶式学习过程,构建以艺术作品创作、分析、鉴赏为中心的能力导向课堂。强化过程管理,统筹考虑本硕博三层次能力培养的重点,细化各层次专业能力指标体系,并对各观测点进行量化赋分,构建评价主体多元化、评价指标立体化、评价方式综合化的课程考核机制。简言之,艺术教育"通过改革教学方法和教学内容、增加并细化专业课程评价指标、改革专业课程教学效果评价体系、强化教师的育德意识和育德能力、营造浓厚的古今优秀文化氛围等方法推动'德业融合'教学改革的实施"[20],以全面提高新文科时代研究生课堂教学质量。

(二)"线上线下融合"的课程资源建设

课程资源是保证课堂教学质量、提升课程建设的保障。"由于智慧时代跨界融合、开放共享、科技创新和尊重人性的特征,其对教师教育课程资源建设提出了学科融合、开放共享、立体灵活的要求。"[21]在"互联网 +"时代,高校可以充分利用数字技术,构建在线开放课程平台,将大量优质课程资源数字化,实现教育资源的共享与普惠,推动课程资源建设的数字化和智能化,从根本上解决优质课程资源匮乏问题。上海交通大学"智能 +"课程改革利用数字技术,改造升级传统课程,实现了课程内容、教学方式、评价体系的数字化重塑,并开发了一系列线上线下融合的混合式课程。华南师范大学的"一平三端智慧教学系统",依托云端平台,实现了对全课程的数字化管理,有力推动了课程资源建设和优化。艺术学与媒介技术具有天生的亲缘关系,其真实性、影像性和直观性的记录方式,兼具历史记忆和价值表达功能,与文化保护、传承、创新的内在诉求完美契合,因而可以充分挖掘文化遗产、文艺展演和影视视频等资源,推动研究生艺术课程建设的"图像化"和"智能化",打造高质量的课程建设资源。在课程资源数字化的同时,推进校企深度合作,强化"产教融合"和"校地融合",校企共同建设教学案例库,共同编写教材和开发课程,以解决艺术学课程更新速度慢、理论与实践对接不紧密等问题。通过整合和优化校企资源,构建与业界对接的艺术学专业课程群。

结 语

当前中国特色社会主义进入新时代，正处于中华民族伟大复兴战略全局的关键时期，大国竞争日趋激烈，高等教育的战略性、重要性更加凸显。2024 年 1 月 11 日，全国教育工作会议在北京召开，会议强调要锚定 2035 年建成教育强国目标，聚焦推进中国式现代化，深刻认识教育强国的主攻方向和战略布局，增强历史主动精神和战略思维，牢牢把握教育的政治属性、战略属性和民生属性，坚定不移服务社会主义现代化强国建设，书写好以教育强国建设支撑引领中国式现代化的新篇章。艺术学的专业建设和学科建设，必须全面贯彻习近平总书记的指示和全国教育大会精神，准确把握教育与中国的关系以及中国教育与世界教育的关系，在中国式现代化进程中找准定位，构建具有中国自主性的知识体系、学科体系、教学体系和评价体系。艺术学研究生课程体系整体设计和优化是提升人才培养质量的基础。作为知识载体的课程建设，是聚集教育教学资源的中心环节，其整体设计和优化在人才培养过程中具有非常重要的地位，是推动中国研究生教育高质量发展的重要抓手。因此，高校艺术专业教育要准确把握新文科建设的内在逻辑和中国经济社会发展对高等教育的时代要求，加强对艺术学研究生课程体系的战略规划和顶层设计，构建适应新文科建设要求的融合型课程体系，为学生构建面向未来艺术的知识谱系，在加快构建具有中国自主性的艺术学知识体系和教育体系的历史进程中，全面提高艺术类人才的专业素养和创新能力。

参考文献

[1]李新风 . 构建中国特色的艺术学学科体系 [N]. 中国文化报，2016-07-12（3）.

[2]夏燕靖 . 关于新学科专业目录"艺术学"学科的几点解读 [J]. 艺术学研究，2022（6）：4-18.

[3]夏洁颖 . "新文科"视域下设计学科"赛教融合"教学模式研究 [J]. 景德镇学院学报，2022（2）：72-75.

[4]李进才 . 高等教育教学评估词语释义 [M]. 武汉大学出版社，2016：142.

[5]沈彩云 . 新文科背景下艺术设计专业研究生课程体系建设路径探究 [J]. 公关世界，2023（11）：114-116.

[6]陈琦 . 艺术学大基础视角下课程思政融入与路径规划 [J]. 大众文艺，2023（6）：166-168.

[7]魏晗，陈刚，郭志刚 . 课程体系知识图谱的构建与应用实践 [J]. 教育教学论坛，2023（20）：10-13.

[8]王人博 .1840 年以来的中国 [M]. 北京：九州出版社，2019：3.

[9]李精明 . 艺术学理论知识体系及其认识论 [J]. 中国社会科学评价，2023（1）：122-128.

[10]吴圣刚 . 习近平《在文艺工作座谈会上的讲话》与中国特色文论之构建 [J]. 信阳师范学院学报（哲学社会科学版），2018（3）：96-101.

[11]习近平 . 在文化传承发展座谈会上的讲话 [J]. 今日海南，2023（11）：4-7.

[12]习近平 . 在中国文联十大、中国作协九大开幕式上的讲话 [M]. 北京：人民出版社，2016：10.

[13]谢纳，宋伟 . 习近平文化思想与中国艺术学自主知识体系建构 [J]. 艺术传播，2024（2）：4-13.

[14]熊澄宇 . 关于新文科建设及学科融合的相关思考 [J]. 上海交通大学学报（哲学社会科学版），2021（2）：22-26.

[15]刘俊 . 同源·分流·汇合：技术与艺术联动发展的三个阶段：兼及传媒艺术史的视角 [J]. 现代传播，2024（1）：92-103.

[16] 李俊峰.新文科背景下的艺术教育：从学科融合到价值实现 [J]. 艺术教育，2020（9）：22-25.

[17] 贾涛.艺术专业教育中的学科体系建设问题 [J]. 艺术百家，2019（3）：46-49+152.

[18]（美）P.J.布卡尔斯基.大学影视学会艺术学硕士课程纲要：上 [J]. 施殿雷，译.世界电影，2001（5）：172-180.

[19] 翁再红.新版学科专业目录下艺术学学科研究生的培养问题与对策 [J]. 艺术百家，2023（2）：44-49.

[20] 汤洁，李珈莹.艺术学硕士专业课程"德业融合"教学改革研究 [J]. 作家天地，2021（23）：13-15.

[21] 唐盈盈.智慧时代基于群智理论的教师教育课程资源建设 [J]. 教书育人（高教论坛），2024（03）：17-20.

提升研究生导师素养促进良好师生关系的探究
——湖南工业大学包材学院的案例分析*

赵田 陈一 肖鹏程 夏勇

（湖南工业大学）

摘　　要　随着研究生教育的不断发展，研究生导师在培养高素质研究生中扮演着至关重要的角色。本文围绕湖南工业大学包材学院的实际情况，探讨了研究生导师的素养与师生关系之间的内在联系，通过问卷调查和访谈的形式，分析了当前导师素养的现状与存在的问题，并提出了相应的提升措施。研究结果显示，提升研究生导师素养能够显著促进师生关系的改善，从而提升研究生的整体培养质量。

关 键 词　研究生导师；素养；师生关系；案例分析

作者简介　赵田（1985— ），自然科学博士，湖南工业大学包装与材料工程学院，硕士生导师、副教授。联系电话：13117538886；电子邮箱：tian_zhao@hut.edu.cn。

一、研究背景与意义

（一）研究背景

在全球范围内，研究生教育的改革已成为提高高等教育质量的重要手段。随着科技进步和经济快速发展，对研究生教育的要求不断提高，目标逐渐从知识传播转向全面素质培养，尤其重视学生的创造力和独立思考能力。[1]

研究生教育的重要性在于对国家和社会发展的推动作用。研究生在科学研究中扮演核心角色，他们的创新能力是推动车辆科技进步和经济发展的重要动力。[2]随着世界竞争的加剧，国家对高层次人才的需求愈加迫切，投资于研究生教育已成为提升整体竞争力的重要战略。[3]

在这一变革中，研究生导师的作用尤为重要。导师不仅是学生学术成长的引导者，也是职业发展的支持者，负责培养学生的综合素质和实践能力。[4]导师的素养直接影响研究生的学术发展与职业规划，因此提升研究生导师素养是优化教育质量的重要环节。[5]

导师须具备扎实的学术背景，这是成为合格导师的前提。导师的学术水平影响其指导质量，良好的学术素养帮助学生找到研究方向，同时，科研能力也为学生提供实践机会，提升能力。然而，仅有学术背景不足以应对快速变化的教育需求，良好的沟通能力和责任感同样是优秀导师的重要素养。[6]

* 本文受 2024 年湖南省学位与研究生教学改革研究项目资助（编号 2024JGYB215）。

此外，研究生人数的持续增长也对导师提出了更高的要求。面对越来越多的研究生，导师在指导时面临的挑战愈加复杂。如何兼顾每位学生的个性化需求，成为亟待解决的问题。[7]

学生对导师的期待也在变化，现代研究生更希望获得情感支持和职业指导，而不仅仅是学术上的帮助。[8] 因此，提升研究生导师的职业素养已成为促进教育质量和改善师生关系的关键。[9, 10]

（二）研究意义

理论意义：本研究的理论意义在于深化我们对研究生教育理论的理解，尤其是研究生导师这一角色的功能和素养。随着高等教育的不断发展，导师的角色已从传统的知识传授者转变为学生学术成长的引导者、职业发展的规划者和心理支持的提供者。因此，重新审视和定义研究生导师的综合素养，尤其是学术素养、职业素养和人际交往能力，是当前学术界的重要任务。本研究通过系统分析导师素养及其与师生关系的影响，旨在丰富师生关系研究的理论框架，为后续相关研究提供新的视角和参考依据。通过建立理论模型，明确导师素养对师生关系的具体影响路径，为今后的研究奠定坚实的理论基础。

实践意义：在实践意义方面，通过对湖南工业大学包材学院的案例分析，本文为该院及其他高校提供了一系列可借鉴的研究生导师素养提升策略，旨在促进教育质量的整体提升。这不仅有助于提高导师的教学和研究水平，也为学生创造了一个更加良好的学术环境。在指导政策方面，调研结果将帮助高校管理者识别当前导师在素养提升过程中遇到的障碍，进而制定切实可行的培训方案和激励政策，以提高导师的职业素养和教学能力。此外，这些策略的实施将有助于改善师生关系，提升学生的研究积极性和满意度，从而推动更高水平的学术成果的生成。通过实践中的检验与反馈，本研究将为进一步优化研究生教育体系提供坚实的经验基础，进而对我国高等教育改革产生积极影响。

二、研究方法

本研究的理论意义在于深化对研究生教育理论的理解，特别是研究生导师的角色功能及素养的研究。随着高等教育发展，导师的角色已从知识传授者转变为学生学术成长的引导者、职业发展的规划者和心理支持的提供者。因此，重新定义导师的综合素养，尤其是学术素养、职业素养和人际交往能力，是学术界的重要任务。本研究通过分析导师素养及其影响，旨在丰富师生关系研究的理论框架，并提出新的研究视角。

在实践意义上，本文通过对湖南工业大学包材学院的案例分析，为该院及其他高校提供了一系列可借鉴的研究生导师素养提升策略，促进教育质量的整体提升。这不仅能提高导师的教学和研究水平，还为学生创造良好的学术环境。调研结果将帮助管理者识别当前导师素养提升的障碍，制定切实可行的培训方案与激励政策，改善师生关系，提升学生的研究积极性及满意度。

三、研究生导师素养现状分析

（一）导师素养的定义与构成

研究生导师素养是一个综合性的概念，通常包括三个主要方面：学术素养、职业素养和人际交往素养。每一方面在导师的教学和指导过程中均起到了不可或缺的作用。

1. 学术素养：学术素养是导师能力的基本体现，涉及其科研能力、学术水平以及对专业知识的深刻掌握。这要求导师具备坚实的学术基础和广泛的研究视野，能够在指导学生进行独立研究时提供专业的知识支持和学术建议。学术素养的高低直接影响到研究生的研究能力和学术发展，导师自身的科研成果和研究经验可以激励学生探索未知领域，树立学术自信。因此，在此方面的提升对于研究生教育的成效至关重要。

2. 职业素养：职业素养有助于导师在日常工作中展示其责任感、敬业精神、职业道德及对教育质量的关注。高职业素养的导师将会在教学中表现出更高的投入和专注度，对待学生的态度将更加认真细致，这直接影响到授课效果和学生对学习的积极性。特别是在当今高压的学术环境中，导师在面对学术研究和教育管理的双重压力时，需要具备高度的专业责任感，以确保其在指导研究生时能够耐心关注每一位学生的成长和需求。

3. 人际交往素养：人际交往素养是建立良好师生关系的重要因素，它涉及导师的沟通能力、情感智力以及协调能力。良好的沟通能力使导师能够有效传达学术理念和研究方向，帮助学生在困惑时及时获得支持和反馈。同时，高情感智力意味着导师能够理解并关心学生的情感需求，从而在学术上和心理上给予学生支持。人际交往的高效性直接影响学生的学习体验和心理健康，良好的师生关系不仅能提高学生的学术积极性，也能促进其个人成长。

（二）湖南工业大学包材学院导师素养的调研结果

为了全面了解湖南工业大学包材学院的导师素养水平，我们通过问卷调查与访谈的方式进行了深入调研。结果显示，尽管导师们普遍在学术素养方面表现较好，但在人际交往素养和职业素养方面仍存在明显不足。

1. 学术素养得分：经过评估，导师们的学术素养平均得分为85分，这一分数在总体上表现出色。访谈中提到，许多导师在科研成果及专业知识方面具备了较强的实力，能够为研究生提供高水平的指导和有效的科研建议。许多导师拥有丰富的科研项目经验和丰硕的科研成果，这些都成为他们为学生提供指导和支持的重要基础。然而，随着研究生人数的增多，部分导师也感到在指导上面临的挑战和压力。

2. 职业素养得分：职业素养的平均得分为70分，表明在这一领域还有很大的提升空间。虽然部分导师能够在工作中表现出较高的责任感，并对教育质量保持关注，但仍有部分导师在工作压力或其他因素的影响下，未能充分关注学生的个体需求。例如，部分导师在忙于个人科研工作的同时，难以抽出时间与学生进行深入的交流。这种状况导致一些学生感到缺乏必要的关心与指导。

3. 人际交往素养得分：人际交往素养的平均得分为65分，明显低于其他两个维度。在调查中，学生普遍反映导师在与他们的沟通和反馈及时性方面存在障碍。很多时候，导师在处理学生的问题时缺乏沟通，反馈的延迟使得学生感到孤立无援。有些学生表示，他们希望能够与导师建立更为频繁的交流，并渴望得到更多情感上的支持和理解。因此，提升导师在人际交往方面的素养，可以极大地满足学生的需求，从而改善师生关系。

综上，更全面的导师素养培养尤为重要，特别是在职业素养和人际交往素养方面的提升，可以为研究生的成长与发展提供更加有力的支撑。通往高效学术指导和和谐师生关系的道路，需要通过定期的培训和相应的管理策略不断优化和改进。

四、师生关系现状分析

（一）师生关系的定义与重要性

师生关系是研究生教育中的核心环节，涉及学生的学习动机、研究能力的提升以及职业发展的支持。良好的师生关系不仅为学生提供了一种积极的学术氛围，同时也为他们的专业成长打下了坚实的基础。研究表明，师生之间的互动和信任关系有助于学生在面临学术挑战时保持自信心，进而激发其学术兴趣和研究热情。

在研究生教育中，导师不仅是知识的传授者，更是学生的引导者和支持者。研究生阶段的学习强调自主性与独立性，但学生在独立研究的过程中难免会遇到困惑和挑战，此时，导师的支持和指导显得尤为重要。良好的师生关系促使导师能够及时对学生的需求做出反应，提供相应的建议和教育支持。在此背景下，建立积极的师生关系不仅能提升学习效率，还能促进学生的创新思维与批判性思维的发展，这对于培养高素质的研究生至关重要。

（二）包材学院的师生关系调研结果

根据本次问卷调查的结果，约有 60% 的学生对目前的师生关系表示满意，但仍有 40% 的学生感到导师的关注不够。这一结果表明，在整体上虽有满意度，但仍需关注学生群体中存在的潜在问题，尤其是沟通、反馈和情感支持方面的不足。

首先，在沟通不足方面，许多研究生反映与导师之间的沟通不够频繁，影响了他们的研究进展。在访问期间，部分研究生提到，他们希望能够有定期的交流渠道，例如每周或每月的面对面会议，以便及时获得反馈和指导。有效的沟通不仅能帮助导师了解学生的学术进展，还能使导师更好地理解学生的需求和困惑，进而提供更具针对性的指导。

其次，关于反馈不及时这一问题，调研结果显示，许多学生在完成作业和科研项目后，发现导师在评阅时的反馈速度较慢，这直接影响了他们的学习积极性和研究动力。具体来说，学生普遍希望导师能够加强对作业和科研进展的及时反馈。这种反馈不仅局限于学术指导，也应包括对学生努力和成果的认可，强化学生完成后续任务的信心。

最后，在情感支持缺乏上，调查显示一些学生感到在面对学术压力和个人挑战时，导师未能及时提供必要的心理支持，这对他们的学业和心理健康产生了负面影响。在当前高强度的学术环境下，学生面临着巨大的学习压力和心理负担，此时，导师的情感支持显得尤为重要。导师若能通过有效的交流和关心，及时识别并理解学生的情感需求，将大大有助于学生克服困难，并提升其在学术上的坚持和努力。

综上所述，包材学院在师生关系的现状中虽有一定的积极面，但仍面临着多方面的挑战。加强沟通、提高反馈及时性以及提供必要的情感支持，是改善师生关系的关键所在。高校应当重视这些影响因素，制定相应的策略，以更好地促进师生之间的互动，为研究生的成长和发展提供更坚实的支持。

五、提升研究生导师素养的措施

提升研究生导师的素养，促进良好的师生关系，是提高研究生教育质量的关键。为实现这一目标，需要采取多重措施，从学术交流、评价激励到互动平台的优化等各个方面的协同努力，将为建设高素质的导师队伍奠定基础。

（一）加强学术交流与培训

1. 定期举办学术研讨会：学院应安排定期的学术研讨会，作为促进知识与经验交流的重要平台。在这些研讨会上，导师们可以分享各自在教学与科研中的成功经验和挑战，从而借鉴彼此的最佳实践。在实际操作中，学院可以设置不同主题的研讨会，例如"如何提高研究生的科研能力"或"有效的教学方法探讨"，以便针对性地解决实际问题。

2. 职后教育培训：除了日常的学术交流外，开展系统的职业培训也是不可或缺的。学院可以邀请教育心理学、职业发展规划的专家，为导师们提供专业培训，特别关注在职业道德、人际交往及心理辅导等方面的能力培养。通过这样的培训，导师不仅能提升教学技巧，还能学习如何更好地支持学生，关注他们的心理健康和职业发展需求。

（二）完善导师评价与激励机制

1. 建立多元化评价体系：为了全面了解导师的教学效果，应建立一个多元化的评价体系。该评价体系不仅依靠科研成果来评定导师的表现，同时也应关注师生关系和教学反馈。可以考虑通过学生满意度调查、同行评议和自我评估等方式，从多个维度对导师的表现进行综合评价。这样的评价体系能更好地反映出导师在学术和人际交往方面的实际贡献。

2. 设立导师激励机制：为了激励导师关注学生的成长与发展，学院应设立相应的激励机制。对表现优秀的导师给予物质和精神上的双重奖励，例如设立"优秀导师奖"并提供奖金或科研资助。这不仅能鼓励导师在科研上不断追求卓越，也能促使他们更加关注和支持学生，增强学生的成就感和归属感。

（三）优化导师与研究生的互动平台

1. 建立信息共享平台：优化导师与研究生之间的互动是促进良好师生关系的重要措施。学院可以构建一个信息共享平台，比如线上教学平台、论坛或社群，让导师与学生能够方便地进行交流与反馈。通过这样的互动平台，学生可以随时提出问题，分享学习心得，导师也能及时了解学生的需求，从而提供更加有针对性的学术指导。

2. 开展团队合作研究：鼓励导师与研究生开展团队合作研究也是提升师生关系的有效方式。通过组建跨学科的研究团队，导师可以带领学生共同探索课题，这不仅能提升学生的实践能力和团队协作能力，还能增强师生之间的理解与信任。在团队合作中，导师能够更深入地了解学生的特长与需求，从而提供个性化的指导，这种方式无疑会提高师生关系的质量。

通过以上多重措施的实施，可以有效地提升研究生导师的素养，进而建立和谐的师生关系，为研究生的学术发展和职业成长提供更加牢固的支持。这一系列措施的落实，不仅是对导师职能的再认识，更是对研究生教育质量全面提高的有效保障。

六、结论

研究生导师的素养直接关系到师生关系的质量，影响着研究生的学习体验和职业发展。因此，提升导师的学术素养、职业素养和人际交往能力，成为改善师生关系和提高教育质量的有效途径。在湖南工业大学包材学院的案例分析中，通过系统的调研与深入分析，我们发现，采取多重措施并行实施能够有效促进导师素养的全面提升。

首先，学术素养的提高为导师提供了扎实的理论和实践基础，使他们能够更有信心地指导学生，帮助学生解决学术问题，激发他们的研究热情。职业素养的增强则让导师在教学中更加负责任和敬业，增强了学生对导师的信任感。人际交往能力的提升使得导师能够更好地理解学生的需求，为他们提供情感上的支持和指导，从而建立起更加和谐的师生关系。

未来，持续关注导师的职业发展尤为重要。定期的评估与反馈机制将有助于保持良好的师生关系，确保导师能够不断适应教育环境的变化，提升自身素养。此外，通过建立有效的互动平台与支持系统，学院可以为师生关系的优化提供更为坚实的保障，最终实现更高的教育目标，培养出更具创新能力和实践能力的高素质研究生。这一系列的努力将为高校的教育质量提升奠定坚实的道义和实际基础。

参考文献

[1] 于乾，徐先蓬，于路心."双一流"背景下研究生导师的责任定位与师生关系处理策略[J].科技资讯，2022，20（19）：167-70.

[2] 武永江，骆云.导师与研究生探究话语共同体的内涵、目标及其建构[J].山东高等教育，2024(3)：1-9.

[3] 惠菲菲.师生关系对学术型硕士学习成果的影响[D].沈阳：沈阳师范大学，2021.

[4] 祝军，朱昱治，吴雪姣，等.实践导师如何赋能专业硕士研究生能力发展？：基于"中国研究生培养质量调查项目"调查数据的分析[J].中国人民大学教育学刊，2024（04）：86-101.

[5] 周佳栋."双一流"建设背景下导师与研究生协同发展关系探究[J].科教文汇（下旬刊），2020(33)：1-3.

[6] 阙云丹，魏红梅.导师支持对硕士研究生科研创新能力的影响：同伴支持与学习投入的链式中介作用[J].高等继续教育学报，2024，37（04）：49-56.

[7] 彭英，张俊婷，赵萍.新时代高校研究生导师师德师风建设探究[J].山西大同大学学报（社会科学版），2024，38（04）：104-107.

[8] 李桂真.依托导师指导提升研究生科研能力探索：以新疆农业大学为例[J].智慧农业导刊，2024，4（16）：22-26.

[9] 何婷.立德树人背景下研究生和谐师生关系的构建[J].时代报告，2020（01）：170-171.

[10]马翔飞.研究生导师立德树人：政策导向、现实问题与破解路径[J].研究生教育研究，2024（04）：44-51.

地方高校土木水利专业学位硕士工程实践达成路径研究 *

祝方才　罗致　申权　邓小康　薛志清

（湖南工业大学）

摘　　要　工程实践能力是土木水利专业学位硕士生培养的核心内容。分析教育部和全国专业学位教育指导委员会对课程设置和工程实践实施方式，研究了湖南工业大学2021版和2024版土木水利专业学位研究生课程设置方式和特点。探究2021级研究生工程实践实施过程和问题，提出分段综合多平台的工程实践方式，解决当前土木行业发展瓶颈期的项目不足矛盾，对工程实践效果评价精细化体系提出建议。

关　键　词　土木水利专业学位硕士；工程实践；达成路径

作者简介　祝方才（1972—　），男，湖北公安县人，主要从事边坡和地下工程的教学与研究。电子邮箱：zhufangcai@163.com。

随着我国工程教育发展，工程硕士比例逐年提高，湖南工业大学作为地方高校，专业学位研究生比例超过50%。土木水利作为面向土木行业的专业学位硕士点，如何提升工程实践（以下又称专业实践）效果逐渐引起重视。边亚东等提出了"案例课堂 + 现场实践教学 + 校内实践验证分析"的"三位一体"校内外融合实践教学模式，从基地管理体制和运行机制、"高校 + 企业 + 项目"的校企长效合作机制、培养方案和论文考核制度、提高导师的工程实践能力等几个方面进行了建设改革。[1, 2] 喻泊厅等提出了与职业资格挂钩的土木水利专业硕士培养模式。[3] 许有俊等提出以具体工程项目为纽带，构建校企导师团队，建立了"导师团队"管理机制与协同育人模式。[4] 蒋德稳等提出专业学位研究生评价的考核指标体系。[5] 郑艳娜等提出促进产学研深度融合，建立校企联盟，共同搭建高水平实践基地的土木水利专业研究生工程实践模式。[6]

1. 研究生课程设置

我校土木水利专业学位硕士目前执行的是2021版和2024版培养方案。2021版培养方案除了个别课程与2021版土木工程学术硕士不同外基本相同，制定原则是尽量减少课程数量，充分利用教师教学资源。考虑到我校土木水利所分方向较多，采用模块式培养方案，如图1所示。

---

* 本文系教改项目：2022年湖南省学位与研究生教学改革项目(2022JGYB187)和2022年湖南省研究生培养联合基地(湖南工业大学土木工程数字孪生技术研究生联合培养基地)。

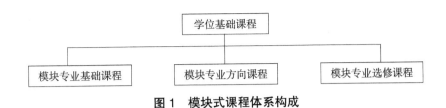

图 1 模块式课程体系构成

2015 年全国专业学位研究生教育指导委员会发布了建筑与土木工程专业学位领域学位基本要求。[7]2018 年国务院学位委员会、教育部关于对工程专业学位类别进行调整的通知对该专业领域进行了调整，改为土木水利专业学位，同年国务院学位委员会发布了《关于制订工程类硕士专业学位研究生培养方案的指导意见》。我校根据学科特点设置了土木工程（岩土工程稳定及灾害控制、结构设计理论及加固技术）、市政工程和人工环境工程三个大模块和四个小模块，与传统的土木工程学术硕士培养方案模块对应。

2022 年全国工程专业学位研究生教育指导委员会发布了关于《工程类硕士培养方案指导意见（征求意见稿）》（工程教指委秘〔2022〕24 号）。征求意见稿明确指出，课程体系应体现先进性、模块化、复合性、工程性和创新性。为此土木水利专业学位点进行了培养方案课程体系调整，结合我国大规模基建转向"基建 + 维护"阶段，并考虑到智能建造发展趋势，将土木工程方向改为"土木 + 智建"方向，对原有课程进行了较大调整，部分课程进行了合并，确定了 12 门核心课程及课程指南，课程设置更符合专业领域分类，贴合土木水利学科发展新趋势。

2. 专业学位硕士成果要求

根据全国工程专业学位研究生教育指导委员会的指导意见，工程类专业学位培养强调校企联合培养，可采用学位论文、工程设计、工程研究、工程开发、工程实施和工程管理等形式，对论文成果进行界定。

根据上述指导意见，我校 2024 版土木水利专业硕士学位点培养方案规定，除了采用学位论文形式外，对于学位论文内容为设计方案还是其他应用性成果，须由具体使用的法人单位出具可证明其成果的具体应用情况和明确的直接社会经济效益，成果应用转化应产生较大直接经济效益，须提供完整的证明材料。学位论文成果可为以下三种形式之一：EI 期刊以上论文 1 篇；中国发明专利或美日欧发达国家发明专利（不含其他非发达国家发明专利）1 项或实用新型专利 2 项或软件著作权 3 项；国家级学科竞赛三等奖 1 项或省级学科竞赛二等奖以上 1 项。

实用新型专利 2 项这类成果相对容易达到，其他类型需要研究生在科研方面具有较大的创造性或在产品研发和推广方面形成了自己的特色。

3. 工程实践达成路径分析

土木水利作为面向工程主战场的工程类硕士点，其培养方式与土木工程有较大区别，强调解决工程问题。根据湖南省"三高四新"战略，强调采用新技术解决土木工程建管养问题。根据本项目组在前期对 2021 级研究生的工程实践现场评审及效果分析成果，发现目前工程实践存在形式化和概念上的偏差。形式化是指认为工程实践就是在现场实习，类似于本科生的生产实习，基本没有解决工程问题，在专业实践中难以发现问题，由于技术储备不足和基础理论不够熟练，难以解决工程问题，研究生难以通过专业实践培养工程实践能力。概念上的偏差是指部分导师和研究生认为专业实践无关紧要，或以科研课题代替或基本不去专业实践，导师不安排专业实践单位或随意应付，导致研究生专业实践基本没有成果，未达到专业实践目的。

3.1 基于项目合作的专业实践

我院土木水利专业学位硕士点与中交中南工程和中铁北京工程局二公司建立了省级研究生培养创新基地。基地教师与基地所在单位结合工程问题进行了深度合作，解决工程问题。合作项目要有一定技术含量和挑战性，以解决工程技术问题为目标，采用的项目合作方式如图 2 所示。

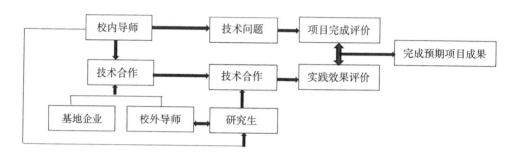

图 2　基于项目的专业实践路径

由图 2 可知，该方式能为研究生专业实践提供平台，解决了专业实践空泛的不足。关键在项目实施，该方式的前提是校内导师与企业有良好的合作基础，具有很好的工程设计和研究能力。我校 2024 版土木水利硕士点培养方案指出：工程实践的内容必须是校内导师或课题组与企业合作的课题、进入联合培养单位等企业的研究课题及工程项目。据不完全统计，依托企业项目的比例不到 50%，在目前土木行业不景气情况下，依托企业课题开展专业实践存在较大难度。

3.2 分段融合多形式的专业实践达成路径

征求意见稿明确指出，专业实践是工程类硕士专业学位取得实践经验、提高工程能力的重要环节，可采用集中实践和分段实践相结合方式，一般应在联合培养基地开展，并指出鼓励学生参加创新实践大赛等专业竞赛。采用项目制专业实践方式需要校内导师具有较强的工程背景和合作平台，存在一定局限性。我校土木水利 2021 级硕士生工程实践如表 1 所示。

表 1　2021 级研究生工程实践统计

序号	内容	实践方式	实践地点	实践单位（是否为研究生联合培养基地）	备注
1	房屋建筑安全检测和撰写鉴定报告	分段实践，现场和校内结合	长沙、株洲	** 检测公司（否）	导师房屋鉴定项目

序号	内容	实践方式	实践地点	实践单位（是否为研究生联合培养基地）	备注
2	智慧工厂平台搭建和无人机智能巡检二次开发技术	分段实践，全部在现场实施	绍兴	** 城投建设开发有限公司（否）	导师产学研合作项目
3	数值建模，系统优化	全程现场实施	长沙	** 设计院	工程咨询
4	干混砂浆制备	分段实践	新化、株洲	** 新材料公司（否）	导师产学研合作项目
5	地应力测试，大规模地下洞室群建模	分段实践	铜陵、株洲	** 铜矿（否）	导师产学研合作项目
6	桥梁防撞装置设计	分段实践	株洲	** 质监站（否）	咨询
7	房屋建筑安全检测和撰写鉴定报告	分段实践，现场和校内结合	长沙、株洲	** 检测公司（否）	导师房屋鉴定项目
8	基础抗震有限元建模	校内实践	株洲	** 公司（否）	咨询
9	建筑大空间通风设计	现场实践	株洲	** 公司（否）	导师纵向项目
10	燃料电池系统建模	现场收集资料，校内实践	株洲	** 设计院（否）	咨询
11	桩基设计	收集资料	长沙	** 公司（否）	现场实习

由表1可知，工程实践类型呈多样化，部分项目为企业课题，部分则为研究生提供实践平台，个别研究生则是采用本科生的生产实践方式。大部分企业不是传统意义上的校企研究生联合培养基地，属分散实践性质，根据土木行业特性和企业单位所从事业务，需要多层次的研究生联合培养基地，并根据专业实践要求，分别采用项目制或类似生产实习方式解决专业实践岗位和项目不足等情况。

实习阶段和实习场地根据工程实践内容和要求可全程或分别在现场或校内进行。笔者对2021级研究生工程实践成果进行了统计分析，发现现有研究成果与项目相关性不大，说明工程实践对于研究生的培养体现在综合能力提升方面。[8] 通过2022级土木水利硕士生专业实践计划表发现，专业实践项目包括综合实践操作、现场监控量测、软件操作、企业锻炼和BIM建模、设备分析和测试方案、设备运行情况分析、野外调查、有限元建模、计算分析和检测等多种类型，专业实践计划基本采用两段式。

4. 结论

以湖南工业大学土木水利专业学位点工程实践为例，分析了工程实践的实施方式和路径，结论如下：

（1）工程实践可采用项目合作、咨询、综合性实验等多种方式，达到提升研究生工程实践能力目标；

（2）工程实践可依托研究生联合培养基地和其他非联合培养合作企业进行，以满足土木行业特殊性；

（3）工程实践效果需要进一步精细化评价，以达到工程实践能力提升目标。

参考文献

[1]边亚东，郝育喜，纠永志，等.土木水利专业学位硕士生"三位一体"实践教学模式探索[J].实验技术与管理，2019，36（12）：215-218.

[2]边亚东，王凯，马肖华，等.土木水利专业学位硕士研究生教育创新培养基地新型建设模式探索[J].中国现代教育装备，2020（3）：28-31.

[3]喻泊厅，杨楠，滕永富，等.与职业资格相衔接的土木水利专业硕士人才培养模式探讨[J].安徽建筑，2023，30（8）：96-98.

[4]许有俊，林洪泽，张旭.基于"项目＋导师团队制"的土木水利专业学位研究生培养模式研究[J].创新创业理论研究与实践，2023，6（24）：133-137.

[5]蒋德稳，李青松，田安国.基于产教融合的土木水利专业研究生实践教学基地建设探讨[J].内江科技，2024，45（3）：82-84.

[6]郑艳娜，刘明峰，卢珊，等.新工科背景下土木水利专业学位研究生创新实践能力培养研究[J].中国教育技术装备，2024（12）：149-152.

[7]全国专业学位研究生教育指导委员会.专业学位类别（领域）博士、硕士学位基本要求[M].北京：高等教育出版社，2015.

[8]张亚斌.研究生教育论坛（2021—2022）[M].长沙：湖南大学出版社，2024.

PART 3

专业学位教育

POSTGRADUATE
EDUCATION

"一带一路"背景下MBA商务英语课程教学改革研究

汪进贤　廖慧敏

（中南大学）

摘　　要　"一带一路"建设使我国与世界各国的商贸活动和文化交流日益增加，也对MBA人才培养目标提出了更高要求，迫切需要培养具有跨文化交流和管理能力的复合型、国际型高素质管理人才。做好"一带一路"建设背景下MBA商务英语教学改革，将在新时代环境下为实现MBA人才培养目标提供切实保障，同时也为构建高校商务英语教学改革新模式提供思考和借鉴。

关 键 词　"一带一路"；MBA教育；商务英语

作者简介　汪进贤，女，1988年5月出生，中南大学商学院副教授。联系电话：15116154375；电子邮箱：wangjinxian@csu.edu.cn。

一、引言

MBA（master of business administration）是一种专门培养中高级职业经理人员的专业硕士学位。近年来，随着"一带一路"倡议的深入推进，我国与其他国家之间的经济、文化与科技交流越来越频繁，迫切需要更多的具有国际化视野、国际沟通能力和开拓创新意识的高素质管理者。基于此，培养复合型、国际型商务人才已然成为MBA人才培养的重要发展方向。商务英语作为MBA项目的核心公共课程，旨在培养具有创新意识、全球视野、跨文化沟通能力和参与国际竞争能力的复合型高层次管理人才。与学术型硕士公共英语教学不同，MBA英语教学应该以学生需求为导向，围绕MBA培养目标来进行，实现MBA学生语言教学与综合素质的双提升。

二、MBA商务英语教学与改革现状

熊有生和周祥（2023）将商务英语学习总结为以下六个目标：英语语言应用能力（根本）、跨文化沟通能力、国际商务知识与技能（重点）、国际视野和人文素养、创新思辨能力、职业道德素养。商务英语在培养学生掌握语言和交际技能时，强化立德树人的教育理念，助力学生良好的职业道德品质的形成，注重学生的爱国情怀和人文情怀的提升，注重人的全面发展（严明，2020）。随着"一带一路"倡议的推进，我国企业进入世界舞台的机会多样化，对商务英语人才需求的数量和要求也随之提高。与此同时，在此背景的影响下，商务英语教学面临着新的挑战。黄潇洪（2018）发现当前商务英语课程内容与发展战略需求脱节，教学方式单一，跨文化交际意识和人文素养培养不足。吕千平（2019）也指出，传统商务英语教学脱离了市场发展的实际需求，专业课程体系设置单一，理论与实践脱节。郭佳媛（2020）指出，国贸专业商务英语教学存在教学目标不明确、教学方法落后、教学内容与现实脱轨以及教学资源缺乏系统化等问题。陆艳艳（2021）认为新时代商务英语课程教学存在的问题及教育困境包括教学资源缺乏、人才培养方向单一、素质教育及文化教育培养能力不足等。熊有生和周祥（2023）指出，商务英语课程思政建设面临制度体系、资源体系和教学体系等方面的挑战。唐斌和黄珊（2015）指出，MBA 英语教学现状不尽如人意，在此方面的教学改革实践却相对匮乏，尤其缺乏比较系统并且有效结合英语教育与 MBA 学生职业素养提升的教学改革实践。孔繁月（2021）也认为，学生英语基础知识薄弱，任教老师缺乏专业英语培训和实践经验，商务英语教学模式单一，以及学校课堂与社会课堂没有交汇融合是当前职业教育商务英语教学与人才培养面临的主要问题。

早在 1930 年，Pendleton 等学者就开始注重以学生为本，为了适应不同学生的学习方法，采取多元化的授课模式。Boyd（1991）通过研究 ESP-B 和 MBA 课程，进一步指出，提高学生商务语言文字背景知识和文化知识应被纳入商务英语教学目标。Nataliya 和 Olga（2015）通过建立一个针对 MBA 项目的商务英语教学模型来提升学生的英语交流能力。国内方面，郭佳媛（2020）提出了商务英语教学改革策略，包括明确教学目标、培养专业化师资、创新情景教学方法、培养语言实践能力、优化教学内容等。唐慧利等人（2021）则在课程思政理念的指导下，探索具体方法以实现商务英语教学中思想政治元素的融入。尚静雅（2023）从人才培养目标、课程体系优化以及师资队伍建设等方面提出了"一带一路"背景下的商务英语课程改革方案。此外，黄潇洪（2018）和陆艳艳（2021）均提出，要加强商务英语教学与思政教育相融合，推动商务英语教育人才培养的多元化。陈亮、何小兰和邱川鄂（2023）也指出，教学设计应该实现思政元素和教学内容的融合，可以因地制宜，灵活变通，开发第二课堂，结合当下国内外热点问题，开展课程思政教育。MBA 商务英语教学改革方面，王松和刘晓丹（2012）介绍了哈尔滨工业大学在该课程建设方面进行了有益探索和尝试。孙超平、刘翠和赵惠芳（2010）探讨了"听力—管理—口语"导向的案例教学模式，基于视频材料，组织学生小组合作，撰写案例报告，以此方式增强学生商务交际技能、拓宽学生管理思维，同时提高学生的英语表达能力和合作意识。李新（2010）探索并提出了融合电力行业特色的 MBA 商务英语教学案例模式。唐斌和黄珊（2015）从教学理念、教学内容和教学手段、教学方法以及考评机制方面探讨了MBA 商务英语教学改革方向。师文杰（2020）则研究了基于财经报道的商务英语案例在 MBA商务英语课堂中的应用，发现其满足了学生对专业英语的需求。

三、MBA 商务英语教学改革面临的挑战

（一）单一教学模式难以满足"一带一路"建设需求

MBA 商务英语的教学目标不仅在于引导学生掌握商务英语理论知识与技能，更立足于培

养真正投入行业的应用型商务英语人才。随着"一带一路"倡议的推进，我国与沿线国家合作渐多，也催生出跨境电商等新型贸易领域，实现了跨国合作与交易的快速发展。面对国际商务交流，良好的心理素质、团队合作意识和沟通交际能力是必不可少的。然而，传统授课方式难以满足 MBA 商务英语人才综合素质培养要求。传统的商务英语视听说课程教学注重英语语言和商务知识，而忽略了知识运用以及语言的深度挖掘。另一方面，以讲授型为主的传统教学方式，难以激发 MBA 学生学习热情，对学生创新思维启迪和创新能力培养有限，不利于"一带一路"等复杂国际背景下学生个人和国家总体的永续发展，这与复合型人才现实需求和培养要求相冲突。因此，创新教学模式，挖掘文化与理念背后意识形态，填补传统教学方式的欠缺，提升学生的思想认知水平，培养学生创新思维是 MBA 商务英语教学改革的重要任务。

此外，传统教学方式难以满足学生个性化、多元化需求。MBA 面对的学生背景与基础各不相同，以传统的教学方式授课，并不能满足学生在专业与英语知识上的差异化需求。高等院校 MBA 课程缺乏学生需求分析，教师对不同学生在英语能力、跨文化交际能力、职业发展培养等方面的需求认识有限，难以针对不同需求做出教学创新。此外，MBA 商务英语教师来自专业外语或者海外留学教师，在语言技能上具备专业素质，但缺乏以应用型和职业型为导向的认知，教师所教与学生所需存在偏差。

（二）素质教育和文化教育培养不足

习近平总书记在党的十九大报告中指出，文化自信是一个国家、一个民族发展中更基本、更深沉、更持久的力量。从事国际贸易相关行业的 MBA 学生是中国形象的代表者，也是中国文化的传播者，其价值取向、专业文化素质都体现着我国的文化底蕴和文化特色。语言作为文化的载体，不仅承载了交流国家间的商务信息，更体现的是文化多样性与深刻影响力。"一带一路"沿线国家多数聚集地具有多民族的特点，由此必然存在语言和风俗习惯等文化差异，这些差异可能成为商贸活动的阻碍，但同时也是双方深度交流、相互学习的机遇。MBA 商务英语教育不仅要培养具备"外语技能、专业知识、跨文化交际意识"的复合型语言人才，也需要培养能讲中国故事的国际传播者。此外，培养学生的文化认同感和喜爱感是传播优秀传统文化必不可少的条件，因此可以通过 MBA 商务英语课程，培养学生作为中国话语权建设者应当具备的责任感，培养学生对优秀传统文化的兴趣以及认同感，提高学生对民族习俗、谚语等传统文化的了解程度。

然而，当前外语教育过于偏向培养外语能力，而忽略了母语文化思想的熏陶和培育（熊有生和周祥，2023）。教师在课程思政方面的"立德树人"意识薄弱，素质教育和文化教育培养不足，难以推进商务英语人才在思想意识、思维认知层面的工作。究其原因，有以下几点：MBA 商务英语课程内容庞杂、知识点相对独立、课程学时少等特点；短时间内学生的英语沟通能力和交际能力培养很难达到平衡；课堂教学融入思政元素以培养学生的文化素养，这是商务英语思政建设的目标，也是 MBA 商务英语教学面临的挑战。

（三）思政建设资源体系有限

MBA 学生在从事外贸行业与电子商务过程中，在多样化的国际文化环境碰撞下，容易受到西方价值观的影响，而价值观内化并非短期形成的，需要学习生活上多方面熏陶与指引，这对思政资源体系建设是重要任务。首先是教材和教师资源支持。由于专业教材适应力调整繁杂，因此教师成为教材等教学资源选取与处理的核心要素。其次，通过网络资源和基地资源挖掘可行、可信、可靠的思政元素，对教师教授和学生自主学习也是一项挑战。一方面，网络教学资源繁杂，挖掘可行、可信、可靠的思政资源耗时费力。随着数字时代步伐加快，碎片化学习与移动学习日益替代了人们的长效学习机制，检索以及处理具备丰富性、互动性和趣味性的教学资源，以深化思政教学，成为 MBA 商务英语教学必须克服的一项挑战。另一方面，MBA 商务英语教学需要开展具备不同专业特点的多元化教学实践，组织教育实践工作应当以专业就业、学术研究为基本导向。充分利用与思政相关的实践设备，可以将思政教育融入课堂，而许多高校由于投入有限或者企业人脉渠道有限等原因，思政实践基地资源有限，缺乏互动式学习设备与相对应的学习环境。

（四）教学评价方法滞后

首先，传统考核方式难以准确评价 MBA 学生商务英语课程学习效果。例如，MBA 商务英语课程难以采用传统笔试进行考评，而过程考评又面临选课人数多、课程庞杂等带来的挑战，传统的小组讨论与汇报的过程考评方法也存在主观性较高、学生短期"突击"等问题，对于评价 MBA 商务英语教学效果并不适用。其次，在设计考核评价体系时如果过于注重英语语言和商务专业知识的评价，而忽视了思政教学成效评价，思政教学效果得不到反馈，将导致课程思政目标难以落实。此外，高校在对跨境电子商务英语课程思政的育人成效进行评价时重准备、轻实施，反馈和运用没有按照"准备—实施—反馈—运用"的步骤进行（秦俏寒，2023）。MBA 商务英语课程存在重理论轻思政，考评缺乏跟踪改进机制等问题，教师将精力集中在前期准备，而对于实施后的反馈缺乏重视，考核缺乏团队沟通和协作，对于考核标准的落实情况并未及时跟进，也给 MBA 商务英语教学改革形成了挑战。

四、MBA 商务英语教学改革策略

（一）加强"教—学—用—评"一体化的教学体系建设

"教—学—用—评"一体化的 MBA 商务英语课程教学体系，旨在改善学生知识结构，注重理论与实践相结合、提高学生创新能力和综合素质，及校内外实践培训基地的建设与密切合作。

首先，商务英语是一门应用型课程，在课程体系设计时通过实践教学突出其应用性，发挥课堂与现实的桥梁作用。在课程改革过程中，通过产教融合、校企联合等模式，建立与"一带一路"倡议相关行业企业或者跨境电商企业的合作，为 MBA 学生提供顶岗实习、专岗专教等，锻炼其临时应对能力以及知识运用能力。

其次，基于前述教学资源匮乏的问题，各院校应加快现代课堂的建设。结合实际需要，适当增加思政教学资源体系以及课外教学平台的建设。现代课堂建设不局限于基础性多媒体教室、思政体验馆等硬件设施建设，还包括共享学习平台等线上学习平台建设，充分考虑学生自主学习板块以及师生交流板块，为多元化教学提供新型教学手段。

再者，课堂教学改革从教学目标制定、教学资料选取引用、教学设计与内容安排到课堂教学创新等，挖掘各环节思政元素，紧密结合专业知识与语言技能，实现思政教学全过程化。由于传统讲授型课堂并不能充分激发学生学习热情、难以开拓学生创新思维，应当创新教学模式和教学形式。其中，教学目标引导教学全环节，应同时设置专业目标和思政目标强化学习内容和效果。如表1所示，可以依据目标设计引导问题与教学内容，发挥引导学生分析材料的作用。

表 1   MBA 商务英语课程内容与教学目标

章节模块	单元	主题	思政目标	专业目标
Communication and Cross-Cultural Communication	1	商务沟通障碍与技巧	知识内化及传承	语言听说技能 语言运用技能 商务沟通能力 跨文化交际能力 批判性思维能力 语言交际素质 团队合作素养 正确的价值观 良好的职业道德
			成长型思维和坚毅性格	
	2	文化差异与跨文化沟通	崇尚友善、相互尊重以及和睦友好	
			增强民族自信心和文化自信	
Business Visit and Reception	3	商务治谈	提升职业素养	
			严谨、负责的职业精神和态度	
	4	客户服务	工作热情、以客户为本的基本原则	
			良好的服务、奉献等价值观	
Management and Leadership	5	"华为"故事	中国企业故事	
			坚持自主创新	
	6	卓有成效的管理者	奉献精神	
			德才兼备	

（二）优化"能力＋素质"为核心的多元化课程考评体系

结合教学目标与思政目标，倒逼教学评价方式优化。转变语言知识的单一卷面考核方式，建立学生互评的方式，结合考勤、课堂互动、团队合作以及线上学习平台学习程度等多种过程性评价，建立多元评价机制，在考查专业知识和语言能力的同时，考查团队合作能力、分析与解决问题的综合能力。例如，通过情景模拟、辩论赛等活动形式激发学生思考与探索，同时为加强过程评价力度提供新型活动形式。

为了有效提高商务英语应用能力，应当利用或者模拟实践商务沟通交流中真实的语言环境。结合"一带一路"对商务英语人才的具体需求，适当安排课程实践环节，培养学生理论联系实际的思维习惯。教师在日常教学过程中，通过提高实践技能模块比重，将实践教学与自主学习常态化。在探索实践教学方式上，不仅加强"产教学结合"以及教学基地建设，也应当通过技术融合，适当引入新型实践操作软件，获取国外教学资源，打开学生学习视野，或者借助虚拟机等模拟技术以教授国际贸易中交易业务以及合同签订等实践操作，模拟国际贸易环境，从而培养国际交流认知以及学生的实操能力。同时落实实践环节的评价，并以实践教学评价作为课程考核参考标准，纳入综合考核。

（三）构建"专业知识＋思政元素"相融合的教学内容体系

由于课堂教学依旧是商务英语课程主要教学形式，教师需要根据教学内容制定思政教育目标，在教学安排和课程考核上合理分配专业知识、语言技能和思政教学的比例，优化课程结构。课程结构考虑知识构成和能力构成，课程内容包括讲授内容与实践内容。

讲授内容应当结合现实需要，课本理论并不足以应对现实中的交际活动，应通过新型教学方式方法，补足学生在场景运用的实践以及能力上的匮乏。因此，教师需要结合 MBA 学生的需求与实践背景，紧密联系教学内容与实际工作，提高 MBA 学生将场景运用于跨文化交流的能力和素质。具体而言，以教师为引领，以中国化的视角解读、比较和分析语言背后隐藏的价值和观点，实现学生客观、理性认知的形成。围绕国际商务与跨文化等方面的内容，增添中西文化差异、交流技巧与礼仪、企业来访与商务谈判等实用性内容，适当增设关于"一带一路"沿线国家的经济与文化背景知识板块，以经验分享和讲授相结合的方式补充"一带一路"背景下最前沿的商务英语知识，并通过头脑风暴、角色扮演与案例分析等课堂活动形式，模拟各个国家的语言运用差异，注重语言能力培养与综合素质实战培训。

此外，在专业以及英语知识传授时，应当培养学生的文化自信。商务英语不仅是语言交流的工具，更是传播文化的窗口。目前商务英语国际文化课程主要涉及的是欧美国家及区域，偏离"一带一路"倡议需求，因此讲好中国故事，传播我国优秀传统文化是必要的，在课堂应当培养学生对我国优秀传统文化的喜爱度与了解程度。此外，需要适当对跨文化交际课程内容进行调整，增设沿线国家文化、经济上的内容，强化对文化差异的理解。通过在教学环节中增加影视片段等教学资源，初步建立学生对语言文化差异的判断，进一步通过影视等资料背后的文化因素解读，让学生了解不同文化之间差异，建立学生对多元文化的包容力与适应力。进一步，充分利用当地现有资源，组织 MBA "移动课堂"活动，线下进行株洲中车或"一带一路"建设相关企业等基地参观，在轨道交通体系的摇篮中品味"大国工匠"精神，培养民族自豪感，增强民族工业文化自信。

其次，改进课程结构。传统的高校商务英语教学不符合"一带一路"背景下的实际教学需要，高校 MBA 商务英语在教学内容上依旧亟待改进。在知识构成上，学生通过课程学习不仅能了解基本商务英语知识、掌握基本商务沟通与交际活动所需的英语，还需要了解跨文化差异及其对国际商务带的影响。在能力构成上，需要培养学生的"专业能力""方法能力"和"社会能力"。

（四）建立线上线下相结合的混合式教学方法

建立线上学习模式，依托"雨课堂""学习通"等线上学习平台以及"MOOC"等网课资源，共享案例、翻译等学习资料，积极整合信息、技术与文化等教学资源，作为线下课堂的补充与延伸。

转变灌输式的传统教学方式，运用"翻转课堂"、启发式以及案例教学等方法，引导学生将学习方式由被动式转变为主动式。对于扩展性较强的知识点，采用讨论教学法等半导式教学法，通过布置任务来提高学生英语写作和论述表达的能力，以激发学生的学习积极性和创新热情。此外，考虑 MBA 学生由于背景不同，在语言、专业知识以及实践经验上存在差异，以组队等团队协作形式安排课堂任务，促进学生的交流以及相互学习借鉴过程。例如，组织学生开展经验分享交流会，组织具有外贸和商谈经历的学生分享所遇、所感、所学，在外贸交易和商务翻译经验方面，促进学生语言与文化的融合。

加大第二课堂和平时考评的比重，实现思政教学过程化。组织思政知识比赛、辩论赛以及课堂演讲等活动，计入平时分考核，激发课堂活力。此外，有效结合第一课堂和第二课堂，充分利用实践基地等现有资源，也可通过案例分享会、情景演绎等形式，创造案例模拟情境，学生通过参与式的情景表演以及情境模拟，例如通过原版商务视频配音与应聘面试等情境，实现真实环境模拟，培养学生独立思考的能力，提升课堂趣味的同时，实现学生眼界和认知水平的提升。

（五）强化教师队伍建设

首先，要提高 MBA 商务英语教师职业素养和教学能力。"一带一路"国家和地区在文化、语言、法律等方面展现出多样性和差异性的特点，这对 MBA 商务英语教师的专业素养是一项挑战，因此需要 MBA 商务英语教师继续深入学习和优化知识结构，从而提升教学能力。同时，MBA 教师需要与时俱进，保持创新意识，并结合时代发展特征实现商务英语教学模式和教学方法的创新。此外，为了提高 MBA 商务英语教师的职业素养和教学能力，高校还要为 MBA 商务英语教学教师创造深造的条件和机会，引导教师积极参与有关外语教学和商务英语教学的培训、论坛和专家讲座等教学活动。

其次，强化 MBA 商务英语教师思政教育能力。MBA 课堂思政教育理念尚未普及，MBA 商务英语教师思政教育能力不足。教师团队建设对于 MBA 商务英语教学融入思政教育至关重要，因此要做好 MBA 商务英语教师的思政教育培养，以发挥导向性教学优势。将思政考核纳入教学考核体系，及时与教学教师沟通，反馈思政教学效果。对于教学过程中出现的与思政培养目标相偏离的问题，审视和调整教学方法和内容，确保其与思政教育的目标相一致。

五、结论

"一带一路"倡议实施带来了沿线国家和地区之间的频繁商贸活动和文化交流，相应也提出了新的 MBA 项目人才培养目标要求，对于我国高校 MBA 商务英语教学而言，这是提升教学效果、拓展教学空间的良好机遇。基于"一带一路"建设和发展需要对 MBA 人才培养的新要求，MBA 商务英语教学要做出积极改革，应紧抓这一时代机遇，加强 MBA 商务英语专业能力和综合素养的培养，强化商务英语课程教学对复合型和国际型商务人才优良品质的塑造能力，推动 MBA 人才培养现代化。

参考文献

[1]Boyd, F A. Business English and the Case Method:A Reassessment[J]. TESOL Quarterly, 1991, 25(4): 729-734.
[2]Pendleton, C S. Personalizing English Teaching [J]. Peabody Journal of Education, 1930, 7(4): 195-200.

[3] 郭佳媛. 一带一路背景下国贸专业学生商务英语教改研究 [J]. 山东农业工程学院学报, 2020, 37(06): 140-142.

[4] 黄潇洪. "一带一路"背景下商务英语口语课程教学改革研究: 以福建省独立院校为例 [J]. 辽宁经济, 2019(11): 94-96.

[5] 康宏, 李军, 占多. "一带一路"倡议下国际商务人才的综合能力素质培养 [J]. 教育教学论坛, 2019(22): 95-96.

[6] 李训, 林川, 朱菊芹. 新商科背景下外语院校国际商务科技类人才培养的模式研究: 基于 CDIO 理念的构建 [J]. 高教学刊, 2020(15): 80-83+88.

[7] 梁燕媚. 跨境电商背景下商务英语课程改革与实践: 基于口头商务沟通能力的培养 [J]. 对外经贸, 2016(10): 136-138+145.

[8] 陆艳艳. "一带一路"背景下商务英语课程思政教学实践研究 [J]. 湖北开放职业学院学报, 2021, 34(08): 169-170.

[9] 吕千平. 基于"一带一路"的人才需求与商务英语教学改革研究 [J]. 陕西教育（高教）, 2019(04): 63-64.

[10] 齐永辉. "一带一路"人才需求下商务英语专业教学改革研究 [J]. 国际公关, 2019(09): 142.

[11] 徐鲁亚. "商务英语"的学科定位与实践教学 [J]. 民族教育研究, 2005(06): 83-87.

[12] 王艳华. 区块链技术下会计专业人才培养路径探索 [J]. 教育现代化, 2018, 5(51): 23-24.

[13] 张莉娜, 笪百洋. 国际经济与贸易人才培养能力模块重构 [J]. 现代经济信息, 2012(24): 151.

电力系统智能优化技术课程教学改革的实践与探索 *

张聪[1] 匡娜[2] 李素华[1] 李佳勇[1] 彭也伦[1]

（1. 湖南大学 2. 南雅望城学校）

摘　要　本文围绕"电力系统智能优化技术"课程的教学现状展开分析，针对目前存在的学生过于依赖理论知识、工程实践能力不足、课堂互动参与度低以及创新能力缺乏等问题，提出了一系列教学改革措施。本项目旨在通过优化教学内容、更新教学方法以及加强实际应用训练，全面提升学生的研究设计能力和创新能力。具体改革措施包括引入工程实际案例，构建"理论＋实践"的教学模式，同时结合科研训练，从点到面、由浅入深地培养学生的实践创新能力。通过这些改革，期望能够让学生在有限的学时内，不仅掌握扎实的理论知识，还能提升工程实践能力，形成对电力系统智能优化技术的专业理解，并在电气工程领域展现出较强的创新能力，从而构建一种面向创新应用型人才培养的教学模式。

关 键 词　电力系统智能优化技术；教学改革；创新能力；实践能力；创新应用型人才

一、引言

随着科技的快速发展，电力系统已成为技术高度密集的行业，其持续进步离不开新技术的推动。在当前，我国电网发展正处于一个全新的历史阶段，智能电网的兴起标志着电网的智能化、信息化和自动化水平达到了新的高度。智能电网通过先进的传感、测量和控制技术，实现了电网的可靠、安全、经济等多目标稳定运行，成为现代电力工业发展的核心驱动力

然而，智能电网的蓬勃发展离不开电力系统智能优化技术的支撑。智能优化技术的不断创新和应用，为电力系统的稳定运行和优化调度提供了重要保障。在这一背景下，培养具备电力系统智能优化技术知识和实践能力的专业人才，成为当前高等教育的重要任务。

党的十八大以来，党中央高度重视人才工作，将人才视为实现民族振兴、赢得国际竞争主动的战略资源。为响应党中央的号召，我国高等教育系统积极推进"双一流"建设，强调培养具有国际竞争力的高素质人才。在这一背景下，研究生的培养尤为重要，其课程教学质量直接关系到国家未来的科技创新能力和核心竞争力。

电气工程研究生的培养，更应注重专业能力和实践应用能力的培养。课程教学内容应与专业、职业紧密结合，培养学生的独立性、自主性和创造性。同时，教师应转变角色，从知识的

* 本文系湖南省研究生教改项目（编号：2023JGYB076；2022JGYB045）。

传授者转变为知识的引导者，增强师生间的对话性实践，注重科学研究方法的实践。这些措施的实施，有助于推动课程教学向更深层次改革与发展，全面提高教学质量。

智能电网的发展离不开人工智能技术的支持。人工智能在电力系统中的应用日益广泛，如解决电力系统调度问题、电力设备运维检修、大规模电力系统运行特征分析和预测等。随着新能源发电、电动车等大规模接入电网，电网结构更加复杂，不确定性增加，这要求电力系统应用技术必须高效、简单、灵活、可靠。人工智能技术凭借其独特的优势，成为解决电力系统复杂问题的有力工具。

为了适应智能电网和人工智能技术的发展趋势[1]，本文提出了一种融入师生互动和实践教学的"电力系统智能优化技术"课程教学改革与发展概念。通过增强师生互动、改善教学效果、激发学生创造力等方法[2]，拓展学生对电力行业前沿技术的视野，培养学生的复合型创新能力。同时，本文还探讨了如何通过全新的视角和多角度分析解决实际问题，以及理解和体会电力人职责和使命的重要性，旨在为我国电气工程领域培养更多具有创新精神和实践能力的高素质人才。

二、电力系统智能系统课程研究现状

"电力系统智能优化技术"课程是电气工程学科中的重要组成部分，它融合了电力系统专业知识与人工智能技术，旨在培养具备跨学科知识和创新能力的高级人才。该课程的教学内容涵盖电力系统基本概念、元件参数与数学模型、潮流计算、功率调整、短路计算等专业知识，以及运筹学、智能优化算法、神经网络等人工智能技术。

在课程的教授过程中，国内外高校普遍重视理论知识的讲解和基本原理的介绍，同时也注重通过实际工程实例来加深学生对理论知识的理解。然而，从教学现状来看，还存在一些问题亟待解决。

首先，美国弗吉尼亚理工大学电力系统优化课程内容主要有：配网内容包括配网概述、配电线路模型、负荷模型、三相变压器模型、配电馈线潮流计算、不确定性优化、配网中的混合整数规划问题等；电力系统有数学基础、电力系统经典问题、凸优化问题、拉格朗日对偶、经济调度、机组组合、潮流问题等。《智能电网优化理论与应用》作为高等教育电气工程学科高年级本科生和研究生对优化理论的入门和电力系统相关优化问题应用实践的参考书，具体内容包括MATLAB应用基础、线性规划、非线性规划、混合整数规划、智能算法在电力系统中的应用、基于人工智能算法的电力系统等。此教材的重点是对系统优化的整体把握，仍是着重理论知识的讲解。从国内外此门（类）课程的授课情况、参考教材等可以看出，各高等学校对"电力系统智能优化技术"的授课方式都是重点在于理论知识讲解和基本原理介绍，其侧重点各不相同，课程中都较为注重实际应用案例的学习，但是在课堂上的动手实践完成度较差。

其次，在教学手段上，国内外各高等学校基本都采用多媒体与黑板相结合、参考讲义进行授课，且以课堂教师讲授为主要方式。课堂互动性差，教学手段较为单一，教学方式较为枯燥，学生学到的技能也比较"低端"。课程教学质量低，导致学生的学习兴趣和积极性不高。为了解决这一问题，需要引入更多元化的教学手段和方式，如问题导向的教学方法、案例教学法、项目驱动教学法等，以激发学生的学习兴趣和参与度。

此外，在课程考核方式上，目前主要采用知识测验和课程论文等方式。这种方式无法全面评估学生的实践能力和创新能力，也无法了解学生对课程理论知识的应用程度。因此，需要建立多元化的考核体系，包括实验报告、项目报告、现场操作等多种形式，以全面评估学生的学习效果。

对以上问题，教学改革势在必行。国内外学者已经进行了一系列相关研究，提出了多种教学改革方案。例如，形成模块化、系列化、系统化的实践教学体系[3]，分层次逐步提高学生的动手能力；重视师资队伍培养，加大校企合作力度[4]，为学生提供更多的实践机会；实施"混合式教学"，将传统课堂教学与在线学习相结合，提高教学效率和互动性。

最后，需要强调的是，电力系统智能优化技术是保障电力系统安全稳定经济运行的重要支撑。随着能源结构的变化和智能电网的发展，对创新型、复合型人才的需求日益迫切。因此，通过教学改革培养具备跨学科知识和创新能力的高级人才具有重要的现实意义和战略价值[5]。

三、教学内容改革的必要性与重要性

在电气工程领域，电力系统智能优化技术课程的教学内容改革具有极其迫切的必要性和重要性。随着科技的飞速发展，电力系统正面临着前所未有的挑战和机遇，对人才的要求也日益提高。传统的电力系统智能优化技术课程往往过于注重理论知识的传授，而与实际工程案例的结合不够紧密，这种教学模式已经无法满足当前社会对人才的需求。

首先，教学内容改革的必要性在于提高学生的工程实践能力。电力系统智能优化技术是一门应用性极强的学科，要求学生不仅要掌握扎实的理论基础，更要具备将理论知识应用于实际问题的能力。然而，传统的教学模式往往忽视了学生的实践环节，导致学生难以将所学知识有效应用于实际问题。因此，教学内容改革需要注重实践教学环节的设计和实施，通过引入实际工程案例，开展实验和项目实践等方式，使学生能够在实践中加深对知识点的理解和应用能力，提高他们的工程实践能力。

其次，教学内容改革的重要性在于培养学生的创新思维。在电力系统智能优化技术领域，创新是推动行业发展的关键动力。因此，培养学生的创新思维至关重要。教学内容改革需要注重激发学生的创造力和想象力，引导他们主动思考和探索新的问题，鼓励他们提出新的解决方案和思路。通过引入前沿的科研成果和技术应用，使学生能够接触到最新的技术和方法，激发他们的学习兴趣和热情，培养他们的创新精神和创新能力。

为了实现教学内容改革的目标，我们需要从多个方面加以完善。

首先，优化课程结构是教学内容改革的基础。我们应该根据电力系统智能优化技术的学科特点和学生的实际需求，合理安排理论教学和实践教学的比例，确保学生在掌握基础理论知识的同时，能够充分参与实践活动。通过优化课程结构，我们可以使教学内容更加符合学科的发展趋势和社会的需求，提高教学效果和教学质量。

其次，加强师资队伍建设是教学内容改革的重要保障。教师是教学改革的执行者和推动者，他们的专业素养和教学能力直接影响着教学质量和学生的学习效果。因此，我们应该注重引进具有丰富工程经验的教师，同时鼓励教师参加专业培训和学术交流，提升他们的专业素养和教学能力。通过加强师资队伍建设，我们可以建立一支高水平的教学团队，为教学内容改革提供有力的人才保障。

此外，加强校企合作也是教学内容改革的重要途径。电力系统智能优化技术的应用需要与实际工程相结合，而校企合作能够为学生提供更多的实践机会和平台。通过与企业合作，我们可以共同开发课程、开展产学研合作项目、设立实习基地等，为学生提供更加贴近实际工程的学习环境和条件。通过校企合作，我们可以使学生更好地了解企业的实际需求和技术发展动态，为他们未来的就业做好准备。

最后，注重学生反馈和教学评价也是教学内容改革不可或缺的一环。学生是教学的主体，他们的反馈和评价对于教学内容改革具有重要的参考价值。我们应该建立健全的学生反馈机制和教学评价体系，及时了解学生的学习需求和意见建议，从而不断调整和优化教学内容和教学方法。通过注重学生反馈和教学评价，我们可以使教学内容更加符合学生的需求和期望，提高教学效果和教学质量。

综上所述，电力系统智能优化技术课程的教学内容改革具有迫切的必要性和重要性。通过优化课程结构、加强师资队伍建设、加强校企合作以及注重学生反馈和教学评价等措施，我们可以实现教学内容改革的目标，提高学生的工程实践能力和创新思维，为他们未来从事电气工程领域的工作打下坚实的基础。

为了改变这一现状，教学内容的改革势在必行。首先，我们需要将理论教学内容与实际工程案例相结合，使学生在学习过程中能够更直观地理解和掌握知识点。通过引入实际工程案例，学生能够将理论知识与实际问题相联系，从而提高他们的工程实践能力和创新思维。

其次，增加实践教学环节是教学内容改革的关键举措。实践教学能够使学生亲自动手进行实验和项目实践，通过实践操作加深对知识点的理解和应用能力。同时，实践教学还能够培养学生的动手能力和解决实际问题的能力，为他们未来从事电气工程领域的工作打下坚实的基础。

为了丰富实践教学形式，我们还可以引入案例教学法和项目教学法。这些教学方法能够为学生提供更多的实践机会，使他们在真实的工程环境中学习和应用知识。通过参与实际的工程项目，学生能够更好地理解电力系统智能优化技术的应用，提高他们的专业素养和创新能力。

四、课程教学效果的评估手段浅析

教学效果评估与反馈是电力系统智能优化技术课程教学改革的重要组成部分。本文将介绍教学效果评估的方法和指标，以及收集学生反馈的途径，以持续改进教学质量。同时，总结教学改革的目标和实践效果，强调培养创新应用型人才的重要性，并对未来的发展方向进行展望。

（一）教学效果评估与反馈

1. 教学效果评估的方法和指标

教学效果评估是检验教学改革成效的重要手段。评估方法主要包括学生成绩分析、学生问卷调查、同行评价、教学督导等。评估指标包括学生的知识掌握程度、实践能力、创新思维、团队合作能力等。通过对这些指标的评估，可以全面了解教学改革的效果，为后续的教学改进提供依据。

2. 收集学生反馈的途径

学生反馈是教学效果评估的重要来源。收集学生反馈的途径包括定期开展学生满意度调查、设置学生意见箱、开展座谈会、个别访谈等。通过这些途径，可以了解学生在学习过程中的需求、意见和建议，为教学改革提供参考。

（二）教学改革的目标和实践效果

1. 教学改革的目标

教学改革的目标是培养创新应用型人才，满足电气工程领域的发展需求。通过改革教学内容和方法，提高学生的实践能力、创新思维和团队合作能力，使学生能够在有限的学时内，学习理论知识、培养实践能力、获得电力系统智能技术的专业视角，并在电气工程领域内提高创新能力。

2. 实践效果

经过教学改革，学生在电力系统智能优化技术课程的学习中，理论知识和实践能力得到了全面提升。学生能够更好地理解和掌握知识点，将理论知识应用于实际问题中。同时，学生的创新思维和团队合作能力得到了锻炼，能够更好地适应未来的工作需求。

（三）未来的发展方向

1. 持续优化教学内容

在未来的教学改革中，将继续优化教学内容，紧跟电力系统智能优化技术的发展趋势，及时更新和补充新的知识点和案例。同时，注重培养学生的跨学科知识应用能力，使学生具备更广阔的视野和更强的竞争力。

2. 深化校企合作

将进一步深化校企合作，与企业共同开发课程、开展产学研合作项目、设立实习基地等。通过与企业合作，使学生能够更加贴近实际工程需求，提高实践能力和创新能力。

3. 强化师资队伍建设

将继续加强师资队伍建设，引进具有丰富工程经验的教师，鼓励教师参加专业培训和学术交流。通过提升教师的专业素养和教学能力，进一步提高教学质量。

4. 探索多元化教学手段

将积极探索和应用多元化的教学手段，如信息技术、虚拟仿真等，丰富教学形式，提高教学效果。同时，注重培养学生的自主学习能力和团队合作精神，使其能够在未来的工作中更好地适应和发展。

电力系统智能优化技术课程的教学改革取得了显著成效，为学生提供了更优质的教学资源和指导。通过教学效果评估与反馈，本课程将持续改进教学质量，为培养更多优秀的电气工程领域人才贡献力量。未来，本课程将继续深化教学改革，不断提升教学质量，为我国电力事业的发展培养更多优秀人才。

五、结束语

综上所述，本文深入探讨了研究生课程"电力系统智能优化技术"的教学改革与发展，强调理论知识传授与师生对话、课堂实践相结合的重要性。本文旨在通过增强师生互动、优化教学效果、激发学生创造力，以及拓展学生对电力行业前沿技术的视野，培养具备复合型创新能力的电气工程领域人才。文章还提出了从多角度分析解决实际问题、理解电力人职责与使命的必要性。未来，教学团队将完善课程教学设计、标准化建设和持续改进评估，以期在有限学时内，实现学生理论知识、实践能力与创新能力的全面提升，形成培养创新应用型人才的教学模式。

参考文献

[1]孙秋野，杨凌霄，张化光.智慧能源：人工智能技术在电力系统中的应用与展望[J].控制与决策，2018，33(05)：938-949.

[2]张彩霞，陈惠卿.地方高校电气工程与自动化专业创新实践教学模式[J].实验室研究与探索，2012，31（08）：357-359.

[3]华红艳，楚随英."电气工程及其自动化"专业实践教学改革探索[J].郑州航空工业管理学院学报（社会科学版），2005(01)：97-98.

[4]姚伟.新工科背景下电气工程与自动化专业课程教学模式改革与创新研究[J].教育现代化，2019，6(25)：60-61+98.

[5]谭爽.指向深度学习的高校"混合式教学"模式构建[J].中国高等教育，2019(06)：51-53.

微媒体语境下"中国现当代文学"课程教学改革研究 *

丰 杰

（湘潭大学）

摘 要 近十年来，微媒体正以非常密集的方式进入到每个手机持有者的生活。对于中文专业的研究生而言，"读、思、写"等专业学习的环节都受到了微媒体的较大影响。鉴于此，教学过程应在思路上强调经典文本与文学史的重要联系，并融入前沿成果，开拓跨学科视野。具体教学中可建构文本阅读的教学单元，革新学生的课堂角色，以问题意识贯穿教学设计，从而激发学生阅读的内驱力，培养原版阅读的专业习惯，提高学生的审美水平和研究能力。

关 键 词 微媒体；时代语境；"中国现代文学"；教学改革

作者简介 丰杰（1986—），女，湘潭大学文学与新闻学院，副教授。联系电话：18684776186；电子邮箱：fengjie7771@126.com。

一、微媒体语境下的阅读现状

2016 年 9 月，抖音 App 正式上线。这款软件的迅速流行对人们的日常生活产生了巨大而深远的影响。近两年来，QQ、微信、支付宝等各大社交与支付 App 也相继开启了短视频、视频号等频道，非抖音客户也被自媒体席卷。此前公众号、小程序等微媒体以图文、动画等方式已经对人们的阅读产生了重要影响。以抖音、公众号为代表的自媒体所产出的阅读内容有生产周期短、声光刺激强、内容篇幅小、转发速度快等特点。它们在大数据测算的加持下，正以非常密集的、渗透式的方式进入到每个手机持有者的生活，占据越来越多的空隙时间。为方便论述，笔者将这些媒介统称为微媒体。

在中小学时期，由于手机的使用被学校和家长限制，学生受到微媒体影响存在一定限度。进入大学后，学生一方面普遍拥有了属于自己的手机，另一方面又进入了一个相对没有外界监管的自由时代。这两方面的因素使得大学生很容易被手机 App 上密布的微媒体信息轰炸。而由于微媒体目前还处于自发生长的初级阶段，制作粗糙、真伪难辨的信息大量存在，对于处在价值观形成、专业知识搭建阶段的大学生而言，无疑是一个弊大于利的信息发布站。在之前的研究中，我们发现中文本科专业的学生因为受到微媒体的影响，缺乏阅读纸质经典原著的耐心实践，导致文本储备较为匮乏，语言水平较为平庸，学术研究的思路受阻。而今，这一批学生

---

* 本文受湘潭大学学位与研究生教学改革研究项目"微媒体语境下'中国现当代文学'课程教学改革研究"资助。

或已走上工作岗位，或进入高校继续深造。

笔者自 2016 年 9 月起担任湘潭大学文学与新闻学院中国现当代文学专业方向的硕士生导师（其时正是抖音上线的时间），至今已经带七届学生，其中五届已经毕业。这些学生考入湘潭大学的分数基本在 400 分左右，是中文专业本科生中的佼佼者。但也应该正视的是，他们的专业学习仍然受到了较多来自微媒体的影响。其一，语言思维受网络书写习惯的影响，存在习惯性语法错误和语言表意模糊等问题。如主语更换之后仍不断句，一个复杂句中频繁更换主语，很难将意思表达到位等。其二，缺乏经典作品的系统性储备。很多经典作家作品在本科时未阅读，进入研究生阶段又未及时补上，缺陷与断裂导致文学史的学习过程出现理解障碍。其三，缺乏学术史视野。建立在阅读史视野上的学术史视野，很难脱离阅读而存在。因此学术研究的新意与深度很难建构。如此等等问题，均须引起教学同人的重视。笔者基于此将深入探索与实践"中国现当代文学"的研究生课程教学改革。

二、微媒体语境对"读、思、写"的影响

中国现当代文学专业是中国文学一级学科下的主要方向之一。"中国现当代文学史"是中文本科专业的一门课程，一般来说开设两个学期，分别为"中国现代文学史"和"中国当代文学史"。进入研究生阶段后，"中国现当代文学史"可以根据学校特色和教师研究专长作进一步的拓展与延伸。一般来说也大致以现代文学和当代文学两个时间段来展开。笔者所在的学位点开设的课程为"中国现代文学批评史""中国当代文学思潮与流派研究""左翼文学研究""中国现当代小说专题研究""中国现代诗歌专题研究"等。教学目的主要为两方面，其一是通过更为具体的线索搭建现当代文学的学术视野，其二是通过知识学习提升学生的专业技能与研究能力。综合来看，学生需要通过教与学的过程，完成"读、思、写"的学习周期，获得专业技能的提升。

张全之认为："教学内容需要从重'史'向重'文'的方向调整；教学方法在强调课堂讨论、利用多媒体技术的同时，还要凸显教师的教学个性，以避免将大学的文学课堂变成了中学的语文课堂。"[1] 从"史"到"文"的方向调整，也是将教学中的知识型内容转化为更为切实可用的技术性内容，如文本分析阐释能力、研究创新能力等。以"文"为教学内容的核心，将带来很多具体的教学要求。笔者认为，正是在这种更为精确的学习要求面向中，微媒体的冲击才得以更为清楚地展现。

第一，以"文"为核心的教学内容，要求学生在课前阅读大量的作品原文。学界一贯强调回到文学历史的现场，即读作品首发的刊物，在整体性的文学生态现场来感受历史氛围。这是获得阅读灵感与阐释语境的重要途径。而在实际教学的过程中，我们发现学生已经习惯从手机上通过搜索引擎来获得文本。网络转载的文本通常存在较多语法错误与漏字、排版问题，又缺乏纸质文本的实体感，更完全脱离了历史原场的氛围。因此，学生在类似于"真空"状态，即脱离历史语境的情况下进行文学阅读，其收获必然大打折扣。手机阅读的另一个问题在于，各种界面切换的随意性导致阅读极易中断，而后滑向被动阅读。例如，用户在阅读微信读书时，

1　张全之.改革开放 30 年来中国现代文学史教学研究和实践的反思[J].中国现代文学研究丛刊，2009(3)：34.

可能因为另一个 app 通知的弹出而被干扰。如果点击则跳入了另一个 app 的界面，开始被动阅读另一个无关的内容。这些内容大致就是前述提及的微媒体内容。由于声光吸引力大，用户一不留神就会投入很多时间。所以，手机阅读的方式将极大地损害学生的经典文本阅读过程。

第二，"思"是从本科阶段到研究生阶段的一个重要进阶环节。阅读作品之前、之中与之后的独立思考乃是研究性思维产生的前提。独立思考需要阅读主体具有问题意识。而问题意识一方面需要主体有一定的学理与文史背景，另一方面则需要独处安静的时空环境。纸质文本相对而言是更好的提供主体思考的形式载体，因为纸质文本在音感上是静默的，需要阅读主体的主动解读。手机文本本身虽不一定具有音感，但手机阅读环境极易滑入被动阅读状态，然后陷入嘈杂的被动阅读文本。原本阅读主体可能建构起来的一些问题意识与思考灵感，刹那间就被声光效果所打破，阅读的断裂又将导致思考的顿挫，阅读过程便难以为继。简而言之，微媒体语境将极大地破坏阅读主体的主动思维。

第三，"写"是文学专业学生的实践环节，也是专业素养得以体现的最终形式。如若前述两个环节都是在手机 App 上进行的，那么这最后一个写作环节显然也很难展开。一方面，如果长期在被动阅读的习惯中进行信息的摄取，很容易造成思维的惰性。这可能导致学生在进行写作训练即一种主动输出的工作时感到抗拒与空虚。他们很有可能倾向于通过查阅他人的研究成果来获得一种知识性的定论。这样的写作也很难具有创新性。另一方面，学生的写作能力也已经受到极大的影响。如果阅读主体能够意识到自己受到被动阅读的影响，转而进入到纸质本文的阅读，但写作过程中仍然会出现以往被动阅读的影响留存。如网络输入法具有"猜词"功能，即输入一个字，甚至是一个字母之后就能够根据主体的语汇习惯与使用频次而关联到词，于是就不用再完成后续的音节输入。所以书写主体在打字时不需太注重语法的正确性。换言之，我们在表达一个句子的时候，会依赖输入法日趋精准的"猜测"功能，从而产生语言思维的惰性。这种情况可能不会影响我们日常的网络聊天，但会影响我们的长篇写作。因为一旦进行长篇的专业性的论文写作，输入法的日常储备就不能继续支撑写作——除非这种写作已经成为日常的、频繁的状态。于是，一方面在语法上会出现很多断碎的表达，整句的语法极易出现明显的问题。另一方面在表意上，写作主体很难进行深入到位的语言表达。

我们应该注意到，由于研究生入学的笔试在容量上与表现形式上的限制性，多数情况下仍然只能测试出学生对直观知识点的掌握程度。这种熟练程度是可以通过背诵来完成的。一些高校在试题上试图考查学生对作家作品的熟练程度，如让学生回答某一作品的主人公名字。但实际上，这些题目的答案仍然可以通过背诵来获得。教师很难从一张卷子的容量中去考查学生是否真正阅读了某部文学作品，并对其有自己独到的见解。而这种关键的能力又恰恰是研究生阶段，包括毕业之后的专业性工作所最为需要的。鉴于微媒体阅读语境所造成的上述影响，笔者试图在教学过程中进行相应的改革实践。

三、"中国现当代文学"课程的改革应对

基于微媒体时代语境下中国现当代文学专业学生在经典阅读上的匮乏和研究性思维的薄弱，我们的改革思路是：将阅读经典文本作为更为具象的教学内容，将教学延展至课前与课后，

对学生的阅读形式进行更为精准的要求。对教师在教学过程中的位置关系进行调整，使其更利于促发与辅助提升学生的阅读内驱力。我们拟从如下三个方面改革"中国现当代文学"课程的教学内容。

首先，强调经典文本与文学史的重要联系。在微媒体不断渗透进日常生活的当下，学生自主自觉地回到文学原场、阅读文学经典显得尤为重要。中国现当代文学的各个相关课程，从教学环节、教学内容到考核方式都直接与经典阅读关联，规定学生阅读的具体版本，从而激发学生阅读经典的内在动机。

其次，融入学术前沿成果，拓宽学术视野。中国现当代文学的研究不断发展与进步。新的学术成果能够激活学生的学术敏感。在研究生培养的过程中，教师应当将学界最新的研究成果纳入教学过程，丰富和拓展学生的学术视野，培养学生的研究性思维，也让学生在学习文学史的过程中学会如何撰写论文。

最后，展现文学的跨学科研究逻辑与视野。"大文学"观念是近代、现代、当代文学统合的必然趋势，也有利于培养学生对于文史哲的宽厚兴趣，激发一种博大的学术胸怀。培养学生的"大文学"观，应该让学生在具备文本阐释的专业技能之外，深入到20世纪以来中国历史文化的现场去理解文学现象与潮流的成因，把握文学发展的内在规律。

与上述教学内容改革相呼应，将教学目的从对教材的实记调整为让学生主动完成对文学史的细部阅读与体系搭建，进而培养学生的文学修养与学术能力。笔者从2016年起，对所教的七届学生进行了阅读经典作品为核心的教学改革，尝试了很多方法。总结起来，行之有效的方法主要有如下四种。

第一种方法是将课后作业改为课前作业，培养学生文本细读的能力。对于文学专业的研究生而言，文本细读能力是最为基本的专业技能，也是提高文学素养、激发学术潜质、形成文学批评感觉的起点。将整体的学习目标切割成具体单位的作品，可以让学生在课前目标明确地预读。如在讲授鲁迅单元时，让学生细读《呐喊》《彷徨》两部小说集，自选一篇进行深入解读，然后在课堂上进行观点分享和讨论。这个环节学生参与度高，往往能够有较多收获。

第二种方法是革新学生在课堂的角色，改变以往单一的讲授方式。如让学生撰写小型研究论文，走上讲台阐发观点。在课堂上鼓励学生主动思考，并让课前做好了准备的同学上台表达自己的理解。这样能够让学生感受到研究的乐趣，体会"研有所得"的成就感，从而巩固其主动思考的习惯。历史原场的诗歌、散文、杂文、话剧、小说等作品大都有着被口头传播、被改编的经历。这意味着文学艺术，尤其是以白话为语言的现代文学，具有极强的传播性与表演性。所以让学生成为文学作品的表演者，不仅能够提升课堂的沉浸感，更能让学生形成对作品与时代的体验与理解。

第三种方法是以问题为核心的讨论教学法。这种方法贯穿前两种方法，乃至所有课堂内容的设计，以从根本上让学生获得阅读的内驱力。以往线性的知识史体系，容易给学生枯燥、刻板的学习感受。而以问题为核心进行专题研究探讨，能够让学生在学习知识的同时，进行学术研究的实践。现代文学史有很多具有争议性的问题。在这些问题上，可以实行小组讨论与师生互动的方式进行。讨论的目的既在于通过"辨"来接近真理，更在于通过"辨"培养学生的质疑精神与批判精神。

　　综上所述，教学方式应在围绕文学史基本框架之余，尽可能还原和接近现代文学的历史原貌，让学生从其丰富性与多样性中汲取营养，开拓视野。改变单一讲授的教学方式，将一些互动性的环节融入教学，以发挥学生的阅读主动性，让学生成为课堂活动的主体，培养学生多层面的文学素养和学术能力。更为重要的是，教学过程应该调整教师与学生的关系。教师从课堂的讲授者转化为引领学生丛游者、倾听者、支持者，让学生基于自己对历史和作品客体的"第一手"阅读来建构自己的文艺观，形成审美能力与阐发能力。

专业学位研究生教育评价改革实践与探索[*]

周彦 王冬丽 王继东 穆远征 祁祥 张东波

（湘潭大学）

摘　　要　专业学位研究生教育评价是提高教育质量、促进学生全面发展的重要手段。本文基于实践经验和理论探索，就专业学位研究生教育评价改革进行了深入分析和探讨。首先，从评价的理论基础入手，探讨了专业学位研究生教育评价的重要性和必要性。其次，结合具体案例，介绍了当前国内外专业学位研究生教育评价的现状和存在的问题。然后，提出了改革的思路和方法，包括建立科学合理的评价体系，加强评价工具的研发和应用，注重评价结果的反馈和利用等。最后，总结了改革的成效和经验并对未来发展方向进行了展望。

关 键 词　专业学位研究生教育；评价改革；实践探索；质量提升

一、引言

专业学位研究生教育是针对社会特定职业领域需要，培养具有较强专业能力和职业素养、能够创造性地从事实际工作的高层次应用型专门人才的教育类型。因专业学位研究生教育的本质属性和发展定位，其在我国高层次人才培养和经济社会发展中发挥着不可替代的作用。随着十九大报告明确指出"我国经济已由高速增长阶段转向高质量发展阶段"，高质量发展成为新时代我国各领域发展的重要主题，也对专业学位研究生教育提出了新的发展课题。尤其是2020年全国研究生教育大会指出"以提升研究生教育质量为核心，深化改革创新，推动内涵发展"，标志着我国专业学位研究生教育进入新时代高质量发展阶段。同年，中共中央、国务院印发《深化新时代教育评价改革总体方案》，提出扭转不科学的教育评价导向，坚持分类评价，提高教育评价的科学性、专业性和客观性，提高教育治理能力和水平。完善高等教育分类评价，是专业学位研究生教育进入高质量内涵式发展阶段的核心任务。

在国家发展主题和政策话语体系导向下，国内学者日益关注研究生教育高质量发展的理论和实践问题，形成了一些研究成果。但面对专业学位研究生教育的独特性和现实需求，其高质量发展的内涵是什么，如何能实现，评价标准是什么，等等这些理论问题，现有研究还较为阙如。因此，为加深对专业学位研究生教育高质量发展的认识并指导教育实践，有必要对上述问题等进行系统而深入的探究。

* 本文受湖南省和湘潭大学学位与研究生教学改革研究项目的资助。

　　然而，当前我国研究生教育质量评价更多的是由政府主导，评价主体较为单一，不论是评估过程信息、数据采集还是结果的公布运用，都有较为明显的封闭性，缺乏对相关指标的解释，社会公众很难获取评价结果以外的有效信息。专业学位硕士研究生培养质量的评价指标更多是以学位论文为主的学术能力评价，对实践能力和职业能力评价的指标较为模糊，评价指标构建缺乏实证研究，质量评价机制还没有真正建立起来。

二、专业学位研究生教育评价的现状与问题

（一）国外专业学位研究生教育评价现状

　　国外教育评价最早萌芽于 19 世纪末，经历了从测量理论的量化数据评价到目标核心的泰勒评价模式，再到基于价值判断的发展教育评价，逐渐由结果型评价演变为过程型评价，既注重评价事实的客观科学，也注重评价方法选取的可持续性。主要特色在于评价主体、维度及流程方面，均显示出专业学位的应用性特点。

　　评价主体方面。强调多元化参与。譬如英国大学历来有学术自治的传统，形成了学校、学院和系所的分层质量保障内部评价体系，通过层层分级保证内部评价的合理性，外部则有赖于政府及中介机构的保障。美国的教育评价模式则主要包含民间机构评价、高校排行评价和院校内部评价三种，评价主体包括民间认证评价机构、新闻媒体和权威性的学术机构，是政府和社会机构共同参与的评价模式。

　　评价维度方面。凸显出区别于学术学位的特点。如美国的专业学位研究生教育质量评价维度主要是基于市场和行业需求，英国则侧重于毕业生学业成就，德国主要基于通用和专业标准。

　　评价流程方面。基本按照高校自评、同行专家评价、提出评价结论和改善评价流程来进行。美国的高校评价前须提交申请，获批后先进行高校和专业的自我评价，然后将自评报告提交质量认证机构，机构负责组织同行评价。法国的评价则更突出元评价，院校先提交材料，评价委员会进行实地考察，形成评价报告。评价报告结论多为概括性和描述性的定性评价，且注重对评价本身的元评价，以确保评价的客观公正。

（二）我国专业学位研究生教育评价现状

　　我国专业学位研究生教育虽始于 1991 年，但之前已出台了一系列政策文件为"提高质量"保驾护航。1980 年国家颁布的《中华人民共和国学位条例暂行实施办法》开启了我国研究生教育关注质量、规范化和制度化阶段。进入 20 世纪 90 年代，随着国家颁布的《中国教育改革和发展纲要》提出"全面提高教育质量"，研究生教育也进入了全面提高质量的阶段。1993 年国务院学位委员会发布的《关于学位与研究生教育改革和发展的若干意见》首次为提高研究生教育质量而提出"应侧重于内涵的发展"。

　　进入 21 世纪，国家还相继从招生、培养、学位授予等方面出台了一系列专门规范和提高专业学位研究生教育质量的政策文件。如：1996 年国务院学位委员会颁布的《专业学位设置审批暂行办法》，2002 年国务院学位委员会、教育部颁布的《关于加强和改进专业学位教育的若干意见》，2010 年教育部出台的《关于实施专业学位研究生教育综合改革试点工作的指

导意见》，2013 年教育部出台的《关于深入推进专业学位研究生培养模式改革的意见》可，2014 年国务院学位委员会、教育部出台的《关于加强学位与研究生教育质量保证和监督体系建设的意见》，2015 年全国专业学位研究生教育指导委员会发布的《专业学位类别（领域）博士、硕士学位基本要求》，等等。但是，不能简单地把"提高质量"等同于"高质量发展"，更不意味着提高了高等教育质量就实现了高等教育高质量发展。

随着十九大提出"高质量发展"，在 2020 年教育部出台的《关于加快新时代研究生教育改革发展的意见》和 2021 年国家颁布的《国民经济和社会发展第十四个五年规划和 2035 年远景目标纲要》政策指引下，"建设高质量教育体系"成为新时代专业学位研究生教育发展主题和政策导向。我国的政策语境实现了由"模糊质量"到"明确质量"，再由"提高质量"到"高质量发展"的全面转向。政策语境转型开启了研究生教育发展方向的新局面，成为推进我国专业学位研究生教育高质量发展的制度逻辑。伴随着专业学位硕士研究生教育规模稳步快速增长，国内相应的研究文献日益增多。现有研究内容大致有以下几种类型。

一是对教育质量评价主体的厘定。有学者提出我国目前在教育质量评价中外部评价主体缺失普遍，无法体现以职业资格认证为导向的标准，应重视行业协会和用人单位评价。建议在政府的宏观调控下，重视高校自我评价，完善社会评价，尊重学生评价，使各评价主体相互配合、互相制约，共同保证评价活动的科学性、合理性，评价结论的客观性、一致性。

二是对教育质量评价导向的反思。如学者提出专业学位硕士研究生教育制度设计与职业资格之间的关联度不够，导致具体培养实践活动缺乏对专业资格和从业能力要求的积极响应；忽视专业学位人才培养的特殊性，没有彻底扭转质量评价标准从以学术为导向转向以实践为导向，从重视论文发表到重视实际问题解决。

三是对教育质量评价指标的辨析。学者基于过程型评价视角提出指标设计，建议一级指标为生源质量、培养条件、过程管理和培养结果，并通过模糊评价来比较不同指标的影响程度。质量评价根本目的在于改进，因此过程型评价是重中之重，由此带来的过程评价中各指标的权重问题就显得尤为关键，必须结合专业学位硕士研究生的特殊性赋予不同指标权重。

（三）存在的问题

当前，中国的专业学位研究生教育评价在不断发展，但仍然存在一些问题：（1）评价体系不够完善。当前，专业学位研究生教育的评价体系尚未形成统一的标准和指标体系，各个高校的评价方法和标准存在差异，缺乏可比性。因此，学校之间的评价结果难以比较，评价体系的科学性和公正性受到挑战。（2）评价方法不够多样化。大部分高校在专业学位研究生教育评价中主要采用定性评价方法，如学生毕业论文质量、学生就业情况等。缺乏定量评价指标和量化数据的支持，导致评价结果缺乏客观性和科学性，难以全面反映教育质量的真实情况。（3）缺乏有效的质量保障机制。尽管一些高校在专业学位研究生教育中实施了内部评估和外部评估，但缺乏有效的质量保障机制。一些学校评价工作仍然停留在形式上，缺乏实质性的改进和提升，导致评价结果与实际教育质量存在较大差距。（4）教学质量不均衡。各个高校在师资力量、教学资源配置等方面存在差异，导致专业学位研究生教育的教学质量不均衡。一些学校的教学质量较高，但也有一些学校存在教学资源不足、师资队伍水平不高等问题，影响了教育质量的提升。（5）学生综合素质培养不足。一些学校在专业学位研究生教育中过分注重专业知识的传授，而忽视了学生的综合素质培养。学生除了需要具备扎实的专业知识外，还应当具备良好的科研能力、创新能力和团队合作精神等综合素质，以适应社会的发展需求。

三、专业学位研究生教育评价改革的思路与方法

（一）面向专业学位特点，确定评价主体

为了确保专业学位教育的质量和有效性，评价主体的确定至关重要。在这个过程中，应该坚持分类评价的原则，同时贯彻科教、产教融合的理念。专业学位教育的评价主体应当多元化，既包括外部主体，也包括内部主体。

首先，外部评价主体包括政府、教育主管部门、社会机构以及用人单位等。他们通常从政策、制度和舆论监督等宏观角度对专业学位教育进行评价。政府和教育主管部门通过颁布相关政策和制度来指导和监督专业学位教育的发展。社会机构和用人单位则通过反映市场需求和行业趋势来评价专业学位教育的适应性和实用性。这些外部评价主体的意见和建议对于指导专业学位教育的改革和发展具有重要意义。

其次，内部评价主体主要包括专业学位学术委员会、业务管理部门、校内外导师以及专业学位硕士研究生等。他们从培养方案制定实施、课程设置效果、导师培养情况和学习成果产出等相对微观的层面展开评价和反馈。专业学位学术委员会负责制定和调整专业学位的培养方案，确保其与行业需求和学科发展相适应。业务管理部门负责组织和管理专业学位教育的各项活动，监督课程设置和教学质量。导师们则承担着指导学生学习和研究的重要角色，指导质量直接影响着学生的学习成果和职业发展。专业学位硕士研究生作为教育的受益者和实践者，也应当参与评价过程，积极反馈学习体验和教学效果。

除了外部和内部评价主体之外，还应当重视内外部评价主体之间的联系和互动。这种联系和互动有助于促进信息共享、经验交流和合作创新，从而推动专业学位教育的持续改进和发展。外部评价主体可以通过与内部评价主体的合作了解教育现场的实际情况和挑战，提供更具针对性的政策建议和支持措施。内部评价主体则可以通过与外部评价主体的交流和对话，获取行业动态和市场需求的最新信息，及时调整教育方案和课程设置，提高教育质量和实效性。

在确定评价主体的过程中，还应当注重维护评价的客观性和公正性。评价主体应当代表各方利益的平衡和共识，避免出现利益冲突和偏见。同时，评价过程应当建立科学合理的评价指标和方法，确保评价结果客观可靠。只有在评价主体的多元化、联系和互动的基础上，才能更好地实现对专业学位教育的全面监督和有效管理，不断提升教育质量和水平。

（二）面向全过程质量提升，构建评价指标

为了实现全过程质量提升，需要构建全面覆盖从招生到培养再到毕业（产出）的评价指标体系。这一体系应当具有层次分明、科学合理的特点，以确保评价的全面性和有效性。

首先，需要确定一级指标，这些指标应该涵盖评价的核心内容，包括生源质量、师资队伍、人才产出、校企合作、社会声誉和专业学位硕士研究生个体能力等方面。生源质量是评价的基

础，它直接影响着后续培养过程和人才产出的质量。师资队伍的素质和数量对于专业学位教育的质量至关重要，不仅要具备丰富的实践经验和教学能力，还应当与行业紧密联系，保持教学内容的前沿性和实用性。人才产出是评价的重点之一，它反映了专业学位教育的效果和影响力。校企合作是推动专业学位教育与实际需求对接的重要手段，有助于提高教学质量和学生就业竞争力。社会声誉是评价的外在表现，反映了学校在社会中的地位和影响力。而专业学位硕士研究生个体能力则是评价的终极目标，毕业生应当具备扎实的专业知识和技能，具备独立解决问题和创新能力。

在确定了一级指标之后，进一步构建二级指标以更细化地反映专业学位教育的各个方面。二级指标可以包括学科关联度、教师的实践成果数量、专业课程教学质量、实践教学质量、职业资格证书数量、用人单位满意度、发表论文创新性和职业发展情况等。这些指标可以更加具体地衡量专业学位教育的教学、科研和社会服务等方面的质量，为评价提供更多的参考指标。

最后，评价形式可以多种多样，包括问卷调查、访谈和咨询等方式，以获取参与评价的不同主体的意见和建议。通过综合分析，科学赋予不同指标权重，以确保评价结果的客观性和可靠性。同时，评价过程应当具有透明度和公开性，保障评价结果的公正性和公信力。

综上所述，构建评价指标是实现全过程质量提升的关键一步。只有建立科学合理的评价指标体系，才能更好地指导和推动专业学位教育的持续改进和发展，为培养高素质专业人才提供有力支持。

（三）面向持续改进目标，实施评价监测

面向持续改进的目标，实施评价监测是推动专业学位硕士研究生培养质量提升的重要举措。在实施评价监测的过程中，需要坚持科学性和可行性的统一原则，确保评价方法既科学严谨，又符合实际操作的需要。评价监测旨在全面了解专业学位教育的现状和发展趋势，为持续改进提供有力支撑。

首先，评价监测一般从两个方面进行，即水平评价和效益评价。水平评价是对教育质量的静态评估，主要关注教育资源配置、师资队伍建设、课程设置等方面的情况。而效益评价则是对教育成果的动态评估，着重考察学生的综合素质、就业竞争力等方面的表现。评价监测要落实水平评价与效益考核的结合，既要关注教育的输入和过程，也要关注教育的产出和效果，从而实现全面、客观、准确地评价专业学位教育的质量。

其次，评价监测应该充分利用大数据技术进行深度挖掘。通过对大量数据的收集、整理和分析，可以更加全面地了解专业学位教育的各个方面，发现问题和提出改进措施。同时，专家评价也是评价监测的重要组成部分，专家们凭借丰富的经验和专业知识，可以提供宝贵的意见和建议，为评价结果的准确性和客观性提供保障。评价监测应当实现定量评价与定性评价的有效融合，既注重数据分析和统计指标，又关注专家评价和实地调研的情况，以确保评价结果的全面性和可信度。

最重要的是，评价监测应当摒弃传统的结果型模式，而是坚持动态化的周期检测。持续的评价监测过程需要长期的数据跟踪和分析，以便及时发现问题和调整策略。评价监测的目的不仅是为了发现问题，更重要的是激发评价对象的发展潜力，促进其持续改进和提高。在接收到

教育质量评价信息后，学校、导师和学生个体都应当对信息进行及时回应，并采取积极的改进措施，形成"评价—改进—提高"的良性循环，从而实现以评促建、以评促改、以评促强、以评促管的目标。

综上所述，面向持续改进目标，实施评价监测是推动专业学位硕士研究生培养质量提升的重要手段。评价监测需要坚持科学性和可行性的统一原则，同时注重水平评价和效益评价的结合，充分利用大数据技术进行深度挖掘，实现定量评价与定性评价的有效融合，以及摒弃结果型模式，坚持动态化的周期检测。通过评价监测，可以及时了解教育质量的现状和存在的问题，推动教育质量的持续改进和提高，为培养高素质专业人才提供有力支持。

四、专业学位研究生教育评价改革的实践与案例

为了适应社会需求的变化和教育质量的提升要求，各个国家和地区都在不断尝试和探索新的评价方法和机制。以下是一些关于专业学位研究生教育评价改革的实践与案例。

（一）美国教育评价体系的实践

在美国，专业学位研究生教育的评价体系主要由学校内部评估和外部评估两部分组成。学校内部评估主要由学校教育部门负责，通过学生满意度调查、教师评价、课程质量评估等方式对专业学位教育进行评价。外部评估则由独立的机构或专业认证委员会负责，例如美国高等教育认证委员会（Higher Learning Commission）等。这些机构会定期对学校的教学质量、学生成绩和毕业生就业情况等进行评估，以确保教育质量和标准的符合性。

（二）中国专业学位研究生教育评价改革的案例

在中国，针对专业学位研究生教育的评价改革也在不断进行。近年来，许多高校和教育机构开始尝试建立更加科学和完善的评价体系，以适应社会对高素质专业人才的需求。例如，一些高校通过建立校企合作项目、开设实践课程和导师制度等措施，促进学生的实践能力和综合素质的提升。同时，学校也通过引入外部评估机构、定期开展教学质量评估和学生满意度调查等方式，加强对专业学位教育质量的监督和管理。

（三）欧洲 Bologna 进程的实践

欧洲 Bologna 进程是欧洲高等教育领域的重要改革举措之一，旨在促进欧洲高等教育的国际化、标准化和高质量。在 Bologna 进程框架下，欧洲各个国家都建立了相应的质量保障机制，包括对专业学位研究生教育的评价和认证。通过引入国际评估标准和质量保障体系，欧洲高校可以更好地保障专业学位教育的质量，并提高学生的国际竞争力。

以上案例和实践表明，专业学位研究生教育评价改革已经成为全球高等教育领域的趋势，各国和地区都在不断探索和尝试新的评价方法和机制。通过建立科学合理的评价体系、加强内部和外部评估、注重实践能力和综合素质的培养等措施，可以有效提升专业学位研究生教育的质量和水平，为培养高素质专业人才提供有力支持。

五、措施保障

个人浅见，开展专业学位研究生教育评价改革的举措很多，包括但不限于以下几个方面。

（一）建立专业学位教育质量评价体系

为了促进专业学位研究生教育的持续改进，应建立专门的教育质量评价体系。这些体系通常包括从招生到毕业的全过程评价，涵盖学生招生质量、课程设置与教学质量、师资队伍建设、实践能力培养、毕业生就业情况等方面。通过建立科学合理的评价指标和评价方法，高校可以全面了解专业学位教育的现状和存在的问题，为持续改进提供依据。

（二）强化导师是第一责任人意识

为了加强对专业学位研究生的指导和管理，许多高校推行了导师制度。导师在学生的学习和研究过程中发挥重要作用，不仅负责指导学生的研究方向和课题选择，还要关注学生的综合素质和职业发展。如何协同校内导师和企业导师的角色关系，强化导师是研究生培养的第一责任人意识，进一步加强对学生个体能力和发展潜力的评价，促进学生全面成长是专业学位研究生教育评价改革的重要举措。

（三）加强实习实践环节

实习实践是专业学位研究生教育的重要组成部分，也是评价改革的重点之一。通过与企业合作、开展实践课程和项目等方式，可以加强实习实践教学环节。在实践教学过程中，学生可以将理论知识应用到实际工作中，提高自己的实际操作能力和解决问题的能力。通过实践教学的评价，可以更加全面地了解学生的实际表现和潜力，为其职业发展和就业提供有力支持。

（四）开展学生满意度调查

学生满意度调查是评价改革的重要手段之一，通过对学生的意见和建议进行收集和分析，可以及时了解教育质量的状况和存在的问题。建议高校定期开展学生满意度调查，以了解学生对课程设置、教学质量、实践环节、导师指导等方面的满意度和不满意程度，从而及时调整教育方案和提升教育质量。

（五）参与外部评估与认证

为了提高专业学位研究生教育的国际竞争力，一些高校积极参与外部评估与认证。例如，中国工程教育认证协会（CEAB）和中国工程院工程教育专家委员会（CAEE）等机构定期对工程类专业学位教育进行评估和认证，以保障教育质量和培养效果。但对于专业研究生教育，如何通过外部评估与认证，以进一步提升专业学位研究生教育的水平和国际影响力是亟待解决的问题。

六、结论

专业学位研究生教育评价改革是提高教育质量、促进学生全面发展的重要举措。通过实践与探索，可以从成功的案例中不断地总结经验，不断改进和完善评价体系和方法，为我国专业学位研究生教育的发展和提升做出更大的贡献。

参考文献

[1] 李明，王华.研究生教育发展形势概述与展望 [J].教育发展与管理研究，2023，35(2)：67-78.

[2] 黄宝印，薛新龙.中国特色专业学位研究生教育的创新成就与实践贡献：以三项国家级教学成果奖特等奖为例 [J].学位与研究生教育，2024(3)：1-7.

[3] 王宇，李军.研究生教育发展形势概述及对策建议 [J].教育发展研究，2021，20(4)，89-102.

[4] 王小明，李晓红.专业学位研究生教育评价改革实践与思考 [J].教育改革与管理研究，2023，35(2)：67-78.

[5] 张立，王强.我国专业学位研究生教育评价改革的路径探索 [J].现代教育管理，2022，28(3)：45-56.

[6] 李丽，刘伟.专业学位研究生教育评价改革的实践策略与效果评估 [J].高等教育研究与评估，2021，20(4)，89-102.

[7] 赵明，王刚.我国专业学位研究生教育评价改革的探索与实践 [J].教育科学研究，2023，45(3)：112-125.

[8] 李术才，蒋红光，朱太锐，等.综合性大学专业学位研究生教育发展的困惑、困境与出路 [J].学位与研究生教育，2022(5)，63-70.

[9] 李小林，张大伟.专业学位研究生教育评价改革的路径与机制研究 [J].中国教育科学，2022，34(4)，78-91.

[10] 王晓丽，张健康.专业学位研究生教育评价改革的国际比较与中国实践 [J].教育研究与实验，2021，27(2)：56-69.

基于资源依赖理论视域的"科教＋产教"
双融合培养专业学位硕士研究生路径探究*

李黎晴　田俐*

（湖南科技大学）

摘　　要　在新时代背景下，将专业学位硕士研究生培养成高素质、高层次、有技术的应用型人才是国家发展的迫切需求。"科教＋产教"双融合模式培养专业学位硕士研究生，以多主体资源相互依赖、提供优质教育与实践资源为手段，是培养高质量新质人才的重要途径。本文基于资源依赖理论视域分析产教融合培养模式的现状，积极构筑"科教＋产教"双融合整体模式、完善评价其体系、强化校企责任意识、协调双方既得利益，最终实现"科教＋产教"双融合教育模式的有效实施和应用，以期提高专业学位硕士研究生培养的"智－技－德"综合素养。

关 键 词　科教＋产教；资源依赖理论；专业学位研究生培养；"智－技－德"综合素养

作者简介　李黎晴（2000—　），女，湖南科技大学材料科学与工程学院研究生。联系电话：13231806811；电子邮箱：2287404612@qq.com。

前　言

当今世界，全球迎来了新一轮的科技革命和产业革命，国家与国家之间的人才与科技创新竞争日益加剧，培养全面发展的有技术、有技能、有品德（"智－技－德"）综合素养的复合型应用人才是提高我国国际竞争力的关键因素。党的二十大报告指出，教育、科技、人才是全面建设社会主义现代化国家的基础性、战略性支撑，坚持教育优先发展、科技自立自强、人才引领驱动，加快建设教育强国、科技强国、人才强国，坚持为党育人、为国育才，全面提高人才自主培养的质量，培养造就一大批德才兼备的高素质人才是国家和民族的长远发展大计。[1]同时，要加强企业主导的产学研进一步融合，强化目标导向，提高科技成果转化和产业化水平，强化企业科技创新的主体地位，发挥科技型骨干企业的引领支撑作用，营造有利于科技型中小微企业成长的良好环境，推动创新链、产业链、资金链、人才链的深度融合。

研究生教育是进行复合型高技术技能人才培养和科学研究的重要途径，是实施国家创新驱动发展战略的有效手段。专业学位硕士（以下简称"专硕"）研究生教育是为国家培养高级的、新质的应用型人才。在实施创新驱动发展战略、突破"卡脖子"技术等关键问题中，培养应用

＊　本文受湖南科技大学学位与研究生教学改革研究项目（2022—2024）资助（指导老师田俐主持）。

型、复合型、创新型人才是重要支撑。2023 年，《教育部关于深入推进学术学位与专业学位研究生教育分类发展的意见》中提出，进一步提高专硕比例，到 2025 年前专硕将成研招的"主流"，计划到"十四五"末，专硕研究生招生规模扩大至硕士研究生招生总规模的 2/3 左右。专硕研究生教育更倾向于社会发展中某些职业的特定需求，以学术与专业实践紧密结合的模式培养行业和社会所需要的人才，在这一过程中构筑和打造"科教 + 产教"双融合模式，探究双融合培养的实施路径，将为新时代专硕研究生教育和研究生的培养指明方向。

每个高校办学条件与设施、师资力量、教育理念、地域经济等实际情况均不同，采取的专硕研究生培养方式也有所不同，如西北工业大学的"三链融通"、浙江大学的"工程师学院"等。虽然我国科教结合形态已形成，但在科教和产教相融合培养专业学位硕士研究生的人才方面，目前我国还存在着许多问题。产教融合是高校和社会企业的一种为自身发展的资源整合与互换，双方通过资源交换和互动维持各自的发展，可以认为是资源的互换和依赖。因此，本文基于资源依赖理论的视域，对专硕研究生教育培养路径进行探索，分析"科教 + 产教"双融合培养模式下的专硕研究生培养的现状和可优化的途径，希望能为"科教 + 产教"双融合培养研究生的实施和发展提供新的思路。

一、资源依赖理论与"科教 + 产教"双融合培养模式的关系

（一）资源依赖理论

资源依赖理论认为，组织体的发展和成功需要从周边环境中吸取资源，并有效地利用该资源，与周围环境共生、共存、互利、互惠以达到共同和长远发展的目的。资源依赖理论作为组织理论中的重要流派，是研究组织体迁移变化活动的一个重要理论，20 世纪 70 年代后被广泛应用于组织体关系的研究中。阐述资源依赖理论意义的代表著作是 Jeffrey Pfeffer 与 Gerald Salancik 在 1978 年出版的《组织的外部控制》。[2] 资源依赖理论提出了几个重要假设，论述了组织体的发展所拥有的资源都存在差异性，且都必须通过与外部环境进行资源交换与互动才能维持双方的发展，两者有着高度依赖的关系。组织体间的资源利用和需求度越高，越有利于双方的进步和发展。

（二）资源依赖理论于"科教 + 产教"培养中之体现

资源依赖理论认为，组织体的发展和成功取决于对外部资源的依赖程度和如何有效地利用这些资源，这一理论在"科教 + 产教"双融合培养中可以得到充分的体现。具体来讲，科教资源和产教资源在"科教 + 产教"双融合培养的模式中相互依赖。

1. 高校中的科教资源主要体现在科研设施、高学历研究人员、高新技术等，企业的产教资源包括企业文化与技术、生产设备、市场需求等。在有效实施"科技 + 产教"双融合专硕研究生教育中，高校需要依赖市场需求和企业技术来指导专硕研究生的科研和学习方向，企业也需要依赖高校培养的人才和新的科研成果来支撑自身的创新能力和社会竞争力。

2. 通过"科教 + 产教"双融合模式可以最大限度地整合和利用外部资源。资源依赖理论认为组织体的发展很大程度上依赖于相互之间的资源利用和需求。高校和企业之间进行合作，

通过"科教 + 产教"双融合的实施，可以形成一种相互依赖的关系。一方面可以推动新质生产力的发展，将科研成果和技术创新转化为企业的实际生产力，加快高校科技成果的应用和产业化进程；另一方面，企业提供实际的市场需求、技术与人才需求来指导高校对专硕研究生的培养，有效地利用市场资源促进高校的科教发展。

3. 资源依赖理论还具有指导"科教 + 产教"双融合培养专硕研究生过程中的管理和决策的过程。高校和企业在合作中需要充分认识到彼此资源依赖的关系，以及最大限度地利用双方各自拥有的优质资源；同时，高校机构和企业组织需要建立起长期相互依赖、相互支撑的关系，从而实现优质资源的全方位共享和优势互补，推动国家相关政策的实施与校企产学研合作的深入发展。

二、资源依赖理论视域下"科教 + 产教"双融合培养现状分析

（一）科教与产教衔接性不强，融合度有待提升

产教融合培养专硕研究生特指高校和产业整合资源共同培养学生，即校企合作育人。[3]2014年《国务院关于加快发展现代职业教育的决定》中首次提出"产教融合"的概念；2020年9月教育部、发改委、财政部联合颁布的《关于加快新时代研究生教育改革发展的意见》又提出了"强化产教融合育人机制，加强专业学位研究生实践创新能力培养"[4]。

在高校的专硕研究生培养中，以理论知识、科学研究和发表论文为重点；企业在人才选用中注重实践能力、技术应用能力的积累，以及产学研成果转化解决实际问题的能力。但由于产学研合作机制不完善、资源配置不均衡、所得利益不匹配等问题，校企双方的资源难以整合衔接，相互依赖性并不强，协同教学更难以发挥其作用。因此，为加强科教和产教的衔接性，高校和产业界需要加强合作与交流沟通，建立双向的资源依赖机制，确保教育和培训内容与产业实际需求一致。同时，学校还可增加实习、实训、实操等实践环节，让学生更好地接触实际具体的工作，并与企业建立起更直接的联系；企业也可参与到教育体系的评估与改革中，推动教育与实际需求高度融合。这样才能够更好地为学生的职业发展提供支持，也能够更好地满足产业对人才和技术的需求，促进双方的资源依赖，使双方得到更深程度、更大空间的发展。

（二）"科教 + 产教"双融合模式缺乏整体规划性

在高校实施"科教 + 产教"双融合培养模式中，科研、教学、技术、市场需求等是融合的重要环节，是构成资源依赖闭环的有机整体。以本人就读的材料与化工专硕研究生培养为例，通过调查发现，在高校培养过程中，与企业的合作主要还是停留在邀请企业专家或技术员作为校外实践导师、共创实习实践基地或工程研发中心、共建实验室与工作站或到企业短时调研交流等少数培养环节上，未能全面覆盖材料与化工专业人才培养的全过程。[5]

1. 从招生方面来看，在选择生源时，企业并未参与到这个环节，而是学校单方面起主导作用，从而缺少对学生实践能力等方面的评估。

2. 从培养方案来看，材料与化工专业研究生培养方案是决定材料与化工领域人才培养目标、确定实施计划以及实施计划如何进行评估的重要指示文件。在相关人才培养方案的制定中，大

多都是高校指定某些教师来完成的。虽然考虑了理论、应用和实践等方面，但对企业的发展和需求是欠考虑的，对培养的人才和市场需要不能很好地进行资源衔接。

3. 从专硕研究生最终的毕业考核来看，有关毕业论文和毕业答辩高校进行的是对研究生三学年科研成果包括发表的学术论文、申请和授权的专利、所获得的奖励和荣誉等方面的考核；大多情况下是对实验数据或是理论知识的提问，对企业的了解、行业分析和技术成果应用等方面并没有纳入考核内容或缺少考核。在 2009 年，教育部就已经发布《关于做好全日制硕士专业学位研究生培养工作的若干意见》。该意见中明确提出，专硕研究生在学期间，必须保证不少于 6 个月的实践教学，通常可采用集中实践与分段实践相结合的方式完成；但在考核方面，目前对专硕研究生的实践环节考核很多是流于形式，高校应聘请具有专业背景的研究生导师和实践经验丰富的校外实践导师参与最终的毕业考核。[6]

（三）合作双方需求不一致，利益各异

在进行产教融合培养方面，高校和企业在人才培养理念和利益追求等方面存在着现实差异，虽然双方形成资源依赖，但由于高校是立德树人的场所，与企业一味地追求最终利润截然不同，双方最终目的是不同的，因而在产教融合培养实施过程中难以达到预期效果。高校追求的是让专硕研究生最终适应行业发展，成为具有创新性技术的应用型人才，在与企业合作中，培养他们所消耗的人力、物力、财力与企业最终盈利并不成正比，使得企业在产教融合方面缺乏积极性。不管是在职业教育产教融合方面，还是在研究生培养工作方面，企业参与积极性不高是一个不争的事实。也就是说，双方的利益追求和激励机制不相同。[7] 高校的利益追求是科研成果，企业则是快速变现；高校的激励手段是教师的学术成果，企业则是员工的业绩和表现。双方现实利益不同，导致产教融合培养无法深入实施，双方合作不能稳步、可持续性发展。

三、资源依赖理论下"科教＋产教"双融合培养路径探索

（一）制订"科教＋产教"双融合培养模式方案

从资源依赖理论视域分析产教融合培养现存问题，"科教＋产教"双融合培养模式是结合双方优势的协同育人模式。以下拟从构建"科教＋产教"双融合整体模式、强化校企责任意识、完善双融合评价体系、保障双方优质资源、协调彼此既得利益的角度提出应对措施，协助培养高层次应用型专硕研究生的培养。拟定的培养框架如图 1 所示。

（二）推动校企共赢局面，构筑"科教＋产教"整体模式

推动校企共赢局面，高校和企业之间应建立更加紧密的联系和合作。例如，高校和企业应积极开展校企合作项目，包括实习实训和毕业设计等实践环节方面，让学生更好地了解产业需求，培养具有更符合社会实际需求的有专业素养的技术型应用人才。

考虑到当下科教和产教衔接性不强的问题，应明确科教和产教之间的师资共享和协调育人机制，注重双师型师资的培养；通过建立协同育人创新基地，为实施"科教＋产教"双融合培养提供实践基地。

1. 高校应充分发挥教学和科研的优势，与各类企业实体积极地开展项目合作研究，共同建

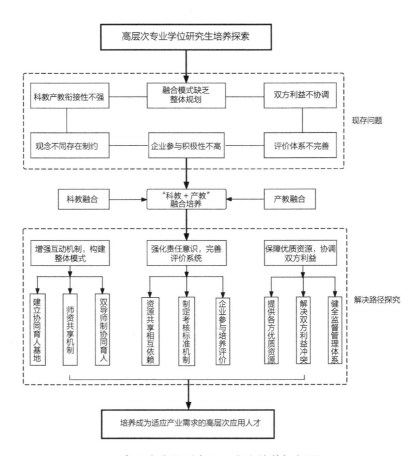

图1　高层次应用型专业研究生培养框架图

立协同育人基地，积极互换资源以形成资源依赖关系，促进双方共同发展；根据企业不同用人要求，有针对性地、有目的地培养专硕研究生，增强学生的创新实践和应用能力。

2. 在师资方面，高校对专硕研究生一般不缺乏理论知识和科研能力的培养。为确保实现培养创新型高技术应用人才这一目标，高校与企业之间可进行师资资源共享，引进企业精英、行业专家和技术人才等，丰富高校师资团队。此外，落实"双导师制"是建立"科教＋产教"模式的有效途径，专硕研究生配备双导师，采用"请进来"和"走出去"的策略，积极引进理论水平和实践能力双优的校内导师，同时，聘用实践经验丰富的企业专家担任校外导师，构建"校内导师为主""校外导师为辅"的导师团队。[8]校内导师和校外导师要实现优势互补、协同育人。一方面，重视校内导师项目实践能力的培养，定期选派校内导师以"企业访问学者"或"科技特派员"等身份到企业挂职锻炼；另一方面，校外导师也要求了解教育规律，并熟悉专业教育流程，以期提高校外导师的理论指导水平。

（三）增强双方责任意识，积极完善双融合培养评价体系

在实施"科教＋产教"双融合模式对专硕研究生的培养过程中，形成完善的"科教＋产教"双融合培养体系、制定相关的标准和形成整体意识至关重要。参与培养过程的高校、企业和政府等相关单位要形成相互依赖和团结的整体。校企双方同为"科教＋产教"双融合的参与主体，但一直以来，校企双方对主体身份认同缺失，"主"在什么、用什么"主"、双方如何配合协调等方面仍存在边界模糊感。[9]因此，需增强校企双方的主体意识和责任意识。

1.要加强资源共享和相互依赖意识，增强各自的责任感。资源依赖理论认为，组织更应该被视为一种"连结"。在"科教＋产教"双融合培养过程中，需要的是高校、企业和社会资源的共享和依赖。在不同环节提供资源的主体不同，明确主体各环节责任归属，加强高校、企业和社会在培养专硕研究生过程中的责任感，鼓励双方参与评价体系的建设和完善。

2.高校应建立相关的考核标准和机制。"科教＋产教"双融合培养想要取得高效业绩，就需要建立一套完善的评价体系。评价体系是培养过程和结果的判据，是改进培养体系的重要依据。通过对反馈的结果进行反思和整改，促进融合培养体系的改进和完善，及时调整培养过程。与此同时，应增加企业在融合培养过程中的评价环节。对专硕研究生的培养最终是适应行业的发展，企业也应参与对整体培养结果的评价，对培养的过程提出建设性意见，从是否有利于行业发展的角度对培养结果作出评定和分析。

3.加强校内导师和校外导师的责任意识尤为重要。尽管部分院校实施了双导师制度，企业导师投入仍有不足，对学生的指导也仅局限于一种实践教学方法，没有注意学生专业的差异性，不能做到因人而异，或是部分校外导师将工作重心集中在企业的生产管理和经营上，不能切实用心、专情地去指导学生。这样一来，高校和企业双导师制度的优势不能充分地发挥而徒有其名。因此，要增强双方资源依赖意识，以满足双方彼此的实际需要。随着利益驱动体系的运行，责任感也会随之产生，"科教＋产教"双融合才会更好地落到实地，并在专硕研究生培养中发挥其重要作用。

（四）保障校企优质资源，协调双方利益需求

资源依赖理论认为，当组织体在资金、市场、信息等资源上对其他组织产生高度依赖时，这个组织会与它们保持长期且亲密的关系。[10]因此，高校和企业之间应保障各自的优质资源、建立合理的资源配置和双方利益的分配机制，保证双方资源相互依赖且利益均衡，以促进双方的稳定发展。

1.在"科教＋产教"双融合培养专硕研究生模式中，需要各方提供优质的教育资源、科研资源和实践资源。高质量的资源决定高质量的发展，加强高校和企业之间的合作，吸引企业和实验室等高质量资源支持，同时，加强高校内部资源整合和共享，确保资源充分利用和效益最大化。

2.解决双方的利益冲突问题。企业参与到高校专硕研究生培养这一环节，目的就是获得高质量的实践操作型的应用人才。企业在对高校投入后，所得利益和投入不对等就会使其有消极参与的倾向。因此，必须建立健全的利益监督管理体制，对培养过程和结果实行利益合理化分析和改进；或者可以通过评估和调研等手段及时收集各方的意见反馈，不断改进和完善培养机制。在模式运行过程中，需要协调各方的利益需求，保障彼此利益得到平衡和满足，确保参与者都能获得相应的利益，也确保培养体系的稳定和持续地发展。

结 语

　　研究生培养是国家实施创新驱动发展战略的重要手段和社会高级人才培养的重要环节。"科教＋产教"双融合培养是促进这一环节的重要模式。高校和企业应以提高专硕研究生的理论和实践能力为目标，积极构建"科教＋产教"双融合培养体系，为实现培养高层次、应用型技术人员而做出努力。针对"科教＋产教"双融合模式实施的实际情况，本文从拟定"科教＋产教"双融合培养方案、构筑"科教＋产教"整体模式、完善评价体系和协调双方利益几个层面提出了相关解决路径；基于资源依赖理论分析"科教＋产教"双融合培养体系，对其发展给予了导向性建议，对专硕研究生的培养指出了努力方向，同时也将推动国家创新发展战略的实施与应用，为国家培养更多新质的更高级的有技术的"智－技－德"全面发展的应用型人才。

参考文献

[1] 习近平.高举中国特色社会主义伟大旗帜 为全面建设社会主义现代化国家而团结奋斗：在中国共产党第二十次全国代表大会上的报告 [M].北京：人民出版社，2022.

[2] 彭丽君.大学与科研机构科教融汇协同育人机制构建：基于资源依赖理论视角 [J].研究生教育研究，2024(2)：74-75.

[3] 马永红，刘润泽，于苗苗.我国产教融合培养专业学位研究生：内涵、类型及发展状况 [J].学位与研究生教育，2021(7)：12-18

[4] 教育部，国家发展改革委，财政部.关于加快新时代研究生教育改革发展的意见 [EB/OL].（2020-09-04）[2023-09-14].http://www.gov.cn/zhengce/zhengceku/2020-09/22/content_5545939.htm.

[5] 李洁.专业学位研究生产教融合协同培养体系研究：以材料与化工专业为例 [J].学位与研究生教育，2022(12)：6-12.

[6] 李新利，皇涛，张柯柯，等.产科教深度融合下专业型研究生培养质量提升探索 [J].高教学刊，2023，9(9)：171-172.

[7] 胡军，于浍，陈雯，等.科教融合理念下理工科一流人才培养模式探索 [J].高教学刊，2022，8（31）：139-142.

[8] 赵丁选，王敏，卢辉斌.多主体协同的工程专业学位研究生培养模式探索与实践 [J].学位与研究生研究，2021(12)：15-16.

[9] 周桐，刘宇，伍小兵，等.我国高职院校产教融合的现状、困境及创新路 [J].实验技术与管理，2022，39(9)：228-234.

[10] Baker W E. Market Networks and Corporate Behavior[J]. American Journal of Sociology, 1990, 96(3)：589-625.

PART 4

质量保障体系
与评价

POSTGRADUATE
EDUCATION

深化评价改革激发博士研究生创新潜能

程仕平　李超　付彪

（中南大学）

摘　要　博士研究生教育是人才培养体系的最高规格，而创新性要求是培养博士生的灵魂。本文分析了有效提升博士学位论文创新性所进行的评价机制改革举措，通过对比改革前后近三年博士学位论文创新性与论文价值分数，发现评价体系改革有效提升了博士学位论文创新性，可对高校培养机构提高学位论文质量提供一定的借鉴意义。

关 键 词　评价改革；博士研究生；创新性；学位论文

作者简介　程仕平（1968— ），女，中南大学研究生院，副研究员。联系电话：13508479296；电子邮箱：spcheng@csu.edu.cn。

一、引言

党的二十大报告指出，必须坚持科技是第一生产力、人才是第一资源、创新是第一动力，深入实施科教兴国战略、人才强国战略、创新驱动发展战略。高等学校是我国主要的科研单位，是科教兴国的重要平台，是创新驱动产学研一体化的重要环节，也是汇聚和培育各类创新人才的重要摇篮。构建适应多元化需求的现代科研评价体系，激发博士研究生创新潜能，为国家科技进步注入新的活力，是研究生教育工作重中之重。

进入新时代，推动博士生教育高质量发展，势必需要建立更加科学的、符合时代要求的教育评价制度和机制。学位论文是准确反映高校博士生教育质量的重要载体和主要标志，而论文的创新性与研究价值是评价学位论文质量的重要指标，是国家培养高层次人才的重要体现，从博士学位论文中获得创新性成果并应用于科学实践，是坚持"四个面向"，解决卡脖子问题的具体体现。因此，深化学位论文评价改革体系，更需要充分考虑对博士学位论文创新性的综合鉴定。

高校学位授予机构对学术创新性的重视与评价策略是提升博士研究生学位论文质量的关键。从宏观上看，高校作为桥梁，积极构建学校、学院、学位点、导师等多层级牢牢把关，学术论文检测、评阅、预答辩、正式答辩、论文抽检、评优等全链条监控的学位论文质量保证体系，有利于激发博士研究生的创新潜能，从管理层面把控学位论文质量与博士研究生综合素养。此外，多措并举压实导师指导责任落实、强化校院核心课程建设、激发学位点潜能活力、严控培养各关键环节的质量要求，逐步探索构建理论创新与实践创新相结合的学术文化，从学位论文质量检验的"结果导向"向培养环节"关口前移"的工作机制转变，实现从做"合格论文"到做"优秀论文"的质量文化转型，打造以创新能力为核心的学位论文全面质量管理机制，也能够为构建高水平人才培养体系、培养德才兼备的拔尖创新人才提供有力保障。

评价改革指向的是培养更高水平的创新人才，取得更高质量，更具有时代前瞻性的创新学术成果。为此，某高校不断深化博士研究生教育评价改革，加强对学术创新性的要求与全过程质量管理，推出了一系列改革举措，从保障学位论文创新性的角度，为高校及各科研机构提升人才培养和学位授予质量提供了理论与实践指导。

二、改革举措

（一）科学运用专家评审意见

根据《中华人民共和国学位条例》及学校相关文件要求，博士学位论文须匿名送给3位、5位或6位同行专家进行评审，评审意见分为A、B、C、D、E五个等级，即：A.同意答辩（创新性及论文价值≥70且评阅成绩≥90）；B.修改后直接答辩（创新性及论文价值≥70且80≤评阅成绩<90）；C.修改后由学位评定分委会决定答辩与否（创新性及论文价值≥70且70≤评阅成绩<80）；D.修改后再次送审（60≤创新性及论文价值<70或60≤评阅成绩<70）；E.不同意答辩（创新性及论文价值<60或评阅成绩<60）。

为严把博士学位论文质量关，科学运用专家评审意见，某高校2022年改革博士学位论文专家评审意见评价机制，严格评审意见为多个C结论的处理（见表1），并将专家评审意见定量赋分（即将评阅意见结果A、B、C、D、E结论的多种组合形式简化为数字处理），避免多种定性评审结果排列组合时出现统计漏项。

表1 《研究生学位论文评审管理办法》专家评阅意见处理对比表

专家评阅意见处理（2021年）（1）			专家评阅意见处理（2022年）（2）		
序号	评审结论	评审意见结果	序号	评审结论	累计专家评审意见赋值分数
1	直接答辩	均为A或B	1	直接答辩	无负分
2	学院分委会审核后答辩	有C及以上	2	学位分委员会审核后答辩	-1分
3	修改后重新送审	修改3个月	1份为D时（其余均为A除外）	3	修改3个月	-2分
4		修改半年	2份为D或1份为E时	4	修改后重新送审	修改半年	-3分~-5分
5		修改1年	3份为D或2份及以上为E	5		修改1年	-6分~-8分
6	追加两位专家进行评审	1份为D时，其余均为A	6		修改2年	-9分及以下
			专家评审意见按赋值方式进行处理；评审意见为A或B，不计负分；评审意见为C，计-1分；评审意见为D，计-2分；评审意见为E，计-4分。		

表 1（2）表明：当累计专家评阅意见赋分为无负分时，即专家评阅意见均为 A 或 B 时，直接申请答辩；当累计专家评阅意见赋分为 –1 分时，即评审结论最多允许出现 1 个 C 时，由学位评定分委会决定是否答辩。而相较于表 1（1）中有 C 及以上结论，如送审 3 份，每份结论均为 C 结论，学位评定分委会审核后可组织答辩，按表 1（2）中要求，累计专家评阅意见为 –3 分，学位论文须修改半年后，才能重新送审，结果运用要求更加严格。

依此类推，当累计专家评阅意见赋分为负分（–2 分至 –9 分及以下）时，须修改 3 个月到 2 年及以上时间不等，再重新送审学位论文。

（二）重新送审与复议追加评价结果均累计入论文评审赋值分数

1. 修改后重新送审的论文，如果当次送审未通过（如 –2 分及以下），其负分值将累计到历次送审赋值分数中。

2. 建立学位论文申请复议制度，避免不同专家对学位论文合格线的把控差异太大及受其他因素的影响。学位论文评阅意见中仅有 1 份评阅意见为 D 或 E，其余评阅意见均为 A 或 B，学位申请人及其导师对评阅意见存在较大争议，经导师和学生申请，二级单位分委会充分讨论，同意复议的，追加 2 名专家进行复审。复议追加评阅意见须均为 B（含）以上结论可申请答辩。如复议专家评阅意见有 C（含）以下结论，则本次复议申请无效，并将 C（含）以下结论赋值的负分数累计入学位论文送审次数中。这延长了学位论文修改后再次送审的时间，进一步压实导师和学生的主体责任。

（三）强化导师责任制

压实导师"第一责任人"的职责，加大对博士论文评审结果较差的导师处罚力度，进一步规范和加强学位论文质量保障工作。博士学位论文评审结果出现下列情况之一的，从下一年度开始暂停导师 1 年博士生招生资格：

1. 1 篇博士学位论文首次送审，当次累计专家评阅意见赋分为 –6 分及以下；

2. 1 篇博士学位论文第二次送审，当次累计专家评阅意见赋分为 –4 分及以下；

3. 1 篇博士学位论文第三次及以上送审，当次累计专家评阅意见赋分为 –3 分及以下；

4. 同一篇博士学位论文送审，累计的专家评阅意见赋分为 –7 分及以下；

5. 一学年内，同一名导师指导的所有博士学位论文送审，累计的专家评阅意见赋分为 –8 分及以下。

三、改革成效

某高校 2021 年至 2023 年送教育部学位中心盲审博士学位论文评审结果为：2021、2022 年、2023 年评审博士学位论文分别为 3515 篇次、4062 篇次、4753 篇次，创新性优秀率分别为 45%、46.5%、48%（如表 2）。

表 2　2021 年至 2023 年盲审博士学位论文评审结果

年份	评审结果总份数	创新性及论文价值	
		优秀数量	优秀占比（%）
2021 年	3515	1582	45
2022 年	4062	1891	46.5
2023 年	4753	2282	48

图 1 为 2021 年到 2023 年度博士学位论文评审数量及创新性分数为优秀占比变化图。从论文评审总数量分析，2021—2022 年与 2022—2023 年相比，送审的博士论文总数量从 3500 多份增加至 4700 多份，同前一年增加的比例分别为 15.6% 与 17.0%，增幅逐年增大。这一现象表明，越来越多的博士研究生不限于学校高标准评价要求，能够达到学位授予标准。同时，对比送审博士学位论文中创新性及论文价值优秀占比的比例，可以发现从 2021 年度到 2023 年度，优秀比例呈现线性上升的趋势，在 2021—2023 年间由 45% 上升到了 48%，年度提升率约为 1.5%，随学位论文送审数量增加及评价标准的提高，学位论文创新性价值还在线性升高，表明前述提到的在提升博士学位论文水平方面推出的系列举措已经取得了可观的效果，制度改革对于把控博士生学位论文质量，特别是学位论文创新性提升方面起到了关键性的作用。

论文数量及论文创新性价值为优秀所占比例的变化趋势。

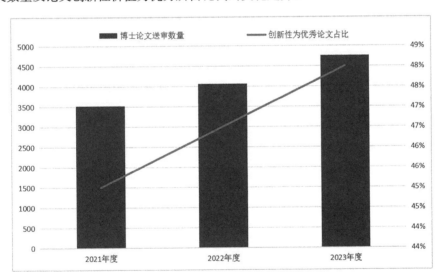

图 1　2021—2023 年度论文数量及创新性价值为优秀占比变化

四、结论

深化学位论文评价改革，科学运用专家评审意见是激发博士研究生创新潜能、进一步压实导师"第一责任人"职责的有效举措，可为高等教育质量改进提供决策参考，同时也为学位论文评价体系探索了一种新方向和新思路。

五、展望

博士学位论文质量提高并非一朝一夕之功，而是高校各级单位与学生本人齐心协力的结果。从管理机构的角度看，关键是要把内在压力化为学校和学院的内部机制。此外，要从根本上改变和提高博士学位论文的整体质量，需要教育领域深化改革，并建立国际通行的质量认证标准，通过学科国际评估对自身水平清晰定位，从而明确目前制度的优势与不足，理清未来发展的方向。

参考文献

[1] 孙雄勇，耿崇，申艳.学术不端检测的难点及对策[J].中国科技期刊研究，2019（1）：14-18.

[2] 李艳，马陆亭，赵世奎.博士学位论文质量及其影响因素研究[J].江苏高教，2015(2)：105-109.

[3] 彭笑菊，曲建升.博士学位论文综合质量等级识别方法及有效性验证[J].数据分析与知识发现，2024，8（7）：164-175.

[4] 娄枝，张务农，乔刚.博士学位论文质量监测评估指标体系研究[J].学位与研究生教育，2020(06)：49-54.

[5] 廉阳.博士学位论文质量的影响因素及预测研究[D].武汉：华中师范大学，2018.

[6] 明海英.提高博士学位论文整体质量仍需多方努力[N].中国社会科学报，2014-06-11(A02).

[7] 郭巍，郑舒婷.博士学位论文质量影响因素及保障体系建设[J].沈阳师范大学学报（社会科学版），2014，38(03)：146-148.

基于知识图谱的研究生学位论文评审结果分析与质量提升策略 *

胡艳[1] 薛永飞[2]

（1. 中南大学 2. 中南林业科技大学）

摘　要　研究生学位论文评审是研究生学位申请过程中的重要环节，评审意见具有复杂多样、专业性强等特点，简单汇总难以挖掘出共性问题，不利于学位论文质量的持续提升。本文以评审结果的学科专业、研究生类型、评阅分数、论文意见等关键信息来构建研究生学位论文质量知识图谱并将其可视化，能高效获取影响学位论文质量的诸多因素，如算法有效性、实验严谨性、仿真准确性、正文流畅度、格式规范性等，可为研究生学位论文质量提升提供有益参考。

关 键 词　知识图谱；学位论文；评审结果

作者简介　胡艳（1986— ），女，中南大学自动化学院研究生干事。联系电话：15084759757；电子邮箱：inform315@csu.edu.cn。

引言

近年来，我国研究生教育培养规模不断扩大，到 2022 年在学研究生达 365 万人 [1]，已成为研究生教育大国，这是我国社会经济发展和高水平人才需求的必然。从扩大研究生规模的发展转变到以质量提升为核心的内涵式发展 [2]，研究生学位论文作为研究生培养质量的重要评价要素，受到越来越多的关注。

对于如何保障与提升研究生学位论文质量，学界从生源质量、学术道德建设、导师队伍建设、研究生激励制度、课程体系建设等方面，对完善研究生学位论文的质量监控体系已进行了有益探索。[3] 而聚焦于学位论文本身而言，论文评审是学位论文质量比较客观、公正的反映。导师、管理人员、研究生等不同主体，从学位论文的"双盲审"评审方式 [4]，评审办法的高效化、国际化等有待改进之处 [5]，由评审意见提炼的不同等次论文典型特征的内容分析 [6] 等方面进行了广泛研究。目前对于评审意见的内容分析，或涉及学科范围广，多为横向比较 [6]，或从论文选题、研究方法、写作规范等评审各要素出发，概括比较宽泛 [7]，对评审意见的内容分析及有效反馈于写作等方面可进一步挖掘。工科研究生作为贴近科学技术发展的研究主体，有显著的学科特点，在"双一流"建设背景下，对工科硕士研究生学位论文的分析能有效反映当前研究

* 本文受中南大学研究生教育教学改革研究项目（2022JGB106）资助。

生培养的问题，从而在如何提升研究生学位论文质量方面提出有效的建议。

笔者所在单位采取在线送审的双盲评审方式，本文以2021—2023年学院硕士研究生学位论文评审意见为研究对象，对双盲评审意见书内容进行知识图谱可视化构建，从评审意见内容出发分析各类影响因素对论文质量的影响，为硕士研究生学位论文质量的提升有针对性地提供依据和参考。

一、研究生学位论文质量提升策略

多源因素作用下的研究生学位论文质量提升策略受论文评审意见的复杂性、多样性、专业性等因素的综合影响，往往难以通过传统的抽样方式进行有效的分析与评估，即只能依靠经验对专家的意见及结果进行逐条整理，无法从大量的评审意见中凝练出共性问题，进而难以避免后续研究生在选题、撰写、实验等方面重蹈覆辙。本研究从学位论文是否存在问题、具体问题类型、问题原因诊断及相应的解决方案四个方面探讨如何有效提升研究生学位论文的整体质量，详细提升步骤如图1所示。

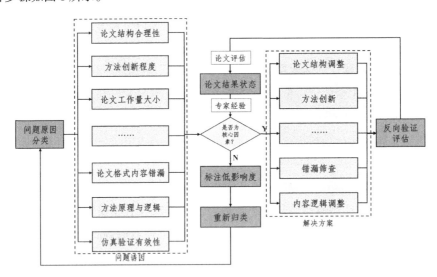

图1　研究生学位论文整体质量提升步骤

在整个研究生学位论文质量提升环节，首先通过问题原因分类来明确问题诱因，即论文结构是否合理，方法是否创新，工作是否饱满等等；其次在核定问题诱因后，建立论文评审结果与问题诱因间的强弱关联度模型，进而来规避部分无关紧要问题的影响；随后结合强关联诱因，利用所属专业性质对问题产生的原因及解决方案进行辩证分析；最后通过反向验证的方式对论文评估结果的合理性进行分析，探索影响学位论文质量的真正因素并加以调整，从根源上解决研究生学位论文质量提升问题。

二、研究生学位论文评审结果知识图谱构建

研究生学位论文质量信息涉及所属学科、专业类型、评阅成绩、问题建议等内容。[8]各内容间关联程度复杂，可通过数据整合、实体与关系抽取等方式构建其内部结构，即知识建模。

"知识建模"的概念最早由 A.Newell 提出，常见的知识建模方法主要有产生式规则表示法、框架表示法、一阶谓词逻辑表示法、基于语义网络的知识表示方法、基于资源描述框架的知识表示方法、基于本体的知识图谱表示法等。[9]

原始的研究生学位论文评阅书与其对应的评价结果关系复杂，对后续的研究生学位论文质量提升要求较高，故常规方法往往难以兼顾问题类型、评估结果、解决方案间复杂的推理过程。[10]知识图谱采用了图式数据存储，不仅能增强复杂逻辑关系间的可视化效果，还可以有效提升数据的检索及推理效率，有机嵌入大多数机器学习算法，全面提升模型的可解释性及适应性。[11]因此，本研究采用知识图谱对研究生学位论文的评审结果进行建模。其建模过程可简要概述为：（1）知识获取；（2）本体构建；（3）基于本体的知识表示。其中，知识获取主要是指非结构化抽取已有数据信息的过程，进行半结构化的分析和结构化的收集；本体构建主要是将实体、关系、属性等高度概括的信息从结构化数据中提取出来，以知识网络的形式表现出来；以本体为基础的知识表示，主要是指以本体的形式完成知识语义标注，将采集到的原始信息构建起一个基本的网状结构。[12]综上所述，研究生学位论文评审结果知识图谱构建过程如图2所示。

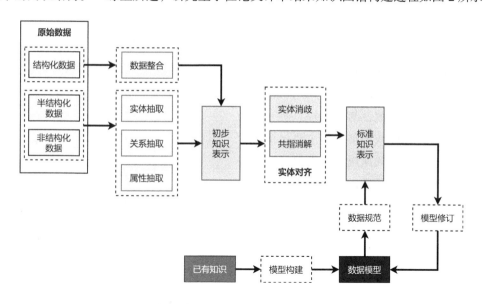

图2　研究生学位论文评审结果知识模型构建流程

基于本体的知识表示是构建知识图谱的核心，知识语义网络的本体主要是指计算机认识和理解该知识及其内在联系的一种形式化描述。本体建模可通过明确研究生学位论文评审结果中所涉及的概念、属性、约束条件等复杂的内在联系确定，进而来实现知识的网络化表示。本小节剩余部分将分别就论文评审结果的预处理、评审结果的本体构建及关系表征、研究生学位论文评审结果的知识图谱构建三方面展开详细论述。

（一）论文评审结果的预处理

完备的知识图谱构建依托于大量的数据信息及彼此间复杂的关联关系。考虑到研究生学位论文评审结果的多样性，即表格、图片、文档混杂，可将这些数据划分为结构化、半结构化、非结构化三种类型。[11]与结构化的数据相比，半结构化数据具有更强的可扩展性和多模态信息适应性，非结构化数据的形式限制较小，各种类型的文本、图片以及视频均属于这种数据类型，一般会被直接存储为二进制形式或其他计算机易于处理的数据格式。半结构化的研究生学位论文评审结果如图3所示，可描述为两种基本的树形结构，包括了年份、专业名称、学位类型以及评审结果等内容，该信息表示的结构具有多样性，没有具体严格的限制，不同的数据条目展现的形式可能会有较大差异。

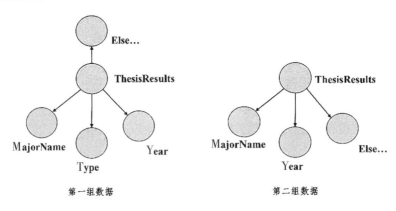

第一组数据　　　　　　　　　第二组数据

图3　研究生学位论文评审结果的树形描述

　　大多数情况下，研究生学位论文的评审结果往往存在信息缺失、语义混淆等问题，这将严重影响后续的知识图谱构建。[13-15]因此，在构建知识图谱前须对其进行适当的预处理以确保评审结果数据的有效性与合法性。研究生学位论文评审结果的数据预处理主要包括数据清洗、数据集成、数据规约和数据变换四部分，其中数据清洗可通过填补缺失值、删除离群点、平滑噪声点等方式解决。[16]具体的硕士研究生学位论文评审结果数据预处理步骤如图4所示。

　　值得注意的是，当数据为连续型时，一般选取统计量填充方式，采用中位数插值方式对其进行数据补充；当数据为离散型时，一般选取哑变量填充方式。

（二）评审结果的本体构建及关系表征

　　考虑到研究生学位论文评审结果数据结构的特殊性，其本体构建可概括为以下四个步骤：①对本体中概念的明确定义；②对概念进行分层，确定超类与子类的关系；③定义概念的属性及对这些属性值的限制；④为实例进行属性值填充。具体的构建步骤如图5所示。

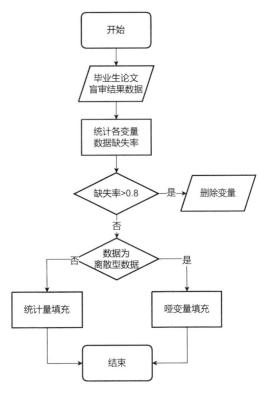

图4　硕士研究生学位论文评审结果数据预处理

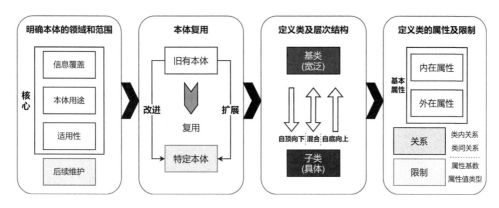

图5 研究生学位论文评审结果的本体构建

需要注意的是，上述构建过程的前提是研究生学位论文评审结果相关信息的有序性。在不满足先前条件时，必须从非结构化数据中提取信息。目前，知识表示主要以实体关系三元组（实体＋共指＋关系）为主，与之对应地，信息抽取过程主要包括以下三个部分：实体抽取、关系抽取和属性抽取。具体说明如下：

（1）实体抽取的目标是从学位论文评阅书文本（或其他非结构化数据）中识别包括实体类、时间类等实体信息。例如，对于"电气工程专业硕士毕业生 A 于 2022 年毕业，论文成绩为合格，答辩意见为同意答辩，论文意见主要有"***"，需要从中识别出"电气工程""专业硕士""2022年""合格""同意答辩""***"六个实体。在这一过程中，除确定学位论文评阅信息实体本身外，还需要进一步确定实体类别，其具体判别信息分析如图6所示。

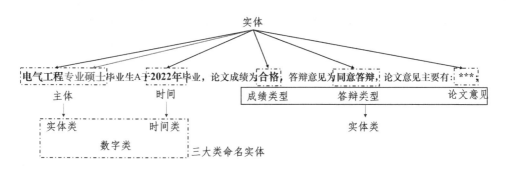

图6 研究生学位论文评审结果实体抽取范式

除实体类、数字类、时间类三大类实体外，在知识图谱领域，从文本中识别实体不能仅局限于命名实体，还包括其他类别的实体，如领域实体（特定领域下的名词）等。在研究生学位论文评审结果的知识图谱构建过程中体现为诸如"摘要""仿真结果分析""创新性"等学位论文评审的特定名词。

（2）关系抽取的目标是识别并处理信息数据中两个不同实体之间的语义关系。这种关系可以是一元的（如实体模型）、二元的（如实体属性），甚至可以是更高阶的关系。

（3）属性抽取的目标是从不同信息源中采集特定实体的属性信息，通过对多源数据的获取和分析，全面刻画学位论文评阅中涉及的实体全貌。由于研究生学位论文评审结果信息来源的单一性，一般情况下不需要对信息源进行复杂的属性抽取，见图7。

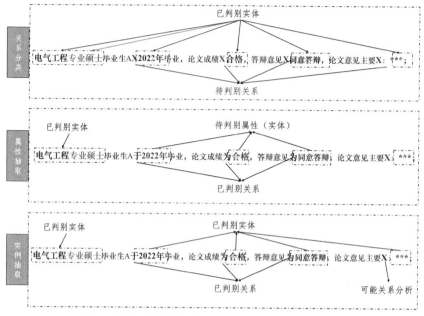

图7　研究生学位论文评审结果关系抽取任务分析

（三）知识图谱构建及其可视化处理

结合前述章节，研究生学位论文评审结果的知识提取过程主要包括：(1) 对原始研究生学位论文评审结果所涉及的数据信息进行结构化预处理；（2）整合处理后的数据，构建研究生学位论文评审结果的本体及关系模型；（3）依次按照本体的建模结构导入数据库，实现增删改查等功能；（4）考虑到实际应用场景的数据可视化需求，采用图数据库对其整体结构及内

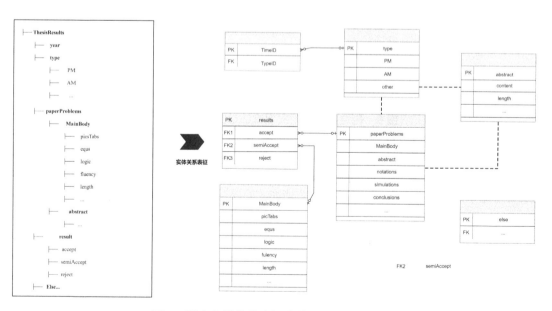

图8　研究生学位论文评审结果知识图谱框架

部关系进行可视化展示。研究生学位论文评审结果所涉及的实体属性主要由年份、学生类别、二级学科名称、评阅总分、总结建议、论文问题等信息构成。通过对上述信息的归纳总结，可得到图 8 所示的研究生学位论文评审结果知识图谱框架结构。

为便于对研究生学位论文评审结果进行管理，选取 NEO4J 图数据库作为离线知识库的主要存储载体。根据研究生学位论文评审结果的核心属性，可构建如图 9 形式的知识关系图。

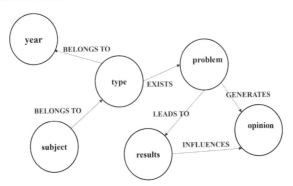

图 9　研究生学位论文评审结果知识关系图

三、基于知识图谱的研究生学位论文评审结果分析与质量提升建议

根据研究生学位论文评审结果知识关系图，利用 NEO4J 知识图谱工具进行离线知识库的可视化表征，具体的评审结果分析与质量提升建议结果如下。

（一）研究生学位论文评审结果分析

以 2021 年中南大学自动化学院硕士研究生学位论文评审结果为例，本小节首先构建了所有专家评审意见的知识图谱，在此基础上对影响评审结果的因素进行了多源数据分析，通过对专家评审结果中的高频词组进行统计和清洗，可以得到以下学位论文评审结果关联度分析表。

表 1　研究生学位论文评审结果关联度分析表

关键词	关联度	关键词	关联度	关键词	关联度
算法逻辑	510	参考文献格式	311	创新性	115
实验分析	409	公式错漏	284	改进和展望	107
正文表述流畅度	367	参数解释	197	符号说明	94
模型合理性	359	方法优化	182	引言逻辑	90
仿真结果	349	方案设计	157	数据来源	81
摘要内容	347	图片清晰度	128	篇幅	75
对比仿真	325	理论解释	123	图表解析	70

由表 1 可知，在 2021 年自动化学院硕士学位论文评审过程中，大部分评审专家对论文的算法逻辑、仿真实验的结果分析颇为关注，并提出了较高的要求。此外，对正文表述流畅度、构建模型的合理性正确性以及部分行文规范等方面提出了较多意见。进一步地，为理清研究生学位论文评审结果中各实体间的关系，并通过关系展示评审结果与论文本身存在问题之间的关系，本小节剩余部分对所建知识图谱中实体间的关联关系进行了可视化处理。

（1）专业类型 BELONGS TO 年份 + 二级学科名称 BELONGS TO 专业类型

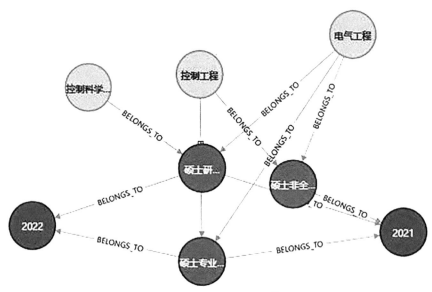

图 10　BELONGS TO 关系

（2）专业类型 EXIST 问题（仅展示 1500 个数据点）

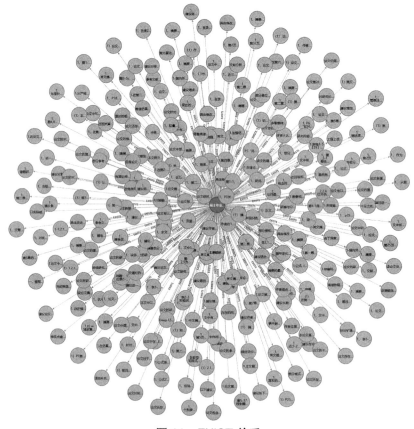

图 11　EXIST 关系

（3）问题 GENERATE 意见（仅展示 1500 个数据点）

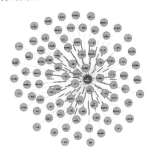

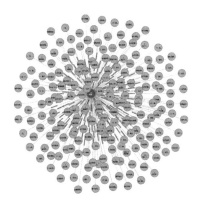

图 12　GENERATE 关系

（4）结果 INFLUENCE 意见（仅展示 1500 个数据点）

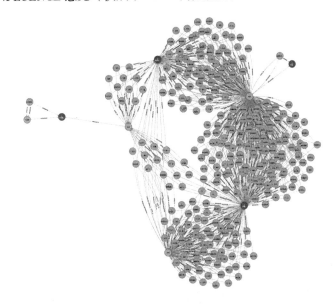

图 13　INFLUENCE 关系

（5）问题 LEAD TO 意见

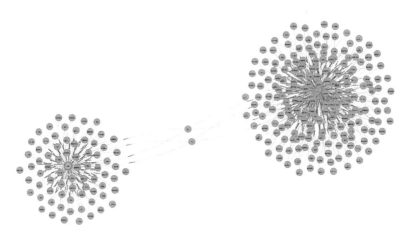

图 14　LEAD TO 关系

图 10—图 14 分别给出了在学位论文评审知识图谱中存在的关系实例，包括 BELONGS TO，EXIST，LEAD TO，INFLUENCE，GENERATE 等关系，从而直观地展示了学位论文评审结果与学位论文数据信息的不同属性之间的联系。进一步地，给出以下所有属性节点之间的关系图（仅展示 1500 个数据点）：

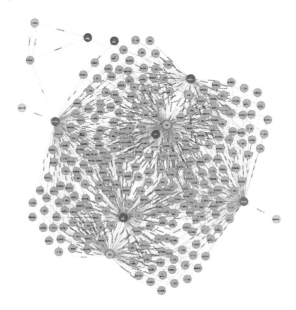

图 15　研究生学位论文评审数据知识图谱关系网络图

通过 NEO4J 本地知识图谱构建与展示方法，可以建立硕士学位论文评审过程中，论文存在的问题与对应的专家提出的意见之间的关系，并通过多组连接直观展现。基于上述体系方法可以充分处理并挖掘论文评阅结果和论文质量之间深度联系，整理当前硕士生论文主要存在的问题，为后续硕士生学位论文质量的提升提供有效参考，并为相关学科的论文评审结果分析提供方法支撑。

（二）研究生学位论文质量提升建议

通过构建研究生学位论文评审结果的知识图谱并可视化，结合必要的专家知识，可归纳出影响研究生学位论文评审结果的若干因素，详情如下。

（1）工科学位论文中所阐述算法的逻辑合理性与算法有效性直接关系到论文的质量。有效且表述清晰的算法设计流程能够帮助读者更加快速且清晰地了解论文的核心方法和技术支持。如果算法逻辑表示不清，抑或算法有误，可能直接引起实验结果错误，影响整篇论文的可信度和学术价值。

（2）实验分析是工科论文的灵魂。良好的实验设计和严谨的结果分析能够支撑论文算法的合理性和结论，并为读者提供充分的理解和验证依据。若实验设计不合理，数据分析不严谨，会削弱论文的说服力和可信度。

（3）正文表述的流畅度直接影响到读者对论文内容的理解和接受程度。清晰、连贯、简洁的表述能够使论文更具有可读性和吸引力，有助于传递作者的思想和观点。如果表述混乱、杂乱无章，可能会使读者难以理解论文内容，降低论文的学术价值。

（4）内容格式规范与否直接关系到论文的整体美观度和专业性。符合学术规范的格式能够使论文更具有权威性和可信度，同时也便于读者阅读和引用。若格式混乱、不规范，可能会给读者留下不认真对待研究的印象，影响论文的学术声誉。

（5）仿真结果是工科论文中常见的一种验证方式，对于理论模型的验证和分析至关重要。准确、可靠的仿真结果能够支持论文的结论，证明所提出方法的有效性。但如果仿真结果存在偏差或不可靠，可能会使论文的结论失去说服力，影响读者对论文质量的评价。

（6）数学模型在工科论文中扮演着重要的角色，它是解决问题和分析现象的基础。一个合理且准确的数学模型能够支撑论文的理论分析和实验设计，为研究提供可靠的理论基础。但若数学模型不恰当或存在缺陷，可能会导致论文结论不准确，降低论文的学术价值和影响力。

除此之外，参考文献格式、创新性、文章篇幅等同样是影响研究生学位论文的重要因素，但相对算法逻辑、实验分析、模型等而言，影响较小。进一步地，根据以上实验结果，可以强化学生对于上述问题的培养和指导，查漏补缺，全面提升研究生学位论文的质量。

四、结论

学位论文评审意见是直观反映研究生学位论文质量的标尺，用好学位论文评审意见，以结果反馈写作，以结果促进过程，是提高研究生培养质量的有力手段。从评审意见的所属学科、研究生类型、评审分数、专家的综合评价与建议出发，构建各本体及其表征关系，充分分析评审内容与其他本体的内在联系，并进行知识图谱的可视化构建，高效获取影响学位论文质量的诸多因素，如算法是否有效、实验是否严谨、仿真是否准确、模型是否可靠、行文是否规范等，可为研究生学位论文质量提升提供有益参考，并为后续的论文评审意见提供可持续解读的方法，为硕士研究生学位论文质量的提高提供依据和参考。但对于形成一套可交互、可解释的评审意见自动化处理仍需进一步优化。

参考文献

[1] 中华人民共和国教育部 .2022 年教育统计数据 [EB/OL]. (2023-12-29) [2024-06-06]. http://www.moe.
gov.cn/jyb_sjzl/moe_560/2022/quanguo/202401/t20240110_1099539.html.

[2] 张德祥，林杰 ."高等教育内涵式发展"本质的历史变迁与当代意蕴 [J]. 国家教育行政学院学报，
2014(11)：3-8.

[3] 曹晓璐，王罗春，徐群杰，等 .关于提高高校研究生学位论文质量的探索研究 [J]. 教育教学论坛，
2018(30)：11-13.

[4] 于永凤，高连兴 .研究生学位论文双盲审分类及典型方式对比分析 [J]. 高等农业教育，2018(06)：
87-93.

[5] 刘辉，于程名，吴海平 ."双一流"建设下的高校研究生学位论文评审办法改革探讨 [J]. 高教论坛，
2019(11)：83-85.

[6] 李雨桐 .研究生学位论文质量分析及提升策略研究 [D]. 保定：河北大学，2020.

[7] 秦婷，刘鹏，赵桂荣 .研究生学位论文评审质量分析及提升举措：基于某高校 2021 年双盲评审结果
分析 [J]. 西部素质教育，2023，9 (11)：171-174.

[8] 郭淑淑 .教育学科学术型硕士学位论文质量现状及改进策略研究 [D]. 西安：西北大学，2021.

[9] 白玉华 .基于知识图谱的平面几何推理可视化研究 [D]. 石家庄：河北科技大学，2024.

[10] 吴泽坤 .全日制教育硕士学位论文质量现状及提升策略研究 [D]. 沈阳：沈阳师范大学，2023.

[11] 史健 .基于知识图谱的中国大学生冰雪运动研究可视化分析 [J]. 体育科技文献通报，2023，
31(04)：111-114+123.

[12] 高士杰 .面向 Web 语义表格的异常数据处理技术研究与实现 [D]. 南京：东南大学，2023.

[13] 李艳，赵世奎，马陆亭 .关于博士学位论文质量评价的实证分析 [J]. 学位与研究生教育，
2014(10)：50-54.

[14] 杜庆良 .学术型硕士学位论文质量评价的实证分析 [J]. 华北水利水电大学学报（社会科学版），
2016，32(06)：154-157.

[15] 赵文鹤，王斯一，何艺玲，等 .什么影响了博士学位论文质量？——基于某高校 1874 份博士学位
论文盲审结果的分析 [J]. 学位与研究生教育，2020(07)：70-74.

[16] 刘雯婧 .基于 CiteSpace 的国内大学生体育消费研究的可视化分析 [J]. 文体用品与科技，
2024(11)：67-69.

基于分类评价的研究生学位论文质量保障体系的探索与实践

吴思遥 何康宏 蔡祯

（湖南大学）

摘　　要　学位论文是衡量研究生教育质量的重要指标。目前高校学位论文管理体系普遍存在建设不完善和落实不到位等问题，极大地影响了研究生学位论文的质量。同时，为满足经济社会发展对人才的多样化需求，国家积极推进学术学位和专业学位论文分类评价工作。在此环境下，本文通过分析现有学位论文质量保障体系存在的问题，梳理学位论文分类评价的发展现状和趋势，从学生、导师、学院、学校四个角度出发，探索和实践基于分类评价的"四位一体"的新时代学位论文质量保障体系，为研究生教育管理部门和高校完善相关体系制度提供参考，促进研究生学位论文质量稳步提升，切实推动研究生教育高质量发展。

关 键 词　学位论文质量；分类评价；研究生教育

作者简介　吴思遥（1992—），女，湖南大学研究生院学位质量科科长。联系电话：0731-88823116；电子邮箱：1073007048@qq.com。

一、引言

学位论文是研究生学术水平和科研能力、专业知识水平、科研方法和创新能力的集中反映，是衡量研究生教育质量的重要指标。我国高校研究生学位论文普遍存在规范性欠缺、创新性和科学性不足、优秀学位论文数量较少以及学术道德情况欠佳等问题。近年来，教育部先后印发《博士硕士学位论文抽检办法》《高等学校预防与处理学术不端行为办法》《关于严厉查处高等学校学位论文买卖、代写行为的通知》等政策文件[1-3]，不断规范学位论文管理，强化学位论文质量监控，保障学位授予和研究生教育质量。各高校也制定了从学位论文选题开题、中期检查到评审答辩等过程的一系列规范制度，但从实际情况来看，目前的学位论文管理制度仍然存在建设不完善和落实不到位等问题。因此，进一步完善学位论文质量保障体系、加强全过程质量监控对于高校而言尤为重要。

根据授予学位的要求、性质和特点的不同，我国研究生学位类型可分为学术和专业学位。随着社会分工日益精细化，为满足各个领域对人才的多样化需求，国家积极推进学术学位和专业学位论文分类评价工作。2020年7月，全国研究生教育会议指出，要完善质量评价机制。在学位论文评价中，学术学位论文突出强调科研方面的创新性，专业学位论文突出强调实践方面的创新性。2020 年 9 月，国务院学位委员会、教育部发布的《关于进一步严格规范学位与研究生教育质量管理的若干意见》指出，要分类制定不同学科或交叉学科的学位论文规范、评阅规则和核查办法，真实体现研究生知识理论创新、综合解决实际问题的能力和水平，符合相应学科领域的学术规范和科学伦理要求。[4]

二、学位论文质量保障体系现状

通过质量管理制度来保障学位论文水平，是我国高校的常见做法，如导师岗位管理制度、论文评审制度、论文中期考核制度、答辩制度等。但高校现有学位论文质量保障体系中普遍存在开题报告把关不严、中期检查流于形式、导师指导不足、论文评审标准空泛、答辩走过场等问题，对学位论文质量实际监督作用不明显。[5]陈勇等提出在学位论文质量管理过程中，不仅应重视学位论文管理相关制度的建立，更重要的是保证制度的落实，他提出应该对制度的执行情况进行检查、监督，同时推行弹性学制。[6]毛金德等人认为，随着研究生教育进入高质量发展阶段，学位论文质量保障范式应由问责型转换为支持型，应该建立以研究生为中心的支持型环境，为每一位研究生撰写学位论文提供精准支持。[7]和国内高校相比，国外的高校在学位论文质量保障制度上相对更完善，相关制度的落实也更加到位。美国一流研究型大学学位论文质量保障体系包括了招生入学政策、课程设置、资格考试、研究计划书和学位论文等多个方面，每个部分都有比较明确而规范的制度要求，它们通过多环节管理共同促进研究生学位论文的高质量完成。[8]

三、学位论文分类评价发展现状

在国外，学术学位和专业学位的分类培养和评价体系相对成熟。美国在研究生培养过程中遵循理论学习研究与专业技能培养并重的原则，在师资方面实行学术型教师、临床型教师和实践型教师相结合的多导师制，很好地兼顾了研究生在论文写作中对于学术性和专业性等多方面的要求。[9]国内关于学位论文分类评价的直接研究并不多，学者们主要聚焦于专业学位教育质量保障机制的探索。目前，我国各高校专业学位在培养研究生和学位论文评价等方面仍存在照搬学术学位模式的问题，[10]专业学位与学术学位研究生教育同质化明显，[11]大部分高校未分类制定不同类型学位论文的要求。

2020 年 9 月，国务院学位委员会、教育部印发的《专业学位研究生教育发展方案（2020—2025）》提出，要强化专业学位论文应用导向，完善专业学位论文评审和抽检办法，推动专业学位论文与学术学位论文分类评价。[12]2022 年 1 月，国务院学位委员会办公室发布《关于研究制定〈博士、硕士专业学位论文基本要求〉的通知》，要求由各专业学位研究生教育指导委员会研究制定各专业学位类别的博士、硕士专业学位论文基本要求。通知中明确指出，硕士专业学位论文一般可分为五种形式，即专题研究类论文、调研报告、案例分析报告、产品设计（作品创作）和方案设计等，博士专业学位论文的形式应为应用研究类论文。目前，多个省市和高校开始了学位论文分类评价体系的制定和完善。2017 年，上海市率先出台了《上海市硕士专业学位论文基本要求和评价指标体系》，其中制定了 37 种专业学位论文基本要求及评价指标体系,并明确了上海市硕士专业学位论文双盲评议和抽检工作将使用该体系中规定的评价指标,推动了本地区高校学位论文分类评价的实践工作。西安交通大学、重庆大学、中国政法大学、郑州大学和福州大学等也分别制定了相应的专业学位论文要求,为其他高校开展分类评价和完善学位论文质量保障体系提供了一定的参考。尽管国家学位管理部门、专业学位研究生教育指导委员会、研究生培养单位等已经在大力推进学位论文分类评价工作,但整体来看,学位论文的标准和规范建设还相对滞后,内容也不够细化,无法适应不同类型学位论文的实际需求。[13]

四、基于分类评价的学位论文质量保障体系

国内外对于学位论文质量影响因素和相关保障体系的研究和实践已有一定的成果,但学位论文分类评价的相关研究比较少,针对分类评价趋势下学位论文质量保障体系的研究更是缺乏,因此,高校亟须建立一套基于分类评价的学位论文质量保障体系,健全学生、导师、学院、学校四个主体责任分担机制,层层压实责任,全链条、全方位进行把关,从管理制度、导师职责落实、研究生培养全过程管理,以及优秀学位论文激励机制等多个方面着手,切实加强学位论文质量全过程多级监控,有效兼顾学位论文分类评价的同时有力保障学位论文质量。

首先,健全学位论文管理相关制度。一是根据国家最近标准,结合各学科特点进一步修订研究生学位论文撰写规范,促进研究生严格遵守学术道德规范,培养严谨的学术态度和习惯,面向国家重大战略和科学问题,高标准开展学术研究和撰写论文,提高研究生学位论文的科学性和创新性。二是厘清学术学位与专业学位研究生的学位论文要求,强化专业学位论文行业应用导向,明确专业学位论文的具体形式,针对不同形式分类别制定撰写规范。三是进一步细化不同类型学位论文评价指标体系,有针对性地完善学位论文评阅、抽检和答辩机制并落实。

其次,加强研究生导师岗位管理。一是进一步明确研究生导师岗位权责,增加导师对研究生学位论文的指导力度和精细度,加强行业导师对专业学位研究生论文指导的责任意识。强化导师考核制和问责制,对在研究生招生、培养、学位授予等环节出现问题的导师,视情况采取相应措施进行规范。二是完善导师研修培训体系,建立学校、学院、团队三级导师培训体系,着重强化导师师德师风建设、立德树人职责落实和育人能力提升,加强对培训过程和培训效果的考核,将导师参加培训情况与招生资格审核挂钩,切实保障培训质量。三是选树优秀研究生导师典型。持续开展优秀研究生导师、优秀学位论文指导教师等评选,选树一批指导成效突出的导师典型代表,充分发挥榜样示范引领效应。

第三,压实过程管理责任。一是加强研究生培养过程节点管理,坚持质量检查关口前移,进一步抓实学位论文开题、论文送审、论文答辩和学位评定等重要节点,层层落实,严格把关学位论文的学术水平和学术规范性。二是强化培养单位过程监督责任,将答辩委员会名单编入研究生学位论文,督促答辩委员会客观公正评价学位论文学术水平,切实承担学术评价、学风监督责任,督促学位评定分委员会对学生论文评阅情况、答辩过程以及学位论文质量进行认真审议,承担学术监督和学位评定责任。三是完善专业学位评定相关机制,成立专业学位评定分委员会,有效保障专业学位研究生学位论文质量。

最后,健全优秀学位论文激励机制。一是制定优秀学位论文培育计划,设立优秀学位论文

培育基金，从学术学位和专业学位研究生开题报告中分别选拔部分优秀选题进行重点培育，资助经费用于开展学位论文研究工作，提供一定的科学研究训练，引导研究生面向国家重大战略和科学问题开展研究，提高学位论文的科学性、创新性和实用性。二是充分发挥优秀学位论文的示范和激励作用，单列专业学位优秀学位论文指标和评价体系，调动广大研究生开展科学研究和实践的积极性和主动性，挖掘更多拔尖创新人才和优秀创新成果，提高研究生学位论文整体水平。

参考文献

[1] 国务院学位委员会，教育部．关于印发《博士硕士学位论文抽检办法》的通知：学位〔2014〕5 号 [EB/OL].(2014-02-12)[2023-10-14].http：//www.moe.gov.cn/srcsite/A22/s7065/201402/t20140212_165556.html.

[2] 中华人民共和国教育部．高等学校预防与处理学术不端行为办法：中华人民共和国教育部令第 40 号 [EB/OL].(2016-06-16)[2023-10-14].http：//www.moe.gov.cn/srcsite/A02/s5911/moe_621/201607/t20160718_272156.html.

[3] 教育部办公厅．关于严厉查处高等学校学位论文买卖、代写行为的通知：教督厅函〔2018〕6 号 [EB/OL].(2018-07-10)[2023-10-14].http：//www.moe.gov.cn/srcsite/A11/s8388/201807/t20180718_343403.html.

[4] 国务院学位委员会，教育部．关于进一步严格规范学位与研究生教育质量管理的若干意见：学位〔2020〕19 号 [EB/OL].(2020-09-28)[2023-10-14].http：//www.moe.gov.cn/srcsite/A22/moe_826/202009/t20200928_492182.html.

[5] 仇雪萍．基于过程管理的硕士学位论文质量保障制度研究 [D].南昌：江西师范大学，2023.

[6] 陈勇，王道红．浅论研究生学位论文质量管理制度的落实 [J].高等教育研究学报，2006，29(3)：4.

[7] 毛金德，蒋竺均，朱国利，等．从"问责"到"支持"：学位论文质量保障范式转换 [J].学位与研究生教育，2023(1)：47-55.

[8] 陈玥，翟月．美国一流研究型大学博士生教育内部质量保障体系研究：以加州大学伯克利分校为例 [J].外国教育研究，2017，44(7)：13.

[9] 张秀峰，白晓煌．专业学位教育"专业性"实践与保障机制探究：来自美国的经验与反思 [J].中国高教研究，2020(7)：7.

[10] 李伟，闫广芬．专业学位研究生培养模式的理论探析与实践转向：基于分类观的视角 [J].研究生教育研究，2021(5)：7.

[11] 侯施昱．高校分类评价改革与专业学位研究生教育改革探索 [J].文教资料，2021(20)：3.

[12] 国务院学位委员会，教育部．专业硕士教育发展方案（2020—2025）：学位〔2020〕20 号 [EB/OL].(2020-09-30)[2023-01-09].http：//www.moe.gov.cn/srcsite/A22/moe_826/202009/t20200930_492590.html.

[13] 赵军，朱梦应，王子琦，等．多元·标准·和谐：论专业学位论文的形式与规范 [J].学位与研究生教育，2018(1)：6.

人工智能赋能新时代研究生教育评价改革的
价值、困境和实践路径

郭瑾洁　刘宏

（湖南工业大学）

摘　　要　人工智能为教育的创新发展带来了新的驱动力，也催生教育评价的转型升级。本文探讨了人工智能赋能下研究生教育评价改革的现实困境、价值意蕴以及实践路径。人工智能技术的引入为研究生教育评价提供了更加精准、动态和多维度的评价体系，有效推动了教育评价的高质量转型。然而，算法偏差、伦理危机、数据隐私泄露以及教育主体数字素养不足等问题，成为改革进程中的重大挑战。文章从构建智慧教育生态、搭建关键技术平台、探索综合评价范式及健全制度规章等角度提出了系统的解决方案，为新时代研究生教育改革提供了可行的路径。

关 键 词　人工智能；研究生教育评价；价值意蕴；现实困境；实践路径

作者简介　郭瑾洁（1998— ），女，湖南工业大学，硕士；刘宏（1964— ），湖南工业大学，教授。

随着人工智能等新兴技术的发展，其在教育评价领域的运用日趋广泛。教育评价作为新时代教育改革的重要一环，在人工智能时代面临着新的契机与挑战。研究生教育作为高层次人才培养的关键阶段，其教育评价改革对推动高等教育质量提升、增强国家创新能力具有特殊的战略意义。然而，传统的研究生教育评价体系较为单一，依赖于学术成果、导师评议等主观或单维度的指标，难以全面反映研究生的综合素质与发展潜力，已经不能满足党和国家对人才培养选拔的需求。2019 年 5 月，习近平总书记在国际人工智能与教育大会上提出："中国高度重视人工智能对教育的深刻影响，积极推动人工智能和教育深度融合，促进教育变革创新。"[1]2020年 10 月，中共中央、国务院发布的《深化新时代教育评价改革总体方案》明确提出，要借助人工智能、大数据等现代信息技术创新评价工具，不断提高教育评价的科学性、专业性、客观性，[2] 从战略层面对践行"人工智能＋教育评价"的重要战略进行了"中国部署"。[3] 由此可见，借助人工智能推动研究生教育评价体系的转型与升级，是新时代教育评价改革的关键课题。

一、人工智能赋能新时代研究生教育评价改革的价值意蕴

人工智能技术的赋能为新时代研究生教育评价的高质量发展提供了有效依托，推动了教育评价全面转型，为智能时代教育的创新发展提供了方向指引。

（一）由主观性评价向客观性评价转变

传统的经验性评价往往依赖于研究生导师的个人判断，评价带有较强的主观色彩，尤其是在定量和定性评价之间的平衡上存在困难，评价结果通常受限于教师的过往经验、认知水平及个人偏好，甚至会受教师当下情绪状态所影响。人工智能技术通过数据驱动和算法分析实现评价标准的客观化和标准化，人工智能系统能够依据预设的客观指标，如论文引用次数、研究数据质量等，进行自动化评分，减少个人主观因素对评价结果的干扰。此外，人工智能系统能够应用统一的评价框架和算法进行分析，使得不同评估者对同一研究生的评价结果更为一致，提高评价结果的可比性与可靠性。同时，评价过程可进行详细的数据记录和分析，为后续的评价和改进提供数据保障，以提升评价的科学性和透明度，增强评价体系的整体公正性，有效解决经验性评价带来的主观和低效问题，助力主观性评价向客观性化价转变，推动教育评价朝智能、精准、客观的方向发展。[4]

（二）由静态型评价向动态型评价转变

人的思想具有内在性和动态性，难以被精准把握。[5] 当前的教育评价理念已从过去主要关注学习的最终结果转向更加重视学习过程。[6] 传统的静态评价依赖于周期性提交的学术成果和考试成绩，这种方法常常无法及时反映研究生在研究过程中的最新进展和实际需求。其固有的时滞特性导致评价往往滞后于研究生的实际发展，难以捕捉研究生在学习过程中的持续变化和即时需求。人工智能技术的应用，能有效通过实时数据监测与深度分析，提供即时反馈，评价过程能够实时反映研究生的当前表现和研究动态，不仅允许研究生迅速识别和纠正研究中的问题，还能够根据即时数据调整研究策略，从而显著提高研究效率和成果质量。同时，人工智能技术的动态跟踪能力使得评价不再仅仅停留在特定时间点的静态数据上，而是能够持续跟踪研究生的研究活动，如实验数据的实时更新、论文撰写的进度以及项目成果的变化等。这种动态评价模式确保了评价过程与研究生的学术发展保持高度同步，为研究生的学习与研究提供了更为全面和个性化的支持。

（三）由单一指标评价向多维综合评价转变

传统评价方式通常集中于考试成绩或论文质量等单一指标，无法全面反映研究生的实际能力和综合素质。教育系统的复杂性使得这种依赖单一证据的评价方式难以准确表征评价对象的本质特征，也无法为教育实践的改进提供有效建议。[7] 人工智能技术能通过整合多种数据源，如研究生的研究活动记录、学术交流情况、参与的学术项目和合作能力等，实现全面的多维度评价。这种综合评价方式不仅能够更准确地反映研究生的学术能力，还能够揭示其创新潜力和综合素质，为评价提供了更为丰富和多角度的视野。此外，人工智能技术能够生成详细且个性化的评价报告，提供针对性的反馈和建议，依据研究生的具体表现和需求，对研究生的知识基础、学术能力、情感态度、思维品质等进行综合分析，精准解析其优劣势，全方位培养研究生的批判性思维能力、创造性思维能力、分析性思维能力、问题解决能力等高阶思维能力。

（四）从传统评估工具向智能评估工具转变

传统评价工具依赖于人工评分和处理，效率低且易受人为因素干预，易出现评分不一致的主观性问题。而智能评估工具，如自动化评分系统，利用先进算法和机器学习技术，高效处理大量数据，快速完成评价与分析来统一评分标准。人工智能技术支持的智能研究助手亦进一步优化了研究过程，为研究生整理文献综述、进行数据分析和论文撰写提供实时建议，从而促进学术成果的高质量发展。同时，受人工智能技术驱动的个性化学习平台根据研究生的学习进展和需求，实时跟踪研究生的学习状况，提供定制化的学习资源和学习策略，并根据研究生的特定需求推荐适合的学习材料和方法，帮助研究生制定切实可行的学习计划，实现学术和职业目标的最优化。

二、人工智能赋能新时代研究生教育评价改革的现实困境

人工智能时代，研究生教育评价改革迎来了新的契机。然而，技术的广泛应用伴随着算法偏见、伦理危机、数据隐私泄露、教育主体素养欠缺等问题，不仅影响教育公平，还对学生权益与学术质量产生潜在威胁，亟须通过制度完善与技术创新应对新的挑战。

（一）算法偏差：教育评价效度、信度受限

算法偏差指的是系统在决策或预测过程中产生的不公正或系统性误差，通常源于训练数据中的偏见、模型设计和假设、数据采集过程中的不完整性、数据预处理中的选择性以及反馈循环的影响。从教育评价领域来看，其实质上是技术与社会现实之间的张力在教育评价中的体现。在实践中，由于数据类别和算法模型的限制，机器决策往往会有失偏颇，因而加剧教育评价的不可控风险。首先，算法偏差会直接影响教育评价的信度。算法偏差通常来源于训练数据中的不平衡或历史数据中的偏见。如果人工智能系统基于这些有偏差的数据进行评估，结果可能会呈现系统性误差，从而导致在不同情况下的评估结果不一致，使得评估结果在不同条件下的不一致性成为常态，相同的评估工具在不同时间或不同条件下的结果不具备稳定性和可靠性，削弱评估工具的可信度。其次，算法偏差还会削弱教育评价的效度。效度涉及评估工具是否能够准确测量其旨在评估的特质。例如，如果人工智能系统在训练过程中未能充分考虑特定学科或研究生背景的多样性，可能导致对研究生能力的误判，进而影响评估结果的准确性和代表性。偏差算法可能会高估或低估某些能力，从而无法真实反映研究生的实际水平。总而言之，低信度会导致教育决策呈现偏差，影响研究生的学术评价和未来发展规划，学校若依据不可靠的评估结果作出错误的决策，研究生将会失去参加高阶实践的机会，引发教育机会不均等。低效度会导致评估工具无法准确测量研究生的真实能力，导致错失发现研究生潜在优势或问题的机会，影响教育质量和公平性，让智能教育评价的科学性和客观性大打折扣，阻碍新时代教育改革的深入推进。

（二）能力制约：教育评价主体素养欠缺

在人工智能技术逐步渗透到教育评价领域的过程中，评价主体的素养缺陷成为制约其有效性的一个深层次因素。尽管人工智能为教育评价提供了前所未有的精准度和个性化能力，但其潜在价值的实现仍依赖于教育评价主体——研究生导师、教育管理者及研究生——对这一技术的深刻理解与有效运用。然而，现实中的教育工作者和管理者往往面临数字素养不足和技术理

解有限的问题，这些问题在根本上影响了人工智能系统在教育教育评价中的应用效果。首先，教育评价主体的数字素养不足限制了对人工智能系统复杂机制的掌握。人工智能系统通常涉及先进的算法、复杂的数据处理过程以及动态的模型优化，而此类技术的细节对多数教育工作者而言，可能显得过于抽象和难以理解。这种知识的缺乏不仅导致对系统结果的浅显解读，还可能引发对评价过程的误解和质疑。例如，教师可能无法准确评估人工智能系统如何处理和分析研究生数据，导致对评价结果的盲目依赖或错误解读，从而影响教学决策的科学性和公平性。教育主体数字素养欠缺还可能导致对技术的潜在偏差和局限性缺乏敏感度，不能有效识别和应对算法中的潜在问题。此外，教育主体能力制约还体现在对人工智能技术持续更新和发展的适应性不足上。人工智能技术和算法的快速演进要求教育主体不断更新自己的知识和技能，以跟上时代的步伐。然而，在实际操作中，教育主体可能面临培训资源不足、学习时间有限等问题，使得他们难以保持对新兴技术的跟进。这种适应性不足导致了教育评价中的技术应用滞后，限制了人工智能技术在教育领域的潜力释放。因此，教育评价主体的素养缺陷对人工智能技术在教育评价中的应用产生了深远的影响。

（三）伦理危机：隐私泄露与公平性缺失

迄今为止，人工智能尚无法完全替代人类来进行研究生的教育评价工作。当前的智能教育评价仍由导师或相关教务人员制定标准和规则，人工智能负责数据分析并生成评价结果，最终决策仍由导师、研究生和教学管理者基于结果作出。然而，在人工智能技术广泛应用于教学评价领域的背后，伴随着一系列严峻的伦理危机。其中的问题包括：一是人工智能技术的发展往往超前于道德伦理、法律框架以及社会对其后果的全面理解，致使现有的监管措施和道德标准滞后于技术的发展速度。二者的不对称不仅揭示了技术进步与社会接受之间的张力，也暴露了传统伦理框架在应对新兴科技时的局限性，同时，人工智能的进步也将促使人类反思自身的存在意义和价值取向，即在一个技术可以模拟人类思维的时代，如何定义"智能"和"意识"？当机器的决策能力无限接近甚至超越人类时，我们如何确保这些机器在道德和伦理上不偏离我们所认同的价值观？这些都是必须面对和解决的根本性问题。二是人工智能系统的复杂性和黑箱效应令决策过程对教育客体而言极为不透明，这不仅加剧了对系统评估结果的质疑，也将引发严重的人机互信危机。人工智能系统的自适性使得其决策机制常常超出人类直观理解的范围，这种"智能黑箱"现象暴露了对技术知识掌握的不平衡以及技术伦理审视的不足。教育评价的智能化不仅需要技术上的革新，更要求对系统内在机制的深刻理解和解释，从而能够与教育主体建立一种基于透明度和理性认知的信任关系。这不仅是对技术的挑战，也是对教育系统自身认知和实践的重塑，要求在技术应用中融入更为细致的伦理考量和有效的沟通策略。三是随着人工智能技术对研究生数据的深度挖掘和分析，教育过程中所收集的个人信息和行为记录将面临前所未有的风险。从伦理角度来看，这种隐私泄露不仅关乎数据安全技术问题，更是对个体尊严和自主权的根本侵犯，不仅削弱了教育主体对系统的信任，还可能导致教育环境中个体自由与公平性的严重受损。当个人数据成为系统优化和算法训练的工具时，如何确保数据的匿名性和安全性，如何在技术进步与个体权利之间找到平衡，成为当前亟待解决的难题。

三、人工智能赋能新时代研究生教育评价改革的实践路径

人工智能赋能教育评价的机遇和风险并存，如何发挥智能教育评价的正向效用并规避其潜在风险，是智能教育研究需要关注和解决的核心问题。未来，人工智能赋能研究生教育评价改革需要强化技术赋能，优化数字服务，探索评价范式，健全规章制度，推动智能教育评价创新发展。

（一）强化技术赋能，构建智慧教育生态

强化信息技术赋能需要从教育的系统层面出发，将人工智能、大数据、云计算等前沿技术与教育教学深度融合，逐步形成智慧教育生态系统。通过智能化的学习平台和教学管理系统，实现教学过程的动态感知与实时反馈，优化教学资源配置。当下，信息化技术与研究生教育教学的联系日益紧密，但多数仅是由"线下"转向"线上"，没有触及深层次的研究生教育评价体系变革问题，对运用智能技术促进教育教学评价改革缺乏实践支撑。构建智慧教育生态，意味着不仅仅是简单地引入先进的技术工具，而是从根本上重塑信息技术与教育活动的交互机制，形成以数据为核心、智能为驱动、协同为基础的新型教育生态。这一过程涉及对技术与教育本质的深度洞察，且需要在技术赋能的过程中，实现教育范式、教学评价以及人才培养模式的系统性转型。首先，信息技术赋能的核心在于构建一个基于大数据的智能化教育决策体系。教育活动本质上是一种复杂的知识传递和认知过程，涉及研究生个体认知的多样性、情感维度以及行为模式的复杂性。通过大数据、人工智能和学习分析等技术的介入，可以对研究生的学习行为、认知发展和能力成长轨迹进行全面的实时监控和精准分析，形成个性化学习路径的动态调整。这不仅有助于精准掌握研究生的学习进展，还可以通过数据挖掘揭示出潜在的学习障碍，从而优化教学资源的分配和教育策略的制定，使得教育评价和反馈更加科学化和数据驱动。其次，强化信息技术赋能还意味着要构建一个开放、协同的教育资源共享平台。这种协同不仅仅局限于物理意义上的教育资源共享，而是要通过云计算、区块链等技术实现知识体系、教育过程、评价反馈的深度整合。通过开放的知识图谱和智能化的学习管理系统，形成跨学科、跨领域、跨区域的协同教学与学习网络，使得教育资源能够更加高效、精准地服务于多样化的学习需求。信息技术的赋能不仅仅是对知识传递过程的优化，更在于通过开放平台实现学习者、教育者以及多元教育资源之间的无缝衔接与互动，使教育系统具备更高的适应性和自组织能力。此外，还必须构建智能化教育治理机制，实现教育管理、教学评价和研究生成长的全过程智能化。人工智能技术可以通过自然语言处理、机器学习等手段，对教育数据进行自动化处理，并为管理者提供多维度的决策支持系统。这种基于信息技术的教育治理能够超越传统的经验式管理模式，利用智能化工具实现精细化的教学管理和评估。例如，通过智能化的学习分析平台，可以预测研究生的学习成果，提前识别学习困难并提供个性化辅导方案；通过智能评价体系，可以突破单一的学术评价维度，将德育、能力、创新性等多元因素纳入评价体系之中，进而实现对研究生综合素质的立体化评估。

（二）优化数字服务，搭建关键技术平台

人工智能时代研究生教育评价改革，实质上是一场基于信息技术和教育理论深度交融的范

式转型。优化数字服务，搭建关键技术平台，是实现这一变革的双重路径，构成了教育评价体系从传统的线性、静态模式向复杂性、自适应系统过渡的关键杠杆。因此，必须从教育生态系统的根本结构入手，构建数据驱动、智能协同的技术支持体系，从而使教育评价的深度、广度和精度得到全方位提升。一是要构建分布式计算架构。搭建关键技术平台的首要任务是构建具有分布式特征的计算架构，以支持大规模数据处理和智能计算。此架构基于云计算、边缘计算以及雾计算的协同运作，能够将教育数据进行去中心化处理。通过分层式的数据管理模式，数据可以根据需求在云端和边缘节点之间灵活调度，实现低延时和高效能计算。在这一过程中，边缘节点不仅用于数据缓存和传输，还可实时处理本地化的学习数据，提升数据响应速度与评价的精准性。二是要部署高性能计算集群。为了应对大规模、多模态教育数据的计算需求，高性能计算集群的部署成为关键技术平台的基础设施之一。高性能计算集群通过并行计算和分布式算法，能够处理和分析海量异构数据。人工智能模型的训练与优化需要大量计算资源，高性能计算集群的引入能够显著加快模型迭代速度，提升深度学习模型的精度与适应性，从而为评价体系的智能化提供技术保障。三是要建设基于区块链的教育数据管理体系。在搭建关键技术平台的过程中，区块链技术为教育数据的安全性和透明性提供了基础保障。通过区块链的分布式账本技术，教育评价系统中的数据流转与记录实现去中心化管理，确保数据的不可篡改性和可追溯性。这种技术架构可以确保教育数据的隐私保护和信息安全，同时实现多方数据协作与验证，构建可信的数据共享机制。四是要实施人工智能驱动的智能评价引擎。通过深度学习、强化学习以及迁移学习等先进的人工智能技术，评价引擎可以实时分析研究生的学术表现、创新能力和实践潜力等多维数据，生成个性化的评价报告。这一智能评价引擎不仅能够适应研究生个体的学习进度，还能根据历史数据与行为模式对研究生未来的成长轨迹进行预测，提供前瞻性的教育干预措施。五是要构建知识图谱与智能推荐系统。知识图谱通过对教育资源、研究生行为与知识结构的建模，能够对教育活动中的隐性关联进行显性化表达，形成复杂的知识网络。基于此，智能推荐系统能够根据研究生的个体需求和学习历史，自动推荐最合适的学习资源与发展路径，并将学习成果纳入评价体系，实现评价的全方位覆盖和动态调整。

（三）加强示范效应，探索综合评价范式

探索综合评价范式的核心在于构建一个多维度、智能化的评价体系。传统评价体系侧重于单一的学术成绩，往往忽视了学生的综合素质与能力。新时代的综合评价范式则要求将评价维度扩展至创新能力、社会适应性、合作精神及领导潜力等多个方面。这种多维度评价模型通过构建知识图谱，将各种维度的数据集成于一个智能分析平台，实现对研究生能力的全景式评估。利用人工智能技术，可以从海量数据中挖掘出学生的综合素质，并在此基础上形成动态、立体的评价结果。智能优化是综合评价范式中的另一个重要方面，它通过自适应算法和机器学习模型，评价系统能够根据学生的学习进展和行为模式进行实时调整，不仅使得评价标准更加个性化和精准，同时也使得评价模型能够基于反馈数据不断自我优化和进化，从而适应学生的个体差异和变化。这种智能优化机制能够保证评价的及时性与准确性，提升评价体系的适应性和前瞻性。通过建立示范平台，可以将综合评价范式在实际教育环境中进行验证和推广，通常包括教育技术实验室、创新型教学单位和跨学科合作中心，积累的实践数据和成功案例，能够提供

可操作的经验和参考。教育主管部门需通过制定相关政策和标准，推动综合评价范式的广泛应用。同时，构建教育机构、技术企业和研究机构之间的协同合作机制，促进技术创新与实际应用的有机结合，加速新评价模式的推广。在此基础上，通过对示范平台实施效果的系统评估，提供数据驱动的优化建议，进一步完善评价范式，确保其在不同教育环境和学科领域中的有效性和适应性。探索综合评价范式能让研究生教育评价体实现从传统单一考核向全面、多维、智能化的转型。这不仅提升了评价的科学性与公平性，也为教育决策提供了更加精准支持，推动教育质量的全面提升，进而促进教育评价体系的根本性变革，形成新时代下具有前瞻性和国际影响力的新评价模式。

（四）健全制度规章，提升伦理风险防范

智能时代，研究生教育评价改革不仅涉及技术层面的创新，更需在制度规章的健全与完善上作出深远探索，确保人工智能技术在教育评价中的应用能够始终守住伦理底线，避免潜在的技术滥用和伦理风险。因此，将教育评价各阶段的伦理诉求嵌入到安全制度保障体系当中，尊重并保护各评价主体的合法权益，是消解伦理风险的一道强硬防线。[8] 一是要制定法律框架和行业标准。应从宏观层面构建法律框架，通过国家层面的立法，为人工智能技术在教育领域的应用制定明确的法律规范。其应涵盖隐私保护、数据使用、算法透明性、伦理审查等方面，确保人工智能在教育评价中的使用符合社会道德与法律标准。二是要构建伦理审查机制。通过设置独立的伦理审查委员会或监督机构，对人工智能系统的设计、部署和使用进行定期审查，确保其符合伦理规范。此外，伦理审查机制还应引入技术专家、法律顾问、教育学者等多方参与，形成跨领域的综合监督体系，以保证人工智能技术应用的广泛合理应用。三是要加强数据隐私保护制度。人工智能系统依赖于海量数据的处理，因此数据隐私保护是健全制度规章的基础。制度建设应明确教育数据的收集、存储、使用和共享的合法范围和程序，确保数据处理的每个环节都在法律和伦理框架内进行。通过引入数据保护的技术措施，如数据加密、去标识化和分布式存储，减少数据泄露风险。同时，还应要求学生在数据提供时具有知情同意权，并允许学生撤回或修改其数据使用授权，建立强有力的数据管理条例，确保所有涉及学生个人数据的操作都得到记录和审查，从而提升数据的安全性和透明度。四是要强化算法透明性与可解释性。人工智能算法的透明性和可解释性是避免"黑箱化"决策的重要保障。健全制度规章需要对算法的设计与应用提出严格的透明性要求，包括算法如何处理数据、如何得出评价结果等。制度应规定评价模型必须具备一定的可解释性，即能够为评价结果提供合理的解释和证据，使得教育管理者、教师和学生能够理解人工智能的工作逻辑，确保算法的公平性和可审计性，以防止算法偏见或不合理的结果影响学生的教育评价。五是要建立责任追溯与问责机制。应明确规定人工智能评价系统在出现错误、偏差或违规行为时的责任归属与处罚措施。通过建立完整的追溯机制，确保任何评价过程都能够回溯至具体的算法模块、数据来源和操作人员，从而在出现问题时能够迅速定位并加以纠正，提升系统的透明度，有效避免因技术或操作问题引发的责任逃避现象。

参考文献

[1] 中共中央党史和文献研究院.习近平关于网络强国论述摘编[M].北京：中央文献出版社，2021：165-166.

[2] 中共中央国务院印发《深化新时代教育评价改革总体方案》[EB/OL].(2020-10-13)[2023-11-23].http://www.moe.gov.cn/jyb_xxgk/moe_1777/moe_1778/202010/t20201013_494381.html.

[3] 李真真.人工智能场域思想政治教育评价机制研究的缘起、主体及创新[J].廊坊师范学院学报（社会科学版），2024，40(03)：99-108.

[4] 吴砥，郭庆，吴龙凯，等.智能技术赋能教育评价改革[J].开放教育研究，2023，29(4)：4-10.

[5] 吕梦醒.智媒时代高校思想政治理论课教学变革的反思与突破[J].湖北经济学院学报（人文社会科学版），2023，20(11)：135-138.

[6] 刘桐，沈书生.从表征到决策：教育大数据的价值透视[J].电化教育研究，2018，39(6)：54-60.

[7] 郑永和，王一岩，杨淑豪.人工智能赋能教育评价：价值、挑战与路径[J].开放教育研究，2024，30(04)：4-10.

[8] 王猛.人工智能赋能高等教育评价改革[N].新华日报，2024-02-23(011).

PART 5

思想政治教育

POSTGRADUATE
EDUCATION

基于"三全育人"理论构建基础医学双享共赢导生关系 *

易伟阳 刘惠君 刘持

（中南大学）

摘　要　导师与研究生关系（简称导生关系）是决定研究生培养质量的关键因素。基础医学研究生教育是孵育拔尖创新医学人才的关键途径，更是助推现代化医药科技进步的内在驱动力。但是，基于基础医学研究生特殊的专业培养模式和目标人才定位，现阶段的基础医学导生关系中隐含着多层面多维度的复合矛盾冲突。本文深入分析我院基础医学导生关系中存在的主要问题及影响因素，探索性提出基于"三全育人"理论构建基础医学双享共赢导生关系的可行策略。

关 键 词　基础医学；"三全育人"；导生关系；双享共赢

作者简介　易伟阳，男，1975 年出生，中南大学基础医学院业务办主任，研究方向为高层次基础医学研究生的培养和管理。联系电话：0731-88660440；电子邮箱：315024625@qq.com。

在现阶段科教兴国战略、人才强国战略、创新驱动发展战略一体化的高等教育政策引领下，研究生教育肩负着为国家培养输送拔尖创新人才和助推国家创新驱动发展的重要责任使命。[1]因此，研究生的培养质量已经成为影响综合国力和提升国际竞争力的重要因素，只有培养足够的拔尖创新型研究生人才，才能实施人才引领创新，科技带动强盛，进而更快更好地助推创新型国家建设。

研究生教育作为高等教育的最高阶段，与本科生教育有明显的差异。第九届国务院学位委员会第一次全体会议对研究生教育发展提出了明确要求：研究生需要通过系统的课程学习和论文写作，掌握并深入理解相关领域的学科知识并具备一定解决所在领域关键问题的能力。研究生的主要培养目标是培养创新知识和解决问题的实际能力，而这些知识需求和能力培养都需要研究生导师的专门指导。[2]研究生导师作为研究生培养过程的第一责任人，直接决定研究生的培养质量。与此同时，研究生培养阶段最重要也是最基本的人际关系就是导生关系，其对研究生的学习科研的体验、目标价值的实现以及人际关系的和谐都发挥着至关重要的作用。导生关系是一种特殊的人际关系，既具有一般人际关系的感情基础，又有以崇高学术目标为指向和学术交流为基础的深层次关系，因此具有多方面、多维度、多层次的复杂性。[3]从不同学科与视角可以分析出不同的内涵与本质，构建双享共赢的导生关系对于提高研究生培养质量意义重大。

* 本文受湖南省创新创业教改项目（HNJG-20230107）、中南大学研究生课程思政建设项目（2023YJSKS034）资助。

　　基础医学研究生教育不仅是培育拔尖创新医药科技人才的关键阶段，更是现代和未来医学科学技术发展的内在驱动力。基础医学研究生教育旨在通过探索人体生命和疾病发生规律，解决临床实际问题，保障人类健康并服务社会发展。研究生教育的高质量发展取决于多方面的协同努力，导生关系无疑是其中的关键因素。[4]特别值得关注的是，现阶段我国基础医学导生关系仍存在科研使命认知不一致、学术价值体验不一致及情感关怀需求不一致等问题。针对以上问题，中南大学基础医学院开拓创新，首次将基础医学导生关系构建和社会主义核心价值观相结合。[5]在深入学习2016全国高校思想政治工作会议上习近平总书记提出的"三全育人"理念的基础上，通过目标共振、价值共振、态度共振三个维度重构基础医学导生关系，最终实现基础医学导师关系的双享共赢。

一、"三全育人"与基础医学研究生教育

　　"三全育人"强调紧紧围绕立德树人根本任务，坚持"德育为先"，构建医学"大教育""大思政"格局，充分发挥总揽全局、整合资源、合力育人、协同创新等方面的优势，最终实现全程育人、全员育人、全方位育人。[6]基础医学研究生的总体培养目标是培养适应现代医药卫生事业发展和高等医学教育事业发展需求，掌握扎实的自然科学、生命科学和医学科学基本理论知识和基本技能，具有家国人文情怀、团队合作精神、科学研究能力，熟悉本学科及相关学科的最新研究进展及发展趋势，能够在医学院校和医学科研机构、医疗卫生等部门从事医学各学科教学、科学研究及应用开发工作的高素质专业人才。因此，基础医学研究生的培养质量直接决定国家高等教育发达程度和科学技术发展水平。[7]

　　导生关系是决定基础医学研究生培养质量的关键因素，也是关乎基础医学研究生身心健康的重要内容。现阶段的基础医学研究生思维活跃，具有较强的学习能力，易于接受新鲜事物和吸收新的价值观念。但是，基础医学研究生学业压力较大，面对理论学习和应用能力的双重要求。[8]同时，基础医学专业研究生的个人思想比较单纯，社会历练和应用体验相对缺乏，心智不够成熟，价值取向容易跑偏。因此，基础医学研究生在培养过程中存在着一系列的导生关系问题。

二、现阶段基础医学导生关系中存在的主要问题

（一）导生的科研使命认知不一致

　　导生对教学科研过程中的权利职责和使命认知与导生关系和谐有着必然的联系。导生对自身的角色责任定位越清晰，越有利于导生在学术科研交流中和谐相处。基础医学研究生的基本职责和学术使命包括掌握扎实的专业知识、夯实科研能力、坚守学术道德底线等。基础医学导师的基本职责和学术使命包括坚实学术研究功底，良好的职业道德和严谨的治学态，高度的责任心和团队带领意识，能够指导研究生进行高水平的学术研究，培养具有创新能力和实践能力的高素质研究型人才。已有统计数据显示，80%左右的研究生认为导师在科研基础和学术使命认知上表现较好，但有40%左右的导师认为研究生在使命认知和学术探索上的表现不尽如人意。[9]具体而言，最为突出的问题就是研究生主动学习能力较弱，对导师的学

术依赖性较大，缺乏自主思考和解决问题的能力。

（二）导生的学术价值体验不一致

研究生的读研目标、未来人生职业规划是影响研究生学术敬畏与学术尊重的重要因素，也会直接影响研究生的自主意识、学习态度和进取心等多个方面。导生沟通过程中一旦缺少学术敬畏与学术尊重，就会导致科学研究过程中导生无法产生情感共鸣。基础医学研究生在培养过程中更多地强调创造性思维带动下的创新思维，如果研究生仅仅把学位当作未来工作生活的筹码或渠道，必然会导致导生的学术价值体验不一致。[10]基础医学研究生应当在进入研究生的最初阶段就树立作为"学术研究人员"角色的内在认知，担负起"创新科研者"的社会使命。

（三）导生的情感关怀需求不一致

没有情感投入的教育是不完整的教育，导生之间共同的情感关怀体验是研究生学习科研顺利进行的内在基础和情感保障。真正可持续并稳定的情感关怀关系必然是双向相互的。在现阶段的基础医学导师关系模式里，导师和研究生之间的沟通渠道仍相对有限，导生之间的关心信任关系也需要进一步营造和加强。在基础医学的导生学术共同体中，导师必邃必专的治学精神、求真求确的治学态度、高尚的道德情操等会对研究生的思想和行为产生正向引领作用。而研究生也要在学习科研活动中与导师有效沟通，建立良性情感互动。[11]

三、基于"三全育人"理念构建和谐共赢的基础医学导师关系

针对现阶段基础医学导生关系中存在的突出问题，中南大学基础医学院结合"三全育人"的高等教育改革理念，创新性地提出通过目标共振、价值共振、态度共振三个维度重构基础医学研究生的导生关系，实现基础医学导师关系的双享共赢，努力培养基础医学学科领域拔尖创新人才和未来领军人物，为实现"健康中国"国家战略提供坚实的人才支撑。

（一）目标共振

研究生与导师的科研使命认知不一致直接导致导生关系的无效沟通和僵化发展。基础医学研究生教育的最终明目标是培养基础医学拔尖创新人才。以目标为导向，导师需要借助课题组会、学术报告等教学科研活动激发研究生产生科研兴趣和学术热情。同时，导师还要通过个人治学精神、研究态度和道德情操的内在影响力和感染力引导研究生从单纯获得学位的个人目标提升到为国家医药科技发展添砖加瓦的长远目标上去，最终与导师的培养初心达成一致，实现目标共振。[12]

（二）价值共振

价值共振强调导生学术上的科研合作，主要强调导师与研究生之间的彼此配合、协作及成果共享。基础医学导师大多让研究生以科研助手的形式参与到自己的科研项目当中，学生和导师共同承担并完成科研项目的研究。导师和研究生通过共同的研究活动产生紧密联系，形成一种"委托"与"代理"的科研工作关系。学术成果的分配就需要导师与研究生之间的彼此信任和高度价值共享。[13]具体而言，导师要提供研究生实现自我价值的机会，充分肯定学生创造的价值，让研究生彻底摆脱"老板"和"打工仔"的关系认知，导生为同一个科学目标共同奋斗

的学术合作状态，进而实现价值共振。

（三）态度共振

研究生在学习科研活动中与导师的有效沟通和良性互动对于培养研究生的健康人格和有效社交非常重要。目前基础医学导师与医学研究生间最普遍的交流形式就是以汇报研究进展，展示学术成果为主要形式的组会，形式单一且效果欠佳。为了改进沟通成效，导师可建立学术沙龙、休闲茶吧、集体健身等多种沟通渠道。在导生共同参与的活动中主动关心研究生在科研中遇到的困难与疑惑，疏解研究生面对学术难题时所承受的心理压力，并积极协助解决以上问题。研究生也应该主动向导师陈述一些自己的想法，充分理解导师促生成长的初衷与迫切。导师的和善和研究生的诚恳都会让导生的沟通过程更加开诚布公，和谐温暖，真正实现态度共振。[14]

四、总结

在基础医学研究生的培养过程中构建和谐双赢导生关系对提高基础医学研究生的培养质量至关重要。构建和谐共赢的导生关系任重而道远，需要紧密结合基础医学研究生的专业特点和培养目标，在"三全育人"理念下认真做好顶层设计、创新工作方法、挖掘工作路径、提升工作成效，开发并实施基础医学和谐双赢导生关系的可行性方案，有效实现基础医学研究生培养过程中研究生与导师的有效互动和双享共赢。

参考文献

[1] 刘晓飞.我国研究生教育战略发展研究[J].中国成人教育，2017(10)：26-29.

[2] 马德秀.研究生教育战略转型期的挑战与思考[J].中国高等教育，2011(08)：4-6.

[3] 张先璐.导生共创观：关于导生关系主体问题的再思考[J].学位与研究生教育，2023(11)：51-57.

[4] 苏懿，张悦恬，陈欢，等.强化培养过程的基础医学研究生教育创新与实践[J].基础医学教育，2022，24(12)：1009-1012.

[5] 何桂华.情感交换理论视角下师生关系疏离研究[D].武汉：华中师范大学，2023.

[6] 程明梅，成显，薛钢.研究生"三全育人"体系的构建探讨[J].学校党建与思想教育，2024(09)：87-89.

[7] 熊晓青，张枫，王觉进，等."双一流"背景下基础医学研究生科研创新能力的培养路径探讨[J].科教导刊，2022(36)：4-6.

[8] 毛金德.导生冲突治理的再审视[J].学位与研究生教育，2023(08)：37-44.

[9] 杜敏.导生共同体：和谐导生关系建构研究[D].太原：山西大学，2024.

[10] 张静.导学共同体：概念辨析、运行阻碍与现实重构[J].高教论坛，2023(01)：97-101.

[11] 宋德发，荆莹莹."师生关系十分融洽"：西南联大导生融洽相处的表现、实质和现实意义[J].学位与研究生教育，2022(03)：63-68.

[12] 曾剑雄，张国栋.研究生与导师冲突的类型特征及其化解：基于20个案例的分析[J].复旦教育论坛，2023，21(01)：36-43.

[13] 蒋文宁，朱晓琦，陈振中.走向善治：导生冲突的问题检视与纾解路径[J].学位与研究生教育，2022(10)：48-54.

[14] 陈文美，郑忠.导师与研究生学术共同体内涵阐释与路径构建[J].科教文汇，2024(10)：7-10.

融入学习倾向的电子信息专业学位研究生课程思政教学设计实现手段浅析*

李素华　王洪金　赵军　何赟泽

（湖南大学）

摘　　要　本文通过论述在时代背景下，对电子信息专业学位研究生课程思政教学提出的新要求、新挑战，结合学习迁移的一般理论，针对现有电子信息专业学位课程提出了一种融入学习倾向的电子信息专业学位研究生课程思政教学设计方案，并对该方案的可行性和必要性进行了简单的论述，还以传感器类研究生课程给出了该方案下课程思政方法的一种实现方式，并对思政效果评价方法进行了浅析。

关 键 词　课程思政；专业学位；研究生课程；学习倾向；教学设计

一、引言

随着信息技术的迅速发展和普及，电子信息行业已经成为当今社会最具活力和发展潜力的领域之一。电子信息技术在国家安全、国防等领域具有重要作用，对于国家的长远发展和国家安全具有重要意义。

然而电子信息产业的高效快速发展，离不开人才的培养和高等人力支持。人才的培养离不开教育。教育是党和国家之大计，是党和国家事业发展的基石。为了使教育、人才的培养符合我国政治、经济发展所需，2019年8月党中央颁布了《关于深化新时代学校思想政治理论课改革创新的若干意见》，要求"推动各类课程与思政课建设形成协同效应"，"全面提升学生思想政治理论素养"。[1]为了满足电子信息行业对高素质人才的需求，国务院学位委员会、教育部发布《国务院学位委员会、教育部关于对工程专业学位类别进行调整的通知》，国务院学位委员会决定将工程专业学位类别调整为电子信息等8个专业学位类别，从而能够更好地为电子信息产业人才培养服务。

教育的本质在于学习，课程思政的重点在于通过将课程结合思政，实现所有高校课程的"共舞中共振"效应。[2]近几年，针对研究生课程思政的研究逐步增多。上海海洋大学的学者认为"课程思政"融入研究生课程体系具有重要意义，但在实践中，研究生思想政治理论课的教学效果和预期目标存在一定差距，现阶段教学方式存在显性化、形式化与功利化等困境。"课程思政"应当在遵循德育教学规律的基础上，结合研究生群体的精神特质和价值追求，开展更有操作性

* 本文系湖南省研究生教改项目（编号：2022JGYB04；2023JGSZ042）。

和实效性的协同育人模式。[2-4]

因此，本文通过论证在研究生课程教学过程中将学习倾向与课程思政结合的重要性和比较性，提出了融入学习倾向的电子信息专业学位研究生课程思政教学设计概念，浅析了融入学习倾向的电子信息专业学位研究生课程思政教学设计方法，并初步讨论了在电子信息类研究生课程中融入学习倾向的电子信息专业学位研究生课程思政教学设计的必要和重要性。

二、课程思政与学习倾向结合的双驱在电子信息类研究生课程设计中的必要性与重要性

已有教学成果以及研究团队的前期教改成果表明，增加课前和课后环节能够有效帮助学生理解课堂教学内容；而且课前和课后环节教学设计的加入，也能够有效弥补认知习惯导致的知识迁移瓶颈。[5]因而在融入学习倾向的电子信息类传感器课程思政教育模式下的课程设计方案中，专业教学目标和思政教育目标共同主导了课程环节、课程内容展现形式的设计。教学需求和学习倾向作为约束条件加入每个单位教学设计中，应当包含课前、课堂和课后三个环节（见图 1）。在这种模式下，自主型、反思型和循序型课程思政材料作为在课前环节中课程思政素材的表现形式。例如，教学预习问卷将加入相关课程内容对应的课程思政引导问题，以引导学生通过查阅资料回答问题（自主型课程思政内容），从而促使他们进行思考和认同课程思政目标，实现自我思政的目的（反思型课程思政内容）。在课堂环节中，教师会依据教学大纲的培养目标和课程思政建设目标，分析专业教学目标与课程思政目标的结合点，寻找案例，主要依赖视觉型、听觉型和沉思型课程思政素材与教学内容相契合。例如在讲授过程中，通过多媒体（视觉型）、教师讲授（听觉型）、启发式提问（沉思型）等方式引入课程思政案例，与教学内容相辅相成，实现多样化展示课程思政内容。鉴于电子信息专业研究生课程重实践、多实操的特点，该模式鼓励教师通过在实践和实操中加入项目的工程背景来引入相关思政教育内容。例如，在实践环节中加入技术对比从而达到培养学生辩证客观评价现有技术的能力这一思政目标。而在反馈评估环节，该模式鼓励教学人员结合专业知识的考核，加入课程思政效果调查等思政教育效果的自我评价环节，再根据能效评估对课堂设计进行阶段性改进。

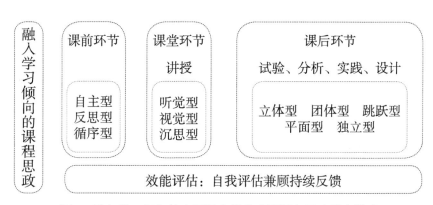

图 1　融入学习倾向的电子信息类传感器课程思政教育模式

在专业课程的思政教育教学设计过程中，平衡教学需求和思政需求是该类教学模式中不可或缺的环节。确保思政内容与专业知识平衡，需要从课程设计、教学方法、评价体系等多个方面入手，具体措施如下。

1.课程规划。在课程设置上，应当充分考虑思政教育与专业知识传授的平衡。这意味着，在制定课程大纲时，要确保思政教育目标与专业教学目标相协调，课程思政教学素材的表现形式与课程教学的表现形式均衡，使学生能够在学习专业技能的同时，接受系统的思想政治教育。

2.教学融合。教师应当在专业知识教学中自然融入思政元素。例如通过讲解专业领域的典型案例，引导学生理解和认识社会主义核心价值观。这样既能保持专业知识的学习连贯性，又能让学生认识到学习专业知识的社会责任和价值导向。

3.教学方法。采用多样化的教学方法，如案例分析、小组讨论、项目驱动等，既可以提高专业知识的吸收能力，也可以通过合作、交流等方式加强思政教育的实效。

4.实践环节。通过试验、分析、实践、设计等课程环节，将思政教育与专业实践相结合，让学生在实践中感受社会主义核心价值观，培养其社会责任感和历史使命感。

电子信息类专业知识体系中天然包含大量的课程思政内容。例如，传感器尤其是高精尖传感器的应用渗透到国防、安全、能源、医疗的各个方面。在介绍CMOS、高精尖CDD传感器的国内外发展历程和应用领域的过程中可以天然有机地与爱国教育相结合，让学生更加理解在深空探测、国防安全等方面我国在这一类传感器面临的卡脖子问题的由来。因此，在该模式下的课程设计阶段，教学团队应当对各个教学环节的专业课程与思政教育结合要点进行梳理，形成类似表1的思政教育与专业课程结合要点作为潜入式思政教育的建设要点，实现社会主义核心价值观在传感器类课程的课堂上具化。

表1 教学内容要点与安排

教学章节	授课要点	建设要点	授课方式	预期成效
1	章节1授课要点，例如：CCD、CMOS传感器的结构、工作原理和调理电路	课程思政课程要点1	线下课堂讲授	课程思政目标1，例如：激发学生的自豪感、建立学生正确可观评价发展水平的能力
2	章节2授课要点……	课程思政建设要点2	线下课堂讲授	课程思政目标2：……
……			线下课程实践	
n	章节n授课要点……	课程思政建设要点n	线下反向课堂	课程思政目标n：……

课程设计方案延续了课前、课后和课堂环节相结合的设计模式，此前该方法证明具有延长课程时效的作用。[6] 然而对于课程思政教育，在课程项目、反向课堂等实践环节中学生的自主学习比重远大于教师的讲解。在这些环节中融入有效的思政内容可以促进学生自主思考、自主评判和自我反思的能力培养。因此，在思政教育设计上，重点培养学生的公众表达能力和辩证思考能力，构建基于反向课堂讨论的思政教育模式，引导学生通过学习和分享前沿领域最新发

展情况来实现。该方法旨在完成基于反向课堂的学生自我思政教学。在课程项目中，主要培养学生的实践能力，通过将理论知识与实际需求结合，让学生在完成实际场景的传感器设计和数据处理以及测量的过程中，理解知行合一，通过让学生对比国内外技术差距及分析其原因，以及对当今社会的影响，从而达到自我思政的目的。

三、课程思政与思政教育、专业教育的关系和实施现状

习近平总书记在全国高校思想政治工作会议上强调："要坚持把立德树人作为中心环节，把思想政治工作贯穿教育教学全过程，实现全程育人、全方位育人，努力开创我国高等教育事业发展新局面。"思政教育的内容主要涵盖世界观、人生观、价值观、政治观、道德观、法治观等核心内容，同时还包括文化素质、意志品质、心理健康、军事理论、毕业生思想等方面的教育内容。

课程思政不同于思政教育之处在于课程思政教育不仅要服务于人才思想建设，更要服务于专业人才培养。电子信息专业研究生课程的培养目标要求，课程思政内容需要与实践教学环节紧密结合。电子信息类专业研究生所需掌握的现代电子技术理论及其系统设计的原理和方法非常多，其中基础课程包括模拟电路基础、数字逻辑设计、传感器原理、微机原理与系统设计、高级程序语言设计等。该类课程所涉及的知识点多、知识面广，学生需要在具体的项目研发过程中进行系统的技能训练并积累相关设计、调试的实践经验。为了提高电子信息类研究生课程的教学效果，通常会安排相当比例的实践教学环节，如课堂实验和课程项目。这些实践环节占据了课程学时的相当比例。在实践教育中，学生的自主学习占主导地位。因此，在这种情况下，课程思政不应该采用单一的说教形式，以免占用讲师有限的讲解指导时间。此外，过于依赖单一形式也会降低学生的学习迁移效率，与课程思政教育的初衷相悖。

采用多重表现模式的课程思政教育方式能够解决单一形式导致学生学习迁移效率下降的问题，同时也有利于将课程思政内容更好地融入实践环节中。学生掌握课程思政内容的过程离不开对课程思政内容的迁移和消化。大量的学习效能研究表明，学生对于课程的学习效果，不仅仅取决于课堂的组织形式，学生自身的认知习惯即学习习惯倾向更是学生在特定课堂组织形式下学习效率的决定性因素。[6-8]不同的课程思政内容表现形式，能够满足不同学习倾向的认知习惯，有效提高学生对思政内容的迁移运用能力。

课程思政作为一种新兴的教育理念，其核心目标不仅在于加强学生的思想道德建设，还在于与专业课程教学目标相辅相成，实现知识的传授与价值引领的有机结合。在课程思政的融入过程中，应着力加强学生专业知识体系的构建，提升学生对专业课程的学习效率，从而培养具有全面素质和创新精神的人才。作为高校与行业、社会之间的纽带，课程思政教育能够帮助学生更好地理解专业知识、工程需求与社会责任之间的关系。课程思政教育的魅力，通过教师的"教"与学生的"学"，全面开展教育教学活动，培养学生的终身学习习惯。

四、课程思政教学效果的评估手段浅析

课程思政与学习倾向结合双驱的现代传感与应用原理课程设计的效果，可以从以下几个方

面进行评定：（1）学生（包括留学生）对课程思政教育的认同度以及消化程度；（2）课程思政教学手段的完善程度以及覆盖度；（3）学生在课程项目实践环节后填写实践总结和技术反思；（4）课程思政教育要素是否在学生尤其是留学生群体的实践性作业中有所体现。

例如，在小测和课堂小测环节，加入对思政效果的自我评估。自我评估题目的设置应当遵守的原则如下：（1）思政自我评估的考核内容应当与上一教学课堂中的课程思政目标一致；（2）思政自我评估的考核内容不宜脱离教学中的课程思政素材；（3）思政自我评估的考核内容不应当干扰对学生专业教育达成度的考核。在实际操作中，可以设置单独的选择题或者判断题等客观题型作为小测的内容，而题目的结果只用于思政过程的自我评估，而非学生专业能力的评估。例如，在课程项目实践环节，教师会讲授在热成像检测中因为非制冷红外传感器中的噪声而产生的异常数据以及异常数据的判断和取舍，并以此为出发点讲授科研诚信的要求以及数据篡改的定义，从而达到"培养学生的实践能力和对传感信号处理原则等职业操守"的课程思政教育目标。那么，在后续的随堂小测的过程中，就可以通过询问某一数据处理方式是否属于篡改数据来作为课程思政教育效果的自我评估。

该课程思政教学设计的目的在于能够在所教授过的本土研究生群体和留学生群体中均表现出对课程教育质量的高度认同并表现出充分的社会主义普世观。学生能够将课程思政教育成果灵活地应用于课程实践环节。例如在课程项目实践中选取设备与仪器指定解决方案的时候，能够通过理论论证，并结合非技术因素做出更为贴合实际的选择，做到工程设计上实事求是。

五、结束语

综上所述，本文通过论证在研究生课程教学过程中，学习倾向与课程思政结合的重要性，提出了融入学习倾向的电子信息专业学位课程思政教学模式，浅析了该模式下电子信息专业课程思政在各个教学环节的实现手段，提出了关于通过教学效果和增加教学环节对课程思政效果进行自我评估的设想。后续教学团队将进一步完善相关模式下具体课程的思政教学设计方法、方案的标准化建设和持续改进评估量表，从而使得该方案具有更强的可平移性和普适性。

参考文献

[1] 新华社.中共中央办公厅国务院办公厅印发《关于深化新时代学校思想政治理论课改革创新的若干意见》[EB/OL].(2019-08-14)[2024-3-11].https://www.gov.cn/zhengce/2019-08/14/content_5421252.htm.

[2] 高德毅，宗爱东.从思政课程到课程思政：从战略高度构建高校思想政治教育课程体系[J].中国高等教育，2017(1)：43-46.

[3] 王茜."课程思政"融入研究生课程体系初探[J].2019(4)：64-68+75.

[4] 蔡小春，刘英翠，顾希垚，等.工科研究生培养中"课程思政"教学路径的探索与实践[J].学位与研究生教育，2019(10)：7-13.

[5] 王洪金，何赟泽，王华，等.基于学习倾向的云课堂设计方案与分析：以本科传感与检测技术课程为例[J].高教学刊，2023，9(8)：1-5.

[6] Rasmussen K L, Davidson-Shivers G V.Hypermedia and learning styles: Can performance be influenced?[J].Journal of Educational Multimedia Hypermedia, 1998, 7(4): 291-308.

[7]Sandman T E. Gaining insight into business telecommunications students through the assessment of learning styles[J].Decision Sciences Journal of Innovative Education, 2009, 7(1): 295-320.

[8]Hawk T F, Shah A J.Using learning style instruments to enhance student learning[J].Decision Sciences Journal of Innovative Education, 2007, 5(1): 1-19.

课程思政融入"高等工程热力学"教学的改革与实践*

夏小霞 王志奇 彭德其 张建平 张大兵

（湘潭大学）

摘 要 "高等工程热力学"作为动力工程及工程热物理学科的学位课，在人才培养中起着承上启下的关键作用。基于课程的重要性及课程本身的特点，本文对在该课程中如何融入思政元素进行了探讨，对课程所蕴含的思政教育资源进行深入分析与挖掘，从多个方面凝练了思政主题，并将其融入课程的具体教学过程，使专业课程教育与思政教育形成协同效益，以实现知识传授、能力培养与价值引领三者的有机统一，提升专业学科的育人成效。

关 键 词 高等工程热力学；课程思政；教学改革与实践

作者简介 夏小霞（1980— ），女，湘潭大学机械工程与力学学院，讲师；联系电话：15897323160；电子邮箱：xxx620@xtu.edu.cn。

一、研究背景及意义

高校教师在传授专业知识和技能的同时，有责任开展思想政治教育，强化课程的育人功能，坚持知识传授、能力培养和价值引领的同步提升，推进全员、全过程、全方位立体化育人。当前，本科阶段的思政教育得到了高度的重视，但对研究生阶段思政教育的重视程度还有待加强。[1-3]

"高等工程热力学"是动力工程及工程热物理学科的学位课，也是一门工程应用性较强的专业基础课程，其重要性不言而喻。研究生阶段的"高等工程热力学"课程是对本科阶段"工程热力学"课程的深化和拓展，包括混合物热力参数的计算、变质量系统非稳态热力过程的分析、热力学一般关系式的应用、实际气体的热力性质、热力系统的㶲分析等内容。其理论知识可用于指导实际工程中复杂能量传递与转换过程的分析，对提高能量的利用效率、减少能量的损耗和新能源开发都具有重要理论和应用价值。

"高等工程热力学"课程在动力工程及工程热物理学科研究生人才培养中起着承上启下的关键作用，不仅能为后续课程的学习提供必要的理论知识，而且能为学生毕业后解决生产实际问题和参加科学研究工作奠定基础。因此，在"高等工程热力学"中实施课程思政教育势在必行。

* 本文受湘潭大学学位与研究生教学改革研究项目（课程思政融入"高等工程热力学"教学的改革与实践）资助。

二、国内外研究现状

国内的知名高校和知名学者积极探索和研究"高等工程热力学"课程的教学改革。研究主要围绕教学模式和考核方式两个方面展开。

谭羽非在"高等工程热力学"的课程教学中实行科研论文写作和知识内容的开卷考试的教学实践，分析了测试的实际效果，得出了开卷测试有助于提高学生的逻辑分析问题、解决问题的能力，有助于创新能力培养的结论。[4]章学来在"高等工程热力学"课程的教学中实行了科研论文写作和 PPT 演讲相结合的考核方式。[5]实践表明：多种考核方式联合有助于提高学生的逻辑分析问题、解决问题的能力，有助于创新能力的培养。李晓明等结合研究型教学理念，从教学模式、教学内容和教学评价三个方面入手，在"高等工程热力学"课程中展开教学实践。[6]结果表明：较之传统教学模式，研究型教学方法激发了学生的学习主动性，提高了学生独立解决问题的能力。曹小林等分析了我国硕士研究生进行素质教育和创新能力的必要性，针对能源动力类硕士研究生的课程设置及课程教学中存在的现状，提出从教师教育观念、教学内容、教学方法和考核方式等多方面的改革来实现在课程教学中培养研究生的科研素养和创新意识，并在中南大学硕士研究生课程"高等工程热力学"的教学改革中付诸实践。[7]王永珍等在课堂教学上讲授模式精粗结合，并采用双语教学、讨论式教学、案例教学、"双 5 教学法"等多种教学方法有机结合。[8]而课堂外对学生所进行的换位教学、写课程总结及相关创新实验项目等措施的开展，不仅能强化学生所学理论基础知识，更为重要的是提升了学生解决问题的能力，促进学生综合素质的培养。章学来等针对"高等工程热力学"课程教学中存在的课程内容前沿性不足、教学手段和教学方法单一、评估管理体系不合理等问题，提出打破传统考试模式、推行多元化的教学方式、理论结合实践、制订合理的评估管理体系等改革措施，以提高课程教学质量。[9]

翟霄等运用研究型教学模式在教学内容、教学方式、考核评价机制几方面提出"高等工程热力学"课程改革的基本思路和措施。[10]马利敏等在教学内容、方法、考核方式等方面对"高等工程热力学"课程进行配套改革，重新组织教学内容，引入工程案例教学，增加学生上台交流的教学环节，布置编程大作业，降低闭卷成绩比例，丰富考核方式。[11]实践证明，课程建设与改革富有成效。杜威等根据"高等工程热力学"课程内容和学生特点，以"寓学于研"为核心思想，从教学模式、教学思路和教学评价三个方面入手，提出将讨论式教学、参与式教学、实验教学等多种教学方法有机结合。[12]张涛从教学内容、教学方式、课后沟通及考核模式方面提出了"高等工程热力学"研究型教学方式的改革思路。[13]刘迎文等对"高等工程热力学"课程教学进行探索和实践，构建了互动式与 PBL 模式相结合的混合式教学模式。[14]实践表明混合式教学模式有效地解决了课时少、实践教学不足的问题，提高了学生专业素养和科研能力，也提升了团队合作和表达交流能力。姚寿广等结合工程热力学系列课程理论性、逻辑性及应用性强，应用面宽且概念多而抽象的特点，在多年实践的基础上逐步形成了"高等工程热力学"课程的教改理念及创新教学模式，并在教学内容重组、教学方法改革、学生自主学习、项目驱动实践等方面进行了配套改革，形成了与创新教改理念相配套的独特教学模式。[15]

刘青荣从教学内容的梳理、教学方式的探索、考核方式的改革等方面，探索"高等工程热力学"课程教学的方法和措施，提高研究生的科研、创新和探索能力。[16]刘强等探讨了"基础性、前沿性与实用性并重"的研究型教学理念的实践，从教学内容、教学模式和考核方式三个方面对"高等工程热力学"课程进行了教学改革。[17]曹晓东等以"高等工程热力学"作为培养研究生理论联系实践能力的一个重要切入点，探讨了前沿教学拓展、工程案例设计、专题项目探究、综合能力考核"四位一体"的课程教学模式，着力提升学生工程应用和创新能力。[18]柏立战等从教学方法、教学实践方面给出了结合航空航天技术发展前沿的"高等工程热力学"课程教学改革实施方案，并对教学实例进行细致分析，切实提升了教学质量。[19]卢春萍等结合课程目标定位、培养定位及课程设计理念，从教学方法、教学手段及教学模式入手进行教学改革与创新，利用课程教学的网络资源进行混合式教学，同时利用研究生实践基地进行实践性教学，使"高等工程热力学"课程建设更加具有特色性及创新性。[20]

从上述文献可以看出，虽然有很多高校和学者针对"高等工程热力学"的课程教学进行了一系列的改革，但有关课程思政的研究相对还比较缺乏。因此，在要求高校教育教学过程全面实施思政教育的背景下，非常有必要对"高等工程热力学"如何融入思政教育展开研究，以实现知识传授、能力培养与价值引领三者的有机统一。

三、课程思政教学改革与实施

基于"高等工程热力学"课程的重要性及课程本身的特点，把该课程作为研究生课程思政的一个重要切入点，通过深入挖掘课程中蕴含的思政教育元素和资源，优化教学内容和教学方式，将课程思政设计贯穿于教学过程的始终，以在知识传授的同时实现能力培养和价值引领，使思政教育和专业教育相辅相成、形成合力，形成协同共赢效应。

（一）凝练思政主题和思政元素

为实现上述目标，从以下几个方面凝练思政主题和思政元素，开展"高等工程热力学"课程的思政研究。

1.培养爱国主义精神

在绪论环节，可以介绍我国在新能源开发与利用方面所取得的巨大成就，引导学生坚定"中国自信"。还可以介绍我国热力学领域的科学家放弃国外的优厚条件，毅然坚定地回国任教和为国效力，为我国能源事业的发展做出显著贡献的事例。这些科学家取得的卓越成就，可以激发学生强烈的爱国热情，从而潜移默化地培养学生的家国情怀。

2.培养社会责任感

为应对能源供应短缺和能源危机，我国提出了"节能减排"的基本国策。"高等工程热力学"主要研究能源转换规律及提高能源利用率的途径，和"节能减排"的基本国策息息相关。通过介绍目前的能源利用现状、用能水平及对环境的影响，让学生了解全球的能源形势，树立高效节能、合理用能的意识，提高社会责任感。

3.培养专业认同感

"高等工程热力学"课程的应用领域非常广泛，凡是有能量传递、转换与利用的场合，都涉及热力学的专业知识。课堂教学中，引导学生理解所学理论知识的专业学科背景与实践意义。

通过课程知识的学习，认识到学好"高等工程热力学"课程能有效解决能源短缺导致的能源供应紧张的问题，使学生逐渐树立专业认同感与职业使命感，从而更加有目标性与针对性地学习与探索。

4. 培养创新精神

在课堂教学中，涉及相关理论与定律时，可以引导和教育学生崇尚科学、追求真理。例如，卡诺提出了卡诺循环和卡诺定理，迈耶和焦耳提出了热力学第一定律，克劳修斯和开尔文先后提出了热力学第二定律等。通过对他们在热力学学科方面贡献的介绍，激发学生对科学的求知欲和探索欲，培养学生的创新精神。

5. 培养进取精神

在讲解热力学第二定律时，讲述能量品质升高的过程不可以自发进行，如果要使能量品质升高，必须付出代价。将正确的价值追求和理想信念传导给学生，引导学生知道，成功不会从天而降，只有坚持不懈地奋斗和努力付出才会获得成功，激励学生努力学习，培养学生勇于探索的进取精神。

6. 培养自然辩证法思维

研究动力循环进行时，一般先对实际循环进行简化，得到理想循环，然后对理想循环的热效率进行分析，再引入流体机械的绝热效率，求解实际循环的热效率。这种解决问题的思路渗透着"把具体复杂问题理想化、抽象化"的自然辩证法思维，首先只考虑主要因素、舍弃次要因素，能更有效地探寻自然界的规律，从而培养学生由简到繁、循序渐进的研究思路。

7. 培养实践应用能力

"高等工程热力学"课程既注重理论基础又强调工程实践应用。课程教学内容既涉及数理等自然科学的知识，又与工程实践与应用紧密相关。在教学过程中，将理论知识与实际应用有机地结合起来，以便在今后的工作中能学以致用，以提高学生的实践应用能力。例如，在讲解热力学第一定律时，可以指明提高能量利用效率的方向，并将此结论用于指导实际生活，如夏季要将室内空调温度调高一些，冬季要将室内空调温度调低一些。

（二）课程思政的具体实施方案

课程思政建设要求教师在授课过程中凝练思政主题、融入思政元素，使学生在接受专业知识的同时全面提高思想道德素质，使专业课程教育与思政教育形成协同效益，提升专业学科的育人成效。为此，采取的研究方法如下：

1. 梳理课程内容，挖掘和凝练课程思政元素

结合本课程的特点，对"高等工程热力学"的课程内容进行认真细致的梳理，分析主要知识点与思政教育结合的紧密程度，进一步凝练出课程思政主题，从培养学生的爱国主义精神、社会责任感、专业认同感、创新精神、进取精神、自然辩证法思维、实践应用能力等多个方面对课程教学内容中所蕴含的思政元素进行深入分析与挖掘。

2. 进行教学设计，制作课程思政案例

结合思政主题，探讨思政元素在课程知识点中的融入环节和融入途径，对凝练出的课程思政知识点进行详细的教学设计，制作出完整的、模块化的课程思政教学案例。

3.课程思政在教学过程中的实践

将课程思政在教学过程中进行具体的落实和实施，使课程思政设计贯穿于教学过程的始终，并注重课程思政的互动性与针对性，以确保和促进专业教育与思政教育的有机融合。在教学过程中，及时收集学生的意见和建议，对课程思政的内容和实施方式进行动态调整。

4.课程思政过程的总结和持续改进

在实施课程思政活动的基础上，对课程思政的具体实施过程进行总结，引入课程教学效果的评价和反馈机制，并根据学生的反馈意见提出相应的持续改进措施。

通过上述措施，在知识传授的同时实现能力培养和价值引领，使思政教育和专业教育相辅相成，形成协同共赢效应，以期为同类其他课程的思政教学提供思路和参考。

四、总结

作为一门必修的学位课，"高等工程热力学"课程在动力工程及工程热物理学科研究生人才培养中起着承上启下的关键作用。基于"高等工程热力学"课程的重要性及课程本身的特点，把该课程作为研究生课程思政的重要切入点，对在该课程中如何融入思政元素进行探讨与实践。通过梳理课程内容，对课程所蕴含的思政教育资源进行深入分析与挖掘，从培养学生的爱国主义精神、社会责任感、专业认同感、创新精神、进取精神、自然辩证法思维、实践应用能力等多个方面凝练思政主题。在此基础上，对凝练出的课程思政知识点进行详细的教学设计，在具体的教学过程中实施，并根据学生的意见和建议对课程思政进行及时的动态调整，进行持续改进。

通过在"高等工程热力学"教学过程中融入课程思政，使专业课程教育与思政教育形成协同效益，以实现知识传授、能力培养与价值引领三者的有机统一，提升专业学科的育人成效。

参考文献

[1] 苏文."工程热力学"课程实施思政教育的探索与实践[J].化工时刊，2020，34(1)：40-41.

[2] 张伟，胡柏松，王德武，等.工程热力学课程思政教学设计[J].广州化工，2020，48(13)：161-162+173.

[3] 娄钦，李凌.提升思政教育目标下"工程热力学"的教学效果[J].上海理工大学学报（社会科学版），2020，42(1)：78-81+85.

[4] 谭羽非.研究生高等工程热力学课程教学中开卷测试的实践探索[J].高等建筑教育，2006，15（1）：94-96.

[5] 章学来.研究生"高等工程热力学"课程考核方式的探索[J].中国电力教育，2009（2）：99-100.

[6] 李晓明，张国磊，李彦军.研究型教学方法在"高等工程热力学"课程中的实践[J].中国校外教育，2010（12）：102+105.

[7] 曹小林，廖胜明，马卫武，等.浅谈能源动力类研究生课程教学中的素质教育[J].当代教育论坛，2011（6）：74-76.

[8] 王永珍，陈雪梅.工科研究生课程教学方法探讨[J].中国电力教育，2012（28）：48-49.

[9] 章学来，王惠惠.提高研究生课程"高等工程热力学"教学质量的思考[J].中国电力教育，2014(3)：76-77.

[10] 翟霄，陈叔平，余建平，等．研究型教学模式在高等工程热力学课程教学中应用的探索 [J].广东化工，2014，41（20）：150+152.

[11] 马利敏，姬忠礼，刘强，等．高等工程热力学课程改革与实践 [J].中国教育技术装备，2016（12）：101-103.

[12] 杜威，李法社，张小辉．高等工程热力学教学方法探讨 [J].改革与开放，2018（8）：105-106.

[13] 张涛．高等工程热力学教学改革初探 [J].教育教学论坛，2018（13）：242-243.

[14] 刘迎文，雷祥舒．高等工程热力学课程的混合式教学探索和实践 [J].高等工程教育研究，2019（S1）：142-144.

[15] 姚寿广，冯国增，许津津，等．工程热力学系列课程的教改理念与创新教学实践 [J].高等工程教育研究，2019（S1）：179-181.

[16] 刘青荣．高等工程热力学教学过程中的改革和探索 [J].教育教学论坛，2020（27）：146-147.

[17] 刘强，马利敏，张磊，等．基础性、前沿性、应用性并重的"高等工程热力学"课程建设 [J].中国电力教育，2020（12）：65-66.

[18] 曹晓东，庞丽萍，柏立战，等．高等工程热力学课程"四位一体"教学模式探讨 [J].高等建筑教育，2021，30（5）：68-74.

[19] 柏立战，庞丽萍．结合空天技术前沿的"高等工程热力学"教学方法探索 [J].教育教学论坛，2023（22）：120-123.

[20] 卢春萍，牛建会．研究生示范课程"高等工程热力学"建设与实践 [J].科技风，2023（7）：31-33.

新时代研究生"大思政课"协同育人机制探析*

刘显利　王颖

（湘潭大学）

摘　要　研究生教育是国民教育的重要组成部分和教育强国建设的引擎。新时代加快构建研究生"大思政课"协同育人机制，是全面贯彻党的二十大精神，坚持为党育人、为国育才，落实立德树人根本任务，提高高校研究生育人整体效能的现实需求。准确把握新时代研究生"大思政课"协同育人机制的价值意蕴，精准分析存在的现实挑战，探寻构建新时代研究生"大思政课"协同育人机制的优化路径，对持续推动高校研究生思想政治工作高质量发展，把研究生培养成为全面发展的高层次优秀专业人才具有重要意义。

关 键 词　研究生；协同育人；现实挑战；优化路径

作者简介　刘显利（1977— ），湘潭大学马克思主义学院教授，博士生导师。联系电话：13975180220；电子邮箱：1051288103@qq.com。王颖，湘潭大学马克思主义学院硕士研究生。

研究生教育是国民教育的重要组成部分和教育强国建设的引擎。不断实现高校对研究生思政教育方式的改革和创新，培养现代化高素质人才，既是顺应和把握时代发展、社会变革的现实需求，亦是高校研究生思想政治工作的重要任务。新时代全面提升研究生教育水平，实现研究生教育高质量发展，必须树立研究生教育高质量发展理念，构建新时代研究生"大思政课"协同育人机制，不断完善研究生思想政治工作体系，整合研究生阶段的资源力量，为建设研究生教育强国，推进中国式现代化提供动能。

一、构建新时代研究生"大思政课"协同育人机制的价值意蕴

研究生教育作为我国教育结构中最高层次的学历教育，肩负着为国家现代化建设培养高素质、高层次创造性人才的重任，是我国增强综合国力、增强国际竞争力的重要支撑力量。[1]目前，我国研究生教育发生了巨大变化，由以往的小范围培养发展为规模化培养，高校研究生思想政治教育面临着各种思想文化与多元价值观念相互激荡、交融、碰撞等挑战。在此背景下，推动构建新时代研究生"大思政课"协同育人机制，具有深刻价值意涵。

---

* 本文系湖南省学位与研究生教学改革课程思政研究项目"'大思政课'视域下研究生思政课程与课程思政协同育人探究"（编号：2022JGSZ033）成果。

（一）落实立德树人的根本任务

高等教育是落实立德树人根本任务至关重要的一环，承担着为党育人、为国育才的重要使命。随着中国特色社会主义建设进入新时代，我国对高校人才培养提出了更高要求，如何实现"立德树人"这一思想政治教育目标也面临着新的挑战。如何开展新时代高校研究生思想政治教育工作，培养德智体美劳全面发展的社会主义建设者和接班人？构建新时代研究生"大思政课"协同育人机制成为必要。教育及其发展归根到底在于培养有高尚品德的人才，通过构建新时代研究生"大思政课"协同育人机制，可以充分提高研究生的思想政治素质，促使研究生既有个人品德也有社会公德，更有报效祖国和服务人民的大德，能够把自己的理想同祖国的前途、把自己的人生同民族的命运紧密联系在一起，扎根人民，奉献国家。

（二）全面提高人才培养质量

习近平总书记在党的二十大报告中指出："坚持为党育人、为国育才，全面提高人才自主培养质量，着力造就拔尖创新人才，聚天下英才而用之。"研究生是高等院校人才培养的高级阶段，研究生在未来走向社会后绝大多数会成为掌控社会风向标的领军人物。提高研究生培养质量，是高等院校开展研究生教育工作的重要任务。中国自古以来就强调"尊德性"与"道问学"并重，说明大学培养的人才不仅仅是某一领域的技术匠人，更应该具备以专业知识为根基的人性化理念和道德价值取向及精神追求。构建新时代研究生"大思政课"协同育人机制，创新教学内容与方式，推动学科资源转化为育人资源，形成全方位、多层次协同的立体化育人格局，切实做到以文化人、以德育人，为建设规模宏大、结构合理、素质优良的人才队伍贡献力量。

（三）夯实建设教育强国的思想基础

教育兴则国家兴，教育强则国家强。习近平总书记在中共中央政治局第五次集体学习时指出："培养什么人、怎样培养人、为谁培养人是教育的根本问题，也是建设教育强国的核心课题。"[2] 在"两个大局"的时代背景之下，我国同世界的联系更趋紧密，相互影响更趋深刻，意识形态领域面临的形势和斗争也更加复杂。构建新时代研究生"大思政课"协同育人机制，就是以培养政治可靠、技能过硬、善于沟通、知行合一的高等人才为目标，让研究生阶段的学生始终感受到马克思主义信仰和社会主义信念的温度，真正认同社会主义道路，从而夯实建设教育强国的思想基础，让学生以更加昂扬的姿态投身于社会主义现代化强国建设和中华民族伟大复兴的历史伟业。

二、构建新时代研究生"大思政课"协同育人机制面临的现实挑战

近年来，许多高校认真贯彻落实全国高校思想政治工作会议精神，积极开展研究生思政教学改革，研究生"大思政课"协同育人机制建设取得了一定成效。但要持续深入推进研究生"大思政课"协同育人工作，形成科学合理、可持续发展的协同育人机制，必须正视并解决研究生"大思政课"协同育人机制建设过程中所面临的协同育人理念贯彻不到位、思政课程和课程思政协同力不够、教师队伍协同能力须增强、协同育人平台发展受限制等现实问题。

（一）研究生学段"大思政课"协同育人理念贯彻不到位

在贯彻落实"大思政课"建设相关政策的过程中，绝大部分高校将改革重点放到了本科教育上，忽略了研究生思想政治工作的重要性，对研究生思想政治教育的重视程度有所欠缺。在研究生思政教育的实际执行过程中，许多人认为学校研究生教育办学水平的评价标准是论文的质量和数量、博士与硕士点数量、科研项目、高层次人才等硬指标，因而把思想政治教育视为软任务，不能自觉地重视、投入和关心，忽视了研究生德育工作这个核心问题。在开展研究生日常思想政治教育工作时，许多高校的研究生思想政治教育流于形式，重视隆重的集体活动而忽视了研究生的个人修养，过分强调活动外在形式而未考虑到活动对研究生心灵塑造起到的作用，没有从教、学、研等层面上把育人工作真正落到实处，往往使研究生对思政课程和思政工作产生厌烦情绪，不利于研究生思想道德品质的提升。

（二）研究生教师队伍的协同育人能力有待加强

高校思想政治教育队伍薄弱是一个长久发展形成的问题，近年来由于在高校进行思想政治教育课程改革，思政课教师队伍建设有了很大的改善，但是研究生思想政治教育师资队伍建设仍存在一些问题。首先，研究生教师队伍协同能力不足。一方面，研究生思政课教师缺乏协同育人合力。研究生思政课教师与专业课教师由于所属院系不同、教学分工不同等，彼此之间缺乏针对所授课程教学内容有效持续的沟通，加之研究生阶段专业课程与思政课程在两个不同领域越走越深，难有交集之处，二者融合难度增加，造成了研究生思政课程与其他课程相互分离的情况。另一方面，研究生专业课教师协同育人能力欠缺。研究生专业课教师缺乏系统全面的思想政治教育教学培训，对课程思政的认识不够深刻，难以在掌握专业知识的同时，深入挖掘知识背后蕴含的思政教育资源，难以灵活运用思想政治教育方法开展教学工作。其次，研究生教师队伍创新能力不足。教师对教学内容的打磨不够，缺乏创新。研究生有着较强的分析判断能力，希望能够和老师平等地探讨理论和现实问题，但研究生思想政治课的授课老师年龄阅历等都远超过学生，容易持有旧观念，墨守成规，没有将当代重大社会历史实践与思想政治理论课教学联系起来，与学生生活联系起来，使教学贴近生活，容易让学生产生思想政治教育都是"空话套话"的感觉，缺乏实际意义，没有时效性和时代性。教师的教学方法缺乏创新。研究生是科研学习探究为主，对授课老师的学历要求高，以教授导师的理论授课居多，大部分年轻师资力量以本科教学为重心，一定程度上年轻老师在现代化教学上占有优势，教授老师们在教学方法上的转变还需要时间摸索。最后，研究生导师对研究生的思想政治教育重视不够。研究生导师因为学术科研任务比较重，很少能够对学生进行思想政治方面的关注。科研院所对导师的学术科研能力考核进行了量化，大多数导师将自身的时间和精力投入到科研中后，对于研究生的思想政治教育动态就有所忽视。

（三）研究生学段的思政课程和课程思政协同力不够

专业课程教学与思政教育相割裂的"两张皮"现象在高校思想政治教育工作中长期存在，在构建新时代研究生"大思政课"协同育人机制的过程中，研究生思政课程与课程思政相协同面临的困难仍需加大力度解决。一方面，研究生思政课程在改革过程中，因为各环节对协同育人理念贯彻程度的不一以及导师、教师重视程度不够等原因，效果不佳，在这种情况下，思政课程与课程思政在师资、教学资源和教学模式等方面的协同并不能达到理想效果，协同力较低。另一方面，研究生课程具有知识高深的专业特点，其知识构成的普遍性标准与思政教育的价值性引领之间存在紧张关系，思政元素的融入要求专业知识与思政知识的相互融通，而专业知识的专业性、系统性和前沿性导致了研究生课程思政建设本身的壁垒效应。[3] 既要避免课程思政的生搬硬套，又要真正发挥课程思政的育人作用，研究生课程思政中的育人元素挖掘成为协同育人过程中的一大难点。以通识课程承担育人责任的研究生思政课程和以专业课程为依托协同育人的课程思政在自身建设面临挑战的情况下，其协同力远远不能满足构建新时代研究生"大思政课"协同育人机制的现实需要。

（四）研究生协同育人平台发展受限

构建新时代研究生"大思政课"协同育人机制需要广泛拓展育人空间，为研究生打造合适的协同育人平台。在新时代研究生"大思政课"协同育人机制建设的过程中，许多高校还面临着资源挖掘不彻底、校内外联动机制不成熟的问题。在资源平台的搭建上，许多高校没有深度挖掘育人资源以及依托产教融合、校企合作的比较优势积极构建"大平台""大师资"，开展"大实践"。部分高校虽然聘用了一些企业先进典型、劳动模范和大国工匠作为兼职思政课教师，充实了师资力量，但表面化与形式化问题依然存在，缺乏深层次的协同。这样容易出现"硬融入""表面化""两张皮"等问题，使研究生思想政治教育的成效大打折扣。

三、构建新时代研究生"大思政课"协同育人机制的优化路径

立足立德树人根本目标，持续强化问题导向，针对机制构建中存在的问题，对症下药，寻找解决方案。通过建立健全组织领导及运行机制，加强育人队伍管理培训，优化研究生协同育人平台管理，强化研究生协同育人保障机制并不断完善协同育人体系的监督评价机制，有效应对新时代研究生"大思政课"协同育人面临的现实挑战，把研究生"大思政课"协同育人落到实处，实现长效育人，促进研究生全面发展。

（一）建立健全组织领导及运行机制

习近平总书记指出，思想政治工作是学校各项工作的生命线，各级党委、各级教育主管部门、学校党组织都必须紧紧抓在手上。[4] 贯彻落实新时代研究生"大思政课"协同育人机制建设工作，高校党委必须做好顶层设计，加强对思想政治工作的全面领导，明确责任、细化任务、强化监管，有效推进研究生思想政治管理运行工作。研究生思想政治教育管理牵涉到研究生培养单位的系（院、所）、教研室、学科、课题组、导师培养组等，要从各个环节的管理入手，强调协同育人重要性，理顺各个机构和人员的关系，确保协同育人工作和谐、高效运行。第一，学校党委、校长、学校思想政治教育管理指导委员会应做好决策调控工作，从总体上统筹制定好新时代研究生"大思政课"协同育人机制要达成的目标，定期检查相关决策的育人成果。第二，学院、研究生院、课题组、科研组、学校团委、研究生会、研究生导师、思政课程专职教师等要做好协调配合工作，把协同育人工作落实落细。其中，教务处发挥引领作用，推进研究

生协同育人的研发工作；二级学院发挥主导作用，找准自身定位，改变仅仅依靠校党委和教务部门发力的局面，发挥自身在专业发展、人才培养、师资建设等方面的优势；教研室则积极发挥二级学院与教师之间的沟通联系的桥梁和纽带作用，有效解决研究生思政课程和课程思政之间的协同性问题。

（二）加强研究生协同育人队伍管理培训

习近平总书记在对研究生教育工作的重要指示中指出："提升导师队伍水平，完善人才培养体系，加快培养国家急需的高层次人才。"[5]研究生思想政治教育工作队伍应该由高素质、专业化、相对稳定的教职工人员构成，要像选拔、培养学术骨干一样，建立起政治强、业务精、作风正的思政课教师队伍。这就要求思政课教师不仅要具备较强的业务能力，还要具备广博的知识面和理论水平，以使研究生信服。除了思政课教师，导师应当树立正确的育人观念，注重学生的全面发展，而非"重科研，轻德育"。进行专业课程教学，承担课程思政育人职责的专业课程教师也应当积极提升自身思想政治素养，积极投入到与思政课教师的协同育人合作中来。通过在教师群体中把研究生"大思政课"协同育人理念贯彻到底，把促进研究生的全面发展作为教师教书育人的重要衡量标准，从而大大提高研究生学段的"大思政课"协同育人实效。在数字化思政兴起的背景下，思政课教师运用信息技术的能力也成为教学的必备技能，因而在面临思政课教师教学方法落后、教学思维跟不上时代变化、脱离研究生实际需求的现象时，要加强针对思政课教师素养提升的培训，通过集体学习、高校间交流经验和教学反思进行改变。而导师、专业课程教师和党团系统的协同育人队伍也应定期进行交流培训，通过建立学校主导、学院主责、全员参与、多元方式的培训机制，以培训会、研讨会、线上学习等途径进行研究生思想政治教育工作的方法交流与经验学习，不断提升研究生"大思政课"协同育人队伍实力。

（三）优化研究生协同育人平台管理

构建新时代研究生"大思政课"协同育人机制，要站在政治和战略的高度，形成思政铸魂、实践育人的"大思政课"协同育人内核，从校内、校外再到网络平台，全面优化研究生"大思政课"协同育人平台建设。首先，完善校内研究生协同育人平台管理。研究生校内协同育人平台管理是指高校对以课堂教学为主渠道之外的思想政治教育平台的协调管理。许多高校结合自身特色和办学优势为研究生打造了实践育人平台，在校内开展志愿服务活动、红色文化传承和创新创业实践活动等，但在这个过程中存在育人平台与教学内容的衔接以及各个不同平台育人的针对性问题，如不同专业、不同学历层次学习面临的思政内容同质化问题，因而在校内平台搭建上，应当不断挖掘更新育人内容，增强内容针对性，并依据专业特色推动思政课程和课程思政的教学衔接。其次，拓展研究生校外实践育人平台。拓展校外实践育人平台，提高思政实践教学的覆盖率，要发展更多红色教学场景，丰富育人资源，深度挖掘"产教融合""校企合作"中可利用的育人素材，把研究生的思想政治教育与社会实践活动有效衔接起来，构建创新创业活动、社会实践活动、党和国家重大活动相结合的立体化实践育人体系，让研究生在社会实践中受教育、长才干、做贡献。最后，加强研究生网络协同育人管理。在数字化时代背景下，高校思政课教育要结合新时代党中央的相关要求，理清网络思政教育的主体、客体、路径。通过借鉴全国高校常用的网络思政教育平台运营经验，针对研究生的个性化需求分析信息精确传播的适用性，合理利用微信公众平台话题、抖音话题互动、建立 B 站专辑等方式设立专栏，通过直播、短视频、微信推文、漫画、音频等方式，创建校园网络媒体矩阵，实现网络思想政治教育的可持续发展。

（四）强化研究生协同育人保障机制

发挥新时代研究生"大思政课"协同育人作用，激发师生员工所有人的主体作用，高校需要从政策倾斜配套，资源整合到人力、物力、财力保障上给予新时代研究生"大思政课"协同育人机制建设充分的支持，确保协同育人机制落地生根。

一方面，做好研究生思想政治教育工作，第一步是把好人才选拔关。人才选拔，既包括硕士研究生、博士研究生在内的学生选拔，也包括了思政课专职教师的选拔。研究生招生考试是高层次人才培养的入口，是人才选拔的主要方式，具有甄选德才兼备高素质人才的使命，也是构建高质量研究生教育体系的重要环节。研究生选拔考试要将理想信念、政治素质、家国情怀作为根本，加强对考生考试成绩、专业素养、实践能力、创新精神等各方面的综合考核和全面评价，科学选才鉴才。研究生思政课教师的选拔相对于本科教师，要求更高。如果思政工作者自身的专业知识较弱，知识积累少，理论底子不够厚，很难满足研究生群体的实际需求。很有必要引进思想政治教育专业毕业的优秀教师，从政策和制度上保证能够留得住、做得稳，形成一支专兼职结合、专职占有一定比例的思想政治教育工作队伍，实现在人员培养上的可持续发展。

另一方面，为构建新时代研究生"大思政课"协同育人机制提供人力、物力、财力保障。首先，在师资队伍上，高校提供人力保障，构建协同育人培育机制，评选优秀专业课教师和思政课教师，组建课程思政和思政课程一体化校内推广示范队伍，通过对优秀老师优秀教学方法和教学经验的推广，为各学院研究生"大思政课"协同育人实践的展开树立范例。其次，为协同育人机制的建设提供物力、财力保障，确保研究生"大思政课"协同育人机制有序运行。"大思政课"协同育人机制在高校的开发工作是繁重的、复杂的，既要针对研究生课程的学科规律提取独特思政育人元素，又要变革传统思政工作模式，充分利用"互联网＋"优势，打造"大思政课"云交流平台，确保研究生"大思政课"能够发挥全过程全方位育人实效。而充分的经费保障对高校研究生"大思政课"协同育人机制的构建起到重要支撑作用，高校通过建立完整、清晰、可视化的经费申请、审批、公示、发放、监督等工作机制，确保每一笔支出经费真正用于协同育人工作，解决在构建协同育人机制中面临的资源开发不到位的问题。

（五）完善研究生协同育人监督评价机制

监督评价机制是推进研究生"大思政课"协同育人机制得到长效落实的重要机制。其一，对研究生协同育人工作团队、教学团队和教学过程进行监督，可以推动研究生"大思政课"协同育人工作落实落细。在团队监督上，高校应打造一支敢抓落实的督促检查工作队伍，促进各主体认真履行主体责任。各学院是否打造了优质课程思政教师队伍，进行优质研究生思政课程的建设和定期进行优质课程思政教学经验、教学技巧和教学方法在全校的交流展示，是衡量的重要标准。而通过监督反馈，使专业课教师意识到自身在日常教学实践中的不足，进而深入学习课程思政的切入点、授课方法，更有针对性地提高自身协同育人能力。在教学过程监督上，督促检查工作队伍应对研究生"大思政课"协同育人进行全方位、全过程高质量监控，定期对各学院各个教学环节进行全方位、全程性监督和指导，随时对教师的课堂教学、实验教学等进行听课检查、指导，帮助、指导教师切实提高教学水平和教学质量，重点检查教学大纲、教师备课教案、课堂教学、授课质量、学生实践教学的情况，以此实现对研究生学段"大思政课"协同育人教学过程监督的常态化。其二，高校还应构建新时代研究生"大思政课"协同育人全面评价机制，较为客观地反映出研究生思想政治教育工作的实际效果，以对研究生"大思政课"协同育人工作进行调整和控制。建立起以学生和老师为评价主体的双评价机制，通过网络匿名评价和传统评价方式相结合的方式，以成绩、社会实践、综合素质等多方面为评价标准，为研究生"大思政课"协同育人机制提供理论和实践、课堂内和课堂外、过程性评价和结果性评价、阶段性评价和整体性评价等有机结合的全面评价机制。根据研究生群体思想政治教育的总体情况检验思想政治教育工作的实际效果，并评价教师在实践教学过程中思政育人的完成度，最终根据评价结果，有针对性地采取措施推动新时代研究生"大思政课"协同育人机制的优化提升。

总而言之，研究生是高等教育培养的高层次人才，是我国社会主义现代化建设高层次人才的重要来源，立足中华民族伟大复兴的战略全局和世界百年未有之大变局，研究生教育的基础性、战略性、全局性的作用更加凸显。我们必须深刻认识加强和改进研究生思想政治教育工作的重要性、紧迫性和持久性，持续深入推进新时代研究生"大思政课"协同育人机制的构建发展，以研究生教育高质量发展奋力谱写新时代教育强国建设的新篇章。

参考文献

[1] 郭蕾，何峰，黄宗英. 服务于创新型国家建设的中国研究生教育的思考与展望：北京大学研究生教育九十周年系列活动之中国研究生教育发展研讨会综述 [J]. 学位与研究生教育,2008,(05)：34-38.[M]. 北京：人民出版社，2023：28.

[2] 习近平主持中央政治局第五次集体学习并发表重要讲话 [EB/OL].(2023-05-29)[2024-01-07].https://www.gov.cn/yaowen/liebiao/202305/content_6883632.htm.

[3] 曹镇玺，孙志伟. 研究生课程思政的核心要素与实践逻辑 [J]. 学位与研究生教育，2022(06)：54-60.

[4] 习近平在全国教育大会上强调 坚持中国特色社会主义教育发展道路 培养德智体美劳全面发展的社会主义建设者和接班人 [N]. 人民日报，2018-09-11（1）.

[5] 习近平对研究生教育工作作出重要指示强调 适应党和国家事业发展需要 培养造就大批德才兼备的高层次人才,李克强作出批示 [EB/OL].(2020-07-29)[2023-12-22].http://www.moe.gov.cn/jyb_xwfb/s6052/moe_838/202007/t20.

后真相时代下的用户网络民粹主义

敖煜然

（湘潭大学）

摘 要 后真相时代下的网络舆论场"多元圈层区隔并存"，作为舆论客体的用户的话语样态呈现"多元力量缠绕对决"局面。本文深度剖析我国热点舆论事件，分析网络民粹主义的成因走向、阐述方式和防范路径。网络民粹主义作为一种社会思潮，反建制、反精英和反专业的思想内核，不仅加剧了社会阶层对立与冲突，还扭转了网络空间的话语生态与舆论格局。在网络民粹主义蔓延后，须加强转变社会治理模式，维持网络信息安全。

关 键 词 网络民粹主义；网络舆论场；回音室效应；群体极化

作者简介 敖煜然（2000— ），女，湘潭大学文学与新闻学院研究生在读。联系电话：17347512761；电子邮箱：790688115@qq.com。

本文内容主要包括以下三个方面：第一，阐述用户在网络民粹主义下的情感、关系、行为的新变化，网络传播的新现象、新问题及其预防路径。第二，用户群体在网络事件中的主体性，其表达方式、思维路径、行为模式等表现，对网络民粹主义进行研讨，分析其带来的网络乱象。第三，拓展研究视角，将网络民粹主义视作技术赋权、社会意识形态、历史传统基因与文化思潮的结合体进行综合分析。

一、网络民粹主义的成因背景

（一）历史积淀："不患寡而患不均"的"均平思想"

网络民粹主义（internet populism）是当代中国社会独特的媒介景观，源于民粹主义（populism），其中的"平均主义"（egalitarianism）是民族厚重的思想内涵。网络民粹主义以底层、中下层的民众为主要代表，国家范围内的权贵、精英，是民粹主义实践主要的政治对手和反抗对象。总的来说，网络民粹主义作为一种传统的社会思潮，其基本要义是极端平民化倾向；作为一种政治策略，其指的是动员平民参与政治进程的方式；作为一种意识形态，其核心概念是主张人民主权，号召以人民的民义改造精英统治；[1] 作为一种技术手段，其模式是在网络群体事件中制造矛盾并掀起舆论。

网络民粹主义的历史积淀分别来自洪秀全提出的以绝对平均主义为核心的民粹主义社会构想《天朝田亩制度》、"不患寡而患不均"的"均平思想"，和孙中山倡导的平均地权、节制资本和集产社会主义。[2] 主要表现为在传统时代背景下，中国的"街坊言论""小巷流言"分化各层阶级，宣泄着"仇官""仇富"的情绪，加剧"唯民是举"的二元对立趋势，呈现的社会表征为紧盯公共建设补贴、脱贫脱困资源分配和个人资源分发的利弊得失。且普通民众功利性利益至上缺乏理性，具有无政府主义和暴力倾向，有时还会与极端爱国主义、极端民族主义以及虚无主义形成合流，实施语言甚至肢体暴力。[3]

（二）媒介背景：技术赋权下的网络民粹主义引发网络乱象

CNNIC 第 52 次报告提出，截至 2023 年 6 月，我国网民规模达 10.79 亿，互联网普及率达 76.4%。从媒介技术逻辑出发，从 20 世纪末的 Web2.0 到如今的 Web3.0 时期，用户用网环境优化，表达空间也不断扩大，其情绪表达、欲望需求通过参与公共事件的讨论被释放，形成"用户话语权力"，民粹主义从"线下"转移至"线上"，互联网为其提供了表达的话语平台。[4]民粹主义倡导者利用虚拟空间的"收音机""麦克风"和"扩音器"等媒介手段，在网络信息平台宣泄自身的怨念和反精英、反建制、反专业、反智等理念，鼓动反官场、反权威的阶层对立，引起舆论场"众声喧哗"，尤其是利用公共事件等舆情热点，引发了舆论治理失序和社会治理失范，引起一系列网络暴力、群体极化、网络谣言等媒介伦理失范现象。草根阶级看似以个人立场参与事件讨论，民主化地参与个人观点的自由表达，实则在民粹主义的裹挟中，其偏激情绪、极端思想，对公众视听、社会稳定和国家整合形成巨大威胁。[5]

二、网络民粹主义的叙事方式

"后真相"(post-truth)，2004 年美国学者拉尔夫·凯斯 (Ralph Keyes) 在其《后真相时代：现代生活的虚假和欺骗一书中首次完整地提出这个概念，用以表述介于真实和谎言之间的"第三类陈词"。[6]网络民粹主义随着智能媒体的传播与演变，在后真相时代之下，以情感释放"假事实"，技术裹挟下屏蔽"真事实"，其实质是指技术主义借助社交媒体推动谣言、谎言，从视频、文字、照片等媒介表现形式中谋求流量、赚取利益，从而掩蔽真相，干扰信息传播秩序，阻碍社会整合传播和破坏舆论引导的时代现象。

（一）情感层面：网络民粹主义的暴戾情绪制造网络暴力

网络民粹主义的暴戾情绪通过"标签化"的叙事方式，加强典型的色彩标签而加强对方的对立属性，形成"二元对立"，用户从"想象共同体"变为"偏见共同体"，使得泛滥成灾的谣言和流言分离民众与精英、专家、政府、国家，导致常态化、流动化的舆论引导和舆论监督难以维持。2021 年 9 月 11 日至 14 日，《人民论坛》面向网民进行专题问卷调查，分析从"网络民粹主义的年龄结构、学历水平"到"网络民粹主义现象的诸多表现"等问答。而网络民粹主义正是弱势群体打出"反权威"的呼声，促使社会情绪趋向暴戾的发酵剂，侧重利用舆情热点事件扩大用户自身的盲目性和话语空间的感性基因，制造个人危机和社会冲突，排斥对立面，进行话语垄断，即对持有不同观点者实施谩骂、辱骂、p 图等网络暴力行为，进行人肉搜索，形成了群体负面情绪的情感动员。[7]

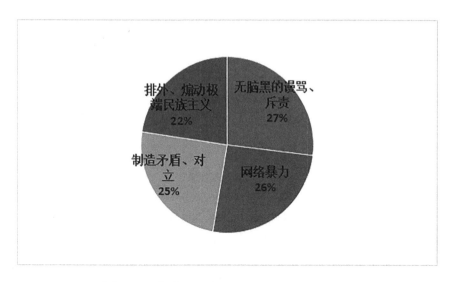

图1　《人民论坛》专题调查问卷：网络民粹主义的具体表现

在后真相的时代背景之下，新奇、有趣、挑逗成为信息价值导向，低俗、戏谑、讽刺成为网络段子常态，用户对"公务员""领导""富二代""明星"和"老板"等主体打上固有专词的标签，并将热点事件的焦点转移给该群体，并动用社会舆情事件演变的媒介效应树立群体形象，催发情绪弥散至各个社交平台，激发社会底层民众的怨恨、偏激、愤怒情绪。而负面情绪驱逐理性发声，促成公共事件极端化、社会关系茧房化和群体极化。国家网信办展开的2022年"清朗"运动中，累计清理相关有害信息87.9万条，处理违法违规账号4.1万余个。在诸多事例中，从意见自由市场观点转化为网络上的道德绑架，压制二元对立面少数人的合理诉求；将所谓的民意打上"民主、平等、公正"的政治口号，从而践踏个人权利，干扰正当需求，破坏国家建设。

表1　笔者记录关于网络民粹主义的新闻事件

新闻时间	发布平台	新闻标题	新闻的事件属性	事件特点
2012.9	新浪微博	某男子砸日产车	极端民族主义	线上线下互动，引起网民抵制日货
2013.4	网易新闻	某官员车祸遇难	反精英	公务员车祸遇难，而网民在网上高呼庆祝
2014.2	新浪微博	央视东莞扫黄	反主流意识形态	报道被解构，网民为小姐站边，央视被指责
2020.2	新浪微博	李医生为疫情付出生命	反权威	李医生提出新冠病毒肺炎，政府隐瞒被千夫所指
2020.3	微信公众号、新浪微博	三黄连可治疗新冠	反智	前有媒体报道三黄连治疗新冠，后有央视澄清"不可治疗"，民众还是"打劫式"疯抢药物
2022.4	微信公众号	上海疫情封城	反政府	上海物资分配不均、工作没有落实、医疗救治不及时，引起"官民对立"

续表

新闻时间	发布平台	新闻标题	新闻的事件属性	事件特点
2022.7	微博视频号	四川女城管执法时被打哭	反权威	评论区"小贩"对女城管肆意辱骂，其中谈及"男女平等"，挑起性别对立
2023.5	无来源的视频	细数清华大学五宗罪	反民族反政府	视频中恶意抹黑清华大学，制造"留美预备学校""带头讨好西方"等莫须有罪名
2023.8	微博、小红书	亚运会参赛运动员粉丝互撕	反民族	个别粉丝假冒当事人发声，发布有关民族歧视等图片，煽动群体对立

（二）关系层面：圈层化下的群体极化激荡"回音室"效应

随着多元、新型社交媒体的出现，网络舆情千变万化，以qq空间、微信朋友圈、微博、微信群、qq群等为代表的社群传播崛起，以圈子、层级的形式进行信息传播，尤其是以"二次元""kpop""内娱"等饭圈的名号在网络中生存，改变了"个人化""分子化"的个体存在模式。用户的信息获取方式、表达话语空间和虚拟空间的关系建构实现了逆转，根据兴趣聚集的圈层而分化为不同的价值认同和身份认同，而圈层化的用户选择"同质化"的声音和观点，加剧了群体的撕裂，而造成了回音室效应（echo chamber）。即当网民预设了某种观点和话题在网络中进行互动，网民倾向于选择让他们认同且愉悦的信息领域，最终形成内部环境一致的网络小群体，经过同样信息的不断重复、强化，从而使网络群体认知固步自封甚至偏执极化。[8]"回音室"效应成为网络民粹主义思潮传播的重要动力，即社交媒体因其可操作的网络技术和同质化的话语环境，使网民获得在现实社会无法满足的需求，导致网民追求情感与情绪的宣泄大于听取理性意义的价值引导，为自我话语的同质化建构和民族民粹主义思潮发展创造了动力。[9]

涉及"伪民主化"的议题时，在社群空间下进行讨论，筛选相似观点、强化个人特性，由"多元力量缠绕对决"转化为"一元声音一致性排他"，持有相同观点的民粹主义者被动员后融入一个网络圈层，造成信息空间隔离和分化状态即网络"巴尔干效应"。在意识想法一致的情境下发酵情绪、制造事端，集体对峙"异质化"的"敌人""阶级"，发表攻击、对立、排外的话语，在隐形的状态下信息空间顽固化、阶层化，好似在一个叠加多圈层的"回音室"之中，听不到外界的声音。且不断强化用户的政治观点，反映的政治诉求汇集而成的网络民粹主义思潮，极为容易上升至社会思潮的主旋律意识形态，与主流文化进行博弈、与政治权力进行斗争。[10]

在回音室效应之下，用户群强化、放大相同的观点和态度，概括为"选择性认同（形成）—叠加式酝酿（升级）—激进式煽动（终极形态）"的网络民粹主义演进机理。[10]从心理进程出发演绎为"夸张情绪—扭曲心理—固化思维"，演绎框架为"聚集弥散性个体—动员排他性成员—煽动群体极化行动"。

（三）行为层面：线上线下交互的社会动员

1.意见领袖把握网络话语权

"后真相"是社会分化和网络焦虑、暴躁、抑郁的畸形产物结合体，也是民粹主义的一种社交媒体景观，是网络场域中官方舆论场和民间舆论场之间一种疏离关系的表征。[11]当出现医患、师生和警民矛盾等相关新闻事件时，舆论场域中态度偏激的用户群和动员大众的网络意见领袖，例如微博大 V、微信公众号、超话主持人、知乎大牛等，运用网络民粹主义事件获取商业利益的话语策略和重归部落化的力量支援，通过评论、转发、点赞的形式捕风捉影、煽风点火，甚至炮制虚假信息，故意将舆情本体——"个体对事实的讨论"转化为"群氓为二元对立的困斗"，使得用户从"唯事实论"变为"唯情绪论"，进行网络情绪的"代入感"宣泄。当舆论风波推至感性高潮，逐渐转移至实际中的"街头暴动""举旗抗议"，成为线上线下交互的社会群体性动员，而公共舆论难以维持理性对话，反转新闻、假新闻、新闻搭车层出不穷时，舆论场域的良性流动便被解构。

2.线上舆论审判，线下跨区域、跨时空交互

网络民粹主义引导我们走向一个波谲云诡的未来，其叙事过程为"个体呼声呐喊—群体迷失性聚集—社会非理想动员"，借助圈层化的传播价值标准和身份认同，树立以平民底层为基础屏障，将官方舆论场的主流媒体"边缘化"，打响"线上口号"，进行网络舆论审判，即为"网民、网站或网络公关公司通过网络媒介对某些还未正式审判的社会性案件进行分析调查和评判，从而形成一定的舆论压力，影响人们对事件真实性的认识、对当事人造成重大伤害等影响和妨碍司法独立和公正的行为"。[11] 舆论在一定程度上为监督司法权力的社会公器，舆论审判可推动政府决策民主化、科学化和透明化。但当舆论审判的发生机制、社会功能和互动机理被网络民粹主义者利用，他们凭借媒介平台越过司法程序，制造冲突、加深矛盾、传播谣言，就会在负面效应之下，加工生产出一个"营养过剩"的产物。

同时，由于网络传播的全球性和移动互联的场景性，地方事务日渐变得"全球化"。用户对线上的专家、老师、律师、医生、教授等权威专业人士进行语音麦炸和言语炮轰，表达其民粹主义的利益诉求；对正在发生的社会公共事件和突发事件进行"激烈化"的场景化直播式误读和曲解性的艺术剪辑；将实际发生的事件移送至互联网讨论，激扰专业人士对事物性质的判定，诡辩事物的利弊得失，超过了线上线下的分野，形成跨区域、跨时空的行动，从而扰乱网络空间的信息传播秩序和社会舆论动态维护。

表 3　线上线下交互的网络民粹主义事件

动员时间	新闻事件	矛盾点	衍生后果	事件特点	媒体平台	意见领袖
2009 年 6 月 17 日—20 日	荆州市某厨师坠楼，警方初步判断为自杀	警民矛盾	网上谣言四起："酒店有警方参股""官太太控股酒店"，线下街头聚集八十小时，砸伤武警	反权威，坚持无政府主义，情绪绑架事实，舆论发酵至舆论反转	凤凰网	邓飞博客
2020 年 11 月 15 日	上海静安区两层公寓发生火灾	官民矛盾	网上转帖几万次，社交媒体上进行"献花行动"，线下祭奠遇难者，街头大规模聚集，后拍成纪录片	自上而下的社会动员，舆论审判、批判现实，引起"官民"对立，加深社会矛盾	新浪微博	莫拉莫微博、夏商微博、李大龙微博

续表

动员时间	新闻事件	矛盾点	衍生后果	事件特点	媒体平台	意见领袖
2021年5月10日—13日	成都49中学学生坠楼	师生矛盾、警民矛盾	网上谣言"学生跳楼与化学老师相关""49中贿赂警方""警察拖行死者家属"，线下网民聚集高中讨要说法，相关班主任、授课老师不敢出面	运用社交媒体、社群传播，网络舆情爆发至舆论两级反转，无条件站边弱势群体	抖音、新浪微博	死者母亲微博
2022年9月	唐山烧烤店9名男子打人后续	社会暴力	网络喷子转移焦点，侧面抨击政府不作为，暗指官官相护，挑起官民对立	黑社会事件涉及多方势力，网络"间谍"抹黑国家行政体系，造谣当事者，制造网络谣言	微博	微博姐姆斯、微博回见了nin嘞、微博高辉000157、微博渡船Niburu

三、网络民粹主义的防范路径

（一）推进现实社会治理

互联网被比喻为一面折射现实社会的镜子。网络民粹主义大部分根源于生活中群众的不满和愤懑。其本质在于民生问题没有得到及时的疏散和解决，民众及群体间的不安、焦虑会通过"镜子"放大。根源重点在于收入分配不均、官员贪污腐败严重、环境污染、社会阶层固化、学习资源紧张等。党的二十大报告指出，就就业而言，加强困难群体就业兜底帮扶，消除影响平等就业的不合理限制和就业歧视；就教育而言，发展素质教育，促进教育公平；就收入而言，促进机会公平，增加低收入者收入，扩大中等收入群体；就社会保障而言，健全覆盖全民、统筹城乡、公平统一、安全规范、可持续的多层次社会保障体系；就乡村振兴来说，坚持农业农村优先发展；就住房而言，加快建立多主体供给、多渠道保障、租购并举的住房制度。总的来说，构建一个公平公正的社会环境，消弭社会偏见，维持社会相对公平，能够最大限度地缓和阶层间的矛盾，防范网络民粹主义卷土重来。

（二）实现舆论空间治理

要治理好舆论空间，须明确多元主体的治理责任。

1.主流媒体保持"稳定性"：主动把握事件报道话语权

后真相时代之下，意味着"真相"客观性异化阐述的潜在可能性加大，更需要通过连续报道、深度报道、组合报道等多层次的报道形式保证真相的溯源、阐释和分析，即保证事实的来源可查证，掌控事实的叙述怎样经过媒体编辑和传播平台以及怎样引导官方舆论场和民间舆论场的交互讨论。对于主流媒体而言，不仅要维持主流意识形态宏流相对平衡，还要关注官民对话模式的改变和舆论生态的变革。要通过保持动态新闻的报道公正性、事件连续性、媒体透明性、事实客观性，构建一个可以诠释真相的语境，压缩网络民粹主义滋生的生存空间。

为实现积极与用户互动，在调整用户群体的负面情绪和减少集合行为发生次数的前提下，保证主流媒体用语的常态化、轻松性，保持与用户的理性对话，输出积极正能量，弘扬社会主义价值观；同时，为赢得底层人民的情感认同，加大对弱势群体的关注力度和宣传力度，激活其参与公共事务的热情，提高其满足感、需要感、荣誉感；续写中华民族的新闻故事，实现情感的交互同频共振，突破阶层限制和话语垄断，最终实现情感、价值认同。

2. 社交媒体预防"偏激化"：关注舆情发展动态

随着媒介技术的演进，"后真相"成为网络互动和社会分化的时代产物，社交媒体也跟随着算法机制的优化充当了鼓动网络民粹主义潮流的"幕后黑手"。为预防社交媒体负面情绪呈几何倍数无目的地传播，应当加强对算法的规制，优化信息筛选机制，尤其是针对智能算法推荐。智能算法研发工程师须提高对数据的辨识度，使用可溯源的、高质量的参数，在对用户兴趣图谱进行标签化处理时，最大限度地把握好用户偏好的信息和信息的公共性价值间的相对平衡，共筑信息价值理性与客观性的恢复。对于其他审查、复核的工作人员，应保证工作队伍的多样化，筛选出深层化、规范性、理性化的符号体系和话语系统，拒绝言辞激烈的辱骂和偏激的图片视频等符号表达；同时，进行公开的网络舆论监督和实体群众监督，接受匿名性的举报受理。

社交媒体可以利用政务公众号、微博广场和实时热搜词观察舆情动态。先是做好舆情"防控"状态，潜伏于线上社交平台，探查"导火线"。再是主动且及时处理用户诉求，布控线上有关账号的新闻稿、公共文，例如利用官方账号下访民情在线沟通。四川日报全媒体重点建设网上群众服务平台，并开设"民情"频道，畅通官民沟通渠道，落实民生需求，保障在线、实时反馈。最后基于下次同类型的舆情事件的爆发，维护媒介平台的声誉公信力，做好风险防范工作。

3. 媒体群打破"同质化"：共建"网络人行道"模式

伴随着网络民粹主义的弥散和异化，"回音室效应"也呈现出了极化色彩，对网络建设、社会秩序和国家安全构成威胁。为警惕网络民粹主义绑架用户言语，上升至分割国家、分裂民族，媒体群应积极疏解矛盾、打破同质化壁垒、共建"网络人行道"模式，即随机为用户提供不同领域的信息，接触不同阶层、不同利益群体的观点，保证避免"片面化""极端化"的思维倾向。媒体群须为用户在"回音室"效应中解困，提供恰如其分的公共信息，宣扬主流意识形态，履行媒体作为社会公器的职责，又要提供个性化的信息服务，满足用户的个体好奇心和兴趣需求，追寻公共性与个性化的平衡。

同时，媒体群在共建"网络人行道"模式的基础上，推进媒介融合。针对技术赋权，民粹式的话语驱动网络中"群体性认同"和"群体性迷失"，媒体群更应在双向融合、互相联动的基础上，共同抵制带有主观意向偏见的不良媒体和消解主流意识形态的社会团体与组织；在统一媒介传播目的要义下，为用户提供公平公正的话语渠道，提高媒体群在用户群中的信任度，拓展用户参与网络上公共话题讨论的民主性，积极搭建官民信息沟通的平台，建设清朗网络空间。

四、结语

在如今的清朗网络运动形势下，用户窄化输出的负面情绪成为灌溉网络民粹主义生长的营养液，社交媒体凭借着技术赋权快速地传播着带有思维偏向的感性观点，加剧群体撕裂和社会冲突，离间官民舆论场，从而破坏整个互联网的舆论生态。因此，为了恢复网络舆论场安全信息流动，阻断网络民粹主义思潮搭载媒介传播，更应推进现实社会治理和维护网络舆论场治理，社交媒体和主流媒体联袂打破"同质化"，共建"网络人行道"模式，警惕网络民粹主义鼓动分裂民族。

参考文献

[1] 俞可平. 现代化进程中的民粹主义 [J]. 战略与管理，1997（1）：88-96.

[2] 郑雯，桂勇，胡佳丰. 网络民粹主义：内核、表征与发展趋势 [J]. 青年记者，2020（25）：32-34.

[3] 葛明驷. "后真相"时代网络民粹主义主导舆论的机制及其治理 [J]. 东岳论丛，2020（05）：107-113.

[4] 李良荣，徐晓东. 互联网与民粹主义流行：新传播革命系列研究之三 [J]. 现代传播，2012（5）：26-29.

[5] 张爱军，王福田. 网络民粹主义：反话语表征与消解策略 [J]. 理论与改革，2020（01）：162-171.

[6] 蒋璀玢，魏晓文. "后真相"引发的价值共识困境与应对 [J]. 思想教育研究，2018(12)：56.

[7] 贾立政. 网络民粹主义带来的挑战及其应对 [J]. 理论探索，2016（6）：40-45.

[8] [美] 凯斯·桑斯坦. 信息乌托邦：众人如何生产知识 [M]. 毕竞悦，译. 上海：法律出版社，2008：7.

[9] Majid Khosravi Nik.Social Media Techno: Discursive Design, Affective Communication and Contemporary Politics[J].Fudan Journal of the Humanities and Social Sciences, 2018, 11(4): 27-442.

[10] 王云芳，焦运佳. 网络空间中民族民粹主义的逻辑机理与类型比较: 基于网络"回音室效应"的视角[J]. 学术界，2019（04）：85-92.

[11] 朱鸿军，季诚浩，蒲晓. 后真相：民粹主义的一种社交媒体景观 [J]. 江苏大学学报（社会科学版），2019(3)：19-27.

研究生教育立德树人理论与实践探索

付璇

（湖南中医药大学）

摘　要　研究生教育是国民教育的重要组成部分，是教育强国建设的引擎，也是培养高层次创新人才的重要途径。立德树人背景下，针对德育困境及时代变革，研究生教育亟待深入贯彻落实立德树人的根本任务，探索以立德树人为导向的人才培养体系、研究生评价体系，以适应社会发展的需求，培养具有社会责任感的高层次人才，加快推进新时代研究生教育高质量发展。

关 键 词　研究生教育；立德树人；德育；实践探索

作者简介　付璇（1989— ），女，湖南中医药大学研究生院，正科助教。联系电话：15111323358；电子邮箱：991326964@qq.com。

一、引言

党的十八大以来，中国教育改革不断向纵深迈进，高校教育改革成效显著，教师队伍建设步履铿锵。国无德不兴，人无德不立。在 2018 年的北京大学师生座谈会上，习近平总书记郑重强调，必须坚持办学的正确政治方向，提出应将立德树人的成效作为检验学校一切工作的根本标准，切实以深厚的文化滋养人，以崇高的品德教育人；提升学生的思想深度、政治敏感性、道德品格和文化修养，使其能够明晰大德、恪守公德、严于私德。[1]此外，要将立德树人的理念深植于大学建设和管理的各个环节与层面，使其真正落地生根。师德师风，乃教育之根本，是塑造灵魂的基石。一个具备高尚师德和卓越师风的老师，不仅是知识的传播者，更是道德的践行者和人生的引路人。习近平总书记特别强调了师德师风建设的重要性，提倡广大教师坚守理想信念，修炼高尚的道德情操，积淀深厚的学识素养，并怀揣仁爱之心，鼓励教师们树立"躬耕教坛、强国有我"的崇高志向和坚定抱负。[2]在中共中央政治局第五次集体学习时，习近平总书记深刻指出，教育的根本问题在于培养什么人、怎样培养人以及为谁培养人，而这同样是建设教育强国的核心课题。然而在立德树人的实践中，也存在一些阻碍与困难。部分高校在立德树人理念普及化后渐失其深度，忽视其深刻内涵，未能将立德树人的核心要义与研究生教育有效融合。已有研究显示，在研究生教育环节中，导学关系、实践教育等重要部分正面临着严峻的考验。因此探索新时代研究生教育立德树人的实践路径显得尤为重要，只有更好地培养德智体美劳全面发展的社会主义建设者和接班人，才能为人民谋幸福，为国家谋复兴，为中华民族的伟大复兴贡献力量。

二、立德树人的理论内涵

立德树人的理念源远流长，其起源可以追溯到中国古代的文化和教育思想中。这一理念在不同的历史时期有着不同的表现形式和侧重点，但核心精神始终围绕着培养具有高尚道德和卓越才能的人。孔子提出的"仁""义""礼""智"等道德观念，以及"修身、齐家、治国、平天下"的教育理念，都体现了立德树人的思想；《左传·襄公二十四年》提到，"太上有立德，其次有立功，其次有立言，虽久不废，此之谓三不朽"，此将立德视为人生最高境界，强调了道德修养的重要性；《管子》中的"十年树木，百年树人"则明确指出了培养人才的恒常性和艰巨性；进入现代社会，立德树人的理念得到了新的诠释和发展，党的十八大报告首次将"立德树人"确立为教育的根本任务，指出"把立德树人作为教育的根本任务，培养德智体美全面发展的社会主义建设者和接班人"；党的十九大报告在此基础上进一步提出了新时代"以培养担当民族复兴大任的时代新人为着眼点"，培育"有理想、有本领、有担当"的青年一代。

"立德树人"的理念，为学校的教育指明了前行的航向，更是对当下我国教育全局性、深远性思考的智慧结晶。"立德树人"的根本使命拓展了教育的内涵与外延，更在教育过程中强调了教育引领者必须首先立德的重要性，这既是教育的基石，也是其得以发展的前提。"立德树人"还凸显了教育所具备的"助益"特质，即教育应助力学生成长，助其立德成人。因此，它不仅仅局限于德育的讨论范畴，更深入到教师伦理乃至整个教育伦理的层面，成为共同探索和实践的重要课题。[3]

立德树人背景下，党和国家对于高校研究生教育寄予厚望，也提出了明确的要求——把立德作为教育的根本任务，把树人作为教育的最终目标。这不仅是对研究生教育的方向性指引，更是对新时代人才培养的战略性布局。为适应党和国家复兴大业的需要，高校应积极承担起培养大批德才兼备的高层次人才的重任。在这一过程中，高校应当积极创新人才培养模式，深化教育教学改革，并着重培养学生的创新精神与实践能力。由于研究生视野广阔，获取信息丰富，面对中西方各种思想文化融合，意识形态领域形势复杂，更要引导学生树立正确的世界观、人生观和价值观，坚定马克思主义理想信念，增强社会责任感和历史使命感。高校还应加强师资队伍建设，提高教师的教育教学水平和科研创新能力，为培养高层次人才提供坚实的师资保障。通过立德树人理念的深入贯彻和实施，高校研究生教育才能够更好地服务于党和国家的事业发展需要，为实现中华民族伟大复兴的中国梦贡献智慧和力量。

三、存在的问题

（一）德育与智育脱节

《资治通鉴》有言："才德全尽谓之圣人，才德兼亡谓之愚人，德胜才谓之君子，才胜德谓之小人。"意为有德有才的能称为圣人，无德无才为愚人，德胜于才为君子，才胜于德为小人。这提示世人才华不是衡量人的唯一标准。反观现代教育，部分高校在研究生教育过程中过于注重学术成果和科研能力，忽视了德育的重要性。近来一名来自东南大学的考研学生以专业课排名第一的成绩却因复试中思想政治素养与品德不合格而被南京大学物理学院不予录取。究其原因，该名学生被举报曾在学校宿舍虐杀猫并录制视频上传网络，加入以虐猫为乐的网络团伙，被公安机关约谈。此件事引起社会舆论一片哗然，也引发了社会大众对于研究生教育中立德树人这一议题的深刻思考。从立德树人的视角审视，考研并不仅仅是对学术能力的检验，更是对品德的考量。对虐待动物的学生进行处罚，并非教育的目标，而仅仅是一种惩戒手段。更为关键的是在研究生教育过程中深入探索，引导学生真正树立起对生命的敬畏之心，学会爱护动物，从而全面改善这一恶劣行为。对于各高校来说，德育不仅是一个更为厚重的话题，更是一项沉甸甸的责任与使命。

（二）导师作用发挥不充分

部分导师在研究生培养过程中过于关注学术成果，忽视了对研究生的德育引导，未能充分发挥导师在立德树人方面的作用。尽管研究生教育重点在于培养高层次创新人才，但当前在立德树人方面存在的问题和挑战仍不能忽视，如导师对研究生人文关怀不足，师生间情感淡漠，[4] 重知识传授轻品德培养、重学术成果轻实践能力等。因此，加强研究生教育立德树人的理论与实践研究，对于提升研究生教育质量、培养德才兼备的高层次人才具有重要意义。有调查研究显示，研究生团体比非研究生团体更为重视高校师德师风建设，但对于师德师风现状却缺乏认同。[5] 这一方面说明研究生在学术探索的道路上有着其独立思想，以及对"立德"的思考，另一方面也从侧面反映了高校在加强研究生教育立德树人的同时，缺少对师德师风的建设。研究生注重高校老师的师德师风，也体现了他们对精神引领和道德典范的深刻追求。学术探索与人格塑造并行不悖。"学高为师，身正为范。"一位优秀的老师，不仅能在学术上给予学生深入的指导，更能在道德上树立榜样。他们的言行举止、道德品质，都会对研究生时期学生产生深远的影响。师德师风也是社会文明进步的体现。一个具备高尚师德和卓越师风的老师，能够通过自己的言传身教，影响更多的人，推动整个社会的进步。他们用自己的行动诠释着教育的真谛，传递着社会的正能量。

（三）立德树人与实践教育未融合

"行是知之始，知是行之成。"这深刻揭示了实践的核心地位。在研究生教育中，立德树人与实践教育深度融合是实现研究生全面发展的重要途径。这种结合不仅体现在价值引领与实践体验的相互映照上，更在于通过研究实践与创新能力的锻炼，培养研究生深厚的家国情怀和社会责任感。导师作为学术和道德的双重引路人，其引领下的团队合作不仅促进了研究生的学术成长，也深化了他们对立德树人理念的认同与实践。因此，构建立德树人与研究生实践紧密结合的教育体系，对于培养具有高尚品德、创新能力和社会责任感的新时代研究生具有重要意义。然而，当前理论与实践的割裂现象导致研究生对实践活动的重要性认识不足，常将实践教育视为理论学习的辅助而非其关键组成。这种认知偏差不仅限制了研究生将理论知识应用于实际情境的能力，也阻碍了他们在实践中对理论知识理解与掌握的深化。因此亟须加强理论与实践的紧密结合，确保研究生能够全面、深入地理解并应用所学知识，从而培养出更具实践能力和创新精神的高素质人才。

四、研究生教育立德树人的实践探索

（一）构建以立德树人为导向的人才培养体系

在新时代背景下，为坚持立德树人的中心环节，努力开创我国高等教育事业发展新面貌，这要求研究生教育不断完善人才培养机制，构建以立德树人为导向的人才培养体系，以应对时代变革挑战、社会转型困境以及德育困境。立德树人作为教育的根本任务，要求我们在人才培养的全过程中，将德育放在首位，贯穿于教育的每一个环节。

实践探索是立德树人理念落地的重要途径。有学者遵循德育一体化的新理念提出了"纵向衔接、横向贯通、校内外协同、四位一体"的策略，确保德育与智育、体育、美育、劳动教育等相互融合，形成一个协调一致、互相促进的教育生态。[6]不同于本科教育和其他教育阶段，研究生教育具有高度专业化以及研究导向和自主学习的特点，对于独立研究以及创新能力具有较高的要求，同时依托于研究生教育环境，学术研究资源较为密集丰富，也具备更多的国际交流与合作机会。因此，面对研究生教育的特殊性构建以立德树人为导向的人才培养体系，还需要我们不断探索和创新教育模式。如利用现代信息技术手段拓宽教育渠道，丰富教育内容，提高教育的互动性和实效性。培养学生的创新精神和实践能力，以适应快速变化的社会需求。

（二）明确导师职责，强化榜样作用

在研究生教育的深化改革中，实施导师负责制是培养高素质创新人才的重要途径。导师作为研究生培养的第一责任人，[7]应发挥榜样作用，以身作则，引导研究生树立正确的学术道德和科研精神。导师负责制的实施，首先要求明确导师在研究生培养过程中的核心职责。这包括为研究生提供学术指导，确保其科研工作的顺利进行，关注研究生的成长需求，提供必要的生活关怀和职业规划建议，以及在日常的学术和科研活动中，通过自身的言行示范，为研究生树立榜样，引导他们形成良好的学术道德和科研精神。

在高等教育与科研领域中，导师的角色至关重要，他们须以身作则，展现出对学术的严谨态度和高尚的道德标准。在科研实践中，导师应恪守学术规范，尊重并保护他人的知识产权，坚决抵制任何形式的学术不端行为，以维护学术的纯洁性和公正性；导师应激发研究生的创新精神，鼓励他们勇于面对挑战，培养他们的科研精神和创新能力。这种培养方式旨在让研究生不仅在知识层面上获得增长，更在思维方式、创新能力以及道德素质上得到提升；为确保导师负责制的有效实施，学校和学院应构建一套完善的导师考核机制，其中研究生培养质量应作为考核的核心指标。通过定期的评估和反馈机制，对表现卓越的导师给予表彰和奖励，对存在不足的导师提供必要的指导和帮助，以促进其持续改进；学校和学院应加强对导师的培训与支持，提升他们的指导能力和水平，为研究生的培养提供坚实保障。这不仅包括对科研方法和技巧的培训，还应包括对教育心理学、学生管理等方面的培训，以帮助他们更好地理解和满足研究生的需求。

（三）改革研究生评价体系，构建多元评价指标

研究生评价督导体系作为保障研究生教育质量、促进研究生全面发展的重要手段，其构建与实施显得尤为重要。研究生教育的核心目标是培养具有创新精神和实践能力的高层次人才。研究生评价督导体系是保障研究生教育质量的关键。通过评价督导体系，可以对研究生的学习成果、研究能力、实践能力以及道德品质等方面进行全面、客观、公正的评价，从而确保研究生教育的质量。同时，评价督导体系还可以及时发现研究生教育中存在的问题和不足，为改进和优化研究生教育提供有力支持。

教育评价是指挥棒，具有重要的导向作用。发挥教育德育评价的导向作用，深化关键环节的评价改革。建立以研究生全面发展为中心的评估框架和实施方案，注重培养研究生的学术能力、实践能力和创新精神。在评价过程中，强化评估和督导的发展性功能，不再仅仅以文章发表和成果导向作为评价研究生的唯一标准。综合考虑研究生的学术贡献、创新能力、团队协作、实践应用等多方面的表现，形成多元化的评价体系。通过评价指引教育资源公平分配，确保每名研究生都能获得充分的学术支持和培养机会。在评价框架的构建上，形成针对研究生的评价框架与指导手册，明确评价目标、内容、手段等具体要求。评价目标从以甄别、选拔为主转向以促进研究生全面发展为主，注重培养研究生的综合素质和能力。评价内容从单纯的知识、成果评价转向"知识、能力和情感态度价值观有机统一"的综合性评价，全面评估研究生的学术水平、实践能力和社会责任感。评价手段从"千人一面"的标准化评价转向"各美其美"的个性化评价，[8]充分考虑研究生的个体差异和特点，实现评价的个性化和精准化。

五、结论

在全面深化教育改革、推动高质量发展的时代背景下，立德树人作为教育的根本任务，对于研究生教育的改革与发展具有重大意义。当前，虽然高校在立德树人的实践中取得了一定成效，但在研究生教育中，德育与智育脱节等问题仍然存在，这不仅影响了研究生全面素质的培养，也未实现立德树人的初衷。研究生教育立德树人是一项长期而艰巨的任务，需要高校、导师和社会各方面共同努力。高校需要进一步加强研究生教育的立德树人工作，深化教育教学改革，创新人才培养模式，注重培养学生的创新精神和实践能力，同时加强德育建设，引导学生树立正确的世界观、人生观和价值观，坚定马克思主义理想信念，增强社会责任感和历史使命感。加强师资队伍建设，提高教师的教育教学水平和科研创新能力，为培养德才兼备的高层次人才提供坚实的师资保障。通过加强理论与实践研究，解决当前存在的问题和挑战，研究生教育才能更好地服务于党和国家的事业发展需要，为实现中华民族伟大复兴的中国梦贡献智慧和力量。同时也是为培养德才兼备的高层次人才奠定坚实基础，为国家的繁荣发展和社会的进步贡献力量。

参考文献

[1] 习近平．在北京大学师生座谈会上的讲话[J].思想政治工作研究，2018(06)：6-9；把思想政治工作贯穿教育教学全过程[N].人民日报，2016-12-09(010).

[2] 习近平在中共中央政治局第五次集体学习时强调 加快建设教育强国 为中华民族伟大复兴提供有力

支撑 [J]. 旗帜，2023(06)：8-9.

[3] 戴锐，曹红玲 . "立德树人" 的理论内涵与实践方略 [J]. 思想教育研究，2017(06)：9-13.

[4] 金顺玉，李峰，刘伟丰 . 立德树人背景下导学关系现实困难与优化对策 [J]. 高教学刊，2024，10(08)：85-88.

[5] 郑爱平，张栋梁 . 立德树人根本任务指引下研究生导师师德建设研究：基于 12 所高校 1496 名师生的调查分析 [J]. 研究生教育研究，2017(04)：30-35.

[6] 张志勇 . 立德树人的理论与实践 [J]. 中国德育，2020(03)：44-52.

[7] 教育部印发《关于全面落实研究生导师立德树人职责的意见》[J]. 教育文化论坛，2018，10(01)：140.

[8] 袁振国 . 立德树人的理论内涵与落实机制建设 [J]. 人民教育，2021(Z3)：41-44.

"三全育人"视域下医学研究生就业观的路径探索

——以基础医学研究生为例

刘娅薇

（湖南中医药大学）

摘　　要　随着我国高等教育事业的发展，隶属于高等教育的研究生招生规模不断扩大，基础医学专业研究生的入学人数的比例逐年上升，有不少毕业生却未能如愿找到合适的工作，说明基础医学专业研究生面临着严峻的就业压力。为此，在"三全育人"的视野下，分析研究基础医学专业研究生就业难的原因，提出相应的对策，提高医学专业研究生的就业率，以期缓解研究生的就业压力，提高研究生的就业竞争力。

关 键 词　医学教育；就业观；路径探索；思政教育

作者简介　刘娅薇（1995— ），女，湖南中医药大学医学院，助教。联系电话：18142695795；电子邮箱：597954110@qq.com。

"十四五"时期（2021—2025 年）是"两个一百年"奋斗目标承上启下的关键期。当前，在教育部等部门开展的"双一流"建设中，高校等教育市场竞争加剧，需要在招生、科研、人才培养、社会服务等方面提升综合实力，推动高等教育内涵式发展。[1]近十年来，全国高校招收研究生人数不断攀升。根据已公布的数据，2023 年，全国共招收 130.17 万名研究生，比上年增加 4.76%。其中医学类硕士研究生招生人数相关数据显示，2023 年统招人数为 761 763 人，相较于 2022 年的 751 518 人，上涨 1.4%。其中 2023 年医学专业招生人数为 96 951 人，较 2022 年增加 2906 人，涨幅为 3.1%，高于各学科平均水平。高校的研究生数量在就业形势逐年紧张的同时，出现了快速增长的现象。随着医学院校研究生扩招数量的不断增加、需求市场的日趋饱和，医学专业研究生的就业前景比以前更加迷茫。

一、医学院校研究生就业困难原因

以近三年湖南中医药大学医学院基础医学学术型研究生学业就业压力应对为研究内容，在专职辅导员一对一交流、对大量资料进行整理的基础上，找出以下问题。

第一，住院医师规培政策的出台，对医学类学术型研究生的职业生涯规划造成了较大的冲击。学术型研究生主要以实验研究为主，规培是目前进入医疗工作的重要条件之一。[2]学术型研究生的录取分数一般比专业型研究生低，所以学生为了继续学业会接受调剂。学术型研究生接受调剂后，抱着培养期间继续做临床工作想法的学生的三观出现偏差，认识与现实有差距；

科研任务重、学术素养浅，以及应对就业压力弱的自我调节与防御能力，使得学生的个人生涯规划与学术型研究生的培养目标背道而驰，就业困难。

第二，研究生合理规划三年学习时光，是实现自我目标的有效方法，但目前多数基础医学研究生学业规划不清晰，没有明确的深入研究方向，仅把考研升学作为逃避求职的策略。这导致学生产生"半年努力三年轻松"的想法，进入研究生阶段后抱着不负责任的学习态度，纯粹依赖于导师的培养规划和督促，缺少对自己的规划和约束。医学类院校的学制决定了，其培养时间较长，学业压力繁重，学生的业余生活匮乏，无法展现个人的竞争力，总体表现为就业能力不强，各种通用能力都还有较大的提升空间。目前社会单位都需要复合型综合型人才，但大部分研究生无法满足用人单位的需求，导致学生求职受挫，无法获得理想岗位。[3]

第三，医学院基础医学研究生择业观念受传统观的影响比较大。通过问卷调查发现，基础医学专业学生读研基本上是为了拥有高文凭，找到理想的工作，获得更高的薪酬，而在专业领域的提升方面，意兴索然。[4]医学院校学制长、学费高，同时学生的就业方向受自尊心、家庭因素、社会舆论的限制，一心只想进入大城市的"三甲医院"，对于基层就业如社区医院或互联网、大健康医疗行业不予考虑。学生行业选择受多方因素的"限制"以致错失发展良机。择业观念的偏差，造成了医学类岗位数量与需求之间的较大差异，从而造成了部分企业和医疗单位医学类人才青黄不接的现象。[5]

二、"三全育人"视域下医学研究生就业观的路径探索

湖南中医药大学医学院认真学习贯彻习近平总书记关于做好高校毕业生就业工作的重要指示批示精神，深入贯彻落实党中央、国务院关于"稳就业""保就业"的决策部署，把研究生就业工作摆在突出位置，[6]把"三全育人"贯穿于整个研究生就业生涯，做到高校全体教职员工人人参与、积极投入，根据不同年级研究生的思想变化和心理特点，不断创新就业指导和教育引导，按照全过程育人的要求，结合社会职业需求，选择确定有利于发挥个人才能、有利于实现个人理想的职业，为社会输送更多高素质人才，促进研究生更加充分、更高质量地就业。

（一）全员育人

加强组织领导，完善"全员"抓就业工作制度。实施就业"一把手"工程，建立健全主要负责同志亲自抓、校党委常委会专题部署、院党政联席会推动落实的"纵向到横向到边"的工作制度。学院统筹管理，强化多方联动，建立健全学院领导、研究生导师、专职辅导员协同推进，学院教师全员参与，学生择业偏差、能力不足、生涯规划等问题多角度解决的就业工作机制。加强多部门协作，为毕业生提供就业、户口、档案等"一条龙""不断档"服务，实现毕业生签约"不见面"。开展动态监测，把毕业生就业工作列入学校、学院年度重点工作，动态关注毕业生就业实行就业进度，打造精品课程，优化就业指导"全过程"服务。

研究生导师作为学生的职业引路人，可以帮助学生更好地了解行业发展及相关职业，做好学业规划。研究生与导师通过日常交流及组会沟通，联系更加紧密，导师不仅是研究生的强势管理者，也是研究生最信任的朋友。因此，发挥好导师的作用，以及让导师意识到自己在引领学生教育学生方面的作用，就显得极为重要。注重发挥导师的引领作用，通过召开会议汇报学

生就业情况，对引导学生就业有贡献的导师给予奖励等方式，激励导师更好地发挥育人作用。

辅导员要树立就业工作全面化、精准化的工作目标。开展就业服务过程中实行"立体作战"。面上横向覆盖所有学生，做好就业指导工作。通过网络直播、短视频等方式进行网上就业指导，打开学生的就业思路，发挥朋友的带头作用，全面增强就业竞争力。在线上纵向打通层级壁垒，做好就业服务，及时搭建平台发送信息、提供就业咨询指导、组织企业宣讲招聘，坚持"引进来"、积极探索"走出去"，帮助学员"真真正正感受"。其次，辅导员可以建立就业重点关注学生的档案，开展"解惑兴邦"就业恳谈会，为学生解决不作为的问题。以"一站式"学生社区智工房建设为契机，设置困惑"智慧"说，在就业加油站前勇闯"岗位"。

（二）全程育人

立足学生成长特点，把握学生成长规律，强化服务意识，全程跟踪、分段帮扶。把职业规划贯穿于学生成长的整个时空和各个阶段。为入学打下学业规划的基础，搞好专业指导，开设"生涯规划营"就业系列课程。

研二阶段引导创业者以创业带动就业，开展"求职简历体检""职场面试大赛"等活动，扎实开展创新创业教育指导工作。推出七类课程，涵盖创业政策解读、商业模式构建、企业融资等内容，为创新创业营造良好氛围。毕业年级辅助提升力，以实习实践为主，引导学生亲身经历真实职场，积累阅历。及时搞好政策宣传，引导学生树立正确的就业观念。

围绕国家经济社会发展需要，持续开展"走基层、入主流——让青春在祖国最需要的地方闪光"主题教育，[7]举办网上交流会、典型事例宣讲活动等；积极做好"三支一扶"计划等服务基层项目政策的宣传，引导和鼓励毕业生到基层就业创业。建立校院两级"重点人群就业工作台账"，密切关注低保户、肢体残疾等毕业生重点人群，加强信息动态管理和共享，充分发挥校企合作、校友资源等优势，从就业援助、职业指导、职场开拓等方面建立帮扶体系。

打造校友"榜样风采"平台，邀请优秀校友分享医药行业就业创业经验，积极与长沙市就业创业指导中心、各类行业协会、人才招聘机构等开展合作。举办线上线下双选会，包括行业专场。加强校地对接与合作，坚持"走出去、引进来"，详细了解本地人才和人才需求，有针对性地加大人才推荐力度，努力帮助毕业生实现好就业，干出好事业。[8]

（三）全方位育人

就业不是在学生毕业这一学年发力，应重视立体化大学生职业规划，实现"全方位"做好研究生就业指导和保障工作。新形势下，高校就业率的提高，需要教育理念的更新、工作思路的开拓、学生培养方式的创新。

通过党建引领促就业，发挥教工党支部在学生就业中的积极作用，明确每名教工党员的帮扶对象，了解学生求职情况，为学生多推荐就业资源，弥补学生就业择业信息不畅的问题，抓住就业的大好时机。

以育人成才促就业。专业能力是学生就业的根本，我们十分注重专业建设，不断完善人才培养方案，注重教风、学风建设，为学生成长成才添砖加瓦，确保毕业生就业竞争力更强。

以教育引导带动就业。加强对学生就业教育的指导，树立正确的就业观念，避免"慢就业"的错误观念。正确引导学生对现有的就业状况有充分的了解，建立与自己能力相适应的就业预期。

通过持续的岗位拓展来促进就业。紧扣行业企业和单位优势，重点挖掘学生就业岗位，就业服务保障进一步优化。书记、校长带头走访企业、拓展岗位，并发动全院教职工积极参与，通过高校公众号、就业专干、短信推送等方式，广泛宣传就业政策。

通过校友帮扶带动就业。积极主动加强与校友的联系，把做好校友工作与促进毕业生就业有机结合起来，发动师生员工收集与毕业生专业相关的人才招聘信息。建立学生就业信息库，搭建更多毕业生就业平台。

综上所述，在"三全育人"的视野下，高校管理岗人员要做好研究生就业工作，需要在全员育人中不断更新教育理念、明确职责；参与学生培养的每一个环节，做到全程育人；关注学生的全面发展，做到全方位育人；同时，积极利用现代信息技术手段，提高服务质量，从而更好地培养符合新时期发展要求的高素质人才。

参考文献

[1] 曹国伟.医学研究生就业困难的原因及其对策研究 [J].河北企业，2019(2)：2.

[2] 周谊芬.医学研究生就业现状分析及应对措施 [J].科技信息，2014(8)：1.

[3] 翟波，郎旭.新时期大学生就业挫折承受力培育问题探讨 [J].辽宁行政学院学报，2011(10)：2.

[4] 江家树，蒋晓波，刘志明.临床医学研究生生源特点与就业现状调查与分析：以广西医科大学为例 [J].广西教育，2014(47)：2.

[5] 吴荷平，顾现朋.研究生学业规划的现状与改进 [J].黑龙江高教研究，2015(2)：4.

[6] 哈尔滨工程大学：立足人才培养、服务国家战略 促进毕业生高精准高质量就业 [J].中国大学生就业（理论版），2018（07）：30-31.

[7] 王健.传统家训文化对大学生健全人格培养的作用研究 [D].太原：太原理工大学，2013.

[8] 萧山区科学技术局.萧山：创新驱动打造五大平台 推动科技成果转移转化 [J].今日科技，2018，464(07)：33-36.

新时代背景下研究生教育立德树人实践研究*

唐楠 张薇

（中南林业科技大学）

摘　　要　研究生教育的根本任务是立德树人。近年来研究生人数不断上升，研究生群体的思想素质也有所提升，但道德行为仍然有所缺失。随着中国特色社会主义步入新的阶段，必须强化思想道德素质教育，以适应新的环境和挑战，持续为党和国家培养高质量发展的人才。本文从立德树人的内涵及目标、研究生教育立德树人的实践、新时代背景下研究生立德树人教育完善路径及研究生教育立德树人的实践等方面，探讨高校研究生教育立德树人的重要意义和实践路径。

关 键 词　新时代；研究生教育；立德树人

作者简介　唐楠（2002— ），女，中南林业科技大学经济学院硕士研究生。联系电话：15872620837；电子邮箱：81648033@qq.com。

党的十八大首次明确了"立德树人是教育的基本职责"，引发了理论界对立德树人的深入研究，并将其视为思想政治教育的关键职责，清晰地阐述了"立德"和"树人"的核心含义，并在此基础上进行了系统性和针对性的研究。立德树人是我国公民提升素质的关键，也是培养高端人才的必然之路。因此，研究生教育要坚持立德树人的基本原则，努力提高学生的思想道德水平、推动研究生思想品德建设成为全社会共同关注的问题。自党的十八大召开以来，以习近平同志为核心的党中央坚定地提升马克思主义理念，全力推动中华民族伟大复兴，对思想政治教育工作给予了极高的关注和全方位的强化，并创造出一套新的思想和行动，以此推动新时代的思想政治工作。在新时代背景下，必须坚决确立马克思主义的指导地位，贯彻新时代中国特色社会主义思想，坚守社会主义教育方向，切实履行立德树人的根本任务。要坚守教育为人民服务的宗旨，为中国共产党的治国理政提供有力支撑，以稳固和推进中国特色社会主义事业的发展。同时，要服务于改革开放和社会主义现代化建设的全局，深入扎根中国大地办教育，将教育与生产劳动和社会实践紧密结合，加快教育现代化的步伐。目标是建设教育强国，提供人民满意的教育服务，并努力培养能够担当民族复兴大任的新时代人才，在道德、智慧、体质、美感、劳动等方面都有所提升的社会主义建设者以及未来的继承者。优秀的人才是立国之本，是国家发展的核心力量，是国家的未来，必须紧跟国家新时代发展道路的需要，全力以赴地做

---

*　本文受中南林业科技大学教改项目"新文科视域下财政学课程思政建设研究"资助。

好研究生教育工作。

一、立德树人的内涵及目标

教育兴则国家兴，教育强则国家强。在中共中央政治局第五次集体学习时，习近平总书记强调："以立德树人为根本任务，以为党育人、为国育才为根本目标，以服务中华民族伟大复兴为重要使命"，"培养什么人、怎样培养人、为谁培养人是教育的根本问题，也是建设教育强国的核心课题"。党中央围绕立德树人作出的重要指示和战略部署，回答了事关高校教育改革的战略性、全局性和根本性问题，形成了高校立德树人实践创新的逻辑主线。

为实施立德树人的基础职责，高校首先应该始终怀抱着对中华民族伟大复兴的宏观视野以及对全球百年一遇的重大转型的关注。这是基于国家、基于党的重大策略的考虑，并且坚定地站在"新时代"的立场上，通过反映时代特征、理解规则、充满创新精神，持续激发人才的积极活力，以此来全方位地增强人才的关键技能。其次，需要深化对高等教育体系的改革，解决一直困扰教育事业发展的体制机制问题，确立中国特色社会主义教育制度体系的主体框架，努力构建一个包含德智体美劳全面培养的教育体系，以此塑造更高级别的人才培养体系，并持续优化立德树人的执行机制。再者，紧密关注青年大学生这一重要群体，积极地教育他们实践社会主义核心价值观，明确大德、遵守公德、严格自律，激励他们在中华民族的伟大复兴中国梦的历史舞台中，充分发挥自己的年轻活力，彰显自己的青春魅力。最后，全方位地促进课程的思想政治建设，使得课程和思想政治理论课能够一起前进，让立德树人的观念深入到思想道德、文化知识、社会实践等各个教学环节中，打造一个所有人都能参与、全流程、全角度的人才培养的宏观氛围，从而提升立德树人的成效。

二、研究生教育立德树人的实践

自党的十八大以来，我国的研究生教育工作始终遵循习近平新时代中国特色社会主义思想的引领，深度实施习近平总书记对研究生教育工作的重要指示，以"培养品德、满足需求、提升质量、追求卓越"为工作核心，通过执行两轮全面改革，取得了历史性的突破。教育部思政司、研究生司和督导局联合指导的全国高校"百个研究生样板党支部"和"百名研究生党员标兵"创建工作（简称"研究生党建'双创'工作"），由《中国研究生》杂志具体承办，并设定为每两年举办一次。自2018年启动以来，该工作始终秉持着举旗帜、立标杆、树榜样、引方向、育新人的宗旨，通过发挥示范引领和辐射带动作用，得到了全国高校和研究生的热烈响应和广泛支持。这一举措不仅极大地提升了研究生党建工作的整体质量，更为研究生群体的党建工作注入了新的活力与动力。

（一）政策引领

2018年教育部发布的《关于全面落实研究生导师立德树人职责的意见》强调，研究生导师应当在培养研究生过程中坚持社会主义办学方向，以身立德、以德立学、以德施教，强化导师的基本素质要求、政治素质、师德师风和业务素质。该《意见》坚定地高举中国特色社会主义的伟大旗帜，以马克思列宁主义、毛泽东思想、邓小平理论、"三个代表"重要思想、科学发展观和习近平新时代中国特色社会主义思想为指导，增强中国特色社会主义道路自信、理论自信、制度自信、文化自信。将培养道德和人格作为研究生导师的首要任务，为了达成"两个一百年"的奋斗目标和中华民族伟大复兴的中国梦，培育德才兼备、全面发展的高级专业人才。2020年教育部、国家发改委、财政部联合印发《关于加快新时代研究生教育改革发展的意见》，要求"把思想政治教育摆在第一位，不断完善思想政治教育体系，将思想政治教育评价结果作为双一流建设的重要内容"。系列重要政策的出台，从整体上规划了新时代研究生思想政治教育工作，并提供了工作思路，细化了工作要求。

高校不断落实党中央精神，高度重视研究生教育，通过制定政策，推动研究生教育开展，不断提升研究生教育素质。上海交通大学围绕立德树人根本目标，积极探索在课程建设中实现"四位一体"的人才培养模式。根据《专业课程思政目标对应表》，以专业类别为基础，结合专业人才培养目标和特色进行修订，在专业培养理念、培养目标、课程体系和课程设计等各个层面上，贯彻执行课程思政理念，对各个专业的课程教学大纲进行修订，深度挖掘课程思政元素，并将其有效地融入课程教学的每一个环节，以确保价值观的真正落实。在前行的道路上，采用新的思政理念来指导变革。站在新的历史阶段，根据对中国特色社会主义教育是知识体系教育和思想政治教育的融合和整合的基础理解，坚守辩证法的原则，科学地理解和掌握思想政治工作的角色，汇集所有的培养人才的资源，并且把提升学生的能力视为所有校园活动的起始点，让思想政治工作贯穿于所有的校园运营和管理，并且贯彻执行到每个教师和员工的职责和规章制度中，构建思想道德教育、科学知识教育、实践技能教育、全面素质教育以及创新能力教育"五位一体"的立德树人体系。

（二）深化改革，提升研究生教育的内在质量

自改革开放以来，我国各学科的研究生数量不断上升，2024年我国硕士研究生在校人数超过327万，成为世界研究生教育大国。研究生教育作为国民教育的巅峰，不仅是科技发展的核心动力，也是创新能力的源泉，更是人才培养的关键环节。承载着支撑、引领和推动国家现代化发展的重要使命，是国家发展的坚实基石。因此提高研究生的内在质量，除了注重研究生的思想政治培养，其文化素养、学术水平、创新能力的培养也至关重要。

1. 培养研究生科学研究的创新思维

中国现在处于高速发展的阶段，正是急需高端人才的紧要关头，国际上的人才竞争是具有创新思维和创新能力的人才竞争，在我国对于研究生而言，除了接受和提升综合素质以外，还需要加强培养对研究生科学研究的创新思维。研究生创新思维的培养是创新能力提高的基石，通过参加学术会议和研讨会，与导师沟通交流，了解不同领域的研究进展和前沿动态，培养发现问题和解决问题的能力。如今的研究生大部分都是"00后"，还没有完全走出校园，正式步入社会，导师应引导研究生用他们学到的知识理论去结合现实做有关的学术，这是目前培养研究生科学研究创新思维的一大关键点。在研究生学习过程中，常常会出现这种问题：研究生通常信心十足地认为自己能够写出优秀的学术论文，但是实际情况却是将论文资料堆砌，难以看到创新。其根本原因就是在学习的过程中缺乏创新思维，尚未拥有发现问题和解决问题的能力，

此时导师的作用至关重要，导师应当着力引导研究生增强创新、实践能力。

2.完善研究生教育评价体系

在我国，高等教育的评估体系主要由政府引领，其中以教学评估为中心的本科院校评估，和以学位及研究生教育质量为重点的学位与研究生教育评估，占据主导地位。这种认可性评价最初的焦点是高等院校建立的规范。政府有责任引领并执行监控评估，打造全球顶尖的大学和学科，以此加速我国从研究生教育的追随者向引领者的转型，必须创建具有中国特色的研究生教育评估标准和体系。作为执行行政监督评估的主要机构，政府部门是推动中国大学遵循中国标准进行特色建设的权威领导。

高校也应当自行组织自我监测评价。政府的检验和评估对大学的构建起着关键的指导性影响，但是，仅仅倚赖政府很难有效地满足高校的内部和特色建设的发展需求。高校通常需要根据各种人员的差异性检验、各种学科的分类检验和各种成果的区别判断，来确保其方法更为灵活、频率更为适宜、方向更为精确、推动力更为强大，其自我检查和评估是推进高校深度发展、突出特色和实现精确定位的关键途径。

三、研究生教育实践中的问题

（一）研究生教育结构不完善

随着经济社会的不断发展，我国社会对专业性人才的需求不断加大，考研人数不断上升，跨学科考研已形成常态。由于许多学生的本科阶段并未进行深入的学习，他们的知识体系也相对一致，尚未实现真正的跨领域融合。这些跨领域的学生主要来自一些热门的专业或者难度较低的专业。然而，一些基础性的专业或者难度较大的专业，例如文史哲类和理工科等，其跨领域的学生比例却相对较少，这使得研究生教育的多领域交叉融合变得困难。现代大学的教育目标是塑造多元化的专业人才，而多学科的整合则是这一目标的核心环节。然而，由于跨学科的学生数量不足，大学教育的进步受到了限制，因此需要迫切的加以改善。

（二）专业型学位培养困境

研究生培养质量无疑是高校学科建设水平的重要衡量标准，而研究生专业学位和学术学位则是国家根据不同教育需求设定的两种重要学位类型。在当今社会经济迅猛发展的背景下，我国急需大量既具备深厚理论素养又具备强大实践能力的专业学位人才。因此，各培养单位应紧密围绕专业学位研究生的培养目标，切实提升专业学位研究生的培养质量，以满足社会经济发展的需求。与学术学位相比，各大高校长期以来"重学轻术"，对专业学位的重视不足。绝大部分专业型硕士课程与学术型硕士课程一致，但是在研究生培养领域，目前存在一种现象，即培养单位对专业学位硕士的重视程度不足。这不仅体现在专硕的奖助学金政策上，其覆盖率和额度往往不及学术型硕士，而且专硕的学费普遍偏高。这种经济上的不平等进一步加剧了专硕研究生在学术竞争中的压力。同时，专硕研究生在培养过程中也难以得到出国交流、参加高水平学术会议等的机会。

（三）导师队伍建设薄弱

为了培育出高质量的教师团队，导师们必须深入理解立德树人的核心，以确保其实际效果的最大化。目前，大学对于教师团队在道德品质上的培养并未给予充分的关注，主要集中在"立德"和"树人"两个领域。在"立德"的领域里，有些教师的道德品质不尽如人意，一些导师的思想道德素质欠佳，一些导师对自身的思想道德素质的关注不足，只关注自己的学术成就和研究成果，将个人利益放在首位。"树人"方面，"教授"的主要目标是对学科的深入发展，强调技巧的提升，而"育人"的核心是思想的引导，强调对学生生活观、价值观和世界观的指导。研究生导师应该在"塑造人才"的过程中，塑造自己的教师道德和教学风格。但现在，只"师"不"导"的情况屡见不鲜，导师只对照书本照本宣科，缺少了育人的意识，这一行动的实施依赖于学院的考核体系，同样受到指导老师的专业技术影响。另一方面，一些指导老师存在着过于强调传统的教育观念，忽略学生成长的重要性的问题，难以与现代社会与时俱进，从而出现教学落后现象。

（四）导学矛盾日渐增加

导学关系是影响研究生学业进展的重要原因。近年来研究生与导师之间的矛盾每次一出现都会成为网络热门话题；导师的职权并没有明确的规定，这就给了一些导师操作空间。某些道德意识淡漠、急功近利的导师，可以把学生当作廉价劳动力，为自己的课题、项目打工，或者做一些私事，更有甚者沦为导师的雇工甚至成为导师的性骚扰对象。同时相关学生囿于导师在自己出国、留学、毕业等层面的重要话语权，不少都选择了息事宁人和默默承受，这又进一步助长了毒导师们的嚣张气焰。并且学校对涉事导师的追惩机制并不完善，往往是高高举起轻轻放下。不少学校的处理，基本都是取消该教师的研究生导师资格，或者研究生招生资格，至多将其停职检查。如此处理，显然浇不灭某些导师对压榨学生的热忱。在导师日复一日的学术压迫下，处于困境中的学生们的科研热忱被浇灭、理想之光被遮蔽、人格尊严被践踏，那一封封的举报信与遗书不但是学生对学术清明渴求的体现，更是在悬崖边爆发出的鱼死网破般的哀鸣，导师压榨之害可见一斑。

四、新时代背景下研究生立德树人教育完善路径

千秋伟业，人才为先。习近平总书记强调："研究生教育在培养创新人才、提高创新能力、服务经济社会发展、推进国家治理体系和治理能力现代化方面具有重要作用。"以时代需求为导向，致力于推动创新发展，持续优化研究生教育体系。加速培育国家关键领域急需的高级应用型人才，促进实现高质量科技自主发展。"为谁培养人、培养什么人、怎样培养人"始终是教育的根本问题，也是研究生教育强国建设的核心课题。

（一）优化教育结构

针对当前的研究生教育环境及需求，高校需要积极调整强化资源的融合，构建一个涵盖所有员工、所有环节、所有角色的全面培养模式；积极推动各类教育改革，并且激励课程的创新性变革；完善评价标准，以便更好地发掘出高质量的课程，注重对学习成果的及时反馈，以此

来持续增添公共课程。同时，积极实施学术与职业能力的提升计划，以此提升学术技巧挖掘职业发展潜力。立足时代需要，服务创新发展，使高质量研究生教育体系建设不断推进。扎根中国大地办教育，体现在研究生教育的体系建设上，也呈现在具体的改革实践中：布局不断优化，涵盖 14 个学科门类、117 个一级学科、67 个专业学位类别的学科专业目录，覆盖国民经济和社会发展的主要领域；模式不断创新，涌现出一批产教融合、科教融会、医教协同、学科交叉、本硕博贯通的创新型研究生培养模式；质量显著提升，在学研究生已成为我国科研创新活动的重要参与者和贡献者。作为创新型、研究型高层次人才聚集的高地，研究生教育要持续增强对经济社会发展的快速反应能力，提高人才培养的前瞻性和适配度，为我国牢牢掌握科技创新和人才竞争的主动权作出贡献。

（二）严格把控专业学位质量

高校应当"以满足国家战略需求为基础，实施高标准、高质量的教育"，"增进与国内外相关机构的协作"，打破传统的"师徒制"教育模式，积极寻求"根据需求设计项目，实现跨院系资源整合"的专业学位"项目制"的运行和管理策略。高等教育机构应建立由专业领域专家组成的专业学位培养指导委员会，并设立校级专业学位研究生教育中心、专业学位教育办公室和工程管理硕士教育中心。同时，也应当开展如"创新领军工程博士项目"等具有特色的专业学位研究生培养项目，并积极推动实践类课程和专业实践基地的建设。通过全方位的专业学位教育改革，可以培养出一批具备国际视野和较高职业素质、专业技能的高级应用创新型专业人才。

（三）提升导师队伍水平

在中共中央政治局第五次集体研讨会上，习近平总书记重申，"强教必先强师"，教育的发展首先要依赖于教师素质的提升。必须把提升教师队伍的素质视为构建教育大国的基本任务，完善具有中国特色的教师教育系统，积极培育和造就一支有高尚师德、精湛业务、结构合理且充满活力的高素质专业化教师团队。

深化学校的思想政治教育团队建设，优化"三全育人"的工作架构，执行立德树人的基本使命，全面加强教师道德建设、人才引进培养、评价改革、服务保障等方面的工作，致力于培育一支具有高尚师德、精湛业务、合理结构、充满活力的高素质专业化教师团队。导师须具备树立品德、发掘创新潜力、追寻卓越的决心及承担责任的勇气。大学应将打造优秀的研究生导师团队视为推动优质研究生教学的核心策略，全方位执行道德塑造的基础职责，真正增强对教师道德和学术风气的建设，构筑完善的师资与学生的培训保证体系，并将"四有好导师"的培养观念融入他们的职业中，采取一系列的行动来全方位地增强研究生导师团队的建设。

（四）导学矛盾解决对策

"十年树木，百年树人。"教育和科研问题从来不是个人的事情，它关乎着国家与民族的发展。而师德的缺失无疑会损害大学校园的清朗环境，对国家造成不可估量的影响。为了解决导师压榨层出不穷的问题，当务之急是要明确导师的职责边界，规范导师在科研中的具体行为准则及奖惩机制。对导师职责边界的明文规定不但能让相关学生在维权过程中"有法可依"，让导师们在事前投鼠忌器，更可以为公众就该类现象的讨论搭建一个明确的框架，共同为促进学术公平集思广益，不再局限于对"毒导师"个人的价值评判上。同时，在研究生教育中，研究生导师扮演着举足轻重的角色，不仅是学术研究的引路人，更是学生品格塑造和价值观形成的重要影响者。同时，在研究生的培养过程中，导师扮演着举足轻重的角色，既是学术探索的指南，也是塑造学生人格及建立其价值取向的关键人物。因此，导师必须言行并行，这也是实现研究生的道德培养基础目标的关键途径，而这也正是对研究生导师的基本需求。作为研究生的核心引领，导师也是研究生学习的典范。无论是在学术领域还是日常生活，导师都要将言行并重作为他们的价值观，进而提升研究生的教育水平，实现立德树人的基础目标。一方面，导师需要通过实际行为来引领学生，从而增强他们的科研能力。导师必须深入实地，积极投入到科研的各个环节，并且始终秉承着勤奋探索、不断前行的科研态度，才能激发出研究生提高自己的科研能力的热情。另一方面，研究生导师要在生活上做到言传与身教，促进研究生的全面发展。

（五）产教融合培育卓越人才

产教深度融合是世界工业强国培养工程师的共同显著特征。产教融合这种模式通过学校与企业之间的合作，共同制定人才培养方案、课程设置和教学计划，确保教学内容与市场需求相符合。产教融合强调实践教学与理论教学的有机结合，通过实践教学培养学生的实际操作能力和创新能力。作为将专业知识和行业的专业知识相结合的关键通路，产学研的紧密结合需要学校和公司充分利用各自的长处，一起应对实际的创新问题。习近平总书记领导的党中央已经明确提出了加速培育一批杰出的工程师的重大策略，这不仅是构筑国家战略性人才的关键步骤，更是促使中国在科学技术上走向独立和强大的必由之路。

五、结语

新时代、新机遇、新挑战，科研机构与高校勇挑国家人才培养重任，教育、科技、人才协同创新，锐意进取，以崭新的面貌，培养国家急需的高素质拔尖创新型人才和技术技能型人才，致力于为国家的发展提供人才和智慧的助力，培育那些拥有坚定的理想、崇高的道德品质、深厚的专业知识以及强大的创新能力的顶级人才，以此来推动中华民族的伟大复兴，实现中国梦。

参考文献

[1] 杨尧焜，吕进，史仁民.新时代研究生教育高质量发展路径[J].中阿科技论坛（中英文），2024(03)：116-120.
[2] 李荣.破除"五唯"，完善研究生教育质量评价体制机制：结合《关于加快新时代研究生教育改革发展的意见》政策文件分析[J].知识窗（教师版），2024(02)：60-62.
[3] 王一然，宋晓静，张丽华.我国专业学位研究生教育协同育人培养的现状与对策[J].教育理论与实践，2024，44(03)：9-14.
[4] 李丹.中国式现代化建设的人才维度：基于研究生教育视角[J].黑龙江社会科学，2024(01)：9-15.
[5] 崔建峰，林韵丰，张静.新时代地方高校研究生培养的主要问题与改进举措[J].大学，2024(01)：85-88.

[6] 陈艳,施泽进,邓晓宇,等.新时代协同视角下专业型研究生教育质量保障体系研究[J].现代职业教育,2023(35)：145-148.

[7] 张瑞，吴桂源，冉文捷.新时代落实研究生导师立德树人机制研究[J].山东高等教育,2023,11(06)：24-30+2.

[8] 李昊灿，李妍.新时代行业特色型高校研究生教育高质量发展：时代意蕴、现实困境与实践路向[J].研究生教育研究,2023(06)：21-28+89.

[9] 陈云峰，张菁，刘玲.基于新发展理念的研究生教育发展研究[J].教育探索,2023(04)：37-42.

[10] 王战军，赵敏.新时代我国研究生教育的新使命、新举措[J].现代教育管理,2023(04)：4-53.

基于 OBE 教育理论的研究生课程思政评价体系研究与构建 *

覃志华

（湖南师范大学）

摘　　要　本文在充分讨论研究生课程思政教育特点的基础上，构建了基于 OBE 教育理论的研究生课程思政评价体系，拟通过该评价体系的运用，将 OBE 教育理论体系的学生中心、成果导向、循序改进、多元评价等教学理念融入研究生课程思政教学之中，为研究生课程思政教育改革提供一种新思路。

关 键 词　OBE 教育理论；研究生；课程思政；评价体系

作者简介　覃志华（1976—），女，湖南师范大学发展规划与学科建设处副处长，副教授。联系电话：13467576828；电子邮箱：190842688@qq.com。

党的二十大报告明确提出"培养什么人、怎样培养人、为谁培养人是教育的根本问题"。2020 年 5 月 28 日，教育部发布《高等学校课程思政建设指导纲要》，为全面推进高校课程思政建设提供了纲领性文件。文件明确提出"把课程思政建设成效作为'双一流'建设监测与成效评价、学科评估、本科教学评估、一流专业和一流课程建设、专业认证、'双高计划'评价、高校或院系教学绩效考核等的重要内容"[1]。研究生教育作为国民系列教育的最高层次，目前已进入高速发展阶段，不少"双一流"高校的研究生规模已经超过本科生。2024 年 2 月，国家统计局发布《中华人民共和国 2023 年国民经济和社会发展统计公报》，2023 年全年研究生教育招生 130.2 万人，在学研究生 388.3 万人，毕业生 101.5 万人。面对如此大规模的研究生教育群体，如何构建有效的研究生课程思政评价体系，对研究生教育课程思政育人效果进行测评，是一道亟待解决的教育改革时代命题。

一、研究生课程思政教育特点

我国硕士研究生学制一般为 2~3 年，博士研究生学制一般为 3~4 年，课程学习时间一般为 1~1.5 年。研究生培养全过程更多的是在导师及导师团队的指导下，开展科学研究和技术创新，因此其课程思政教育具有以下鲜明特色。

（一）研究生课程思政教育深度更深

研究生教育旨在培养热爱祖国、拥护中国共产党的领导、拥护社会主义制度、遵纪守法、

---

* 本文受湖南省学位与研究生教学改革研究项目（编号：2020JGSZ012）资助。

品德良好，为社会主义建设服务的高级专门人才。因此在知识传授方面，必须具有高端性和前沿性，在能力培养方面，必须注重实践性和创新性，在学习方式方法方面，须由传统的教师传授为主转为以研讨式学习为主的自主学习。因此，课程思政教育应积极适应变化，挖掘深度，将重点放在培养学生辩证思维、创新能力、人格修养、爱国情怀、团队精神等方面。

（二）研究生课程思政教育广度更广

研究生的培养过程，课程教学仅仅只是一部分，学习研讨、科研创新、科研实践贯穿于研究生培养的全流程、全环节。在教学内容设置上，研究生课程思政教育不能仅仅局限于从教材、从知识点去挖掘和融合思政要素，更应该从学科前沿、未来发展、科技创新观点、科教融合、产教融合等更宽的角度去寻找和探索思政资源。在教学形式设计上，研究生课程思政教育不能局限于传统的教师单方面说教，应该更加重视寓教于研、教研融合，在师生共同参与、共同研讨的教学科研实践中，通过言传身教，润物细无声地培养学生的科学家精神、团队精神和家国情怀。

（三）研究生课程思政教育评价更多元

传统意义上的课程教学通常以授课教师为主体，其教学评价通常也是以授课教师为中心。研究生课程思政教育的主体不仅包括课程授课教师，还包括学业导师、行业导师、思政导师等导师团队，其教育过程不仅包括课程教学，同时也包括实践教学、科学研究、技术创新、论文写作等研究生培养全过程。在研究生的全过程培养中，任课教师的教学水平、学术能力、思政素养，导师团队的治学风格和团队文化等对研究生的价值观形成和发展都具有非常深远的影响。因此，研究生课程思政教育评价应涵盖授课教师评价、导师团队评价及师生互评、学生互评等更加多元的评价形式。[2]

二、研究生课程思政评价体系构建理论依据及原则

OBE（outcomes-based education）教育理论是一种以成果为导向、以学生为中心，循序改进的教学理念，强调根据教育目标设计教学内容、形式和方法，鼓励多元参与的教学反馈、调整和改进。[3]OBE教育理论更加注重对学生思维、能力等综合素养的培养，这一理念与研究生课程思政的"价值塑造、知识传授、能力培养"的三位一体建设要求非常契合，可以为研究生课程思政教育评价体系构建提供强有力的理论支撑。本文将基于OBE教育理论，构建过程性和产出性相结合的研究生课程思政多元评价体系。

（一）成果导向原则

主要考察研究生通过课程思政教育，是否能更好地掌握高端知识和前沿知识，是否能更进一步提高自主学习能力、科研实践能力和创新创业能力，是否能更好满足国家、社会、行业对高端人才的需求，培养的学生是否更具家国情怀。

（二）以学生为中心原则

主要考察研究生课程教学和科研实践过程中，在思政教学内容、教学方法、教学手段、考核和评价方式等的设计上，是否能有效激发研究生的学习兴趣和学习潜能，从而提升研究生学

习的自主性、能动性和创造性。[4]

（三）循序改进原则

主要考察研究生课程思政教育教学体系是否具有监督功能，即是否有完整的、可追溯的教育教学记录，是否具有调控功能，即是否建立了教育教学效果反馈机制，是否具有改进功能，即是否能通过监督功能发现偏差，通过调控功能改进偏差，通过改进功能分析偏差产生的原因，循序改进。

（四）多元评价原则

主要从多角度考察研究生、同行专家、导师团队、教学督导、用人单位等多元主体对研究生课程思政教育教学效果的评价，同时也鼓励采用使用多元化的评价方式和工具，比如通过人工智能大数据分析等等，精准分析研究生对课程教学和科研实践中思政内容的吸纳和运用程度。

三、基于 OBE 教育理论的研究生课程思政评价体系

根据 OBE 教育理论体系及以上原则，结合研究生课程思政教育特色，构建了基于 OBE 教育理论的研究生课程思政评价体系，如图 1 所示。该评价体系严格遵照 OBE 教育理论体系的学生中心、成果导向、循序改进的教学理念，鼓励研究生、任课教师、同行专家、导师团队、教学督导、用人单位等多元利益相关主体参与教学评价、教学反馈和教学改进，同时基于研究生学习生活工作等大数据，积极运用人工智能系统，创建和分析研究生画像，协同推进研究生课程思政建设。

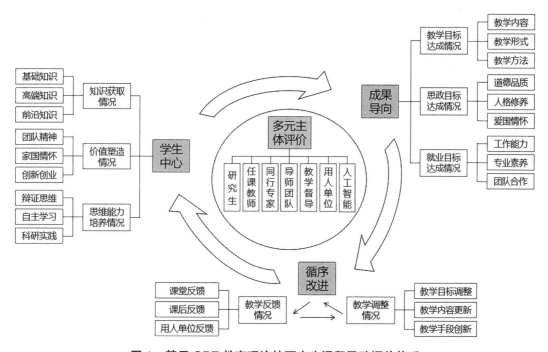

图 1 基于 OBE 教育理论的研究生课程思政评价体系

四、结语

OBE 教育理论是一种先进的教育理论，基于 OBE 教育理论构建的研究生课程思政评价体系将研究生的学习成果转换成绩效指标，通过多元利益相关主体进行直接或间接测评，同时通过以评促建、以评促改等方式，反向推进研究生任课教师和导师积极提高自身思政素养，转变思政教育教学理念，优化思政教育教学方式，创新思政教育教学手段，为研究生课程思政教育改革提供了一种全新的思路。要将 OBE 教育理念真正融入研究生课程思政教学，仍需要研究生教育管理部门和研究生教师、导师团队持续开展探索和实践，我们相信，这将是实现全员育人、全程育人、全方位育人的一条有效途径。

参考文献

[1] 教育部关于印发《高等学校课程思政建设指导纲要》的通知 [EB/OL].(2020-06-01)[2023-06-11]. http://www.moe.gov.cn/srcsite/A08/s7056/202006/t20200603_462437.html.

[2] 任建玲 . 基于 OBE 理念的高校课程思政建设的探索与实践 [J]. 国家通用语言文字教学与研究，2023(08)：28-30.

[3] 姚江红 . 基于 OBE 理念的财务管理专业课程思政实践路径研究 [J]. 陕西教育，2022(05)：16-17.

[4] 张正则，庞雪林，苏庆富，等 . 基于 OBE 理论的体育研究生导师团队课程思政评价体系研究 [J]. 当代体育科技，2024，14(05)：141-143+147.

以研究生家风教育助力新湖南清廉高校建设 *

陈碧　齐雯

（湖南工业大学）

摘　　要　家风教育是中华传统文化的重要部分，其对于清廉高校的建设具有至关重要的作用。本文在对研究生家风教育的内涵及特点进行概述的基础上，分析了研究生家风教育助力清廉高校建设的必要性。目前研究生家风教育在助力清廉高校建设中仍然存在一定问题，分析得出以研究生家风教育助力新湖南清廉高校建设的路径，旨在将研究生家风教育与清廉高校建设有机融合，提升高校研究生的道德素质和廉洁意识，培养出更多具有高尚品质和廉洁自律精神的人才，为清廉高校的建设贡献力量。

关　键　词　研究生家风教育；清廉高校建设；清廉文化

作者简介　陈碧（1972— ），女，湖南工业大学轨道交通学院党委书记、文学与新闻传播学院研究生导师。教授、博士，研究方向为周易哲学。联系电话：13973335677；电子邮箱：81608193@qq.com。齐雯（2001— ），女，湖南工业大学在读硕士，研究方向为广播电视编导与制作。

一、家风的内涵及特点

家风是一个家庭或家族通过祖辈几代人生活历练及人生经验的积累，所逐渐形成并沿袭下来的价值观念、道德品质、生活作风、行为规范、生活习惯等。[1]它是一个家庭在经过长时间的教育过程后，逐步形成的一种家庭的风气，是家庭成员立世做人的标准，其特点主要体现在其传承性、稳定性和影响性上。

（一）家风的传承性

家风的传承性主要体现在其跨代际的传递过程中。在古代社会，家风往往是由家族中具有权威和影响力的掌权者所主导和制定的。这些掌权者通常拥有丰富的家族管理经验，他们通过自身的言行举止、道德观念和价值取向，构建家族的核心价值体系，即家风。家风一旦形成，子孙后代便会将其作为一种行为准则代代相传。曾国藩家风是中国传统文化中家风传承的杰出代表，其家风的核心是"诚、敬、孝、悌、勤、俭、廉、耻"八字家训，这八个字涵盖了家庭伦理、道德修养、为人处世等方面，以其深厚的文化底蕴和独特的家族文化魅力，成为中华优

* 本文系湖南省社会科学成果评审委员会立项课题"以家风教育助力新湖南清廉高校建设研究"（XSP24YBC326）成果。

良家风的代表，对后世产生了深远的影响，塑造了许多优秀的家庭成员。如曾国藩的侄孙女曾宪植，她曾参加广州起义、北伐，并在新中国成立后在妇联工作40年，从不计较个人得失，受人爱戴。其曾孙曾宝荪是我国著名的教育家，她立下"教育救国"志向，回国后与堂弟曾约农一起创办学校，造福家乡人民。

而在湖南，最为典型的优秀家风当属毛泽东家风，它作为中国近现代史上又一典范，不仅深刻体现了家风传承的跨代际特性，还融入了鲜明的时代精神与革命情怀，为家风传承注入了新的内涵与活力。毛泽东家风的核心在于"为人民服务"的崇高理念，以及艰苦奋斗、廉洁自律、勤俭节约、勤奋学习等优良传统。这些家风要素不仅体现在毛泽东个人的言行举止中，更体现在他对子女及亲属的严格要求中。毛泽东对子女从不溺爱，他鼓励孩子们深入基层，了解群众疾苦，学习社会知识，培养独立生活的能力。他常常告诫子女要"夹着尾巴做人"，保持谦虚谨慎的态度，不要搞特殊化，更不能利用自己的身份谋取私利。这种严格的教育方式，使得毛泽东的子女们都能够成为国家的有用之才，为社会做出积极贡献。

在毛泽东家风的影响下，他的子女们不仅继承了父辈的革命精神和优良传统，还根据时代发展的需要，不断开拓创新，为祖国的繁荣富强贡献自己的力量。例如，毛岸英在抗美援朝战争中英勇牺牲，用生命践行了"为人民服务"的誓言；毛岸青、李敏、李讷等子女也都在各自的领域里默默耕耘，为社会做出了积极贡献。毛泽东家风成为毛氏家族世代相传的宝贵财富。这些例子都体现了家风所具有的传承性，也正是因为这一特点家风能够在千百年来一直具有顽强的生命力，在国家精神文明建设中发挥重要的作用。

（二）家风的稳定性

家风的稳定性是指家风在传承过程中所具有的相对稳定性，这种稳定性主要源于家风文化的内在逻辑性和系统性。家风文化经过长期的积淀和发展，形成了一套相对完整、稳定的价值体系和行为规范，这些规则已经深深地刻在家庭成员的心中，能够使家庭成员在社会环境发生变化时坚守行为准则。例如孔氏家族，孔子是中国古代伟大的思想家和教育家，他的家族也以其优良的家风而著称。孔氏家族注重礼仪和道德教育，强调家族成员之间的和谐相处和互相尊重。在千百年社会的巨变中，这种家风依然在孔氏家族中得到了长期的传承和发扬，使得孔氏家族成为中国传统文化的重要代表之一。

（三）家风的影响性

瑞士著名的心理学家皮亚杰曾提出一种"建构论"，即认为人的发展、智慧的发展，都是靠他自己与周围环境（人、事、物）相互作用慢慢建构起来的。[2]孩子的第一任老师是家长，而孩子出生后所接触的第一个环境便是家庭，家风是孩子成长的首要环境，它涵盖了家庭的生活方式、行为习惯、道德观念等多个方面。一个家庭的家风如何，直接关系到孩子的成长方向和未来。居里夫人是两次获得诺贝尔奖的波兰裔法国物理学家和化学家。她的家庭非常重视科学研究和教育，从小她就受到良好的科学教育。这种家庭氛围对她的成长产生了深远的影响，使她对科学研究产生了浓厚的兴趣。在父母的鼓励下，她不断追求科学真理，最终取得了举世瞩目的成就。此外，家风的影响性并不仅仅体现在家庭内部，它还具有广泛的社会效应。以湖南为例，湖南作为红色热土和中国革命精神的重要发源地，其红色家风不仅塑造了无数革命先烈的英勇形象，更在潜移默化中影响着每一个湖南人乃至全国人民。这种红色家风，蕴含着坚定的革命信仰、无私奉献的精神、艰苦奋斗的作风以及实事求是的态度，成为激励人们不断前进、勇于探索的重要精神力量。

（四）家风的时代性

家风作为家庭文化的精髓，深深植根于时代的土壤之中，是时代精神的微观体现。随着社会的不断变革与进步，家庭作为社会的基本单元，其形态、功能及内部关系均经历了显著的变迁，从古代以宗族为核心、强调血缘与宗族关系的大家庭模式，逐渐转变为现代以核心家庭为主、注重个体价值与情感联结的"小家庭时代"。尽管家庭结构和社会环境发生了翻天覆地的变化，家风作为家族世代相传的价值观念和行为准则，其核心价值观却如同基石一般稳固，它指导着家庭成员在复杂多变的社会环境中保持正确的道德方向和行为规范。在当下小家庭时代，家风在继承传统的基础上不断创新，积极融入社会主义核心价值观和时代新风尚，吸收我国优秀的传统文化，与时代共同进步，符合时代发展的内涵，成为推动社会进步的重要力量。

二、研究生家风教育助力清廉高校建设的必要性

随着社会的不断进步，高校作为知识传承、人才培养的重要阵地，其清廉建设显得尤为重要。清廉高校建设不仅关乎学校的声誉和形象，更关系到研究生的成长和发展，家风教育作为中国传统文化的重要组成部分，其深厚的道德底蕴对于助力清廉高校建设有着不可替代的重要性。

（一）家风教育奠定研究生道德基础

家庭作为个体成长的首要环境，其影响是深远持久的。父母作为孩子的第一任教育者，通过日常生活的言传身教，将家庭的核心价值观、道德观念以及行为规范传递给孩子。这种传递过程并非单向的灌输，而是在家庭成员间的互动中，通过模仿、观察、反馈等机制，使孩子在潜移默化中形成自己的道德认知和价值观念。在推进清廉高校建设的过程中，研究生廉洁教育是极为重要的一部分，研究生家风教育所奠定的道德基础，对于高校推进清廉教育具有显著的促进作用，其为研究生提供了一个坚实的道德基石，使他们在面对复杂的学术环境和社会挑战时，能够坚守道德底线，树立正确的价值观念。高校能够利用这一优势，做到具体问题具体分析，制定针对性的廉洁教育方案，有效推进清廉文化建设。

（二）家风教育培养研究生学术诚信

学术诚信是高校教育的重要基石，也是研究生必须具备的品质。家风教育通过家长潜移默化的影响，向研究生传递了诚实、正直、公正等核心价值观。这些价值观是学术诚信的基石，使研究生在学术研究中能够坚守真实、客观、公正的原则。在清廉高校建设中，学术诚信是不可或缺的一部分。高校作为学术研究和人才培养的摇篮，其学术环境的纯洁性和公正性至关重要。研究生家风教育所培养的学术诚信品质，有助于营造一个诚实守信、公正无私的学术氛围。当研究生普遍具备学术诚信意识时，他们将共同维护学术的纯洁性，抵制学术不端行为的侵蚀。这种良好的学术环境不仅能够促进研究生的学术成长和进步，也能促进高校清廉文化的建设。

（三）研究生家风教育与高校清廉文化建设相辅相成

高校清廉文化就是将廉政建设理念结合高校实际情况，以清廉文化建设为核心，以高校青年群体为目标，融入教师、研究生、各级管理者、研究生干部及研究生群体。[3]研究生家风教育作为传统文化的重要组成部分，其中所包含的崇廉尚洁、诚实守信、公正无私等良好家风能够为高校清廉文化建设提供有力的支持。通过家风教育，研究生能够在家庭接受到良好的道德熏陶和行为引导，形成与高校清廉文化相契合的道德观念和行为习惯。这不仅能够推动高校清廉文化的发展和普及，同时对于反腐败工作也极为重要。

三、研究生家风教育助力清廉高校建设的困境

（一）家庭教育趋于功利化

推进清廉高校建设，确保教育过程中的知行合一至关重要。当前，高校在廉洁教育理论教育方面取得了一定的成果，但理论与实践脱节现象依然明显。在高校廉洁教育理论考试中，大部分的研究生都能打高分，但是却很少有研究生能够将理论运用于实践之中。以家风教育来助力清廉高校建设，能够让研究生在家庭教育的实践过程中去体会、培养廉洁公正的观念，对于推进清廉高校建设起到了事半功倍的效果。但是在现代社会中，由于竞争的加剧和社会压力的增加，部分家长过于追求孩子的学习成绩和未来的职业发展，将成绩作为衡量孩子成功与否的唯一标准，而忽视了对其正确价值观的培养。这种功利化的教育倾向，让孩子在成长过程中过分追求利益，难以正视权力与欲望、明辨是非，最终导致他们在面对诱惑和选择时迷失方向，甚至走上违法违纪的道路。同时，家庭教育的功利化，也加剧了理论与实践的脱节。虽然高校在廉洁教育方面进行了大量理论知识的传授，但由于研究生在家庭中缺乏相应的实践经验和价值观引导，很难将所学理论真正内化为自己的行为准则。这种知行不一的现象，不仅影响了研究生的个人成长，也削弱了清廉高校建设的实际效果。

（二）高校对研究生家风教育重视度欠缺

虽然家庭是研究生家风教育的主要场所，但要以研究生家风教育来助力清廉高校建设，高校同样也是一个重要场所，因此，必须分析高校的问题，才能更好地将研究生家风教育融入清廉高校建设之中。高校作为教育的重要阵地，其教育规划应全面而深远。然而在实际操作中，往往过于偏重学术研究和专业技能的培养，忽视了对研究生道德品质、人文素养及家庭伦理等方面的关注。这种"重智轻德"的现象，使得研究生家风教育在高校教育体系中被边缘化，难以获得应有的重视和资源支持。在课程设置上，课程体系是实施教育的重要载体，而当前高校在研究生家风教育方面的课程体系建设相对滞后。一方面，相关课程或活动数量有限，难以形成系统性和连贯性；另一方面，课程内容往往缺乏深度和广度，难以满足研究生对家风文化深入了解和体验的需求。这导致研究生在高校期间难以获得全面、系统的研究生家风教育，进而影响其廉洁观念的形成和巩固。因而在高校的教育过程中，研究生家风教育课程的缺乏导致研究生对于研究生家风教育的程度不一，这也是阻碍清廉高校建设的因素之一；师资配置方面，教师是教育教学的主体，其专业素养和教学能力直接关系到教育教学的质量和效果。然而，当

前部分高校在研究生家风教育方面缺乏专业的教师和专家团队，难以提供专业的指导和深入的讲解。这导致研究生在接受研究生家风教育时，往往只能停留在表面层次，难以深入理解其内涵和精髓。

（三）家庭教育与高校教育缺少联系

家庭是家风文化产生的基础，中国传统家风产生于由血缘关系组成的家庭中，虽然现代家风以小家庭为单位，但是家风的传承不管是古代还是现代都离不开家庭。[4] 家庭作为研究生成长的首要场所，是培养研究生品德、价值观和行为习惯的第一站，不仅要在研究生在家时做好教育工作，更应该对其进行全程的关注。而现在大多数的家长在孩子步入高校后，就将其全权交给学校管理，弱化了家庭教育的角色。然而，大多数高校对研究生的教育更注重专业知识和技能的培养，对研究生的家庭教育并不了解，家庭和学校之间则可能产生信息不对称、沟通不畅等问题，导致家庭教育和高校教育之间可能存在一些隔阂。

家风教育作为培养研究生品德、价值观和行为习惯的重要途径，对于清廉高校建设具有重要意义。然而，由于家庭教育与高校教育之间的脱节，研究生家风教育难以有效融入高校教育体系之中。一方面，高校对研究生家庭背景和家庭教育的了解不足，难以制定针对性的教育策略；另一方面，家庭在研究生进入高校后缺乏持续关注和引导，使得研究生家风教育的效果大打折扣。这种融合难题不仅影响了研究生家风教育的深入开展，也制约了清廉高校的建设。

（四）高校领导干部在研究生家风教育中的示范性不足

领导干部作为高校管理和决策的核心力量，其言行举止不仅关乎个人形象，更直接影响到整个高校的氛围和风气。在清廉高校建设的背景下，领导干部的家风教育显得尤为重要。然而，现实中部分领导干部在家风教育方面缺失，甚至出现了"全家腐"的极端现象，严重侵蚀了高校的清廉土壤，阻碍了清廉风气的形成。

高校一些领导干部在家庭教育中忽视廉洁自律的重要性，未能正确看待和行使自己的权力，将权力视为个人或家庭的私有财产，而非为人民服务的工具。这种扭曲的权力观不仅影响了领导干部自身的行为决策，也误导了家庭成员对权力的认识。在这种氛围下，家庭成员逐渐习惯并接受利用权力谋取私利的行为，甚至主动参与到违法违纪活动中。一些高校领导干部利用职务之便，帮助自己孩子升学，或是收受贿赂。这种违法违纪行为严重扰乱了高校的管理秩序，破坏了公平竞争的环境，影响了教学科研工作的正常开展。此外，高校作为社会的重要组成部分，其形象和声誉直接关系到社会的信任和支持。领导干部的腐败行为会严重损害高校的社会声誉，影响高校的长远发展。因此，想要建设清廉高校，领导干部清廉家风教育刻不容缓。

四、研究生家风教育助力清廉高校建设的路径

2021 年 3 月 25 日，湖南省纪委六次全会旗帜鲜明地提出全面推进"清廉湖南"建设，时任省委书记、省人大常委会主任许达哲强调，"以永远在路上的定力和韧劲推进清廉湖南建设"，"努力营造山清水秀的政治生态，真正让清廉成为湖南的风尚、成为湖南的名片"。[5] 高校作为培养人才、传承文化的重要阵地，其清廉建设显得尤为重要，而家风作为中华传统文化的重

要载体，对推进清廉高校建设具有不可替代的作用，因此结合研究生家风教育助力清廉高校建设，分析得出以下路径可以将研究生家风教育更好地融入新湖南清廉高校建设中。

（一）加强阵地建设

阵地建设主要是指为了实施某项活动、教育或理念而建立的一系列基础设施、制度机制和文化环境。在推进新湖南清廉高校建设的进程中，阵地建设是确保研究生家风教育深入实施的关键环节。首先，高校可以设置专门的家风文化中心，作为研究生家风教育的主要阵地，该中心主要负责整合研究生家风教育资源，设计并开展研究生家风教育活动，定期开展有关湖南本土家风的讲座研讨会等，给高校师生深入了解湖南优良家风的机会，在潜移默化中加深高校师生对家风的理解。其次，高校可以将研究生家风教育纳入课程体系，开设专门的研究生家风教育课程。这些课程可以包括家风历史、家风文化、家风传承等方面的内容，旨在让研究生全面了解家风文化的内涵和价值。同时，结合专业课程，将研究生家风教育与专业教育相结合，使研究生在学习专业知识的同时，也能接受家风文化的熏陶。此外，高校可以与湖南本地一些有代表性的家族，如湘乡曾氏家族、胡氏家族等，建立研究生家风教育实践基地，为研究生提供实地参观、学习和体验的机会，通过参与家族活动、了解家族历史、传承家族精神等方式，深入了解家风文化的内涵和价值，从而增强对湖南本土家风文化的认同感和归属感，为高校师生提供一个全面、系统的体验家风文化的环境，从而推动新湖南清廉高校建设的开展。

（二）全方位协调

要想将研究生家风教育更好地融入湖南清廉高校建设中，离不开多方的协调合作。首先，家校要建立紧密的合作关系，通过定期举办家长会、家长学校等活动，加强家长对学校的了解，也让学校更了解研究生的家庭教育情况，确保研究生在家庭、在学校能受到一致的教育。同时，引导家长重视研究生家风教育，将研究生家风教育与学校教育相结合，增强家长对研究生家风教育的参与感。其次，学校内部也要协同发展，学校可以整合校内外的教育资源，为研究生家风教育提供有力支持。如邀请专家学者、企业家、社会人士等来校举办讲座、分享会等活动，让研究生接触更多的家风文化和成功案例，也可以利用图书馆、博物馆等校内资源，为研究生提供丰富的家风学习素材。同时，高校要加强师风师德建设，教师作为推进研究生家风教育、清廉高校建设的重要力量，应当提高教师的职业素养和道德水平，将师风师德放在教师考核的首要位置，在评优评先中推行"师风师德"一票否决制度，避免出现损害研究生、家长、社会利益，收受贿赂等师德失范行为。同时，建立激励机制，鼓励教师积极参与研究生家风教育活动，发挥教师在研究生家风教育中的引领和示范作用。

（三）创新教育模式

研究生时期学生的主要生活场地就是学校，要推进清廉高校建设就离不开学校教育，学校教育的模式是否合理直接影响了研究生家风教育融入清廉高校建设的有效程度。而随着社会大环境的变化，传统的教育模式难以让研究生高效接收相关知识，创新教育模式成为必不可少的一步。首先，可以将研究生家风教育融入专业课程和通识课程的教学中，通过案例分析、角色扮演等方式，让研究生在课堂上深入了解家风文化的内涵和价值，弥补部分研究生在家庭教育中优良家风文化的缺失。同时可以组织相关的实践活动，如家风征文比赛、家风主题班会等。让研究生在实践中感受家风文化的魅力，培养其对家风文化的兴趣和热情，建立研究生家风教育线上平台，提供家风文化学习资源、互动交流等功能。让研究生可以随时随地学习家风文化知识，让廉洁公正刻进高校师生心中。

（四）加强高校领导干部家风教育

领导干部作为高校管理建设中重要的一部分，加强领导干部家风教育，对于高校管理建设乃至整个社会风气都具有至关重要的意义。面对"全家腐"这一情况，应当从制度层面去加强高校领导干部的家风建设，建立健全家风建设相关制度，如领导干部家风建设负面清单、领导干部配偶及子女经商办企业禁业范围以及领导干部财产申报制度等；建立健全家庭监督机制，领导干部应主动与家庭成员共同制定家庭行为规范，明确廉洁自律的要求和底线。加强组织监督和社会监督，将领导干部家风建设情况纳入谈心谈话、监督检查、巡视巡察的重要内容。深入整治领导干部利用职权或影响力为亲友牟利、领导干部子女互相请托办事等问题，坚决查处"裙带腐败""衙内腐败"。此外，领导干部应当不断提高自身修养，以身作则，提高政治站位。领导干部应自觉站在党和人民的高度看问题、想事情、做决策。始终把党和人民的利益放在首位，做到忠诚干净有担当；强化理论学习，加强政治理论学习和党性锻炼，不断提高自身政治素养和道德水平，树立正确的世界观、人生观和价值观，坚定理想信念和宗旨意识。加强领导干部研究生家风教育需要从制度、监督、整治和提升自身修养等多个方面入手。只有这样，才能有效遏制"全家腐"现象的发生，营造风清气正的高校管理建设环境和社会风气，实现清廉高校建设。

家风教育是推进湖南清廉高校建设的重要内容。基于对家风文化的学习和传承，运用系统的思维，多方协调，将研究生家风教育融入清廉高校建设的各方面，发挥家风教育作用的最大化，为清廉高校建设提供坚实的道德基础和文化保障，为培养更多高素质的清廉人才奠定坚实基础。

参考文献

[1] 陈琪，孙林叶 . 家风教育何以融入高校思政教育 [J]. 中学政治教学参考，2023(07)：68-70.

[2] 宋惠芳 . 皮亚杰建构理论的启示 [J]. 马克思主义研究，2000(04)：58-63.

[3] 曹荣 . 高校清廉校园文化建设路径研究 [J]. 河北青年管理干部学院学报，2023，35(04)：107-113.

[4] 弓旭静 . 优良家风融入研究生思想政治教育研究 [D]. 长春：东北师范大学，2019.

[5] 许达哲 . 以永远在路上的定力和韧劲推进清廉湖南建设 [J]. 新湘评论，2021(08)：12-15.

PART 6

研究生专栏

POSTGRADUATE
EDUCATION

速度与知觉：论维利里奥的情感共同体思想

樊琴琴

（湘潭大学）

摘　　要　法国哲学家保罗·维利里奥提出的"情感共同体"思想极好地诠释了数字技术发展对人们生活的影响。在加速度的发展下，人们运用技术义肢，实现了远距离在场，利用类似照片、电影等后勤机器定格时间，重构知觉体系，增添了跨时空的真实感，形成了统一完整的"情感共同体"。然而随着现实体验感的消失，网民成为情感操纵下的"乌合之众"，我们不得不反思"情感共同体"流存的弊病。

关 键 词　维利里奥；速度；知觉；情感共同体

作者简介　樊琴琴（2000—　），女，湘潭大学文学与新闻学院文艺学硕士研究生。联系电话：18779918260；电子邮箱：2406774522@qq.com。

保罗·维利里奥（Paul Virilio, 1932—2018）是法国当代著名的政治思想家和技术艺术批评家，他的思想富有原创性和激励性，发明了诸如"速度学""知觉的后勤学""消失"等一系列新概念。维利里奥最为知名的观点是：当今世界组织和变革的核心是加速度逻辑。[1]218

在如今全球化语境下，共同体思想的重要性愈加突显。对共同体问题的探讨由来已久，从词源学意义上看，"共同体"概念早在2000多年前的古希腊时期先贤们对城邦的设想中便已有体现。柏拉图设想出国家共同体，亚里士多德设想出政治共同体，霍布斯、洛克、卢梭等人设想出契约共同体。应当指出，现代意义上的共同体思想主要起源于德国社会学家斐迪南·滕尼斯的《共同体与社会》一书。滕尼斯认为共同体的本质是现实的和有机的生命，它天然地受到血缘的制约，尤其在对等的关系整体中，"强者对弱者天真的温柔"是依靠血缘关系来维持着动态的平衡，这也就是滕尼斯所说的"血缘共同体"。滕尼斯认为"血缘共同体"是共同体思想的初级形态，它会逐渐发展分离为"地域共同体"，最后形成"精神共同体"也就是"真正人的和最高形式的共同体"。[2]但是这种"精神共同体"的联结方式比较原始，需要人们依靠特定的场所如家、村庄、公司等，形成密切的接触，从而达到精神的统一。然而在当下远距离传播技术加速发展的背景下，这种共同体思想显然并不适用。

于是维利里奥进一步提出了"精神共同体"的思想。维利里奥认为当下的世界被恐惧笼罩，恐怖失衡。这个时期的恐怖不再是原子的，也不是生态的，而是信息的。"这种炸弹来自即时通信手段，特别是信息传输。"它在将恐惧作为一种情绪在全球环境中发挥着重要作用，"因为它允许全球范围内的情绪同步。由于电磁波的绝对速度，在世界的各个角落都可以同时感受到同样的恐怖感。它不是一个局部的炸弹：它每秒钟都会爆炸，伴随着袭击、自然灾害、健康恐慌、恶意谣言的新闻。它创造了一种'情感共同体'，一种继不同社会阶层共享的'利益共同体'之后的情感共同体"。[3]维利里奥认为加速度的信息炸弹，席卷全球各地，现代的远程登录，打破了时空的壁垒，实现了远程乌托邦情感的统一，网络技术建构起一种光速情感共同体。现代社会中情感的联结，依靠加速度的发展，可以说"速度"是情感联结的基础，在加速度的技术环境下荧屏代替了原有的感知模式，人们的情感真实又虚拟地存在着。人们的情感可以被创造被收集，被电影影像调动与联结，对知觉的后勤研究与影视化运用促进了情感共同体的形成。但是当"虚空间以绝对速度漫漶了当下空间"，恋科技癖无限扩张，情感不过成了速度之事，虚拟的感知充斥，美学变得透明以至于消失。此时人们所信以为真、所同仇敌忾之事，或许不过是科技的操纵、流量的博取。人们逐渐迷失在数字时空之下，逃避厌弃现实，虚拟的情感甚嚣尘上，现实的情感无处藏匿。结合现代中国网络环境发展的现状，更是不得不对由网络发展促成的"情感共同体"进行反思。

一、"解放的速度"：情感共同体的基础

维利里奥的文学理论大多是基于"速度"阐发出来的，其"情感共同体"思想也不例外。就如维利里奥自己所说的，"当今世界组织和变革的核心是加速度逻辑"。那么何谓速度？其实维利里奥并未执着于速度的概念性问题，而是基于希腊语"dromos"（意为"赛跑"或者"跑道"）一词，派生出一系列有关速度的新词，如"竞速学（dromology）""竞速复制（dromoscopy）""竞速层（dromosphere）"等。维利里奥并未改变"速度"一词蕴含的物理学意义，而是将"速度"置于当下事故的发生与技术的发展中，解读数字信息化时代下诸现象产生的动能因子，从而去解读当代社会。

在维利里奥看来，"根本就没有所谓的'工业革命'，有的只是'竞速革命'；根本没有所谓的'民主政体'，有的只是'竞速政体'；也根本就没有所谓的'战略'，有的只是'竞速学'"[4]。人类社会上不管是科技还是政治体制的进步都是基于速度，这是因为从第一次"工业革命"也就是蒸汽机时代到现在信息技术革命时代，提升的不过是速度而已。从马车到火车、飞机乃至火箭的运输革命，其实就是位移速度的提升；从书本到电视、电影、网络的传输革命，就是信息传递速度的提升。[5]速度统筹经济体制发展的同时，也关涉人们的情感。距离的缩短、空间的联结，加快了人们情感的同步。过去人们完全依赖群居生活来获得情感的联结，现在人们即使相聚甚远也可以靠电话、网络获取联系、交流情感。维利里奥的情感共同体由速度触发，因为加速度推动了信息技术的发展，远距离通信的大量涌现，实现了"远距离相聚"与"远距离在场"。视觉义肢也就是图片、电影这类感知器的创造与运用，它让人的审美情感同一化。"速度"成为"情感共同体"基础的因素有二：一是"远距离在场"；二是"技术义肢"。

速度使得远距离不再成为人们情感交流的阻隔。加速度技术打破了物理意义上的空间界限，形成远程乌托邦，实现了"远程在场"。维利里奥用尼古拉·果戈理的话"还没有出发，人就已经不在原处"[6]13，生动地阐释了速度带来的"第三间隔"。所谓的"第三间隔"也就是"临界的空间"，它与属于"空间"的间隔和属于"时间"的间隔相平齐，归属于"光"的间隔。

光的出现使时间得以延续，空间得以扩展。维利里奥认为"时间是又一个黑暗"，"速度就是它的光，它惟一的光"[6]7。而空间也已不再是原来高低起伏的"地理"空间和能够用透视立体感来创造近距离世界幻想的"几何"空间，而是一种来自天外和海外的"宇宙空间"。在这个光速度的宇宙空间中，事物都处于临界状态。人们开启了"即时远距离在场"，利用远距离传输的新程序，获得远距离视觉与情感的联结。从 20 世纪的运输革命（火车、摩托车、汽车、飞机……）到现在的静态运载传输革命，电影放映的光学幻想成为可能的视觉成像，这就已经不仅仅局限在实体物质的传输上，而在于可听可感信息的传递与移动上。维利里奥认为随着技术的加速发展，出现了第二种光学也就是"大光学"，这种光学使得今天东京与巴黎之间的远程会议成为可能。远程会议的举办是顾及"此时"，而不是"此处"，这也就打破了处所空间的局限，形成了一种可感的远距离界面。

另外，维利里奥进一步认为："波状的大光学不再仅仅与视觉的范围紧密结合在一起，而是引出对于可感觉表象的感知的整体性，其中包括触觉，而触觉，因为时间，即电磁波的光种类的第三间隔的真实时间，决定性地胜过了物质的真实空间，胜过构成狭小的人类环境的物质的空间扩展、时间延续。"[6]52 在过去看来，能够实现两地视觉上的联结已经是超人意料的巨大进步，但是现在人们已经不满足于界面上清晰的图像了，转而想要实现远程接触，发明了诸如远程触觉数据手套、亲嘴神器等，极大限度地联结了人的情感，达到了一种"立体真实感"的效果。远距离感觉接触，模糊了实际的感觉与虚拟的感觉之间的界限，远距离人们的情感触碰，为整一的情感共同体形成提供了条件。

速度使得人们通过技术义肢获得与真实感别无二致的审美感受，达到情感的共通。如果说远距离交流为人们提供了远程接触的新途径，那么技术义肢则是真正消弭了人们在空间上的距离感。技术义肢作用于人们自身，从人们的视觉与知觉入手，将虚拟情感具体化，使得人们获得与真实别无二致的虚拟情感体验。观影者随着剧中情感起伏波动，仿佛置身其中。维利里奥认为"当电影放映厅突然陷入人造的黑暗中，它自身的轮廓和坐在大厅中的人们便悄然消失。遮挡银屏的幕布升起，就重现出捏普斯的原始仪式，即打开暗室的窗户，让一缕柔和洁白的光线洒进来，这光亮远远胜过奉献于我们双眼的所有灿烂星座"[7]45。人们的目光完全被眼前的荧屏吸引，忘记了时间，忽略了周遭的一切，全身心地观看，仿佛成了影视中的主角。"视觉不再是看的可能性，而是不看的不可能性。"只要我们开始注视，我们的目光就会持续聚焦在光学图像上，接受荧屏光电子飞速闪烁形成的界面幻象。这种幻象不仅仅驻留在视网膜上，更是开始"动员视野"，利用激光扫描仪侵入人们的眼底，制造出高质量的视觉感觉的同时，淘汰了大量为摘录虚拟图像所必要的光学设备。

"视觉的机械化"逐渐演变成了"感知的机械化"，古老的视觉机器，如照相机、摄影机或摄像机不断得到更新，电光学设备不再只是停留于人们的视线之外，更是入侵了人们的神经系统内部，IMAX 或全屏幕这类半球形大厅模拟眼球，创造出电磁感觉场，极大程度地调动起人们的感官体验。这种逼真的官能体验甚至形成了"性倒错"与"性消遣"。由于有了网上性欲，人们不再离婚，而是相互分离。本体感受的真实性突然变得不确切，一切都在相互远离中进行。[7]45 作为可感觉真实性的一场巨大爆炸，人们的爱情也得以运输，真实与虚拟的间隔消弭，远地的情感结合，既骇人听闻又是时代风尚，网恋远程婚姻让人类身体的感觉与器官成为可被书写、可被编译的代码。女性的肉体魅力面临着被机器取代的威胁，速度或即意味着在未来交配，就如圣波尔·卢预言摄影机将成为愿意真正生育的子宫，平板的图像膨胀成立体的，使大衣有性别，让皮囊鼓起来。在技术义肢的助力下，机器也仿佛有了灵魂，人类之间的互动愈加频繁，情感联结的过于密切甚至造成了危害，就如爱因斯坦所揭露的那样，"信息的爆炸"[8]成了一种新型的威慑，就像原子弹爆发那样对政治与社会产生巨大震动。但也不可否认的是，"解放的速度"为"情感共同体"的形成奠定了基础。

二、"知觉的后勤"：情感共同体的形成

速度是情感共同体形成的关键因素，而对知觉的后勤处理则直接促成了情感共同体。我们知道电磁波的绝对速度消弭了人们在时空上的距离感，使远距离在场成为可能，也就是说借助技术义肢人们在视觉以及知觉情感上达到共通，无论人们身处何处都可以感受到同样的情感波动，情感成为可被书写的程序。维利里奥正是抓住了这一点，认为"在大众传媒的作用下，情感的同步超越了观点标准化的力量"。在信息恐慌时代，人们难以集中精力去验证信息来源的正确与否，而是被强有力的"恐惧"控制，这种恐惧感或是由于恶意造谣或是由于恐怖袭击或是由于虚假宣传造成，但无论如何都与情绪的高度同步息息相关，且都是"信息战"的结果。从实体的战争危害到虚拟的情感侵害，人们在信息化时代下仿佛得了流感，大范围地沉溺在同一情感中，造就了一种"情感共同体"。维利里奥认为这种"情感共同体"已取代过去的"利益共同体"，运用知觉的后勤学可以造成类似于战争带来的大范围波动，只不过这里的信息炸弹取代了原子弹。维利里奥揭示了"一个真正的知觉的后勤学"，在其中，"影像供应"相当于"弹药供应"，"一战"中的战斗机器与摄像机形成了"一种新的武器系统"。[9]这种境况下，人们即使不在战争的范围内也会受到战争的冲击，并且这种冲击并不会停留在某一时某一刻，而是持续不断地散布恐惧，侵扰世界各地的人们。就像法西斯战争已经过去那么久了，但是每当我们看到讲述奥斯维辛集中营的影片时，都仿佛重新置身其中，对战争的憎恶和对法西斯的仇视，反而愈加强烈。

图像摄影机等知觉后勤设备的运用，将人们的情感联结，形成情感共同体。对知觉进行后勤处理的不外乎图像和摄像机。就如赫胥黎所认为的那样，经由电影技术人体可以消失为一种短暂、混乱的"感知数据"，而这些感知数据可以被摄像机捕捉剪辑放映成一种情感的宣传品。维利里奥认为爱因斯坦证明的"时间和空间只是直觉的形式，它们不能与我们的意识相分离"的观点，存在"与人类感性经验相关的局限"，也就是通常意义上的"与时空学特征相关的情况的局限"，"而知觉的后勤从文艺复兴以来，尤其是从19世纪以来，就一直破坏着这种时空学特征"。[7]48照片电影就是一种游离于我们意识之外的感性存在，它们不仅具有色彩、质感与形式，不受制于人们意识观念的控制，同时还可以反作用于人的情感意识，带给人们或美好或恐慌的知觉感受。于是在第一次世界大战结束时，即使战炮已经沉默，声音和光学的强烈活动却经久不息。[7]99网络传媒发生巨大动荡，战争换了一副皮囊更为猛烈地席卷而来，在此之后电影便成了隐性的战场。正如维利里奥所说的，战争一结束，美国人便丢弃一些传统军备，

而在知觉后勤中进行投资，大量宣传影片。这些影视剧作打着娱乐的幌子，成为意识形态宣传的工具。我想大家对好莱坞的电影并不陌生，也不难看出这些影视片都在宣传一种个人英雄主义的价值观，这种思想潜移默化地侵蚀着我们传统的思想。但是当大家进入电影院，坐在唯一亮着的荧幕前时，我们的目光紧紧地追随着剧中的人物，感受影片中人物的丝丝情绪，跟随着电影的欢呼声发笑，伴随着电影中人物的逝去而泪目，脑海中翻来覆去只有眼前的场景，人们的知觉在此刻达到了高度的同一。这是因为在昏暗的环境中，我们能够感知到的只有眼前，并且电影带有与现实相差无几的观感效应，人们很容易代入，形成一种普遍的情感体验。

同时知觉的后勤打破了时间的限制。维利里奥认为"在摄影中，世界的视像不仅是一个空间距离问题，而且还是一个需要消除的时间距离问题，是速度问题，是加快或放慢的问题"[7]46。在电影中我们不仅可以看到北京和巴黎，而且可以见证一个人的青年与暮年。因为电影冻结了时间，让封存在过去的记忆，以一种可供调节的视觉形式再现。这种调节主要是画面的选择以及速度的调整，影视剧作可以加速剧中的某个时间段，利用几分钟的镜头跨越到几十年后，让观影者在短时间内见证主人公的成长，并毫无违和感。而且观影者还可以利用倍速来播放影片，在加速情节发展的过程中，体验更为热辣的情感。不得不说过去的回忆往往更为诱人，更能引起共鸣。摄影和电影，正因为它们都是记忆的重现，是历史事件的回忆，同时还是观众很容易自我认同的无名角色，因此可以在观众心中激起一种特别的激情。[7]54 不同于虚构的科幻电影，纪录片的出现更能引起观看者的共鸣。因为纪录片所记载的事情都是真实发生过的，且都是让人刻骨铭心难以忘怀的事情。犹记得《台儿庄一九三八》给人的震撼，其中短短的五集为我们还原了一个战火纷飞、尸骸遍野的残酷年代，我们的祖辈用血与肉扛住日军的攻击，凭借超人的意志歼灭日军主力师团，为抗战带来来之不易的胜利。我想当大家看到战争取得胜利的那一刻，眼睛里一定盛满了泪水，也一定是怀揣着激动的心情，为祖国喝彩。此刻知觉的后勤带来了情感的统一，促成了情感共同体。

三、"消失的美学"：情感共同体的反思

在现代，数字化科技的加速发展，远距离通信技术的完善，技术义肢对人类情感的延展，后勤技术对人类知觉跨时空的留存与重构，无不促进着"情感共同体"的形成，也无不昭示着科学技术的先进与便捷。也许我们还会为此感到欣慰。技术的进步方便了我们与远地亲朋好友的联系，电影和纪录片带给了我们新的感官体验，电子信息媒介让我们快速了解到世界各地每日发生的大小事情，让我们虽身处世界各地仍然可以同时感受到同样的情感波动。然而加速度的发展真的百利而无一害吗？不！它正在蚕食我们的知觉、操纵我们的情感、虚拟化我们的生活，致使我们形成极惰性身体，从而慢慢丧失对真实世界的体验感。

过去人们靠族群部落血缘联系形成的共同体，在信息化时代下难以为继。数字信息技术将整个世界造就成了一个光电子屏，我们往往还未出发，就已经不在原地。因为通过荧屏我们就能够见到相隔千里的朋友，看到世界各地的风景，甚至可以通过网上会议室完成工作的交接。这也就意味着"世界已经变得狭小了"，"人们移动却不再旅行"。慢慢地人们在生活中也不愿意动弹，洗衣服用洗衣机，扫地用扫地机器人，上下楼等电梯，出门开汽车，于是就形成了

一种"灰色生态学"[6]74。在维利里奥看来，"这是不久即将重新布置欧洲和世界的、智能化的并通过网络互相联结的'城市群岛'的生态学"[6]75。在这种生态学中时间和空间都受到光污染，世界整体仿佛被压缩，真实的体验被虚拟的快感代替，比起现实存在，人们的情感更容易被网络信息煽动。于是维利里奥预言道："信息圈明天将要统治生物圈。"[6]106-107

这也就意味着"美学的消失"，即空间的消失、时间的消失之后的真实感的消失与个人审美体验感的消失。维利里奥在《消失的美学》中写道："城市规划的偏移，建筑总是挪动，住宅只不过是某个开端的变形影像，除了（大写）历史的怀旧者外，罗马已不在罗马，建筑已不在建筑，而是在几何学的、向量的时空，建设的美学被掩饰于传播机器的特效中，在转移或运输的机械中，艺术不断消失于放映机器与宣传机器的强烈照明中。"[10]156 建筑本是一个地方的标识，不可移动，也不能被轻易摧毁，但是在影像中建筑可以移动，罗马可以出现在北京甚至其他什么地方。这是因为在影视化时代，建筑只是一系列数据模型，无所谓真实存在与否，无所谓美和丑，一切都只不过是光亮而已。而现实生活中的建筑，却被渐渐遗忘在历史的角落。这也就揭示了维利里奥《消失的美学》中的核心思想，即"位于音速墙之外且很快将在光速墙之外对物质与我们在世上存在的最后遗忘"[10]220，简言之就是现实世界的消失，虚拟世界的主导。

虚拟世界主导的并非只有实体建筑，还有人的身体与情感。"失神癫"是《消失的美学》中提及的一个关键词。何谓"失神癫"，通俗地来讲就是发呆，而且是了无痕迹的发呆。但是在维利里奥看来，"失神癫"并非一种疾病，而是人类精神世界的自由。它是给予那些能够发明自己与时间关系的人的自由，而且也是某种精神上的意愿或权力。[10]98 人们在失神的空隙中想象创造，不受外界的任何干扰，并且也能够在回神的瞬间衔接起手头上的事。维利里奥认为当"失神癫"开始消失，也就意味着个人对自己身体掌控能力的下降。幻想的破灭，对自身权利的失去，迫使其不得不凭借科技性义肢，如摄影、架上画、快速交通工具等来取代或补足衰退器官之用。但是当我们的身体和情感被技术义肢所裹挟的时候，我们的"个体性"和"灵性"就也变得越来越"电子化"了，"我们似乎也随着技术义肢的扩散而被通了电"。[11] 属于人独有的机敏，内在的平和与喧嚣都被数字技术所干扰，人似乎变得越来越像机器人，按照特定的程序生活，所有的情感也只不过是网络操纵的结果。这也就导致感官大众化的横行，个人审美体验感的消失，人们无法基于事实经验去判断网络上信息的真与假，只能去相信技术义肢，感受网络带来的巨大情感冲击。人们也越发注重虚拟的情感体验，而忽视了现实的情感联系，甚至会由于一时间过度接收各种杂乱的信息而产生巨大的恐惧感。

当人们盲目相信技术义肢，迫切想要在网络上寻求精神寄托时，"情感共同体"就只会变成"乌合之众"。因为技术义肢可以被资本主义者操控，我们在网上接收到的信息，或许也只不过是"他者想让我们看见之物"。而那些被情感裹挟的网民，就犹如失智者，随波逐流。结合现代中国网络发展现状可得一窥，现代中国网络发展最大的弊病就是"网红"。何谓网红，指的就是网络红人，也就是那些在网络上有几十万甚至上百万粉丝的人。这些人往往是依靠短视频而突然"走火"，走火的形式也不外乎是变装、探店、炒菜教学和好物推介。网红们通过变装等方式形成巨大的反差感来博取流量，流量越多则意味着可获得的薪酬越多，于是网络变装逐渐发展成一些哗众取宠、恶意搞怪的摆拍。但网民却乐此不疲，竞相模仿，尤其是青少年学着网红的姿态，嘴里还时不时爆出几句网络流行语。而探店和好物推介更是逐渐演变成了直播带货，因为网红背后的逻辑就是资本的获取。于是网红现象实现了向网红经济的过渡，网红们为了谋取更大的利益，不遗余力地推介产品。"不要九百九十九，不要九十九，我们只要九点九"成了一个响亮的口号，并且伴随网红直播带货的兴起，出现了各式各样的网红产品和网红店。而这些产品得到热卖，商店前则排起了长队，并且似乎凡是和网红搭上边的东西，都成了人们追捧的对象，毫无理由，只是盲目地跟风。于是乎"网络文学"更成为人们情感的精神食粮，所谓的霸总病娇、高冷男神成了网民的心之所向。近期"病猫"事件与"王妈"事件所引起的大范围恐慌与愤怒，归根结底不过是情感的欺诈、流量的博取，其本质都是为了获取经济利益。剖析当前数字网络经济发展的现状，无不警示着我们过度盲目的"情感共同体"是有害的，莫让现实文化流失。作为网民更要提高警惕，莫把真实的情感完全寄托于虚拟的网络，理应审慎思考，保持独立清醒的姿态。

参考文献

[1] 约翰·阿米蒂奇.保罗·维利里奥简介[J].李会芳，常海英，译.文化研究，2013(05)：218-238.

[2] 斐迪南·滕尼斯.共同体与社会：纯粹社会学的基本概念[M].林荣远，译.北京：商务印书馆，1999：65.

[3] Paul Virilio.The administration of fear[M].trans.Ames Hodges.New York：Semiotext(e)，2012：30.

[4] Paul Virilio.Speed and Politics：An Essay on Dromology[M].trans.Mark.Polizzotti.New York：Semiotext(e)，2006：46.

[5] 郑兴."速度义肢""消失的美学"和"知觉后勤学"：保罗·维利里奥的电影论述[J].文艺理论研究，2017，37(5)：201-208.

[6] [法]保罗·维利里奥.解放的速度[M].陆元昶，译.南京：江苏人民出版社，2004：7-52.

[7] [法]保罗·维利里奥.视觉机器[M].张新木，魏舒，译.南京：南京大学出版社，2014：45-99.

[8] [法]保罗·维利里奥.战争与电影：知觉的后勤学[M].孟晖，译.南京：南京大学出版社，2011：4.

[9] 约翰·阿米蒂奇.20世纪军事战略家保罗·维利里奥：战争、电影与知觉的后勤学[J].李会芳，常海英，译.文化研究，2013(05)：244.

[10] [法]保罗·维利里奥.消失的美学[M].杨凯麟，译.郑州：河南大学出版社，2018：98-220.

[11] Paul Virilio.The Aesthetics of Disappearance[M].trans.Philip Beitchman.New York：Semiotext(e)，2009：53.

论研究生夯实马克思主义新闻观的三重路径*

曹丹雨

（湘潭大学）

摘　　要　马克思主义新闻观是历经实践检验的真理，是我国新闻行业的思想之本。在万物互联的当下，研究生作为新闻队伍的后备力量更应该学习和夯实马克思主义新闻观。基于此，研究梳理践行路径并提出研究生可以通过理论、价值和情感三重路径夯实马克思主义新闻观。当代研究生要学习马克思主义新闻观经典论述、习近平文化思想，拓宽跨学科视域，在价值塑造上要坚持党性、提高媒介素养、提升数据思维，通过走进基层、记录故事和创新表达路径来培养有温度的情感。

关 键 词　研究生；马克思主义新闻观；三重路径

作者简介　曹丹雨（2003— ），女，湘潭大学文学与新闻学院 2023 级新闻与传播专业研究生。联系电话：15616049839；电子邮箱：3594003375@qq.com。

绪论

马克思主义新闻观是科学的思想体系。马克思主义是科学的世界观与方法论，是关于自然、社会和思维发展的普遍规律的学说。[1]它涉及诸如新闻本源、新闻本质及新闻传播规律等许多根本性问题，其核心是马克思主义关于无产阶级及其政党新闻事业的工作性质、工作原则和工作规律的一系列基本观点，[2]是无产阶级最高领导人在新闻工作方面的思想体现。[3]

追根溯源，"马克思主义新闻观"的概念是由林枫在 1997 年正式提出的。林枫强调："'马克思主义新闻观'的核心，是无产阶级党性原则。确立'马克思主义新闻观'，对于新闻工作者坚持正确的立场、政治方向，以正确的舆论引导人是多么重要。"[4]对于新闻与传播专业的研究生来说，马克思主义新闻观是新闻传播领域的灵魂支柱，在研究生的学习中起到提纲挈领、奠定根基的重要作用。

首先，夯实马克思主义新闻观有利于培养有责任感的新闻人才。与西方新闻媒体的运作规律和指导思想相比，马克思主义新闻观更强调以人民为中心和党性原则，这表现在马克思主义新闻观指导下的新闻队伍坚决贯彻落实从群众中来、到群众中去路线，内心富有责任感

---

* 本文系湘潭大学 2023 年学位与研究生教学改革研究项目"马克思主义新闻观教育的创新实践与思考：以'新闻与传播理论基础'课程教学为例"（编号：YJGYB202325）。

和使命感，为了反映群众真实的生活而奔走忙碌。其次，夯实马克思主义新闻观有助于研究生写出有价值力的新闻作品。在碎片化信息盛行的时代，"新闻失真""虚假信息"泛滥不止，新闻用户、数字技术作为重要元素参与到新闻生产、传播和消费的新闻实践中，对新闻价值判断产生影响。[5] 因此，学习好马克思主义新闻观有助于正确判断新闻价值，在浩如烟海的信息中找到受众真正需要、贴近基层生活，反映最广大人民群众心声的新闻作品。第三，夯实马克思主义新闻观有助于引导舆论，形成有凝聚力和向心力的新闻传播领域。学习好马克思主义新闻观有助于在今后的新闻实践和新闻研究中谨守正确方向，为营造有团结力的新闻环境做出自己的贡献。

一、理论建构有高度

新闻囊括社会百象，横跨多个领域，一个合格的新闻人应当对各个行业的知识都有了解。对于研究生来说，掌握马克思主义经典论述和新时代文化思想是夯实马克思主义新闻观的重要基础，除此之外，还应当多方面涉猎其他学科的基础知识。

（一）学习马克思主义新闻观经典论述，筑牢理论根基

马克思主义经典著作一般是指马克思主义的创始人马克思、恩格斯和后来把马克思主义发展到列宁主义阶段的俄国共产党领袖列宁关于各种传播形态、新闻、舆论、宣传和党的宣传工作的论述。[6] 马克思和恩格斯在很早之前就已经意识到了人民在政治中的作用，预见了资本主义社会必将灭亡和社会主义社会必将成功的规律。作为一种批判理论和解放理论，马克思主义在其唯物史观中完成了对人民政治主体性的身份确认。[7] 在 1848 年问世的《共产党宣言》中，马克思、恩格斯把消灭私有制，建设社会主义，实现共产主义作为无产阶级专政的任务，阐明了"同传统的所有制关系实行最彻底的决裂""同传统的观念实行最彻底的决裂"的重要性和必要性。[8] 作为继承者，列宁不断丰富发展马克思主义新闻观，在 1917 年完成的《国家与革命》一书中旗帜鲜明地回应了当时的国际重大问题，在纠正第二国际机会主义歪曲马克思主义国家学说的同时，向无产阶级政党提供了系统完整的马克思主义政治学的科学体系。[9]

研究生要想学习好、夯实好马克思主义新闻观，最基础也是最重要的是要学习马克思主义新闻观经典论述，筑牢理论根基，这样才能更好地迎接并抵挡互联网时代各种意识形态的冲击。当代研究生首先要系统研读马克思主义经典作家的理论，从经典理论出发考察社会现象，指导数字时代的新闻传播活动。此外，研究生在研读经典的基础上要注意导向问题。不同于资本主义国家奉行的新闻自由，马克思主义新闻观提出了更多关于立场和导向、意识形态和思想方向的要求，这对于研究生坚持导向、坚守底线，把握好立场准则至关重要。

（二）学习习近平文化思想，高举灵魂旗帜

党的二十大报告提出"开辟马克思主义中国化时代化新境界"的重大命题。在马克思主义中国式现代化进程中，既内蕴实践的赋能助力，又强调理论的守正创新。党的新闻工作自创始之日起就与马克思主义科学世界观、立场、观点、方法构成了精神纽带的关系，展现出与其他新闻模式不同的精神样貌。[10] 习近平文化思想是对新时期宣传思想的总结升华，是一个具有

高度系统性、科学性、实践性、开放性的思想体系，具有特定的生成逻辑，对继承和发展马克思主义文化思想具有多方面的原创性贡献，对新时代党的传媒事业提出了新的更高的要求。[11]习近平新闻工作重要论述是新时代十年马克思主义新闻观中国化时代化结出的最具标志性的理论创新成果，是当代中国马克思主义新闻观、21世纪马克思主义新闻观，彰显出了重要的时代意义。[12]

因此，对于当代研究生来说，夯实马克思主义新闻观的本质途径是认真学习和体会习近平文化思想，学习党的最高领导集体在新时代对传媒业提出的要求，对传媒行业涌现出的诸多新现象做出的回应。尤其是在面对国际社会上跌宕起伏的文化潮流争论和对本国文化的宣传上，深刻系统地学习习近平文化思想不仅是每一个研究生应尽的义务，更是帮助宣传和坚定立场的有力武器，可以更加深刻地领悟马克思主义在意识形态的指导地位，领悟马克思主义新闻观在新闻行业的灵魂地位。此外，研究生更要重点学习习近平文化思想中关于新闻工作的重要论述，科学运用马克思主义的原理和方法，不断与时俱进、开拓创新。

（三）拓宽跨学科视域，深化理论研究

新闻传播学的发展不是孤舟前行，而是在与其他学科相互学习和相互交流中逐步建立和发展起来的。最初的传播学者几乎都有其他的学科背景，例如心理学、社会学和计算机科学等，这为传播学的发展提供了不同学科的理解视域和理论支撑。随着新闻的不断细化，出现了社会新闻、政治新闻、体育新闻和娱乐新闻等，这对记者的专业知识提出了更高的要求。与此同时，随着互联网与新闻行业的深度融合，出现了许多新的新闻形态，带来了新闻生产流程的诸多变革。如何将技术合理运用到新闻领域，单纯从新闻传播学的角度考察远远不够，更需要研究者拓宽学科视域。研究生作为理论和实践研究的新兴力量，更应在日常生活中多学习多储备。

很多高校在人才培养的过程中都意识到了多学科培养的重要性，其中政治学、社会学、经济学、法学是跨学科培养的主流学科，民族学、人类学、语言学、边疆学、区域国别等学科在跨学科培养体系中较为少见。[13]因此，研究生在学习好新闻传播学理论的基础上，更要借用互联网平台搜索其他学科的课程广泛学习。这不仅有利于在理论研究中综合运用多种学科知识，更有利于研究生增强自身的发现力，在其他学科的理论下发现新闻传播学的研究问题。

二、价值塑造有深度

互联网强势介入新闻领域，推动了时代化和信息化的变革。马克思主义新闻观一直坚持将党性原则和人民中心放在首位。研究生在夯实马克思主义新闻观时应当塑造有深度的价值，首先要明确人民地位，坚持党性为先；其次要提升媒介素养，加强舆论引导力；最后要提高数据思维，把握时代脉搏。

（一）明确人民地位，坚持党性为先

"主体化"是雅克·朗西埃提出的概念，他强调社会中存在一种政治是将平等作为逻辑的出发点，以中断或者扰乱社会等级划分的方式，来重新建构人们感知分配的"政治"，也就是"解放政治"。[14]政治主体性的概念和思想贯穿到马克思主义新闻观当中，运用到社会主义国

家新闻工作的实践中。我国新闻事业从诞生之日起便一直接受马克思主义新闻观的指导，将"人民"与"党性"相结合。习总书记强调："党性和人民性从来都是一致的、统一的。"从本质上讲，讲党性就是讲人民性，讲人民性就是讲党性。[15] 因此，当代研究生在学习夯实马克思主义新闻观的过程中要始终坚持政治性和人民性的统一，在党团结带领广大人民群众共创美好生活和共享和谐社会的征途中，意识到党和人民的立场是一致的。

首先，研究生在学习和开展新闻传播实践时要坚持党性原则。党性原则是主体从事新闻传播活动的最高性质准则。这要求研究生要学习党和政府出台的大政方针和各项法律法规，熟悉宣传文化领域出台的相关规定，在学习理论时做到有侧重、有方向、有立场。其次，在日常的学习中要将党和政府的方针政策与社情民意结合起来，研究与大众生活和人民群众息息相关的热点、痛点和难点。第三，当代研究生要坚定拥护党管媒体的原则，坚定相信政府永远是人民大众根本利益的坚定维护者和代言者。党管媒体区别于西方媒体表面大肆鼓吹"新闻自由"实则为资本代言的本质，研究生要正确认识到我国媒体的本质，在学习和实践中不断夯实马克思主义新闻观。

（二）提升媒介素养，加强舆论引导力

随着互联网的迅速发展，多平台和多媒体的出现使得大众可以将身边发生的新闻快速传播。这在一方面实现了受众对新闻的正向反馈，但在另一方面，由于媒介素养和外部条件的限制，网民通常较难还原事件的全貌，而是传播事件的细枝末节与只言片语。对于研究生而言，深入学习马克思主义新闻观，将马克思主义新闻观的研习落到生活实处，有助于培养自身的媒介素养。研究生作为国家科研道路中的年轻力量，在全民参与和共创新闻的时代，提升自身媒介素养的同时发挥引领作用至关重要。因此，对于研究生而言，在学习马克思主义新闻观的过程中应时刻提醒自身提升媒介素养。

首先，研究生在研究活动中要时刻坚持媒介素养。媒介素养是指人们面对不同媒体传播信息时，表现出的信息选择能力、质疑能力、理解能力、评估能力、创造和生产能力以及思辨反应能力。[16] 研究生在学习马克思主义新闻观的过程中必须提升自身的媒介素养，并与新闻真实相结合，不仅要真实准确地报道具体事实，还要从宏观上把握和反映事物全貌，也就是要准确把握局部真实与全局真实、微观真实与宏观真实、个别真实与整体真实的关系。[17] 其次，研究生要在坚持媒介素养的同时做好舆论引导工作，明确情感和价值的共识。在媒体融合时代，新闻的主导权渐渐由传统媒体分散给不同主体，在官方媒体无法完全兼顾的角落，自媒体承担着告知和传播的责任，但是出现了信息失真、虚假新闻等现象。研究生作为舆论引导的新生力量，要注意基于马克思主义新闻观强调的党性方向采录和讲述故事。一旦发现有涉及危害国家安全的言论和行为，有损国家形象的言论和行为，应当立即采取有力措施，将讨论的重点重新聚焦于事件本身。

（三）提高数据思维，把握时代脉搏

随着中国特色社会主义建设进程的不断加快，马克思主义新闻观也在不断适应中国特色社会主义的发展要求。当下，大数据技术和互联网技术渗透进了各行各业，新闻领域也不例外。随着移动终端的不断兴起，不少新媒体平台成为新闻流转和生产地，传统媒体也纷纷转型发展

成为网络空间议程设置的权威力量。

对于研究生来说，面对数据和新闻融合不断加深的当下，具备数据思维是至关重要的。大数据时代带来的更多的是相关性而不是因果性，研究生无法从庞大的数据中准确找出因果关联，而只能通过一段时期的数据来预测下一段时期事件的走向，以此作为参考。此外，研究生要尽可能学习和掌握计算机技术，深刻了解大数据、云计算、人工智能和区块链等新兴媒介技术。如今信息和数据正以百倍千倍于过去的速度飞速增长，单靠人工的统计和计算基本不可能实现，掌握计算机技术不仅能让编辑工作事半功倍，更能找到当下的新闻热点。最后，研究生作为信息发布的主力军更要尝试运用多种手段报道新闻。在智媒时代，文字、照片、视频、语音或超链接都可以轻而易举地展示在同一个页面之内，尤其是在虚假新闻泛滥的当下，多媒体报道更是加强新闻道德和新闻真实的有效途径。

三、情感培养有温度

马克思主义新闻观作为中国新闻传播领域研究与实践的首要准则，要求当代研究生在新闻实践中培养情感，在新闻作品中强化情感。研究生首先要走进火热生活，贴近基层民生；其次要看见人物故事，记录人民精神；最后应当创新表达路径，强化情感认同。

（一）走进火热生活，贴近基层民生

马克思主义新闻观要求以人民为中心，通过以人民为中心的意义建构和传播，在社会客观结构和个人主观世界的同步改造中，使得离散的、原子式的社会大众在政党的组织下演变成有结构、有系统的集合体，完成自上而下的组织化过程，从而激发社会大众革命的潜能。[18]无论是从新民主主义革命时期还是发展到今天的中国特色社会主义建设时期，群众永远是马克思主义的核心，是马克思主义新闻观的基础，是保持马克思主义新闻观中国化和时代化的源泉活水。因此，对于研究生来说，投身于人民群众的火热生活和贴近真实的基层民生是夯实马克思主义新闻观的必由之路。

首先，作品灵感要从人民群众的火热生活当中汲取，要展现人民群众在劳动中创造的丰硕成果，要反映人民群众日益关心和殷切期望的问题、难题。这就需要当代研究生走出大学的象牙塔，在跟人民大众交流和学习中获取议题，做人民生活的记录者和发声者。其次，研究生的作品主题不仅要贴近基层生活，在写作中更要扎实开展研究，小心求证。理论研究不是空中楼阁，要从调查研究中来。党的二十大报告指出："继续推进实践基础上的理论创新，首先要把握好新时代中国特色社会主义思想的世界观和方法论，坚持好、运用好贯穿其中的立场观点方法。"[19]研究生坚持调查研究的方法正是在作品中坚持马克思主义新闻观，反映民生、体现民意的好方法。尤其是在互联网时代个体情感被无限放大又被无限缩小的环境中，大众经常群体性忽视真相且急于评论，专注投身基层生活既有利于帮助研究生写出逻辑严密的作品，又有助于为浮躁的舆论环境注入定心剂。

总之，研究生作为报道新闻和开展研究的有力部分，要俯下身子，走进人民群众当中做调查研究。同时要深刻调查事件发生的来龙去脉，影响事件进程的多个因素，而不是凭借着想当然发表报道或评论。

（二）看见人物故事，记录"不变精神"

故事是作品的血肉，精神是作品的内核。研究生的作品要选材于基层生活，更要提炼出凝结在人民群众身上的精神内核与共同价值。这需要研究生深入挖掘人物故事，找准切入点反映时代特征与社会问题。马克思主义新闻观的要义在于引导舆论、汇聚力量，在中国共产党的领导之下让最广大人民群众心往一处想、劲往一处使，实现中华民族伟大复兴。习近平总书记2013年在全国宣传思想工作会议上指出："意识形态工作是党的一项极端重要的工作。"[20]能否做好意识形态工作，事关党的前途命运，事关国家长治久安，事关民族凝聚力和向心力。看见人民群众的故事，准确记录和传达人民群众身上内含的精神特质是新时代做好意识形态工作、凝聚共识的重要一步。

首先，研究生需要在复杂多变的社会环境中找到主体人物的"不变"。"不变"是内存于一个人或是一群人身上历经时间检验和实践打磨的固定特质。研究生在选材的过程中，要用"不变精神"连接人物故事，在不停发展的时代记录永恒持久的人物精神。其次，研究生在写好人物故事的同时也要传播好中国声音。在社会意识层面，中国故事应观照转型中的精神结构，观照人的主体性和主观性（需求、思想、感情、价值观），表现社会主义核心价值观、中国梦的现实映像。[21]小人物往往反映大时代，一群小人物身上的故事与精神构筑起了新时代的中国精神。因此，讲好小人物的故事也就是讲好中国故事。

（三）创新表达路径，强化情感认同

就现实来看，未来的新闻发展趋势与互联网技术和大数据的融合将会更加密切，新闻生产流程和表现形态也会不断革新，出现如数据新闻、算法新闻等新闻新业态。科学技术为当代研究生提供了全面的手段创新作品、丰富表达。研究生要积极运用多种跨媒介和多技术的手段创新新闻故事的表达路径。

此外，研究生还应当深入思考如何借助路径创新来强化中国故事的情感认同。 中国发展历经千年风霜洗礼后经战火重生，中国共产党始终坚定选择与相信马克思主义对中国国情的指导和建设力量。向世界展示真实可信的中国形象，打破刻板印象和西方媒体的固有叙事是极为重要的。如何走出一条具有中国特色的宣传道路同样也是当代研究生需要思考的重大议题。习近平总书记曾多次强调讲好中国故事和传播好中国声音，这是夯实马克思主义新闻观的现实路径，更是展示中国形象的有力措施。首先，研究生作为接触外来文化较多的年轻群体，自身本就有传播中国优秀文化的能力和平台，可以运用微博、微信和抖音等平台通过拍摄短视频或者现身说法的形式讲述有感染力、有精气神的中国故事，创新作品文本的展示方式和层次。其次，在研究生能够参与到的学术交流中可以更好传播中国故事。研究生要多将目光放置在国内环境上，通过丰富的实践来探究国内现象背后的本质和机理，将专业知识内化于心、外化于行。只有发自内心认同和赞扬本民族文化，才有坚实的文化底气面对外来文化的冲突和交流。

结语

现如今，世界发展大势已印证了"人类命运共同体"这一理念的高瞻远瞩。研究生在理论、价值和情感三个方面夯实马克思主义新闻观是面对风云激荡、言论争锋的舆论场永葆初心和立

场的本质措施。时代的发展不仅让马克思主义新闻观焕发出新的生机，与此同时，新闻行业也衍生出了新的问题等待研究生群体解答。研究生是新生力量，是创新和研究新闻传播领域的无限活力，最重要的就是端正学习态度、紧跟旗帜引领，在不断变幻的环境中扎扎实实做研究。

参考文献

[1] 程曼丽.马克思主义新闻观的内涵与特征[J].青年记者，2022(18)：4.

[2] 郑保卫.马克思主义新闻观十二讲[M].北京：高等教育出版社，2019.

[3] 刘胜华.林枫.对马克思主义新闻观研究的贡献[J].青年记者，2023(06)：119-121.

[4] 林枫.讲政治，要坚持马克思主义新闻观[J].新闻战线，1997(07)：3-4.

[5] 赵一菲，牛静.数字时代新闻价值研究的审思与展望[J].新闻记者，2023(11)：44-52.

[6] 陈力丹.踏实研读马克思主义新闻观经典论著[J].新闻论坛，2022，36(01)：28-31.

[7] 齐爱军，孔岩.马克思主义新闻观中的主体性问题[J].西北师大学报（社会科学版），2024，61(01)：22-31.

[8][9] 程曼丽.回答时代之问：论列宁新闻思想的时代传承[J].青年记者，2024(02)：70-74.

[10] 刘胜男，师萌，高敬文.强根固魂 行稳致远 中国马克思主义新闻观研究发展报告（2023年）[J].新闻爱好者，2024(01)：90-92.

[11] 中国传媒大学党报党刊研究中心课题组.习近平文化思想的生成逻辑、原创性贡献与传媒新使命[J].传媒观察，2024(01)：5-14.

[12] 郑保卫，郑权.习近平新闻工作重要论述的时代特征、理论精要与实践路径：兼谈学习贯彻习近平文化思想[J].现代传播（中国传媒大学学报），2023，45(12)：1-9.

[13] 赵丽芳，张灿.走出困境与不足：新形势下国际新闻传播人才培养创新路径[J].中国记者，2023(06)：84-88.

[14] 齐爱军，孔岩.马克思主义新闻观中的主体性问题[J].西北师大学报（社会科学版），2024，61(01)：22-31.

[15] 彭蓉.论新时代宣传思想工作党性与人民性的统一[J].思想教育研究，2019(08)：89-92.

[16] 刘亚东.互联网治理要义在于坚持新闻真实性原则[J].青年记者，2022(22)：37-38.

[17] 马凌.调查研究是马克思主义新闻观的方法论[J].新闻战线，2023(11)：40-43.

[18] 陈佳怡，张涛甫."以人民为中心"的意义生成：延安时期马克思主义新闻观的实践逻辑[J].新闻大学，2023(08)：1-15+116.

[19] 马凌.调查研究是马克思主义新闻观的方法论[J].新闻战线，2023(11)：40-43.

[20] 重温习近平8·19讲话：宣传思想部门必须守土有责[EB/OL].(2015-08-19).http：//cpc.people.com.cn/xuexi/n/2015/0819/c385474-27483230.html.

[21] 李成."讲好中国故事"需要四个转向[J].中国记者，2016(05)：27-29.

研究生教育高质量发展的制度支持、瓶颈及其消解

皮思敏

（湖南科技大学）

摘　要　随着知识经济时代的到来，研究生教育作为国家高层次人才培养的核心基地，其高质量发展对于国家创新能力的提升和国际竞争力的增强具有举足轻重的意义。然而，如何有效消解研究生教育高质量发展的制度瓶颈，并使研究生教育高质量发展获得有效和有力的制度支持，已成为当前研究生教育领域亟待解决的重要问题。

关键词　研究生教育；高质量发展；制度支持；瓶颈消解

作者简介　皮思敏（2001—　），女，湖南科技大学教育学院硕士研究生，研究方向为高等教育学。电子邮箱：2751137081@qq.com。

一、走向研究生教育高质量发展的制度支持

制度的稳定与变革既与制度自身安排的合理性与合法性紧密关联，也与外在支持系统及其变化密切相关。不管是一般性的制度稳定与变革，还是特定的研究生教育制度变迁，都与制度设计者的有限理性相关，也与制度参与者的参与动机、参与方式和参与程度等直接关联。

（一）何谓制度支持

"制度支持"不是一个常见概念，比较常见的概念是社会支持。所谓社会支持通常是指社会网络运用一定物质和精神手段对社会弱势群体进行无偿帮助的行为总和。[1]社会支持是与弱势群体的存在相伴随的社会行为，是来自个人之外的各种支持的总称。社会支持源自"社会病理学"，最早是与个体生理、心理和社会适应能力联系在一起的一个重要概念，故部分学者将社会支持研究归属于"社会心理健康"领域。就已有研究来看，国内外对社会支持的使用已经超越了以上解释，而将其扩张为一种用于指称为弱势群体提供精神和物质资源，以帮助其摆脱生存和发展困境的社会行为总和。[2]社会支持理论基于对弱势群体需要的假设，建基于对弱势群体科学认知的基础上，试图准确判定弱势群体需要什么样的资源才能改善和摆脱其不利处境。目前社会支持的主流观点有以下四种：（1）亲密关系观。这一观点是从社会互动关系上理解社会支持，认为社会支持的实质是人与人之间的亲密关系。该观点同时强调，社会支持不仅仅是一种单向的关怀或帮助，在多数情况下也是一种社会交换，是人与人之间的一种社会互动关系。（2）"帮助的复合结构"观。该观点认为，社会帮助行为能够产生社会支持，社会

支持是一种帮助的复合结构。（3）社会资源观。该观点认为，社会支持是个人处理紧张事件的潜在资源，社会支持是通过社会关系、个体与他人或群体间互换的社会资源。（4）社会支持系统观。该观点认为，社会支持是一个系统的心理活动，涉及行为、认知、情绪、精神等方方面面。[3]

制度支持尽管还不是是一个广泛使用的概念，但它吸收了社会支持的某些营养，目前对制度支持的认识主要有以下三种：一是从社会互动关系来定义制度支持，认为制度支持不仅仅指单向的制度关怀或制度帮助，而且在多数情形下也把它定义为一种社会交换，反映的是制度与组织、制度框架下组织与组织、人与人之间的一种社会互动关系；[4] 二是从社会行为性质来定义制度支持，制度支持旨在使个体相信制度给予他/她关心和爱、尊严和价值，使个体相信他/她是团体或组织的成员；[5] 三是从社会资源的作用来定义制度支持，认为个体或组织能够通过制度获取来自社会关系的帮助，获得人们之间更好的联系方式，以实现支持网络中成员间的资源交换。

（二）研究生教育高质量发展的制度支持

研究生教育高质量发展的制度支持从理念到行动的转化，需要认真思考并解决以下问题：一是我国研究生教育高质量发展的制度设计是国家全面实现现代化、实现经济社会高质量发展总体构想不可或缺的部分，但设计是基于社会驱动而非优先于研究生教育内部驱动，是研究生教育适应社会发展的一种积极反映。如何实现社会高质量发展与研究生教育高质量发展的良性互动，是研究生教育高质量发展获得有效制度支持的出发点和立足点。[6] 二是我国研究生教育高质量发展是研究生教育治理体系现代化的必然要求 [7]，是建成现代研究生教育制度的内在要求。如何实现研究生教育系统自身高质量发展，使研究生教育能够培养多层次和多层面的高质量人才，而不仅仅是促进人为分层的高等学校分层化发展，这是研究生教育高质量发展的题中之义，也是研究生教育高质量发展与社会高质量发展和人的全面发展形成良性互动的重要前提和发展目标。[8] 三是研究生教育高质量发展需要实现普惠大众和制造精英的合理平衡。接受研究生教育的最终目的是实现教育之于人本身的发展，精英教育与大众教育不是对立的零和关系，精英教育与大众教育间的资源分配需要寻找一个平衡点。[9]

（三）研究生教育高质量发展制度支持的支撑点

研究生教育高质量发展的制度支持要实现从理论分析到实践行动的有效转换，必须清晰理解并合理运用制度支持的支撑点。要充分发挥研究生教育高质量发展制度支持的活性和活力，需要从以下四个方面着力。

第一，研究生教育高质量发展的信息支持。要实现研究生教育高质量发展有效的信息支持，需要拓通高等学校都能方便、准确和及时获取研究生教育高质量发展相关消息、指令、数据、符号等形态信息的渠道，并使各高校能够准确理解这些信息的所指、能指和意指。[10] 因为人们通常需要通过获得、识别研究生教育发展相关信息的差异，以便采取更优的适应性行动。要实现研究生教育高质量发展有效的信息支持，一要依赖信息本身的质量，有质量的完整信息流不能夹杂虚假信息，更不能裹挟有害信息或过时信息；二要依赖信息传递的平等性和及时性。信息如何更加扁平有效地实现上传下达，可能是研究生教育高质量发展在实践探索中需要实现高质量信息支持方面更加用力之处。

第二，研究生教育高质量发展的手段支持。这里的手段支持是指为达到研究生教育高质量发展目的而采取的相应方法和措施的综合性或总合性手段，如明确研究生教育领域普适性的制度规定，而不是厚此薄彼或瞻前顾后或顾此失彼的制度设计；提供方便有效而不是华而不实或大而不当的制度工具选择，设计灵活有用而不是笨拙不灵的制度杠杆，配套应对及时而不是应对滞后或缺乏应对能力的制度援助等。这些支持工具或手段能够提升研究生教育高质量发展的践行能力。

第三，研究生教育高质量发展的情报支持。这里的情报是指在研究生教育领域内有价值的信息。尽管它从一定意义上有被信息支持覆盖的嫌疑，但从可操作层面看，情报支持在政策支持上具有重要意义。泛泛而谈的信息，往往侧重公开或可公开的、能够被大众普遍获取的一般信息；而情报是指在特定时间内对特定对象的特定行为具有重要甚至重大影响的信息。如政策工具，政策杠杆，政策援助等方面的特殊信息。

第四，研究生教育高质量发展的评价支持。研究生教育高质量发展从发动的形式层面看，是外在力量直接导引的；也是研究生教育自身发展内在诉求的顺应和积极拉动。研究生教育高质量发展从政策话语演变为学术表达和社会热词，再大规模付诸实践。对政策效果进行合理评估是研究生教育高质量发展的重要内容，相关评价制度和制度评价对研究生教育高质量发展过程和结果具有显著牵引作用。如何在研究生教育高质量发展实践中发挥政策评价和实践评价的导向功能和标准功能，使研究生教育高质量发展获得更好的政策支持并实现可持续的高质量发展，这是研究生教育高质量发展制度支持的重要支撑点。

二、我国研究生教育高质量发展的制度瓶颈形成原因及表现

瓶颈（bottleneck）最初是指瓶口下面比较狭长的部位。现在一般用来指称对事务整体发展产生关键限制作用的因素。随着应用领域不断扩大，瓶颈的含义变得更加丰富。经济活动中的生产瓶颈是生产流程单个或少数几个生产节拍最慢、限制整体水平（工作效率或质量等）的环节。更广义地讲，所谓瓶颈是指整个流程中制约产出的各种因素。现在，人们常常用"瓶颈"来形容事业发展中的停滞不前状态（即瓶颈期）。事物发展一旦处于这个阶段，就像处于瓶子的颈部位置，如果能够成功实现向上突破就找到了出口或出路，如果没有找到正确的努力方向，就有可能一直被困在瓶颈处。

制度瓶颈最初是指企业人力资源管理制度滞后，忽略了员工的长期发展，缺乏对员工职业生涯规划做前瞻性制度设计。[11]制度瓶颈后来逐步演化为分析制度预期与制度实施效果间偏差的重要概念，从制度设计到制度实施过程的全路径中存在的种种主观认识和客观条件对制度设计与制度实施产生的阻碍性作用都可以用制度瓶颈来做分析。与制度实施相关的政策，其支持路径或支持力量的有效性往往也受制度瓶颈及其化解方式影响。

研究生教育政策本身的科学合理性必然要求最大限度地预防或消解制度瓶颈。然而在现实性上，研究生教育往往很难提前规避制度缺失、制度冲突、制度畸变和制度曲行等制度瓶颈。这里的制度缺失是指研究生教育高质量发展中在制度设计和政策制定过程中由于主客观原因造

成的某些制度空白或制度不足，从而在制度设计或政策制定中带有近乎先天性的不足，给政策期待与政策实现之间的有效匹配带来阻碍性影响；制度冲突是指研究生教育高质量发展的制度设计与其他相关制度可能存在理念性、条款性、管辖权限性甚至目标性的不一致，从而导致研究生教育高质量发展可能遭遇多重制度制约而影响其有效推进；制度畸变是指在制度执行过程中可能出现与政策预计或预期不尽相同甚至偏离较大的情况而对制度设计产生反向性影响，进而影响研究生教育高质量发展的有效实现；制度曲行是指制度设计不足以有效倡导合理的行为，反而容易诱发"上有政策、下有对策"式的普遍性行为偏离而使研究生教育高质量发展的实践行动偏离正常轨道。研究生教育高质量发展的实践如果能够最大限度卸除制度瓶颈，就有可能使之获得更为有效的制度支持。

（一）研究生教育高质量发展制度瓶颈形成原因

研究生教育高质量发展的制度瓶颈是研究生教育制度设计在预测或评估研究生教育高质量发展的内外因素及其关系时存在难以避免的评估偏差，或者由于研究生教育高质量发展的复杂性而难以事先有效进行完整的制度设计，但相应制度设计没有留下必要的制度弹性或制度弹性过大，使制度设计存在的某些内生性缺陷在实践中被有意无意放大，从而难以有效发挥制度设计的预测性、预见性和引领性作用，甚至使制度设计与制度实践之间存在难以卸除的耦合难题，从而使制度实践偏离设计预期。

研究生教育高质量发展的制度瓶颈是一种难以避免的制度窘境。设计性瓶颈的出现通常基于主客观两个方面的原因。主观原因，一是制度设计者的认识程度和水平不足而导致的认知性制度瓶颈，二是制度设计者有意无意的疏忽或者处境尴尬而导致的态度性制度瓶颈。客观原因：一是制度设计需要的外部条件不具备，从而难以有效支持制度设计者做出完美的制度设计；二是制度设计者所需要的时间和精力无法保证，导致制度设计出台相对仓促，从而使制度设计难以规避设计缺陷而导致瓶颈。综合考虑主观与客观的关系并从能力或态度之维进行分析，则会出现以下可能。从设计者的能力水平看，会出现三种情况：一是设计者的认知高度与业务水平能够承担良好制度设计使命，制度设计的设计性瓶颈接近最小值；二是设计者的认知高度与业务水平与理想的制度设计之间基本匹配，制度的设计性瓶颈处于可接受范围；三是制度设计者的认知高度与业务水平无法匹配好的制度设计，制度的设计性瓶颈必然影响制度行为的正常呈现。从设计者的态度看，会出现以下四种可能情况：一是设计者的能力和水平与制度设计要求相匹配，设计者也乐意设计出好的制度，制度的设计性瓶颈会最小化；二是设计者的能力和水平与制度设计要求相匹配，但设计者并不想设计出好的制度，尽管制度可能被具有欺骗性的外表包装，但制度的设计性瓶颈会十分显著；三是制度设计者的能力和水平不足以承担制度设计使命，但在态度上追求设计出最佳的制度，并且设计者不刚愎自用，设计性瓶颈必然存在，但往往不会出现致命性问题；四是制度设计者的能力和水平不足以承担制度设计的使命，但制度设计者态度勤勉且刚愎自用，那就可能出现很严重的问题。

（二）研究生教育高质量发展制度瓶颈的表现

影响研究生教育高质量发展的制度瓶颈，源自主客观方面诸多因素的共同作用。从瓶颈的存在方式或呈现侧面看，研究生教育高质量发展的制度瓶颈主要表现在四个大的方面。

（1）研究生教育高质量发展中可能存在的制度缺失。[1]这里的制度缺失不是指基本制度或整体性制度不存在，而是指不管制度设计者如何能力超群或勤勉尽责，实际上都只能尽最大可能减少制度设计的不足，这种不足使制度设计无法准确预计制度实施的过程和结果，也无法充分预见制度设计的缺失或不足。它具体表现为，政策制定和制度设计过程中由于主客观原因，总会或多或少留下某些制度空白或制度不足。导致这种空白或不足的主观原因有设计个体或群体的能力或见识不足，或者时间精力投入不足，或者态度意愿的强度与工作需要不够匹配等诸多方面；客观方面则有制度设计所需要的社会实践对相关问题的呈现不够，需要的支撑条件不够，民众的社会支持或对制度的认识与设计者之间存在较大差距等等。也就是说，客观的社会发育水平与设计者的设计理念之间可能存在距离，设计者的制度设计与社会发育状况或发展速度匹配性不够优良，设计者的设计理念与民众的认识和认可程度存在一定的距离等等都会导致在制度设计中存在难以完全避免的不足甚至缺失。

（2）研究生教育高质量发展可能出现的制度冲突。[2]研究生教育高质量发展需要研究生教育系统内部以及研究生教育系统与整个社会大系统之间相关制度的相互匹配。由于不同制度和制度子系统是分别完成的，制度间的不一致甚至冲突就在所难免。制度内或制度间的冲突，有主观条件以及主观条件变化方面的原因，也有客观条件及其变化方面的原因。研究生教育高质量发展不能一蹴而就，需要在各种不同发展理念、不同制度设计基础上一步步演进而成。不同阶段的制度设计，秉承的设计理念并非总是一致或总是一脉相承，它既表现出必要的继承性，也不可避免呈现出某种跳跃性，从而在设计阶段就潜存着不同制度之间难以完全避免的制度冲突；即使在同一阶段甚至某一个具体的制度内部，因为制度规范涉及的内容很多，也很难完全避免制度内部存在矛盾或不一致现象，从而内生出制度冲突。研究生教育制度或研究生教育高质量发展相关的制度设计，难以完全避免出现与其他相关制度在理念、条款、管辖权限甚至目标等方面的不一致现象，从而导致不同制度间的冲突。概而言之，在横剖的侧面上，可能存在与上位制度的冲突、子制度间的冲突和制度内的冲突；在纵贯的侧面上，则可能存在不同时间段内设计的制度之间的冲突。

（3）研究生教育高质量发展中的制度畸变。研究生教育高质量发展的相关制度设计，在制度执行过程中可能出现与制度预计不同或与制度预期不尽相同甚至偏离较大的情况而对制度设计产生较为明显的反向性影响，从而影响了制度设计的正向效果，制度设计从某种意义上就发生了执行性畸变。制度畸变之所以会出现，一是制度设计与制度实践之间时间差的存在使制度设计的某些方面或层面与制度实践之间存在罅隙，从而在实践中不得不变通性执行，这是一种合理的制度畸变。二是制度设计比较超前，制度实践难以有效达成制度设计预期，从而低标准地执行制度或低于制度设计的标准来执行制度，这是一种还可以勉强接受的制度畸变。三是制度设计尽管具有合理性和前瞻性，但制度执行的难度超出了实践者的能力和努力区间，导致在实践中不得不进行人为性变通，从而使制度执行效果低于甚至偏离了制度设计初衷，发生了

---

[1] 制度缺失指在某一领域，目前尚无相关的法律法规或者规章制度。

[2] 制度冲突是指正式规范被认为与组织内部次级群体成员的利益和偏好不一致时，会产生非正式规范与正式规则的偏差。

不合理的制度畸变。四是制度设计尽管具有完成的可能性，但在执行过程中有可能损害执行者的利益或执行者不同的执行方式会产生差异较为明显的利益区分。制度执行者从维护自身利益出发，进行了对自己有利的变通，从而使制度实践效果偏离甚至歪曲了制度设计者的意愿和设计预期，这是一种需要努力避免但在实践中却常见的制度畸变。

（4）研究生教育高质量发展中的制度曲行。研究生教育高质量发展的相关制度设计尽管具有良好的合理性，但在实践过程中难以普遍实现因地制宜，使制度设计在实践中出现各种变通，从而普遍性偏离了制度设计初衷。具体而言，一是由于制度设计不足，使设计对多样化习惯或原本合理的多样化行为产生不恰当牵制作用，从而导致行动既没有遵循原来的轨迹，也没有遵循设计者的预期，二者的合力使制度实践偏离了正常轨道和原有预计；二是制度设计与执行环境或条件不匹配，或者制度设计有较大弹性或较多选择，制度实践者普遍根据自己便利的原则进行最优化选择，导致"上有政策下有对策"的普遍性行为选择偏好，从而导致制度设计没有能够有效变成预期的制度实践，也没有遵循实践者自身的优化选择，而是向设计者与实践者都不曾预计和预见的方向偏离，从而曲解了设计者和实践者的制度预期。

三、研究生教育高质量发展制度瓶颈的破解思路

研究生教育高质量发展可能遭遇的制度瓶颈，就其来源看，具有多因素性质和多源头特征；就其发生机理看，则具有原发性、生成性和误判性等多重因素耦合特征。故要破解制度瓶颈，就必须对其发生机理及其相关支撑力量进行必要干预。

（一）研究生教育高质量发展相关制度设计要有预见性

制度设计除了要确保足够的制度刚性外，也需要保留必要的制度弹性。首先，制度设计的参与者要更加注重代表性，使制度设计过程能够获得充分的头脑风暴，并使制度设计能够吸收更多利益相关者的意见，能够更好地满足多元利益相关者的利益诉求，从而使其在确保制度刚性的同时，能够预留必要的制度弹性。其次，制度设计过程中要尽可能广泛征求意见，一是获取更加广泛的意见而尽可能提前规避少数人独断的弊端；二是要把征求意见的过程理解为制度宣传和达成同意的过程；三是制度设计要有系统化和常规化的研究来支撑，这个方面在我们目前的制度设计中仍然存在较大提升空间。随着各类智库[1]数量和质量的不断攀升，预计在不远的将来，这个短板将会被有效卸除。与此同时，制度设计过程要有更加充分和丰富的互动并做必要的试点，以最大限度预防和减少制度缺失，最大限度增加制度弹性和包摄性。

（二）研究生教育高质量发展要确保制度贯彻的有效性

制度贯彻的有效性既依赖于制度设计的合理性，也依赖于制度贯彻过程中制度践行者对制度理解的充分性和从制度到行动所需主客观条件的充足性。如何使研究生教育高质量发展相关制度在制度设计和实践中更具活力，就需要相关研究来给予支持。一是要研究制度设计的适切性，与之相关的重要考量是利益适切性和发展适切性。确保所有利益相关者合法利益的维护和利益的合理增值是值得重视的重要方面；此外还要认真考虑个体、群体和社会的共同发展，从

1　智库是指专门从事开发性研究的决策咨询机构。

而确保各利益相关者的正当利益和发展机会。二是要研究制度实践的可行性。除了制度设计本身需要有足够的刚性与必要的弹性外，还要认真考虑在广大的实践场域如何有效平衡因地制宜与政策不走样之间的关系，在实践中合理把握制度设计刚性与政策实施弹性间的关系。

（三）研究生教育高质量发展要增加制度反馈的敏捷性

要确保研究生教育高质量发展相关制度实践偏离的事前预防和事中阻断的及时性和有效性，确保相关制度设计在执行过程中尽可能不出现制度畸变或制度畸变被有效阻断。因此，在制度设计时预设必要且行之有效的反馈机制，在制度实践中有效激活反馈机制，以便及时发现并有效阻断制度畸变，这就要求与制度设计相关联的反馈机制具有反映的快捷性和反馈的精准性。要做到以上两点，需要保证事前设计的反馈机制的有效性，事中运行的反馈机制的灵敏性，反馈权限分割的合理性以及上下沟通的高效性。[12] 除此之外，反馈事项判断的准确性会明显影响反馈质量，能够避免无效反馈或过度反馈。无效反馈，过度反馈和反馈不足，都会造成反馈失灵或部分失灵，导致制度设计与制度实践之间对接不畅，无法及时有效阻断可能发生或者已经部分发生甚至已经显现的制度畸变，从而难以及时避免制度设计预计与制度实践后果之间不一致的非良性运行状况出现。

（四）研究生教育高质量发展制度需要制度调适的灵活性

研究生教育高质量发展的制度设计预期与制度实践效果之间要形成良好互动关系，除了事前对制度设计进行反复论证外，如何对制度实践中发现的问题进行有效反馈，并把反馈信息对照制度设计，使制度设计者及时对制度设计中不足之处尽快修改完善并把制度优化信息准确传递给实践者，真正做到制度设计和制度实践的多层面反馈和互动。制度调适灵活性的判断依据是设计与实践双向互动的有效性，这种调适机制能够实现制度设计和制度实践的不断优化，尽可能避免出现制度曲行。制度调适的灵活性既能够实现实践对制度设计的积极修正，又能够更好地把制度设计理念和预期更好地落实到研究生教育高质量发展实践中，尽可能减少甚至避免出现设计者和实践者之间的认识不一致或行动偏离。概而言之，制度调适的灵活性有利于及时修正制度设计中的不合理之处并把行动中的成功经验吸收到制度设计中，再把优化的制度设计成果及时转化到制度实践中，从而有效缓解甚至避免制度曲行。

参考文献

[1] 王晓芬.流动儿童学前教育需求及社会支持[J].甘肃社会科学，2019(04)：139-146.

[2] 吴康宁.教育改革的社会支持研究[M].北京：人民出版社，2019.

[3] 康玉菲.大学生心理危机预防的教育策略研究[D].徐州：中国矿业大学，2021.

[4] 高亮.大学生感恩意识与父母养育方式、社会支持的关系研究[D].西安：西安石油大学，2011.

[5] 刘丽.童年创伤走向复原：社会支持的中介作用[J].大连教育学院学报，2020，36(04)：65-67

[6] 刘彦军，孟兆娟.研究生教育国际化：内涵、构成要素及优化路径[J].产业与科技论坛，2020，19(03)：119-122

[7] 黄宝印，徐维清，郝彤亮.建立自我评估制度健全质量保证体系[J].中国高等教育，2015(11)：7-9

[8] 李国锋，任凤琴.立德树人引领研究生教育导学共同体构建的逻辑理路[J].高校马克思主义理论教育研究，2021(03)：113-118

[9] 彭拥军, 杨伟艺. 公平理念下高等教育教育机会分配的配额悖论 [J]. 大学教育科学, 2023(01): 48-59.

[10] 彭漪涟. 逻辑学大辞典 [M]. 上海: 上海辞书出版社, 2004.

[11] 刘蓉. 对高校图书馆数字化资源建设的思考 [J]. 图书馆建设, 2001(03): 14-16.

[12] 许洋, 李玲玲. "求人"还是"求己": 学术型硕士生应对导学疏离的理论分析 [J]. 研究生教育研究, 2024(03): 74-82.

职业技术教育类专业硕士发展困境与展望

——以湖南省为例

易婷 刘龙飞

（湖南科技大学）

摘　要　职教专硕作为中职教师的专业培养高地，自2016年在湖南省高校启动招生，历经九年发展。这期间，职业教育发生从层次至类型定位的飞跃，职业教育硕士的培养也迎来新高峰。然而职教专硕发展在为职业院校师资队伍注入新鲜活力的同时，也面临着专业认同低、培养方案单一、对口就业难等问题。为破解此困局，应深化类型定位、提升招生门槛、规范导师队伍及畅通就业渠道，切实保证职教专硕真正助力于中职教师队伍提升。

关　键　词　职教专硕；发展困境；路径展望

作者简介　易婷（1997—　），女，湖南科技大学硕士研究生。联系电话：18879805053；电子邮箱：1051441214@qq.com。

一、前言

随着国家产业转型升级，复合型人才成为企业发展的迫切需求，这就使得提质培优和增值赋能成为职业教育进一步发展亟待解决的问题。[1]中等职业技术教育作为职业教育的基础和关键组成，其质量直接影响职业教育的整体发展。

为培养复合型人才，对中职学校的教师队伍提出更高要求：推进教师素质提高、发展"双师型"教师队伍。针对职业学校以"提升教师学历、促进教育质量"为目的的教育硕士——职业技术教育领域教育硕士（后文简称"职教专硕"）培养体系，成为推动中职师资队伍建设的重要一环。[2]本文以湖南省为例，剖析职教专硕培养中现存的问题并提出应对举措。

二、专业发展历程与现状

我国职业技术教育硕士的发展可以追溯到1987年华东师范大学第一次招收2名职业技术教育学硕士研究生，并以此为起点开启了职业技术教育领域学术问题的探讨。[3]但职业技术教育专业硕士的发展是从2015年开始的，国务院学位委员会办公室于2015年7月颁布了《关于公布教育硕士（职业技术教育）专业学位研究生试点单位确认结果的通知》，决定增设职业教育领域的专业硕士，标志着中国职业教育硕士发展迎来了新的风貌。

在最初全国选为试点的45所院校中，湖南省所占两所分别是湖南师范大学、湖南科技大学，2017 年湖南农业大学也开始招收职业教育类专硕学生。从 2016 年第一批招生到如今 2024 年已有九年发展史。回顾这九年的历程，职教专硕可谓在变革发展中求生存。

2019 年，《国家职业教育改革实施方案》（即"职教 20 条"）明确职业教育和普通教育是两种不同的教育类型，具有同等重要地位。类型定位不仅厘清了职业教育与普通教育的区别和联系，更体现了国家对职业教育的重视程度。随着职业教育的快速发展，以及对职业教育领域供给侧改革的深化，对职教领域的师资队伍也提出了更高的要求。在 2015 年公布的指导性培养方案中明确提出：教育专硕研究生（职业技术教育领域）的培养目标是要培养掌握现代教育理论、具有较强职业技术教育教学实践和研究能力的高素质中等职业学校专业教师。

在指导性培养方案的规范下，各院校积极开展职教专硕的招生。在 2016—2024 年间，湖南省的三所高等院校所招收的职教专硕学生专业主要包括 12 个不同方向，如表 1 所示。

表 1　湖南省三所院校职教专硕招生方向

学校	类型	所属学院	职教专硕方向
湖南师范大学	师范类（211）	旅游学院	旅游服务
		工程设计学院	文体艺术
			加工制造
			信息技术
湖南农业大学（已停招）	农林类	教育学院	农林牧渔
			信息技术
湖南科技大学	综合类	机电工程学院	装备制造
		化学化工学院	生物与化工
		电子信息与技术	物理与电子科学
		教育学院	公共管理与服务
		商学院	旅游服务
		材料科学与工程学院	能源动力与材料

尽管所涵盖的专业方向广泛，但三所院校在招生规模上都比较小。以湖南师范大学为例，在最新的招生目录中，旅游学院职教专硕计划招生全日制 8 人，非全日制 5 人；工程设计学院计划招生全日制共计 3 人，非全日制共计 5 人，整体计划招生数均为个位数。此外，在官方公布的 2023 年报录比中，旅游学院上线人数 38 人，最终计划录取人数 19 人；工程设计学院上线人数 7 人，最终计划录取人数 7 人。由此可见，招生规模小、报考人数少是当前职教专硕中普遍存在的现象。

在课程设置上，尽管各个专业分布在不同院校的不同学院，但课程安排上也存在着许多共性问题。如理论与实践课程设置的结构不合理，专业必修课缺乏针对性，公共必修课无职业教育特色。如表 2 所示，为三所院校共同开设的课程，三所院校的公共必修课皆为教育学院开设，面向所有教育专硕学生，专业核心课程和实践课程虽然不同学校学分的占比不同，但实践部分占总学分比例皆低于 20%，且部分专业方向无企业实践类课程，这难以实现培养应用型人才的目标。

表2　三所院校部分课程及所占学分

公共必修课	学分	专业核心课	学分	专业实践	学分
教育原理	2	专业课程与教材研究	2	教育见习	1-2
课程与教学论	2	教育测量与评价	2	教育实习	1-2
教育研究方法	2	专业领域前沿	2-3	教育研习	1-2
心理发展与教育	2	专业教学设计与案例分析	2-3	企业实践	0-2

三、专业发展困境

根据系统论原理，任何系统都是一个整体，它是由若干相互联系的部分组成，各个部分并非简单叠加而是有其固定位置，发挥着各自的作用。职业技术教育专硕作为一个系统，它的发展受各个部分的制约，从主体层面看，主要包括学生、学校、社会。

（一）学生层面

1. 专业认同感低

专业认同是指学习者对所学专业的接受与认可，并愿意以积极的态度和主动的行为去学习与探究。[4]职教专硕学生的专业认同情况与社会、学校及个人都有着密切联系。首先，从社会发展看，我国的职教发展起步晚，许多机制还不成熟，社会对于职业教育的整体观念依旧停留在层次定位上，导致职教专硕自建立以来一直是教育硕士大类中学生报考的冷门专业。其次，从学校培养看，整个培养体系缺少规范化，"培养单位 – 中职院校 – 对口企业"三元育人的模式难以形成，培养目标难以实现，学生参与度低。从专硕学生看，流于形式的培养使学生无法系统认识自己的专业，缺乏对本专业的兴趣。在一份近期的相关研究中，报告了200名职教专硕学生就读本专业最主要的原因，排名前三位的分别为"调剂"(36%)、"与本科专业有关联"(23%)和"不考数学，相对容易考取"(18%)，因个人兴趣报考的仅占15.5%。[5]

入学前缺乏专业认知和兴趣，加上培养过程疏于管理，以及毕业后难以对口就业，职教专硕的发展陷入一种常态化困局。这种现状导致学生对于职教缺乏积极态度和主动探索精神，专业认同感低。

2. 专业基础薄弱

对湖南省三所招收职教专硕院校的培养方案进行研读，发现它们的培养目标都定位在其专业方向（如农林牧渔、信息技术、加工制作、旅游服务等）背景下，掌握现代教育理论、具有较强教学能力和研究能力的高素质中等职业学校专任教师。这也就意味着，对于所培养的学生，不仅需要具备相应专业课基础技能，也需要充实的教育教学知识。然而在此条件下，招生院校对学生统考报考并未有严格限制，只对同等学力考生进行加试，对前置专业无要求或要求疏松，因此所招收的学生没有教育类知识系统学习经历或是没有录取专业方向下的学科基础。

录取学生的专业跨度大、无学校和相关企业工作经历是导致招收生源专业基础薄弱的直接因素。此外，调剂录取占录取生源多数，这部分学生对职教专硕并未真正了解，是在一志愿失败后被迫选择调剂，而职教专硕成了无可奈何下的相对最优选择。[6]这些学生中多数也都既无充实的教育学学科理论基础，也没有扎实的专业技术技能，专业基础薄弱。

（二）学校层面

1. 招生门槛较低，生源参差不齐

三所学校的职教专硕生源主要包括两个部分：一志愿和调剂。不同的专业方向下的生源情况各不相同，但存在共通性问题。如湖南农业大学在2017—2020的四年招生中，每年招生的人数在8~10人（含全日制和非全日制），对一志愿和调剂生源均无专业要求。湖南师范大学的职教专硕主要在旅游学院和工程与设计学院招生，2021—2023年的全日制生源均充足，主要以一志愿上线为主，非全日制存在调剂缺额，但对一志愿和调剂的报考要求较低，一志愿报考无前置专业限制均可报考，调剂生源只须符合教育大类和分数条件即可参与调剂。因此在过去的几年中，不管是热门师范院校还是非师范类院校对于职教专硕的招生都以完成招生指标为主，缺乏甄选，导致生源参差不齐。

2. 课程安排笼统，培养方式单一

职教专硕的课程分为学位基础课程、专业必修课程、专业选修课程、实践教学课程。不同方向职教专硕的基础课程都是大班教学，无方向针对性；专业选修课的选择由学院统一安排，并未根据自身需求选择。首先，在三所学校的培养方案中，专业基础课程如教育学原理、教育研究方法、课程与教学论的教学皆为混合授课，

不同专业教育专硕学生一同上课，无职业教育导向。其次，在专业必修课上，课程开发与教材分析、教学设计与案例分析等重要专业课程没有相应教材，授课教师以学院导师为主，难以保证职业方向的特色。最后，在教学实践上，校企双方缺乏有效沟通，企业实习难有教育实效，且实践占比低，以理论讲授为主的培养模式难以造就应用型人才。

3.教师队伍不足，育人合力难筑

指导性培养方案中提出，院校应建立由校内指导教师和校外指导教师相结合的"双师型"导师组。然而在实际教学过程中，这一方案的落实成效却不尽如人意。三所院校的职教专业主要有两种分布情况。一种是开设在教育学院，一种开设在专业方向下的相关学院，如湖南师范大学的旅游服务方向开设在旅游学院，湖南农业大学的农林牧渔和信息技术统一在教育学院，两种情况下都由所属学院中的教师担任职教专硕学生的导师。虽然他们都是各自专业领域的专家教授，但少有既懂专业学科知识及技能又具备教育理论的教师，因此组建双师队伍合力育人是必然之举。即使在两个专业方向的导师共同培养的情况下，也存在各自为政、专业与教育相脱节的情况，育人合力难以铸就。

（三）社会方面

1.社会认可度低，岗位难以对口

在培养目标中，职教专硕的对口就业岗位是面向中职的专任教师。但由于职教专硕研究生培养试点时间不长，招生宣传力度不足，与政府人社部门、教育行政部门及用人单位等沟通不够，尚未引起社会广泛关注，甚至连许多从事中职教育的人员也不了解。[7]这直接导致在职教体系中普遍存在就业难的问题。以2024年的湖南省教师招聘公告为例，在全省数百所中职院校中，对于公开招聘的岗位普遍存在专业限制，职业技术教育专硕代码为045120，属于教育硕士，但在中职专任教师招聘中，如财经商贸类会招收02开头的经济类毕业生，装备制造类会招收08开头的工学门类毕业生。专业代码的不一致使多数职教专硕毕业生失去报名资格，难以对口从业。除了被招聘单位拒之门外，还有一部分毕业生认为中等职业学校不重视科研，不利于个人后续的长期发展，还认为职业教育是为缓解高等教育大众化的压力才产生，因此不愿意去中职院校任教，这也是造成毕业生难就业的重要因素。[8]

2.校企合作机制难以真正落地

校企合作育人是职教专硕培养的基本模式，也是使学生掌握知识技能和实践技能的重要途径。在开展校企协同育人的过程中，学校和企业合作机制不完善、出发点不一致等因素导致无法实现共同育人。学校是育人场所，企业是逐利场地。一方面，两者内在的本质不同导致在育人过程中"培养什么样的人"成为一个难以平衡的问题。企业希望校企合作能够带来利益，学校希望通过企业实训培养学生实践技能，如何找到两者平衡点是深化校企合作的关键。另一方面，即使顺利展开合作育人，由于学校和企业沟通不足，学生到企业实习，企业相应导师也往往把实习生视为临时劳动力，很少倾力于学生的实践能力培养。在职校方面，职业学校专业能力过硬的教师有限，加之他们有着自己的教学与行政任务，且对实习学生实践能力培养要求不甚了解，很难为学生提供有效的实践教学指导。[9]因此，制定一套切实可行的合作育人机制及其落地问题的解决迫在眉睫。

四、发展路径展望

职教专硕作为培养中职师资的一种系统化模式，涵盖培养单位、招生路径、培养方案、培养过程、就业渠道等多个关键环节。这些部分相互依存、相互促进，共同构成职教专硕的完整体系。只有各个部分间有效协调和配合，才能保证培养双师型中职教师队伍的目标真正实现。

（一）引导社会舆论，深化类型定位

观念一旦形成就难以改变，社会各界对于职业教育普遍存在的有色眼镜，是阻碍职业教育高质量发展的重要因素。因此，职业教育的类型发展必然是一场持久战。对于政府而言，除了从顶层设计强化立法，还需要推动社会各界对于职教事业的观念转变。让普通教育和职业教育具有同等重要的地位不再是一句空话，而是一种深入人心的观念意识。

要想做到这一点，需要各方面持续努力，如落实政策保证职业教育学校及专业的稳定性发展，提高职教专硕的入学门槛从而建立高素质、有技能、有情怀的职业教育教师队伍，提升职业教育教师地位及待遇等，进而推动职业教育事业发展。

（二）提升招生毕业门槛，完善培养方案

生源质量直接影响整个专业的发展水平。对于职教专硕招生，需要对生源给予一定限制，保证生源质量水平。就其培养方案而言，各院校必须根据自身情况开展招生，对一志愿和调剂生源进行筛选，只有在进口处严格规范要求，才能在出口处有所保障，培养出具备教育技能和专业基础的职教教师。

在具体落实上，可以着重推行本科层次新进教师就读计划，同时鼓励非职教师范生考取硕士学历，以及新进教师中专业对口者攻读职教专硕。[10] 此外，对于跨考生源，各院校可增设相应选修理论和实践课程，为不同专业背景的学生提供弥补自身基础知识薄弱的机会，在培养方案中切实做到一专业方向一方案，提高实践部分在培养体系中的占比。

（三）规范多导师体系，共筑育人同心力

职教专硕需要有学校的导师和企业的导师协调育人，尽管培养方案中给出明确要求，但在具体操作中普遍存在形式主义现象。多地提出"校－企－校"的教师队伍建设，对完善职教人体系有着深远意义，但在构建多方协调育人的机制中，每个单位应该扮演怎样的角色，如何使合力最大化、培养合格的人才，却需要进一步探寻。

各方必须明确合力育人并不是机械地将两类教育项目叠加，育人队伍应熟悉中职教师的教育需求和发展规律，有目的、有计划地组织教育教学。在此过程中，为提高三方合作成效，一方面，政府应充分发挥中间桥梁作用，积极落实优惠政策，为校企合作打通渠道，做好政府在职教专硕培养中的协调工作。而另一方面，对于培养院校来说，应当加强与企业的联结，抓住机会展现自身优势，让企业意识到合作中带来的长远利益和意义，激发其参与职教专硕培养的积极性，进而同绘合力育人的最大同心圆。[11]

（四）畅通对口就业渠道，助力高质量发展

职教专硕旨在培养中职专任教师。然而招聘单位对其认知和认可度尚显不足，设置招聘条

件常忽视此专业。因此政府部分在制定政策时，应充分考虑中职教师复合性特点，为多学科背景的职教专硕毕业生打通赴职业学校就业的通道。如根据学科背景放宽对本硕一致的限制，在岗位招聘中增加职教专硕专业代码，重视对能力的考察而非限制门槛等，在助力落实就业的同时也使职业学校等招聘主体能够真正招到所需之才。

同时，为拓宽职教专硕毕业学生的就业渠道，各高校也应进一步深化产教融合，与校友及合作企业加强联系，并关注社会、行业、企业之所需，建立健全对口培养高素质人才模式[12]，从而真正让专业发展符合社会所需，让所育之才符合时代所需。

五、结语

职教专硕的良性发展离不开政府、社会、学校、学生各方面的努力，在职业教育类型定位深化之际，职教专硕仍处于起步阶段，尚存诸多空白，需要所有致力于职教进步的人士共同书写完善，谱写职业教育大有可为的新篇章。

参考文献

[1]唐智彬,贺艳芳.当前国际职业教育发展主题及我国的改革走向[J].河北师范大学学报(教育科学版), 2021(3)：82-92.

[2]李娅玲,王婷,肖莉.我国职业技术教育领域教育硕士培养研究的回顾与展望[J].深圳职业技术学院学报,2023,22(04)：3-10.

[3]钱景舫.职教有博士点啦[J].职教论坛,2002(07)：2.

[4]王顶明.对专业认同有关概念的理论述评[J].学园,2008(02)：32-38.

[5]杨淑锟,黄雅帆.职业技术教育硕士研究生专业认同的调查与分析[J].高教论坛,2022(11)：91-97.

[6]杨月笑,李雪梅,王赞.职教专硕人才培养现状及存在的问题[J].广西职业技术学院学报,2021, 14(05)90-96.

[7]张建荣.教育硕士(职业技术教育领域)研究生培养调研[J].学位与研究生教育,2019(07)：13-19.

[8]尚新花.全日制职业技术教育硕士培养的问题与对策研究[D].曲阜：曲阜师范大学,2019.

[9]张翔,杨琪琪.基于职业行动能力导向的职教专硕实践能力培养模式探究[J].中国职业技术教育, 2018(29)：17-20.

[10]王继平,唐慧,谢莉花.教师教育新格局下的"双轨"教育模式探索：以职教专硕教育与中职新进教师规范化培训相结合为例[J].职业技术教育,2021,42(04)：56-61.

[11]张翔,杨琪琪.基于职业行动能力导向的职教专硕实践能力培养模式探究[J].中国职业技术教育, 2018(29)：17-20.

[12]贾林平,郭炬.高等职业教育实施"1+X"证书制度培养模式探析[J].北京工业职业技术学院学报, 2020(1)：46-49.